Über dieses Buch

Elf Meistererzählungen sind hier zu einem Literaturlesebuch vereinigt, das einen repräsentativen Querschnitt durch die Erzählliteratur der deutschen Romantik gibt. Man kennt die Autoren und auch die Titel der Literatur dieser Epoche, die uns heute wieder so aktuell erscheint, – aber kennt man sie wirklich? Kennzeichen eines sprachlichen Kunstwerks ist nicht zuletzt sein Vermögen, immer neue Möglichkeiten seiner Entschlüsselung zu eröffnen, den Lesegenuß durch Wiedererkennen und Neuentdecken stets noch zu steigern. Dies gilt für Tiecks Märchen ›Der blonde Eckbert‹, mit dem die romantische Erzählkunst anhebt, bis zum noch heute sprichwörtlichen ›Peter Schlemihl‹ von Chamisso, aber auch für Brentanos humoristische Erzählung ›Die mehreren Wehmüller‹ und für Hauffs ›Der Affe als Mensch‹.
Zahlreich waren die Versuche, diese berühmten Geschichten auszulegen, ihre Symbole zu entziffern, ihre zeitlose Bedeutung immer neu der Gegenwart zu vermitteln. In komprimierter Form versuchen die Herausgeber dieses Bandes das Ergebnis dieser Bemühungen festzuhalten: Im Anhang werden dem interessierten Leser wichtige Informationen über Autor, Werk und Zeit an die Hand gegeben, mit deren Hilfe er seine eigenen Leseeindrücke vertiefen kann.

Literatur · Philosophie · Wissenschaft

Meistererzählungen der deutschen Romantik

Herausgegeben und kommentiert von
Albert Meier, Walter Schmitz,
Sibylle von Steinsdorff und Ernst Weber

Mit Beiträgen von
Friedhelm Auhuber und Friedrich Vollhardt

Deutscher Taschenbuch Verlag

Die Texte des Bandes wurden für diese Ausgabe eingerichtet und folgen, von begründeten Ausnahmen abgesehen, den Erstdrucken der Erzählungen. Lautstand und eigentümliche Zeichensetzung wurden beibehalten, die Orthographie behutsam dem heutigen Gebrauch angeglichen.

Im Deutschen Taschenbuch Verlag sind erschienen:
Deutsche Erzählungen des 19. Jahrhunderts (2099)
Teufelsträume. Phantastische Geschichten des
19. Jahrhunderts (2118)

Originalausgabe
April 1985

Umschlaggestaltung: Celestino Piatti unter Verwendung
der Kupferstichvorlage ›Der Morgen‹ (1803) von Ph. O. Runge
(Hamburger Kunsthalle)
Gesamtherstellung: C. H. Beck'sche Buchdruckerei,
Nördlingen
Printed in Germany · ISBN 3-423-02147-0

Inhalt

Ludwig Tieck:
Der blonde Eckbert ... 7
Novalis (Friedrich von Hardenberg):
Die Lehrlinge zu Sais ... 24
Heinrich von Kleist:
Die heilige Cäcilie oder Die Gewalt der Musik ... 52
Friedrich de la Motte Fouqué:
Undine ... 63
Adelbert von Chamisso:
Peter Schlemihls wundersame Geschichte ... 130
E. T. A. Hoffmann:
Der Sandmann ... 183
Clemens Brentano:
Die mehreren Wehmüller und ungarischen Nationalgesichter ... 214
Achim von Arnim:
Der tolle Invalide auf dem Fort Ratonneau ... 258
Joseph von Eichendorff:
Das Marmorbild ... 277
Wilhelm Hauff:
Der Affe als Mensch ... 313
Bettine von Arnim:
Der Heckebeutel ... 329

Anhang

Ludwig Tieck ... 339
Novalis (Friedrich von Hardenberg) ... 348
Heinrich von Kleist ... 364
Friedrich de la Motte Fouqué ... 373
Adelbert von Chamisso ... 382
E. T. A. Hoffmann ... 395
Clemens Brentano ... 403
Achim von Arnim ... 412
Joseph von Eichendorff ... 420
Wilhelm Hauff ... 435
Bettine von Arnim ... 442

Nachwort ... 449
Literaturangaben ... 466

Ludwig Tieck
Der blonde Eckbert

In einer Gegend des Harzes wohnte ein Ritter, den man gewöhnlich nur den blonden Eckbert nannte. Er war ohngefähr vierzig Jahr alt, kaum von mittlerer Größe, und kurze hellblonde Haare lagen schlicht und dicht an seinem blassen eingefallenen Gesichte. Er lebte sehr ruhig für sich und war niemals in den Fehden seiner Nachbarn verwickelt, man sah ihn nur selten außerhalb den Ringmauern seines kleinen Schlosses. Sein Weib liebte die Einsamkeit ebensosehr, und beide schienen sich von Herzen zu lieben, nur klagten sie gewöhnlich darüber, daß der Himmel ihre Ehe mit keinen Kindern segnen wolle.

Nur selten wurde Eckbert von Gästen besucht, und wenn es auch geschahe, so wurde ihrentwegen fast nichts in dem gewöhnlichen Gange des Lebens geändert, die Mäßigkeit wohnte dort, und die Sparsamkeit selbst schien alles anzuordnen. Eckbert war alsdann heiter und aufgeräumt, nur wenn er allein war, bemerkte man an ihm eine gewisse Verschlossenheit, eine stille zurückhaltende Melancholie.

Niemand kam so häufig auf die Burg, als Philipp Walther, ein Mann, an dem sich Eckbert sehr gehängt hatte, weil er an ihm ohngefähr dieselbe Art zu denken fand, die er selbst hatte. Er wohnte eigentlich in Franken, hielt sich aber oft über ein halbes Jahr in der Nähe von Eckberts Burg auf, sammelte Kräuter und Steine, und beschäftigte sich damit, sie in Ordnung zu bringen, er lebte von einem kleinen Vermögen und war daher von niemand abhängig. Eckbert begleitete ihn oft auf seinen einsamen Spaziergängen, und mit jedem Jahre entspann sich zwischen ihnen eine genauere Freundschaft.

Es gibt Stunden, in denen es den Menschen ängstigt, wenn er vor seinem Freunde ein Geheimnis haben soll, was er bis dahin oft mit vieler Sorgfalt versteckt hat, die Seele fühlt dann einen unwiderstehlichen Trieb, sich ganz mitzuteilen, dem Freunde auch das Innerste aufzuschließen, damit er um so mehr unser Freund werde. In diesen Augenblicken geben sich die zarten Seelen einander zu erkennen, und zuweilen geschieht es wohl auch, daß einer vor der Bekanntschaft des andern zurückschreckt.

Es war schon im Herbst als Eckbert an einem neblichten Abend mit seinem Freunde und seinem Weibe Bertha um das Feuer eines

Kamines saß. Die Flamme warf einen hellen Schein durch das Gemach und spielte oben an der Decke, die Nacht sah finster zu den Fenstern hinein und die Bäume draußen schüttelten sich vor nasser Kälte. Walther klagte über den weiten Rückweg, den er habe, und Eckbert schlug ihm vor, bei ihm zu bleiben, die halbe Nacht unter traulichen Gesprächen zuzubringen, und dann noch in einem Gemache des Hauses bis am Morgen zu schlafen. Walther ging den Vorschlag ein, und nun ward Wein und die Abendmahlzeit hereingebracht, das Feuer durch Holz vermehrt, und das Gespräch der Freunde ward immer heitrer und vertraulicher.

Als das Abendessen abgetragen war, und sich die Knechte wieder entfernt hatten, nahm Eckbert die Hand Walthers und sagte zu ihm: »Freund, Ihr solltet Euch einmal von meiner Frau die Geschichte ihrer Jugend erzählen lassen, die seltsam genug ist.« – »Gern«, sagte Walther, und man setzte sich wieder um den Kamin.

Es war jetzt grade Mitternacht, der Mond sah abwechselnd durch die vorüberflatternden Wolken. »Ihr müßt mir verzeihn«, fing Bertha an, »aber mein Mann sagt, daß Ihr so edel denkt, daß es unrecht ist, Euch etwas zu verhehlen. Nur müßt Ihr meine Erzählung für kein Märchen halten, so sonderbar sie auch klingen mag.

Ich bin in einem Dorfe geboren, mein Vater war ein armer Hirte. Die Haushaltung bei meinen Eltern war nicht zum besten bestellt, sie wußten sehr oft nicht, wo sie das Brot hernehmen sollten. Was mich aber noch weit mehr jammerte, war, daß mein Vater und meine Mutter sich oft über ihre Armut entzweiten, und einer dem andern dann bittere Vorwürfe machte. Sonst hört' ich beständig von mir, daß ich ein einfältiges dummes Kind sei, das nicht das unbedeutendste Geschäft auszurichten wisse, und wirklich war ich äußerst ungeschickt und unbeholfen, ich ließ alles aus den Händen fallen, ich lernte weder nähen noch spinnen, ich konnte nichts in der Wirtschaft helfen, nur die Not meiner Eltern verstand ich außerordentlich gut. Oft saß ich dann im Winkel und füllte meine Vorstellungen damit an, wie ich ihnen helfen wollte, wenn ich plötzlich reich würde, wie ich sie mit Gold und Silber überschütten und mich an ihrem Erstaunen laben wollte, dann sah ich Geister heraufschweben, die mir unterirdische Schätze entdeckten, oder mir kleine Kiesel gaben, die sich nachher in Edelsteine verwandelten, kurz, die wunderbarsten Phantasien beschäftigten mich dann, und wenn ich nun aufstehn mußte, um irgend etwas zu helfen, oder zu tragen, so zeigte ich mich noch viel ungeschickter, weil mir der Kopf von allen den seltsamen Vorstellungen schwindelte.

Mein Vater war immer sehr ergrimmt auf mich, daß ich eine so ganz unnütze Last das Hauswesens sei, er behandelte mich daher oft sehr grausam, und es war selten, daß ich ein freundliches Wort von ihm vernahm. So war ich ungefähr acht Jahr alt geworden, und es wurden nun ernstliche Anstalten gemacht, daß ich etwas tun, oder lernen sollte. Mein Vater glaubte, es wäre nur Eigensinn oder Trägheit von mir, um meine Tage in Müßiggang hinzubringen, genug, er setzte mir mit Drohungen unbeschreiblich zu, da diese aber doch nichts fruchteten, züchtigte er mich auf die grausamste Art und fügte hinzu, daß diese Strafe mit jedem Tage wiederkehren sollte, weil ich doch nur ein unnützes Geschöpf sei.

Die ganze Nacht hindurch weint' ich herzlich, ich fühlte mich so außerordentlich verlassen, ich hatte ein solches Mitleid mit mir selber, daß ich zu sterben wünschte. Ich fürchtete den Anbruch des Tages, ich wußte durchaus nicht, was ich anfangen sollte; ich wünschte mir alle mögliche Geschicklichkeit und konnte gar nicht begreifen, warum ich einfältiger war, als die übrigen Kinder von meiner Bekanntschaft. Ich war der Verzweiflung nahe.

Als der Tag graute, stand ich auf und eröffnete fast ohne daß ich es wußte, die Tür unsrer kleinen Hütte. Ich stand auf dem freien Felde, bald darauf war ich in einem Walde, in den der Tag fast noch gar nicht hineinschien. Ich lief immerfort, ohne mich umzusehn, ich fühlte keine Müdigkeit, denn ich glaubte immer, mein Vater würde mich noch wieder einholen, und durch meine Flucht noch grausamer gegen mich werden.

Als ich aus dem Walde wieder heraustrat, stand die Sonne schon ziemlich hoch, ich sah jetzt etwas Dunkles vor mir liegen, auf dem ein dichter Nebel lag. Bald mußte ich über Hügel klettern, bald durch einen zwischen Felsen gewundenen Weg gehn, und ich erriet nun, daß ich mich wohl in dem benachbarten Gebürge befinden müsse, und ich fing an, mich in der Einsamkeit zu fürchten. Denn ich hatte in der Ebene noch keine Berge gesehn, und das bloße Wort Gebürge, wenn ich davon hatte reden hören, hatte meinem kindischen Ohre äußerst fürchterlich geklungen. Ich hatte nicht das Herz zurückzugehn, sondern eben meine Angst trieb mich vorwärts; oft sah ich mich erschrocken um, wenn der Wind über mir weg durch die Bäume fuhr, oder ein ferner Holzschlag weit durch den stillen Morgen hintönte. Als mir Köhler und Bergleute endlich begegneten und ich eine fremde Aussprache hörte, wäre ich vor Entsetzen fast in Ohnmacht gesunken.

Ihr vergebt mir meine Weitschweifigkeit; sooft ich von dieser

Geschichte spreche, werde ich wider Willen geschwätzig, und Eckbert, der einzige Mensch dem ich sie erzählt habe, hat mich durch seine Aufmerksamkeit verwöhnt.

Ich kam durch mehrere Dörfer und bettelte, weil ich jetzt Hunger und Durst empfand, ich half mir so ziemlich mit meinen Antworten durch, wenn ich gefragt ward. – So war ich ohngefähr vier Tage fortgewandert, als ich auf einen kleinen Fußsteig geriet, der mich von der großen Straße immer mehr entfernte. Die Felsen um mich her gewannen jetzt eine andre, weit seltsamere Gestalt. Es waren Klippen die aufeinandergepackt waren, und das Ansehn hatten, als wenn sie der erste Windstoß durcheinanderwerfen würde. Ich wußte nicht, ob ich weitergehn sollte. Ich hatte des Nachts immer im Walde geschlafen, denn es war grade zur schönsten Jahrszeit, oder in abgelegnen Schäferhütten; hier traf ich aber gar keine menschliche Wohnung und konnte auch nicht vermuten in dieser Wildnis auf eine zu stoßen, die Felsen wurden immer furchtbarer, ich mußte oft dicht an schwindlichten Abgründen vorbeigehn, und endlich hörte sogar der Weg unter meinen Füßen auf. Ich war ganz trostlos, ich weinte und schrie, und in den Felsentälern hallte meine Stimme auf eine schreckliche Art zurück. Nun brach die Nacht herein, und ich suchte mir eine Moosstelle aus, um dort zu ruhn. Ich konnte nicht schlafen, die Nacht hindurch hörte ich die seltsamsten Töne, bald hielt ich es für wilde Tiere, bald für den Wind, der durch die Felsen klage, bald für fremde Vögel. Ich betete und schlief nur spät gegen Morgen ein.

Ich erwachte, als mir der Tag ins Gesicht schien. Vor mir war ein steiler Felsen, ich kletterte in der Hoffnung hinauf, von dort den Ausgang aus der Wildnis zu entdecken, und vielleicht Wohnungen oder Menschen gewahr zu werden. Als ich aber oben stand, war alles so, wie um mich her, so weit nur mein Auge reichte, alles war mit einem trüben Dufte überzogen, der Tag war grau und trübe, und keinen Baum, keine Wiese, kein Gebüsch selbst konnte mein Auge entdecken, einzelne Sträucher ausgenommen, die einsam und betrübt in einigen Felsenritzen emporgeschossen waren. Es ist unbeschreiblich, welche Sehnsucht ich empfand, nur eines Menschen ansichtig zu werden; wäre es auch der fremdeste, hätte ich mich auch vor ihm fürchten müssen. Zugleich empfand ich einen peinigenden Hunger, ich setzte mich nieder und beschloß zu sterben. Aber nach einiger Zeit trug die Lust zu leben dennoch den Sieg davon, ich raffte mich auf und ging unter Tränen, unter abgebrochenen Ausrufungen den ganzen Tag hindurch, am Ende war ich mich meiner kaum noch bewußt, ich war müde und erschöpft, ich wünschte kaum noch zu leben, und fürchtete doch den Tod.

Gegen Abend schien die Gegend umher etwas freundlicher zu werden; meine Gedanken, meine Wünsche lebten wieder auf, die Lust zum Leben erwachte in allen meinen Adern. Ich glaubte jetzt, das Gesause einer Mühle aus der Ferne zu hören, ich verdoppelte meine Schritte, und wie wohl, wie leicht ward mir, als ich endlich wirklich die Grenze der öden Felsen erreichte, Wälder und Wiesen mit fernen angenehmen Bergen lagen wieder vor mir. Mir war, als wenn ich aus der Hölle in ein Paradies getreten wäre, die Einsamkeit, meine Hülflosigkeit schien mir nun gar nicht fürchterlich.

Statt der gehofften Mühle, stieß ich auf einen Wasserfall, der meine Freude freilich um vieles minderte, ich schöpfte mit der Hand einen Trunk aus dem Flusse, als mir plötzlich war, als hörte ich in einiger Entfernung ein leises Husten. Nie bin ich so angenehm überrascht worden, als in diesem Augenblick, ich ging näher und ward an der Ecke des Waldes eine alte Frau gewahr, die sich auszuruhn schien. Sie war fast ganz schwarz gekleidet, eine schwarze Kappe bedeckte ihren Kopf und einen großen Teil des Gesichts, in der Hand hielt sie einen Krückenstock.

Ich näherte mich ihr, und bat um ihre Hülfe, sie ließ mich neben sich niedersetzen und gab mir Brot und etwas Wein. Indem ich aß, sang sie mit kreischendem Ton ein geistliches Lied. Als sie geendet hatte, sagte sie mir, ich möchte ihr folgen.

Ich war über diesen Antrag sehr erfreut, so wunderlich mir auch die Stimme und das Wesen der Alten vorkam. Mit ihrem Krückenstock ging sie ziemlich behende, und bei jedem Schritte verzog sie ihr Gesicht, worüber ich im Anfange lachen mußte. Die wilden Felsen traten immer weiter hinter uns zurück, wir gingen über eine angenehme Wiese, und dann durch einen ziemlich langen Wald. Als wir heraustraten, ging die Sonne grade unter, und ich werde den Anblick und die Empfindung dieses Abends nie vergessen. In das sanfteste Rot und Gold war alles verschmolzen, die Bäume standen mit ihren Wipfeln in der Abendröte, und über den Feldern lag der entzückende Schein, die Wälder und die Blätter der Bäume standen still, der reine Himmel sah aus wie ein aufgeschlossenes Paradies, und die Abendglocken der Dörfer tönten seltsam wehmütig über die Flur hin. Meine junge Seele bekam jetzt zuerst eine Ahndung von der Welt und ihren Begebenheiten. Ich vergaß mich und meine Führerin, mein Geist und meine Augen schwärmten nur zwischen den goldnen Wolken.

Wir stiegen nun einen Hügel hinan, der mit Birken bepflanzt

war, von oben sah man in ein kleines Tal voller Birken, mitten in den Bäumen lag eine kleine Hütte. Ein munteres Bellen kam uns entgegen, und bald sprang ein kleiner behender Hund die Alte an, und wedelte, dann kam er zu mir, besah mich von allen Seiten und kehrte dann mit freundlichen Gebärden zur Alten zurück.

Als wir vom Hügel hinuntergingen, hörte ich einen wunderbaren Gesang, der aus der Hütte zu kommen schien, wie von einem Vogel; es sang also:

Waldeinsamkeit
Die mich erfreut,
So morgen wie heut
In ewger Zeit,
O wie mich freut
Waldeinsamkeit.

Diese wenigen Worte wurden beständig wiederholt; wenn ich es beschreiben soll, so war es fast, als wenn Waldhorn und Schallmeie durcheinanderspielen.

Meine Neugier war außerordentlich gespannt; ohne daß ich auf den Befehl der Alten wartete, trat ich mit in die Hütte. Die Dämmerung war schon eingebrochen, alles war ordentlich aufgeräumt, einige Becher standen auf einem Wandschranke, fremdartige Gefäße auf einem Tische, in einem kleinen glänzenden Käfig hing ein Vogel am Fenster, und er war es wirklich, der die Worte sang. – Die Alte keichte und hustete, sie schien sich gar nicht wieder erholen zu können, bald streichelte sie den kleinen Hund, bald sprach sie mit dem Vogel, der ihr nur mit seinen gewöhnlichen Worten Antwort gab: übrigens tat sie gar nicht, als wenn ich zugegen wäre. Indem ich sie so betrachtete, überlief mich mancher Schauer, denn ihr Gesicht war in einer ewigen verzerrten Bewegung, indem sie dazu wie vor Alter mit dem Kopfe schüttelte, so daß man gar nicht wissen konnte, wie ihr eigentliches Aussehn war.

Als sie sich erholt hatte, zündete sie Licht an, deckte einen ganz kleinen Tisch und trug das Abendessen auf. Jetzt sah sie sich nach mir um und hieß mir einen von den geflochtnen Rohrstühlen zu nehmen. So saß ich ihr nun dicht gegenüber und das Licht stand zwischen uns. Sie faltete ihre knöchernen Hände und betete laut, indem sie immer ihre Gesichtsverzerrungen machte, so daß es mich beinahe wieder zum Lachen gebracht hätte; aber ich nahm mich sehr in acht, um sie nicht boshaft zu machen.

Nach dem Abendessen betete sie wieder, und dann wies sie mir in einer ganz kleinen Kammer ein Bette an; sie schlief in der Stube.

Ich wachte nicht lange, ich war halb betäubt, aber in der Nacht wacht' ich einigemal auf, und denn hörte ich die Alte husten und mit dem Hunde sprechen und den Vogel dazwischen, der im Traum zu sein schien und immer nur einzelne Worte von seinem Liede sang. Das machte mit den Birken, die dicht vor dem Fenster rauschten, und mit dem Gesang einer entfernten Nachtigall ein so wunderbares Gemisch, daß es mir immer gar nicht war, als sei ich erwacht, sondern als fiele ich nur in einen andern noch seltsamern Traum.

Am Morgen weckte mich die Alte, und wies mich bald nachher zur Arbeit an, ich mußte nämlich spinnen, und ich lernte es nun auch bald, dabei hatte ich noch für den Hund und für den Vogel zu sorgen. Ich lernte mich bald in die Wirtschaft finden, und alle Gegenstände umher wurden mir bekannt; nun war mir, als müßte alles so sein, ich dachte gar nicht mehr daran, daß die Alte etwas Seltsames an sich habe, daß die Wohnung etwas abenteuerlich liege, und daß an dem Vogel etwas Außerordentliches sei. Seine Schönheit fiel mir zwar immer auf, denn seine Federn glänzten mit allen möglichen Farben, das schönste Hellblau und das brennendste Rot wechselte an ihm, und wenn er sang, blähte er sich stolz auf, so daß sich seine Federn noch prächtiger zeigten.

Oft ging die Alte aus und kam erst am Abend zurück, ich ging ihr dann mit dem Hunde entgegen, und sie nannte mich Kind und Tochter. Ich ward ihr endlich von Herzen gut, wie sich unser Sinn denn an alles, besonders in der Kindheit gewöhnt. In den Abendstunden lehrte sie mich lesen, ich begriff es bald, und es ward nachher in meiner Einsamkeit eine Quelle von unendlichem Vergnügen, denn sie hatte einige alte geschriebene Bücher, die wunderbare Geschichten enthielten.

Die Erinnerung an meine damalige Lebensart ist mir noch bis jetzt immer seltsam, von keinem menschlichen Geschöpfe besucht, nur in einem so kleinen Familienzirkel einheimisch, denn der Hund und der Vogel machten denselben Eindruck auf mich, den sonst nur längst gekannte Freunde hervorbringen. Ich habe mich immer nicht wieder auf den seltsamen Namen des Hundes besinnen können, sooft ich ihn auch damals nannte.

Vier Jahre hatte ich so mit der Alten gelebt, und ich mochte überhaupt ohngefähr zwölf Jahr alt sein, als sie mir endlich mehr vertraute, und mir ein Geheimnis entdeckte. Der Vogel legte nämlich an jedem Tage ein Ei, in dem sich eine Perl oder ein Edelstein befand. Ich hatte schon immer bemerkt, daß sie heimlich in dem Käfige wirtschafte, ich hatte mich aber nie darum genau bekümmert. Sie trug mir jetzt das Geschäft auf, in ihrer Abwesenheit diese Eier zu nehmen und in die fremdartigen Gefäße wohl zu verwahren. Sie ließ mir meine Nahrung zurück und blieb nun länger aus, Wochen, Monate; mein Rädchen schnurrte, der Hund bellte, der wunderbare Vogel sang und dabei war alles so still in der Gegend umher, daß ich mich in der ganzen Zeit keines Sturmwinds, keines Gewitters erinnere. Kein Mensch verirrte sich dorthin, kein Wild kam unserer Behausung nahe, ich war zufrieden und sang und arbeitete mich von einem Tage zum andern hinüber. – Der Mensch wäre vielleicht recht glücklich, wenn er so ungesehn sein Leben bis ans Ende fortführen könnte.

Aus dem wenigen, was ich las, bildete ich mir ganz wunderliche Vorstellungen von der Welt und den Menschen, alles war von mir und meiner Gesellschaft hergenommen; wenn von launigen Menschen die Rede war, konnte ich sie mir nicht anders vorstellen, wie den kleinen Spitz, prächtige Frauenzimmer sahen immer wie der Vogel aus, alle alte Frauen wie meine wunderliche Alte. – Ich hatte auch von Liebe etwas gelesen, und spielte nun in meiner Phantasie seltsame Geschichten mit mir selber. Ich dachte mir den schönsten Ritter von der Welt, ich schmückte ihn mit allen Vortrefflichkeiten aus, ohne eigentlich zu wissen, wie er nun nach allen meinen Bemühungen aussah; aber ich konnte ein rechtes Mitleid mit mir selber haben, wenn er mich nicht wieder liebte; dann sagte ich lange rührende Reden in Gedanken her, zuweilen auch wohl laut, um ihn nur zu gewinnen. – Ihr lächelt, wir sind jetzt alle über diese Zeit der Jugend hinüber.

Es war mir jetzt lieber, wenn ich allein war, denn dann war ich selbst die Gebieterin im Hause. Der Hund liebte mich sehr, und tat alles was ich wollte, der Vogel antwortete mir mit seinem Liede auf alle meine Fragen, mein Rädchen drehte sich immer munter, und so fühlte ich im Grunde nie einen Wunsch nach Veränderung. Wenn die Alte von ihren langen Wanderungen zurückkam, lobte sie immer meine Aufmerksamkeit, sie sagte, daß ihre Haushaltung, seit ich dazu gehöre, weit ordentlicher geführt werde, sie freute sich über meinen Wachstum und mein gesundes Aussehn, kurz, sie ging ganz mit mir wie mit einer Tochter um.

›Du bist brav, mein Kind!‹ sagte sie einst zu mir, mit einem schnarrenden Tone; ›wenn Du so fortfährst, wird es Dir auch immer gut gehn: aber nie gedeiht es, wenn man von der rechten Bahn abweicht, die Strafe folgt nach, wenn auch noch so spät.‹ – Indem sie das sagte, achtete ich eben nicht sehr darauf, denn ich war in allen meinen Bewegungen sehr lebhaft; aber in der Nacht fiel es mir wieder ein, und ich konnte nicht begreifen, was sie damit hatte sagen wollen. Ich überlegte alle Worte genau, ich hatte wohl von Reichtümern gelesen, und am Ende fiel mir ein, daß ihre Perlen und Edelsteine wohl etwas Kostbares sein könnten. Dieser Gedanke wurde mir bald noch deutlicher. Aber was konnte sie mit der rechten Bahn meinen? Ganz konnte ich den Sinn ihrer Worte noch immer nicht fassen.

Ich war jetzt vierzehn Jahr alt, und es ist ein Unglück für den Menschen, daß er seinen Verstand nur darum bekömmt, um die Unschuld seiner Seele zu verlieren. Ich begriff nämlich wohl, daß es nur auf mich ankomme, in der Abwesenheit der Alten den Vogel und die Kleinodien zu nehmen, und damit die Welt, von der ich gelesen hatte, aufzusuchen. Zugleich war es mir dann vielleicht möglich, den überaus schönen Ritter anzutreffen, der mir immer noch im Gedächtnisse lag.

Im Anfange war dieser Gedanke nichts weiter als jeder andre Gedanke, aber wenn ich so an meinem Rade saß, so kam er mir immer wider Willen zurück, und ich verlor mich so darin, daß ich mich schon geputzt sah und Ritter und Prinzen um mich her. Wenn ich mich dann so verloren hatte, konnte ich ordentlich betrübt werden, wenn ich wieder aufsah, und mich in der kleinen engen Wohnung antraf. Wenn ich meine Geschäfte tat, bekümmerte sich die Alte nicht weiter um mich.

An einem Tage ging meine Wirtin wieder fort, und sagte mir, daß sie diesmal länger als gewöhnlich ausbleiben würde, ich solle ja auf alles ordentlich achtgeben und mir die Zeit nicht lang werden lassen. Ich nahm mit einer gewissen Bangigkeit von ihr Abschied, denn es war mir, als würde ich sie nicht wiedersehn. Ich sah ihr lange nach und wußte selbst nicht, warum ich so beängstigt war, es war fast, als wenn mein Vorhaben schon vor mir stände, ohne mich dessen deutlich bewußt zu sein.

Nie hab' ich des Hundes und des Vogels mit einer solchen Emsigkeit gepflegt, sie lagen mir näher am Herzen als sonst. Die Alte war schon einige Tage abwesend, als ich mit dem festen Vorsatze aufstand, mit dem Vogel die Hütte zu verlassen, und die sogenannte Welt aufzusuchen. Es war mir enge und bedrängt zu Sinne, ich wünschte wieder dazubleiben, und doch war mir der Gedanke widerwärtig; es war ein seltsamer Kampf in meiner Seele, wie ein Streiten von zwei widerspenstigen Geistern in mir. In dem einen Augenblick kam mir die ruhige Einsamkeit so schön vor, dann entzückte mich wieder die Vorstellung einer neuen Welt, mit allen ihren wunderbaren Mannigfaltigkeiten.

Ich wußte nicht, was ich aus mir selber machen sollte, der Hund sprang mich unaufhörlich freundlich an, der Sonnenschein breitete sich munter über die Felder aus, die grünen Birken funkelten: ich hatte die Empfindung, als wenn ich etwas sehr Eiliges zu tun hätte, ich nahm also den kleinen Hund, band ihn in der Stube fest, und nahm dann den Käfig mit dem Vogel unter den Arm. Der Hund krümmte sich und winselte über diese ungewohnte Behandlung, er sah mich mit bittenden Augen an, aber ich fürchtete mich ihn mit mir zu nehmen. Noch nahm ich eins von den Gefäßen, das mit Edelsteinen angefüllt war, und steckte es zu mir, die übrigen ließ ich stehn.

Der Vogel drehte den Kopf auf eine wunderliche Weise, als ich mit ihm zur Tür hinaustrat, der Hund strengte sich sehr an mir nachzukommen, aber er mußte zurückbleiben.

Ich vermied den Weg nach den wilden Felsen, sondern ging nach der entgegengesetzten Seite. Der Hund bellte und winselte immerfort, und es rührte mich recht inniglich; der Vogel wollte einigemal zu singen anfangen, aber da er getragen ward, mußte es ihm unbequem sein.

So wie ich weiter ging, hörte ich das Bellen immer schwächer, und endlich hörte es ganz auf. Ich weinte und wäre beinahe wieder umgekehrt, aber die Sucht etwas Neues zu sehn, trieb mich vorwärts.

Schon war ich über Berge und durch einige Wälder gekommen, als es Abend ward, und ich in einem Dorfe einkehren mußte. Ich war sehr blöde, als ich in die Schenke trat, man wies mir eine Stube und ein Bette an, ich schlief ziemlich ruhig, nur daß ich von der Alten träumte, die mir drohte.

Meine Reise war ziemlich einförmig, aber je weiter ich ging, je mehr ängstigte mich die Vorstellung von der Alten und dem kleinen Hunde; ich dachte daran, daß er wahrscheinlich ohne meine Hülfe verhungern müsse, im Walde glaubt' ich oft, die Alte würde mir plötzlich entgegentreten. So legte ich unter Tränen und Seufzern den Weg zurück; sooft ich ruhte, und den Käfig auf den Boden stellte, sang der Vogel sein wunderliches Lied, und ich erinnerte mich dabei recht lebhaft des schönen verlassenen Aufenthalts. Wie die menschliche Natur vergeßlich ist, so glaubt' ich jetzt, meine vormalige Reise in der Kindheit sei nicht so trübselig gewesen als meine jetzige, ich wünschte mich wieder in derselben Lage zu sein.

Ich hatte einige Edelsteine verkauft, und kam nun nach einer Wanderschaft von vielen Tagen in einem Dorfe an. Schon beim

Eintritt ward mir wundersam zumute, ich erschrak und wußte nicht worüber; aber bald erkannt' ich mich, denn es war dasselbe Dorf, in welchem ich geboren war. Wie ward ich überrascht! wie liefen mir vor Freude, wegen tausend seltsamer Erinnerungen, die Tränen von den Wangen! Vieles war verändert, es waren neue Häuser entstanden, andre die man damals erst errichtet hatte, waren jetzt in einem baufälligen Zustande, ich traf auf Brandstellen; alles war weit kleiner, gedrängter als ich erwartet hatte. Unendlich freute ich mich darauf, meine Eltern nun nach so manchen Jahren wiederzusehen; ich fand das kleine Haus, die wohlbekannte Schwelle, der Griff der Tür war noch ganz so wie damals, es war mir als hätte ich sie nur gestern erst angelehnt, mein Herz klopfte ungestüm, ich öffnete sie hastig, – aber ganz fremde Gesichter saßen in der Stube umher und stierten mich an. Ich fragte nach dem Schäfer Martin, und man sagte mir, er sei schon seit drei Jahren mit seiner Frau gestorben. – Ich trat schnell zurück, und ging laut weinend aus dem Dorfe hinaus.

Ich hatte es mir so schön gedacht, sie mit meinem Reichtume zu überraschen, durch den seltsamsten Zufall war das nun wirklich geworden, was ich in der Kindheit immer nur träumte, – und jetzt war alles umsonst, sie konnten sich nicht mit mir freuen, und das, worauf ich am meisten immer im Leben gehofft hatte, war für mich auf ewig verloren.

In einer angenehmen Stadt mietete ich mir ein kleines Haus mit einem Garten, und nahm eine Aufwärterin zu mir. So wunderbar, als ich es vermutet hatte, kam mir die Welt nicht vor, aber ich vergaß die Alte und meinen ehemaligen Aufenthalt etwas mehr, und so lebt' ich im ganzen recht zufrieden.

Der Vogel hatte schon seit lange nicht mehr gesungen, ich erschrak daher nicht wenig, als er in einer Nacht plötzlich wieder anfing, und zwar mit einem veränderten Liede. Er sang:

Waldeinsamkeit
Wie liegst du weit!
O Dir gereut
Einst mit der Zeit.
Ach einzge Freud
Waldeinsamkeit!

Ich konnte die Nacht hindurch nicht schlafen, alles fiel mir von neuem in die Gedanken, und mehr als jemals fühlt' ich, daß ich Unrecht getan hatte. Als ich aufstand, war mir der Anblick des Vogels ordentlich zuwider, er sah immer nach mir hin, und seine

Gegenwart ängstigte mich. Er hörte nun mit seinem Liede gar nicht wieder auf, und er sang es lauter und schallender, als er sonst gewohnt gewesen war. Je mehr ich ihn betrachtete, je bänger machte er mich, ich öffnete endlich den Käfig, steckte die Hand hinein und faßte seinen Hals, herzhaft drückte ich die Finger zusammen, er sah mich bittend an, ich ließ los, aber er war schon gestorben. – Ich begrub ihn im Garten.

Jetzt wandelte mich oft eine Furcht vor meiner Aufwärterin an, ich dachte an mich selbst zurück und glaubte, daß sie mich auch einst berauben oder wohl gar ermorden könne. – Schon lange kannt' ich einen jungen Ritter, der mir überaus gefiel, ich gab ihm meine Hand, – und hiermit Herr Walther ist meine Geschichte geendigt.« –

»Ihr hättet sie damals sehn sollen«, fiel Eckbert hastig ein – »ihre Jugend, ihre Unschuld, ihre Schönheit, und welch einen unbegreiflichen Reiz ihr ihre einsame Erziehung gegeben hatte. Sie kam mir vor wie ein Wunder, und ich liebte sie ganz unbeschreiblich. Ich hatte kein Vermögen, aber durch ihre Liebe kam ich in diesen Wohlstand, wir zogen hieher, und unsre Verbindung hat uns bis jetzt noch keinen Augenblick gereut.«–

»Aber über mein Schwatzen«, fing Bertha wieder an, »ist es schon tief in die Nacht geworden, – wir wollen uns schlafen legen!«

Sie stand auf und ging nach ihrer Kammer, Walther wünschte ihr mit einem Handkusse eine gute Nacht, und sagte: »Edle Frau, ich danke Euch, ich kann mir Euch recht vorstellen, mit dem seltsamen Vogel, und wie Ihr den kleinen *Strohmi* füttert.«– Ohne zu antworten ging sie hinein.

Auch Walther legte sich schlafen, nur Eckbert ging noch unruhig im Saale auf und ab. – »Ist der Mensch nicht ein Tor?« fing er endlich an; »ich bin erst die Veranlassung, daß meine Frau ihre Geschichte erzählt, und jetzt gereut mich diese Vertraulichkeit! – Wird er sie nicht mißbrauchen? Wird er sie nicht andern mitteilen? Wird er nicht vielleicht, denn das ist die Natur des Menschen, eine unselige Habsucht nach unsern Edelgesteinen empfinden, und deswegen Plane anlegen und sich verstellen?«

Es fiel ihm ein, daß Walther nicht so herzlich von ihm Abschied genommen hatte, als es nach einer solchen Vertraulichkeit wohl natürlich gewesen wäre. Wenn die Seele erst einmal zum Argwohn gespannt ist, so trifft sie auch in allen Kleinigkeiten Bestätigungen an. Dann warf sich Eckbert wieder sein unedles Mißtrauen gegen seinen wackern Freund vor, und konnte doch nicht davon zurückkehren. Er schlug sich die ganze Nacht mit diesen Vorstellungen herum, und schlief nur wenig.

Bertha war krank, und konnte nicht zum Frühstück erscheinen, Walther schien sich nicht viel darum zu kümmern, und verließ auch den Ritter ziemlich gleichgültig. Eckbert konnte sein Betragen nicht begreifen, er besuchte seine Gattin, sie lag in einer Fieberhitze und sagte, die Erzählung in der Nacht müsse sie auf diese Art gespannt haben.

Seit diesem Abende besuchte Walther nur selten die Burg seines Freundes, und wenn er auch kam, ging er nach einigen unbedeutenden Worten wieder weg. Eckbert ward durch dieses Betragen im äußersten Grade gepeinigt, er ließ sich zwar gegen Bertha und Walther nichts davon merken, aber jeder mußte doch seine innerliche Unruhe an ihm gewahr werden.

Mit Berthas Krankheit ward es immer bedenklicher, der Arzt schüttelte den Kopf, die Röte von ihren Wangen war verschwunden und ihre Augen wurden immer glühender. – An einem Morgen ließ sie ihren Mann an ihr Bette rufen, die Mägde mußten sich entfernen.

»Lieber Mann«, fing sie an, »ich muß Dir etwas entdecken, das mich fast um meinen Verstand gebracht hat, das meine Gesundheit zerrüttet, so eine unbedeutende Kleinigkeit es auch scheinen mag. – Du wirst Dich erinnern, daß ich mich immer nicht, sooft ich von meiner Geschichte sprach, trotz aller angewandten Mühe auf den Namen des kleinen Hundes besinnen konnte, mit dem ich so lange umging. – An jenem Abende sagte Walther beim Abschiede plötzlich zu mir: ›Ich kann mir Euch recht vorstellen, wie Ihr den kleinen *Strohmi* füttertet.‹ – Ist das Zufall? Hat er den Namen erraten, oder hat er ihn mit Vorsatz genannt? Und wie hängt dieser Mensch dann mit meinem Schicksale zusammen? – Zuweilen ist es mir eingefallen, ich bilde mir diesen Zufall nur ein, aber es ist gewiß, nur zu gewiß. Ein gewaltiges Entsetzen befiel mich, als mir ein fremder Mensch so auf meine Erinnerungen half. – Was sagst Du, Eckbert?«

Eckbert sah seine leidende Gattin mit einem tiefen Gefühle an, er schwieg, und dachte bei sich nach, dann sagte er ihr einige tröstende Worte und verließ sie. – In einem abgelegenen Gemache ging Eckbert in einer unbeschreiblichen Unruhe auf und ab, Walther war seit vielen Jahren sein einzger Umgang gewesen und doch war dieser Mensch jetzt der einzige in der Welt, dessen Dasein ihn drückte und peinigte. Es schien ihm, als würde ihm froh und leicht sein, wenn nur dieser einzige Mensch aus dem Wege geschafft wäre. – Er nahm seine Armbrust, um sich zu zerstreuen und auf die Jagd zu gehn.

Es war ein rauher stürmischer Wintertag, tiefer Schnee lag auf den Bergen und bog die Zweige der Bäume nieder. Er streifte umher, der Schweiß stand ihm auf der Stirne, er traf auf kein Wild, und das vermehrte seinen Unmut. Plötzlich sah er sich in der Ferne etwas bewegen, es war Walther, der Moos von den Bäumen sammelte; ohne zu wissen was er tat, legte er an, Walther sah sich um und drohte mit einer stummen Gebärde, aber indem flog der Bolzen fort und Walther stürzte nieder.

Eckbert fühlte sich leicht und beruhigt, und doch trieb ihn ein Schauder nach seiner Burg zurück; er hatte einen großen Weg zu machen, denn er hatte sich weit hinein in die Wälder verirrt. – Als er ankam, war Bertha schon gestorben, sie hatte vor ihrem Tode noch viel von Walther und der Alten gesprochen.

Eckbert lebte nun eine lange Zeit in der größten Einsamkeit, er war schon sonst immer etwas schwermütig gewesen, weil ihn die seltsame Geschichte seiner Gattin etwas beunruhigte, er hatte immer schon einen unglücklichen Vorfall befürchtet, der sich ereignen könnte: aber jetzt war er ganz mit sich selber zerfallen. Die Ermordung seines Freundes stand ihm unaufhörlich vor Augen, er lebte unter ewigen innern Vorwürfen.

Um sich zu zerstreuen, begab er sich zuweilen nach der nächsten großen Stadt, wo er Gesellschaften und Feste besuchte. Er wünschte durch irgendeinen Freund, die Leere in seiner Seele auszufüllen, und wenn er dann wieder an Walther zurückdachte, so erschrak er schon vor dem Worte Freund; er war überzeugt, daß es ihm notwendig mit allen seinen Freunden unglücklich gehn müsse. Er hatte so lange mit Bertha in einer schönen Ruhe gelebt, die Freundschaft Walthers hatte ihn so manches Jahr hindurch beglückt, und jetzt waren beide so plötzlich dahingerafft, daß ihm sein Leben in manchen Augenblicken mehr wie ein seltsames Märchen, als wie ein wirklicher Lebenslauf erschien.

Ein Ritter, *Hugo von Wolfsberg,* hing sich an den stillen betrübten Eckbert, er schien eine wahrhafte Zuneigung gegen ihn zu empfinden. Eckbert fand sich auf eine wunderbare Art überrascht, er kam der Freundschaft des Ritters um so schneller entgegen, je weniger er sie vermutet hatte. Beide waren nun häufig zusammen, der Fremde erzeigte Eckbert alle möglichen Gefälligkeiten, einer ritt fast nicht mehr ohne den andern aus, in allen Gesellschaften trafen sie sich, kurz, sie schienen beide unzertrennlich voneinander zu sein.

Eckbert war immer nur auf kurze Augenblicke froh, denn er fühlte es deutlich, daß ihn Hugo nur aus einem Irrtume liebe; er kannte ihn nicht, er wußte seine Geschichte nicht, und er fühlte wieder denselben Drang, sich ihm ganz mitzuteilen, damit er versichert sein könne, inwiefern jener Freund sei. Dann hielten ihn wieder Bedenklichkeiten und die Furcht, verabscheuet zu werden, zurück. In manchen Stunden war er so sehr von seiner Nichtswürdigkeit überzeugt, daß er glaubte, kein Mensch könnte ihn seiner Achtung würdigen, der ihn nur etwas näher kenne. Aber er konnte sich nicht widerstehn; auf einem einsamen Spazierritt, entdeckte er seinem Freunde seine ganze Geschichte, und sagte ihm, ob er wohl einen Mörder lieben könne. Hugo war gerührt und suchte ihn zu trösten, Eckbert folgte ihm mit leichtern Herzen zur Stadt.

Es schien aber seine Verdammnis zu sein, grade in der Stunde des Vertrauens Argwohn zu schöpfen, denn kaum waren sie in den Saal getreten, als ihm beim Schein der vielen Lichter die Mienen seines Freundes nicht gefielen. Er glaubte ein hämisches Lächeln zu bemerken, es fiel ihm auf, daß er nur wenig mit ihm sprach, daß er mit den Anwesenden viel redete, und seiner gar nicht zu achten schien. Ein alter Ritter war in der Gesellschaft, der immer sich als den Gegner Eckberts gezeigt, und sich oft nach seinem Reichtum, nach seiner Frau, auf eine eigne Art erkundigt hatte; zu diesem ging jetzt Hugo, und beide sprachen eine Zeitlang heimlich, indem sie beständig nach Eckbert hinsahn. Dieser sah jetzt seinen Argwohn bestätigt, er glaubte sich verraten, und eine schreckliche Wut bemeisterte sich seiner. Indem er noch immer hinstarrte, sah er plötzlich Walthers Kopf, alle seine Mienen, die ganze, ihm so wohlbekannte Gestalt; er sah noch immer hin, und ward überzeugt, daß niemand als *Walther* mit dem Alten spreche. – Sein Entsetzen war unbeschreiblich, außer sich stürzte er hinaus, verließ noch in der Nacht die Stadt und kehrte nach vielen Irrwegen auf seine Burg zurück.

Wie ein unruhiger Geist eilte er jetzt von Gemach zu Gemach, kein Gedanke hielt ihm stand, er eilte von entsetzlichen Vorstellungen zu noch entsetzlichern, und kein Schlaf kam in seine Augen. Oft fiel er auf den Gedanken, daß er wahnsinnig sei, und sich nur selber durch seine Einbildungskraft alles erschaffe, dann erinnerte er sich wieder der Züge Walthers, und alles ward ihm immer mehr ein Rätsel. Er beschloß eine Reise zu machen, um seine Vorstellungen wieder zu ordnen; den Gedanken an Freundschaft, den Wunsch nach Umgang hatte er nun auf ewig aufgegeben.

Er zog fort, ohne sich einen bestimmten Weg vorzusetzen, ja er betrachtete die Gegenden nur wenig die vor ihm lagen. Als er mit seinem Pferde einige Tage durchtrabt hatte, sah er sich plötzlich in einem Gewinde von Felsen verirrt, in denen sich nirgends ein Ausweg entdecken ließ. Endlich traf er auf einen alten Bauer, der ihm einen Ausweg, einem Wasserfall vorüber zeigte: er wollte ihm zur Danksagung einige Münzen geben, der Bauer aber schlug sie aus. – »Was gilts?« sagte Eckbert zu sich selber, »ich könnte mir wieder einbilden, daß dies niemand anders als Walther sei«, – und indem sah er sich noch einmal um, und es war niemand anders als Walther. – Eckbert spornte sein Roß, so schnell es nur laufen konnte, durch Wiesen und Wälder, bis es erschöpft unter ihm zusammenstürzte. – Unbekümmert setzte er nun seine Reise zu Fuß fort. Er stieg träumend einen Hügel hinan, es war, als wenn er ein nahes muntres Bellen hörte, Birken säuselten dazwischen, und er hörte mit wunderlichen Tönen ein Lied singen:

Waldeinsamkeit
Mich wieder freut,
Mir geschieht kein Leid,
Hier wohnt kein Neid
Von neuem mich freut
Waldeinsamkeit.

Jetzt war es um das Bewußtsein, um die Sinne Eckberts geschehn, er konnte sich nicht aus dem Rätsel herausfinden, ob er jetzt träume oder ehemals von einem Weibe Bertha geträumt habe, das Wunderbarste vermischte sich mit dem Gewöhnlichsten, die Welt um ihn her war verzaubert, und er keines Gedankens, keiner Erinnerung mächtig.

Eine krummgebückte Alte schlich hustend mit einer Krücke den Hügel heran. – »Bringst Du meinen Vogel? meine Perlen? meinen Hund?« schrie sie ihm entgegen. »Siehe, das Unrecht bestraft sich selbst. Niemand als ich war Dein Freund Walther, Dein Hugo –«

»Gott im Himmel!« sagte Eckbert stille vor sich hin, – »in welcher entsetzlichen Einsamkeit hab' ich denn mein Leben hingebracht!« –

»Und Bertha war Deine Schwester.«

Eckbert fiel zu Boden.

»Warum verließ sie mich tückisch? Sonst hätte sich alles gut und schön geendet, ihre Probezeit war ja schon vorüber. Sie war die Tochter eines Ritters, die er bei einem Hirten erziehn ließ, die Tochter Deines Vaters.«

»Warum hab' ich diesen schrecklichen Gedanken immer geahndet?« rief Eckbert aus.

»Weil Du in früher Jugend Deinen Vater einst davon erzählen hörtest: er durfte seiner Frau wegen diese Tochter nicht bei sich erziehn lassen, denn sie war von einem andern Weibe.«–

Eckbert lag wahnsinnig in den letzten Zügen; dumpf und verworren hörte er die Alte sprechen, den Hund bellen, und den Vogel sein Lied wiederholen.

Novalis
(Friedrich von Hardenberg)
Die Lehrlinge zu Sais

I
Der Lehrling

Mannichfache Wege gehen die Menschen. Wer sie verfolgt und vergleicht, wird wunderliche Figuren entstehen sehn; Figuren, die zu jener großen Chiffernschrift zu gehören scheinen, die man überall, auf Flügeln, Eierschalen, in Wolken, im Schnee, in Krystallen und in Steinbildungen, auf gefrierenden Wassern, im Innern und Äußern der Gebirge, der Pflanzen, der Tiere, der Menschen, in den Lichtern des Himmels, auf berührten und gestrichenen Scheiben von Pech und Glas, in den Feilspänen um den Magnet her, und sonderbaren Konjunkturen des Zufalls, erblickt. In ihnen ahndet man den Schlüssel dieser Wunderschrift, die Sprachlehre derselben, allein die Ahndung will sich selbst in keine feste Formen fügen, und scheint kein höherer Schlüssel werden zu wollen. Ein Alkahest scheint über die Sinne der Menschen ausgegossen zu sein. Nur augenblicklich scheinen ihre Wünsche, ihre Gedanken sich zu verdichten. So entstehen ihre Ahndungen, aber nach kurzen Zeiten schwimmt alles wieder, wie vorher, vor ihren Blicken.

Von weitem hört' ich sagen: die Unverständlichkeit sei Folge nur des Unverstandes; dieser suche, was er habe, und also niemals weiter finden könnte. Man verstehe die Sprache nicht, weil sich die Sprache selber nicht verstehe, nicht verstehen wolle; die echte Sanskrit spräche, um zu sprechen, weil Sprechen ihre Lust und ihr Wesen sei.

Nicht lange darauf sprach einer: Keiner Erklärung bedarf die heilige Schrift. Wer wahrhaft spricht, ist des ewigen Lebens voll, und wunderbar verwandt mit echten Geheimnissen dünkt uns seine Schrift, denn sie ist ein Akkord aus des Weltalls Symphonie.

Von unserm Lehrer sprach gewiß die Stimme, denn er versteht die Züge zu versammeln, die überall zerstreut sind. Ein eignes Licht entzündet sich in seinen Blicken, wenn vor uns nun die hohe Rune liegt, und er in unsern Augen späht, ob auch in uns aufgegangen ist das Gestirn, das die Figur sichtbar und verständlich macht. Sieht er uns traurig, daß die Nacht nicht weicht, so tröstet er uns, und verheißt dem emsigen, treuen Seher künftiges Glück.

Oft hat er uns erzählt, wie ihm als Kind der Trieb die Sinne zu üben, zu beschäftigen und zu erfüllen, keine Ruhe ließ. Den Sternen sah er zu und ahmte ihre Züge, ihre Stellungen im Sande nach. In's Luftmeer sah er ohne Rast, und ward nicht müde seine Klarheit, seine Bewegungen, seine Wolken, seine Lichter zu betrachten. Er sammelte sich Steine, Blumen, Käfer aller Art, und legte sie auf mannichfache Weise sich in Reihen. Auf Menschen und auf Tiere gab er acht, am Strand des Meeres saß er, suchte Muscheln. Auf sein Gemüt und seine Gedanken lauschte er sorgsam. Er wußte nicht, wohin ihn seine Sehnsucht trieb. Wie er größer ward, strich er umher, besah sich andre Länder, andre Meere, neue Lüfte, fremde Sterne, unbekannte Pflanzen, Tiere, Menschen, stieg in Höhlen, sah wie in Bänken und in bunten Schichten der Erde Bau vollführt war, und drückte Ton in sonderbare Felsenbilder. Nun fand er überall Bekanntes wieder, nur wunderlich gemischt, gepaart, und also ordneten sich selbst in ihm oft seltsame Dinge. Er merkte bald auf die Verbindungen in allem, auf Begegnungen, Zusammentreffungen. Nun sah er bald nichts mehr allein. – In große bunte Bilder drängten sich die Wahrnehmungen seiner Sinne: er hörte, sah, tastete und dachte zugleich. Er freute sich, Fremdlinge zusammen zu bringen. Bald waren ihm die Sterne Menschen, bald die Menschen Sterne, die Steine Tiere, die Wolken Pflanzen, er spielte mit den Kräften und Erscheinungen, er wußte wo und wie er dies und jenes finden, und erscheinen lassen konnte, und griff so selbst in den Saiten nach Tönen und Gängen umher.

Was nun seitdem aus ihm geworden ist, tut er nicht kund. Er sagt uns, daß wir selbst, von ihm und eigner Lust geführt, entdekken würden, was mit ihm vorgegangen sei. Mehrere von uns sind von ihm gewichen. Sie kehrten zu ihren Eltern zurück und lernten ein Gewerbe treiben. Einige sind von ihm ausgesendet worden, wir wissen nicht wohin; er suchte sie aus. Von ihnen waren einige nur kurze Zeit erst da, die Andern länger. Eins war ein Kind noch, es war kaum da, so wollte er ihm den Unterricht übergeben. Es hatte große dunkle Augen mit himmelblauem Grunde, wie Lilien glänzte seine Haut, und seine Locken wie lichte Wölkchen, wenn der Abend kommt. Die Stimme drang uns allen durch das Herz, wir hätten gern ihm unsere Blumen, Steine, Federn alles gern geschenkt. Es lächelte unendlich ernst, und uns ward seltsam wohl mit ihm zu Mute. Einst wird es wiederkommen, sagte der Lehrer, und unter uns wohnen, dann hören die Lehrstunden auf. – Einen schickte er mit ihm fort, der hat uns oft gedauert. Immer traurig sah er aus, lange Jahre war er hier, ihm glückte nichts, er fand nicht leicht, wenn wir Krystalle suchten oder Blumen. In die Ferne sah er schlecht, bunte Reihen gut zu legen wußte er nicht. Er zerbrach alles so leicht. Doch hatte keiner einen solchen Trieb und solche Lust am Sehn und Hören. Seit einer Zeit, – vorher eh jenes Kind in unsern Kreis trat, – ward er auf einmal heiter und geschickt. Eines Tages war er traurig ausgegangen, er kam nicht wieder und die Nacht brach ein. Wir waren seinetwegen sehr in Sorgen; auf einmal, wie des Morgens Dämmerung kam, hörten wir in einem nahen Haine seine Stimme. Er sang ein hohes, frohes Lied; wir wunderten uns alle; der Lehrer sah mit einem Blick nach Morgen, wie ich ihn wohl nie wieder sehen werde. In unsre Mitte trat er bald, und brachte, mit unaussprechlicher Seligkeit im Antlitz, ein unscheinbares Steinchen von seltsamer Gestalt. Der Lehrer nahm es in die Hand, und küßte ihn lange, dann sah er uns mit nassen Augen an und legte dieses Steinchen auf einen leeren Platz, der mitten unter andern Steinen lag, gerade wo wie Strahlen viele Reihen sich berührten.

Ich werde dieser Augenblicke nie fortan vergessen. Uns war, als hätten wir im Vorübergehn eine helle Ahndung dieser wunderbaren Welt in unsern Seelen gehabt.

Auch ich bin ungeschickter als die Andern, und minder gern scheinen sich die Schätze der Natur von mir finden zu lassen. Doch ist der Lehrer mir gewogen, und läßt mich in Gedanken sitzen, wenn die Andern suchen gehn. So wie dem Lehrer ist mir nie gewesen. Mich führt alles in mich selbst zurück. Was einmal die zweite Stimme sagte, habe ich wohl verstanden. Mich freuen die wunderlichen Haufen und Figuren in den Sälen, allein mir ist, als wären sie nur Bilder, Hüllen, Zierden, versammelt um ein göttlich Wunderbild, und dieses liegt mir immer in Gedanken. Sie such' ich nicht, in ihnen such' ich oft. Es ist, als sollten sie den Weg mir zeigen, wo in tiefem Schlaf die Jungfrau steht, nach der mein Geist sich sehnt. Mir hat der Lehrer nie davon gesagt, auch ich kann ihm nichts anvertrauen, ein unverbrüchliches Geheimnis dünkt es mir. Gern hätt ich jenes Kind gefragt, in seinen Zügen fand ich Verwandtschaft; auch schien in seiner Nähe mir alles heller innerlich zu werden. Wäre es länger geblieben, sicherlich hätte ich mehr in mir erfahren. Auch wäre mir am Ende vielleicht der Busen offen, die Zunge frei geworden. Gern wär' ich auch mit ihm gegangen. Es kam nicht so. Wie lang' ich hier noch bleibe, weiß ich nicht. Mir scheint es, als blieb' ich immer hier. Kaum wag' ich es mir selber zu gestehen, allein zu innig dringt sich mir der Glauben auf: einst find' ich hier, was mich beständig rührt; sie ist zugegen.

Wenn ich mit diesem Glauben hier umher gehe, so tritt mir alles in ein höher Bild, in eine neue Ordnung mir zusammen, und alle sind nach Einer Gegend hin gerichtet. Mir wird dann jedes so bekannt, so lieb; und was mir seltsam noch erschien und fremd, wird nun auf einmal wie ein Hausgerät.

Gerade diese Fremdheit ist mir fremd, und darum hat mich immer diese Sammlung zugleich entfernt und angezogen. Den Lehrer kann und mag ich nicht begreifen. Er ist mir just so unbegreiflich lieb. Ich weiß es, er versteht mich, er hat nie gegen mein Gefühl und meinen Wunsch gesprochen. Vielmehr will er, daß wir den eignen Weg verfolgen, weil jeder neue Weg durch neue Länder geht, und jeder endlich zu diesen Wohnungen, zu dieser heiligen Heimat wieder führet. Auch ich will also meine Figur beschreiben, und wenn kein Sterblicher, nach jener Inschrift dort, den Schleier hebt, so müssen wir Unsterbliche zu werden suchen; wer ihn nicht heben will, ist kein echter Lehrling zu Sais.

II
Die Natur

Es mag lange gedauert haben, ehe die Menschen darauf dachten, die mannichfachen Gegenstände ihrer Sinne mit einem gemeinschaftlichen Namen zu bezeichnen und sich entgegen zu setzen. Durch Übung werden Entwickelungen befördert, und in allen Entwickelungen gehen Teilungen, Zergliederungen vor, die man bequem mit den Brechungen des Lichtstrahls vergleichen kann. So hat sich auch nur allmählich unser Innres in so mannichfaltige Kräfte zerspaltet, und mit fortdauernder Übung wird auch diese Zerspaltung zunehmen. Vielleicht ist es nur krankhafte Anlage der späteren Menschen, wenn sie das Vermögen verlieren, diese zerstreuten Farben ihres Geistes wieder zu mischen und nach Belieben den alten einfachen Naturstand herzustellen, oder neue, mannigfaltige Verbindungen unter ihnen zu bewirken. Je vereinigter sie sind, desto vereinigter, desto vollständiger und persönlicher fließt jeder Naturkörper, jede Erscheinung in sie ein: denn der Natur des Sinnes entspricht die Natur des Eindrucks, und daher mußte jenen früheren Menschen alles menschlich, bekannt und gesellig vorkommen, die frischeste Eigentümlichkeit mußte in ihren Ansichten sichtbar werden, jede ihrer Äußerungen war ein wahrer Naturzug, und ihre Vorstellungen mußten mit der sie umgebenden Welt übereinstimmen, und einen treuen Ausdruck derselben darstellen.

Wir können daher die Gedanken unsrer Altväter von den Dingen in der Welt als ein notwendiges Erzeugnis, als eine Selbstabbildung des damaligen Zustandes der irdischen Natur betrachten, und besonders an ihnen, als den schicklichsten Werkzeugen der Beobachtung des Weltalls, das Hauptverhältnis desselben, das damalige Verhältnis zu seinen *Bewohnern,* und seiner Bewohner zu ihm, bestimmt abnehmen. Wir finden, daß gerade die erhabensten Fragen zuerst ihre Aufmerksamkeit beschäftigten, und daß sie den Schlüssel dieses wundervollen Gebäudes bald in einer Hauptmasse der wirklichen Dinge, bald in dem erdichteten Gegenstande eines unbekannten Sinns aufsuchten. Bemerklich ist hier die gemeinschaftliche Ahndung desselben im Flüssigen, im Dünnen, Gestaltlosen. Es mochte wohl die Trägheit und Unbehülflichkeit der festen Körper den Glauben an ihre Abhängigkeit und Niedrigkeit nicht ohne Bedeutung veranlassen. Früh genug stieß jedoch ein grübelnder Kopf auf die Schwierigkeit der Gestalten-Erklärung aus jenen gestaltlosen Kräften und Meeren. Er versuchte den Knoten durch eine Art von Vereinigung zu lösen, indem er die ersten Anfänge zu festen, gestalteten Körperchen machte, die er jedoch über allen Begriff klein annahm, und nun aus diesem Staubmeere, aber freilich nicht ohne Beihülfe mitwirkender Gedankenwesen, anziehender und abstoßender Kräfte, den ungeheuern Bau vollführen zu können meinte. Noch früher findet man statt wissenschaftlicher Erklärungen, Märchen und Gedichte voll merkwürdiger bildlicher Züge, Menschen, Götter und Tiere als gemeinschaftliche Werkmeister, und hört auf die natürlichste Art die Entstehung der Welt beschreiben. Man erfährt wenigstens die Gewißheit eines zufälligen, *werkzeuglichen* Ursprungs derselben, und auch für den Verächter der regellosen Erzeugnisse der Einbildungskraft ist diese Vorstellung bedeutend genug. Die Geschichte der Welt als Menschengeschichte zu behandeln, überall nur menschliche Begebenheiten und Verhältnisse zu finden, ist eine fortwandernde, in den verschiedensten Zeiten wieder mit neuer Bildung hervortretende Idee geworden, und scheint an wunderbarer Wirkung, und leichter Überzeugung beständig den Vorrang gehabt zu haben. Auch scheint die Zufälligkeit der Natur sich wie von selbst an die Idee menschlicher Persönlichkeit anzuschließen, und letztere am willigsten, als menschliches Wesen verständlich zu werden. Daher ist auch wohl die Dichtkunst das liebste Werkzeug der eigentlichen Naturfreunde gewesen, und am hellsten ist in Gedichten der Naturgeist erschienen. Wenn man echte Gedichte liest und hört, so fühlt man einen innern Verstand der Natur sich bewegen, und schwebt, wie der himmlische Leib derselben, in ihr und über ihr zugleich. Naturforscher und Dichter haben durch Eine Sprache sich immer wie Ein Volk gezeigt. Was jene im Ganzen sammelten und in großen, geordneten Massen ausstellten, haben diese für menschliche Herzen zur täglichen Nahrung und Notdurft verarbeitet, und jene unermeßliche Natur zu mannichfaltigen, kleinen, gefälligen Naturen zersplittert und gebildet. Wenn diese mehr das Flüssige und Flüchtige mit leichtem Sinn verfolgten, suchten jene mit scharfen Messerschnitten den innern Bau und die Verhältnisse der Glieder zu erforschen. Unter ihren Händen starb die freundliche Natur, und ließ nur tote, zuckende Reste zurück, dagegen sie vom Dichter, wie durch geistvollen Wein, noch mehr beseelt, die göttlichsten und muntersten Einfälle hören ließ, und über ihr Alltagsleben erhoben, zum Himmel stieg, tanzte und weissagte, jeden Gast willkommen hieß, und ihre Schätze frohen Muts verschwendete. So genoß sie himmlische Stunden mit dem Dichter, und lud den Naturforscher nur dann ein, wenn sie krank und gewissenhaft war. Dann gab sie ihm Bescheid auf jede Frage, und ehrte gern den ernsten, strengen Mann. Wer also ihr Gemüt recht kennen will, muß sie in der Gesellschaft der Dichter suchen, dort ist sie offen und ergießt ihr wundersames Herz. Wer sie aber nicht aus Herzensgrunde liebt, und dies und jenes nur an ihr bewundert, und zu erfahren strebt, muß ihre Krankenstube, ihr Beinhaus fleißig besuchen.

Man steht mit der Natur gerade in so unbegreiflich verschiedenen Verhältnissen, wie mit den Menschen; und wie sie sich dem Kinde kindisch zeigt, und sich gefällig seinem kindlichen Herzen anschmiegt, so zeigt sie sich dem Gotte göttlich, und stimmt zu dessen hohem Geiste. Man kann nicht sagen, daß es eine Natur gebe, ohne etwas Überschwengliches zu sagen, und alles Bestreben nach Wahrheit in den Reden und Gesprächen von der Natur entfernt nur immer mehr von der Natürlichkeit. Es ist schon viel gewonnen, wenn das Streben, die Natur vollständig zu begreifen, zur Sehnsucht sich veredelt, zur zarten, bescheidnen Sehnsucht, die sich das fremde, kalte Wesen gern gefallen läßt, wenn sie nur einst auf vertrauteren Umgang rechnen kann. Es ist ein geheimnisvoller Zug nach allen Seiten in unserm Innern, aus einem unendlich tiefen Mittelpunkt sich rings verbreitend. Nun liegt die wundersame sinnliche und unsinnliche Natur rund um uns her, so glauben wir es sei jener Zug ein Anziehn der Natur, eine Äußerung unsrer Sympathie mit ihr: nur sucht der eine hinter diesen blauen, fernen Gestalten noch eine Heimat, die sie ihm verhalten, eine Geliebte seiner Jugend, Eltern und Geschwister, alte Freunde, liebe Vergangenheiten; der Andre meint, da jenseits warteten unbekannte Herrlichkeiten seiner, eine lebensvolle Zukunft glaubt er dahinter versteckt, und streckt verlangend seine Hände einer neuen Welt entgegen. Wenige bleiben bei dieser herrlichen Umgebung ruhig stehen, und suchen sie nur selbst in ihrer Fülle und ihrer Verkettung zu erfassen, vergessen über der Vereinzelung den blitzenden Faden nicht, der reihenweise die Glieder knüpft und den heiligen Kronleuchter bildet, und finden sich beseligt in der Beschauung dieses lebendigen, über nächtlichen Tiefen schwebenden Schmucks. So entstehn mannichfache Naturbetrachtungen, und wenn an einem Ende die Naturempfindung ein lustiger Einfall, eine Mahlzeit wird, so sieht man sie dort zur andächtigsten Religion verwandelt, einem ganzen Leben Richtung, Haltung und Bedeutung geben. Schon unter den kindlichen Völkern gabs solche ernste Gemüter, denen die Natur das Antlitz einer Gottheit war, indessen andre fröhliche Herzen sich nur auf sie zu Tische baten; die Lust war ihnen ein erquickender Trank, die Gestirne Lichter zum nächtlichen Tanz, und Pflanzen und Tiere nur köstliche Speisen, und so kam ihnen die Natur nicht wie ein stiller, wundervoller Tempel, sondern wie eine lustige Küche und Speisekammer vor. Dazwischen waren andre sinnigere Seelen, die in der gegenwärtigen Natur nur große, aber verwilderte Anlagen bemerkten, und Tag und Nacht beschäftiget waren, Vorbilder einer edleren Natur zu schaffen. – Sie teilten sich gesellig in das große Werk, die einen suchten die verstummten und verlornen Töne in Luft und Wäldern zu erwecken, andre legten ihre Ahndungen und Bilder schönerer Geschlechter in Erz und Steine nieder, bauten schönere Felsen zu Wohnungen wieder, brachten die verborgenen Schätze aus den Grüften der Erde wieder ans Licht; zähmten die ausgelassenen Ströme, bevölkerten das unwirtliche Meer, führten in öde Zonen alte, herrliche Pflanzen und Tiere zurück, hemmten die Waldüberschwemmungen, und pflegten die edleren Blumen und Kräuter, öffneten die Erde den belebenden Berührungen der zeugenden Luft und des zündenden Lichts, lehrten die Farben zu reitzenden Bildungen sich mischen und ordnen, und Wald und Wiese, Quellen und Felsen wieder zu lieblichen Gärten zusammen zu treten, hauchten in die lebendigen Glieder Töne, um sie zu entfalten, und in heitern Schwingungen zu bewegen, nahmen sich der armen, verlaßnen, für Menschensitte empfänglichen Tiere an, und säuberten die Wälder von den schädlichen Ungeheuern, diesen Mißgeburten einer entarteten Fantasie. Bald lernte die Natur wieder freundlichere Sitten, sie ward sanfter und erquicklicher, und ließ sich willig zur Beförderung der menschlichen Wünsche finden. Allmählich fing ihr Herz wieder an menschlich sich zu regen, ihre Fantasien wurden heitrer, sie ward wieder umgänglich, und antwortete dem freundlichen Frager gern, und so scheint allmählich die alte goldene Zeit zurückzukommen, in der sie den Menschen Freundin, Trösterin, Priesterin und Wundertäterin war, als sie unter ihnen wohnte und ein himmlischer Umgang die Menschen zu Unsterblichen machte. Dann werden die Gestirne die Erde wieder besuchen, der sie gram geworden waren in jenen Zeiten der Verfinsterung; dann legt die Sonne ihren strengen Zepter nieder, und wird wieder Stern unter Sternen, und alle Geschlechter der Welt kommen dann nach langer Trennung wieder zusammen. Dann finden sich die alten verwaisten Familien, und jeder Tag sieht neue Begrüßungen, neue Umarmungen; dann kommen die ehemaligen Bewohner der Erde zu ihr zurück, in jedem Hügel regt sich neu erglimmende Asche, überall lodern Flammen des Lebens empor, alte Wohnstätten werden neu erbaut, alte Zeiten erneuert, und die Geschichte wird zum Traum einer unendlichen, unabsehlichen Gegenwart.

Wer dieses Stamms und dieses Glaubens ist, und gern auch das Seinige zu dieser Entwilderung der Natur beitragen will, geht in den Werkstätten der Künstler umher, belauscht überall die unvermutet in allen Ständen hervorbrechende Dichtkunst, wird nimmer müde die Natur zu betrachten und mit ihr umzugehen, geht überall ihren Fingerzeigen nach, verschmäht keinen mühseligen Gang, wenn sie ihm winkt, und sollte er auch durch Modergrüfte gehen: er findet sicher unsägliche Schätze, das Grubenlichtchen steht am Ende still, und wer weiß, in welche himmlische Geheimnisse ihn dann eine reitzende Bewohnerin des unterirdischen Reichs einweiht. Keiner irrt gewiß weiter ab vom Ziele, als wer sich selbst einbildet, er kenne schon das seltsame Reich, und wisse mit wenig Worten seine Verfassung zu ergründen und überall den rechten Weg zu finden. Von selbst geht keinem, der los sich riß und sich zur Insel machte, das Verständnis auf, auch ohne Mühe nicht. Nur Kindern, oder kindlichen Menschen, die nicht wissen, was sie tun, kann dies begegnen. Langer, unablässiger Umgang, freie und künstliche Betrachtung, Aufmerksamkeit auf leise Winke und Züge, ein inneres Dichterleben, geübte Sinne, ein einfaches und gottesfürchtiges Gemüt, das sind die wesentlichen Erfordernisse eines echten Naturfreundes, ohne welche keinem sein Wunsch gedeihen wird. Nicht weise scheint es, eine Menschenwelt ohne volle aufgeblühte Menschheit begreifen und verstehn zu wollen. Kein Sinn muß schlummern, und wenn auch nicht alle gleich wach sind, so müssen sie doch alle angeregt und nicht unterdrückt und erschlafft sein. So wie man einen künftigen Maler in dem Knaben sieht, der alle Wände und jeden ebenen Sand mit Zeichnungen füllt, und Farben zu Figuren bunt verknüpft, so sieht man einen künftigen Weltweisen in jenem, der allen natürlichen Dingen ohne Rast nachspürt, nachfrägt, auf alles achtet, jedes Merkwürdige zusammenträgt und froh ist, wenn er einer neuen Erscheinung, einer neuen Kraft und Kenntnis Meister und Besitzer geworden ist.

Nun dünkt es einigen, es sei der Mühe gar nicht wert, den endlosen Zerspaltungen der Natur nachzugehn, und überdem ein gefährliches Unternehmen, ohne Frucht und Ausgang. So wie man nie das kleinste Korn der festen Körper, nie die einfachste Faser finden werde, weil alle Größe vor und rückwärts sich ins Unendliche verliert, so sei es auch mit den Arten der Körper und Kräfte; auch hier gerate man auf neue Arten, neue Zusammensetzungen, neue Erscheinungen bis ins Unendliche. Sie schienen dann nur still zu stehn, wenn unser Fleiß ermatte, und so verschwende man die edle Zeit mit müßigen Betrachtungen und langweiligem Zählen, und werde dies zuletzt ein wahrer Wahnsinn, ein fester Schwindel an der entsetzlichen Tiefe. Auch bleibe die Natur, so weit man käme, immer eine furchtbare Mühle des Todes: überall ungeheurer Umschwung, unauflösliche Wirbelkette, ein Reich der Gefräßigkeit, des tollsten Übermuts, eine unglücksschwangere Unermeßlichkeit; die wenigen lichten Punkte beleuchteten nur eine desto grausendere Nacht, und Schrecken aller Art müßten jeden Beobachter zur Gefühllosigkeit ängstigen. Wie ein Heiland stehe dem armen Menschengeschlechte der Tod zur Seite, denn ohne Tod wäre der Wahnsinnigste am glücklichsten. Gerade jenes Streben nach Ergründung dieses riesenmäßigen Triebwerks sei schon ein Zug in die Tiefe, ein beginnender Schwindel: denn jeder Reiz scheine ein wachsender Wirbel, der bald sich des Unglücklichen ganz bemächtige, und ihn dann durch eine schreckenvolle Nacht mit sich fortreiße. Hier sei die listige Fallgrube des menschlichen Verstandes, den die Natur überall als ihren größten Feind zu vernichten suche. Heil der kindlichen Unwissenheit und Schuldlosigkeit der Menschen, welche sie die entsetzlichen Gefahren nicht gewahr werden ließe, die überall wie furchtbare Wetterwolken um ihre friedlichen Wohnsitze herlägen, und jeden Augenblick über sie hereinzubrechen bereit wären. Nur innre Uneinigkeit der Naturkräfte habe die Menschen bis jetzo erhalten, indes könne jener große Zeitpunkt nicht ausbleiben, wo sich die sämtlichen Menschen durch einen großen gemeinschaftlichen Entschluß aus dieser peinlichen Lage, aus diesem furchtbaren Gefängnisse reißen und durch eine freiwillige Entsagung ihrer hiesigen Besitztümer auf ewig ihr Geschlecht aus diesem Jammer erlösen, und in eine glücklichere Welt, zu ihrem alten Vater retten würden. So endeten sie doch ihrer würdig, und kämen ihrer notwendigen, gewaltsamen Vertilgung, oder einer noch entsetzlicheren Ausartung in Tiere, durch stufenweise Zerstörung der Denkorgane, durch Wahnsinn, zuvor. Umgang mit Naturkräften, mit Tieren, Pflanzen, Felsen, Stürmen und Wogen müsse notwendig die Menschen diesen Gegenständen verähnlichen, und diese Verähnlichung, Verwandlung und Auflösung des Göttlichen und Menschlichen in unbändige Kräfte sei der Geist der Natur, dieser fürchterlich verschlingenden Macht: und sei nicht alles, was man sehe, schon ein Raub des Himmels, eine große Ruine ehemaliger Herrlichkeiten, Überbleibsel eines schrecklichen Mahls?

Wohl, sagen Mutigere, laßt unser Geschlecht einen langsamen, wohldurchdachten Zerstörungskrieg mit dieser Natur führen. Mit schleichenden Giften müssen wir ihr beizukommen suchen. Der Naturforscher sei ein edler Held, der sich in den geöffneten Abgrund stürze, um seine Mitbürger zu erretten. Die Künstler haben ihr schon manchen geheimen Streich beigebracht, fahrt nur so fort, bemächtigt euch der heimlichen Fäden, und macht sie lüstern nach sich selbst. Benutzt jene Zwiste, um sie, wie jenen feuerspeienden Stier, nach eurer Willkür lenken zu können. Euch untertänig muß sie werden. Geduld und Glauben ziemt den Menschenkindern. Entfernte Brüder sind zu Einem Zweck mit uns vereint, das Sternenrad wird das Spinnrad unseres Lebens werden, und dann können wir durch unsere Sklaven ein neues Dschinnistan uns bauen. Mit innerm Triumph laßt uns ihren Verwüstungen, ihren Tumulten zusehn, sie soll an uns sich selbst verkaufen, und jede Gewalttat soll ihr zur schweren Buße werden. In den begeisternden Gefühlen unsrer Freiheit laßt uns leben und sterben, hier quillt der Strom, der sie einst überschwemmen und zähmen wird, und in ihm laßt uns baden und mit neuem Mut zu Heldentaten uns erfrischen. Bis hieher reicht die Wut des Ungeheuers nicht, ein Tropfen Freiheit ist genug, sie auf immer zu lähmen und ihren Verheerungen Maß und Ziel zu setzen.

Sie haben recht, sprechen Mehrere; hier oder nirgends liegt der Talisman. Um Quell der Freiheit sitzen wir und spähn; er ist der große Zauberspiegel, in dem rein und klar die ganze Schöpfung sich enthüllt, in ihm baden die zarten Geister und Abbilder aller Naturen, und alle Kammern sehn wir hier aufgeschlossen. Was brauchen wir die trübe Welt der sichtbaren Dinge mühsam zu durchwandern? Die reinere Welt liegt ja in uns, in diesem Quell. Hier offenbart sich der wahre Sinn des großen, bunten, verwirrten Schauspiels; und treten wir von diesen Blicken voll in die Natur, so ist uns alles wohlbekannt, und sicher kennen wir jede Gestalt. Wir brauchen nicht erst lange nachzuforschen, eine leichte Vergleichung, nur wenige Züge im Sande sind genug um uns zu verständigen. So ist uns alles eine große Schrift, wozu wir den Schlüssel haben, und nichts kommt uns unerwartet, weil wir voraus den Gang des großen Uhrwerks wissen. Nur wir genießen die Natur mit vollen Sinnen, weil sie uns nicht von Sinnen bringt, weil keine Fieberträume uns ängstigen und helle Besonnenheit uns zuversichtlich und ruhig macht.

Die Andern reden irre, sagt ein ernster Mann zu diesen. Erkennen sie in der Natur nicht den treuen Abdruck ihrer selbst? Sie selbst verzehren sich in wilder Gedankenlosigkeit. Sie wissen nicht, daß ihre Natur ein Gedankenspiel, eine wüste Fantasie ihres Traumes ist. Ja wohl ist sie ihnen ein entsetzliches Tier, eine seltsame abenteuerliche Larve ihrer Begierden. Der wachende Mensch sieht ohne Schaudern diese Brut seiner regellosen Einbildungskraft, denn er weiß, daß es nichtige Gespenster seiner Schwäche sind. Er fühlt sich Herr der Welt, sein Ich schwebt mächtig über diesem Abgrund, und wird in Ewigkeit über diesem endlosen Wechsel erhaben schweben. Einklang strebt sein Inneres zu verkünden, zu verbreiten. Er wird in die Unendlichkeit hinaus stets einiger mit sich selbst und seiner Schöpfung um sich her sein, und mit jedem Schritte die ewige Allwirksamkeit einer hohen sittlichen Weltordnung, der Veste seines Ichs immer heller hervortreten sehn. Der Sinn der Welt ist die Vernunft: um derentwillen ist sie da, und wenn sie erst der Kampfplatz einer kindlichen, aufblühenden Vernunft ist, so wird sie einst zum göttlichen Bilde ihrer Tätigkeit, zum Schauplatz einer wahren Kirche werden. Bis dahin ehre sie der Mensch, als Sinnbild seines Gemüts, das sich mit ihm in unbestimmbare Stufen veredelt. Wer also zur Kenntnis der Natur gelangen will, übe seinen sittlichen Sinn, handle und bilde dem edlen Kerne seines Innern gemäß, und wie von selbst wird die Natur sich vor ihm öffnen. Sittliches Handeln ist jener große und einzige Versuch, in welchem alle Rätsel der mannichfaltigsten Erscheinungen sich lösen. Wer ihn versteht, und in strengen Gedankenfolgen ihn zu zerlegen weiß, ist ewiger Meister der Natur.

Der Lehrling hört mit Bangigkeit die sich kreuzenden Stimmen. Es scheint ihm jede Recht zu haben, und eine sonderbare Verwirrung bemächtigt sich seines Gemüts. Allmählig legt sich der innre Aufruhr, und über die dunkeln sich an einander brechenden Wogen scheint ein Geist des Friedens heraufzuschweben, dessen Ankunft sich durch neuen Mut und überschauende Heiterkeit in der Seele des Jünglings ankündigt.

Ein muntrer Gespiele, dem Rosen und Winden die Schläfe zierten, kam herbeigesprungen, und sah ihn in sich gesenkt sitzen. Du Grübler, rief er, bist auf ganz verkehrtem Wege. So wirst du keine großen Fortschritte machen. Das Beste ist überall die Stimmung. Ist das wohl eine Stimmung der Natur? Du bist noch jung und fühlst du nicht das Gebot der Jugend in allen Adern? nicht Liebe und Sehnsucht deine Brust erfüllen? Wie kannst du nur in der Einsamkeit sitzen? Sitzt die Natur einsam? Den Einsamen flieht Freude und Verlangen: und ohne Verlangen, was nützt dir die Natur? Nur unter Menschen wird er einheimisch, der Geist, der sich mit tausend bunten Farben in alle deine Sinne drängt, der wie eine unsichtbare Geliebte dich umgibt. Bei unsern Festen löst sich seine Zunge, er sitzt oben an und stimmt Lieder des fröhlichsten Lebens an. Du hast noch nicht geliebt, du Armer; beim ersten Kuß wird eine neue Welt dir aufgetan, mit ihm fährt Leben in tausend Strahlen in dein entzücktes Herz. Ein Märchen will ich dir erzählen, horche wohl.

Vor langen Zeiten lebte weit gegen Abend ein blutjunger Mensch. Er war sehr gut, aber auch über die Maßen wunderlich. Er grämte sich unaufhörlich um nichts und wieder nichts, ging immer still für sich hin, setzte sich einsam, wenn die Andern spielten und fröhlich waren, und hing seltsamen Dingen nach. Höhlen und Wälder waren sein liebster Aufenthalt, und dann sprach er immer fort mit Tieren und Vögeln, mit Bäumen und Felsen, natürlich kein vernunftiges Wort, lauter närrisches Zeug zum Totlachen. Er blieb aber immer mürrisch und ernsthaft, ungeachtet sich das Eichhörnchen, die Meerkatze, der Papagei und der Gimpel alle Mühe gaben ihn zu zerstreuen, und ihn auf den richtigen Weg zu weisen. Die Gans erzählte Märchen, der Bach klimperte eine Ballade dazwischen, ein großer dicker Stein machte lächerliche Bockssprünge, die Rose schlich sich freundlich hinter ihm herum, kroch durch seine Locken, und der Efeu streichelte ihm die sorgenvolle Stirn. Allein der Mißmut und Ernst waren hartnäckig. Seine Eltern waren sehr betrübt, sie wußten nicht was sie anfangen sollten. Er war gesund und aß, nie hatten sie ihn beleidigt, er war auch bis vor wenig Jahren fröhlich und lustig gewesen, wie keiner; bei allen Spielen voran, von allen Mädchen gern gesehn. Er war recht bildschön, sah aus wie gemalt, tanzte wie ein Schatz. Unter den Mädchen war Eine, ein köstliches, bildschönes Kind, sah aus wie Wachs, Haare wie goldne Seide, kirschrote Lippen, wie ein Püppchen gewachsen, brandrabenschwarze Augen. Wer sie sah, hätte mögen vergehn, so lieblich war sie. Damals war Rosenblüte, so hieß sie, dem bildschönen Hyazinth, so hieß er, von Herzen gut, und er hatte sie lieb zum Sterben. Die andern Kinder wußtens nicht. Ein Veilchen hatte es ihnen zuerst gesagt, die Hauskätzchen hatten es wohl gemerkt, die Häuser ihrer Eltern lagen nahe beisammen. Wenn nun Hyazinth die Nacht an seinem Fenster stand und Rosenblüte an ihrem, und die Kätzchen auf den Mäusefang da vorbeiliefen, da sahen sie die beiden stehn, und lachten und kickerten oft so laut, daß sie es hörten und böse wurden. Das Veilchen hatte es der Erdbeere im Vertrauen gesagt, die sagte es ihrer Freundin der Stachelbeere, die ließ nun das Sticheln nicht, wenn Hyazinth gegangen kam; so erfuhrs denn bald der ganze Garten und der Wald, und wenn Hyazinth ausging, so riefs von allen Seiten: Rosenblütchen ist mein Schätzchen! Nun ärgerte sich Hyazinth, und mußte doch auch wieder aus Herzensgrunde lachen, wenn das Eidechschen geschlüpft kam, sich auf einen warmen Stein setzte, mit dem Schwänzchen wedelte und sang:

Rosenblütchen, das gute Kind,
Ist geworden auf einmal blind,
Denkt, die Mutter sei Hyazinth,
Fällt ihm um den Hals geschwind;
Merkt sie aber das fremde Gesicht,
Denkt nur an, da erschrickt sie nicht,
Fährt, als merkte sie kein Wort,
Immer nur mit Küssen fort.

Ach! wie bald war die Herrlichkeit vorbei. Es kam ein Mann aus fremden Landen gegangen, der war erstaunlich weit gereist, hatte einen langen Bart, tiefe Augen, entsetzliche Augenbrauen, ein wunderliches Kleid mit vielen Falten und seltsame Figuren hineingewebt. Er setzte sich vor das Haus, das Hyazinths Eltern gehörte. Nun war Hyazinth sehr neugierig, und setzte sich zu ihm und holte ihm Brot und Wein. Da tat er seinen weißen Bart von einander und erzählte bis tief in die Nacht, und Hyazinth wich und wankte nicht, und wurde auch nicht müde zuzuhören. So viel man nachher vernahm, so hat er viel von fremden Ländern, unbekannten Gegenden, von erstaunlich wunderbaren Sachen erzählt, und ist drei Tage dageblieben, und mit Hyazinth in tiefe Schachten hinuntergekrochen. Rosenblütchen hat genug den alten Hexenmeister verwünscht, denn Hyazinth ist ganz versessen auf seine Gespräche gewesen, und hat sich um nichts bekümmert; kaum daß er ein wenig Speise zu sich genommen. Endlich hat jener sich fortgemacht, doch dem Hyazinth ein Büchelchen dagelassen, das kein Mensch lesen konnte. Dieser hat ihm noch Früchte, Brot und Wein mitgegeben, und ihn weit weg begleitet. Und dann ist er tiefsinnig zurückgekommen, und hat einen ganz neuen Lebenswandel begonnen. Rosenblütchen hat recht zum Erbarmen um ihn getan, denn von der Zeit an hat er sich wenig aus ihr gemacht und ist immer für sich geblieben. Nun begab sichs, daß er einmal nach Hause kam und war wie neugeboren. Er fiel seinen Eltern um den Hals, und weinte. Ich muß fort in fremde Lande; sagte er, die alte wunderliche Frau im Walde hat mir erzählt, wie ich gesund werden müßte, das Buch hat sie ins Feuer geworfen, und hat mich getrieben, zu euch zu gehn und euch um euren Segen zu bitten. Vielleicht komme ich bald, vielleicht nie wieder. Grüßt Rosenblütchen. Ich hätte sie gern gesprochen, ich weiß nicht, wie mir ist, es drängt mich fort; wenn ich an die alten Zeiten zurück denken will, so kommen gleich mächtigere Gedanken dazwischen, die Ruhe ist fort, Herz und Liebe mit, ich muß sie suchen gehn. Ich wollt' euch gern sagen, wohin, ich weiß selbst nicht, dahin wo die Mutter der Dinge wohnt, die verschleierte Jungfrau: Nach der ist mein Gemüt entzündet. Lebt wohl. Er riß sich los und ging fort. Seine Eltern wehklagten und vergossen Tränen, Rosenblütchen blieb in ihrer Kammer und weinte bitterlich. Hyazinth lief nun was er konnte, durch Täler und Wildnisse, über Berge und Ströme, dem geheimnisvollen Lande zu. Er fragte überall nach der heiligen Göttin (Isis) Menschen und Tiere, Felsen und Bäume. Manche lachten manche schwiegen, nirgends erhielt er Bescheid. Im Anfange kam er durch rauhes, wildes Land, Nebel und Wolken warfen sich ihm in den Weg, es stürmte immerfort; dann fand er unabsehliche Sandwüsten, glühenden Staub, und wie er wandelte, so veränderte sich auch sein Gemüt, die Zeit wurde ihm lang und die innre Unruhe legte sich, er wurde sanfter und das gewaltige Treiben in ihm allgemach zu einem leisen, aber starken Zuge, in den sein ganzes Gemüt sich auflöste. Es lag wie viele Jahre hinter ihm. Nun wurde die Gegend auch wieder reicher und mannichfaltiger, die Luft lau und blau, der Weg ebener, grüne Büsche lockten ihn mit anmutigem Schatten, aber er verstand ihre Sprache nicht, sie schienen auch nicht zu sprechen, und doch erfüllten sie auch sein Herz mit grünen Farben und kühlem, stillem Wesen. Immer höher wuchs jene süße Sehnsucht in ihm, und immer breiter und saftiger wurden die Blätter, immer lauter und lustiger die Vögel und Tiere, balsamischer die Früchte, dunkler der Himmel, wärmer die Luft, und heißer seine Liebe, die Zeit ging immer schneller, als sähe sie sich nahe am Ziele. Eines Tages begegnete er einem krystallnen Quell und einer Menge Blumen, die kamen in ein Tal herunter zwischen schwarzen himmelhohen Säulen. Sie grüßten ihn freundlich mit bekannten Worten. Liebe Landsleute, sagte er, wo find' ich wohl den geheiligten Wohnsitz der Isis? Hier herum muß er sein, und ihr seid vielleicht hier bekannter, als ich. Wir gehn auch nur hier durch, antworteten die Blumen; eine Geisterfamilie ist auf der Reise und wir bereiten ihr Weg und Quartier, indes sind wir vor kurzem durch eine Gegend gekommen, da hörten wir ihren Namen nennen. Gehe nur aufwärts, wo wir herkommen, so wirst du schon mehr erfahren. Die Blumen und die Quelle lächelten, wie sie das sagten, boten ihm einen frischen Trunk und gingen weiter. Hyazinth folgte ihrem Rat, frug und frug und kam endlich zu jener längst gesuchten Wohnung, die unter Palmen und andern köstlichen Gewächsen versteckt lag. Sein Herz klopfte in unendlicher Sehnsucht, und die süßeste Bangigkeit durchdrang ihn in dieser Behausung der ewigen Jahreszeiten. Unter himmlischen Wohlgedüften entschlummerte er, weil ihn nur der Traum in das Allerheiligste führen durfte. Wunderlich führte ihn der Traum durch unendliche Gemächer voll seltsamer Sachen auf lauter reizenden Klängen und in abwechselnden Akkorden. Es dünkte ihm alles so bekannt und doch in niegesehener Herrlichkeit, da schwand auch der letzte irdische Anflug, wie in Luft verzehrt, und er stand vor der himmlischen Jungfrau, da hob er den leichten, glänzenden Schleier, und Rosenblütchen sank in seine Arme. Eine ferne Musik umgab die Geheimnisse des liebenden Wiedersehns, die Ergießungen der Sehnsucht, und schloß alles Fremde von diesem entzückenden Orte aus. Hyazinth lebte nachher noch lange mit Rosenblütchen unter seinen frohen Eltern und Gespielen, und unzählige Enkel dankten der alten wunderlichen Frau für ihren Rat und ihr Feuer; denn damals bekamen die Menschen so viel Kinder, als sie wollten. –

Die Lehrlinge umarmten sich und gingen fort. Die weiten hallenden Säle standen leer und hell da, und das wunderbare Gespräch in zahllosen Sprachen unter den tausendfaltigen Naturen, die in diesen Sälen zusammengebracht und in mannichfaltigen Ordnungen aufgestellt waren, dauerte fort. Ihre innern Kräfte spielten gegen einander. Sie strebten in ihre Freiheit, in ihre alten Verhältnisse zurück. Wenige standen auf ihrem eigentlichen Platze, und sahen in Ruhe dem mannichfaltigen Treiben um sich her zu. Die Übrigen klagten über entsetzliche Qualen und Schmerzen, und bejammerten das alte, herrliche Leben im Schoße der Natur, wo sie eine gemeinschaftliche Freiheit vereinigte, und jedes von selbst erhielt, was es bedurfte. O! daß der Mensch, sagten sie, die innre Musik der Natur verstände, und einen Sinn für äußere Harmonie hätte. Aber er weiß ja kaum, daß wir zusammen gehören, und keins ohne das andere bestehen kann. Er kann nichts liegen lassen, tyrannisch trennt er uns und greift in lauter Dissonanzen herum. Wie glücklich könnte er sein, wenn er mit uns freundlich umginge, und auch in unsern großen Bund träte, wie ehemals in der goldnen Zeit, wie er sie mit Recht nennt. In jener Zeit verstand er uns, wie wir ihn verstanden. Seine Begierde, Gott zu werden, hat ihn von uns getrennt, er sucht, was wir nicht wissen und ahnden können, und seitdem ist er keine begleitende Stimme, keine Mitbewegung mehr. Er ahndet wohl die unendliche Wollust, den ewigen Genuß in uns, und darum hat er eine so wunderbare Liebe zu Einigen unter uns. Der Zauber des Goldes, die Geheimnisse der Farben, die Freuden des Wassers sind ihm nicht fremd; in den Antiken ahndet er die Wunderbarkeit der Steine, und dennoch fehlt ihm noch die süße Leidenschaft für das Weben der Natur, das Auge für unsre entzückenden Mysterien. Lernt er nur einmal fühlen? Diesen himmlischen, diesen natürlichsten aller Sinne kennt er noch wenig: durch das Gefühl würde die alte, ersehnte Zeit zurückkommen; das Element des Gefühls ist ein inneres Licht, was sich in schöner'n, kräftiger'n Farben bricht. Dann gingen die Gestirne in ihm auf, er lernte die ganze Welt fühlen, klärer und mannichfaltiger, als ihm das Auge jetzt Grenzen und Flächen zeigt. Er würde Meister eines unendlichen Spiels und vergaße alle törichten Bestrebungen in einem ewigen, sich selbst nährenden und immer wachsenden Genusse. Das Denken ist nur ein Traum des Fühlens, ein erstorbenes Fühlen, ein blaßgraues, schwaches Leben.

Wie sie so sprachen, strahlte die Sonne durch die hohen Fenster, und in ein sanftes Säuseln verlor sich der Lärm des Gesprächs; eine unendliche Ahndung durchdrang alle Gestalten, die lieblichste Wärme verbreitete sich über alle, und der wunderbarste Naturgesang erhob sich aus der tiefsten Stille. Man hörte Menschenstimmen in der Nähe, die großen Flügeltüren nach dem Garten zu wurden geöffnet, und einige Reisende setzten sich auf die Stufen der breiten Treppe, in den Schatten des Gebäudes. Die reizende Landschaft lag in schöner Erleuchtung vor ihnen, und im Hintergrunde verlor sich der Blick an blauen Gebirgen hinauf. Freundliche Kinder brachten mannichfaltige Speisen und Getränke, und bald begann ein lebhaftes Gespräch unter ihnen.

Auf alles, was der Mensch vornimmt, muß er seine *ungeteilte* Aufmerksamkeit oder sein Ich richten, sagte endlich der Eine, und wenn er dieses getan hat, so entstehn bald Gedanken, oder eine neue Art von Wahrnehmungen, die nichts als zarte Bewegungen eines färbenden oder klappernden Stifts, oder wunderliche Zusammenziehungen und Figurationen einer elastischen Flüssigkeit zu sein scheinen, auf eine wunderbare Weise in ihm. Sie verbreiten sich von dem Punkte, wo er den Eindruck fest stach, nach allen Seiten mit lebendiger Beweglichkeit, und nehmen sein Ich mit fort. Er kann dieses Spiel oft gleich wieder vernichten, indem er seine Aufmerksamkeit wieder teilt oder nach Willkür herumschweifen läßt, denn sie scheinen nichts als Strahlen und Wirkungen, die jenes Ich nach allen Seiten zu in jenem elastischen Medium erregt, oder seine Brechungen in demselben, oder überhaupt ein seltsames Spiel der Wellen dieses Meers mit der starren Aufmerksamkeit zu sein. Höchst merkwürdig ist es, daß der Mensch erst in diesem Spiele seine Eigentümlichkeit, seine spezifische Freiheit recht gewahr wird, und daß es ihm vorkommt, als erwache er aus einem tiefen Schlafe, als sei er nun erst in der Welt zu Hause, und verbreite jetzt erst das Licht des Tages sich über seine innere Welt. Er glaubt es am höchsten gebracht zu haben, wenn er, ohne jenes Spiel zu stören, zugleich die gewöhnlichen Geschäfte der Sinne vornehmen, und empfinden und denken zugleich kann. Dadurch gewinnen beide Wahrnehmungen: die Außenwelt wird durchsichtig, und die Innenwelt mannichfaltig und bedeutungsvoll, und so befindet sich der Mensch in einem innig lebendigen Zustande zwischen zwei Welten in der vollkommensten Freiheit und dem freudigsten Machtgefühl. Es ist natürlich, daß der Mensch diesen Zustand zu verewigen und ihn über die ganze Summe seiner Eindrükke zu verbreiten sucht; daß er nicht müde wird, diese Assoziationen beider Welten zu verfolgen, und ihren Gesetzen und ihren Sympathien und Antipathien nachzuspüren. Den Inbegriff dessen, was uns rührt, nennt man die Natur, und also steht die Natur in einer unmittelbaren Beziehung auf die Gliedmaßen unsers Körpers, die wir Sinne nennen. Unbekannte und geheimnisvolle Beziehungen unsers Körpers lassen unbekannte und geheimnisvolle Verhältnisse der Natur vermuten, und so ist die Natur jene wunderbare Gemeinschaft, in die unser Körper uns einführt, und die wir nach dem Maße seiner Einrichtungen und Fähigkeiten kennen lernen. Es frägt sich, ob wir die Natur der Naturen durch diese spezielle Natur wahrhaft begreifen lernen können, und inwiefern unsre Gedanken und die Intensität unsrer Aufmerksamkeit durch dieselbe bestimmt werden, oder sie bestimmen, und dadurch von der Natur losreißen und vielleicht ihre zarte Nachgiebigkeit verderben. Man sieht wohl, daß diese innern Verhältnisse und Einrichtungen unsers Körpers vor allen Dingen erforscht werden müssen, ehe wir diese Frage zu beantworten und in die Natur der Dinge zu dringen hoffen können. Es ließe sich jedoch auch denken, daß wir überhaupt erst uns mannichfach im Denken müßten geübt haben, ehe wir uns an dem innern Zusammenhang unsers Körpers versuchen und seinen Verstand zum Verständnis der Natur gebrauchen könnten, und da wäre freilich nichts natürlicher, als alle mögliche Bewegungen des Denkens hervorzubringen und eine Fertigkeit in diesem Geschäft, so wie eine Leichtigkeit zu erwerben, von Einer zur Andern überzugehen und sie mannichfach zu verbinden und zu zerlegen. Zu dem Ende müßte man alle Eindrücke aufmerksam betrachten, das dadurch entstehende Gedankenspiel ebenfalls genau bemerken, und sollten dadurch abermals neue Gedanken entstehn, auch diesen zusehn, um so allmählich ihren Mechanismus zu erfahren und durch eine oftmalige Wiederholung die mit jedem Eindruck beständig verbundnen Bewegungen von den übrigen unterscheiden und behalten zu lernen. Hätte man dann nur erst einige Bewegungen, als Buchstaben der Natur, herausgebracht, so würde das Dechiffrieren immer leichter von statten gehn, und die Macht über die Gedankenerzeugung und Bewegung den Beobachter in Stand setzen, auch ohne vorhergegangenen wirklichen Eindruck, Naturgedanken hervorzubringen und Naturkompositionen zu entwerfen, und dann wäre der Endzweck erreicht.

Es ist wohl viel gewagt, sagte ein Anderer, so aus den außerlichen Kräften und Erscheinungen der Natur sie zusammensetzen zu wollen, und sie bald für ein ungeheures Feuer, bald für einen wunderbar gestalteten Fall, bald für eine Zweiheit oder Dreiheit, oder für irgend eine andere seltsamliche Kraft auszugeben. Es wäre denkbarer, daß sie das Erzeugnis eines unbegreiflichen Einverständnisses unendlich verschiedner Wesen wäre, das wunderbare Band der Geisterwelt, der Vereinigungs- und Berührungspunkt unzähliger Welten.

Laß es gewagt sein, sprach ein Dritter; je willkürlicher das Netz gewebt ist, das der kühne Fischer auswirft, desto glücklicher ist der Fang. Man ermuntre nur jeden, seinen Gang so weit als möglich fortzusetzen, und jeder sei willkommen, der mit einer neuen Fantasie die Dinge überspinnt. Glaubst du nicht, daß es gerade die gut ausgeführten Systeme sein werden, aus denen der künftige Geograph der Natur die Data zu seiner großen Naturkarte nimmt? Sie wird er vergleichen, und diese Vergleichung wird uns das sonderbare Land erst kennen lehren. Die Erkenntnis der Natur wird aber noch himmelweit von ihrer Auslegung verschieden sein. Der eigentliche Chiffrierer wird vielleicht dahin kommen, mehrere Naturkräfte zugleich zu Hervorbringung herrlicher und nützlicher Erscheinungen in Bewegung zu setzen, er wird auf der Natur, wie auf einem großen Instrument phantasieren können, und doch wird er die Natur nicht verstehn. Dies ist die Gabe des Naturhistorikers, des Zeitensehers, der vertraut mit der Geschichte der Natur, und bekannt mit der Welt, diesem höheren Schauplatz der Naturgeschichte, ihre Bedeutungen wahrnimmt und weissagend verkündigt. Noch ist dieses Gebiet ein unbekanntes, ein heiliges Feld. Nur göttliche Gesandte haben einzelne Worte dieser höchsten Wissenschaft fallen lassen, und es ist nur zu verwundern, daß die ahndungsvollen Geister sich diese Ahndung haben entgehn lassen und die Natur zur einförmigen Maschine, ohne Vorzeit und Zukunft, erniedrigt haben. Alles Göttliche hat eine Geschichte und die Natur, dieses einzige Ganze, womit der Mensch sich vergleichen kann, sollte nicht so gut wie der Mensch in einer Geschichte begriffen sein, oder welches eins ist, einen Geist haben? Die Natur wäre nicht die Natur, wenn sie keinen Geist hätte, nicht jenes einzige Gegenbild der Menschheit nicht die unentbehrliche Antwort dieser geheimnisvollen Frage, oder die Frage zu dieser unendlichen Antwort.

Nur die Dichter haben es gefühlt, was die Natur den Menschen sein kann, begann ein schöner Jüngling, und man kann auch hier von ihnen sagen, daß sich die Menschheit in ihnen in der vollkommensten Auflösung befindet, und daher jeder Eindruck durch ihre Spiegelhelle und Beweglichkeit rein in allen seinen unendlichen Veränderungen nach allen Seiten fortgepflanzt wird. Alles finden sie in der Natur. Ihnen allein bleibt die Seele derselben nicht fremd, und sie suchen in ihrem Umgang alle Seligkeiten der goldnen Zeit nicht umsonst. Für sie hat die Natur alle Abwechselungen eines unendlichen Gemüts, und mehr als der geistvollste, lebendigste Mensch überrascht sie durch sinnreiche Wendungen und Einfälle, Begegnungen und Abweichungen, große Ideen und Bizarrerieen. Der unerschöpfliche Reichtum ihrer Phantasie läßt keinen vergebens ihren Umgang aufsuchen. Alles weiß sie zu verschönern, zu beleben, zu bestätigen, und wenn auch im Einzelnen ein bewußtloser, nichtsbedeutender Mechanismus allein zu herrschen scheint, so sieht doch das tiefer sehende Auge eine wunderbare Sympathie mit dem menschlichen Herzen im Zusammentreffen und in der Folge der einzelnen Zufälligkeiten. Der Wind ist eine Luftbewegung, die manche äußere Ursachen haben kann, aber ist er dem einsamen, sehnsuchtsvollen Herzen nicht mehr, wenn er vorübersaust, von geliebten Gegenden herweht und mit tausend dunkeln, wehmütigen Lauten den stillen Schmerz in einen tiefen melodischen Seufzer der ganzen Natur aufzulösen scheint? Fühlt nicht so auch im jungen, bescheidnen Grün der Frühlingswiesen der junge Liebende seine ganze blumenschwangre Seele mit entzückender Wahrheit ausgesprochen, und ist je die Üppigkeit einer nach süßer Auflösung in goldnen Wein lüsternen Seele köstlicher und erwecklicher erschienen, als in einer vollen, glänzenden Traube, die sich unter den breiten Blättern halb versteckt? Man beschuldigt die Dichter der Übertreibung und hält ihnen ihre bildliche uneigentliche Sprache gleichsam nur zu gute, ja man begnügt sich ohne tiefere Untersuchung, ihrer Fantasie jene wunderliche Natur zuzuschreiben, die manches sieht und hört, was andere nicht hören und sehen, und die in einem lieblichen Wahnsinn mit der wirklichen Welt nach ihrem Belieben schaltet und waltet; aber mir scheinen die Dichter noch bei weitem nicht genug zu übertreiben, nur dunkel den Zauber jener Sprache zu ahnden und mit der Fantasie nur so zu spielen, wie ein Kind mit dem Zauberstabe seines Vaters spielt. Sie wissen nicht, welche Kräfte ihnen untertan sind, welche Welten ihnen gehorchen müssen. Ist es denn nicht wahr, daß Steine und Wälder der Musik gehorchen und, von ihr gezähmt, sich jedem Willen wie Haustiere fügen? – Blühen nicht wirklich die schönsten Blumen um die Geliebte und freuen sich sie zu schmükken? Wird für sie der Himmel nicht heiter und das Meer nicht eben? – Drückt nicht die ganze Natur so gut, wie das Gesicht, und die Gebärden, der Puls und die Farben, den Zustand eines jeden der höheren, wunderbaren Wesen aus, die wir Menschen nennen? Wird nicht der Fels ein eigentümliches Du, eben wenn ich ihn anrede? Und was bin ich anders, als der Strom, wenn ich wehmütig in seine Wellen hinabschaue, und die Gedanken in seinem Gleiten verliere? Nur ein ruhiges, genußvolles Gemüt wird die Pflanzenwelt, nur ein lustiges Kind oder ein Wilder die Tiere verstehn. – Ob jemand die Steine und Gestirne schon verstand, weiß ich nicht, aber gewiß muß dieser ein erhabnes Wesen gewesen sein. In jenen

Statuen, die aus einer untergegangenen Zeit der Herrlichkeit des Menschengeschlechts übrig geblieben sind, leuchtet allein so ein tiefer Geist, so ein seltsames Verständnis der Steinwelt hervor, und überzieht den sinnvollen Betrachter mit einer Steinrinde, die nach innen zu wachsen scheint. Das Erhabne wirkt versteinernd, und so dürften wir uns nicht über das Erhabne der Natur und seine Wirkungen wundern, oder nicht wissen, wo es zu suchen sei. Könnte die Natur nicht über den Anblick Gottes zu Stein geworden sein? Oder vor Schrecken über die Ankunft des Menschen?

Über diese Rede war der, welcher zuerst gesprochen hatte, in tiefe Betrachtung gesunken, die fernen Berge wurden buntgefärbt, und der Abend legte sich mit süßer Vertraulichkeit über die Gegend. Nach einer langen Stille hörte man ihn sagen: Um die Natur zu begreifen, muß man die Natur innerlich in ihrer ganzen Folge entstehen lassen. Bei dieser Unternehmung muß man sich bloß von der göttlichen Sehnsucht nach Wesen, die uns gleich sind, und den notwendigen Bedingungen dieselben zu vernehmen, bestimmen lassen, denn wahrhaftig die ganze Natur ist nur als Werkzeug und Medium des Einverständnisses vernünftiger Wesen begreiflich. Der denkende Mensch kehrt zur ursprünglichen Funktion seines Daseins, zur schaffenden Betrachtung, zu jenem Punkte zurück, wo Hervorbringen und Wissen in der wundervollsten Wechselverbindung standen, zu jenem schöpferischen Moment des eigentlichen Genusses, des innern Selbstempfängnisses. Wenn er nun ganz in die *Beschauung* dieser Urerscheinung versinkt, so entfaltet sich vor ihm in neu entstehenden Zeiten und Räumen, wie ein unermeßliches Schauspiel, die Erzeugungsgeschichte der Natur, und jeder feste Punkt, der sich in der unendlichen Flüssigkeit ansetzt, wird ihm eine neue Offenbarung des Genius der Liebe, ein neues Band des Du und des Ich. Die sorgfältige Beschreibung dieser innern Weltgeschichte ist die wahre Theorie der Natur; durch den Zusammenhang seiner Gedankenwelt in sich, und ihre Harmonie mit dem Universum, bildet sich von selbst ein Gedankensystem zur getreuen Abbildung und Formel des Universums. Aber die Kunst des ruhigen Beschauens, der schöpferischen Weltbetrachtung ist schwer, unaufhörliches ernstes Nachdenken und strenge Nüchternheit fordert die Ausführung, und die Belohnung wird kein Beifall der mühescheuenden Zeitgenossen, sondern nur eine Freude des Wissens und Machens, eine innigere Berührung des Universums sein.

Ja, sagte der Zweite, nichts ist so bemerkenswert, als das große Zugleich in der Natur. Überall scheint die Natur ganz gegenwärtig. In der Flamme eines Lichts sind alle Naturkräfte tätig, und so repräsentiert und verwandelt sie sich überall und unaufhörlich, treibt Blätter, Blüten und Früchte zusammen, und ist mitten in der Zeit gegenwärtig, vergangen und zukünftig zugleich; und wer weiß, in welche eigne Art von Ferne sie ebenfalls wirkt und ob nicht dieses Natursystem nur eine Sonne ist im Universo, die durch Bande an dasselbe geknüpft ist, durch ein Licht und einen Zug und Einflüsse, die zunächst in unserm Geiste sich deutlicher vernehmen lassen, und aus ihm heraus den Geist des Universums über diese Natur ausgießen, und den Geist dieser Natur an andere Natursysteme verteilen.

Wenn der Denker, sprach der Dritte, mit Recht als Künstler den tätigen Weg betritt, und durch eine geschickte Anwendung seiner geistigen Bewegungen das Weltall auf eine einfache, rätselhaft scheinende Figur zu reduzieren sucht, ja man nöchte sagen die Natur tanzt, und mit Worten die Linien der Bewegungen nachschreibt, so muß der Liebhaber der Natur dieses kühne Unternehmen bewundern, und sich auch über das Gedeihen dieser menschlichen Anlage freuen. Billig stellt der Künstler die Tätigkeit oben an, denn sein Wesen ist Tun und Hervorbringen mit Wissen und Willen, und seine Kunst ist, sein Werkzeug zu allem gebrauchen, die Welt auf seine Art nachbilden zu können, und darum wird das Prinzip seiner Welt Tätigkeit, und seine Welt seine Kunst. Auch hier wird die Natur in neuer Herrlichkeit sichtbar, und nur der gedankenlose Mensch wirft die unleserlichen, wunderlich gemischten Worte mit Verachtung weg. Dankbar legt der Priester diese neue, erhabene Meßkunst auf den Altar zu der magnetischen Nadel, die sich nie verirrt, und zahllose Schiffe auf dem pfadlosen Ozean zu bewohnten Künsten und den Häfen des Vaterlandes zurück führte. Außer dem Denker gibt es aber noch andre Freunde des Wissens, die dem Hervorbringen durch Denken nicht vorzüglich zugetan, und also ohne Beruf zu dieser Kunst, lieber Schüler der Natur werden, ihre Freude im Lernen, nicht im Lehren, im Erfahren, nicht im Machen, im Empfangen, nicht im Geben finden. Einige sind geschäftig und nehmen im Vertrauen auf die Allgegenwart und die innige Verwandtschaft der Natur, mithin auch im voraus von der Unvollständigkeit und der Kontinuität alles Einzelnen überzeugt, irgend eine Erscheinung mit Sorgfalt auf, und halten den in tausend Gestalten sich verwandelnden Geist derselben mit stetem Blicke fest, und gehn dann an diesem Faden durch alle Schlupfwinkel der geheimen Werkstätte, um eine vollständige Verzeichnung dieser labyrinthischen Gänge entwerfen zu können. Sind sie mit dieser mühseligen Arbeit fertig, so ist auch unvermerkt ein höherer Geist über sie gekommen, und es wird ihnen dann leicht, über die vorliegende Karte zu reden und jedem Suchenden seinen Weg vorzuschreiben. Unermeßlicher Nutzen segnet ihre mühsame Arbeit, und der Grundriß ihrer Karte wird auf eine überraschende Weise mit dem Systeme des Denkers übereinstimmen, und sie werden diesem zum Trost gleichsam den lebendigen Beweis seiner abstrakten Sätze unwillkürlich geführt haben. Die Müßigsten unter ihnen erwarten kindlich von liebevoller Mitteilung höherer, von ihnen mit Inbrunst verehrter Wesen die ihnen nützliche Kenntnis der Natur. Sie mögen Zeit und Aufmerksamkeit in diesem kurzen Leben nicht Geschäften widmen, und dem Dienste der Liebe entziehn. Durch frommes Betragen suchen sie nur Liebe zu gewinnen, nur Liebe mitzuteilen, unbekümmert um das große Schauspiel der Kräfte, ruhig ihrem Schicksale in diesem Reiche der Macht ergeben, weil das innige Bewußtsein ihrer Unzertrennlichkeit von den geliebten Wesen sie erfüllt, und die Natur sie nur als Abbild und Eigentum derselben rührt. Was brauchen diese glücklichen Seelen zu wissen, die das beste Teil erwählt haben, und als reine Flammen der Liebe in dieser irdischen Welt nur auf den Spitzen der Tempel oder auf umhergetriebenen Schiffen, als Zeichen des überströmenden himmlischen Feuers lodern? Oft erfahren diese liebenden Kinder in seligen Stunden herrliche Dinge aus den Geheimnissen der Natur, und tun sie in unbewußter Einfalt kund. Ihren Tritten folgt der Forscher, um jedes Kleinod zu sammeln, was sie in ihrer Unschuld und Freude haben fallen lassen, ihrer Liebe huldigt der mitfühlende Dichter und sucht durch seine Gesänge diese Liebe, diesen Keim des goldnen Alters, in andre Zeiten und Länder zu verpflanzen.

Wem regt sich nicht, tief der Jüngling mit funkelndem Auge, das Herz in hüpfender Lust, wenn ihm das innerste Leben der Natur in seiner ganzen Fülle in das Gemüt kommt! wenn dann jenes mächtige Gefühl, wofür die Sprache keine andere Namen als Liebe und Wollust hat, sich in ihm ausdehnt, wie ein gewaltiger, alles auflösender Dunst, und er bebend in süßer Angst in den dunkeln lokkenden Schoß der Natur versinkt, die arme Persönlichkeit in den überschlagenden Wogen der Lust sich verzehrt, und nichts als ein Brennpunkt der unermeßlichen Zeugungskraft, ein verschluckender Wirbel im großen Ozean übrig bleibt! Was ist die überall erscheinende Flamme? Eine innige Umarmung, deren süße Frucht in wollüstigen Tropfen heruntertaut. Das Wasser, dieses erstgeborne Kind luftiger Verschmelzungen, kann seinen wollüstigen Ursprung nicht verleugnen und zeigt sich, als Element der Liebe und der Mischung mit himmlischer Allgewalt auf Erden. Nicht unwahr haben alte Weisen im Wasser den Ursprung der Dinge gesucht, und wahrlich sie haben von einem höhern Wasser, als dem Meer- und Quellwasser gesprochen. In jenem offenbaret sich nur das Urflüssige, wie es im flüssigen Metall zum Vorschein kommt, und darum mögen die Menschen es immer auch nur göttlich verehren. Wie wenige haben sich noch in die Geheimnisse des Flüssigen vertieft und manchem ist diese Ahndung des höchsten Genusses und Lebens wohl nie in der trunkenen Seele aufgegangen. Im Durste offenbaret sich diese Weltseele, diese gewaltige Sehnsucht nach dem Zerfließen. Die Berauschten fühlen nur zu gut diese überirdische Wonne des Flüssigen, und am Ende sind alle angenehme Empfindungen in uns mannichfache Zerfließungen, Regungen jener Urgewässer in uns. Selbst der Schlaf ist nichts als die Flut jenes unsichtbaren Weltmeers, und das Erwachen das Eintreten der Ebbe. Wie viele Menschen stehn an den berauschenden Flüssen und hören nicht das Wiegenlied dieser mütterlichen Gewässer, und genießen nicht das entzückende Spiel seiner unendlichen Wellen! Wie diese Wellen, lebten wir in der goldnen Zeit; in buntfarbigen Wolken, diesen schwimmenden Meeren und Urquellen des Lebendigen auf Erden, liebten und erzeugten sich die Geschlechter der Menschen in ewigen Spielen; wurden besucht von den Kindern des Himmels und erst in jener großen Begebenheit, welche heilige Sagen die Sündflut nennen, ging diese blühende Welt unter; ein feindliches Wesen schlug die Erde nieder, und einige Menschen blieben geschwemmt auf die Klippen der neuen Gebirge in der fremden Welt zurück. Wie seltsam, daß gerade die heiligsten und reitzendsten Erscheinungen der Natur in den Händen so toter Menschen sind, als die Scheidekünstler zu sein pflegen! sie, die den schöpferischen Sinn der Natur mit Macht erwecken, nur ein Geheimnis der Liebenden, Mysterien der höhern Menschheit sein sollten, werden mit Schamlosigkeit und sinnlos von rohen Geistern hervorgerufen, die nie wissen werden, welche Wunder ihre Gläser umschließen. Nur Dichter sollten mit dem Flüssigen umgehn, und von ihm der glühenden Jugend erzählen dürfen; die Werkstätten wären Tempel und mit neuer Liebe würden die Menschen ihre Flamme und ihre Flüsse verehren und sich ihrer rühmen. Wie glücklich würden die Städte sich wieder dünken, die das Meer oder ein großer Strom bespült, und jede Quelle würde wieder die Freistätte der Liebe und der Aufenthalt der erfahrnen und geistreichen Menschen. Darum lockt auch die Kinder nichts mehr als Feuer und Wasser, und jeder Strom verspricht ihnen, in die bunte Ferne, in schönere Gegenden sie zu führen. Es ist nicht bloß Widerschein, daß der Himmel im Wasser liegt, es ist eine zarte Befreundung, ein Zeichen der Nachbarschaft, und wenn der unerfüllte Trieb in die unermeßliche Höhe will, so versinkt die glückliche Liebe gern in die endlose Tiefe. Aber es ist umsonst, die Natur lehren und predigen zu wollen. Ein Blindgeborner lernt nicht sehen, und wenn man ihm noch so viel von Farben und Lichtern und fernen Gestalten erzählen wollte. So wird auch keiner die Natur begreifen, der kein Naturorgan, kein innres naturerzeugendes und absonderndes Werkzeug hat, der nicht, wie von selbst, überall die Natur an allem erkennt und unterscheidet und mit angeborner Zeugungslust, in inniger mannichfaltiger Verwandtschaft mit allen Körpern, durch das Medium der Empfindung, sich mit allen Naturwesen vermischt, sich gleichsam in sie hineinfühlt. Wer aber einen richtigen und geübten Natursinn hat, der genießt die Natur, indem er sie studiert, und freut sich ihrer unendlichen Mannichfaltigkeit, ihrer Unerschöpflichkeit im Genusse, und bedarf nicht, daß man ihn mit unnützen Worten in seinen Genüssen störe. Ihm dünkt vielmehr, daß man nicht heimlich genug mit der Natur umgehen, nicht zart genug von ihr reden, nicht ungestört und aufmerksam genug sie beschauen kann. Er fühlt sich in ihr, wie am Busen seiner züchtigen Braut und vertraut auch nur dieser seine erlangten Einsichten in süßen vertraulichen Stunden. Glücklich preis' ich diesen Sohn, diesen Liebling der Natur, dem sie verstattet sie in ihrer Zweiheit, als erzeugende und gebärende Macht, und in ihrer Einheit, als eine unendliche, ewigdauernde Ehe, zu betrachten. Sein Leben wird eine Fülle aller Genüsse, eine Kette der Wollust und seine Religion der eigentliche, echte Naturalismus sein.

Unter dieser Rede hatte sich der Lehrer mit seinen Lehrlingen der Gesellschaft genähert. Die Reisenden standen auf und begrüßten ihn ehrfurchtsvoll. Eine erfrischende Kühlung verbreitete sich aus den dunkeln Laubgängen über den Platz und die Stufen. Der Lehrer ließ einen jener seltnen leuchtenden Steine bringen, die man Karfunkel nennt, und ein hellrotes, kräftiges Licht goß sich über die verschiednen Gestalten und Kleidungen aus. Es entspann sich bald eine freundliche Mitteilung unter ihnen. Während eine Musik aus der Ferne sich hören ließ und eine kühlende Flamme aus Krystallschalen in die Lippen der Sprechenden hineinloderte, erzählten die Fremden merkwürdige Erinnerungen ihrer weiten Reisen. Voll Sehnsucht und Wißbegierde hatten sie sich aufgemacht, um die

Spuren jenes verloren gegangenen Urvolks zu suchen, dessen entartete und verwilderte Reste die heutige Menschheit zu sein schiene, dessen hoher Bildung sie noch die wichtigsten und unentbehrlichsten Kenntnisse und Werkzeuge zu danken hat. Vorzüglich hatte sie jene heilige Sprache gelockt, die das glänzende Band jener königlichen Menschen mit überirdischen Gegenden und Bewohnern gewesen war, und von der einige Worte, nach dem Verlaut mannichfaltiger Sagen, noch im Besitz einiger glücklichen Weisen unter unsern Vorfahren gewesen sein mögen. Ihre Aussprache war ein wunderbarer Gesang, dessen unwiderstehliche Töne tief in das Innere jeder Natur eindrangen und sie zerlegten. Jeder ihrer Namen schien das Losungswort für die Seele jedes Naturkörpers. Mit schöpferischer Gewalt erregten diese Schwingungen alle Bilder der Welterscheinungen, und von ihnen konnte man mit Recht sagen, daß das Leben des Universums ein ewiges tausendstimmiges Gespräch sei; denn in ihrem Sprechen schienen alle Kräfte, alle Arten der Tätigkeit auf das Unbegreiflichste vereinigt zu sein. Die Trümmer dieser Sprache, wenigstens alle Nachrichten von ihr, aufzusuchen, war ein Hauptzweck ihrer Reise gewesen, und der Ruf des Altertums hatte sie auch nach Sais gezogen. Sie hofften hier von den erfahrnen Vorstehern des Tempelarchivs wichtige Nachrichten zu erhalten, und vielleicht in den großen Sammlungen aller Art selbst Aufschlüsse zu finden. Sie baten den Lehrer um die Erlaubnis, eine Nacht im Tempel schlafen, und seinen Lehrstunden einige Tage beiwohnen zu dürfen. Sie erhielten was sie wünschten, und freuten sich innig, wie der Lehrer aus dem Schatze seiner Erfahrungen ihre Erzählungen mit mannichfaltigen Bemerkungen begleitete, und eine Reihe lehrreicher und anmutiger Geschichten und Beschreibungen vor ihnen entwickelte. Endlich kam er auch auf das Geschäft seines Alters, den unterschiednen Natursinn in jungen Gemütern zu erwecken, zu üben, zu schärfen, und ihn mit den andern Anlagen zu höheren Blüten und Früchten zu verknüpfen.

Ein Verkündiger der Natur zu sein, ist ein schönes und heiliges Amt, sagte der Lehrer. Nicht der bloße Umfang und Zusammenhang der Kenntnisse, nicht die Gabe, diese Kenntnisse leicht und rein an bekannte Begriffe und Erfahrungen anzuknüpfen, und die eigentümlichen fremd klingenden Worte mit gewöhnlichen Ausdrücken zu vertauschen, selbst nicht die Geschicklichkeit einer reichen Einbildungskraft, die Naturerscheinungen in leicht faßliche und treffend beleuchtete Gemälde zu ordnen, die entweder durch den Reitz der Zusammenstellung und den Reichtum des Inhalts die

Sinne spannen und befriedigen, oder den Geist durch eine tiefe Bedeutung entzücken, alles dies macht noch nicht das echte Erfordernis eines Naturkündigers aus. Wem es um etwas anders zu tun ist, als um die Natur, dem ist es vielleicht genug, aber wer eine innige Sehnsucht nach der Natur spürt, wer in ihr alles sucht, und gleichsam ein empfindliches Werkzeug ihres geheimen Tuns ist, der wird nur den für seinen Lehrer und für den Vertrauten der Natur erkennen, der mit Andacht und Glauben von ihr spricht, dessen Reden die wunderbare, unnachahmliche Eindringlichkeit und Unzertrennlichkeit haben, durch die sich wahre Evangelia, wahre Eingebungen ankündigen. Die ursprünglich günstige Anlage eines solchen natürlichen Gemüts muß durch unablässigen Fleiß von Jugend auf, durch Einsamkeit und Stillschweigen, weil vieles Reden sich nicht mit der steten Aufmerksamkeit verträgt, die ein solcher anwenden muß, durch kindliches, bescheidnes Wesen und unermüdliche Geduld unterstützt und ausgebildet sein. Die Zeit läßt sich nicht bestimmen, wie bald einer ihrer Geheimnisse teilhaftig wird. Manche Beglückte gelangten früher, manche erst im hohen Alter dazu. Ein wahrer Forscher wird nie alt, jeder ewige Trieb ist außer dem Gebiete der Lebenszeit, und je mehr die äußere Hülle verwittert, desto heller und glänzender und mächtiger wird der Kern. Auch haftet diese Gabe nicht an äußerer Schönheit, oder Kraft, oder Einsicht, oder irgend einem menschlichen Vorzug. In allen Ständen, unter jedem Alter und Geschlecht, in allen Zeitaltern und unter jedem Himmelsstriche hat es Menschen gegeben, die von der Natur zu ihren Lieblingen ausersehn und durch inneres Empfängnis beglückt waren. Oft schienen diese Menschen einfältiger und ungeschickter zu sein, als Andere, und blieben ihr ganzes Leben hindurch in der Dunkelheit des großen Haufens. Es ist sogar als eine rechte Seltenheit zu achten, wenn man das wahre Naturverständnis bei großer Beredsamkeit, Klugheit, und einem prächtigen Betragen findet, da es gemeiniglich die einfachen Worte, den geraden Sinn, und ein schlichtes Wesen hervorbringt oder begleitet. In den Werkstätten der Handwerker und Künstler, und da, wo die Menschen in vielfältigem Umgang und Streit mit der Natur sind, als da ist beim Ackerbau, bei der Schiffahrt, bei der Viehzucht, bei den Erzgruben, und so bei vielen andern Gewerben, scheint die Entwickelung dieses Sinns am leichtesten und öftersten statt zu finden. Wenn jede Kunst in der Erkenntnis der Mittel, einen gesuchten Zweck zu erreichen, eine bestimmte Wirkung und Erscheinung hervorzubringen, und in der Fertigkeit, diese Mittel zu wählen und anzuwenden, besteht, so muß derjenige, der den innern Beruf fühlt, das Naturverständnis mehreren Menschen gemein zu machen, diese Anlage in den Menschen vorzüglich zu entwickeln, und zu pflegen, zuerst auf die natürlichen Anlässe dieser Entwicklung sorgfältig zu achten und die Grundzüge dieser Kunst der Natur abzulernen suchen. Mit Hülfe dieser erlangten Einsichten wird er sich ein System der Anwendung dieser Mittel bei jedem gegebenen Individuum, auf Versuche, Zergliederung und Vergleichung gegründet, bilden, sich dieses System bis zur andern Natur aneignen, und dann mit Enthusiasmus sein belohnendes Geschäft anfangen. Nur diesen wird man mit Recht einen Lehrer der Natur nennen können, da jeder andre bloße Naturalist nur zufällig und sympathetisch, wie ein Naturerzeugnis selbst, den Sinn für die Natur erwecken wird.

Heinrich von Kleist
Die heilige Cäcilie
oder
Die Gewalt der Musik

(Eine Legende)

Um das Ende des sechzehnten Jahrhunderts, als die Bilderstürmerei in den Niederlanden wütete, trafen drei Brüder, junge in Wittenberg studierende Leute, mit einem vierten, der in Antwerpen als Prädikant angestellt war, in der Stadt Aachen zusammen. Sie wollten daselbst eine Erbschaft erheben, die ihnen von Seiten eines alten, ihnen allen unbekannten Oheims zugefallen war, und kehrten, weil niemand in dem Ort war, an den sie sich hätten wenden können, in einem Gasthof ein. Nach Verlauf einiger Tage, die sie damit zugebracht hatten, den Prädikanten über die merkwürdigen Auftritte, die in den Niederlanden vorgefallen waren, anzuhören, traf es sich, daß von den Nonnen im Kloster der heiligen Cäcilie, das damals vor den Toren dieser Stadt lag, der Fronleichnamstag festlich begangen werden sollte; dergestalt, daß die vier Brüder, von Schwärmerei, Jugend und dem Beispiel der Niederländer erhitzt, beschlossen, auch der Stadt Aachen das Schauspiel einer Bilderstürmerei zu geben. Der Prädikant, der dergleichen Unternehmungen mehr als einmal schon geleitet hatte, versammelte, am Abend zuvor eine Anzahl junger, der neuen Lehre ergebener Kaufmannssöhne und Studenten, welche, in dem Gasthofe, bei Wein und Speisen, unter Verwünschungen des Papsttums, die Nacht zubrachten; und, da der Tag über die Zinnen der Stadt aufgegangen, versahen sie sich mit Äxten und Zerstörungswerkzeugen aller Art, um ihr ausgelassenes Geschäft zu beginnen. Sie verabredeten frohlockend ein Zeichen, auf welches sie damit anfangen wollten, die Fensterscheiben, mit biblischen Geschichten bemalt, einzuwerfen; und eines großen Anhangs, den sie unter dem Volk finden würden, gewiß, verfügten sie sich, entschlossen keinen Stein auf dem andern zu lassen, in der Stunde, da die Glocken läuteten, in den Dom. Die Äbtissin, die, schon beim Anbruch des Tages, durch einen Freund von der Gefahr, in welcher das Kloster schwebte, benachrichtigt worden war, schickte vergebens, zu wiederholten Malen, zu dem kaiserlichen Offizier, der in der Stadt kommandierte, und bat sich, zum Schutz des Klosters, eine Wache aus; der Offizier, der selbst ein Feind des Papsttums, und als solcher, wenigstens unter der Hand, der neuen Lehre zugetan war, wußte ihr unter dem staatsklugen Vorgeben, daß sie Geister sähe, und für ihr Kloster auch nicht der Schatten einer Gefahr vorhanden sei, die Wache zu verweigern. Inzwischen brach die Stunde an, da die Feierlichkeiten beginnen sollten, und die Nonnen schickten sich, unter Angst und Beten, und jammervoller Erwartung der Dinge, die da kommen sollten, zur Messe an. Niemand beschützte sie, als ein alter, siebenzigjähriger Klostervogt, der sich, mit einigen bewaffneten Troßknechten, am Eingang der Kirche aufstellte. In den Nonnenklöstern führen, auf das Spiel jeder Art der Instrumente geübt, die Nonnen, wie bekannt, ihre Musiken selber auf; oft mit einer Präzision, einem Verstand und einer Empfindung, die man in männlichen Orchestern (vielleicht wegen der weiblichen Geschlechtsart dieser geheimnisvollen Kunst) vermißt. Nun fügte es sich, zur Verdoppelung der Bedrängnis, daß die Kapellmeisterin, Schwester Antonia, welche die Musik auf dem Orchester zu dirigieren pflegte, wenige Tage zuvor, an einem Nervenfieber heftig erkrankte; dergestalt, daß abgesehen von den vier gotteslästerlichen Brüdern, die man bereits, in Mänteln gehüllt, unter den Pfeilern der Kirche erblickte, das Kloster auch, wegen Aufführung eines schicklichen Musikwerks, in der lebhaftesten Verlegenheit war. Die Äbtissin, die am Abend des vorhergehenden Tages befohlen hatte, daß eine uralte von einem unbekannten Meister herrührende, italienische Messe aufgeführt werden möchte, mit welcher die Kapelle mehrmals schon, einer besondern Heiligkeit und Herrlichkeit wegen, mit welcher sie gedichtet war, die größesten Wirkungen hervorgebracht hatte, schickte, mehr als jemals auf ihren Willen beharrend, noch einmal zur Schwester Antonia herab, um zu hören, wie sich dieselbe befinde; die Nonne aber, die dies Geschäft übernahm, kam mit der Nachricht zurück, daß die Schwester in gänzlich bewußtlosem Zustande daniederliege, und daß an ihre Direktionsführung, bei der vorhabenden Musik, auf keine Weise zu denken sei. Inzwischen waren in dem Dom, in welchem sich nach und nach mehr denn hundert, mit Beilen und Brechstangen versehene Frevler, von allen Ständen und Altern, eingefunden hatten, bereits die bedenklichsten Auftritte vorgefallen; man hatte einige Troßknechte, die an den Portälen standen, auf die unanständigste Weise geneckt, und sich die frechsten und unverschämtesten Äußerungen gegen die Nonnen erlaubt, die sich hin und wieder, in frommen Geschäften, einzeln in den Hallen blicken ließen: dergestalt, daß der Klostervogt sich in die Sakristei verfügte, und die Äbtissin auf Knieen beschwor, das Fest einzustellen und sich in die Stadt, unter den Schutz des Kommandanten zu begeben. Aber die Äbtissin bestand unerschütterlich darauf, daß das zur Ehre des höchsten Gottes angeordnete Fest begangen werden müsse; sie erinnerte den Klostervogt an seine Pflicht, die Messe und den feierlichen Umgang, der in dem Dom gehalten werden würde, mit Leib und Leben zu beschirmen; und befahl, weil eben die Glocke schlug, den Nonnen, die sie, unter Zittern und Beben umringten, ein Oratorium, gleichviel welches und von welchem Wert es sei, zu nehmen, und mit dessen Aufführung sofort den Anfang zu machen.

Eben schickten sich die Nonnen auf dem Altan der Orgel dazu an; die Partitur eines Musikwerks, das man schon häufig gegeben hatte, ward verteilt, Geigen, Hoboen und Bässe geprüft und gestimmt: als Schwester Antonia plötzlich, frisch und gesund, ein wenig bleich im Gesicht, von der Treppe her erschien; sie trug die Partitur der uralten, italienischen Messe, auf deren Aufführung die Äbtissin so dringend bestanden hatte, unter dem Arm. Auf die erstaunte Frage der Nonnen: »wo sie herkomme? und wie sie sich plötzlich so erholt habe?« antwortete sie: gleichviel, Freundinnen, gleichviel! verteilte die Partitur, die sie bei sich trug, und setzte sich selbst, von Begeisterung glühend, an die Orgel, um die Direktion des vortrefflichen Musikstücks zu übernehmen. Demnach kam es, wie ein wunderbarer, himmlischer Trost, in die Herzen der frommen Frauen; sie stellten sich augenblicklich mit ihren Instrumenten an die Pulte; die Beklemmung selbst, in der sie sich befanden, kam hinzu, um ihre Seelen, wie auf Schwingen, durch alle Himmel des Wohlklangs zu führen; das Oratorium ward mit der höchsten und herrlichsten musikalischen Pracht ausgeführt; es regte sich, während der ganzen Darstellung, kein Oden in den Hallen und Bänken; besonders bei dem salve regina und noch mehr bei dem gloria in excelsis, war es, als ob die ganze Bevölkerung der Kirche tot sei: dergestalt, daß den vier gottverdammten Brüdern und ihrem Anhang zum Trotz, auch der Staub auf dem Estrich nicht verweht ward, und das Kloster noch bis an den Schluß des dreißigjährigen Krieges bestanden hat, wo man es, vermöge eines Artikels im westfälischen Frieden, gleichwohl säkularisierte.

Sechs Jahre darauf, da diese Begebenheit längst vergessen war, kam die Mutter dieser vier Jünglinge aus dem Haag an, und stellte, unter dem betrübten Vorgeben, daß dieselben gänzlich verschollen wären, bei dem Magistrat zu Aachen, wegen der Straße, die sie von hier aus genommen haben mochten, gerichtliche Untersuchungen an. Die letzten Nachrichten, die man von ihnen in den

Niederlanden, wo sie eigentlich zu Hause gehörten, gehabt hatte, war, wie sie meldete, ein vor dem angegebenen Zeitraum, am Vorabend eines Fronleichnamsfestes, geschriebener Brief des Prädikanten, an seinen Freund, einen Schullehrer in Antwerpen, worin er demselben, mit vieler Heiterkeit oder vielmehr Ausgelassenheit, von einer gegen das Kloster der heiligen Cäcilie entworfenen Unternehmung, über welche sich die Mutter jedoch nicht näher auslassen wollte, auf vier dichtgedrängten Seiten vorläufige Anzeige machte. Nach mancherlei vergeblichen Bemühungen, die Personen, welche diese bekümmerte Frau suchte, auszumitteln, erinnerte man sich endlich, daß sich schon seit einer Reihe von Jahren, welche ohngefähr auf die Angabe paßte, vier junge Leute, deren Vaterland und Herkunft unbekannt sei, in dem durch des Kaisers Vorsorge unlängst gestifteten Irrenhause der Stadt befanden. Da dieselben jedoch an der Ausschweifung einer religiösen Idee krank lagen, und ihre Aufführung, wie das Gericht dunkel gehört zu haben meinte, äußerst trübselig und melancholisch war; so paßte dies zu wenig auf den, der Mutter nur leider zu wohl bekannten Gemütsstand ihrer Söhne, als daß sie auf diese Anzeige, besonders da es fast herauskam, als ob die Leute katholisch wären, viel hätte geben sollen. Gleichwohl, durch mancherlei Kennzeichen, womit man sie beschrieb, seltsam getroffen, begab sie sich eines Tages, in Begleitung eines Gerichtsboten, in das Irrenhaus, und bat die Vorsteher um die Gefälligkeit, ihr zu den vier unglücklichen, sinnverwirrten Männern, die man daselbst aufbewahre, einen prüfenden Zutritt zu gestatten. Aber wer beschreibt das Entsetzen der armen Frau, als sie gleich auf den ersten Blick, so wie sie in die Tür trat, ihre Söhne erkannte: sie saßen, in langen, schwarzen Talaren, um einen Tisch, auf welchem ein Kruzifix stand, und schienen, mit gefalteten Händen schweigend auf die Platte gestützt, dasselbe anzubeten. Auf die Frage der Frau, die ihrer Kräfte beraubt, auf einen Stuhl niedergesunken war: was sie daselbst machten? antworteten ihr die Vorsteher: »daß sie bloß in der Verherrlichung des Heilands begriffen wären, von dem sie, nach ihrem Vorgeben, besser als andre, einzusehen glaubten, daß er der wahrhaftige Sohn des alleinigen Gottes sei.« Sie setzten hinzu: »daß die Jünglinge, seit nun schon sechs Jahren, dies geisterartige Leben führten; daß sie wenig schliefen und wenig genössen; daß kein Laut über ihre Lippen käme; daß sie sich bloß in der Stunde der Mitternacht einmal von ihren Sitzen erhöben; und daß sie alsdann, mit einer Stimme, welche die Fenster des Hauses bersten machte, das gloria in excelsis intonierten.« Die Vorsteher schlossen mit der Versicherung: daß die jungen Männer dabei körperlich vollkommen gesund wären; daß man ihnen sogar eine gewisse, obschon sehr ernste und feierliche, Heiterkeit nicht absprechen könnte; daß sie, wenn man sie für verrückt erklärte, mitleidig die Achseln zuckten, und daß sie schon mehr als einmal geäußert hätten: »wenn die gute Stadt Aachen wüßte, was sie, so würde dieselbe ihre Geschäfte bei Seite legen, und sich gleichfalls, zur Absingung des gloria, um das Kruzifix des Herrn niederlassen.«

Die Frau, die den schauderhaften Anblick dieser Unglücklichen nicht ertragen konnte und sich bald darauf, auf wankenden Knieen, wieder hatte zu Hause führen lassen, begab sich, um über die Veranlassung dieser ungeheuren Begebenheit Auskunft zu erhalten, am Morgen des folgenden Tages, zu Herrn Veit Gotthelf, berühmten Tuchhändler der Stadt; denn dieses Mannes erwähnte der von dem Prädikanten geschriebene Brief, und es ging daraus hervor, daß derselbe an dem Projekt, das Kloster der heiligen Cäcilie am Tage des Fronleichnamsfestes zu zerstören, eifrigen Anteil genommen habe. Veit Gotthelf, der Tuchhändler, der sich inzwischen verheiratet, mehrere Kinder gezeugt, und die beträchtliche Handlung seines Vaters übernommen hatte, empfing die Fremde sehr liebreich: und da er erfuhr, welch ein Anliegen sie zu ihm führe, so verriegelte er die Tür, und ließ sich, nachdem er sie auf einen Stuhl niedergenötigt hatte, folgendermaßen vernehmen: »Meine liebe Frau! Wenn ihr mich, der mit euren Söhnen vor sechs Jahren in genauer Verbindung gestanden, in keine Untersuchung deshalb verwickeln wollt, so will ich euch offenherzig und ohne Rückhalt gestehen: ja, wir haben den Vorsatz gehabt, dessen der Brief erwähnt! Wodurch diese Tat, zu deren Ausführung alles, auf das Genaueste, mit wahrhaft gottlosem Scharfsinn, angeordnet war, gescheitert ist, ist mir unbegreiflich; der Himmel selbst scheint das Kloster der frommen Frauen in seinen heiligen Schutz genommen zu haben. Denn wißt, daß sich eure Söhne bereits, zur Einleitung entscheidenderer Auftritte, mehrere mutwillige, den Gottesdienst störende Possen erlaubt hatten: mehr denn dreihundert, mit Beilen und Pechkränzen versehene Bösewichter, aus den Mauern unserer damals irregeleiteten Stadt, erwarteten nichts als das Zeichen, das der Prädikant geben sollte, um den Dom der Erde gleich zu machen. Dagegen, bei Anhebung der Musik, nehmen eure Söhne plötzlich, in gleichzeitiger Bewegung, und auf eine uns auffallende Weise, die Hüte ab; sie legen, nach und nach, wie in tiefer unaussprechlicher Rührung, die Hände vor ihr herabgebeugtes Gesicht, und der Prädikant, indem er sich, nach einer erschütternden Pause, plötzlich umwendet, ruft uns allen mit lauter fürchterlicher Stimme zu: gleichfalls unsere Häupter zu entblößen! Vergebens fordern ihn einige Genossen flüsternd, indem sie ihn mit ihren Armen leichtfertig anstoßen, auf, das zur Bilderstürmerei verabredete Zeichen zu geben: der Prädikant, statt zu antworten, läßt sich, mit kreuzweis auf die Brust gelegten Händen, auf Knieen nieder und murmelt, samt den Brüdern, die Stirn inbrünstig in den Staub herab gedrückt, die ganze Reihe noch kurz vorher von ihm verspotteter Gebete ab. Durch diesen Anblick tief im Innersten verwirrt, steht der Haufen der jämmerlichen Schwärmer, seiner Anführer beraubt, in Unschlüssigkeit und Untätigkeit, bis an den Schluß des, vom Altan wunderbar herabrauschenden Oratoriums da; und da, auf Befehl des Kommandanten, in eben diesem Augenblick mehrere Arretierungen verfügt, und einige Frevler, die sich Unordnungen erlaubt hatten, von einer Wache aufgegriffen und abgeführt wurden, so bleibt der elenden Schar nichts übrig, als sich schleunigst, unter dem Schutz der gedrängt aufbrechenden Volksmenge, aus dem Gotteshause zu entfernen. Am Abend, da ich in dem Gasthofe vergebens mehrere Mal nach euren Söhnen, welche nicht wiedergekehrt waren, gefragt hatte, gehe ich, in der entsetzlichsten Unruhe, mit einigen Freunden wieder nach dem Kloster hinaus, um mich bei den Türstehern, welche der kaiserlichen Wache hülfreich an die Hand gegangen waren, nach ihnen zu erkundigen. Aber wie schildere ich euch mein Entsetzen, edle Frau, da ich diese vier Männer nach wie vor, mit gefalteten Händen, den Boden mit Brust und Scheiteln küssend, als ob sie zu Stein erstarrt wären, heißer Inbrunst voll vor dem Altar der Kirche daniedergestreckt liegen sehe! Umsonst forderte sie der Klostervogt, der in eben diesem Augenblick herbeikommt, indem er sie am Mantel zupft und an den Armen rüttelt, auf, den Dom, in welchem es schon ganz finster werde, und kein Mensch mehr gegenwärtig sei, zu verlassen: sie hören, auf träumerische Weise halb aufstehend, nicht eher auf ihn, als bis er sie durch seine Knechte unter den Arm nehmen, und vor das Portal hinaus führen läßt: wo sie uns endlich, obschon unter Seufzern und häufigem herzzerreißenden Umsehen nach der Kathedrale, die hinter uns im Glanz der Sonne prächtig funkelte, nach der Stadt folgen. Die Freunde und ich, wir fragen sie, zu wiederholten Malen, zärtlich und liebreich auf dem Rückwege, was ihnen in aller Welt Schreckliches, fähig, ihr innerstes Gemüt dergestalt umzukehren, zugestoßen sei; sie drücken uns, indem sie uns freundlich ansehen, die Hände, schauen gedankenvoll auf den Boden nieder und wischen sich – ach! von Zeit zu

Zeit, mit einem Ausdruck, der mir noch jetzt das Herz spaltet, die Tränen aus den Augen. Drauf, in ihre Wohnungen angekommen, binden sie sich ein Kreuz, sinnreich und zierlich von Birkenreisern zusammen, und setzen es, einem kleinen Hügel von Wachs eingedrückt, zwischen zwei Lichtern, womit die Magd erscheint, auf dem großen Tisch in des Zimmers Mitte nieder, und während die Freunde, deren Schar sich von Stunde zu Stunde vergrößert, händeringend zur Seite stehen, und in zerstreuten Gruppen, sprachlos vor Jammer, ihrem stillen, gespensterartigen Treiben zusehen: lassen sie sich, gleich als ob ihre Sinne vor jeder andern Erscheinung verschlossen wären, um den Tisch nieder, und schicken sich still, mit gefalteten Händen, zur Anbetung an. Weder des Essens begehren sie, das ihnen, zur Bewirtung der Genossen, ihrem am Morgen gegebenen Befehl gemäß, die Magd bringt, noch späterhin, da die Nacht sinkt, des Lagers, das sie ihnen, weil sie müde scheinen im Nebengemach aufgestapelt hat; die Freunde, um die Entrüstung des Wirts, den diese Aufführung befremdet, nicht zu reizen, müssen sich an einen, zur Seite üppig gedeckten Tisch niederlassen, und die, für eine zahlreiche Gesellschaft zubereiteten Speisen, mit dem Salz ihrer bitterlichen Tränen gebeizt, einnehmen. Jetzt plötzlich schlägt die Stunde der Mitternacht; eure vier Söhne, nachdem sie einen Augenblick gegen den dumpfen Klang der Glocke aufgehorcht, heben sich plötzlich in gleichzeitiger Bewegung, von ihren Sitzen empor; und während wir, mit niedergelegten Tischtüchern, zu ihnen hinüberschauen, ängstlicher Erwartung voll, was auf so seltsames und befremdendes Beginnen erfolgen werde: fangen sie, mit einer entsetzlichen und gräßlichen Stimme, das gloria in excelsis zu intonieren an. So mögen sich Leoparden und Wölfe anhören lassen, wenn sie zur eisigen Winterzeit, das Firmament anbrüllen: die Pfeiler des Hauses, versichere ich euch, erschütterten, und die Fenster, von ihrer Lungen sichtbarem Atem getroffen, drohten klirrend, als ob man Hände voll schweren Sandes gegen ihre Flächen würfe, zusammen zu brechen. Bei diesem grausenhaften Auftritt stürzen wir besinnungslos, mit sträubenden Haaren auseinander; wir zerstreuen uns, Mäntel und Hüte zurücklassend, durch die umliegenden Straßen, welche in kurzer Zeit, statt unsrer, von mehr denn hundert, aus dem Schlaf geschreckter Menschen, angefüllt waren; das Volk drängt sich, die Haustüre sprengend, über die Stiege dem Saale zu, um die Quelle dieses schauderhaften und empörenden Gebrülls, das, wie von den Lippen ewig verdammter Sünder, aus dem tiefsten Grund der flammenvollen Hölle, jammervoll um Erbarmung zu Gottes Ohren heraufdrang, aufzusuchen. Endlich, mit dem Schlage der Glocke Eins, ohne auf das Zürnen des Wirts, noch auf die erschütterten Ausrufungen des sie umringenden Volks gehört zu haben, schließen sie den Mund; sie wischen sich mit einem Tuch den Schweiß von der Stirn, der ihnen, in großen Tropfen, auf Kinn und Brust niederträuft; und breiten ihre Mäntel aus, und legen sich, um eine Stunde von so qualvollen Geschäften auszuruhen, auf das Getäfel des Bodens nieder. Der Wirt, der sie gewähren läßt, schlägt, sobald er sie schlummern sieht, ein Kreuz über sie; und froh, des Elends für den Augenblick erledigt zu sein, bewegt er, unter der Versicherung, der Morgen werde eine heilsame Veränderung herbeiführen, den Männerhaufen, der gegenwärtig ist, und der geheimnisvoll mit einander murmelt, das Zimmer zu verlassen. Aber leider! schon mit dem ersten Schrei des Hahns stehen die Unglücklichen wieder auf, um dem auf dem Tisch befindlichen Kreuz gegenüber, dasselbe öde, gespensterartige Klosterleben, das nur Erschöpfung sie auf einen Augenblick auszusetzen zwang, wieder anzufangen. Sie nehmen von dem Wirt, dessen Herz ihr jammervoller Anblick schmelzt, keine Ermahnung, keine Hülfe an; sie bitten ihn, die Freunde liebreich abzuweisen, die sich sonst regelmäßig am Morgen jedes Tages bei ihnen zu versammeln pflegten; sie begehren nichts von ihm, als Wasser und Brot, und eine Streu, wenn es sein kann, für die Nacht: dergestalt, daß dieser Mann, der sonst viel Geld von ihrer Heiterkeit zog, sich genötigt sah, den ganzen Vorfall den Gerichten anzuzeigen und sie zu bitten, ihm diese vier Menschen, in welchen ohne Zweifel der böse Geist walten müsse, aus dem Hause zu schaffen. Worauf sie, auf Befehl des Magistrats, in ärztliche Untersuchung genommen, und, da man sie verrückt befand, wie ihr wißt, in die Gemächer des Irrenhauses untergebracht wurden, das die Milde des letzt verstorbenen Kaisers, zum Besten der Unglücklichen dieser Art, innerhalb der Mauern unserer Stadt gegründet hat.« Dies und noch Mehreres sagte Veit Gotthelf, der Tuchhändler, das wir hier, weil wir zur Einsicht in den inneren Zusammenhang der Sache genug gesagt zu haben meinen, unterdrücken; und forderte die Frau nochmals auf, ihn auf keine Weise, falls es zu gerichtlichen Nachforschungen über diese Begebenheit kommen sollte, darin zu verstricken.

Drei Tage darauf, da die Frau, durch diesen Bericht tief im Innersten erschüttert, am Arm einer Freundin nach dem Kloster hinausgegangen war, in der wehmütigen Absicht, auf einem Spaziergang, weil eben das Wetter schön war, den entsetzlichen Schauplatz in Augenschein zu nehmen, auf welchem Gott ihre Söhne wie durch unsichtbare Blitze zu Grunde gerichtet hatte: fanden die Weiber den Dom, weil eben gebaut wurde, am Eingang durch Planken versperrt, und konnten, wenn sie sich mühsam erhoben, durch die Öffnungen der Bretter hindurch von dem Inneren nichts, als die prächtig funkelnde Rose im Hintergrund der Kirche wahrnehmen. Viele hundert Arbeiter, welche fröhliche Lieder sangen, waren auf schlanken, vielfach verschlungenen Gerüsten beschäftigt, die Türme noch um ein gutes Dritteil zu erhöhen, und die Dächer und Zinnen derselben, welche bis jetzt nur mit Schiefer bedeckt gewesen waren, mit starkem, hellen, im Strahl der Sonne glänzigen Kupfer zu belegen. Dabei stand ein Gewitter, dunkelschwarz, mit vergoldeten Rändern, im Hintergrunde des Baus; dasselbe hatte schon über die Gegend von Aachen ausgedonnert, und nachdem es noch einige kraftlose Blitze, gegen die Richtung, wo der Dom stand, geschleudert hatte, sank es, zu Dünsten aufgelöst, mißvergnügt murmelnd in Osten herab. Es traf sich, daß da die Frauen von der Treppe des weitläufigen klösterlichen Wohngebäudes herab, in mancherlei Gedanken vertieft, dies doppelte Schauspiel betrachteten, eine Klosterschwester, welche vorüberging, zufällig erfuhr, wer die unter dem Portal stehende Frau sei; dergestalt, daß die Äbtissin, die von einem, den Fronleichnamstag betreffenden Brief, den dieselbe bei sich trug, gehört hatte, unmittelbar darauf die Schwester zu ihr herabschickte, und die niederländische Frau ersuchen ließ, zu ihr herauf zu kommen. Die Niederländerin, obschon einen Augenblick dadurch betroffen, schickte sich nichts desto weniger ehrfurchtsvoll an, dem Befehl, den man ihr angekündigt hatte, zu gehorchen; und während die Freundin, auf die Einladung der Nonne, in ein dicht an dem Eingang befindliches Nebenzimmer abtrat, öffnete man der Fremden, welche die Treppe hinaufsteigen mußte, die Flügeltüren des schön gebildeten Söllers selbst. Daselbst fand sie die Äbtissin, welches eine edle Frau, von stillem königlichen Ansehn war, auf einem Sessel sitzen, den Fuß auf einem Schemel gestützt, der auf Drachenklauen ruhte; ihr zur Seite, auf einem Pulte, lag die Partitur einer Musik. Die Äbtissin, nachdem sie befohlen hatte, der Fremden einen Stuhl hinzusetzen, entdeckte ihr, daß sie bereits durch den Bürgermeister von ihrer Ankunft in der Stadt gehört; und nachdem sie sich, auf menschenfreundliche Weise, nach dem Befinden ihrer unglücklichen Söhne erkundigt, auch sie ermuntert hatte, sich über das Schicksal, das dieselben betroffen, weil es einmal nicht zu ändern sei, möglichst zu fassen: eröffnete sie ihr den Wunsch, den Brief zu sehen, den der Prädikant an seinen Freund, den Schullehrer in Antwerpen geschrieben hatte. Die Frau, welche Erfahrung genug besaß, einzusehen, von welchen Folgen dieser Schritt sein konnte, fühlte sich dadurch auf einen Augenblick in Verlegenheit gestürzt; da jedoch das ehrwürdige Antlitz der Dame unbedingtes Vertrauen erforderte, und auf keine Weise schicklich war, zu glauben, daß ihre Absicht sein könne, von dem Inhalt desselben einen öffentlichen Gebrauch zu machen; so nahm sie, nach einer kurzen Besinnung, den Brief aus ihrem Busen, und reichte ihn, unter einem heißen Kuß auf ihre Hand, der fürstlichen Dame dar. Die Frau, während die Äbtissin den Brief überlas, warf nunmehr einen Blick auf die nachlässig über dem Pult aufgeschlagene Partitur; und da sie, durch den Bericht des Tuchhändlers, auf den Gedanken gekommen war, es könne wohl die Gewalt der Töne gewesen sein, die, an jenem schauerlichen Tage, das Gemüt ihrer armen Söhne zerstört und verwirrt habe: so fragte sie die Klosterschwester, die hinter ihrem Stuhle stand, indem sie sich zu ihr umkehrte, schüchtern: »ob dies das Musikwerk wäre, das vor sechs Jahren, am Morgen jenes merkwürdigen Fronleichnamsfestes, in der Kathedrale aufgeführt worden sei?« Auf die Antwort der jungen Klosterschwester: ja! sie erinnere sich davon gehört zu haben, und es pflege seitdem, wenn man es nicht brauche, im Zimmer der hochwürdigsten Frau zu liegen: stand, lebhaft erschüttert, die Frau auf, und stellte sich, von mancherlei Gedanken durchkreuzt, vor den Pult. Sie betrachtete die unbekannten zauberischen Zeichen, womit sich ein fürchterlicher Geist geheimnisvoll den Kreis abzustekken schien, und meinte, in die Erde zu sinken, da sie grade das gloria in excelsis aufgeschlagen fand. Es war ihr, als ob das ganze Schrecken der Tonkunst, das ihre Söhne verderbt hatte, über ihrem Haupte rauschend daherzöge; sie glaubte, bei dem bloßen Anblick ihre Sinne zu verlieren, und nachdem sie schnell, mit einer unendlichen Regung von Demut und Unterwerfung unter die göttliche Allmacht, das Blatt an ihre Lippen gedrückt hatte, setzte sie sich wieder auf ihren Stuhl zurück. Inzwischen hatte die Äbtissin den Brief ausgelesen und sagte, indem sie ihn zusammen faltete: »Gott selbst hat das Kloster, an jenem wunderbaren Tage, gegen den Übermut eurer schwer verirrten Söhne beschirmt. Welcher Mittel er sich dabei bedient, kann euch, die ihr eine Protestantin seid, gleichgültig sein: ihr würdet auch das, was ich euch darüber sagen könnte, schwerlich begreifen. Denn vernehmt, daß schlechterdings niemand weiß, wer eigentlich das Werk, das ihr dort aufgeschlagen findet, im Drang der schreckenvollen Stunde, da die Bilderstürmerei über uns hereinbrechen sollte, ruhig auf dem Sitz der Orgel dirigiert habe. Durch ein Zeugnis, das am Morgen des folgenden Tages, in Gegenwart des Klostervogts und mehrerer anderen Männer aufgenommen und im Archiv niedergelegt ward, ist erwiesen, daß Schwester Antonia, die einzige, die das Werk dirigieren konnte, während des ganzen Zeitraums seiner Aufführung, krank, bewußtlos, ihrer Glieder schlechthin unmächtig, im Winkel ihrer Klosterzelle darniedergelegen habe; eine Klosterschwester, die ihr als leibliche Verwandte zur Pflege ihres Körpers beigeordnet war, ist während des ganzen Vormittags, da das Fronleichnamsfest in der Kathedrale gefeiert worden, nicht von ihrem Bette gewichen. Ja, Schwester Antonia würde ohnfehlbar selbst den Umstand, daß sie es nicht gewesen sei, die, auf so seltsame und befremdende Weise, auf dem Altan der Orgel erschien, bestätigt und bewahrheitet haben: wenn ihr gänzlich sinnberaubter Zustand erlaubt hätte, sie darum zu befragen, und die Kranke nicht noch am Abend desselben Tages, an dem Nervenfieber, an dem sie danieder lag, und welches früherhin gar nicht lebensgefährlich schien, verschieden wäre. Auch hat der Erzbischof von Trier, an den dieser Vorfall berichtet ward, bereits das Wort ausgesprochen, das ihn allein erklärt, nämlich, daß die heilige Cäcilie selbst dieses zu gleicher Zeit schreckliche und herrliche Wunder vollbracht habe; und von dem Papst habe ich soeben ein Breve erhalten, wodurch er dies bestätigt.« Und damit gab sie der Frau den Brief, den sie sich bloß von ihr erbeten hatte, um über das, was sie schon wußte, nähere Auskunft zu erhalten, unter dem Versprechen, daß sie davon keinen Gebrauch machen würde, zurück; und nachdem sie dieselbe noch gefragt hatte, ob zur Wiederherstellung ihrer Söhne Hoffnung sei, und ob sie ihr vielleicht mit irgend etwas, Geld oder eine andere Unterstützung, zu diesem Zweck dienen könne, welches die Frau, indem sie ihr den Rock küßte, weinend verneinte: grüßte sie dieselbe freundlich mit der Hand und entließ sie.

Hier endigt diese Legende. Dir Frau, deren Anwesenheit in Aachen gänzlich nutzlos war, ging mit Zurücklassung eines kleinen Kapitals, das sie zum Besten ihrer armen Söhne bei den Gerichten niederlegte, nach dem Haag zurück, wo sie ein Jahr darauf, durch diesen Vorfall tief bewegt, in den Schoß der katholischen Kirche zurückkehrte: die Söhne aber starben, im späten Alter, eines heitern und vergnügten Todes, nachdem sie noch einmal, ihrer Gewohnheit gemäß, das gloria in excelsis abgesungen hatten.

Friedrich de la Motte Fouqué
Undine

Eine Erzählung

Erstes Kapitel

WIE DER RITTER ZU DEM FISCHER KAM

Es mögen nun wohl schon viele hundert Jahre her sein, da gab es einmal einen alten guten Fischer, der saß eines schönen Abends vor der Tür und flickte seine Netze. Er wohnte aber in einer überaus anmutigen Gegend. Der grüne Boden, worauf seine Hütte gebaut war, streckte sich weit in einen großen Landsee hinaus, und es schien ebensowohl, die Erdzunge habe sich aus Liebe zu der bläulich klaren, wunderhellen, Flut in diese hineingedrängt, als auch, das Wasser habe mit verliebten Armen nach der schönen Aue gegriffen, nach ihren hochschwankenden Gräsern und Blumen, und nach dem erquicklichen Schatten ihrer Bäume. Eins ging bei dem andern zu Gaste, und eben deshalb war jegliches so schön. Von Menschen freilich war an dieser hübschen Stelle wenig oder gar nichts anzutreffen, den Fischer und seine Hausleute ausgenommen. Denn hinter der Erdzunge lag ein sehr wilder Wald, den die mehrsten Leute wegen seiner Finsternis und Unwegsamkeit, wie auch wegen der wundersamen Kreaturen und Gaukeleien, die man darin antreffen sollte, allzusehr scheueten, um sich ohne Not hineinzubegeben. Der alte fromme Fischer jedoch durchschritt ihn ohne Anfechtung zu vielen Malen, wenn er die köstlichen Fische, die er auf seiner schönen Landzunge fing, nach einer großen Stadt trug, welche nicht sehr weit hinter dem großen Walde lag. Es ward ihm wohl mehrenteils deswegen so leicht, durch den Forst zu ziehn, weil er fast keine andre als fromme, Gedanken hegte, und noch außerdem jedesmal, wenn er die verrufenen Schatten betrat, ein geistliches Lied aus heller Kehle und aufrichtigem Herzen anzustimmen gewohnt war.

Da er nun an diesem Abende ganz arglos bei den Netzen saß, kam ihn doch ein unversehener Schrecken an, als er es im Waldesdunkel rauschen hörte, wie Roß und Mann, und sich das Geräusch immer näher nach der Landzunge herauszog. Was er in manchen stürmigen Nächten von den Geheimnissen des Forstes geträumt hatte, zuckte ihm nun auf einmal durch den Sinn, vor allem das

Bild eines riesenmäßig langen, schneeweißen Mannes, der unaufhörlich auf eine seltsame Art mit dem Kopfe nickte. Ja, als er die Augen nach dem Walde aufhob, kam es ihm ganz eigentlich vor, als sehe er durch das Laubgegitter den nickenden Mann hervorkommen. Er nahm sich aber bald zusammen, erwägend, wie ihm doch niemals in dem Walde selbsten was Bedenkliches widerfahren sei, und also auf der freien Landzunge der böse Geist wohl noch minder Gewalt über ihn ausüben dürfe. Zugleich betete er recht kräftiglich einen biblischen Spruch laut aus dem Herzen heraus, wodurch ihm der kecke Mut auch zurücke kam und er fast lachend sah, wie sehr er sich geirrt hatte. Der weiße, nickende Mann ward nämlich urplötzlich zu einem ihm längst wohlbekannten Bächlein, das schäumend aus dem Forste hervorrann, und sich in den Landsee ergoß. Wer aber das Geräusch verursacht hatte, war ein schön geschmückter Ritter, der zu Roß durch den Baumschatten gegen die Hütte vorgeritten kam. Ein scharlachroter Mantel hing ihm über sein veilchenblaues, goldgesticktes, Wams herab; von dem goldfarbigen Barette wallten rote und veilchenblaue Federn, am goldnen Wehrgehenke blitzte ein ausnehmend schönes und reichverziertes Schwert. Der weiße Hengst, der den Ritter trug, war schlankeren Baues, als man es sonst bei Streitrossen zu sehen gewohnt ist, und trat so leicht über den Rasen hin, daß dieser grünbunte Teppich auch nicht die mindeste Verletzung davon zu empfangen schien. Dem alten Fischer war es noch immer nicht ganz geheuer zumut, obwohl er einzusehn meinte, daß von einer so holden Erscheinung nichts Übles zu befahren sei, weshalb er auch seinen Hut ganz sittig vor dem näherkommenden Herrn abzog, und gelassen bei seinen Netzen verblieb. Da hielt der Ritter stille, und fragte, ob er wohl mit seinem Pferde auf diese Nacht hier Unterkommen und Pflege finden könne? – »Was Euer Pferd betrifft, lieber Herr«, entgegnete der Fischer, »so weiß ich ihm keinen bessern Stall anzuweisen, als diese beschattete Wiese, und kein besseres Futter, als das Gras, welches darauf wächst. Euch selbst aber will ich gerne in meinem kleinen Hause mit Abendbrot und Nachtlager bewirten, so gut es unsereiner hat.« – Der Ritter war damit ganz wohl zufrieden, er stieg von seinem Rosse, welches die beiden gemeinschaftlich losgürteten und loszügelten, und ließ es alsdann auf den blumigen Anger hinlaufen, zu seinem Wirte sprechend: »Hätt' ich Euch auch minder gastlich und wohlmeinend gefunden, mein lieber alter Fischer, Ihr wäret mich dennoch wohl für heute nicht wieder losgeworden, denn, wie ich sehe, liegt vor uns ein breiter See, und mit sinkendem Abende in den wunderlichen Wald zurückzureiten, davor bewahre mich der liebe Gott!« – »Wir wollen nicht allzuviel davon reden«, sagte der Fischer, und führte seinen Gast in die Hütte.

Drinnen saß bei dem Herde, von welchem aus ein spärliches Feuer die dämmernde, reinliche, Stube erhellte, auf einem großen Stuhle, des Fischers betagte Frau; beim Eintritte des vornehmen Gastes stand sie freundlich grüßend auf, setzte sich aber an ihren Ehrenplatz wieder hin, ohne diesen dem Fremdling anzubieten, wobei der Fischer lächelnd sagte: »Ihr müßt es ihr nicht verübeln, junger Herr, daß sie Euch den bequemsten Stuhl im Hause nicht abtritt; das ist so Sitte bei armen Leuten, daß der den Alten ganz ausschließlich gehört.« – »Ei, Mann«, sagte die Frau mit ruhigem Lächeln, »wo denkst du auch hin? Unser Gast wird doch zu den Christenmenschen gehören, und wie könnte es alsdann dem lieben jungen Blut einfallen, alte Leute von ihren Sitzen zu verjagen?« – »Setzt Euch, mein junger Herr«, fuhr sie, gegen den Ritter gewandt, fort; »es steht dorten noch ein recht artiges Sesselein, nur müßt Ihr nicht allzu ungestüm damit hin und her rutschen, denn das eine Bein ist nicht allzu feste mehr.« – Der Ritter holte den Sessel achtsam herbei, ließ sich freundlich darauf nieder, und es war ihm zumute, als sei er mit diesem kleinen Haushalt verwandt, und eben jetzt aus der Ferne dahin heimgekehrt.

Die drei guten Leute fingen an, höchst freundlich und vertraulich miteinander zu sprechen. Vom Walde, nach welchem sich der Ritter einige Male erkundigte, wollte der alte Mann freilich nicht viel wissen; am wenigsten, meinte er, passe sich das Reden davon jetzt in der einbrechenden Nacht; aber von ihrer Wirtschaft und sonstigem Treiben erzählten die beiden Eheleute desto mehr, und hörten auch gerne zu, als ihnen der Rittersmann von seinen Reisen vorsprach, und daß er eine Burg an den Quellen der Donau habe und Herr Huldbrand von Ringstetten geheißen sei. Mitten durch das Gespräch hatte der Fremde schon bisweilen ein Plätschern am niedrigen Fensterlein vernommen, als sprütze jemand Wasser dagegen. Der Alte runzelte bei diesem Geräusche jedesmal unzufrieden die Stirn; als aber endlich ein ganzer Guß gegen die Scheiben flog, und durch den schlechtverwahrten Rahmen in die Stube hereinsprudelte, stand er unwillig auf, und rief drohend nach dem Fenster hin: »Undine! Wirst du endlich einmal die Kindereien lassen. Und ist noch obenein heute ein fremder Herr bei uns in der Hütte.« – Es ward auch draußen stille, nur ein leises Gekicher ließ sich noch vernehmen, und der Fischer sagte, zurückkommend: »Das müßt Ihr nun schon zugute halten, mein ehrenwerter Gast, und vielleicht noch manche Ungezogenheit mehr, aber sie meint es nicht böse. Es ist nämlich unsere Pflegetochter Undine, die sich das kindische Wesen gar nicht abgewöhnen will, ob sie gleich bereits in ihr achtzehentes Jahr gehen mag. Aber wie gesagt, im Grunde ist sie doch von ganzem Herzen gut.« – »Du kannst wohl sprechen!« entgegnete kopfschüttelnd die Alte. »Wenn du so vom Fischfang heimkommst oder von der Reise, da mag es mit ihren Schäkereien ganz was Artiges sein. Aber sie den ganzen Tag lang auf dem Halse haben, und kein kluges Wort hören, und statt bei wachsendem Alter Hülfe im Haushalte zu finden, immer nur dafür sorgen müssen, daß uns ihre Torheiten nicht vollends zugrunde richten, – da ist es gar ein andres, und die heilige Geduld selbsten würd' es am Ende satt.« – »Nun, nun«, lächelte der Hausherr, »du hast es mit Undinen und ich mit dem See. Reißt mir der doch auch oftmals meine Dämme und Netze durch, aber ich hab' ihn dennoch gern, und Du mit allem Kreuz und Elend das zierliche Kindlein auch. Nicht wahr?« – »Ganz böse kann man ihr eben nicht werden«, sagte die Alte und lächelte beifällig.

Da flog die Türe auf, und ein wunderschönes Blondchen schlüpfte lachend herein, und sagte: »Ihr habt mich nur gefoppt, Vater; wo ist denn nun Euer Gast?« – Selben Augenblicks aber ward sie auch den Ritter gewahr, und blieb staunend vor dem schönen Jünglinge stehn. Huldbrand ergötzte sich an der holden Gestalt, und wollte sich die lieblichen Züge recht achtsam einprägen, weil er meinte, nur ihre Überraschung lasse ihm Zeit dazu, und sie werde sich bald nachher in zwiefacher Blödigkeit vor seinen Blicken abwenden. Es kam aber ganz anders. Denn als sie ihn nun recht lange angesehn hatte, trat sie zutraulich näher, kniete vor ihm nieder, und sagte, mit einem goldnen Schaupfennige, den er an einer reichen Kette auf der Brust trug, spielend: »Ei Du schöner, Du freundlicher Gast, wie bist Du denn endlich in unsre arme Hütte gekommen? Mußtest Du denn jahrelang in der Welt herumstreifen, bevor Du Dich auch einmal zu uns fandest? Kommst Du aus dem wüsten Walde, Du schöner Freund?« – Die scheltende Alte ließ ihm zur Antwort keine Zeit. Sie ermahnte das Mädchen, fein sittig aufzustehen, und sich an ihre Arbeit zu begeben. Undine aber zog, ohne zu antworten, eine kleine Fußbank neben Huldbrands Stuhl, setzte sich mit ihrem Gewebe darauf nieder und sagte freundlich: »Hier will ich arbeiten.« Der alte Mann tat, wie Eltern mit verzognen Kindern zu tun pflegen. Er stellte sich, als merke er von Undines Unart nichts, und wollte von etwas anderm anfangen. Aber das Mädchen ließ ihn nicht dazu. Sie sagte: »Woher unser holder Gast kommt, habe ich ihn gefragt, und er hat mir noch nicht geantwortet.« – »Aus dem Walde komme ich, Du schönes Bildchen«, entgegnete Huldbrand, und sie sprach weiter: »So mußt Du mir erzählen, wie Du da hineinkamst, denn die Menschen scheuen ihn sonst, und was für wunderliche Abenteuer Du darinnen erlebt hast, weil es doch ohne dergleichen dorten nicht abgehn soll.« – Huldbrand empfand einen kleinen Schauer bei dieser Erinnerung, und blickte unwillkürlich nach dem Fenster, weil es ihm zumute war, als müsse eine von den seltsamlichen Gestalten, die ihm im Forste begegnet waren, von dort hereingrinzen; er sah nichts als die tiefe, schwarze Nacht, die nun bereits draußen vor den Scheiben lag. Da nahm er sich zusammen, und wollte eben seine Geschichte anfangen, als ihn der Alte mit den Worten unterbrach: »Nicht also, Herr Ritter; zu dergleichen ist es jetzund keine gute Zeit.« – Undine aber sprang zornmütig von ihrem Bänkchen auf, setzte die schönen Arme in die Seiten, und rief, sich dicht vor den Fischer hinstellend: »Er soll nicht erzählen, Vater? Er soll nicht? Ich aber will's; er soll! Er soll doch!« – Und damit trat das zierliche Füßchen heftig gegen den Boden, aber das alles mit solch einem drollig anmutigen Anstande, daß Huldbrand jetzt in ihrem Zorn fast weniger noch die Augen von ihr wegbringen konnte, als vorher in ihrer Freundlichkeit. Bei dem Alten hingegen brach der zurückgehaltene Unwillen in volle Flammen aus. Er schalt heftig auf Undines Ungehorsam und unsittiges Betragen gegen den Fremden, und die gute alte Frau stimmte mit ein. Da sagte Undine: »Wenn Ihr zanken wollt, und nicht tun, was ich haben will, so schlaft allein in Eurer alten räuchrigen Hütte!« – Und wie ein Pfeil war sie aus der Tür, und flüchtigen Laufes in die finstere Nacht hinaus.

Zweites Kapitel

AUF WELCHE WEISE UNDINE ZU DEM FISCHER GEKOMMEN WAR

Huldbrand und der Fischer sprangen von ihren Sitzen, und wollten dem zürnenden Mädchen nach. Ehe sie aber an die Hüttentür gelangten, war Undine schon lange in dem wolkigen Dunkel draußen verschwunden, und auch kein Geräusch ihrer leichten Füße verriet, wohin sie ihren Lauf wohl gerichtet haben könne. Huldbrand sah fragend nach seinem Wirte; fast kam es ihm vor, als sei die ganze liebliche Erscheinung, die so schnell in die Nacht wieder untergetaucht war, nicht andres gewesen, als eine Fortsetzung der wunderlichen Gebilde, die früher im Forste ihr loses Spiel mit ihm getrieben hatten, aber der alte Mann murmelte in seinen Bart: »Es ist nicht das erstemal, daß sie es uns also macht. Nun hat man die Angst auf dem Herzen, und den Schlaf aus den Augen für die ganze Nacht; denn wer weiß, ob sie nicht dennoch einmal Schaden nimmt, wenn sie so draußen im Dunkel allein ist bis an das Morgenrot.« – »So laßt uns ihr doch nach, Vater, um Gott!« rief Huldbrand ängstlich aus. Der Alte erwiderte: »Wozu das? Es wär' ein sündlich Werk, ließ' ich Euch in Nacht und Einsamkeit dem törichten Mädchen so ganz alleine folgen, und meine alten Beine holen den Springinsfeld nicht ein, wenn man auch wüßte, wohin sie gerannt ist.« – »Nun müssen wir ihr doch nachrufen mindestens, und sie bitten, daß sie wiederkehrt«, sagte Huldbrand, und begann auf das beweglichste zu rufen: »Undine! Ach Undine! Komm' doch zurück!« – Der Alte wiegte sein Haupt hin und her, sprechend, all' das Geschrei helfe am Ende zu nichts; der Ritter wisse noch nicht, wie trotzig die Kleine sei. Dabei aber konnte er es doch nicht unterlassen, öfters mit in die finstre Nacht hinauszurufen: »Undine! Ach liebe Undine! Ich bitte Dich, komme doch nur dies eine Mal zurück.«

Es ging indessen, wie es der Fischer gesagt hatte. Keine Undine ließ sich hören oder sehn, und weil der Alte durchaus nicht zugeben wollte, daß Huldbrand der Entflohenen nachspürte, mußten sie endlich beide wieder in die Hütte gehen. Hier fanden sie das Feuer des Herdes beinahe erloschen, und die Hausfrau, die sich Undines Flucht und Gefahr bei weitem nicht so zu Herzen nahm, als ihr Mann, war bereits zur Ruhe gegangen. Der Alte hauchte die Kohlen wieder an, legte trocknes Holz darauf, und suchte bei der wieder auflodernden Flamme einen Krug mit Wein hervor, den er zwischen sich und seinen Gast stellte. – »Euch ist auch angst wegen des dummen Mädchens, Herr Ritter«, sagte er, »und wir wollen lieber einen Teil der Nacht verplaudern und vertrinken, als uns auf den Schilfmatten vergebens nach dem Schlafe herumwälzen. Nicht wahr?« – Huldbrand war gerne damit zufrieden, der Fischer nötigte ihn auf den ledigen Ehrenplatz der schlafengegangenen Hausfrau, und beide tranken und sprachen miteinander, wie es zwei wackern und zutraulichen Männern geziemt. Freilich, sooft sich vor den Fenstern das geringste regte, oder auch bisweilen, wenn sich gar nichts regte, sah eines von beiden in die Höhe, sprechend: »Sie kommt.« – Dann wurden sie ein paar Augenblicke stille, und fuhren nachher, da nichts erschien, kopfschüttelnd und seufzend in ihren Reden fort.

Weil aber nun beide an fast gar nichts andres zu denken vermochten, als an Undinen, so wußten sie auch nichts Bessres, als der Ritter, zu hören, welchergestalt Undine zu dem alten Fischer gekommen sei, der alte Fischer, eben diese Geschichte zu erzählen. Deshalben hub er folgendermaßen an.

»Es sind nun wohl funfzehn Jahre vergangen, da zog ich einmal durch den wüsten Wald mit meiner Ware nach der Stadt. Meine Frau war daheim geblieben, wie gewöhnlich; und solches zu der Zeit auch noch um einer gar hübschen Ursache willen, denn Gott hatte uns, in unserm damals schon ziemlich hohen Alter ein wunderschönes Kindlein beschert. Es war ein Mägdlein, und die Rede ging bereits unter uns, ob wir nicht, dem neuen Ankömmlinge zu Frommen, unsre schöne Landzunge verlassen wollten, um die liebe Himmelsgabe künftig an bewohnbaren Orten besser aufzuziehen. Es ist freilich bei armen Leuten nicht so damit, wie Ihr es meinen mögt, Herr Ritter; aber, lieber Gott! jedermann muß doch einmal tun, was er vermag. – Nun, mir ging unterweges die Geschichte ziemlich im Kopfe herum. Diese Landzunge war mir so im Herzen lieb, und ich fuhr ordentlich zusammen, wenn ich unter dem Lärm und Gezänke in der Stadt bei mir selbsten denken mußte: in solcher Wirtschaft nimmst auch du nun mit nächstem Deinen Wohnsitz, oder doch in einer nicht viel stillern! – Dabei aber hab' ich nicht gegen unsern lieben Herrngott gemurret, vielmehr ihm im stillen für das Neugeborne gedankt; ich müßte auch lügen, wenn ich sagen wollte, mir wäre auf dem Hin- und Rückwege durch den Wald irgend etwas Bedenklicheres aufgestoßen, als sonst, wie ich denn nie etwas Unheimliches dorten gesehn habe. Der Herr war immer mit mir in den verwunderlichen Schatten.«

Da zog er sein Mützchen von dem kahlen Schädel, und blieb eine Zeitlang in betenden Gedanken sitzen. Dann bedeckte er sich wieder, und sprach fort:

»Diesseits des Waldes, ach diesseits, da zog mir das Elend entgegen. Meine Frau kam gegangen mit strömenden Augen wie zwei Bäche; sie hatte Trauerkleider angelegt. ›O lieber Gott‹, ächzte ich, ›wo ist unser liebes Kind? Sag' an.‹ – ›Bei dem, den Du rufest, lieber Mann‹, entgegnete sie, und wir gingen nun stillweinend miteinander in die Hütte. Ich suchte nach der kleinen Leiche; da erfuhr ich erst, wie alles gekommen war. Am Seeufer hatte meine Frau mit dem Kinde gesessen, und wie sie so recht sorglos und selig mit ihm spielt, bückt sich die Kleine auf einmal vor, als sähe sie etwas ganz Wunderschönes im Wasser; meine Frau sieht sie noch lachen, den lieben Engel, und mit den Händchen greifen;

aber im Augenblick schießt sie ihr durch die rasche Bewegung aus den Armen, und in den feuchten Spiegel hinunter. Ich habe viel gesucht nach der kleinen Toten; es war zu nichts; auch keine Spur von ihr war zu finden. –

Nun wir verwaisten Eltern saßen denn noch selbigen Abends still beisammen in der Hütte, zu reden hatte keiner Lust von uns, wenn man es auch gekonnt hätte vor Tränen. Wir sahen so in das Feuer des Herdes hinein. Da raschelt was draußen an der Tür; sie springt auf, und ein wunderschönes Mägdlein von etwa drei, vier Jahren, steht reich geputzt auf der Schwelle, und lächelt uns an. Wir blieben ganz stumm vor Erstaunen, und ich wußte erst nicht, war es ein ordentlicher, kleiner Mensch, war es bloß ein gaukelhaftes Bildnis. Da sah ich aber das Wasser von den goldnen Haaren und den reichen Kleidern herabtröpfeln, und merkte nun wohl, das schöne Kindlein habe im Wasser gelegen, und Hülfe tue ihm not. – ›Frau‹, sagte ich, ›uns hat niemand unser liebes Kind erretten können; wir wollen doch wenigstens an andern Leuten tun, was uns selig auf Erden machen würde, vermöchte es jemand an uns zu tun.‹ – Wir zogen die Kleine aus, brachten sie zu Bett und reichten ihr wärmende Getränke, wobei sie kein Wort sprach, und uns bloß aus den beiden seeblauen Augenhimmeln immerfort lächelnd anstarrte.

Des andern Morgens ließ sich wohl abnehmen, daß sie keinen weitern Schaden genommen hatte, und ich fragte nun nach ihren Eltern, und wie sie hierhergekommen sei. Das aber gab eine verworrne, wundersamliche, Geschichte. Von weit her muß sie wohl gebürtig sein, denn nicht nur, daß ich diese funfzehn Jahre her nichts von ihrer Herkunft erforschen konnte, so sprach und spricht sie auch bisweilen so absonderliche Dinge, daß unsereins nicht weiß, ob sie am Ende nicht gar vom Monde heruntergekommen sein könnte. Da ist die Rede von goldnen Schlössern, von kristallnen Dächern, und Gott weiß, wovon noch mehr. Was sie am deutlichsten erzählte, war, sie sei mit ihrer Mutter auf dem großen See spazierengefahren, aus der Barke ins Wasser gefallen, und habe ihre Sinne erst hier unter den Bäumen wiedergefunden, wo ihr an dem lustigen Ufer recht behaglich zumute geworden sei.

Nun hatten wir noch eine große Bedenklichkeit und Sorge auf dem Herzen. Daß wir an der lieben Ertrunknen Stelle die Gefundne behalten und auferziehn wollten, war freilich sehr bald ausgemacht; aber wer konnte nun wissen, ob das Kind getauft sei, oder nicht? Sie selber wußte darüber keine Auskunft zu geben. Daß sie eine Kreatur sei, zu Gottes Preis und Freude geschaffen, wisse sie wohl, antwortete sie uns mehrenteils, und was zu Gottes Preis und Freude gereiche, seie sie auch bereit, mit sich vornehmen zu lassen. – Meine Frau und ich dachten so: ist sie nicht getauft, so gibt's da nichts zu zögern; ist sie es aber doch, so kann bei guten Dingen zuwenig eher schaden, als zuviel. Und demzufolge sannen wir auf einen guten Namen für das Kind, das wir ohnehin noch nicht ordentlich zu rufen wußten. Wir meinten endlich, Dorothea werde sich am besten für sie schicken, weil ich einmal gehört hatte, das heiße Gottesgabe, und sie uns doch von Gott als eine Gabe zugesandt war, als ein Trost in unserm Elend. Sie hingegen wollte nichts davon hören, und meinte, Undine sei sie von ihren Eltern genannt worden, Undine wolle sie auch ferner heißen. Nun kam mir das wie ein heidnischer Name vor, der in keinem Kalender stehe, und ich holte mir deshalben Rat bei einem Priester in der Stadt. Der wollte auch nichts von dem Undinen-Namen hören, und kam auf mein vieles Bitten mit mir durch den verwunderlichen Wald zu Vollziehung der Taufhandlung, hier herein in meine Hütte. Die Kleine stand so hübsch geschmückt und holdselig vor uns, daß dem Priester alsbald sein ganzes Herz vor ihr aufging, und sie wußte ihm so artig zu schmeicheln, und mitunter so drollig zu trotzen, daß er sich endlich auf keinen der Gründe, die er gegen den Namen Undine vorrätig gehabt hatte, mehr besinnen konnte. Sie ward denn also Undine getauft, und betrug sich während der heiligen Handlung außerordentlich sittig und anmutig, so wild und unstet sie auch übrigens immer war. Denn darin hat meine Frau ganz recht: was Tüchtiges haben wir mit ihr auszustehen gehabt. Wenn ich Euch erzählen sollte« –

Der Ritter unterbrach den Fischer, um ihn auf ein Geräusch, wie von gewaltig rauschenden Wasserfluten, aufmerksam zu machen, das er schon früher zwischen den Reden des Alten vernommen hatte, und das nun mit wachsendem Ungestüm vor den Hüttenfenstern dahinströmte. Beide sprangen nach der Tür. Da sahen sie draußen im jetzt aufgegangenen Mondenlicht den Bach, der aus dem Walde hervorrann, wild über seine Ufer hinausgerissen, und Steine und Holzstämme in reißenden Wirbeln mit sich fortschleudern. Der Sturm brach, wie von dem Getöse erweckt, aus den nächtigen Gewölken, diese pfeilschnell über den Mond hinjagend, hervor, der See heulte unter des Windes schlagenden Fittichen, die Bäume der Landzunge ächzten von Wurzel zu Wipfel hinauf, und beugten sich wie schwindelnd über die reißenden Gewässer: – »Undine! Um Gotteswillen, Undine!« riefen die zwei beängstigten Männer. – Keine Antwort kam ihnen zurück, und achtlos nun jeglicher andern Erwägung, rannten sie, suchend und rufend, einer hier-, der andre dorthin, aus der Hütte fort.

Drittes Kapitel

WIE SIE UNDINEN WIEDERFANDEN

Dem Huldbrand ward es immer ängstlicher und verworrner zu Sinn, je länger er unter den nächtlichen Schatten suchte, ohne zu finden. Der Gedanke, Undine sei nur eine bloße Walderscheinung gewesen, bekam aufs neue Macht über ihn, ja er hätte unter dem Geheul der Wellen und Stürme, dem Krachen der Bäume, der gänzlichen Umgestaltung der kaum noch so still anmutigen Gegend, die ganze Landzunge samt der Hütte und ihren Bewohnern fast für eine trügrisch neckende Bildung gehalten; aber von fern hörte er doch immer noch des Fischers ängstliches Rufen nach Undinen, der alten Hausfrau lautes Beten und Singen durch das Gebraus. Da kam er endlich dicht an des übergetretnen Baches Rand, und sah im Mondenlicht, wie dieser seinen ungezähmten Lauf grade vor den unheimlichen Wald hin, genommen hatte, so daß er nun die Erdspitze zur Insel machte. – O lieber Gott, dachte er bei sich selbst, wenn es Undine gewagt hätte, ein paar Schritte in den fürchterlichen Forst hineinzutun; vielleicht eben in ihrem anmutigen Eigensinn, weil ich ihr nichts davon erzählen sollte, – und nun wäre der Strom dazwischen gerollt, und sie weinte nun einsam drüben bei den Gespenstern! – Ein Schrei des Entsetzens entfuhr ihm, und er klomm einige Steine und umgestürzte Fichtenstämme hinab, um in den reißenden Strom zu treten, und, watend oder schwimmend, die Verirrte drüben zu suchen. Es fiel ihm zwar alles Grausenvolle und Wunderliche ein, was ihm schon bei Tage unter den jetzt rauschenden und heulenden Zweigen begegnet war. Vorzüglich kam es ihm vor, als stehe ein langer weißer Mann, den er nur allzugut kannte, grinsend und nickend am jenseitigen Ufer: aber eben diese ungeheuern Bilder rissen ihn gewaltig nach sich hin, weil er bedachte, daß Undine in Todesängsten unter ihnen sei, und allein.

Schon hatte er einen starken Fichtenast ergriffen, und stand, auf diesen gestützt, in den wirbelnden Fluten, gegen die er sich kaum aufrecht zu halten vermochte; aber er schritt getrosten Mutes tiefer hinein. Da rief es neben ihm mit anmutiger Stimme: »Trau' nicht, trau' nicht! Er ist tückisch, der Alte, der Strom!« – Er kannte diese lieblichen Laute, er stand wie betört unter den Schatten, die sich eben dunkel über den Mond gelegt hatten, und ihn schwindelte vor dem Gerolle der Wogen, die er pfeilschnell an seinen Schenkeln hinschießen sah. Dennoch wollte er nicht ablassen. – »Bist Du nicht wirklich da, gaukelst Du nur neblicht um mich her, so mag auch ich nicht leben, und will ein Schatten werden, wie Du, Du liebe, liebe Undine!« Dies rief er laut, und schritt wieder tiefer in den Strom. – »Sieh' Dich doch um, ei sieh' Dich doch um, Du schöner, betörter Jüngling!« so rief es abermals dicht bei ihm, und seitwärts blickend sah er im eben sich wieder enthüllenden Mondlicht, unter den Zweigen hochverschlungner Bäume, auf einer durch die Überschwemmung gebildeten kleinen Insel, Undinen lächelnd und lieblich in die blühenden Gräser hingeschmiegt.

O wieviel freudiger brauchte nun der junge Mann seinen Fichtenast zum Stabe, als vorhin! Mit wenigen Schritten war er durch die Flut, die zwischen ihm und dem Mägdlein hinstürmte, und neben ihr stand er auf der kleinen Rasenstelle, heimlich und sehr von den uralten Bäumen überrauscht und beschirmt. Undine hatte sich etwas emporgerichtet, und schlang nun in dem grünen Laubgezelte ihre Arme um seinen Nacken, so daß sie ihn auf ihren weichen Sitz neben sich niederzog. – »Hier sollst Du mir erzählen, hübscher Freund«, sagte sie leise flüsternd; »hier hören uns die grämlichen Alten nicht. Und so viel als ihre ärmliche Hütte, ist doch hier unser Blätterdach wohl noch immer wert.« – »Es ist der Himmel!« sagte Huldbrand, und umschlang, inbrünstig küssend, die schmeichelnde Schöne.

Da war unterdessen der alte Fischer an das Ufer des Stromes gekommen, und rief zu den beiden jungen Leuten herüber: »Ei, Herr Ritter, ich habe Euch aufgenommen, wie es ein biederherziger Mann dem andern zu tun pflegt, und nun kos't Ihr mit meinem Pflegekinde so heimlich, und laßt mich noch obenein in der Angst nach ihr durch die Nacht umherlaufen.« – »Ich habe sie selbst erst eben jetzt gefunden, alter Vater«, rief ihm der Ritter zurück. »Desto besser«, sagte der Fischer; »aber nun bringt sie mir auch ohne Verzögern an das feste Land herüber.« Davon aber wollte Undine wieder gar nichts hören. Sie meinte, eher wolle sie mit dem schönen Fremden in den wilden Forst vollends hinein, als wieder in die Hütte zurück, wo man ihr nicht ihren Willen tue, und aus welcher der hübsche Ritter doch über kurz oder lang scheiden werde. Mit unsäglicher Anmut sang sie, Huldbranden umschlingend:

»Aus dunst'gem Tal die Welle,
Sie rann und sucht' ihr Glück;
Sie kam in's Meer zur Stelle,
Und rinnt nicht mehr zurück.«

Der alte Fischer weinte bitterlich in ihr Lied, aber es schien sie nicht sonderlich zu rühren. Sie küßte und streichelte ihren Liebling, der endlich zu ihr sagte: »Undine, wenn Dir des alten Mannes Jammer das Herz nicht trifft, so trifft er's mir. Wir wollen zurück zu ihm.« – Verwundert schlug sie die großen blauen Augen gegen ihn auf, und sprach endlich langsam und zögernd: »Wenn Du es so meinst, – gut; mir ist alles recht, was Du meinst. Aber versprechen muß mir der alte Mann da drüben, daß er Dich ohne Widerrede will erzählen lassen, was Du im Walde gesehn hast, und – nun das andre findet sich wohl.« »Komm nur, komm!« rief der Fischer ihr zu, ohne mehr Worte herausbringen zu können. Zugleich streckte er seine Arme weit über die Flut ihr entgegen, und nickte mit dem Kopfe, um ihr die Erfüllung ihrer Fordrung zuzusagen, wobei ihm die weißen Haare seltsam über das Gesicht herüberfielen, und Huldbrand an den nickenden weißen Mann im Forste denken mußte. Ohne sich aber durch irgend etwas irremachen zu lassen, faßte der junge Rittersmann das schöne Mädchen in seine Arme, und trug sie über den kleinen Raum, welchen der Strom zwischen ihrem Inselchen und dem festen Ufer durchbrauste. Der Alte fiel um Undines Hals, und konnte sich gar nicht satt freuen und küssen; auch die alte Frau kam herbei, und schmeichelte der Wiedergefundenen auf das herzlichste. Von Vorwürfen war gar nicht die Rede mehr, um so minder, da auch Undine, ihres Trotzes vergessend, die beiden Pflegeeltern mit anmutigen Worten und Liebkosungen fast überschüttete.

Als man endlich nach der Freude des Wiederhabens sich recht besann, blickte schon das Morgenrot leuchtend über den Landsee herein, der Sturm war stille geworden, die Vöglein sangen lustig auf den genäßten Zweigen. Weil nun Undine auf die Erzählung der verheißnen Geschichte des Ritters bestand, fügten sich die beiden Alten lächelnd und willig in ihr Begehr. Man brachte ein Frühstück unter die Bäume, welche hinter der Hütte gegen den See zu standen, und setzte sich, von Herzen vergnügt, dabei nieder, Undine, weil sie es durchaus nicht anders haben wollte, zu den Füßen des Ritters in's Gras. Hierauf begann Huldbrand folgendermaßen zu sprechen.

Viertes Kapitel

VON DEM, WAS DEM RITTER IM WALDE BEGEGNET WAR

»Es mögen nun etwan acht Tage her sein, da ritt ich in die freie Reichsstadt ein, welche dort jenseit des Forstes gelegen ist. Bald darauf gab es darin ein schönes Turnieren und Ringelrennen, und ich schonte meinen Gaul und meine Lanze nicht. Als ich nun einmal an den Schranken still halte, um von der lustigen Arbeit zu rasten, und den Helm an einen meiner Knappen zurückreiche, fällt mir ein wunderschönes Frauenbild in die Augen, das im allerherrlichsten Schmuck auf einem der Altane stand und zusah. Ich fragte meinen Nachbar, und erfuhr, die reizende Jungfrau heiße Bertalda, und sei die Pflegetochter eines der mächtigen Herzoge, die in dieser Gegend wohnen. Ich merkte, daß sie auch mich ansah, und wie es nun bei uns jungen Rittern zu kommen pflegt: hatte ich erst brav geritten, so ging es nun noch ganz anders los. Den Abend bei'm Tanze war ich Bertaldas Gefährt, und das blieb so alle die Tage des Festes hindurch.«

Ein empfindlicher Schmerz an seiner linken herunterhängenden Hand unterbrach hier Huldbrands Rede, und zog seine Blicke nach der schmerzenden Stelle. Undine hatte ihre Perlenzähne scharf in seine Finger gesetzt, und sah dabei recht finster und unwillig aus. Plötzlich aber schaute sie ihm freundlich wehmütig in die Augen, und flüsterte ganz leise: »Ihr macht es auch darnach.« – Dann verhüllte sie ihr Gesicht, und der Ritter fuhr seltsam verwirrt und nachdenklich in seiner Geschichte fort:

»Es ist eine hochmütige, wunderliche Maid, diese Bertalda. Sie gefiel mir auch am zweiten Tage schon lange nicht mehr, wie am ersten, und am dritten noch minder. Aber ich blieb um sie, weil sie freundlicher gegen mich war, als gegen andre Ritter, und so kam es auch, daß ich sie im Scherz um einen ihrer Handschuhe bat. – ›Wenn Ihr mir Nachricht bringt, und Ihr ganz allein‹, sagte sie, ›wie es im berüchtigten Forste aussieht.‹ – Mir lag eben nicht so viel an ihren Handschuhen, aber gesprochen war gesprochen, und ein ehrliebender Rittersmann läßt sich zu solchem Probestück nicht zweimal mahnen.«

»Ich denke, sie hatte Euch lieb«, unterbrach ihn Undine.

»Es sah so aus«, entgegnete Huldbrand.

»Nun«, rief das Mädchen lachend, »die muß recht dumm sein. Von sich zu jagen, was einem lieb ist? Und vollends in einen verrufnen Wald hinein. Da hätte der Wald und sein Geheimnis lange für mich warten können.«

»Ich machte mich denn gestern morgen auf den Weg«, fuhr der Ritter, Undinen freundlich anlächelnd, fort. »Die Baumstämme blitzten so rot und schlank im Morgenlichte, das sich hell auf dem grünen Rasen hinstreckte, die Blätter flüsterten so lustig miteinander, daß ich in meinem Herzen über die Leute lachen mußte, die an diesem vergnüglichen Orte irgend etwas Unheimliches erwarten konnten. ›Der Wald soll bald durchtrabt sein, hin und zurück!‹ sagte ich in behaglicher Fröhlichkeit zu mir selbst, und eh' ich noch daran dachte, war ich tief in die grünenden Schatten hinein, und nahm nichts mehr von der hinter mir liegenden Ebne wahr. Da fiel es mir erst aufs Herz, daß ich mich auch in dem gewaltigen Forste gar leichtlich verirren könne, und daß dieses vielleicht die einzige Gefahr sei, welche den Wandersmann allhier bedrohe. Ich hielt daher stille, und sah mich nach dem Stande der Sonne um, die unterdessen etwas höher gerückt war. Indem ich nun so emporblicke, sehe ich ein schwarzes Ding in den Zweigen einer hohen Eiche. Ich denke schon, es ist ein Bär, und fasse nach meiner Klinge; da sagt es mit einer Menschenstimme, aber recht rauh und häßlich, herunter: ›Wenn ich hier oben nicht die Zweige abknusperte, woran solltest Du denn heut' um Mitternacht gebraten werden, Herr Naseweis?‹ – Und dabei grinzt es, und raschelt mit den Ästen, daß mein Gaul toll wird, und mit mir durchgeht, eh' ich noch Zeit gewinnen konnte, zu sehn, was es denn eigentlich für eine Teufelsbestie war.«

»Den müßt Ihr nicht nennen«, sagte der alte Fischer, und kreuzte sich; die Hausfrau tat schweigend desgleichen; Undine sah ihren Liebling mit hellen Augen an, sprechend: »Das beste bei der Geschichte ist, daß sie ihn doch nicht wirklich gebraten haben. Weiter, Du hübscher Jüngling.«

Der Ritter fuhr in seiner Erzählung fort: »Ich wäre mit meinem scheuen Pferd fast gegen Baumstämme und Äste angerannt; es triefte von Angst und Erhitzung, und wollte sich doch noch immer nicht halten lassen. Zuletzt ging es grade auf einen steinigen Abgrund los; da kam mir's plötzlich vor, als werfe sich ein langer, weißer Mann dem tollen Hengste quer vor in seinen Weg; der entsetzte sich davor, und stand; ich kriegte ihn wieder in meine Gewalt, und sah nun erst, daß mein Retter kein weißer Mann war, sondern ein silberheller Bach, der sich neben mir von einem Hügel herunterstürzte, meines Rosses Lauf ungestüm kreuzend und hemmend.«

»Danke, lieber Bach!« rief Undine, in die Händchen klopfend. Der alte Mann aber sah kopfschüttelnd in tiefem Sinnen vor sich nieder.

»Ich hatte mich noch kaum im Sattel wieder zurechtgesetzt, und die Zügel wieder ordentlich recht gefaßt«, fuhr Huldbrand fort, »so stand auch schon ein wunderliches Männlein zu meiner Seiten, winzig und häßlich über alle Maßen, ganz braungelb, und mit einer Nase, die nicht viel kleiner war, als der ganze übrige Bursche selbst. Dabei grinzte er mit einer recht dummen Höflichkeit aus dem breitgeschlitzten Maule hervor, und machte viele tausend Scharrfüße und Bücklinge gegen mich. Weil mir nun das Possenspiel sehr mißhagte, dankte ich ihm ganz kurz, warf meinen noch immer zitternden Gaul herum, und gedachte, mir ein andres Abenteuer, oder, dafern ich keines fände, den Heimweg zu suchen, denn die Sonne war während meiner tollen Jagd schon über die Mittagshöhe gen Westen gegangen. Da sprang aber der kleine Kerl mit einer blitzschnellen Wendung herum, und stand abermals vor meinem Hengste. – ›Platz da!‹ sagt' ich verdrießlich, ›das Tier ist wild, und rennet dich leichtlich um.‹ – ›Ei‹, schnarrte das Kerlchen und lachte noch viel entsetzlich dummer; ›schenkt mir doch erst ein Trinkgeld, denn ich hab' ja Euer Rösselein aufgefangen; lägt Ihr doch ohne mich samt Euerm Rösselein in der Steinkluft da unten; hu!‹ – ›Schneide nur keine Gesichter weiter‹, sagte ich, ›und nimm Dein Geld hin, wenn Du auch lügst; denn siehe, der gute Bach dorten hat mich gerettet, nicht aber Du, höchst ärmlicher Wicht.‹ – Und zugleich ließ ich ein Goldstück in seine wunderliche Mütze fallen, die er bettelnd vor mir abgezogen hatte. Dann trabte ich weiter; er aber schrie hinter mir drein und war plötzlich mit unbegreiflicher Schnelligkeit neben mir. Ich sprengte mein Roß im Galopp an; er galoppierte mit, so sauer es ihm zu werden schien, und so wunderliche, halb lächerliche, halb gräßliche, Verrenkungen er dabei mit seinem Leibe vornahm, wobei er immerfort das Goldstück in die Höhe hielt, und bei jedem Galoppsprunge schrie: ›Falsch Geld! Falsche Münz'! Falsche Münz'! Falsch Geld!‹ Und das krächzte er aus so hohler Brust heraus, daß man meinte, er müsse nach jeglichem Schreie tot zu Boden stürzen. Auch hing ihm die häßliche rote Zunge weit aus dem Schlunde. Ich hielt verstört; ich fragte: ›Was willst Du mit Deinem Geschrei? Nimm noch ein Goldstück, nimm noch zwei, aber dann laß ab von mir.‹ – Da fing er wieder mit seinem häßlich höflichen Grüßen an, und schnarrte: ›Gold eben nicht, Gold soll es eben nicht sein, mein Jungherrlein; des Spaßes hab' ich selbsten allzuviel; will's Euch mal zeigen.‹

Da ward es mir auf einmal, als könn' ich durch den grünen festen Boden durchsehn, als sei er grünes Glas, und die ebne Erde kugelrund, und drinnen hielten eine Menge Kobolde ihr Spiel mit

Silber und Gold. Kopfauf, kopfunter kugelten sie sich herum, und schmissen einander zum Spaß mit den edlen Metallen, und pusteten sich den Goldstaub neckend in's Gesicht. Mein häßlicher Gefährte stand halb drinnen, halb draußen; er ließ sich sehr, sehr viel Gold von den andern heraufreichen, und zeigte es mir lachend, und schmiß es dann immer wieder klingend in die unermeßlichen Klüfte hinab. Dann zeigte er wieder mein Goldstück, was ich ihm geschenkt hatte, den Kobolden drunten, und die wollten sich drüber halb totlachen, und zischten mich aus. Endlich reckten sie alle die spitzigen, metallschmutzigen Finger gegen mich aus, und wilder und wilder, und dichter und dichter, und toller und toller, klomm das Gewimmel gegen mich herauf; – da erfaßte mich ein Entsetzen wie vorhin meinen Gaul. Ich gab ihm beide Sporen, und weiß nicht, wie weit ich zum zweiten Male toll in den Wald hineingejagt bin.

Als ich nun endlich wieder still hielt, war es abendkühl um mich her. Durch die Zweige sah ich einen weißen Fußpfad leuchten, von dem ich meinte, er müsse aus dem Forste nach der Stadt zurückführen. Ich wollte mich dahin durcharbeiten; aber ein ganz weißes, undeutliches Antlitz, mit immer wechselnden Zügen, sah mir zwischen den Blättern entgegen; ich wollte ihm ausweichen, aber wo ich hinkam, war es auch. Ergrimmt gedacht' ich endlich mein Roß darauf los zu treiben; da sprudelte es mir und dem Pferde weißen Schaum entgegen, daß wir beide geblendet umwenden mußten. So trieb es uns von Schritt zu Schritt, immer von dem Fußsteige abwärts, und ließ uns überhaupt nur nach einer einzigen Richtung hin den Weg noch frei. Zogen wir aber auf dieser fort, so war es wohl dicht hinter uns, tat uns jedoch nicht das geringste zuleide. Wenn ich mich dann bisweilen nach ihm umsah, merkte ich wohl, daß das weiße, sprudelnde Antlitz auf einem ebenso weißen, höchst riesenmäßigen Körper saß. Manchmal dacht' ich auch, als sei es ein wandelnder Springbronn, aber ich konnte niemals recht darüber zur Gewißheit kommen. Ermüdet gaben Roß und Reiter dem treibenden, weißen Manne nach, der uns immer mit dem Kopfe zunickte, als wolle er sagen: ›Schon recht! Schon recht!‹ – Und so sind wir endlich an das Ende des Waldes hier herausgekommen, wo ich Rasen und Seeflut und Eure kleine Hütte sah, und wo der lange, weiße Mann verschwand.«

»Gut, daß er fort ist«, sagte der alte Fischer, und nun begann er davon zu sprechen, wie sein Gast auf die beste Weise wieder zu seinen Leuten nach der Stadt zurückgelangen könne. Darüber fing Undine an, ganz leise in sich selbst hinein zu kichern. Huldbrand merkte es und sagte: »Ich dachte, Du sähest mich gern hier; was freust Du Dich denn nun, da von meiner Abreise die Rede ist?«

»Weil du nicht fort kannst«, entgegnete Undine. »Prob' es doch 'mal durch den übergetretnen Waldstrom zu setzen, mit Kahn, mit Roß oder allein, wie Du Lust hast. Oder prob' es lieber nicht, denn Du würdest zerschellt werden, von den blitzschnell getriebnen Stämmen und Steinen. Und was den See angeht, da weiß ich wohl: der Vater darf mit seinem Kahne nicht weit genug darauf hinaus.«

Huldbrand erhob sich lächelnd, um zu sehn, ob es so sei, wie ihm Undine gesagt hatte, der Alte begleitete ihn, und das Mädchen gaukelte scherzend neben den Männern her. Sie fanden es in der Tat, wie sie gesagt hatte, und der Ritter mußte sich drein ergeben, auf der zur Insel gewordnen Landspitze zu bleiben, bis die Fluten sich verliefen. Als die dreie nach ihrer Wandrung wieder der Hütte zugingen, sagte der Ritter der Kleinen in's Ohr: »Nun, wie ist es, Undinchen? Bist Du böse, daß ich bleibe?« – »Ach«, entgegnete sie mürrisch, »laßt nur. Wenn ich Euch nicht gebissen hätte, wer weiß, was noch alles von der Bertalda in Eurer Geschichte vorgekommen wär'!«

Fünftes Kapitel

WIE DER RITTER AUF DER SEESPITZE LEBTE

Du bist vielleicht, mein lieber Leser, schon irgendwo, nach mannigfachem Auf- und Abtreiben in der Welt, an einen Ort gekommen, wo Dir es wohl war; die jedwedem eingeborne Liebe zu eignem Herd und stillem Frieden ging wieder auf in Dir; Du meintest, die Heimat blühe mit allen Blumen der Kindheit und der allerreinsten, innigsten Liebe wieder aus teuren Grabstätten hervor, und hier müsse gut wohnen und Hütten bauen sein. Ob Du Dich darin geirrt, und den Irrtum nachher schmerzlich abgebüßt hast, das soll hier nichts zur Sache tun, und Du wirst dich auch selbst wohl mit dem herben Nachschmack nicht freiwillig betrüben wollen. Aber rufe jene unaussprechlich süße Ahnung, jenen englischen Gruß des Friedens wieder in Dir herauf, und Du wirst ungefähr wissen können, wie dem Ritter Huldbrand während seines Lebens auf der Seespitze zu Sinne war.

Er sah oftmals mit innigem Wohlbehagen, wie der Waldstrom mit jedem Tage wilder einherrollte, wie er sich sein Bette breiter und breiter riß, und die Abgeschiedenheit auf der Insel so für immer längere Zeit ausdehnte. Einen Teil des Tages über, strich er mit einer alten Armbrust, die er in einem Winkel der Hütte gefunden, und sich ausgebessert hatte, umher, nach den vorüberfliegenden Vögeln, lauernd, und, was er von ihnen treffen konnte, als guten Braten in die Küche liefernd. Brachte er nun seine Beute zurück, so unterließ Undine fast niemals, ihn auszuschelten, daß er den lieben, lustigen Tierchen oben im blauen Luftmeer so feindlich ihr fröhliches Leben stehle; ja sie weinte oftmals bitterlich bei dem Anblicke des toten Geflügels. Kam er aber dann ein andermal wieder heim, und hatte nichts geschossen, so schalt sie ihn nicht minder ernstlich darüber aus, daß man nun um seines Ungeschicks und seiner Nachlässigkeit willen mit Fischen und Krebsen vorliebnehmen müsse. Er freute sich allemal herzinniglich auf ihr anmutiges Zürnen, um so mehr, da sie gewöhnlich nachher ihre üble Laune durch die holdesten Liebkosungen wieder gutzumachen suchte. Die Alten hatten sich in die Vertraulichkeit der beiden jungen Leute gefunden; sie kamen ihnen vor wie Verlobte, oder gar wie ein Ehepaar, das ihnen zum Beistand im Alter mit auf der abgerissenen Insel wohne. Eben diese Abgeschiedenheit brachte auch den jungen Huldbrand ganz fest auf den Gedanken, er sei bereits Undines Bräutigam. Ihm war zumute, als gäbe es keine Welt mehr jenseits dieser umgebenden Fluten, oder als könne man doch nie wieder da hinüber zur Vereinigung mit andern Menschen gelangen; und wenn ihn auch bisweilen sein weidendes Roß anwieherte, wie nach Rittertaten fragend und mahnend, oder sein Wappenschild ihm von der Stickerei des Sattels und der Pferdedekke ernst entgegenleuchtete, oder sein schönes Schwert unversehens vom Nagel, an welchem es in der Hütte hing, herabfiel, im Sturze aus der Scheide gleitend, – so beruhigte er sein zweifelndes Gemüt damit: Undine sei gar keine Fischerstochter, sei vielmehr, aller Wahrscheinlichkeit nach, aus einem wundersamen, hochfürstlichen Hause der Fremde, gebürtig. Nur das war ihm in der Seele zuwider, wenn die alte Frau Undinen in seiner Gegenwart schalt. Das launische Mädchen lachte zwar meist, ohne alles Hehl, ganz ausgelassen darüber; aber ihm war es, als taste man seine Ehre an, und doch wußte er der alten Fischerin nicht unrecht zu geben, denn Undine verdiente immer zum wenigsten zehnfach so viele Schelte als sie bekam; daher er denn auch der Hauswirtin im Herzen gewogen blieb, und das ganze Leben seinen stillen, vergnüglichen Gang fürder ging.

Es kam aber doch endlich eine Störung hinein; der Fischer und der Ritter waren nämlich gewohnt gewesen, beim Mittagsmahle, und auch des Abends, wenn der Wind draußen heulte, wie er es fast immer gegen die Nacht zu tun pflegte, sich miteinander bei einem Kruge Wein zu ergötzen. Nun war aber der ganze Vorrat zu Ende gegangen, den der Fischer früher von der Stadt nach und nach mitgebracht hatte, und die beiden Männer wurden darüber ganz verdrießlich. Undine lachte sie den Tag über wacker aus, ohne daß beide so lustig, wie gewöhnlich, in ihre Scherze einstimmten. Gegen Abend war sie aus der Hütte gegangen: sie sagte, um den zwei langen und langweiligen Gesichtern zu entgehn. Weil es nun in der Dämmerung wieder nach Sturm aussah, und das Wasser bereits heulte und rauschte, sprangen der Ritter und der Fischer erschreckt vor die Tür, um das Mädchen heimzuholen, der Angst jener Nacht gedenkend, wo Huldbrand zum erstenmal in der Hütte gewesen war. Undine aber trat ihnen entgegen, freundlich in ihre Händchen klopfend. »Was gebt Ihr mir, wenn ich Euch Wein verschaffe? Oder vielmehr, Ihr braucht mir nichts zu geben«, fuhr sie fort, »denn ich bin schon zufrieden, wenn Ihr lustiger ausseht, und bessere Einfälle habt, als diesen letzten, langweiligen Tag hindurch. Kommt nur mit; der Waldstrom hat ein Faß an das Ufer getrieben, und ich will verdammt sein, eine ganze Woche lang zu schlafen, wenn es nicht ein Weinfaß ist.« – Die Männer folgten ihr nach, und fanden wirklich, an einer umbüschten Bucht des Ufers, ein Faß, welches ihnen Hoffnung gab, als enthalte es den edlen Trank, wonach sie verlangten. Sie wälzten es vor allem aufs schleunigste in die Hütte, denn ein schweres Wetter zog wieder am Abendhimmel herauf, und man konnte in der Dämmerung bemerken, wie die Wogen des Sees ihre weißen Häupter schäumend emporrichteten, als sähen sie sich nach dem Regen um, der nun bald auf sie herunterrauschen sollte. Undine half den beiden nach Kräften, und sagte, als das Regenwetter plötzlich allzu schnell heraufheulte, lustig drohend in die schweren Wolken hinein: »Du! Du! Hüte Dich, daß Du uns nicht naß machst; wir sind noch lange nicht unter Dach.« – Der Alte verwies ihr solches als eine sündhafte Vermessenheit; aber sie kicherte leise vor sich hin, und es widerfuhr auch niemandem etwas Übles darum. Vielmehr gelangten alle drei, wider Vermuten, mit ihrer Beute trocken an den behaglichen Herd, und erst, als man das Faß geöffnet, und erprobt hatte, daß es einen wundersam trefflichen Wein enthalte, riß sich der Regen aus dem dunkeln Gewölke los, und rauschte der Sturm durch die Wipfel der Bäume und über des Sees empörte Wogen hin.

Einige Flaschen waren bald aus dem großen Fasse gefüllt, das für viele Tage Vorrat verhieß, man saß trinkend und scherzend, und heimisch gesichert vor dem tobenden Unwetter, an der Glut des Herdes beisammen. Da sagte der alte Fischer, und ward plötzlich sehr ernst: »Ach großer Gott, wir freuen uns hier der edlen Gabe, und der, welchem sie zuerst angehörte, und vom Strome genommen ward, hat wohl gar das liebe Leben drum lassen müssen.« – »Er wird ja nicht grade!« meinte Undine und schenkte dem Ritter lächelnd ein. Der aber sagte: »Bei meiner höchsten Ehre, alter Vater, wüßt ich ihn zu finden und zu retten, mich sollte kein Gang in die Nacht hinaus dauern, und keine Gefahr. Soviel aber kann ich Euch versichern, komm ich je wieder zu bewohntern Landen, so will ich ihn oder seine Erben schon ausfindig machen, und diesen Wein doppelt und dreifach ersetzen.« – Das freute den alten Mann; er nickte dem Ritter billigend zu, und trank nun seinen Becher mit besserm Gewissen und Behagen leer. Undine aber sagte zu Huldbranden: »Mir der Entschädigung und mit Deinem Golde halt es, wie Du willst. Das aber mit dem Nachlaufen und Suchen war dumm geredet. Ich weinte mir die Augen aus, wenn Du darüber verlorengingst, und nicht wahr, Du möchtest auch lieber bei mir bleiben, und bei dem guten Wein?« – »Das freilich«, entgegnete Huldbrand lächelnd. – »Nun«, sagte Undine, »also hast Du dumm gesprochen. Denn jeder ist sich doch selbst der Nächste und was gehen einen die andern Leute an.« – Die Hauswirtin wandte sich seufzend und kopfschüttelnd von ihr ab, der Fischer vergaß seiner sonstigen Vorliebe für das zierliche Mägdlein und schalt. »Als ob Dich Heiden und Türken erzogen hätten, klingt ja das«, schloß er seine Rede; »Gott verzeih es mir, und Dir, Du ungeratnes Kind.« – »Ja, aber mir ist doch nun einmal so zumute«, entgegnete Undine, »habe mich erzogen, wer da will, und was können da all Eure Worte helfen.« – »Schweig!« fuhr der Fischer sie an, und sie, die ungeachtet ihrer Keckheit doch äußerst schreckhaft war, fuhr zusammen, schmiegte sich zitternd an Huldbrand, und fragte ihn ganz leise: »Bist Du auch böse, schöner Freund?« Der Ritter drückte ihr die zarte Hand, und streichelte ihre Locken. Sagen konnte er nichts, weil ihm der Ärger über des Alten Härte gegen Undinen die Lippen schloß, und so saßen beide Paare mit einem Male unwillig und im verlegnen Schweigen einander gegenüber.

Sechstes Kapitel

VON EINER TRAUUNG

Ein leises Klopfen an die Tür klang durch diese Stille, und erschreckte alle, die in der Hütte saßen, wie es denn wohl bisweilen zu kommen pflegt, daß auch eine Kleinigkeit, die ganz unvermutet geschieht, einem den Sinn recht furchtbarlich aufregen kann. Aber hier kam noch dazu, daß der verrufne Forst sehr nahe lag, und daß die Seespitze für menschliche Besuche jetzt unzugänglich schien. Man sah einander zweifelnd an, das Pochen wiederholte sich, von einem tiefen Ächzen begleitet; der Ritter ging nach seinem Schwerte. Da sagte aber der alte Mann leise: »Wenn es das ist, was ich fürchte, hilft uns keine Waffe.« – Undine näherte sich indessen der Tür, und rief ganz unwillig und keck: »Wenn Ihr Unfug treiben wollt, Ihr Erdgeister, so soll Euch Kühleborn was Beßres lehren.« – Das Entsetzen der andern ward durch diese wunderlichen Worte vermehrt, sie sahen das Mädchen scheu an, und Huldbrand wollte sich eben zu einer Frage an sie ermannen, da sagte es von draußen: »Ich bin kein Erdgeist, wohl aber ein Geist, der noch im irdischen Körper hauset. Wollt Ihr mir helfen und fürchtet Ihr Gott, Ihr drinnen in der Hütte, so tut mir auf.« Undine hatte bei diesen Worten die Tür bereits geöffnet, und leuchtete mit einer Ampel in die stürmige Nacht hinaus, so daß man draußen einen alten Priester wahrnahm, der vor dem unversehnen Anblicke des wunderschönen Mägdleins erschreckt zurücke trat. Er mochte wohl denken, es müsse Spuk und Zauberei mit im Spiele sein, wo ein so herrliches Bild aus einer so niedern Hüttenpforte erscheine; deshalben fing er an zu beten: »Alle gute Geister loben Gott den Herrn!« – »Ich bin kein Gespenst«, sagte Undine lächelnd, »seh ich denn so häßlich aus? Zudem könnt Ihr ja wohl merken, daß mich kein frommer Spruch erschreckt. Ich weiß doch auch von Gott, und versteh ihn auch zu loben; jedweder auf seine Weise freilich, und dazu hat er uns erschaffen. Tretet herein, ehrwürdiger Vater; Ihr kommt zu guten Leuten.«

Der Geistliche kam neigend und umblickend herein, und sahe gar lieb und ehrwürdig aus. Aber das Wasser troff aus allen Falten seines dunkeln Kleides, und aus dem langen weißen Bart und den weißen Locken des Haupthaares. Der Fischer und der Ritter führten ihn in eine Kammer, und gaben ihm andre Kleider, während sie den Weibern die Gewande des Priesters zum Trocknen in das Zimmer reichten. Der fremde Greis dankte auf's demütigste und freundlichste, aber des Ritters glänzenden Mantel, den ihm dieser entgegenhielt, wollte er auf keine Weise umnehmen; er wählte statt dessen ein altes graues Oberkleid des Fischers. So kamen sie denn in das Gemach zurück, die Hausfrau räumte dem Priester alsbald ihren großen Sessel, und ruhte nicht eher, bis er sich darauf niedergelassen hatte; »denn«, sagte sie, »Ihr seid alt, und erschöpft, und geistlich obendrein.« – Undine schob den Füßen des Fremden ihr kleines Bänkchen unter, worauf sie sonst neben Huldbranden zu sitzen pflegte, und bewies sich überhaupt in der Pflege des guten Alten höchst sittig und anmutig. Huldbrand flüsterte ihr darüber eine Neckerei in's Ohr, sie aber entgegnete sehr ernst: »Er dient ja dem, der uns alle geschaffen hat; damit ist nicht zu spaßen.« – Der Ritter und der Fischer labten darauf den Priester mit Speise und Wein, und dieser fing, nachdem er sich etwas erholt hatte, zu erzählen an, wie er gestern aus seinem Kloster, das fern über den großen Landsee hinaus liege, nach dem Sitze des Bischofs habe reisen sollen, um demselben die Not kundzutun, in welche durch die jetzigen wunderbaren Überschwemmungen das Kloster und dessen Zinsdörfer geraten seien. Da habe er nach langen Umwegen, um eben dieser Überschwemmungen willen, sich heute gegen Abend dennoch genötigt gesehn, einen übergetretnen Arm des Sees, mit Hülfe zweier guten Fährleute zu überschiffen. – »Kaum aber«, fuhr er fort, »hatte unser kleines Fahrzeug die Wellen berührt, so brach auch schon der ungeheure Sturm los, der noch jetzt über unsern Häuptern fortwütet. Es war, als hätten die Fluten nur auf uns gewartet, um die allertollsten, strudelndsten, Tänze mit uns zu beginnen. Die Ruder waren bald aus meiner Führer Händen gerissen, und trieben zerschmettert auf den Wogen weiter und weiter vor uns hinaus. Wir selbst flogen hülflos und der tauben Naturkraft hingegeben, auf die Höhe des Sees zu euern fernen Ufern herüber, die wir schon zwischen den Nebeln und Wasserschäumen emporstreben sahen. Da drehte sich endlich der Nachen immer wilder und schwindliger; ich weiß nicht, stürzte er um, stürzte ich heraus. Im dunkeln Ängstigen des nahen, schrecklichen Todes trieb ich weiter, bis mich eine Welle hier unter die Bäume an eure Insel warf.«

»Ja, Insel!« sagte der Fischer. »Vor kurzem war's noch eine Landspitze. Nun aber, seit Waldstrom und See schier toll geworden sind, sieht es ganz anders mit uns aus.«

»Ich merkte so etwas«, sagte der Priester, »indem ich im Dunkeln das Wasser entlängst schlich, und, ringsum nur wildes Gebrause antreffend, endlich schaute, wie sich ein betretner Fußpfad gerade in das Getos hinein verlor. Nun sahe ich das Licht in eurer Hütte, und wagte mich hierher, wo ich denn meinem himmlischen Vater nicht genug danken kann, daß er mich nach meiner Rettung aus dem Gewässer auch noch zu so frommen Leuten geführt hat als zu euch; und das um so mehr, da ich nicht wissen kann, ob ich außer euch vieren noch in diesem Leben andre Menschen wieder zu sehen bekomme.«

»Wie meint Ihr das?« fragte der Fischer.

»Wißt Ihr denn, wie lange dieses Treiben der Elemente währen soll?« entgegnete der Geistliche. »Und ich bin alt an Jahren. Gar leichtlich mag mein Lebensstrom eher versiegend unter die Erde gehn, als die Überschwemmung des Waldstromes da draußen. Und überhaupt, es wäre ja nicht unmöglich, daß mehr und mehr des schäumenden Wassers sich zwischen euch und den jenseitigen Forst drängte, bis ihr so weit von der übrigen Erde abgerissen würdet, daß euer Fischerkähnlein nicht mehr hinüberreichte, und die Bewohner des festen Landes in ihren Zerstreuungen euer Alter gänzlich vergessen.«

Die alte Hausfrau fuhr hierüber zusammen, kreuzte sich, und sagte: »Das verhüte Gott!« – Aber der Fischer sahe sie lächelnd an, und sprach: »Wie doch auch nun der Mensch ist! Es wäre ja dann nicht anders, wenigstens nicht für Dich, liebe Frau, als es nun ist. Bist Du denn seit vielen Jahren weiter gekommen, als an die Grenze des Forstes? Und hast Du andre Menschen gesehn, als Undinen und mich? – Seit kurzem sind nun noch der Ritter und der Priester zu uns gekommen. Die blieben bei uns, wenn wir zur vergessenen Insel würden; also hättest Du ja den besten Gewinn davon.«

»Ich weiß nicht«, sagte die alte Frau, »es wird einem doch unheimlich zumute, wenn man sich's nun so vorstellt, daß man unwiederbringlich von den andern Leuten geschieden wär', ob man sie übrigens auch weder kennt noch sieht.«

»Du bliebest dann bei uns, Du bliebest dann bei uns!« flüsterte Undine ganz leise, halb singend, und schmiegte sich inniger an Huldbrands Seite. Dieser aber war in tiefen und seltsamen Gebilden seines Innern verloren. Die Gegend jenseit des Waldwassers zog sich seit des Priesters letzten Worten immer ferner und dunkler von ihm ab, die blühende Insel, auf welcher er lebte, grünte und lachte immer frischer in sein Gemüt herein. Die Braut glühte als die schönste Rose dieses kleinen Erdstriches und auch der ganzen Welt hervor, der Priester war zur Stelle. Dazu kam noch eben, daß ein zürnender Blick der Hausfrau das schöne Mädchen traf, weil sie sich in Gegenwart des geistlichen Herren so dicht an ihren

Liebling lehnte, und es schien, als wolle ein Strom von unerfreulichen Worten folgen. Da brach es aus des Ritters Munde, daß er, gegen den Priester gewandt, sagte: »Ihr seht hier ein Brautpaar vor Euch, ehrwürdiger Herr, und wenn dies Mädchen und die guten alten Fischersleute nichts dawider haben, sollt Ihr uns heute abend noch zusammengeben.«

Die beiden alten Eheleute waren sehr verwundert. Sie hatten zwar bisher oft so etwas gedacht, aber ausgesprochen hatten sie es doch niemals, und wie nun der Ritter dies tat, kam es ihnen als etwas ganz Neues und Unerhörtes vor. Undine war plötzlich ernst geworden, und sah tiefsinnig vor sich nieder, während der Priester nach den nähern Umständen fragte, und sich bei den Alten nach ihrer Einwilligung erkundigte. Man kam nach mannigfachem Hin- und Herreden miteinander auf's reine; die Hausfrau ging, um den jungen Leuten das Brautgemach zu ordnen, und zwei geweihte Kerzen, die sie seit langer Zeit verwahrt hielt, für die Trauungsfeierlichkeit hervorzusuchen. Der Ritter nestelte indes an seiner goldnen Kette, und wollte zwei Ringe losdrehen, um sie mit der Braut wechseln zu können. Diese aber fuhr, es bemerkend, aus ihrem tiefen Sinnen auf, und sprach: »Nicht also! Ganz bettelarm haben mich meine Eltern nicht in die Welt hineingeschickt; vielmehr haben sie gewißlich schon frühe darauf gerechnet, daß ein solcher Abend aufgehn solle.« – Damit war sie schnell aus der Tür, und kam gleich darauf mit zwei kostbaren Ringen zurück, deren einen sie ihrem Bräutigam gab, und den andern für sich behielt. Der alte Fischer war ganz erstaunt darüber, und noch mehr die Hausfrau, die eben wieder hereintrat, daß beide diese Kleinodien noch niemals bei dem Kinde gesehn hatten. – »Meine Eltern«, entgegnete Undine, »ließen mir diese Dingerchen in das schöne Kleid nähen, das ich grade anhatte, da ich zu Euch kam. Sie verboten mir auch, auf irgendeine Weise jemandem davon zu sagen vor meinem Hochzeitabend. Da habe ich sie denn also stille herausgetrennt, und verborgengehalten bis heute.« – Der Priester unterbrach das weitre Fragen und Verwundern, indem er die geweihten Kerzen anzündete, sie auf einen Tisch stellte, und das Brautpaar sich gegenübertreten hieß. Er gab sie sodann mit kurzen, feierlichen, Worten zusammen, die alten Eheleute segneten die jungen, und die Braut lehnte sich leise zitternd und nachdenklich an den Ritter. Da sagte der Priester mit einem Male: »Ihr Leute seid doch seltsam! Was sagt Ihr mir denn, Ihr wäret die einzigen Menschen hier auf der Insel? Und während der ganzen Trauhandlung sah zu dem Fenster mir gegenüber ein ansehnlicher, langer Mann im weißen Mantel herein. Er muß noch vor der Türe stehn, wenn Ihr ihn etwan mit in's Haus nötigen wollt.« – »Gott bewahre!« sagte die Wirtin, zusammenfahrend, der alte Fischer schüttelte schweigend den Kopf, und Huldbrand sprang nach dem Fenster. Es war ihm selbst, als sehe er noch einen weißen Streif, der aber bald im Dunkel gänzlich verschwand. Er redete dem Priester ein, daß er sich durchaus geirrt haben müsse, und man setzte sich vertraulich mitsammen um den Herd.

Siebentes Kapitel

WAS SICH WEITER AM HOCHZEITABENDE BEGAB

Gar sittig und still hatte sich Undine vor und während der Trauung bewiesen, nun aber war es, als schäumten alle die wunderlichen Grillen, welche in ihr hausten, um so dreister und kecklicher auf der Oberfläche hervor. Sie neckte Bräutigam und Pflegeeltern und selbst den noch kaum so hochverehrten Priester mit allerhand kindischen Streichen, und als die Wirtin etwas dagegen sagen wollte, brachten diese ein paar ernste Worte des Ritters, worin er Undinen mit großer Bedeutsamkeit seine Hausfrau nannte, zum Schweigen. Ihm selbst indessen, dem Ritter, gefiel Undinens kindisches Bezeigen ebensowenig; aber da half kein Winken und kein Räuspern und keine tadelnde Rede. Sooft die Braut ihres Lieblings Unzufriedenheit merkte, – und das geschah einigemal, – ward sie freilich stiller, setzte sich neben ihn, streichelte ihn, flüsterte ihm lächelnd etwas in das Ohr, und glättete so die aufsteigenden Falten seiner Stirn. Aber gleich darauf riß sie irgendein toller Einfall wieder in das gaukelnde Treiben hinein, und es ging nur ärger, als zuvor. Da sagte der Priester sehr ernsthaft und sehr freundlich: »Mein anmutiges junges Mägdlein, man kann Euch zwar nicht ohne Ergötzen ansehn, aber denkt darauf, Eure Seele beizeiten so zu stimmen, daß sie immer die Harmonie zu der Seele Eures angetrauten Bräutigams anklingen lasse.« – »Seele!« lachte ihn Undine an, »das klingt recht hübsch, und mag auch für die mehrsten Leute eine gar erbauliche und nutzreiche Regel sein. Aber wenn nun eins gar keine Seele hat, bitt' Euch, was soll es denn da stimmen? Und so geht es mir.« – Der Priester schwieg tiefverletzt, im frommen Zürnen, und kehrte sein Antlitz wehmütig von dem Mädchen ab. Sie aber ging schmeichelnd auf ihn zu, und sagte: »Nein, hört doch erst ordentlich, eh' Ihr böse ausseht, denn Euer Böseaussehn tut mir weh und Ihr müßt doch keiner Kreatur weh tun, die Euch ihrerseits nichts zuleide getan hat. Zeigt Euch nur duldsam gegen mich, und ich will's Euch ordentlich sagen, wie ich's meine.«

Man sah, sie stellte sich in Bereitschaft, etwas recht Ausführliches zu erzählen, aber plötzlich stockte sie, wie von einem innern Schauer ergriffen, und brach in einen reichen Strom der wehmütigsten Tränen aus. Sie wußten alle nicht mehr, was sie recht aus ihr machen sollten, und starrten sie in unterschiedlichen Besorgnissen schweigend an. Da sagte sie endlich, sich ihre Tränen abtrocknend und den Priester ernsthaft ansehend: »Es muß etwas Liebes, aber auch etwas höchst Furchtbares, um eine Seele sein. Um Gott, mein frommer Mann, wär' es nicht besser, man würde ihrer nie teilhaftig?« Sie schwieg wieder still, wie auf Antwort wartend, ihre Tränen waren gehemmt. Alle in der Hütte hatten sich von ihren Sitzen erhoben, und traten schaudernd vor ihr zurück. Sie aber schien nur für den Geistlichen Augen zu haben, auf ihren Zügen malte sich der Ausdruck einer fürchtenden Neubegier, die eben deshalb den andern höchst furchtbar vorkam. – »Schwer muß die Seele lasten«, fuhr sie fort, da ihr noch niemand antwortete, »sehr schwer! Denn schon ihr annahendes Bild überschattet mich mit Angst und Trauer. Und ach, ich war so leicht, so lustig sonst!« – Und in einen erneuten Tränenstrom brach sie aus, und schlug das Gewand vor ihrem Antlitze zusammen. Da trat der Priester, ernsten Ansehens, auf sie zu, und sprach sie an, und beschwur sie bei den heiligsten Namen, sie solle die lichte Hülle abwerfen, falls etwas Böses in ihr sei. Sie aber sank vor ihm in die Knie, alles Fromme wiederholend, was er sprach, und Gott lobend, und beteuernd, sie meine es gut mit der ganzen Welt. Da sagte endlich der Priester zum Ritter: »Herr Bräutigam, ich lasse Euch allein mit der, die ich Euch angetraut habe. Soviel ich ergründen kann, ist nichts Übles an ihr, wohl aber des Wundersamen viel. Ich empfehle Euch Vorsicht, Liebe und Treue.« – Damit ging er hinaus, die Fischersleute folgten ihm, sich bekreuzend.

Undine war auf die Knie gesunken, sie entschleierte ihr Angesicht, und sagte, scheu nach Huldbranden umblickend: »Ach, nun willst Du mich gewiß nicht behalten; und hab' ich doch nichts Böses getan, ich armes, armes Kind!« – Sie sah dabei so unendlich anmutig und rührend aus, daß ihr Bräutigam alles Grauens und aller Rätselhaftigkeit vergaß, zu ihr hineilend, und sie in seinen Armen emporrichtend. Da lächelte sie durch ihre Tränen; es war, als wenn das Morgenrot auf kleinen Bächen spielt. – »Du kannst nicht von mir lassen!« flüsterte sie vertraulich und sicher, und streichelte mit den zarten Händchen des Ritters Wangen. Dieser wandte sich darüber von den furchtbaren Gedanken ab, die noch im Hintergrunde seiner Seele lauerten, und ihm einreden wollten, er sei an eine Fei, oder sonst ein böslich neckendes Wesen der Geisterwelt, angetraut; nur noch die einzige Frage ging fast unversehens über seine Lippen: »Liebes Undinchen, sage mir doch das eine, was war es, daß Du von Erdgeistern sprachst, da der Priester an die Tür klopfte, und von Kühleborn?« – »Märchen! Kindermärchen!« sagte Undine lachend, und ganz wieder in ihrer gewohnten Lustigkeit. »Erst hab' ich Euch damit bange gemacht, am Ende habt Ihr's mich. Das ist das Ende vom Liede und vom ganzen Hochzeitabend.« – »Nein, das ist es nicht«, sagte der von Liebe berauschte Ritter, löschte die Kerzen und trug seine schöne Geliebte unter tausend Küssen, vom Monde, der hell durch die Fenster hereinsah, anmutig beleuchtet, zu der Brautkammer hinein.

Achtes Kapitel

DER TAG NACH DER HOCHZEIT

Ein frisches Morgenlicht weckte die jungen Eheleute. Undine verbarg sich schamhaft unter ihre Decken, und Huldbrand lag still sinnend vor sich hin. Sooft er in der Nacht eingeschlafen war, hatten ihn wunderlich grausende Träume verstört, von Gespenstern, die sich heimlich grinzend in schöne Frauen zu verkleiden strebten, von schönen Frauen, die mit einem Male Drachenangesichter bekamen. Und wenn er von den häßlichen Gebilden in die Höhe fuhr, stand das Mondlicht bleich und kalt draußen vor den Fenstern; entsetzt blickte er nach Undinen, an deren Busen er eingeschlafen war, und die in unverwandelter Schönheit und Anmut neben ihm ruhte. Dann drückte er einen leichten Kuß auf die rosigen Lippen, und schlief wieder ein, um von neuen Schrecken erweckt zu werden. Nachdem er sich nun alles dieses recht im vollen Wachen überlegt hatte, schalt er sich selbst über jedweden Zweifel aus, der ihn an seiner schönen Frau hatte irremachen können. Er bat ihr auch sein Unrecht mit klaren Worten ab, sie aber reichte ihm nur die schöne Hand, seufzte aus tiefem Herzen, und blieb still. Aber ein unendlich inniger Blick aus ihren Augen, wie er ihn noch nie gesehn hatte, ließ ihm keinen Zweifel, daß Undine von keinem Unwillen gegen ihn wisse. Er stand dann heiter auf, und ging zu den Hausgenossen in das gemeinsame Zimmer vor. Die dreie saßen mit besorglichen Mienen um den Herd, ohne daß sich einer getraut hätte, seine Worte laut werden zu lassen. Es sahe aus, als bete der Priester in seinem Innern um Abwendung alles Übels. Da man nun aber den jungen Ehemann so vergnügt hervorgehn sah, glätteten sich auch die Falten in den übrigen Angesichtern; ja, der alte Fischer fing an, mit dem Ritter zu scherzen, auf eine recht sittige, ehrbare Weise, so daß selbst die alte Hausfrau ganz freundlich dazu lächelte. Darüber war endlich Undine auch fertig geworden und trat nun in die Tür; alle wollten ihr entgegengehn, und alle blieben voll Verwunderung stehen, so fremd kam ihnen die junge Frau vor, und doch so wohlbekannt. Der Priester schritt zuerst mit Vaterliebe in den leuchtenden Blicken auf sie zu, und wie er die Hand zum Segnen emporhob, sank das schöne Weib andächtig schauernd vor ihm in die Knie. Sie bat ihn darauf mit einigen freundlich demütigen Worten wegen des Törichten, das sie gestern gesprochen haben möge, um Verzeihung, und ersuchte ihn mit sehr bewegtem Tone, daß er für das Heil ihrer Seele beten wolle. Dann erhob sie sich, küßte ihre Pflegeeltern, und sagte, für alles genossene Gute dankend: »O jetzt fühle ich es im innersten Herzen, wie viel, wie unendlich viel, Ihr für mich getan habt, Ihr lieben, lieben Leute!« – Sie konnte erst gar nicht wieder von ihren Liebkosungen abbrechen, aber kaum gewahrte sie, daß die Hausfrau nach dem Frühstücke hinsah, so stand sie auch bereits am Herde, kochte und ordnete an, und litt nicht, daß die gute alte Mutter auch nur die geringste Mühwaltung über sich nahm.

Sie blieb den ganzen Tag lang so; still, freundlich und achtsam, ein Hausmütterlein, und ein zart verschämtes, jungfräuliches, Wesen zugleich. Die dreie, welche sie schon länger kannten, dachten in jedem Augenblick irgendein wunderliches Wechselspiel ihres launischen Sinnes hervorbrechen zu sehn. Aber sie warteten vergebens darauf. Undine blieb engelmild und sanft. Der Priester konnte seine Augen gar nicht von ihr wegwenden, und sagte mehrere Male zum Bräutigam: »Herr, einen Schatz hat Euch gestern die himmlische Güte durch mich Unwürdigen anvertraut; wahrt ihn, wie es sich gebührt, so wird er Euer ewiges und zeitliches Heil befördern.«

Gegen Abend hing sich Undine mit demütiger Zärtlichkeit an des Ritters Arm, und zog ihn sanft vor die Tür hinaus, wo die sinkende Sonne anmutig über den frischen Gräsern und um die hohen, schlanken, Baumstämme leuchtete. In den Augen der jungen Frau schwamm es, wie Tau der Wehmut und der Liebe, auf ihren Lippen schwebte es, wie ein zartes, besorgliches Geheimnis, das sich aber nur in kaum vernehmlichen Seufzern kundgab. Sie führte ihren Liebling schweigend immer weiter mit sich fort; was er sagte, beantwortete sie nur mit Blicken, in denen zwar keine unmittelbare Auskunft auf seine Fragen, wohl aber ein ganzer Himmel der Liebe und schüchternen Ergebenheit lag. So gelangte sie an das Ufer des übergetretnen Waldstroms, und der Ritter erstaunte, diesen in leisen Wellen verrinnend dahinrieseln zu sehn, so daß keine Spur seiner vorigen Wildheit und Fülle mehr anzutreffen war. – »Bis morgen wird er ganz versiegt sein«, sagte die schöne Frau weinerlich, »und Du kannst dann ohne Widerspruch reisen, wohinaus Du willst.« – »Nicht ohne Dich, Undinchen«, entgegnete der lachende Ritter, »denke doch, wenn ich auch Lust hätte, auszureisen, so müßte ja Kirche und Geistlichkeit und Kaiser und Reich dreinschlagen, und Dir den Flüchtling wiederbringen.« – »Kommt alles auf Dich an, kommt alles auf Dich an«, flüsterte die Kleine, halb weinend halb lächelnd. »Ich denke aber doch, Du wirst mich wohl behalten; ich bin Dir ja gar zu innig gut. Trage mich nun hinüber auf die kleine Insel, die vor uns liegt. Da soll sich's entscheiden. Ich könnte wohl leichtlich selbst durch die Wellchen schlüpfen, aber in Deinen Armen ruht sich's so gut, und verstößest Du mich, so hab ich doch noch zum letzten Male anmutig darin geruht.« – Huldbrand, voll von einer seltsamen Bangigkeit und Rührung, wußte ihr nichts zu erwidern. Er nahm sie in seine Arme, und trug sie hinüber, sich nun erst besinnend, daß es dieselbe kleine Insel war, von wo er sie in jener ersten Nacht dem alten Fischer zurückgetragen hatte. Jenseits ließ er sie in das weiche Gras nieder, und wollte sich schmeichelnd neben seine schöne Bürde setzen; sie aber sagte: »Nein, dorthin, mir gegenüber. Ich will in Deinen Augen lesen, noch ehe Deine Lippen sprechen: Höre nun recht achtsam zu, was ich Dir erzählen will.« Und sie begann.

»Du sollst wissen, mein süßer Liebling, daß es in den Elementen Wesen gibt, die fast aussehen wie Ihr, und sich doch nur selten vor Euch blicken lassen. In den Flammen glitzern und spielen die wunderlichen Salamander, in der Erden tief hausen die dürren, tückischen Gnomen, durch die Wälder streifen die Waldleute, die der Luft angehören, und in den Seen und Strömen und Bächen lebt der Wassergeister ausgebreitetes Geschlecht. In klingenden Kristallgewölben, durch die der Himmel mit Sonn' und Sternen hereinsieht, wohnt sich's schön; hohe Korallenbäume mit blau und roten Früchten leuchten in den Gärten; über reinlichen Meeressand wandelt man, und über schöne, bunte Muscheln, und was die alte Welt des also Schönen besaß, daß die heutige nicht mehr sich dran zu freuen würdig ist, das überzogen die Fluten mit ihren heimlichen Silberschleiern, und unten prangen nun die edlen Denkmale, hoch und ernst, und anmutig betaut vom liebenden Gewässer, das aus ihnen schöne Moosblumen und kränzende Schilfbüschel hervorlockt. Die aber dorten wohnen, sind gar hold und lieblich anzuschauen, meist schöner, als die Menschen sind. Manch einem Fischer ward es schon so gut, ein zartes Wasserweib zu belauschen, wie sie über die Fluten hervorstieg und sang. Der erzählte dann von ihrer Schöne weiter, und solche wundersame Frauen werden von den Menschen Undinen genannt. Du aber siehst jetzt wirklich eine Undine, lieber Freund.«

Der Ritter wollte sich einreden, seiner schönen Frau sei irgendeine ihrer seltsamen Launen wach geworden, und sie finde ihre Lust daran, ihn mit bunt erdachten Geschichten zu necken. Aber sosehr er sich dies auch vorsagte, konnte er doch keinen Augenblick daran glauben; ein seltsamer Schauder zog durch sein Innres; unfähig, ein Wort hervorzubringen, starrte er unverwandten Auges die holde Erzählerin an. Diese schüttelte betrübt den Kopf, seufzte aus vollem Herzen, und fuhr alsdann folgendermaßen fort:

»Wir wären weit besser daran, als ihr andern Menschen; – denn Menschen nennen wir uns auch, wie wir es denn der Bildung und dem Leibe nach sind; – aber es ist ein gar Übles dabei. Wir, und unsresgleichen in den andern Elementen, wir zerstieben und vergehn mit Geist und Leib, daß keine Spur von uns rückbleibt, und wenn ihr andern dermaleinst zu einem reinern Leben erwacht, sind wir geblieben, wo Sand und Funk' und Wind und Welle blieb. Darum haben wir auch keine Seelen; das Element bewegt uns, gehorcht uns oft, solange wir leben, zerstäubt uns immer, sobald wir sterben, und wir sind lustig, ohne uns irgend zu grämen, wie es die Nachtigallen und Goldfischlein und andre hübsche Kinder der Natur ja gleichfalls sind. Aber alles will höher, als es steht. So wollte mein Vater, der ein mächtiger Wasserfürst im Mittelländischen Meere ist, seine einzige Tochter solle einer Seele teilhaftig werden, und müsse sie darüber auch viele Leiden der beseelten Leute bestehn. Eine Seele aber kann unsresgleichen nur durch den innigsten Verein der Liebe mit einem eures Geschlechtes gewinnen. Nun bin ich beseelt, Dir dank ich die Seele, o Du unaussprechlich Geliebter, und Dir werd' ich es danken, wenn Du mich nicht mein ganzes Leben hindurch elend machst. Denn was soll aus mir werden, wenn Du mich scheuest und mich verstößest? Durch Trug aber mogt' ich Dich nicht behalten. Und willst Du mich verstoßen, so tu' es nun, so geh' allein an's Ufer zurück. Ich tauche mich in diesen Bach, der mein Oheim ist, und hier im Walde sein wunderliches Einsiedlerleben, von den übrigen Freunden entfernet, führt. Er ist aber mächtig, und vielen großen Strömen wert und teuer, und wie er mich herführte zu den Fischern, mich leichtes und lachendes Kind, wird er mich auch wieder heimführen zu den Eltern, mich beseelte, liebende, leidende Frau.«

Sie wollte noch mehr sagen, aber Huldbrand umfaßte sie voll der innigsten Rührung und Liebe, und trug sie wieder an's Ufer zurück. Hier erst schwur er unter Tränen und Küssen, sein holdes Weib niemals zu verlassen, und pries sich glücklicher, als den griechischen Bildner Pygmalion, welchem Frau Venus seinen schönen Stein zur Geliebten belebt habe. Im süßen Vertrauen wandelte Undine an seinem Arme nach der Hütte zurück, und empfand nun erst von ganzem Herzen, wie wenig sie die verlassenen Kristallpaläste ihres wundersamen Vaters bedauern dürfe.

Neuntes Kapitel

WIE DER RITTER SEINE JUNGE FRAU MIT SICH FÜHRTE

Als Huldbrand am anderen Morgen vom Schlaf erwachte, fehlte seine schöne Genossin an seiner Seiten, und er fing schon an, wieder den wunderlichen Gedanken nachzuhängen, die ihm seine Ehe und die reizende Undine selbst als ein flüchtiges Blendwerk und Gaukelspiel vorstellen wollten. Aber da trat sie eben zur Tür herein, küßte ihn, setzte sich zu ihm aufs Bett und sagte: »Ich bin etwas früh hinaus gewesen, um zu sehn, ob der Oheim Wort halte. Er hat schon alle Fluten wieder in sein stilles Bett zurücke gelenkt, und rinnt nun nach wie vor einsiedlerisch und sinnend durch den Wald. Seine Freunde in Wasser und Luft haben sich auch zur Ruhe gegeben; es wird wieder alles ordentlich und ruhig in diesen Gegenden zugehen, und Du kannst trocknen Fußes heimreisen, sobald Du willst.« – Es war Huldbranden zumute, als träume er wachend fort, so wenig konnte er sich in die seltsame Verwandtschaft seiner Frau finden. Dennoch ließ er sich nichts merken, und die unendliche Anmut des holden Weibes wiegte auch bald jedwede unheimliche Ahnung zur Ruhe. – Als er nach einer Weile mit ihr vor der Tür stand, und die grünende Seespitze mit ihren klaren Wassergrenzen überschaute, ward es ihm so wohl in dieser Wiege seiner Liebe, daß er sagte: »Was sollen wir denn auch heute schon reisen? Wir finden wohl keine vergnügtern Tage in der Welt haußen, als wir sie an diesem heimlichen Schutzörtlein verlebten. Laß uns immer noch zwei oder dreimal die Sonne hier untergehn sehn.« – »Wie mein Herr es gebeut«, entgegnete Undine in freundlicher Demut. »Es ist nur, daß sich die alten Leute ohnehin schon mit Schmerzen von mir trennen werden, und wenn sie nun erst die treue Seele in mir spüren, und wie ich jetzt innig lieben und ehren kann, bricht ihnen wohl gar vor vielen Tränen das schwache Augenlicht. Noch halten sie meine Stille und Frömmigkeit für nichts Besseres, als es sonst in mir bedeutete, für die Ruhe des Sees, wenn eben die Luft still ist, und sie werden sich nun ebensogut einem Bäumchen oder Blümlein befreunden lernen, als mir. Laß mich ihnen dies neugeschenkte, von Liebe wallende, Herz nicht kundgeben, in Augenblicken, wo sie es für diese Erde verlieren sollen, und wie könnt' ich es bergen, blieben wir länger zusammen?« –

Huldbrand gab ihr recht; er ging zu den Alten, und besprach die Reise mit ihnen, die noch in dieser Stunde vor sich gehen sollte. Der Priester bot sich den beiden jungen Eheleuten zum Begleiter an, er und der Ritter hoben nach kurzem Abschied die schöne Frau aufs Pferd, und schritten mit ihr über das ausgetrocknete Bette des Waldstroms eilig dem Forste zu. Undine weinte still, aber bitterlich, die alten Leute klagten ihr laut nach. Es schien, als seie diesen eine Ahnung aufgegangen, von dem, was sie eben jetzt an der holden Pflegetochter verloren.

Die drei Reisenden waren schweigend in die dichtesten Schatten des Waldes gelangt. Es mochte hübsch anzusehen sein, in dem grünen Blättersaal, wie die schöne Frauengestalt auf dem edlen, zierlich geschmückten Pferde, saß, und von einer Seite der ehrwürdige Priester in seiner weißen Ordenstracht, von der anderen der blühende Ritter in bunten hellen Kleidern, mit seinem prächtigen Schwerte umgürtet, achtsam beiher schritten. Huldbrand hatte nur Augen für sein holdes Weib; Undine, die ihre lieben Tränen getrocknet hatte, nur Augen für ihn, und sie gerieten bald in ein stilles, lautloses Gespräch mit Blicken und Winken, aus dem sie erst spät durch ein leises Reden erweckt wurden, welches der Priester mit einem vierten Reisegesellschafter hielt, der indes unbemerkt zu ihnen gekommen war.

Er trug ein weißes Kleid, fast wie des Priesters Ordenshabit, nur daß ihm die Kappe ganz tief ins Gesicht hereinhing, und das ganze in so weiten Falten um ihn herflog, daß er alle Augenblicke mit Aufraffen und über den Arm schlagen oder sonst dergleichen Anordnungen zu tun hatte, ohne daß er doch dadurch im geringsten im Gehen behindert schien. Als die jungen Eheleute seiner gewahr wurden, sagte er eben: »Und so wohn' ich denn schon seit vielen Jahren hier im Walde, mein ehrwürdiger Herr, ohne daß man mich Eurem Sinne nach einen Eremiten nennen könnte. Denn, wie gesagt, von Buße weiß ich nichts, und glaube sie auch nicht sonderlich zu bedürfen. Ich habe nur deswegen den Wald so lieb, weil es sich auf eine ganz eigne Weise hübsch ausnimmt und mir Spaß macht, wenn ich in meinen flatternden weißen Kleidern durch die finstern Schatten und Blätter hingehe, und dann bisweilen ein süßer Sonnenstrahl unvermutet auf mich herunterblitzt.« – »Ihr seid ein höchst seltsamer Mann«, entgegnete der Priester, »und ich möchte wohl nähere Kunde von Euch haben.« – »Und wer seid Ihr denn, von einem aufs andre zu kommen?« fragte der Fremde. – »Sie nennen mich den Pater Heilmann«, sprach der Geistliche, »und ich komme aus Kloster Mariagruß von jenseit des Sees.« – »So, so«, antwortete der Fremde. »Ich heiße Kühleborn, und wenn es auf Höflichkeit ankommt, könnte man mich auch wohl ebensogut Herr von Kühleborn betiteln, oder Freiherr von Kühleborn; denn frei bin ich, wie der Vogel im Walde, und wohl noch ein bißchen drüber. Zum Exempel, jetzt hab' ich der jungen Frau dorten etwas zu erzählen.« – Und ehe man sich's versah, war er auf der andern Seite des Priesters, dicht neben Undinen, und reckte sich hoch in die Höhe, um ihr etwas ins Ohr zu flüstern. Sie aber wandte sich erschrocken ab, sagend: »Ich habe nichts mit Euch mehr zu schaffen.« – »Hoho«, lachte der Fremde, »was für eine ungeheuer vornehme Heirat habt Ihr denn getan, daß Ihr Eure Verwandten nicht mehr kennt? Wißt Ihr denn nicht vom Oheim Kühleborn, der Euch auf seinem Rücken so treu in diese Gegend trug?« – »Ich bitte Euch aber«, entgegnete Undine, »daß Ihr Euch nicht wieder vor mir sehn laßt. Jetzt fürcht' ich Euch; und soll mein Mann mich scheuen lernen, wenn er mich in so seltsamer Gesellschaft und Verwandtschaft sieht?« – »Nichtchen«, sagte Kühleborn, »Ihr müßt nicht vergessen, daß ich hier zum Geleiter bei Euch bin; die spukenden Erdgeister möchten sonst dummen Spaß mit Euch treiben. Laßt mich also doch immer ruhig mitgehn; der alte Priester dort wußte sich übrigens meiner besser zu erinnern, als Ihr es zu tun scheint, denn er versicherte vorhin, ich käme ihm sehr bekannt vor und ich müsse wohl mit im Nachen gewesen sein, aus dem er ins Wasser fiel. Das war ich auch freilich, denn ich war just die Wasserhose, die ihn herausriß, und schwemmte ihn hernach zu deiner Trauung vollends ans Land.«

Undine und der Ritter sahen nach Pater Heilmann; der aber

schien in einem wandelnden Traume fortzugehn, und von allem, was gesprochen ward, nichts mehr zu vernehmen. Da sagte Undine zu Kühleborn: »Ich sehe dort schon das Ende des Waldes. Wir brauchen Eurer Hülfe nicht mehr, und nichts macht uns Grauen als Ihr. Drum bitt' Euch in Lieb' und Güte, verschwindet, und laßt uns in Frieden ziehn.« – Darüber schien Kühleborn unwillig zu werden; er zog ein häßliches Gesicht, und grinzte Undinen an, die laut aufschrie, und ihren Freund zu Hülfe rief. Wie ein Blitz war der Ritter um das Pferd herum, und schwang die scharfe Klinge gegen Kühleborns Haupt. Aber er hieb in einen Wasserfall, der von einer hohen Klippe neben ihnen herabschäumte, und sie plötzlich mit einem Geplätscher, das beinahe wie Lachen klang, übergoß, und bis auf die Haut durchnetzte. Der Priester sagte, wie plötzlich erwachend: »Das hab ich lange gedacht, weil der Bach so dicht auf der Anhöhe neben uns herlief. Anfangs wollt' es mir gar vorkommen, als wär' er ein Mensch und könne sprechen.« – In Huldbrands Ohr rauschte der Wasserfall ganz vernehmlich diese Worte: »Rascher Ritter, rüst'ger Ritter, ich zürne nicht, ich zanke nicht; schirm' nur Dein reizend Weiblein stets so gut, Du Ritter rüstig, Du rasches Blut!«

Nach wenigen Schritten waren sie im Freien. Die Reichsstadt lag glänzend vor ihnen, und die Abendsonne, welche deren Türme vergoldete, trocknete freundlich die Kleider der durchnäßten Wandrer.

Zehntes Kapitel

WIE SIE IN DER STADT LEBTEN

Daß der junge Ritter Huldbrand von Ringstetten so plötzlich vermißt worden war, hatte großes Aufsehn in der Reichsstadt erregt, und Bekümmernis bei den Leuten, die ihn allesamt wegen seiner Gewandtheit bei Turnier und Tanz, wie auch wegen seiner milden, freundlichen Sitten liebgewonnen hatten. Seine Diener wollten nicht ohne ihren Herrn von dem Orte wieder weg, ohne daß doch Einer den Mut gefaßt hätte, ihm in die Schatten des gefürchteten Forstes nachzureiten. Sie blieben also in ihrer Herberge, untätig hoffend, wie es die Menschen zu tun pflegen, und durch ihre Klagen das Andenken des Verlornen lebendig erhalten. Wie nun bald darauf die großen Unwetter und Überschwemmungen merkbarer wurden, zweifelte man um so minder an dem gewissen Untergange des schönen Fremden, den auch Bertalda ganz unverhohlen betrauerte, und sich selbst verwünschte, daß sie ihn zu dem unseligen Ritte nach dem Walde gelockt habe. Ihre herzoglichen Pflegeeltern waren gekommen, sie abzuholen, aber Bertalda bewog sie, mit ihr zu bleiben, bis man gewisse Nachricht von Huldbrands Leben oder Tod einziehe. Sie suchte verschiedne junge Ritter, die emsig um sie warben, zu bewegen, daß sie dem edlen Abenteurer in den Forst nachziehn möchten. Aber ihre Hand mochte sie nicht zum Preise des Wagestücks ausstellen, weil sie vielleicht noch immer hoffte, dem Wiederkehrenden angehören zu können, und um Handschuh oder Band, oder auch selbst um einen Kuß, wollte niemand sein Leben dran setzen, einen so gar gefährlichen Nebenbuhler zurückzuholen.

Nun, da Huldbrand unerwartet und plötzlich erschien, freuten sich Diener und Stadtbewohner, und überhaupt fast alle Leute, nur Bertalda eben nicht, denn wenn es den andern auch ganz lieb war, daß er eine so wunderschöne Frau mitbrachte, und den Pater Heilmann als Zeugen der Trauung, so konnte doch Bertalda nicht anders, als sich deshalb betrüben. Erstlich hatte sie den jungen Rittersmann wirklich von ganzer Seele liebgewonnen, und dann war durch ihre Trauer über sein Wegbleiben den Augen der Menschen weit mehr davon kund geworden, als sich nun eben schicken wollte. Sie tat deswegen aber doch immer, als ein kluges Weib, fand sich in die Umstände und lebte aufs allerfreundlichste mit Undinen, die man in der ganzen Stadt für eine Prinzessin hielt, welche Huldbrand im Walde von irgendeinem bösen Zauber erlöst habe. Wenn man sie selbst oder ihren Eheherrn darüber befragte, wußten sie zu schweigen, oder geschickt auszuweichen, des Pater Heilmanns Lippen waren für jedes eitle Geschwätz versiegelt, und ohnehin war er gleich nach Huldbrands Ankunft wieder in sein Kloster zurückgegangen, so daß sich die Leute mit ihren seltsamen Mutmaßungen behelfen mußten, und auch selbst Bertalda nicht mehr als jeder andre von der Wahrheit erfuhr.

Undine gewann übrigens dies anmutige Mädchen mit jedem Tage lieber. – »Wir müssen uns einander schon eher gekannt haben«, pflegte sie ihr öfters zu sagen, »oder es muß sonst irgendeine wundersame Beziehung unter uns geben, denn so ganz ohne Ursach, versteht mich, ohne tiefe, geheime Ursach, gewinnt man ein andres nicht so lieb, als ich Euch gleich vom ersten Anblicke her gewann.« – Und auch Bertalda konnte sich nicht ableugnen, daß sie einen Zug der Vertraulichkeit und Liebe zu Undinen empfinde, wie sehr sie übrigens meinte, Ursach zu den bittersten Klagen über diese glückliche Nebenbuhlerin zu haben. In dieser gegenseitigen Neigung wußte die eine bei ihren Pflegeeltern, die andre bei ihrem Ehegatten, den Tag der Abreise weiter und weiter hinauszuschieben; ja, es war schon die Rede davon gewesen, Bertalda solle Undinen auf einige Zeit nach Burg Ringstetten an die Quellen der Donau begleiten.

Sie sprachen auch einmal eines schönen Abends davon, als sie eben bei Sternenschein auf dem mit hohen Bäumen eingefaßten Markte der Reichsstadt umherwandelten. Die beiden jungen Eheleute hatten Bertalden noch spät zu einem Spaziergange abgeholt, und alle drei zogen vertraulich unter dem tiefblauen Himmel auf und ab, oftmals in ihren Gesprächen durch die Bewunderung unterbrochen, die sie dem kostbaren Springborn in der Mitte des Platzes, und seinem wundersamen Rauschen und Sprudeln, zollen mußten. Es war ihnen so lieb und heimlich zu Sinn; zwischen die Baumschatten durch stahlen sich die Lichtschimmer der nahen Häuser, ein stilles Gesumse von spielenden Kindern und andern lustwandelnden Menschen wogte um sie her; man war so allein und doch so freundlich in der heitern, lebendigen Welt mitten inne; was bei Tage Schwierigkeit geschienen hatte, das ebnete sich nun wie von selber, und die drei Freunde konnten gar nicht mehr begreifen, warum wegen Bertaldas Mitreise auch nur die geringste Bedenklichkeit habe obwalten mögen. Da kam, als sie eben den Tag ihrer gemeinschaftlichen Abfahrt bestimmen wollten, ein langer Mann von der Mitte des Marktplatzes her auf sie zugegangen, neigte sich ehrerbietig vor der Gesellschaft, und sagte der jungen Frau etwas ins Ohr. Sie trat, unzufrieden über die Störung und über den Störer einige Schritte mit dem Fremden zur Seite, und beide begannen miteinander zu flüstern, es schien, in einer fremden Sprache. Huldbrand glaubte den seltsamen Mann zu kennen, und sah so starr auf ihn hin, daß er Bertaldens staunende Fragen weder hörte noch beantwortete. Mit einem Male klopfte Undine freudig in die Hände, und ließ den Fremden lachend stehen, der sich mit vielem Kopfschütteln und hastigen, unzufriedenen Schritten entfernte, und in den Brunnen hineinstieg. Nun glaubte Huldbrand seiner Sache ganz gewiß zu sein, Bertalda aber fragte: »Was wollte Dir denn der Brunnenmeister, liebe Undine?« – Die junge Frau lachte heimlich in sich hinein und erwiderte: »Übermorgen, auf Deinen Namenstag, sollst Du's erfahren, Du liebliches Kind.« – Und weiter war nichts aus ihr herauszubringen. Sie lud nun Bertalden und durch sie ihre Pflegeeltern an dem bestimmten Tage zur Mittagstafel, und man ging bald darauf auseinander.

»Kühleborn? –« fragte Huldbrand mit einem geheimen Schauder seine schöne Gattin, als sie von Bertalda Abschied genommen hatten, und nun allein durch die dunkler werdenden Gassen zu Haus gingen. – »Ja, er war es«, antwortete Undine, »und er wollte mir auch allerhand dummes Zeug vorsprechen! Aber mitten darin hat er mich, ganz gegen seine Absicht, mit einer höchst willkommenen Botschaft erfreut. Willst Du diese nun gleich wissen, mein holder Herr und Gemahl, so brauchst Du nur zu gebieten, und ich spreche mir alles vom Herzen los. Wolltest Du aber Deiner Undine eine recht, recht große Freude gönnen, so ließest Du es bis übermorgen, und hättest dann auch an der Überraschung Dein Teil.«

Der Ritter gewährte seiner Gattin gern, warum sie so anmutig bat, und noch im Entschlummern lispelte sie lächelnd vor sich hin: »Was sie sich freuen wird, und sich wundern über ihres Brunnenmeisters Botschaft, die liebe, liebe Bertalda!«

Eilftes Kapitel

BERTALDAS NAMENSFEIER

Die Gesellschaft saß bei Tafel, Bertalda, mit Kleinodien und Blumen, den mannigfachen Geschenken ihrer Pflegeeltern und Freunde, geschmückt, wie eine Frühlingsgöttin, obenan, zu ihren Seiten Undine und Huldbrand. Als das reiche Mahl zu Ende ging, und man den Nachtisch auftrug, blieben die Türen offen; nach alter, guter Sitte in deutschen Landen, damit auch das Volk zusehen könne, und sich an der Lustigkeit der Herrschaften mitfreuen. Bediente trugen Wein und Kuchen unter den Zuschauern herum. Huldbrand und Bertalda warteten mit heimlicher Ungeduld auf die versprochene Erklärung, und verwandten, sosehr es sich tun ließ, kein Auge von Undinen. Aber die schöne Frau blieb noch immer still, und lächelte nur heimlich und innig froh vor sich hin. Wer um ihre getane Verheißung wußte, konnte sehn, daß sie ihr erquickendes Geheimnis alle Augenblick verraten wollte, und es doch noch immer in lüsterner Entsagung zurücklegte, wie es Kinder bisweilen mit ihren liebsten Leckerbissen tun. Bertalda und Huldbrand teilten dies wonnige Gefühl, in hoffender Bangigkeit das neue Glück erwartend, welches von ihrer Freundin Lippen auf sie herniedertauen sollte. Da baten verschiedne von der Gesellschaft Undinen um ein Lied. Es schien ihr gelegen zu kommen, sie ließ sich sogleich ihre Laute bringen und sang folgende Worte:

Morgen so hell,
Blumen so bunt,
Gräser so duftig und hoch
An wallenden Sees Gestade!
Was zwischen den Gräsern
Schimmert so licht?
Ist's eine Blüte weiß und groß,
Vom Himmel gefallen in Wiesenschoß?
Ach, ist ein zartes Kind! –
Unbewußt mit Blumen tändelt's,
Faßt nach goldnen Morgenlichtern; –
O woher? Woher, Du Holdes? –
Fern vom unbekannten Strande
Trug es hier der See heran; –
Nein fasse nicht, Du zartes Leben,
Mit Deiner kleinen Hand herum;
Nicht Hand wird Dir zurückgegeben,
Die Blumen sind so fremd und stumm.
Die wissen wohl sich schön zu schmücken,
Zu duften auch nach Herzenslust,
Doch keine mag Dich an sich drücken,
Fern ist die traute Mutterbrust.
So früh noch an des Lebens Toren,
Noch Himmelslächeln im Gesicht,
Hast Du das Beste schon verloren,
O armes Kind, und weißt es nicht.
Ein edler Herzog kommt geritten
Und hemmt vor Dir des Rosses Lauf;
Zu hoher Kunst und reinen Sitten
Zieht er in seiner Burg Dich auf.
Du hast unendlich viel gewonnen,
Du blühst, die Schönst' im ganzen Land,
Doch ach! die allerbesten Wonnen
Ließ'st Du am unbekannten Strand.

Undine senkte mit einem wehmütigen Lächeln ihre Laute; die Augen der herzoglichen Pflegeeltern Bertaldens standen voller Tränen. – »So war es am Morgen, wo ich Dich fand, Du arme, holde Waise«, sagte der Herzog tief bewegt; »die schöne Sängerin hat wohl recht; das Beste haben wir dir dennoch nicht zu geben vermocht. – «

»Wir müssen aber auch hören, wie es den armen Eltern ergangen ist«, sagte Undine, schlug die Saiten, und sang:

Mutter geht durch ihre Kammern,
Räumt die Schränke ein und aus,
Sucht, und weiß nicht was, mit Jammern,
Findet nichts, als leeres Haus.

Leeres Haus! O Wort der Klage
Dem, der einst ein holdes Kind
Drin gegängelt hat am Tage,
Drin gewiegt in Nächten lind.

Wieder grünen wohl die Buchen,
Wieder kommt der Sonne Licht,
Aber, Mutter, laß Dein Suchen,
Wieder kommt Dein Liebes nicht.

Und wenn Abendlüfte fächeln
Vater heim zum Herde kehrt,
Regt sich's fast in ihm, wie Lächeln,
Dran doch gleich die Träne zehrt.

Vater weiß, in seinen Zimmern
Findet er die Todesruh,
Hört nur bleicher Mutter Wimmern,
Und kein Kindlein lacht ihm zu.

»O, um Gott, Undine, wo sind meine Eltern?« rief die weinende Bertalda. »Du weißt es gewiß, Du hast es erfahren, Du wundersame Frau, denn sonst hättest Du mir das Herz nicht so zerrissen. Sind sie vielleicht schon hier? Wär' es?« – Ihr Auge durchflog die glänzende Gesellschaft, und weilte auf einer regierenden Herrin, die ihrem Pflegevater zunächst saß. Da beugte sich Undine nach der Tür zurück, ihre Augen flossen in der süßesten Rührung über. – »Wo sind denn die armen, harrenden Eltern?« fragte sie, und der alte Fischer mit seiner Frau wankten aus dem Haufen der Zuschauer vor. Ihre Augen hingen fragend bald an Undinen, bald an dem schönen Fräulein, das ihre Tochter sein sollte. – »Sie ist es!« stammelte die entzückte Geberin, und die zwei alten Leute hingen lautweinend und Gott preisend an dem Halse der Wiedergefundnen.

Aber entsetzt und zürnend riß sich Bertalda aus ihrer Umarmung los. Es war zu viel für dieses stolze Gemüt, eine solche Wiedererkennung, in dem Augenblicke, wo sie fest gemeint hatte, ihren bisherigen Glanz noch zu steigern, und die Hoffnung Thronhimmel und Kronen über ihr Haupt herunterregnen ließ. Es kam ihr vor, als habe ihre Nebenbuhlerin dies alles ersonnen, um sie nur recht ausgesucht vor Huldbranden und aller Welt zu demütigen. Sie schalt Undinen, sie schalt die beiden Alten, die häßlichen Worte: »Betrügerin und erkauftes Volk!« rissen sich von ihren Lippen. Da sagte die alte Fischersfrau nur ganz leise vor sich hin: »Ach Gott, ist sie ein böses Weibsbild geworden; und dennoch fühl ich's im Herzen, daß sie von mir geboren ist.« – Der alte Fischer aber hatte seine Hände gefaltet, und betete still, daß die hier seine Tochter nicht sein möge. – Undine wankte todesbleich von den Eltern zu Bertalden, von Bertalden zu den Eltern, plötzlich aus all den Himmeln, die sie sich geträumt hatte, in eine Angst und ein Entsetzen gestürzt, das ihr bisher auch nicht im Traume kundgeworden war. »Hast Du denn eine Seele? Hast Du denn wirklich eine Seele, Bertalda?« schrie sie einige Male in ihre zürnende Freundin hinein, als wolle sie sie aus einem plötzlichen Wahnsinn oder einem tollmachenden Nachtgesichte gewaltsam zur Besinnung bringen. Als aber Bertalda nur immer noch ungestümer wütete, als die verstoßenen Eltern laut zu heulen anfingen, und die Gesellschaft sich streitend und eifernd in verschiedne Parten teilte, erbat sie sich mit einem Male so würdig und ernst die Freiheit, in den Zimmern ihres Mannes zu reden, daß alles um sie her, wie auf einen Wink, still ward. Sie trat darauf an das obre Ende des Tisches, wo Bertalda gesessen hatte, demütig und stolz, und sprach, während sich aller Augen unverwandt auf sie richteten, folgendergestalt:

»Ihr Leute, die Ihr so feindlich ausseht und so verstört und mir mein liebes Fest so grimm zerreißt, ach Gott, ich wußte von Euern törichten Sitten und Eurer harten Sinnesweise nichts, und werde mich wohl mein lebelang nicht drin finden. Daß ich alles verkehrt angefangen habe, liegt nicht an mir; glaubt nur, es liegt einzig an Euch, sowenig es Euch auch darnach aussehen mag. Ich habe Euch auch deshalb nur wenig zu sagen, aber das eine muß gesagt sein: ich habe nicht gelogen. Beweise kann und will ich Euch außer meiner Versicherung nicht geben, aber beschwören will ich es. Mir hat es derselbe gesagt, der Bertalden von ihren Eltern weg ins Wasser lockte, und sie nachher dem Herzog in seinen Weg auf die grüne Wiese legte.«

»Sie ist eine Zauberin«, rief Bertalda, »eine Hexe, die mit bösen Geistern Umgang hat! Sie bekennt es ja selbst.«

»Das tue ich nicht«, sagte Undine, einen ganzen Himmel der Unschuld und Zuversicht in ihren Augen. »Ich bin auch keine Hexe; seht mich nur darauf an.«

»So lügt sie und prahlt«, fiel Bertalda ein, »und kann nicht behaupten, daß ich dieser niedern Leute Kind sei. Meine herzoglichen Eltern, ich bitte Euch, führt mich aus dieser Gesellschaft fort und aus dieser Stadt, wo man nur darauf ausgeht, mich zu schmähen.«

Der alte, ehrsame Herzog aber blieb fest stehen, und seine Gemahlin sagte: »Wir müssen durchaus wissen, woran wir sind; Gott sei vor, daß ich eher nur einen Fuß aus diesem Saale setze.« – Da näherte sich die alte Fischerin, beugte sich tief vor der Herzogin, und sagte: »Ihr schließt mir das Herz auf, hohe, gottesfürchtige Frau. Ich muß Euch sagen, wenn dieses böse Fräulein meine Tochter ist, trägt sie ein Mal, gleich einem Veilchen, zwischen beiden Schultern, und ein gleiches auf dem Spann ihres linken Fußes. Wenn sie sich nur mit mir aus dem Saale entfernen wollte.« – »Ich entblöße mich nicht vor der Bäuerin«, sagte Bertalda, ihr stolz den Rücken wendend. – »Aber vor mir doch wohl«, entgegnete die Herzogin mit großem Ernst. »Ihr werdet mir in jenes Gemach folgen, Jungfrau, und die gute Alte kommt mit.« – Die drei verschwanden, und alle übrigen blieben in großer Erwartung schweigend zurück. Nach einer kleinen Weile kamen die Frauen wieder, Bertalda totenbleich, und die Herzogin sagte: »Recht muß Recht bleiben: deshalben erklär' ich, daß unsre Frau Wirtin vollkommen wahr gesprochen hat. Bertalda ist des Fischers Tochter, und so viel ist, als man hier zu wissen braucht.« Das fürstliche Ehepaar ging mit der Pflegetochter fort; auf einen Wink des Herzogs folgte ihnen der Fischer mit seiner Frau. Die andern Gäste entfernten sich schweigend oder heimlich murmelnd, und Undine sank herzlich weinend in Huldbrands Arme.

Zwölftes Kapitel

WIE SIE AUS DER REICHSSTADT ABREISTEN

Dem Herrn von Ringstetten wär' es freilich lieber gewesen, wenn sich alles an diesem Tage anders gefügt hätte; aber auch so, wie es nun einmal war, konnte es ihm nicht unlieb sein, da sich seine reizende Frau so fromm und gutmütig und herzlich bewies. – »Wenn ich ihr eine Seele gegeben habe«, mußt' er bei sich selber sagen, »gab ich ihr wohl eine beßre, als meine eigne ist«; und nun dachte er einzig darauf, die Weinende zufrieden zu sprechen, und gleich des andern Tages einen Ort mit ihr zu verlassen, der ihr seit diesem Vorfalle zuwider sein mußte. Zwar ist es an dem, daß man sie eben nicht ungleich beurteilte. Weil man schon früher etwas Wunderbares von ihr erwartete, fiel die seltsame Entdeckung von Bertaldens Herkommen nicht allzusehr auf, und nur gegen diese war jedermann, der die Geschichte und ihr stürmisches Betragen dabei erfuhr, übel gesinnt. Davon wußten aber der Ritter und seine Frau noch nichts; außerdem wäre eins für Undinen so schmerzhaft gewesen, als das andre, und so hatte man nichts Beßres zu tun, als die Mauern der alten Stadt baldmöglichst hinter sich zu lassen.

Mit den ersten Strahlen des Morgens hielt ein zierlicher Wagen für Undinen vor dem Tore der Herberge; Huldbrands und seiner Knappen Hengste stampften daneben das Pflaster. Der Ritter führte seine schöne Frau aus der Tür, da trat ihnen ein Fischermädchen in den Weg. – »Wir brauchen Deine Ware nicht«, sagte Huldbrand zu ihr, »wir reisen eben fort.« – Da fing das Fischermädchen bitterlich an zu weinen, und nun erst sahen die Eheleute, daß es Bertalda war. Sie traten gleich mit ihr in das Gemach zurück, und erfuhren von ihr, der Herzog und die Herzogin seien so erzürnt über ihre gestrige Härte und Heftigkeit, daß sie die Hand gänzlich von ihr abgezogen hätten, nicht ohne ihr jedoch vorher eine reiche Aussteuer zu schenken. Der Fischer sei gleichfalls wohl begabt worden, und habe noch gestern abends mit seiner Frau wieder den Weg nach der Seespitze eingeschlagen.

»Ich wollte mit ihnen gehn«, fuhr sie fort, »aber der alte Fischer, der mein Vater sein soll –«

»Er ist es auch wahrhaftig, Bertalda«, unterbrach sie Undine. »Sieh nur, der, welchen Du für den Brunnenmeister ansahst, erzählte mir's ausführlich. Er wollte mich abreden, daß ich dich nicht mit nach Burg Ringstetten nehmen sollte, und da fuhr ihm dieses Geheimnis mit heraus.«

»Nun denn«, sagte Bertalda, »mein Vater, – wenn es denn so sein soll, – mein Vater sprach: ›Ich nehme Dich nicht mit, bis Du anders worden bist. Wage Dich allein durch den verrufenen Wald zu uns hinaus; das soll die Probe sein, ob Du Dir etwas aus uns machst. Aber komme mir nicht wie ein Fräulein; wie eine Fischerdirne komm!‹ – Da will ich denn tun, wie er gesagt hat, denn von aller Welt bin ich verlassen, und will als ein armes Fischerkind bei den ärmlichen Eltern einsam leben und sterben. Vor dem Wald graut es mich freilich sehr. Es sollen abscheuliche Gespenster drinnen hausen, und ich bin so furchtsam. Aber was hilft's? – Hierher kam ich nur noch, um bei der edlen Frau von Ringstetten Verzeihung dafür zu erflehen, daß ich mich gestern so ungebührlich erzeigte. Ich fühle wohl, Ihr habt es gut gemeint, holde Dame, aber Ihr wußtet nicht, wie Ihr mich verletzen würdet, und da strömte mir denn in der Angst und Überraschung gar manch unsinnig verwegnes Wort über die Lippen. Ach verzeiht, verzeiht! Ich bin ja so unglücklich schon. Denkt nur selbsten, was ich noch gestern in der Frühe war, noch gestern zu Anfang Eures Festes, und was nun heut! –«

Die Worte gingen ihr unter in einem schmerzlichen Tränenstrom, und gleichfalls bitterlich weinend fiel ihr Undine um den Hals. Es dauerte lange, bis die tiefgerührte Frau ein Wort hervorbringen konnte; dann aber sagte sie: »Du sollst ja mit uns nach Ringstetten; es soll ja alles bleiben, wie es früher abgeredet war; nur nenne mich wieder Du, und nicht mehr Dame und edle Frau. Sieh, wir wurden als Kinder miteinander vertauscht; da schon verzweigte sich unser Geschick, und wir wollen es fürder so innig verzweigen, daß es keine menschliche Gewalt zu trennen imstand sein soll. Nur erst mit uns nach Ringstetten. Wie wir als Schwestern miteinander teilen wollen, besprechen wir dort. –« Bertalda sah scheu nach Huldbrand empor. Ihn jammerte des schönen, bedrängten Mägdleins; er bot ihr die Hand und redete ihr kosend zu, sich ihm und seiner Gattin anzuvertraun. – »Euern Eltern«, sagte er, »schicken wir Botschaft, warum Ihr nicht gekommen seid«; – und noch manches wollte er wegen der guten Fischersleute hinzusetzen, aber er sah, wie Bertalda bei deren Erwähnung schmerzhaft zusammenfuhr, und ließ also lieber das Reden davon sein. Aber unter den Arm faßte er sie, hob sie zuerst in den Wagen, Undinen ihr nach, und trabte fröhlich beiher, trieb auch den Fuhrmann so wacker an, daß sie das Gebiet der Reichsstadt und mit ihm alle trüben Erinnerungen in kurzer Zeit überflogen hatten, und nun die Frauen mit beßrer Lust durch die schönen Gegenden hinrollten, welche ihr Weg sie entlängst führte.

Nach einigen Tagesreisen kamen sie eines schönen Abends auf Burg Ringstetten an. Dem jungen Rittersmann hatten seine Vögte und Mannen viel zu berichten, so daß Undine mit Bertalden alleinblieb. Die beiden ergingen sich auf dem hohen Wall der Veste, und freuten sich an der anmutigen Landschaft, die sich ringsum durch das gesegnete Schwaben ausbreitete. Da trat ein langer Mann zu ihnen, der sie höflich grüßte, und der Bertalden beinah vorkam wie jener Brunnenmeister in der Reichsstadt. Noch unverkennbarer ward ihr die Ähnlichkeit, als Undine ihm unwillig, ja drohend, zurückwinkte, und er sich mit eiligen Schritten und schüttelndem Kopfe fortmachte, wie damals, worauf er in einem nahen Gebüsche verschwand. Undine aber sagte: »Fürchte dich nicht, liebes

Bertaldchen; diesmal soll Dir der häßliche Brunnenmeister nichts zuleide tun.« – Und damit erzählte sie ihr die ganze Geschichte ausführlich, und auch wer sie selbst sei, und wie Bertalda von den Fischersleuten weg, Undine aber dahin gekommen war. Die Jungfrau entsetzte sich anfänglich vor diesen Reden; sie glaubte, ihre Freundin sei von einem schnellen Wahnsinn befallen. Aber mehr und mehr überzeugte sie sich, daß alles wahr sei, an Undinens zusammenhängenden Worten, die zu den bisherigen Begebenheiten so gut paßten, und noch mehr an dem innern Gefühl, mit welchem sich die Wahrheit uns kundzugeben nie ermangelt. Es war ihr seltsam, daß sie nun selbst wie mitten in einem von den Märchen lebe, die sie sonst nur erzählen gehört. Sie starrte Undinen mit Ehrfurcht an, konnte sich aber eines Schauders, der zwischen sie und ihre Freundin trat, nicht mehr erwehren, und mußte sich beim Abendbrot sehr darüber wundern, wie der Ritter gegen ein Wesen so verliebt und freundlich tat, welches ihr seit den letzten Entdeckungen mehr gespenstisch als menschlich vorkam.

Dreizehntes Kapitel

WIE SIE AUF BURG RINGSTETTEN LEBTEN

Der diese Geschichte aufschreibt, weil sie ihm das Herz bewegt, und weil er wünscht, daß sie auch andern ein Gleiches tun möge, bittet Dich, lieber Leser, um eine Gunst. Sieh es ihm nach, wenn er jetzt über einen ziemlich langen Zeitraum mit kurzen Worten hingeht, und Dir nur im allgemeinen sagt, was sich darin begeben hat. Er weiß wohl, daß man es recht kunstgemäß und Schritt vor Schritt entwickeln könnte, wie Huldbrands Gemüt begann, sich von Undinen ab, und Bertalden zuzuwenden, wie Bertalda dem jungen Mann mit glühender Liebe immer mehr entgegenkam, und er und sie die arme Ehefrau als ein fremdartiges Wesen mehr zu fürchten als zu bemitleiden schienen, wie Undine weinte, und ihre Tränen Gewissensbisse in des Ritters Herzen anregten, ohne jedoch die alte Liebe zu erwecken, so daß er ihr wohl bisweilen freundlich tat, aber ein kalter Schauer ihn bald von ihr weg, und dem Menschenkinde Bertalda entgegentrieb; – man könnte dies alles, weiß der Schreiber, ordentlich ausführen, vielleicht sollte man's auch. Aber das Herz tut ihm dabei allzu weh, denn er hat ähnliche Dinge erlebt, und scheut sich in der Erinnerung auch noch vor ihrem Schatten. Du kennst wahrscheinlich ein ähnliches Gefühl, lieber

Leser, denn so ist nun einmal der sterblichen Menschen Geschick. Wohl Dir, wenn Du dabei mehr empfangen, als ausgeteilt hast, denn hier ist Nehmen seliger als Geben. Dann schleicht Dir nur ein geliebter Schmerz bei solchen Erwähnungen durch die Seele, und vielleicht eine linde Träne die Wange herab, um Deine verwelkten Blumenbeete, deren Du Dich so herzlich gefreut hattest. Damit sei es aber auch genug; wir wollen uns nicht mit tausendfach vereinzelten Stichen das Herz durchprickeln, sondern nur kurz dabei bleiben, daß es nun einmal so gekommen war, wie ich es vorhin sagte. Die arme Undine war sehr betrübt, die andern beiden waren auch nicht eben vergnügt; sonderlich meinte Bertalda bei der geringsten Abweichung von dem, was sie wünschte, den eifersüchtigen Druck der beleidigten Hausfrau zu spüren. Sie hatte sich deshalb ordentlich ein herrisches Wesen angewöhnt, dem Undine in wehmütiger Entsagung nachgab, und das durch den verblendeten Huldbrand gewöhnlich aufs entschiedenste unterstützt ward. – Was die Burggesellschaft noch mehr verstörte, waren allerhand wunderliche Spukereien, die Huldbranden und Bertalden in den gewölbten Gängen des Schlosses begegneten, und von denen vorher seit Menschengedenken nichts gehört worden war. Der lange, weiße Mann, in welchem Huldbrand den Oheim Kühleborn, Bertalda den gespenstischen Brunnenmeister nur allzu wohl erkannte, trat oftmals drohend vor beide, vorzüglich aber vor Bertalden hin, so daß diese schon einigemal vor Schrecken krank darnieder gelegen hatte, und manchmal daran dachte, die Burg zu verlassen. Teils aber war ihr Huldbrand allzu lieb, und sie stützte sich dabei auf ihre Unschuld, weil es nie zu einer eigentlichen Erklärung unter ihnen gekommen war; teils auch wußte sie nicht, wohin sie sonst ihre Schritte richten solle. Der alte Fischer hatte auf des Herrn von Ringstettens Botschaft, daß Bertalda bei ihm sei, mit einigen schwer zu lesenden Federzügen, so wie sie ihm Alter und lange Entwöhnung verstatteten, geantwortet: »Ich bin nun ein armer alter Witwer worden, denn meine liebe treue Frau ist mir erstorben. Wie sehr ich aber auch allein in der Hütten sitzen mag, Bertalda ist mir lieber dort, als bei mir. Nur daß sie meiner lieben Undine nichts zuleide tue! Sonst hätte sie meinen Fluch.« – Die letzten Worte schlug Bertalda in den Wind, aber das wegen des Wegbleibens von dem Vater behielt sie gut, so wie wir Menschen in ähnlichen Fällen es immer zu machen pflegen.

Eines Tages war Huldbrand eben ausgeritten, als Undine das Hausgesinde versammelte, einen großen Stein herbeibringen hieß, und den prächtigen Brunnen, der sich in der Mitte des Schloßhofes befand, sorgfältig damit zu bedecken befahl. Die Leute wandten ein, sie würden alsdann das Wasser weit unten aus dem Tale heraufzuholen haben. Undine lächelte wehmütig. – »Es tut mir leid um eure vermehrte Arbeit, liebe Kinder«, entgegnete sie; »ich möchte lieber selbst die Wasserkrüge heraufholen, aber dieser Brunnen muß nun einmal zu. Glaubt es mir aufs Wort, daß es nicht anders angeht, und daß wir nur dadurch ein größeres Unheil zu vermeiden imstande sind.« – Die ganze Dienerschaft freute sich, ihrer sanften Hausfrau gefällig sein zu können; man fragte nicht weiter, sondern ergriff den ungeheuern Stein. Dieser hob sich unter ihren Händen, und schwebte bereits über dem Brunnen, da kam Bertalda gelaufen, und rief, man solle innehalten; aus diesem Brunnen lasse sie das Waschwasser holen, welches ihrer Haut so vorteilhaft sei, und sie werde nimmermehr zugeben, daß man ihn verschließe. Undine aber blieb diesmal, obgleich auf gewohnte Weise sanft, dennoch auf ungewohnte Weise bei ihrer Meinung fest; sie sagte, als Hausfrau gebühre ihr, alle Anordnungen der Wirtschaft nach bester Überzeugung einzurichten, und niemand habe sie darüber Rechenschaft abzulegen als ihrem Ehgemahl und Herrn. – »Seht, o seht doch«, rief Bertalda unwillig und ängstlich, »das arme, schöne Wasser kräuselt sich und windet sich, weil es vor der klaren Sonne versteckt werden soll, und vor dem erfreulichen Anblick der Menschengesichter, zu deren Spiegel es erschaffen ist!« – In der Tat zischte und regte sich die Flut im Borne ganz wunderlich; es war, als wollte sich etwas daraus hervorringen, aber Undine drang nur um so ernstlicher auf die Erfüllung ihrer Befehle. Es brauchte dieses Ernstes kaum. Das Schloßgesind' war ebenso froh, seiner milden Herrin zu gehorchen, als Bertaldas Trotz zu brechen, und so ungebärdig diese auch schelten und drohen mochte, lag dennoch in kurzer Zeit der Stein über der Öffnung des Brunnens fest. Undine lehnte sich sinnend darüber hin, und schrieb mit den schönen Fingern auf die Fläche. Sie mußte aber wohl etwas sehr Scharfes und Ätzendes dabei in der Hand gehabt haben, denn als sie sich abwandte, und die andern näher hinzutraten, nahmen sie allerhand seltsame Zeichen auf dem Steine wahr, die keiner vorher an demselben gesehn haben wollte.

Den heimkehrenden Ritter empfing am Abend Bertalda mit Tränen und Klagen über Undinens Verfahren. Er warf ernste Blikke auf diese, und die arme Frau sah betrübt vor sich nieder. Doch sagte sie mit großer Fassung: »Mein Herr und Ehgemahl schilt ja keinen Leibeignen, bevor er ihn hört, wie minder dann sein angetrautes Weib.« – »Sprich, was Dich zu jener seltsamen Tat bewog«, sagte der Ritter mit finsterm Antlitz. – »Ganz allein möcht' ich es dir sagen!« seufzte Undine. – »Du kannst es ebensogut in Bertaldas Gegenwart«; entgegnete er. – »Ja, wenn Du es gebeutst«, sagte Undine; »aber gebeut es nicht. O bitte, bitte, gebeut es nicht.« – Sie sah so demütig, hold und gehorsam aus, daß des Ritters Herz sich einem Sonnenblick aus bessern Zeiten erschloß. Er faßte sie freundlich unter den Arm, und führte sie in sein Gemach, wo sie folgendermaßen zu sprechen begann:

»Du kennst ja den bösen Oheim Kühleborn, mein geliebter Herr, und bist ihm öfters unwillig in den Gängen dieser Burg begegnet. Bertalden hat er gar bisweilen zum Krankwerden erschreckt. Das macht, er ist seelenlos, ein bloßer, elementarischer Spiegel der Außenwelt, der das Innere nicht widerzustrahlen vermag. Da sieht er denn bisweilen, daß Du unzufrieden mit mir bist, daß ich in meinem kindischen Sinne darüber weine, daß Bertalda vielleicht eben in derselben Stunde zufällig lacht. Nun bildet er sich allerhand Ungleiches ein, und mischt sich auf vielfache Weise ungebeten in unsern Kreis. Was hilft's, daß ich ihn ausschelte? Daß ich ihn unfreundlich wegschicke? Er glaubt mir nicht ein Wort. Sein armes Leben hat keine Ahnung davon, wie Liebesleiden und Liebesfreuden einander so anmutig gleich sehn, und so innig verschwistert sind, daß keine Gewalt sie zu trennen vermag. Unter der Träne quillt das Lächeln vor, das Lächeln lockt die Träne aus ihren Kammern.«

Sie sah lächelnd und weinend nach Huldbrand in die Höh', der allen Zauber der alten Liebe wieder in seinem Herzen empfand. Sie fühlte das, drückte ihn inniger an sich, und fuhr unter freudigen Tränen also fort:

»Da sich der Friedenstörer nicht mit Worten weisen ließ, mußte ich wohl die Tür vor ihm zusperren. Und die einzige Tür, die er zu uns hat, ist jener Brunnen. Mit den andern Quellgeistern hier in der Gegend ist er entzweit, von den nächsten Talern an, und erst weiterhin auf der Donau, wenn einige seiner guten Freunde hineingeströmt sind, fängt sein Reich wieder an. Darum ließ ich den Stein über des Brunnens Öffnung wälzen, und schrieb Zeichen darauf, die alle Kraft des eifernden Oheims lähmen, so daß er nun weder dir noch mir, noch Bertalden, in den Weg kommen soll. Menschen freilich können trotz der Zeichen mit ganz gewöhnlichem Bemühen den Stein wieder abheben; die hindert es nicht. Willst Du also, so tu nach Bertaldas Begehr, aber wahrhaftig, sie weiß nicht, was sie bittet. Auf sie hat es der ungezogne Kühleborn ganz vorzüglich abgesehn, und wenn manches käme, was er mir prophezeien wollte, und was doch wohl geschehen könnte, ohne daß Du es übel meintest, – ach Lieber, so wärest ja auch Du nicht außer Gefahr!«

Huldbrand fühlte tief im Herzen die Großmut seiner holden Frau, wie sie ihren furchtbaren Beschützer so emsig aussperrte, und noch dazu von Bertalden darüber gescholten worden war. Er drückte sie daher aufs liebreichste in seine Arme, und sagte gerührt: »Der Stein bleibt liegen, und alles bleibt und soll immer bleiben, wie Du es haben willst, mein holdes Undinchen.« – Sie schmeichelte ihm demütig froh über die lang entbehrten Worte der Liebe, und sagte endlich: »Mein allerliebster Freund, da Du heute so überaus mild und gütig bist, dürft ich es wohl wagen, Dir eine Bitte vorzutragen? Sieh nur, es ist mit Dir, wie mit dem Sommer. Eben in seiner besten Herrlichkeit setzt sich der flammende und donnernde Kronen von schönen Gewittern auf, darin er als ein rechter König und Erdengott anzusehen ist. So schiltst auch Du bisweilen, und wetterleuchtest mit Zung' und Augen, und das steht Dir sehr gut, wenn ich auch bisweilen in meiner Torheit darüber zu weinen anfange. Aber tu das nie gegen mich, auf einem Wasser, oder wo wir auch nur einem Gewässer nahe sind. Siehe, dann bekämen die Verwandten ein Recht über mich. Unerbittlich würden sie mich von Dir reißen in ihrem Grimm, weil sie meinten, daß eine ihres Geschlechtes beleidigt sei, und ich müßte lebenslang drunten in den Kristallpalästen wohnen, und dürfte nie wieder zu Dir herauf, oder sendeten sie mich zu Dir herauf, o Gott, dann wär' es noch unendlich schlimmer. Nein nein, Du süßer Freund, dahin laß es nicht kommen, so lieb Dir die arme Undine ist.«

Es verhieß feierlich, zu tun, wie sie begehre, und die beiden Eheleute traten unendlich froh und liebevoll wieder aus dem Gemach. Da kam Bertalda mit einigen Werkleuten, die sie unterdes schon hatte bescheiden lassen, und sagte mit einer mürrischen Art, die sie sich zeither angenommen hatte: »Nun ist doch wohl das geheime Gespräch zu Ende, und der Stein kann herab. Geht nur hin, ihr Leute, und richtet's aus.« – Der Ritter aber, ihre Unart empört fühlend, sagte in kurzen und sehr ernstlichen Worten: »Der Stein bleibt liegen.« Auch verwies er Bertalden ihre Heftigkeit gegen seine Frau, worauf die Werkleute mit heimlich vergnügtem Lächeln fortgingen, Bertalda aber von der andern Seite erbleichend nach ihren Zimmern eilte.

Die Stunde des Abendessens kam heran, und Bertalda ließ sich vergeblich erwarten. Man schickte nach ihr; da fand der Kämmerling ihre Gemächer leer, und brachte nur ein versiegeltes Blatt, an den Ritter überschrieben, mit zurück. Dieser öffnete es bestürzt, und las:

»Ich fühle mit Beschämung, wie ich nur eine arme Fischersdirne bin. Daß ich es auf Augenblicke vergaß, will ich in der ärmlichen Hütte meiner Eltern büßen. Lebt wohl mit Eurer schönen Frau!«

Undine war von Herzen betrübt. Sie bat Huldbranden inbrünstig, der entflohenen Freundin nachzueilen, und sie wieder mit zurückzubringen. Ach, sie hatte nicht nötig zu treiben! Seine Neigung für Bertalden brach wieder heftig hervor. Er eilte im ganzen Schloß umher, fragend, ob niemand gesehn habe, welches Weges die schöne Flüchtige gegangen sei. Er konnte nichts erfahren, und saß schon im Burghofe zu Pferde, entschlossen, aufs Geratewohl dem Wege nachzureiten, den er Bertalden hierher geführt hatte. Da kam ein Schildbub, und versicherte, er sei dem Fräulein auf dem Pfade nach dem Schwarztale begegnet. Wie ein Pfeil sprengte der Ritter durch das Tor, der angewiesenen Richtung nach, ohne Undines ängstliche Stimme zu hören, die ihm aus dem Fenster nachrief: »Nach dem Schwarztal? O dahin nicht! Huldbrand, dahin nicht! Oder um Gottes willen, nimm mich mit!« – Als sie aber all ihr Rufen vergeblich sah, ließ sie eilig ihren weißen Zelter satteln, und trabte dem Ritter nach, ohne irgendeines Dieners Begleitung annehmen zu wollen.

Vierzehntes Kapitel

WIE BERTALDA MIT DEM RITTER HEIMFUHR

Das Schwarztal liegt tief in die Berge hinein. Wie es jetzo heißt, kann man nicht wissen. Damals nannten es die Landleute so, wegen der tiefen Dunkelheit, welche von hohen Bäumen, worunter es vorzüglich viele Tannen gab, in die Niederung heruntergestreuet war. Selbst der Bach, der zwischen den Klippen hinstrudelte, sahe davon ganz schwarz aus, und gar nicht so fröhlich, wie es Gewässer wohl zu tun pflegen, die den blauen Himmel unmittelbar über sich haben. Nun, in der hereinbrechenden Dämmerung, war es vollends sehr wild und finster zwischen den Höhen geworden. Der Ritter trabte ängstlich die Bachesufer entlängst; er fürchtete bald, durch Verzögerung die Flüchtige zu weit voraus zu lassen, bald wieder, in der großen Eile sie irgendwo, dafern sie sich vor ihm verstecken wolle, zu übersehn. Er war indes schon ziemlich tief in das Tal hineingekommen, und konnte nun denken, das Mägdlein bald eingeholt zu haben, wenn er anders auf der rechten Spur war. Die Ahnung, daß er das auch wohl nicht sein könne, trieb sein Herz zu immer ängstlicheren Schlägen. Wo sollte die zarte Bertalda bleiben, wenn er sie nicht fand, in der drohenden Wetternacht, die sich immer furchtbarer über das Tal hereinbog? Da sah er endlich etwas Weißes am Hange des Berges durch die Zweige schimmern. Er glaubte Bertaldas Gewand zu erkennen, und machte sich hinzu. Sein Roß aber wollte nicht hinan; es bäumte sich so ungestüm, und er wollte so wenig Zeit verlieren, daß er – zumal da ihm wohl ohnehin zu Pferde das Gesträuch allzu hinderlich geworden wäre, – absaß, und den schnaubenden Hengst an eine Rüster band, worauf er sich dann vorsichtig durch die Büsche hinarbeitete. Die Zweige schlugen ihm unfreundlich Stirn und Wangen mit der kalten Nässe des Abendtaus, ein ferner Donner murmelte jenseit der Berge hin, es sah alles so seltsam aus, daß er anfing, eine Scheu vor der weißen Gestalt zu empfinden, die nun schon unfern von ihm am Boden lag. Doch konnte er ganz deutlich unterscheiden, daß es ein schlafendes oder ohnmächtiges Frauenzimmer in langen, weißen Gewändern war, wie sie Bertalda heute getragen hatte. Er trat dicht vor sie hin, rauschte an den Zweigen, klirrte an seinem Schwerte, – sie regte sich nicht. – »Bertalda!« sprach er; erst leise, dann immer lauter, – sie hörte nicht. Als er zuletzt den teuern Namen mit gewaltsamer Anstrengung rief, hallte ein dumpfes Echo aus den Berghöhlen des Tales lallend zurück: »Bertalda!« – aber die Schläferin blieb unerweckt. Er beugte sich zu ihr nieder; die Dunkelheit des Tales und der einbrechenden Nacht ließen keinen ihrer Gesichtszüge unterscheiden. Als er sich nun eben mit einigem gramvollen Zweifel ganz nahe zu ihr an den Boden gedrückt hatte, fuhr ein Blitz schnell erleuchtend über das Tal hin. Er sah ein abscheulich verzerrtes Antlitz dicht vor sich, das mit dumpfer Stimme rief: »Gib mir 'nen Kuß, Du verliebter Schäfer!« – Vor Entsetzen schreiend fuhr Huldbrand in die Höh', die häßliche Gestalt ihm nach. – »Zu Haus!« murmelte sie; »die Unholde sind wach. Zu Haus! Sonst hab' ich Dich!« – Und es griff nach ihm mit langen weißen Armen. – »Tückischer Kühleborn«, rief der Ritter, sich ermannend, »was gilt's, Du bist es, Du Kobold! Da hast Du 'nen Kuß!« – Und wütend hieb er mit dem Schwerte gegen die Gestalt. Aber die zerstob, und ein durchnässender Wasserguß ließ dem Ritter keinen Zweifel darüber, mit welchem Feinde er gestritten habe.

»Er will mich zurückschrecken von Bertalden«, sagte er laut zu sich selbst; »er denkt, ich soll mich vor seinen albernen Spukereien fürchten, und ihm das arme, geängstete Mädchen hingeben, damit er sie seine Rache könne fühlen lassen. Das soll er doch nicht, der schwächliche Elementargeist. Was eine Menschenbrust vermag, wenn sie so recht will, so recht aus ihrem besten Leben will, das versteht der ohnmächtige Gaukler nicht.« – Er fühlte die Wahrheit seiner Worte, und daß er sich selbst dadurch einen ganz erneuten Mut in das Herz gesprochen habe. Auch schien es, als trete das Glück mit ihm in Bunde, denn noch war er nicht wieder bei seinem angebundenen Rosse, da hörte er schon ganz deutlich Bertaldens klagende Stimme, wie sie unfern von ihm durch das immer lauter werdende Geräusch des Donners und Sturmwindes herüber weinte. Beflügelten Fußes eilt' er dem Schalle nach, und fand die erbebende Jungfrau, wie sie eben die Höhe hinanzuklimmen versuchte, um sich auf alle Weise aus dem schaurigen Dunkel dieses Tales zu retten. Er aber trat ihr liebkosend in den Weg, und so kühn und stolz auch früher ihr Entschluß mochte gewesen sein, empfand sie doch jetzt nur allzu lebendig das Glück, daß ihr im Herzen geliebter Freund sie aus der furchtbaren Einsamkeit erlöse, und das helle Leben in der befreundeten Burg so anmutige Arme nach ihr ausstrecke. Sie folgte fast ohne Widerspruch, aber so ermattet, daß der Ritter froh war, sie bis zu seinem Rosse geleitet zu haben, welches er nun eilig losknüpfte, um die schöne Wandrerin hinaufzuheben, und es alsdann am Zügel sich durch die ungewissen Schatten der Talgegend vorsichtig nachzuleiten.

Aber das Pferd war ganz verwildert durch Kühleborns tolle Erscheinung. Selbst der Ritter würde Mühe gebraucht haben, auf des bäumenden, wildschnaubenden, Tieres Rücken zu springen; die zitternde Bertalda hinaufzuheben, war eine volle Unmöglichkeit. Man beschloß also, zu Fuße heimzukehren. Das Roß am Zügel nachzerrend, unterstützte der Ritter mit der andern Hand das schwankende Mägdlein. Bertalda machte sich so stark, als möglich, um den furchtbaren Talgrund schnell zu durchwandeln, aber wie Blei zog die Müdigkeit sie herab, und zugleich bebten ihr alle Glieder zusammen, teils noch von mancher überstandnen Angst, womit Kühleborn sie vorwärtsgehetzt hatte, teils auch in der fortdauernden Bangigkeit vor dem Geheul des Sturmes und Donners durch die Waldung des Gebirgs.

Endlich entglitt sie dem stützenden Arm ihres Führers, und auf das Moos hingesunken, sagte sie: »Laßt mich nur hier liegen, edler Herr. Ich büße meiner Torheit Schuld, und muß nun doch auf alle Weise hier verkommen vor Mattigkeit und Angst.« – »Nimmermehr, holde Freundin, verlaß ich Euch!« rief Huldbrand, vergeblich bemüht, den brausenden Hengst an seiner Hand zu bändigen, der ärger, als vorhin, zu tosen und zu schäumen begann; der Ritter war endlich nur froh, daß er ihn vor der hingesunknen Jungfrau fern genug hielt, um sie nicht durch die Furcht vor ihm noch mehr zu erschrecken. Wie er sich aber mit dem tollen Pferde nur kaum einige Schritte entfernte, begann sie auch gleich, ihm auf das allerjämmerlichste nachzurufen, des Glaubens, er wolle sie wirklich hier in der entsetzlichen Wildnis verlassen. Er wußte gar nicht mehr, was er beginnen sollte. Gern hätte er dem wütenden Tiere volle Freiheit gegeben, durch die Nacht hinzustürmen, und seine Raserei auszutoben, hätte er nur nicht fürchten müssen, es würde in diesem engen Paß mit seinen beerzten Hufen eben über die Stelle hindonnern, wo Bertalda lag.

Während dieser großen Not und Verlegenheit, war es ihm unendlich trostreich, daß er einen Wagen langsam den steinigen Weg hinter sich herabfahren hörte. Er rief um Beistand; eine männliche Stimme antwortete, verwies ihn zur Geduld, aber versprach, zu helfen, und bald darauf leuchteten schon zwei Schimmel durch das Gebüsch, der weiße Kärrnerkittel ihres Führers nebenher, worauf sich denn auch die große, weiße Leinewand sehen ließ, mit welcher die Waren, die er bei sich führen mochte, überdeckt waren. Auf ein lautes Brr! aus dem Munde ihres Herrn standen die gehorsamen Schimmel. Er kam gegen den Ritter heran, und half ihm, das schäumende Tier bändigen. – »Ich merke wohl«, sagte er dabei, »was der Bestie fehlt. Als ich zuerst durch diese Gegend zog, ging es meinen Pferden nicht besser. Das macht, hier wohnt ein böser Wassernix, der an solchen Neckereien Lust hat. Aber ich hab' ein Sprüchlein gelernt; wenn Ihr mir vergönnen wolltet, dem Rosse das ins Ohr zu sagen, so sollt' es gleich so ruhig stehen, wie meine Schimmel da.« – »Versucht Eu'r Heil, und helft nur bald!« schrie der ungeduldige Ritter. Da bog der Fuhrmann den Kopf des bäumenden Pferdes zu sich herunter, und sagte ihm einige Worte ins Ohr. Augenblicklich stand der Hengst gezähmt und friedlich still, und nur sein erhitztes Keuchen und Dampfen zeugte noch von der vorherigen Unbändigkeit. Es war nicht viel Zeit für Huldbranden, lange zu fragen, wie dies zugegangen sei. Er ward mit dem Kärrner einig, daß er Bertalden auf den Wagen nehmen solle, wo, seiner Aussage nach, die weichste Baumwolle in Ballen lag, und so möge er sie bis nach Burg Ringstetten führen; der Ritter wolle den Zug zu Pferde begleiten. Aber das Roß schien von seinem vorigen Toben zu erschöpft, um noch seinen Herrn so weit zu tragen, weshalb diesem der Kärrner zuredete, mit Bertalden in den Wagen zu steigen. Das Pferd könne man ja hinten anbinden. – »Es geht bergunter«, sagte er, »und da wird's meinen Schimmeln leicht.« – Der Ritter nahm dies Erbieten an, er bestieg mit Bertalden den Wagen, der Hengst folgte geduldig nach, und rüstig und achtsam schritt der Fuhrmann beiher.

In der Stille der tiefer dunkelnden Nacht, aus der das Gewitter immer ferner und schweigsamer abdonnerte, in dem behaglichen Gefühl der Sicherheit und des bequemen Fortkommens, entspann sich zwischen Huldbrand und Bertalda ein trauliches Gespräch. Mit schmeichelnden Worten schalt er sie um ihr trotziges Flüchten; mit Demut und Rührung entschuldigte sie sich, und aus allem, was sie sprach, leuchtete es hervor, gleich einer Lampe, die dem Geliebten zwischen Nacht und Geheimnis kundgibt, die Geliebte harre noch sein. Der Ritter fühlte den Sinn dieser Reden weit mehr, als daß er auf die Bedeutung der Worte achtgegeben hätte, und antwortete auch einzig auf jenen. Da rief der Fuhrmann plötzlich mit kreischender Stimme: »Hoch, ihr Schimmel! Hoch den Fuß! Nehmt euch zusammen, Schimmel! Denkt hübsch, was ihr seid!« – Der Ritter beugte sich aus dem Wagen, und sah, wie die Pferde mitten im schäumenden Wasser dahinschritten oder fast schon schwammen, des Wagens Räder wie Mühlenräder blinkten und rauschten, der Kärrner vor der wachsenden Flut auf das Fuhrwerk gestiegen war. – »Was soll das für ein Weg sein? Der geht ja mitten in den Strom!« rief Huldbrand seinem Führer zu. – »Nein, Herr«, lachte dieser zurück; »es ist grad' umgekehrt. Der Strom geht mitten in unsern Weg. Seht Euch nur um, wie alles übergetreten ist.«

In der Tat wogte und rauschte der ganze Talgrund von plötzlich empörten, sichtbar steigenden, Wellen. »Das ist der Kühleborn, der böse Wassernix, der uns ersäufen will!« rief der Ritter. »Weißt Du kein Sprüchlein wider ihn, Gesell?« – »Ich wüßte wohl eins«, sagte der Fuhrmann, »aber ich kann und mag es nicht eher brauchen, als bis Ihr wißt, wer ich bin.« – »Ist es hier Zeit zu Rätseln?« schrie der Ritter. »Die Flut steigt immer höher, und was geht es mich an, zu wissen, wer Du bist?« – »Es geht Euch aber doch was an«, sagte der Fuhrmann, »denn ich bin Kühleborn.« Damit lachte er, verzerrten Antlitzes, zum Wagen herein, aber der Wagen blieb nicht Wagen mehr, die Schimmel nicht Schimmel; alles verschäumte, verrann in zischenden Wogen, und selbst der Fuhrmann bäumte sich als eine riesige Welle empor, riß den vergeblich arbeitenden Hengst unter die Gewässer hinab, und wuchs dann wieder, und wuchs über den Häuptern des schwimmenden Paares, wir zu einem feuchten Turme an und wollte sie eben rettungslos begraben. –

Da scholl Undinens anmutige Stimme durch das Getöse hin, der Mond trat aus den Wolken, und mit ihm ward Undine auf den Höhen des Talgrundes sichtbar. Sie schalt, sie drohte in die Fluten hinab, die drohende Turmeswoge verschwand murrend und murmelnd, leise rannen die Wasser im Mondglanze dahin, und wie eine weiße Taube sah man Undinen von der Höhe hinabtauchen, den Ritter und Bertalden erfassen, und mit sich nach einem frischen, grünen Rasenfleck auf die Höhe emporheben, wo sie mit ausgesuchten Labungen Ohnmacht und Schrecken vertrieb; dann half sie Bertalden zu dem weißen Zelter, der sie selbst hergetragen hatte, hinaufheben, und so gelangten alle dreie nach Burg Ringstetten zurück.

Funfzehntes Kapitel

DIE REISE NACH WIEN

Es lebte sich seit der letztern Begebenheit still und ruhig auf dem Schloß. Der Ritter erkannte mehr und mehr seiner Frauen himmlische Güte, die sich durch ihr Nacheilen und Retten im Schwarztale, wo Kühleborns Gewalt wieder anging, so herrlich offenbart hatte; Undine selbst empfand den Frieden und die Sicherheit, deren ein Gemüt nie ermangelt, solange es mit Besonnenheit fühlt, daß es auf dem rechten Wege sei, und zudem gingen ihr in der neu erwachenden Liebe und Achtung ihres Ehemannes vielfache Schimmer der Hoffnung und Freude auf. Bertalda hingegen zeigte sich dankbar, demütig und scheu, ohne daß sie wieder diese Äußerungen als etwas Verdienstliches angeschlagen hätte. Sooft ihr eines der Eheleute über die Verdeckung des Brunnens, oder über die Abenteuer im Schwarztale, irgend etwas Erklärendes sagen wollte, bat sie inbrünstig, man möge sie damit verschonen, weil sie wegen des Brunnens allzu viele Beschämung, und wegen des Schwarztales allzu viele Schrecken empfinde. Sie erfuhr daher auch von beiden weiter nichts; und wozu schien es auch nötig zu sein? Der Friede und die Freude hatten ja ihren sichtbaren Wohnsitz in Burg Ringstetten genommen. Man ward darüber ganz sicher, und meinte, nun könne das Leben gar nichts mehr tragen, als anmutige Blumen und Früchte.

In so erlabenden Verhältnissen war der Winter gekommen und

vorübergegangen, und der Frühling sah mit seinen hellgrünen Sprossen und seinem lichtblauen Himmel zu den fröhlichen Menschen herein. Ihm war zumut, wie ihnen, und ihnen, wie ihm. Was Wunder, daß seine Störche und Schwalben auch in ihnen die Reiselust anregten! Während sie einmal nach den Donauquellen hinab lustwandelten, erzählte Huldbrand von der Herrlichkeit des edlen Stromes, und wie er wachsend durch gesegnete Länder fließe, wie das köstliche Wien an seinen Ufern emporglänze, und er überhaupt mit jedem Schritte seiner Fahrt an Macht und Lieblichkeit gewinne. – »Es müßte herrlich sein, ihn so bis Wien einmal hinabzufahren!« brach Bertalda aus, aber gleich darauf in ihre jetzige Demut und Bescheidenheit zurückgesunken, schwieg sie errötend still. Eben dies rührte Undinen sehr, und im lebhaftesten Wunsch, der lieben Freundin eine Lust zu machen, sagte sie: »Wer hindert uns denn, die Reise anzutreten?« – Bertalda hüpfte vor Freuden in die Höhe, und die beiden Frauen begannen sogleich, sich die anmutige Donaufahrt mit den allerhellsten Farben vor die Sinne zu rufen. Huldbrand stimmte fröhlich darin ein; nur sagte er einmal besorgt Undinen ins Ohr: »Aber weiterhin ist Kühleborn wieder gewaltig?« – Laß' ihn nur kommen«, entgegnete sie lachend; »ich bin ja dabei, und vor mir wagt er sich mit keinem Unheil hervor.« – Damit war das letzte Hindernis gehoben, man rüstete sich zur Fahrt, und trat sie alsbald mit frischem Mut und den heitersten Hoffnungen an.

Wundert Euch aber nur nicht, Ihr Menschen, wenn es dann immer ganz anders kommt, als man gemeint hat. Die tückische Macht, die lauert, uns zu verderben, singt ihr auserkornes Opfer gern mit süßen Liedern und goldnen Märchen in den Schlaf. Dagegen pocht der rettende Himmelsbote oftmals scharf und erschrekkend an unsre Tür.

Sie waren die ersten Tage ihrer Donaufahrt hindurch außerordentlich vergnügt gewesen. Es ward auch alles immer besser und schöner, so wie sie den stolzen flutenden Strom weiter hinunterschifften. Aber in einer sonst höchst anmutigen Gegend, von deren erfreulichem Anblick sie sich die beste Freude versprochen hatten, fing der ungebändigte Kühleborn ganz unverhohlen an, seine hier eingreifende Macht zu zeigen. Es blieben zwar bloß Neckereien, weil Undine oftmals in die empörten Wellen oder in die hemmenden Winde hineinschalt, und sich dann die Gewalt des Feindseligen augenblicklich in Demut ergab; aber wieder kamen die Angriffe, und wieder brauchte es der Mahnung Undines, so daß die Lustigkeit der kleinen Reisegesellschaft eine gänzliche Störung erlitt. Dabei zischelten sich noch immer die Fährleute zagend in die Ohren, und sahen mißtrauisch auf die drei Herrschaften, deren Diener selbsten mehr und mehr etwas Unheimliches zu ahnen begannen, und ihre Gebieter mit seltsamen Blicken verfolgten. Huldbrand sagte öfters bei sich im stillen Gemüte: »Das kommt davon, wenn Gleich sich nicht zu Gleich gesellt, wenn Mensch und Meerfräulein ein wunderliches Bündnis schließen.« – Sich entschuldigend, wie wir es denn überhaupt lieben, dachte er freilich oftmals dabei: »Ich hab' es ja nicht gewußt, daß sie ein Meerfräulein war. Mein ist das Unheil, das jeden meiner Schritte durch der tollen Verwandtschaft Grillen bannt und stört, aber mein ist nicht die Schuld.« – Durch solcherlei Gedanken fühlte er sich einigermaßen gestärkt, aber dagegen ward er immer verdrießlicher, ja feindseliger, wider Undinen gestimmt. Er sah sie schon mit mürrischen Blicken an, und die arme Frau verstand deren Bedeutung wohl. Dadurch, und durch die beständige Anstrengung wider Kühleborns Listen erschöpft, sank sie gegen Abend, von der sanftgleitenden Barke angenehm gewiegt, in einen tiefen Schlaf.

Kaum aber, daß sie die Augen geschlossen hatte, so wähnte jedermann im Schiffe, nach der Seite, wo er grade hinaussah, ein ganz abscheuliches Menschenhaupt zu erblicken, das sich aus den Wellen emporhob, nicht wie das eines Schwimmenden, sondern ganz senkrecht, wie auf den Wasserspiegel grade eingepfählt, aber mitschwimmend, so wie die Barke schwamm. Jeder wollte dem andern zeigen, was ihn erschreckte, und jeder fand zwar auf des andern Gesicht das gleiche Entsetzen, Hand und Auge nach einer andern Richtung hinzeigend, als wo ihm selbst das halb lachende, halb dräuende, Scheusal vor Augen stand. Wie sie sich nun aber einander darüber verständigen wollten, und alles rief: »Sieh dorthin, nein dorthin! –« da wurden jedwedem die Greuelbilder aller sichtbar, und die ganze Flut um das Schiff her wimmelte von den entsetzlichsten Gestalten. Von dem Geschrei, das sich darüber erhob, erwachte Undine. Vor ihren aufgehenden Augenlichtern verschwand der mißgeschaffnen Gesichter tolle Schar. Aber Huldbrand war empört über so viele häßliche Gaukeleien. Er wäre in wilde Verwünschungen ausgebrochen, nur daß Undine mit den demütigsten Blicken, und ganz leise bittend, sagte: »Um Gott, mein Eheherr, wir sind auf den Fluten; zürne jetzt nicht auf mich.« – Der Ritter schwieg, setzte sich, und versank in ein tiefes Nachdenken. Undine sagte ihm ins Ohr: »Wär' es nicht besser, mein Liebling, wir ließen die törichte Reise, und kehrten nach Burg Ringstetten in Frieden zurück?« – Aber Huldbrand murmelte feindselig: »Also ein Gefangner soll ich sein auf meiner eignen Burg? Und atmen nur können, solange der Brunnen zu ist? So wollt' ich, daß die tolle Verwandtschaft –« Da drückte Undine schmeichelnd ihre schöne Hand auf seine Lippen. Er schwieg auch, und hielt sich still, so manches, was ihm Undine früher gesagt hatte, erwägend.

Indessen hatte Bertalda sich allerhand seltsam umschweifenden Gedanken überlassen. Sie wußte vieles von Undinens Herkommen und doch nicht alles, und vorzüglich war ihr der furchtbare Kühleborn ein schreckliches, aber noch immer ganz dunkles, Rätsel geblieben; so daß sie nicht einmal seinen Namen je vernommen hatte. Über alle diese wunderlichen Dinge nachsinnend, knüpfte sie, ohne sich dessen recht bewußt zu werden, ein goldnes Halsband los, welches ihr Huldbrand auf einer der letzten Tagereisen von einem herumziehenden Handelsmann gekauft hatte, und ließ es dicht über die Oberfläche des Flusses spielen, sich halb träumend an dem lichten Schimmer ergötzend, den es in die abendhellen Gewässer warf. Da griff plötzlich eine große Hand aus der Donau herauf, erfaßte das Halsband, und fuhr damit unter die Fluten. Bertalda schrie laut auf, und ein höhnisches Gelächter schallte aus den Tiefen des Stromes drein. Nun hielt sich des Ritters Zorn nicht länger. Aufspringend schalt er in die Gewässer hinein, verwünschte alle, die sich in seine Verwandschaft und sein Leben drängen wollten, und forderte sie auf, Nix oder Sirene, sich vor sein blankes Schwert zu stellen. Bertalda weinte indes um den verlornen, ihr so innig lieben, Schmuck, und goß mit ihren Tränen Öl in des Ritters Zorn, während Undine ihre Hand über den Schiffesbord in die Wellen getaucht hielt, in einem fort sacht vor sich hinmurmelnd, und nur manchmal ihr seltsam heimliches Geflüster unterbrechend, indem sie bittend zu ihrem Ehherrn sprach: »Mein Herzlichlieber, hier schilt mich nicht. Schilt alles, was Du willst, aber hier mich nicht. Du weißt ja! –« Und wirklich enthielt sich seine vor Zorn stammelnde Zunge noch jedes Wortes unmittelbar wider sie. Da brachte sie mit der feuchten Hand, die sie unter den Wogen gehalten hatte, ein wunderschönes Korallenhalsband hervor, so herrlich blitzend, daß allen davon die Augen fast geblendet wurden. »Nimm hin«, sagte sie, es Bertalden freundlich hinhaltend; »das hab' ich Dir zum Ersatz bringen lassen, und sei nicht weiter betrübt, Du armes Kind.« – Aber der Ritter sprang dazwischen. Er riß den schönen Schmuck Undinen aus der Hand, schleuderte ihn wieder in den Fluß, und schrie wutentbrannt: »So hast Du denn immer Verbindung mit ihnen? Bleib bei ihnen in aller Hexen Namen mit all' deinen Geschenken und laß' uns Menschen zufrieden, Gauklerin Du!« – Starren aber tränenströmenden Blickes sah ihn die arme Undine an, noch immer die Hand ausgestreckt, mit welcher sie Bertalden ihr hübsches Geschenk so freundlich hatte hinreichen wollen. Dann fing sie immer herzlicher an, zu weinen, wie ein recht unverschuldet und recht bitterlich gekränktes liebes Kind. Endlich sagte sie ganz matt: »Ach, holder Freund, ach, lebe wohl! Sie sollen Dir nichts tun; nur bleibe treu, daß ich sie Dir abwehren kann. Ach, aber fort muß ich, muß fort auf diese ganze junge Lebenszeit. O weh, o weh, was hast Du angerichtet! O weh, o weh!«

Und über den Rand der Barke schwand sie hinaus. – Stieg sie hinüber in die Flut, verströmte sie darin, man wußt' es nicht, es war wie beides und wie keins. Bald aber war sie in die Donau ganz verronnen; nur flüsterten noch kleine Wellchen schluchzend um den Kahn, und fast vernehmlich war's, als sprächen sie: »O weh, o weh! Ach bleibe treu! O weh!« –

Huldbrand aber lag in heißen Tränen auf dem Verdecke des Schiffes, und eine tiefe Ohnmacht hüllte den Unglücklichen bald in ihre mildernden Schleier ein.

Sechzehntes Kapitel

VON HULDBRANDS FÜRDERM ERGEHEN

Soll man sagen, leider! oder zum Glück! daß es mit unsrer Trauer keinen rechten Bestand hat? Ich meine, mit unsrer so recht tiefen und aus dem Borne des Lebens schöpfenden Trauer, die mit dem verlornen Geliebten so Eines wird, daß er ihr nicht mehr verloren ist, und sie ein geweihtes Priestertum an seinem Bilde durch das ganze Leben durchführen will, bis die Schranke, die ihm gefallen ist, auch uns zerfällt! Freilich bleiben wohl gute Menschen wirklich solche Priester, aber es ist doch nicht die erste, rechte Trauer mehr. Andre, fremdartige Bilder haben sich dazwischengedrängt, wir erfahren endlich die Vergänglichkeit aller irdischen Dinge sogar an unserm Schmerz, und so muß ich denn sagen: »Leider, daß es mit unsrer Trauer keinen rechten Bestand hat!«

Der Herr von Ringstetten erfuhr das auch; ob zu seinem Heile, werden wir im Verfolg dieser Geschichte hören. Anfänglich konnte er nichts, als immer recht bitterlich weinen, wie die arme, freundliche Undine geweint hatte, als er ihr den blanken Schmuck aus der Hand riß, mit dem sie alles so schön und gut machen wollte. Und dann streckte er die Hand aus, wie sie es getan hatte, und weinte immer wieder von neuem, wie sie. Er hegte die heimliche Hoffnung, endlich auch ganz in Tränen zu verrinnen, und ist nicht selbst manchem von uns andern in großem Leide der ähnliche Gedanke mit schmerzender Lust durch den Sinn gezogen? Bertalda weinte mit, und sie lebten lange ganz still beieinander auf Burg Ringstetten, Undines Andenken feiernd und der ehemaligen Neigung fast gänzlich vergessen habend. Dafür kam auch um diese Zeit oftmals die gute Undine zu Huldbrands Träumen; sie streichelte ihn sanft und freundlich, und ging dann stillweinend wieder fort, so daß er im Erwachen oftmals nicht recht wußte, wovon seine Wangen so naß waren: kam es von ihren oder bloß von seinen Tränen?

Die Traumgesichte wurden aber mit der Zeit seltner, der Gram des Ritters matter, und dennoch hätte er vielleicht nie in seinem Leben einen andern Wunsch gehegt, als so stille fort Undinens zu gedenken, und von ihr zu sprechen, wäre nicht der alte Fischer unvermutet auf dem Schloß erschienen, und hätte Bertalden nun alles Ernstes als sein Kind zurücke geheischt. Undinens Verschwinden war ihm kundgeworden, und er wollte es nicht länger zugeben, daß Bertalda bei dem unverehlichten Herrn auf der Burg verweile. – »Denn, ob meine Tochter mich lieb hat oder nicht«, sprach er, »will ich jetzt gar nicht wissen, aber die Ehrbarkeit ist im Spiel, und wo die spricht, hat nichts andres mehr mitzureden.«

Diese Gesinnung des alten Fischers, und die Einsamkeit, die den Ritter aus allen Sälen und Gängen der verödeten Burg schauerlich nach Bertaldens Abreise zu erfassen drohte, brachten zum Ausbruch, was früher entschlummert und in dem Gram über Undinen ganz vergessen war: die Neigung Huldbrands für die schöne Bertalda. Der Fischer hatte vieles gegen die vorgeschlagne Heirat einzuwenden. Undine war dem alten Manne sehr lieb gewesen, und er meinte, man wisse ja noch kaum, ob die liebe Verschwundne recht eigentlich tot sei. Liege aber ihr Leichnam wirklich starr und kalt auf dem Grunde der Donau, oder treibe mit den Fluten ins Weltmeer hinaus, so habe Bertalda an ihrem Tode mit schuld, und nicht gezieme es ihr, an den Platz der armen Verdrängten zu treten. Aber auch den Ritter hatte der Fischer sehr lieb; die Bitten der Tochter, die um vieles sanfter und ergebner geworden war, wie auch ihre Tränen um Undinen kamen dazu, und er mußte wohl endlich seine Einwilligung gegeben haben, denn er blieb ohne Widerrede auf der Burg, und ein Eilbote ward abgesandt, den Pater

Heilmann, der in frühern glücklichen Tagen Undinen und Huldbranden eingesegnet hatte, zur zweiten Trauung des Ritters nach dem Schlosse zu holen.

Der fromme Mann aber hatte kaum den Brief des Herrn von Ringstetten durchlesen, so machte er sich in noch viel größerer Eile nach dem Schlosse auf den Weg, als der Bote von dorten zu ihm gekommen war. Wenn ihm auf dem schnellen Gange der Odem fehlte, oder die alten Glieder schmerzten vor Müdigkeit, pflegte er zu sich selber zu sagen: »Vielleicht ist noch Unrecht zu hindern; sinke nicht eher, als am Ziele, du verdorrter Leib!« – Und mit erneuter Kraft riß er sich alsdann auf, und wallte und wallte, ohne Rast und Ruh, bis er eines Abends spät in den belaubten Hof der Burg Ringstetten eintrat.

Die Brautleute saßen Arm in Arm unter den Bäumen, der alte Fischer nachdenklich neben ihnen. Kaum nun, daß sie den Pater Heilmann erkannten, so sprangen sie auf, und drängten sich bewillkommend um ihn her. Aber er, ohne viele Worte zu machen, wollte den Bräutigam mit sich in die Burg ziehn; als indessen dieser staunte, und zögerte, den ernsten Winken zu gehorchen, sagte der fromme Geistliche: »Was halte ich mich denn lange dabei auf, Euch in geheim sprechen zu wollen, Herr von Ringstetten? Was ich zu sagen habe, geht Bertalden und den Fischer ebensogut mit an, und was einer doch irgend einmal hören muß, mag er lieber gleich so bald hören, als es nur möglich ist. Seid Ihr denn so gar gewiß, Ritter Huldbrand, daß Eure erste Gattin wirklich gestorben ist? Mir kommt es kaum so vor. Ich will zwar weiter nichts darüber sprechen, welch' eine wundersame Bewandtnis es mit ihr gehabt haben mag, weiß auch davon nichts Gewisses. Aber ein frommes, vielgetreues Weib war sie, soviel ist außer allem Zweifel. Und seit vierzehn Nächten hat sie in Träumen an meinem Bette gestanden, ängstlich die zarten Händlein ringend, und in einem fort seufzend: ›Ach hindr' ihn, lieber Vater! Ich lebe noch! Ach rett' ihm den Leib! Ach rett' ihm die Seele!‹ – Ich verstand nicht, was das Nachtgesicht haben wollte; da kam Euer Bote, und nun eilt' ich hierher, nicht zu trauen, wohl aber zu trennen, was nicht zusammengehören darf. Laß' von ihr, Huldbrand! Laß' von ihm Bertalda! Er gehört noch einer andern, und siehst Du nicht den Gram um die verschwundne Gattin auf seinen bleichen Wangen? So sieht kein Bräutigam aus, und der Geist sagt es mir: ›Ob Du ihn auch nicht lässest, doch nimmer wirst Du seiner froh.‹«

Die dreie empfanden im innersten Herzen, daß der Pater Heilmann die Wahrheit sprach, aber sie wollten es nun einmal nicht glauben. Selbst der alte Fischer war nun bereits so betört, daß er meinte, anders könne es gar nicht kommen, als sie es in diesen Tagen ja schon oft miteinander besprochen hätten. Daher stritten sie denn alle mit einer wilden, trüben Hast gegen des Geistlichen Warnungen, bis dieser sich endlich kopfschüttelnd und traurig aus der Burg entfernte, ohne die dargebotne Herberge auch nur für diese Nacht annehmen zu wollen, oder irgendeine der herbeigeholten Labungen zu genießen. Huldbrand aber überredete sich, der Geistliche sei ein Grillenfänger, und sandte mit Tagesanbruch nach einem Pater aus dem nächsten Kloster, der auch ohne Weigerung verhieß; die Einsegnung in wenigen Tagen zu vollziehen.

Siebenzehntes Kapitel

DES RITTERS TRAUM

Es war zwischen Morgendämmrung und Nacht, da lag der Ritter halb wachend, halb schlafend, auf seinem Lager. Wenn er vollends einschlummern wollte, war es, als stände ihm ein Schrecken entgegen, und scheuchte ihn zurück, weil es Gespenster gäbe im Schlaf. Dachte er aber sich alles Ernstes zu ermuntern, so wehte es um ihn her, wie mit Schwanenfittigen, und mit schmeichelndem Wogenklang, davon er allemal wieder in den zweifelhaften Zustand angenehm betört zurücke taumelte. Endlich aber mochte er doch wohl ganz entschlafen sein, denn es kam ihm vor, als ergreife ihn das Schwanengesäusel auf ordentlichen Fittigen, und trage ihn weit fort über Land und See, und singe immer aufs anmutigste dazu. – »Schwanenklang! Schwanensang!« mußte er immerfort zu sich selbst sagen; »das bedeutet ja wohl den Tod?« – Aber es hatte vermutlich noch eine andre Bedeutung. Ihm ward nämlich auf einmal, als schwebe er über dem Mittelländischen Meer. Ein Schwan sang ihm gar tönend in die Ohren, dies sei das Mittelländische Meer. Und während er in die Fluten hinuntersah, wurden sie zu lauterm Kristalle, daß er hineinschauen konnte bis auf den Grund. Er freute sich sehr darüber, denn er konnte Undinen sehen, wie sie unter den hellen Kristallgewölben saß. Freilich weinte sie sehr, und sahe viel betrübter aus, als in den glücklichen Zeiten, die sie auf Burg Ringstetten miteinander verlebt hatten, vorzüglich zu Anfang, und auch nachher, kurz ehe sie die unselige Donaufahrt begannen. Der Ritter mußte an alle das sehr ausführlich und innig denken, aber es schien nicht, als werde Undine seiner gewahr. Indessen war Kühleborn zu ihr getreten, und wollte sie über ihr Weinen ausschelten. Da nahm sie sich zusammen, und sah ihn vornehm und gebietend an, daß er fast davor erschrack. »Wenn ich hier auch unter den Wassern wohne«, sagte sie, »so hab' ich doch meine Seele mit heruntergebracht. Und darum darf ich wohl weinen, wenn Du auch gar nicht erraten kannst, was solche Tränen sind. Auch die sind selig, wie alles selig ist, dem, in welchem treue Seele lebt.« – Er schüttelte ungläubig mit dem Kopfe, und sagte nach einigem Besinnen: »Und doch, Nichte, seid Ihr unsere Elementar-Gesetzen unterworfen, und doch müßt Ihr ihn richtend ums Leben bringen, dafern er sich wieder verehlicht, und Euch untreu wird.« – »Er ist noch bis diese Stunde ein Witwer«, sagte Undine, »und hat mich aus traurigem Herzen lieb.« – »Zugleich ist er aber auch ein Bräutigam«, lachte Kühleborn höhnisch, »und laßt nur erst ein paar Tage hingehn, dann ist die priesterliche Einsegnung erfolgt, und dann müßt Ihr doch zu des Zweiweibrigen Tode hinauf.« – »Ich kann ja nicht«, lächelte Undine zurück. »Ich habe ja den Brunnen versiegelt, für mich und meinesgleichen fest.« – »Aber wenn er von seiner Burg geht«, sagte Kühleborn, »oder wenn er einmal den Brunnen wieder öffnen läßt! Denn er denkt gewiß blutwenig an alle diese Dinge.« – »Eben deshalb«, sprach Undine, und lächelte noch immer unter ihren Tränen, »eben deshalb schwebt er jetzt eben im Geiste über dem Mittelmeer, und träumt zur Warnung dies unser Gespräch. Ich hab' es wohlbedächtlich so eingerichtet.« – Da sah Kühleborn ingrimmig zu dem Ritter hinauf, dräuete, stampfte mit den Füßen, und schoß gleich darauf pfeilschnell unter den Wellen fort. Es war, als schwelle er vor Bosheit zu einem Walfisch auf. Die Schwäne begannen wieder zu tönen, zu fächeln, zu fliegen; dem Ritter war es, als schwebe er über Alpen und Ströme hin, schwebe endlich zur Burg Ringstetten herein, und erwache auf seinem Lager.

Wirklich erwachte er auf seinem Lager, und eben trat sein Knappe herein, und berichtete ihm, der Pater Heilmann weile noch immer hier in der Gegend; er habe ihn gestern zu Nacht im Forste getroffen, unter einer Hütte, die er sich von Baumästen zusammengebogen habe und mit Moos und Reisig belegt. Auf die Frage; was er denn hier mache? denn einsegnen wolle er ja doch nicht! sei die Antwort gewesen: »Es gibt noch andre Einsegnungen, als die am Traualtar, und bin ich nicht zur Hochzeit gekommen, so kann es ja doch zu einer ander Feier gewesen sein. Man muß alles abwarten. Zudem ist ja Trauen und Trauern gar nicht so weit auseinander, und wer sich nicht mutwillig verblendet, sieht es wohl ein.«

Der Ritter machte sich allerhand wunderliche Gedanken über diese Worte und über seinen Traum. Aber es hält sehr schwer, ein Ding zu hintertreiben, was sich der Mensch einmal als gewiß in den Kopf gesetzt hat, und so blieb denn auch alles beim alten.

Achtzehntes Kapitel

WIE DER RITTER HULDBRAND HOCHZEIT HIELT

Wenn ich Euch erzählen sollte, wie es bei der Hochzeitfeier auf Burg Ringstetten zuging, so würde Euch zumute werden, als sähet Ihr eine Menge von blanken und erfreulichen Dingen aufgehäuft, aber drüberhin einen schwarzen Trauerflor gebreitet, aus dessen verdunkelnder Hülle hervor die ganze Herrlichkeit minder einer Lust gliche, als einem Spott über die Nichtigkeit aller irdischen Freuden. Es war nicht etwa, daß irgendein gespenstisches Unwesen die festliche Geselligkeit verstört hätte, denn wir wissen ja, daß die Burg vor den Spukereien der dräuenden Wassergeister eine gefreite Stätte war. Aber es war dem Ritter und dem Fischer und allen Gästen zumut, als fehle noch die Hauptperson bei dem Feste, und als müsse diese Hauptperson die allgeliebte freundliche Undine sein. Sooft eine Tür aufging, starrten aller Augen unwillkürlich dahin, und wenn es dann weiter nichts war, als der Hausmeister mit neuen Schüsseln, oder der Schenk mit einem Trunk noch edlern Weines, blickte man wieder trüb vor sich hin, und die Funken, die etwa hin und her von Scherz und Freude aufgeblitzt waren, erloschen in dem Tau wehmütigen Erinnerns. Die Braut war von allen die leichtsinnigste, und daher auch die vergnügteste; aber selbst ihr kam es bisweilen wunderlich vor, daß sie in dem grünen Kranze und den goldgestickten Kleidern an der Oberstelle der Tafel sitze, während Undine als Leichnam starr und kalt auf dem Grunde der Donau liege, oder mit den Fluten forttreibe ins Weltmeer hinaus. Denn, seit ihr Vater ähnliche Worte gesprochen hatte, klangen sie ihr immer vor den Ohren, und wollten vorzüglich heute weder wanken noch weichen.

Die Gesellschaft verlor sich bei kaum eingebrochner Nacht; nicht aufgelöst durch des Bräutigams hoffende Ungeduld, wie sonsten Hochzeitsversammlungen, sondern nur ganz trüb und schwer auseinander gedrückt, durch freudlose Schwermut und

Unheil kündende Ahnungen. Bertalda ging mit ihren Frauen, der Ritter mit seinen Dienern, sich auszukleiden: von dem scherzend fröhlichen Geleit der Jungfrauen und Junggesellen bei Braut und Bräutigam war an diesem trüben Feste die Rede nicht.

Bertalda wollte sich aufheitern; sie ließ einen prächtigen Schmuck, den Huldbrand ihr geschenkt hatte, samt reichen Gewanden und Schleiern, vor sich ausbreiten, ihren morgenden Anzug auf's schönste und heiterste daraus zu wählen. Ihre Dienerinnen freuten sich des Anlasses, vieles und Fröhliches der jungen Herrin vorzusprechen, wobei sie nicht ermangelten, die Schönheit der Neuvermählten mit den lebhaftesten Worten zu preisen. Man vertiefte sich mehr und mehr in diese Betrachtungen, bis endlich Bertalda, in einen Spiegel blickend, seufzte: »Ach, aber seht ihr wohl die werdenden Sommersprossen hier seitwärts am Halse?« – Sie sahen hin, und fanden es freilich, wie es die schöne Herrin gesagt hatte, aber ein liebliches Mal nannten sie's, einen kleinen Flecken, der die Weiße der zarten Haut noch erhöhe. Bertalda schüttelte den Kopf, und meinte, ein Makel bleib' es doch immer. – »Und ich könnt' es los sein«, seufzte sie endlich. »Aber der Schloßbrunnen ist zu, aus dem ich sonst immer das köstliche, hautreinigende, Wasser schöpfen ließ. Wenn ich doch heut nur eine Flasche davon hätte!« – »Ist es nur das?« lachte eine behende Dienerin und schlüpfte aus dem Gemach. – »Sie wird doch nicht so toll sein«, fragte Bertalda wohlgefällig erstaunt, »noch heut abend den Brunnenstein abwälzen zu lassen?« – Da hörte man bereits, daß Männer über den Hof gingen, und konnte aus dem Fenster sehn, wie die gefällige Dienerin sie grade auf den Brunnen losführte, und sie Hebebäume und andres Werkzeug auf den Schultern trugen. – »Es ist freilich mein Wille«, lächelte Bertalda; »wenn es nur nicht zu lange währt.« – Und, froh im Gefühl, daß ein Wink von ihr jetzt vermöge, was ihr vormals so schmerzhaft geweigert worden war, schaute sie auf die Arbeit in den mondhellen Burghof hinab.

Die Männer hoben mit Anstrengung an dem großen Steine; bisweilen seufzte wohl einer dabei, sich erinnernd, daß man hier der geliebten vorigen Herrin Werk zerstöre. Aber die Arbeit ging übrigens viel leichter, als man gemeint hatte. Es war, als hülfe eine Kraft aus dem Brunnen heraus, den Stein emporbringen. – »Es ist ja«, sagten die Arbeiter erstaunt zueinander, »als wäre das Wasser drinnen zum Springborne worden.« – Und mehr und mehr hob sich der Stein, und fast ohne Beistand der Werkleute rollte er langsam mit dumpfem Schallen auf das Pflaster hin. Aber aus des Brunnens Öffnung stieg es gleich einer weißen Wassersäule feierlich herauf; sie dachten erst, es würde mit dem Springbrunnen Ernst, bis sie gewahrten, daß die aufsteigende Gestalt ein bleiches, weißverschleiertes Weibsbild war. Das weinte bitterlich, das hob die Hände ängstlich ringend über das Haupt, und schritt mit langsam ernstem Gange nach dem Schloßgebäu. Auseinander stob das Burggesind vom Brunnen fort, bleich stand, Entsetzens starr, mit ihren Dienerinnen, die Braut am Fenster. Als die Gestalt nun dicht unter deren Kammern hinschritt, schaute sie winselnd nach ihr empor, und Bertalda meinte, unter dem Schleier Undinens bleiche Gesichtszüge zu erkennen. Vorüber aber zog die Jammernde, schwer, gezwungen, zögernd, wie zum Hochgericht. Bertalda schrie, man solle den Ritter rufen; es wagte sich keine der Zofen aus der Stelle, und auch die Braut selber verstummte wieder, wie vor ihrem eignen Laut erbebend.

Während jene noch immer bang' am Fenster standen, wie Bildsäulen regungslos, war die seltsame Wandrerin in die Burg gelangt, die wohlbekannten Treppen hinauf, die wohlbekannten Hallen durch, immer in ihren Tränen still. Ach, wie so anders war sie einstens hier umgewandelt! –

Der Ritter aber hatte seine Diener entlassen. Halbausgekleidet, im betrübten Sinnen, stand er vor einem großen Spiegel; die Kerze brannte dunkel neben ihm. Da klopfte es an die Tür mit leisem, leisem, Finger. Undine hatte sonst wohl so geklopft, wenn sie ihn freundlich necken wollte. – »Es ist alles nur Phantasterei!« sagte er zu sich selbst. »Ich muß ins Hochzeitbett.« – »Das mußt Du, aber in ein kaltes!« hörte er eine weinende Stimme draußen vor dem Gemache sagen, und dann sah er im Spiegel, wie die Türe aufging, langsam, langsam, und wie die weiße Wandrerin hereintrat, und sittig das Schloß wieder hinter sich zudrückte. »Sie haben den Brunnen aufgemacht«, sagte sie leise, »und nun bin ich hier, und nun mußt Du sterben.« – Er fühlte in seinem stockenden Herzen, daß es auch gar nicht anders sein könne, deckte aber die Hände über die Augen, und sagte: »Mache mich nicht in meiner Todesstunde durch Schrecken toll. Wenn Du ein entsetzliches Antlitz hinter dem Schleier trägst, so lüfte ihn nicht, und richte mich, ohne daß ich Dich schaue.« – »Ach«, entgegnete die Wandrerin, »willst Du mich denn nicht noch ein einziges Mal sehn? Ich bin schön, wie als Du auf der Seespitze um mich warbst.« – »O, wenn das wäre!« seufzte Huldbrand; »und wenn ich sterben dürfte an einem Kusse von Dir.« – »Recht gern, mein Liebling«, sagte sie. Und ihre Schleier schlug sie zurück, und himmlisch schön lächelte ihr holdes Antlitz daraus hervor. Bebend vor Liebe und Todesnähe neigte sich der Ritter ihr entgegen, sie küßte ihn mit einem himmlischen Kusse, aber sie ließ ihn nicht mehr los, sie drückte ihn inniger an sich, und weinte, als wolle sie ihre Seele fortweinen. Die Tränen drangen in des Ritters Augen, und wogten im lieblichen Wehe durch seine Brust, bis ihm endlich der Atem entging, und er aus den schönen Armen als ein Leichnam sanft auf die Kissen des Ruhebettes zurücksank.

«Ich habe ihn tot geweint!« sagte sie zu einigen Dienern, die ihr im Vorzimmer begegneten, und schritt durch die Mitte der Erschreckten langsam nach dem Brunnen hinaus.

Neunzehntes Kapitel

WIE DER RITTER HULDBRAND BEGRABEN WARD

Der Pater Heilmann war auf das Schloß gekommen, sobald des Herrn von Ringstetten Tod in der Gegend kundgeworden war, und just zur selben Stunde erschien er, wo der Mönch, welcher die unglücklichen Vermählten getraut hatte, von Schreck und Grausen überwältiget, aus den Toren floh. – »Es ist schon recht«, entgegnete Heilmann, als man ihm dieses ansagte: »Und nun geht mein Amt an, und ich brauche keines Gefährten.« – Darauf begann er die Braut, welche zur Witwe worden war, zu trösten, sowenig Frucht es auch in ihrem weltlich-lebhaften Gemüte trug. Der alte Fischer hingegen fand sich, obzwar von Herzen betrübt, weit besser in das Geschick, welches Tochter und Schwiegersohn betroffen hatte, und während Bertalda nicht ablassen konnte, Undinen Mörderin zu schelten und Zauberin, sagte der alte Mann gelassen: »Es konnte nun einmal nichts anders sein. Ich sehe nichts darin als die Gerichte Gottes, und es ist wohl niemanden Huldbrands Tod mehr zu Herzen gegangen, als der, die ihn verhängen mußte, der armen! verlaßnen Undine!« – Dabei half er die Begräbnisfeier anordnen, wie es dem Range des Toten geziemte. Dieser sollte in einem Kirchdorfe begraben werden, auf dessen Gottesacker alle Gräber seiner Ahnherrn standen, und welches sie, wie er selbst, mit reichlichen Freiheiten und Gaben geehrt hatten. Schild und Helm lagen bereits auf dem Sarge, um mit in die Gruft versenkt zu werden, denn Herr Huldbrand von Ringstetten war als der letzte seines Stammes verstorben; die Trauerleute begannen ihren schmerzvollen Zug, Klagelieder in das heiter stille Himmelblau hinaufsingend, Heilmann schritt mit einem hohen Kruzifix voran, und die trostlose Bertalda folgte, auf ihren alten Vater gestützt. – Da nahm man plötzlich inmitten der schwarzen Klagefrauen in der Wittib Gefolge eine schneeweiße Gestalt wahr, tiefverschleiert, und die ihre Hände inbrünstig jammernd emporwand. Die, neben welchen sie ging, kam ein heimliches Grauen an, sie wichen zurück oder seitwärts, durch ihre Bewegung, die andern, neben die nun die weiße Fremde zu gehen kam, noch sorglicher erschreckend, so daß schier darob eine Unordnung unter dem Trauergefolge zu entstehen begann. Es waren einige Kriegsleute so dreist, die Gestalt anreden, und aus dem Zuge fortweisen zu wollen, aber denen war sie wie unter den Händen fort, und ward dennoch gleich wieder mit langsam feierlichem Schritte unter dem Leichengefolge mitziehend gesehn. Zuletzt kam sie während des beständigen Ausweichens der Dienerinnen bis dicht hinter Bertalda. Nun hielt sie sich höchst langsam in ihrem Gange, so daß die Wittib ihrer nicht gewahr ward, und sie sehr demütig und sittig hinter dieser ungestört fortwandelte.

Das währte, bis man auf den Kirchhof kam, und der Leichenzug einen Kreis um die offne Grabstätte schloß. Da sah Bertalda die ungebetene Begleiterin, und halb in Zorn, halb in Schreck auffahrend, gebot sie ihr, von der Ruhestätte des Ritters zu weichen. Die Verschleierte aber schüttelte sanft verneinend ihr Haupt, und hob die Hände, wie zu einer demütigen Bitte gegen Bertalda auf, davon diese sich sehr bewegt fand, und mit Tränen daran denken mußte, wie ihr Undine auf der Donau das Korallenhalsband so freundlich hatte schenken wollen. Zudem winkte Pater Heilmann, und gebot Stille, da man über dem Leichnam, dessen Hügel sich eben zu häufen begann, in stiller Andacht beten wolle. Bertalda schwieg und kniete, und alles kniete, und die Totengräber auch, als sie fertig geschaufelt hatten. Da man sich aber wieder erhob, war die weiße Fremde verschwunden; an der Stelle, wo sie gekniet hatte, quoll ein silberhelles Brünnlein aus dem Rasen, das rieselte und rieselte fort, bis es den Grabhügel des Ritters fast ganz umzogen hatte; dann rannte es fürder, und ergoß sich in einen stillen Weiher, der zur Seite des Gottesackers lag. Noch in späten Zeiten sollen die Bewohner des Dorfes die Quelle gezeigt, und fest die Meinung gehegt haben, dies sei die arme, verstoßene Undine, die auf diese Art noch immer mit freundlichen Armen ihren Liebling umfasse.

Adelbert von Chamisso
Peter Schlemihls wundersame Geschichte

AN
ADELBERT VON CHAMISSO

Trifft Frank' und Deutscher jetzt zusammen,
Und jeder edlen Muts entbrannt,
So fährt ans tapfre Schwert die Hand,
Und Kampf entsprüht in wilden Flammen.

Wir treffen uns auf höherm Feld,
Wir zwei verklärt in reinrem Feuer.
Heil Dir, mein Frommer, mein Getreuer,
Und dem, was uns verbunden hält!

FOUQUÉ

VORWORT

AN
FREUND EDUARD

Bewahren, lieber Eduard, sollen wir die Geschichte des armen Schlemihl, dergestalt bewahren, daß sie vor Augen, die nicht hineinzusehn haben, beschirmt bleibe. Das ist eine schlimme Aufgabe. Es gibt solcher Augen eine ganze Menge, und welcher Sterbliche kann die Schicksale eines Manuskriptes bestimmen, eines Dinges, das beinah noch schlimmer zu hüten ist, als ein gesprochenes Wort. Da mach' ich's denn wie ein Schwindelnder, der in der Angst lieber gleich in den Abgrund springt: ich lasse die ganze Geschichte drucken.

Und doch, Eduard, es gibt ernstere und bessere Gründe für mein Benehmen. Es trügt mich alles, oder in unserm lieben Deutschlande schlagen der Herzen viel, die den armen Schlemihl zu verstehen fähig sind und auch wert, und über manch eines echten Landsmannes Gesicht wird bei dem herben Scherz, den das Leben mit ihm, und bei dem arglosen, den er mit sich selbst treibt, ein gerührtes Lächeln ziehn. Und Du, mein Eduard, wenn Du das grundehrliche Buch ansiehst, und dabei denkst, daß viele unbekannte Herzensverwandte es mit uns lieben lernen, fühlst auch vielleicht einen Balsamtropfen in die heiße Wunde fallen, die Dir und allen, die Dich lieben, der Tod geschlagen hat.

Und endlich: es gibt – ich habe mich durch mannichfache Erfahrung davon überzeugt – es gibt für die gedruckten Bücher einen Genius, der sie in die rechten Hände bringt, und, wenn nicht immer, doch sehr oft die unrechten davon abhält. Auf allen Fall hat er ein unsichtbares Vorhängschloß vor jedwedem echten Geistes- und Gemütswerke, und weiß mit einer ganz untrüglichen Geschicklichkeit auf- und zuzuschließen.

Diesem Genius, mein sehr lieber Schlemihl, vertraue ich Dein Lächeln und Deine Tränen an, und somit Gott befohlen!

FOUQUÉ

Du vergissest niemanden, Du wirst Dich noch eines gewissen Peter Schlemihl's erinnern, den Du in früheren Jahren ein paar Mal bei mir gesehen hast, ein langbeiniger Bursch', den man ungeschickt glaubte, weil er linkisch war und der wegen seiner Trägheit für faul galt. Ich hatte ihn lieb, – Du kannst nicht vergessen haben, Eduard, wie er uns einmal in unserer grünen Zeit durch die Sonette lief, ich brachte ihn mit auf einen der poetischen Tees, wo er mir noch während des Schreibens einschlief, ohne das Lesen abzuwarten. Nun erinnere ich mich auch eines Witzes, den Du auf ihn machtest. Du hattest ihn nämlich schon, Gott weiß, wo und wann, in einer alten schwarzen Kurtka gesehen, die er freilich damals noch immer trug, und sagtest: »der ganze Kerl wäre glucklich zu schätzen, wenn seine Seele nur halb so unsterblich wäre, als seine Kurtka.« – So wenig galt er bei Euch. – Ich hatte ihn lieb. – Von diesem Schlemihl nun, den ich seit langen Jahren aus dem Gesicht verloren hatte, rührt das Heft her, das ich Dir mitteilen will – Dir nur, Eduard, meinem nächsten, innigsten Freund, meinem beßrem Ich, vor dem ich kein Geheimnis verwahren kann, teil' ich es mit, nur Dir und, es versteht sich von selbst, unserm Fouqué, gleich Dir in meiner Seele eingewurzelt – aber in ihm teil' ich es bloß dem Freunde mit, nicht dem Dichter. – Ihr werdet einsehen, wie unangenehm es mir sein würde, wenn etwa die Beichte, die ein ehrlicher Mann im Vertrauen auf meine Freundschaft und Redlichkeit an meiner Brust ablegt, in einem Dichterwerke an den Pranger geheftet würde, oder nur wenn überhaupt unheilig verfahren würde, wie mit einem Erzeugnis schlechten Witzes, mit einer Sache, die das nicht ist, und sein darf. Freilich, muß ich selbst gestehen, daß es um die Geschichte schad' ist, die unter des guten Mannes Feder nur albern geworden, daß sie nicht von einer geschickteren fremden Hand in ihrer ganzen komischen Kraft dargestellt werden kann. – Was würde nicht Jean Paul daraus gemacht haben. – Übrigens, lieber Freund, mögen hier manche genannt sein, die noch leben; auch das will beachtet sein. –

Noch ein Wort über die Art, wie diese Blätter an mich gelangt sind. Gestern früh bei meinem Erwachen, gab man sie mir ab, – ein wunderlicher Mann, der einen langen grauen Bart trug, eine ganz abgenützte schwarze Kurtka an hatte, eine botanische Kapsel darüber umgehangen, und bei dem feuchten, regnichten Wetter Pantoffeln über seine Stiefel, hatte sich nach mir erkundigt, und dieses für mich hinterlassen; er hatte, aus Berlin zu kommen, vorgegeben. – – –

Kunersdorf, den 27sten September 1813.

P. S. Ich lege dir eine Zeichnung bei, die der kunstreiche Leopold, der eben an seinem Fenster stand, von der auffallenden Erscheinung entworfen hat. Als er den Wert, den ich auf diese Skizze legte, gesehen hat, hat er sie mir gerne geschenkt.*

* Die hier erwähnte Zeichnung ist dem Erstdruck des ›Schlemihl‹ beigegeben.

I

Nach einer glücklichen, jedoch für mich sehr beschwerlichen Seefahrt, erreichten wir endlich den Hafen. Sobald ich mit dem Boote ans Land kam, belud ich mich selbst mit meiner kleinen Habseligkeit, und durch das wimmelnde Volk mich drängend, ging ich in das nächste, geringste Haus hinein, vor welchem ich ein Schild hängen sah. Ich begehrte ein Zimmer, der Hausknecht maß mich mit einem Blick und führte mich unters Dach. Ich ließ mir frisches Wasser geben, und genau beschreiben, wo ich den Herrn Thomas John aufzusuchen habe: – »Vor dem Nordertor, das erste Landhaus zur rechten Hand, ein großes, neues Haus, von rot und weißem Marmor mit vielen Säulen.« Gut. – Es war noch früh an der Zeit, ich schnürte sogleich mein Bündel auf, nahm meinen neu gewandten schwarzen Rock heraus, zog mich reinlich an in meine besten Kleider, steckte das Empfehlungsschreiben zu mir, und setzte mich alsbald auf den Weg zu dem Manne, der mir bei meinen bescheidenen Hoffnungen förderlich sein sollte.

Nachdem ich die lange Norderstraße hinaufgestiegen, und das Tor erreicht, sah ich bald die Säulen durch das Grüne schimmern – »also hier«, dacht' ich. Ich wischte den Staub von meinen Füßen mit meinem Schnupftuch ab, setzte mein Halstuch in Ordnung, und zog in Gottes Namen die Klingel. Die Tür' sprang auf. Auf dem Flur hatt' ich ein Verhör zu besteh'n, der Portier ließ mich aber anmelden, und ich hatte die Ehre, in den Park gerufen zu werden, wo Herr John – mit einer kleinen Gesellschaft sich erging. Ich erkannte gleich den Mann am Glanze seiner wohlbeleibten Selbstzufriedenheit. Er empfing mich sehr gut, – wie ein Reicher einen armen Teufel, wandte sich sogar gegen mich, ohne sich jedoch von der übrigen Gesellschaft abzuwenden, und nahm mir den dargehaltenen Brief aus der Hand. – »So, so! von meinem Bruder, ich habe lange nichts von ihm gehört. Er ist doch gesund? – Dort«, fuhr er gegen die Gesellschaft fort, ohne die Antwort zu erwarten, und wies mit dem Brief auf einen Hügel, »dort laß ich das neue Gebäude aufführen.« Er brach das Siegel auf und das Gespräch nicht ab, das sich auf den Reichtum lenkte. »Wer nicht Herr ist wenigstens einer Million«, warf er hinein, »der ist, man verzeihe mir das Wort, ein Schuft!« – »O wie wahr!« rief ich aus mit vollem überströmenden Gefühl. Das mußte ihm gefallen, er lächelte mich an und sagte: »Bleiben Sie hier, lieber Freund, nachher hab' ich vielleicht Zeit, Ihnen zu sagen, was ich hierzu denke«, er deutete auf den Brief, den er sodann einsteckte, und wandte sich wieder zu der Gesellschaft. – Er bot einer jungen Dame den Arm, andere Herr'n bemühten sich um andere Schönen, es fand sich, was sich paßte, und man wall'te dem rosenumblühten Hügel zu.

Ich schlich hinterher ohne jemanden beschwerlich zu fallen, denn keine Seele bekümmerte sich weiter um mich. Die Gesellschaft war sehr aufgeräumt, es ward getändelt und gescherzt, man sprach zuweilen von leichtsinnigen Dingen wichtig, von wichtigen öfters leichtsinnig, und gemächlich erging besonders der Witz über abwesende Freunde und deren Verhältnisse. Ich war da zu fremd, um von alledem Vieles zu verstehen, zu bekümmert und in mich gekehrt, um den Sinn auf solche Rätsel zu haben.

Wir hatten den Rosenhain erreicht. Die schöne Fanny, wie es schien, die Herrin des Tages, wollte aus Eigensinn einen blühenden Zweig selbst brechen, sie verletzte sich an einem Dorn, und wie von den dunkeln Rosen, floß Purpur auf ihre zarte Hand. Dieses Ereignis brachte die ganze Gesellschaft in Bewegung. Es wurde Englisch Pflaster gesucht. Ein stiller, dünner, hag'rer, länglichter, ältlicher Mann, der neben mitging, und den ich noch nicht bemerkt hatte, steckte sogleich die Hand in die knapp anliegende Schoßtasche seines altfränkischen grautaffentnen Rockes, brachte eine kleine Brieftasche daraus hervor, öffnete sie, und reichte der Dame mit devoter Verbeugung das Verlangte. Sie empfing es ohne Aufmerksamkeit für den Geber und ohne Dank, die Wunde ward verbunden, und man ging weiter den Hügel hinan, von dessen Rücken man die weite Aussicht über das grüne Labyrinth des Parkes nach dem unermeßlichen Ozean genießen wollte.

Der Anblick war wirklich groß und herrlich. Ein lichter Punkt erschien am Horizont zwischen der dunkeln Flut und der Bläue des Himmels. »Ein Fernrohr her!« rief John, und noch bevor das auf den Ruf erscheinende Dienervolk in Bewegung kam, hatte der graue Mann, bescheiden sich verneigend, die Hand schon in die Rocktasche gesteckt, daraus einen schönen Dolon hervorgezogen, und es dem Herrn John eingehändigt. Dieser, es sogleich an das Aug' bringend, benachrichtigte die Gesellschaft: es sei das Schiff, das gestern ausgelaufen, und das widrige Winde im Angesicht des Hafens zurücke hielten. Das Fernrohr ging von Hand zu Hand, und nicht wieder in die des Eigentümers; ich aber sah verwundernd den Mann an, und wußte nicht, wie die große Maschine aus der winzigen Tasche herausgekommen war; es schien aber niemanden aufgefallen zu sein, und man bekümmerte sich nicht mehr um den grauen Mann als um mich selber.

Erfrischungen wurden gereicht, das seltenste Obst aller Zonen in den kostbarsten Gefäßen. Herr John machte die Honneurs mit leichtem Anstand und richtete da zum zweitenmal ein Wort an mich: »Essen Sie nur; das haben Sie auf der See nicht gehabt.« Ich verbeugte mich, aber er sah es nicht, er sprach schon mit jemand anderem.

Man hätte sich gern auf den Rasen, am Abhange des Hügels, der ausgespannten Landschaft gegenüber gelagert, hätte man die Feuchtigkeit der Erde nicht gescheut. Es wäre göttlich, meinte wer aus der Gesellschaft, wenn man türkische Teppiche hätte, sie hier auszubreiten. Der Wunsch war nicht sobald ausgesprochen, als schon der Mann im grauen Rock die Hand in der Tasche hatte, und mit bescheidener, ja demütiger Gebärde, einen reichen, golddurchwirkten, türkischen Teppich daraus zu ziehen bemüht war. Bediente nehmen ihn im Empfang, als müsse es so sein, und entfalten ihn am begehrten Ort. Die Gesellschaft nahm ohne Umstände Platz darauf; ich wiederum sah betroffen den Mann, die Tasche, den Teppich an, der über zwanzig Schritt in der Länge und zehn in der Breite maß, und rieb mir die Augen, nicht wissend, was ich dazu denken sollte, besonders, da niemand etwas Merkwürdiges darin fand.

Ich hätte gern Aufschluß über den Mann gehabt, und gefragt, wer er sei, nur wußt' ich nicht, an wen ich mich richten sollte, denn ich fürchtete mich fast noch mehr vor den Herr'n Bedienten, als vor den bedienten Herr'n. Ich faßte endlich ein Herz, und trat an einen jungen Mann heran, der mir von minderem Ansehen schien als die andern, und der öfter allein gestanden hatte. Ich bat ihn leise, mir zu sagen, wer der gefällige Mann sei dort im grauen Kleide, – »Dieser? der wie ein Ende Zwirn aussieht, der einem Schneider aus der Nadel entlaufen ist?« Ja, der allein steht – »den kenn' ich nicht«, gab er mir zur Antwort, und, wie es schien, eine längere Unterhaltung mit mir zu vermeiden, wandt' er sich weg und sprach von gleichgültigen Dingen mit einem andern.

Die Sonne fing jetzt stärker zu scheinen an, und ward den Damen beschwerlich; die schöne Fanny richtete nachlässig an den grauen Mann, den, so viel ich weiß, noch niemand angeredet hatte, die leichtsinnige Frage: ob er nicht auch vielleicht ein Zelt bei sich habe? Er beantwortete sie durch eine so tiefe Verbeugung, als widerführe ihm eine unverdiente Ehre, und hatte schon die Hand in der Tasche, aus der ich Zeuge, Stangen, Schnüre, Eisenwerk, kurz, alles, was zu dem prachtvoll'sten Lustzelt gehört, herauskommen sah. Die jungen Herr'n halfen es ausspannen, und es überhing die ganze Ausdehnung des Teppichs – und keiner fand noch etwas Außerordentliches darin. –

Mir war schon lang' unheimlich, ja graulich zumute, wie ward mir vollends, als beim nächst ausgesprochenen Wunsch ich ihn noch aus seiner Tasche drei Reitpferde, ich sage dir, drei schöne, große Rappen mit Sattel und Zeug, herausziehen sah, – denke Dir, um Gotteswillen! drei gesattelte Pferde noch aus derselben Tasche, woraus schon eine Brieftasche, ein Fernrohr, ein gewirkter Teppich, zwanzig Schritte lang und zehn breit, ein Lustzelt von derselben Größe, und alle dazu gehörige Stangen und Eisen, herausgekommen waren – wenn ich Dir nicht beteuerte, es selbst mit eigenen Augen angesehen zu haben, würdest Du es gewiß nicht glauben. –

So verlegen und demütig der Mann selbst zu sein schien, so wenig Aufmerksamkeit ihm auch die andern schenkten, so ward mir doch seine bloße Erscheinung, von der ich kein Auge abwenden konnte, so schauerlich, daß ich sie nicht länger ertragen konnte.

Ich beschloß, mich aus der Gesellschaft zu stehlen, was bei der unbedeutenden Rolle, die ich darinnen spielte, mir ein Leichtes schien. Ich wollte nach der Stadt zurückkehren, am andern Morgen mein Glück beim Herrn John wieder versuchen, und, wenn ich den Mut dazu fände, ihn über den seltsamen grauen Mann befragen. – Wäre es mir nur so zu entkommen geglückt!

Ich hatte mich schon wirklich durch den Rosenhain, den Hügel hinab, glücklich geschlichen, und befand mich auf einem freien Rasenplatz, als ich aus Furcht, außer den Wegen durch's Gras gehend angetroffen zu werden, einen forschenden Blick um mich warf. – Wie erschrak ich, als ich den Mann im grauen Rock hinter mir her und auf mich zukommen sah. Er nahm sogleich den Hut vor mir ab, und verneigte sich so tief, als noch niemand vor mir getan hatte. Es war kein Zweifel, er wollte mich anreden, und ich konnte, ohne grob zu sein, es nicht vermeiden. Ich nahm den Hut auch ab, verneigte mich wieder, und stand da in der Sonne mit bloßem Haupt wie angewurzelt. Ich sah' ihn voller Furcht stier an, und war wie ein Vogel, den eine Schlange gebannt hat. Er selber schien sehr verlegen zu sein; er hob den Blick nicht auf, verbeugte sich zu verschiedenen Malen, trat näher, und redete mich an mit leiser, unsicherer Stimme, ungefähr im Tone eines Bettelnden.

»Möge der Herr meine Zudringlichkeit entschuldigen, wenn ich es wage, ihn so unbekannter Weise aufzusuchen, ich habe eine Bitte an ihn. Vergönnen Sie gnädigst –« – »Aber um Gotteswillen, mein Herr!« brach ich in meiner Angst aus, »was kann ich für einen Mann tun, der« – – – wir stutzten beide, und wurden, wie mir deucht, rot.

Er nahm nach einem Augenblick des Schweigens wieder das Wort: »Während der kurzen Zeit, wo ich das Glück genoß, mich in Ihrer Nähe zu befinden, hab' ich, mein Herr, einige Mal – erlauben Sie, daß ich es Ihnen sage, – wirklich mit unaussprechlicher Bewunderung den schönen, schönen Schatten betrachten können, den Sie in der Sonne, und gleichsam mit einer gewissen edlen Verachtung, ohne selbst darauf zu merken, von sich werfen, den herrlichen Schatten da zu Ihren Füßen. Verzeihen Sie mir die freilich kühne Zumutung. Sollten Sie sich wohl nicht abgeneigt finden, mir diesen Ihren Schatten zu überlassen.«

Er schwieg, und mir gings wie ein Mühlrad im Kopfe herum. Mas sollt' ich aus dem seltsamen Antrag machen, mir meinen Schatten abzukaufen? Er muß verrückt sein, dacht' ich, und mit verändertem Tone, der zu der Demut des seinigen besser paßte, erwiderte ich also:

»Ei, ei! guter Freund, habt Ihr denn nicht an euerm eignen Schatten genug? das heiß' ich mir einen Handel von einer ganz absonderlichen Sorte.« Er fiel sogleich wieder ein: »Ich hab' in meiner Tasche manches, was dem Herrn nicht ganz unwert scheinen möchte; für diesen unschätzbaren Schatten halt' ich den höchsten Preis zu gering.«

Nun überfiel es mich wieder kalt, da ich an die Tasche erinnert ward, und ich wußte nicht, wie ich ihn hatte guter Freund nennen können. Ich nahm wieder das Wort, und suchte es, wo möglich, mit unendlicher Höflichkeit wieder gutzumachen.

»Aber, mein Herr, verzeihen Sie Ihrem untertänigsten Knecht. Ich verstehe wohl Ihre Meinung nicht ganz gut, wie könnt' ich nur meinen Schatten – – –« Er unterbrach mich: »Ich erbitte mir nur Dero Erlaubnis, hier auf der Stelle diesen edlen Schatten aufheben zu dürfen, und zu mir zu stecken; wie ich das mache, sei meine Sorge. Dagegen als Beweis meiner Erkenntlichkeit gegen den Herrn, überlasse ich ihm die Wahl unter allen Kleinodien, die ich in der Tasche bei mir führe: die echte Springwurzel, die Alraunwurzel, Wechselpfennige, Raubtaler, das Tellertuch von Rolands Knappen, ein Galgenmännlein zu beliebigem Preis; doch, das wird wohl nichts für Sie sein: besser, Fortunati Wünschhütlein, neu und haltbar wieder restauriert; auch ein Glückssäckel, wie der seine gewesen.« »Fortunati Glückssäckel«, fiel ich ihm in die Rede, und wie groß meine Angst auch war, hatte er mit dem einen Wort meinen ganzen Sinn gefangen. Ich bekam einen Schwindel, und es flimmerte mir wie doppelte Dukaten vor den Augen. –

»Belieben gnädigst der Herr diesen Säckel zu besichtigen und zu erproben.« Er steckte die Hand in die Tasche und zog einen mäßig großen, festgenähten Beutel von starkem Korduanleder, an zwei tüchtigen ledernen Schnüren heraus und händigte mir selbigen ein. Ich griff hinein, und zog zehn Goldstücke daraus, und wieder zehn, und wieder zehn, und wieder zehn; ich hielt ihm schnell die Hand hin: »Topp! der Handel gilt, für den Beutel haben Sie meinen Schatten.« Er schlug ein, kniete dann ungesäumt vor mir nieder, und mit einer bewundernswürdigen Geschicklichkeit sah ich ihn meinen Schatten, vom Kopf bis zu meinen Füßen, leise von dem Grase lösen, aufheben, zusammenrollen und falten, und zuletzt einstecken. Er stand auf, verbeugte sich noch einmal vor mir, und zog sich nach dem Rosengebüsche zurück. Mich dünkt', ich hörte ihn da leise für sich lachen. Ich aber hielt den Beutel bei den Schnüren fest, rund um mich her war die Erde sonnenhell, und in mir war noch keine Besinnung.

II

Ich kam endlich wieder zu Sinnen, und eilte, diesen Ort zu verlassen, wo ich hoffentlich nichts mehr zu tun hatte. Ich füllte erst meine Taschen mit Gold, dann band ich mir die Schnüre des Beutels um den Hals fest, und verbarg ihn selbst auf meiner Brust. Ich kam unbeachtet aus dem Park, erreichte die Landstraße, und nahm meinen Weg nach der Stadt. Wie ich in Gedanken dem Tore zu ging, hört' ich hinter mir schreien: »Junger Herr! he! junger Herr! hören Sie doch! –« Ich sah mich um, ein altes Weib rief mir nach: »Sehe sich der Herr doch vor, Sie haben Ihren Schatten verloren.« – »Danke Mütterchen«, ich warf ihr ein Goldstück für den wohlgemeinten Rat hin, und trat unter die Bäume.

Am Tore mußt' ich gleich wieder von der Schildwacht hören: »Wo hat der Herr seinen Schatten gelassen?« und gleich wieder darauf von ein paar Frauen: »Jesus Maria! der arme Mensch hat keinen Schatten!« Das fing an mich zu verdrießen, und ich vermied sehr sorgfältig, in die Sonne zu treten. Das ging aber nicht überall an, zum Beispiel nicht über die Breitestraße, die ich zunächst durchkreuzen mußte, und zwar, zu meinem Unheil, in eben der Stunde, wo die Knaben aus der Schule gingen. Ein verdammter buckeliger Schlingel, ich seh' ihn noch, hatte es gleich weg, daß mir ein Schatten fehle. Er verriet mich mit großem Geschrei der sämtlichen literarischen Straßenjugend der Vorstadt, welche sofort mich zu rezensieren und mit Kot zu bewerfen anfing: »Ordentliche Leute pflegten ihren Schatten mit sich zu nehmen, wann sie in die Sonne gingen.« Um sie von mir abzuwehren, warf ich Gold zu vollen Händen unter sie, und sprang in einen Mietswagen, zu dem mir mitleidige Seelen verhalfen.

Sobald ich mich in der rollenden Kutsche allein fand, fing ich bitterlich an zu weinen. Es mußte schon die Ahnung in mir aufsteigen: daß, um so viel das Gold auf Erden Verdienst und Tugend überwiegt, um so viel der Schatten höher als selbst das Gold geschätzt werde; und wie ich früher den Reichtum meinem Gewissen aufgeopfert, hatte ich jetzt den Schatten für bloßes Geld hingegeben, was konnte, was sollte auf Erden aus mir werden!

Ich war noch sehr verstört, als der Wagen vor meinem alten Wirtshaus hielt, ich erschrak über die Vorstellung, nur noch jenes schlechte Dachzimmer zu betreten. Ich ließ mir meine Sachen herabholen, empfing den ärmlichen Bündel mit Verachtung, warf einige Goldstücke hin, und befahl, vor das vornehmste Hotel vorzufahren. Das Haus war gegen Norden gelegen, ich hatte die Sonne nicht zu fürchten, ich schickte den Kutscher mit Gold weg, ließ mir die besten Zimmer vorn heraus anweisen, und verschloß mich darin, so bald ich konnte.

Was denkest Du, daß ich nun anfing? – O mein lieber Chamisso, selbst vor Dir es zu gestehen, macht mich erröten. Ich zog den unglücklichen Säckel aus meiner Brust hervor, und mit einer Art Wut, die, wie eine flackernde Feuersbrunst, sich in mir durch sich selbst mehrte, zog ich Gold daraus, und Gold, und Gold, und immer mehr Gold, und streute es auf den Estrich, und schritt darüber hin, und ließ es klirren, und warf, mein armes Herz an dem Glanze, an dem Klange weidend, immer des Metalles mehr zu dem Metalle, bis ich ermüdet selbst auf das reiche Lager sank und schwelgend darin wühlte, mich darüber wälzte. So verging der Tag, der Abend, ich schloß meine Tür' nicht auf, die Nacht fand mich liegend auf dem Golde, und darauf übermannte mich der Schlaf.

Da träumt' es mir von Dir, es ward mir, als stünde ich hinter der Glastür Deines kleinen Zimmers, und sähe Dich von da an Deinem Arbeitstische zwischen einem Skelett und einem Bunde getrockneter Pflanzen sitzen, vor Dir waren Haller, Humboldt und Linné aufgeschlagen, auf Deinem Sopha lagen ein Band Goethe und der Zauberring, ich betrachtete Dich lange, und jedes Ding in Deiner

Stube, und dann Dich wieder, du rührtest Dich aber nicht, Du hattest auch nicht Atem, du warst tot.

Ich erwachte. Es schien noch sehr früh zu sein. Meine Uhr stand. Ich war wie zerschlagen, durstig und hungrig auch noch, ich hatte seit dem vorigen Morgen nichts gegessen. Ich stieß von mir mit Unwillen und Überdruß dieses Gold, an dem ich kurz vorher mein törichtes Herz gesättiget; nun wußt' ich verdrießlich nicht, was ich damit anfangen sollte. Es durfte nicht so liegen bleiben – ich versuchte, ob es der Beutel wieder verschlingen wollte – Nein. Keines meiner Fenster öffnete sich über die See. Ich mußte mich bequemen, es mühsam und mit sauerm Schweiß zu einem großen Schrank, der in einem Kabinet stand, zu schleppen, und es darin zu verpacken. Ich ließ nur einige Handvoll da liegen. Nachdem ich mit der Arbeit fertig geworden, legt' ich mich erschöpft in einen Lehnstuhl, und erwartete, daß sich Leute im Hause zu regen anfingen. Ich ließ, sobald es möglich war, zu essen bringen, und den Wirt zu mir kommen.

Ich besprach mit diesem Mann die künftige Einrichtung meines Hauses. Er empfahl mir für den nähern Dienst um meine Person einen gewissen Bendel, dessen treue und verständige Physiognomie mich gleich gewann. Derselbe war's, dessen Anhänglichkeit mich seither tröstend durch das Elend des Lebens begleitete, und mir mein düst'res Los ertragen half. Ich brachte den ganzen Tag auf meinen Zimmern, mit herrenlosen Knechten, Schustern, Schneidern und Kaufleuten zu, ich richtete mich ein, und kaufte besonders sehr viele Kostbarkeiten und Edelsteine, um nur etwas des vielen aufgespeicherten Goldes los zu sein; es schien aber gar nicht, als könne der Haufen sich vermindern.

Ich schwebte indes über meinen Zustand in den ängstigendsten Zweifeln. Ich wagte keinen Schritt aus meiner Tür', und ließ abends vierzig Wachskerzen in meinem Saal anzünden, bevor ich aus dem Dunkel heraus kam. Ich gedachte mit Grauen des fürchterlichen Auftrittes mit den Schulknaben. Ich beschloß, so viel Mut ich auch dazu bedurfte, die öffentliche Meinung noch einmal zu prüfen. – Die Nächte waren zu der Zeit mondhell. Abends spät warf ich einen weiten Mantel um, drückte mir den Hut tief in die Augen, und schlich, zitternd wie ein Verbrecher, aus dem Hause. Erst auf einem entlegenen Platz trat ich aus dem Schatten der Häuser, in deren Schutz ich so weit gekommen war, an das Mondeslicht hervor; gefaßt, mein Schicksal aus dem Munde der Vorübergehenden zu vernehmen.

Erspare mir, lieber Freund, die schmerzliche Wiederholung alles dessen, was ich erdulden mußte. Die Frauen bezeugten oft das tiefste Mitleid, das ich ihnen einflößte; Äußerungen, die mir die Seele nicht minder durchbohrten, als der Hohn der Jugend und die hochmütige Verachtung der Männer, besonders solcher dicken, wohlbeleibten, die selbst einen breiten Schatten warfen. Ein schönes, holdes Mädchen, die, wie es schien, ihre Eltern begleitete, indem diese bedächtig nur vor ihre Füße sahen, wandte von Ungefähr ihr leuchtendes Auge auf mich; sie erschrak sichtbarlich, da sie meine Schattenlosigkeit bemerkte, verhüllte ihr schönes Antlitz in ihren Schleier, ließ den Kopf sinken, und ging lautlos vorüber.

Ich ertrug es länger nicht. Salzige Ströme brachen aus meinen Augen, und mit durchschnittenem Herzen zog ich mich schwankend ins Dunkel zurück. Ich mußte mich an den Häusern halten, um meine Schritte zu sichern, und erreichte langsam und spät meine Wohnung.

Ich brachte die Nacht schlaflos zu. Am andern Tage war meine erste Sorge, nach dem Manne im grauen Rocke überall suchen zu lassen. Vielleicht sollte es mir gelingen, ihn wieder zu finden, und wie glücklich! wenn ihn, wie mich, der törichte Handel gereuen sollte. Ich ließ Bendel vor mir kommen, er schien Gewandtheit und Geschick zu besitzen, – ich schilderte ihm genau den Mann, in dessen Besitz ein Schatz sich befand, ohne den mir das Leben nur eine Qual sei. Ich sagte ihm die Zeit, den Ort, wo ich ihn gesehen; beschrieb ihm alle, die zugegen gewesen, und fügte dieses Zeichen noch hinzu: er solle sich nach einem Dolon'schen Fernrohr, nach einem golddurchwirkten türkischen Teppich, nach einem Prachtlustzelt, und endlich nach den schwarzen Reithengsten genau erkundigen, deren Geschichte, ohne zu bestimmen wie, mit der des rätselhaften Mannes, zusammenhinge, welcher allen unbedeutend geschienen, und dessen Erscheinung die Ruhe und das Glück meines Lebens zerstört hatte.

Wie ich ausgeredet, holt' ich Gold her, eine Last, wie ich sie nur zu tragen vermochte, und legte Edelsteine und Juwelen noch hinzu für einen größern Wert. »Bendel«, sprach ich, »dieses ebnet viele Wege, und macht Vieles leicht, was unmöglich schien; sei nicht karg damit, wie ich es nicht bin, sondern geh', und erfreue Deinen Herrn mit Nachrichten, auf denen seine alleinige Hoffnung beruht.«

Er ging. Spät kam er und traurig zurück. Keiner von den Leuten des Herrn John, keiner von seinen Gästen, er hatte alle gesprochen, wußte sich nur entfernt an den Mann im grauen Rocke zu erinnern. Der neue Teleskop war da, und keiner wußte, wo er hergekommen; der Teppich, das Zelt waren da noch auf demselben Hügel ausgebreitet und aufgeschlagen, die Knechte rühmten den Reichtum ihres Herrn, und keiner wußte, von wannen diese neuen Kostbarkeiten ihm zugekommen. Er selbst hatte seinen Wohlgefallen daran, und ihn kümmerte es nicht, daß er nicht wisse, woher er sie habe; die Pferde hatten die jungen Herren, die sie geritten, in ihren Ställen, und sie priesen die Freigebigkeit des Herrn John, der sie ihnen an jenem Tage geschenkt. So viel erhellte aus der ausführlichen Erzählung Bendels, dessen rascher Eifer und verständige Führung, auch bei so fruchtlosem Erfolg, mein verdientes Lob erhielten. Ich winkte ihm düster, mich allein zu lassen.

»Ich habe«, hub er wieder an, »meinem Herrn Bericht abgestattet, über die Angelegenheit, die ihm am wichtigsten war. Mir bleibt noch ein Auftrag auszurichten, den mir heute früh jemand gegeben, welchem ich vor der Tür begegnete, da ich zu dem Geschäfte ausging, wo ich so unglücklich gewesen. Die eigenen Worte des Mannes waren: ›Sagen Sie dem Herrn Peter Schlemihl, er würde mich hier nicht mehr sehen, da ich über's Meer gehe; und ein günstiger Wind mich soeben nach dem Hafen ruft. Aber über Jahr und Tag werde ich die Ehre haben, ihn selber aufzusuchen, und ein anderes, ihm dann vielleicht annehmliches Geschäft, vorschlagen. Empfehlen Sie mich ihm untertänigst, und versichern ihn meines Dankes.‹ Ich frug ihn, wer er wäre, er sagte aber, Sie kennten ihn schon.«

»Wie sah der Mann aus?« rief ich voller Ahnung. Und Bendel beschrieb mir den Mann im grauen Rocke Zug für Zug, Wort für Wort, wie er getreu in seiner vorigen Erzählung des Mannes erwähnt, nach dem er sich erkundigt. –

»Unglücklicher«, schrie ich händeringend, »das war er ja selbst!« und ihm fiel es wie Schuppen von den Augen. – »Ja, er war es, war es wirklich«, rief er erschreckt aus, »und ich Verblendeter, Blödsinniger, habe ihn nicht erkannt; ihn nicht erkannt und meinen Herrn verraten.«

Er brach, heiß weinend, in die bittersten Vorwürfe gegen sich selber aus, und die Verzweiflung, in der er war, mußte mir selber Mitleiden einflößen. Ich sprach ihm Trost ein, versicherte ihn wiederholt, ich setzte keinen Zweifel in seine Treue, und schickte ihn alsbald nach dem Hafen, um, wo möglich, die Spuren des seltsamen Mannes zu verfolgen. Aber an diesem selben Morgen waren sehr verschiedene Schiffe, die widrige Winde im Hafen zurückgehalten, ausgelaufen, alle nach anderen Weltstrichen, alle nach anderen Küsten bestimmt; und der graue Mann war spurlos wie ein Schatten verschwunden.

III

Was hälfen Flügel dem in eisernen Ketten fest Angeschmiedeten? er müßte dennoch, und schrecklicher, verzweifeln. Ich lag, wie Faffner bei seinem Hort, fern von jedem menschlichen Zuspruch, bei meinem Golde darbend, aber ich hatte nicht das Herz nach ihm, sondern ich fluchte ihm, um dessentwillen ich mich von allem Leben abgeschnitten sah. Bei mir allein mein düst'res Geheimnis hegend, fürchtete ich mich vor dem letzten meiner Knechte, den ich zugleich beneiden mußte; denn er hatte einen Schatten, er durfte sich sehen lassen in der Sonne. Ich vertrauerte einsam in meinen Zimmern die Tag' und Nächte, und Gram zehrte an meinem Herzen.

Noch einer härmte sich unter meinen Augen ab, mein treuer Bendel hörte nicht auf, sich mit stillen Vorwürfen zu martern, daß er das Zutrauen seines gütigen Herrn betrogen, und jenen nicht erkannt, nach dem er ausgeschickt war, und mit dem er mein trauriges Schicksal in enger Verflechtung denken mußte. Ich aber konnte ihm keine Schuld geben, ich erkannte in dem Ereignis die fabelhafte Natur des Unbekannten.

Nichts unversucht zu lassen, schickt' ich einst Bendel mit einem kostbaren brillantenen Ring zu dem berühmtesten Maler der Stadt, den ich, mich zu besuchen, einladen ließ. Er kam, ich entfernte meine Leute, verschloß die Tür, setzte mich zu dem Mann, und, nachdem ich seine Kunst gepriesen, kam ich mit schwerem Herzen zur Sache, ich ließ ihm zuvor das strengste Geheimnis geloben.

»Herr Professor«, fuhr ich fort, »könnten Sie wohl einem Menschen, der auf die unglücklichste Weise von der Welt um seinen Schatten gekommen ist, einen falschen Schatten malen?« – »Sie meinen einen Schlagschatten?« – »den mein' ich allerdings.« – »Aber«, frug er mich weiter, »durch welche Ungeschicklichkeit, durch welche Nachlässigkeit konnte er denn seinen Schlagschatten verlieren?« – »Wie es kam«, erwiderte ich, »mag nun sehr gleichgültig sein, doch so viel«, log ich ihm unverschämt vor: »In Rußland, wo er im vorigen Winter eine Reise tat, fror ihm einmal, bei einer außerordentlichen Kälte, sein Schatten dergestalt am Boden fest, daß er ihn nicht wieder losbekommen konnte.«

»Der falsche Schlagschatten, den ich ihm malen könnte«, erwiderte der Professor, »würde doch nur ein solcher sein, den er bei der leisesten Bewegung wieder verlieren müßte, – zumal wer an dem eignen angebornen Schatten so wenig fest hing, als aus Ihrer Erzählung selbst sich abnehmen läßt; wer keinen Schatten hat, gehe nicht in die Sonne, das ist das Vernünftigste und Sicherste.« Er stand auf und entfernte sich, indem er auf mich einen durchbohrenden Blick warf, den der meine nicht ertragen konnte. Ich sank in meinen Sessel zurück, und verhüllte mein Gesicht in meine Hände.

So fand mich noch Bendel, als er herein trat. Er sah den Schmerz seines Herrn, und wollte sich still, ehrerbietig zurückziehen. – Ich blickte auf – ich erlag unter der Last meines Kummers, ich mußte ihn mitteilen. »Bendel«, rief ich ihm zu, »Bendel! Du Einziger, der Du meine Leiden siehst und ehrst, sie nicht erforschen zu wollen, sondern still und fromm mitzufühlen scheinst, komm zu mir, Bendel, und sei der Nächste meines Herzens. Die Schätze meines Goldes hab' ich vor Dir nicht verschlossen, nicht verschließen will ich vor dir die Schätze meines Grames – Bendel, verlasse mich nicht. Bendel, Du siehst mich reich, freigebig, gütig, Du wähnst, es sollte die Welt mich verherrlichen, und Du sieh'st mich die Welt flieh'n, und mich vor ihr verschließen. Bendel, sie hat gerichtet, die Welt, und mich verstoßen, und auch Du vielleicht, wirst Dich von mir wenden, wenn Du mein schreckliches Geheimnis erfährst. Bendel, ich bin reich, freigebig, gütig, aber – o Gott! – ich habe keinen Schatten!« –

»Keinen Schatten?« rief der gute Junge erschreckt aus, und die hellen Tränen stürzten ihm aus den Augen. – »Weh mir, daß ich geboren ward, einem schattenlosen Herrn zu dienen!« Er schwieg, und ich hielt mein Gesicht in meinen Händen. –

»Bendel«, setzt' ich spät und zitternd hinzu, »nun hast Du mein Vertrauen, nun kannst Du es verraten. Geh' hin und zeuge wider mich.« – Er schien in schwerem Kampfe mit sich selber, endlich stürzte er vor mir nieder, und ergriff meine Hand, die er mit seinen Tränen benetzte. »Nein«, rief er aus, »was die Welt auch meine, ich kann und werde um Schattenswillen meinen gütigen Herrn nicht verlassen, ich werde recht, und nicht klug handeln, ich werde bei Ihnen bleiben, Ihnen meinen Schatten borgen, Ihnen helfen, wo ich kann, mit Ihnen weinen.« Ich fiel ihm um den Hals; ob solcher ungewohnten Gesinnung staunend; denn ich war von ihm überzeugt, daß er es nicht um Geld tat.

Seitdem änderten sich in etwas mein Schicksal und meine Lebensweise. Er ist unbeschreiblich, wie vorsorglich Bendel mein

Gebrechen zu verhehlen wußte. Überall war er vor mir und mit mir, alles vorhersehend, Anstalten treffend, und wo Gefahr unversehens drohte, mich schnell mit seinem Schatten überdeckend, denn er war größer und stärker als ich. So wagt' ich mich wieder unter die Menschen, und begann eine Rolle in der Welt zu spielen. Ich mußte freilich viele Eigenheiten und Laune scheinbar annehmen. Solche stehen aber dem Reichen gut, und so lange die Wahrheit nur verborgen blieb, genoß ich alle der Ehre und Achtung, die meinem Golde zukam. Ich sah ruhiger dem über Jahr und Tag verheißenen Besuch des rätselhaften Unbekannten entgegen.

Ich fühlte sehr wohl, daß ich mich nicht lange an einem Orte aufhalten durfte, wo man mich schon ohne Schatten gesehen, und wo ich leicht verraten werden konnte; auch dacht' ich vielleicht nur allein noch daran, wie ich mich bei Herrn John gezeigt, und es war mir eine drückende Erinnerung, demnach wollt' ich hier bloß Probe halten, um anderswo leichter und zuversichtlicher auftreten zu können – doch fand sich, was mich eine Zeitlang an meine Eitelkeit festhielt: das ist im Menschen, wo der Anker am zuverlässigsten Grund faßt.

Eben die schöne Fanny, der ich am dritten Ort wieder begegnete, schenkte mir, ohne sich zu erinnern, mich jemals gesehen zu haben, einige Aufmerksamkeit, denn jetzt hatt' ich Witz und Verstand. – Wenn ich redete, hörte man zu, und ich wußte selber nicht, wie ich zu der Kunst gekommen war, das Gespräch so leicht zu führen und zu beherrschen. Der Eindruck, den ich auf die Schöne gemacht zu haben einsah, machte aus mir, was sie eben begehrte, einen Narren, und ich folgte ihr seither mit tausend Mühen durch Schatten und Dämmerung, wo ich nur konnte. Ich war nur eitel darauf, sie über mich eitel zu machen, und konnte mir, selbst mit dem besten Willen nicht, den Rausch aus dem Kopf ins Herz zwingen.

Aber wozu die ganz gemeine Geschichte Dir lang und breit wiederholen? – Du selber hast sie mir oft genug von andern Ehrenleuten erzählt. – Zu dem alten wohlbekannten Spiele, worin ich gutmütig eine abgedroschene Rolle übernommen, kam freilich eine ganz eigens gedichtete Katastrophe hinzu, mir und ihr und allen unerwartet.

Da ich an einem schönen Abend nach meiner Gewohnheit eine Gesellschaft in einem erleuchteten Garten versammelt hatte, wandelte ich mit der Herrin Arm in Arm, in einiger Entfernung von den übrigen Gästen, und bemühte mich, ihr Redesarten vorzudrechseln. Sie sah sittig vor sich nieder, und erwiderte leise den

Druck meiner Hand; da trat unversehens hinter uns der Mond aus den Wolken hervor – und sie sah nur *ihren* Schatten vor sich hinfallen. Sie fuhr zusammen, und blickte bestürzt mich an, dann wieder auf die Erde, mit dem Auge meinen Schatten begehrend; und was in ihr vorging, malte sich so sonderbar in ihren Mienen, daß ich in ein lautes Gelächter hätte ausbrechen mögen, wenn es mir nicht selber eiskalt über den Rücken gelaufen wäre.

Ich ließ sie aus meinem Arm in eine Ohnmacht sinken, schoß wie ein Pfeil durch die entsetzten Gäste, erreichte die Tür', warf mich in den ersten Wagen, den ich da haltend fand, und fuhr nach der Stadt zurück, wo ich diesmal zu meinem Unheil den vorsichtigen Bendel gelassen hatte. Er erschrak, als er mich sah, *ein* Wort entdeckte ihm alles. Es wurden auf der Stelle Postpferde geholt. Ich nahm nur einen meiner Leute mit mir, einen abgefeimten Spitzbuben, namens Rascal, der sich mir durch seine Gewandtheit notwendig zu machen gewußt, und der nichts vom heutigen Vorfall ahnen konnte. Ich legte in derselben Nacht noch dreißig Meilen zurück. Bendel blieb hinter mir, mein Haus aufzulösen, Gold zu spenden, und mir das Nötigste nachzubringen. Als er mich am andern Tage einholte, warf ich mich in seine Arme, und schwur ihm, nicht etwa keine Torheit mehr zu begehen, sondern nur künftig vorsichtiger zu sein. Wir setzten unsre Reise ununterbrochen fort, über die Grenze und das Gebirg, und erst am andern Abhang durch das hohe Bollwerk von jenem Unglücksboden getrennt, ließ ich mich bewegen, in einem nah' gelegenen, und wenig besuchten Bad'ort von den überstandenen Mühseligkeiten auszurasten.

IV

Ich werde in meiner Erzählung schnell über eine Zeit hineilen müssen, bei der ich, wie gerne, verweilen würde, wenn ich ihren lebendigen Geist in der Erinnerung herauf zu beschwören vermöchte. Aber die Farbe, die sie belebte, und nur wieder beleben kann, ist in mir verloschen, und wann ich in meiner Brust wieder finden will, was sie damals so mächtig erhob, die Schmerzen und das Glück, den frommen Wahn, – da schlag' ich vergebens an einen Felsen, der keinen lebendigen Quell mehr gewährt, und der Gott ist von mir gewichen. Wie verändert blickt sie mich jetzt an, diese vergangene Zeit! – Ich sollte dort in dem Bade eine heroische Rolle tragieren, schlecht einstudiert, und ein Neuling auf der Bühne, vergafft' ich mich aus dem Stücke heraus in ein paar blaue

Augen. Die Eltern, vom Spiele getäuscht, bieten alles auf, den Handel nur schnell fest zu machen, und die gemeine Posse beschließt eine Verhöhnung. Und das ist alles, alles! – Das kommt mir albern und abgeschmackt vor, und schrecklich wiederum, daß so mir vorkommen kann, was damals so reich, so groß, die Brust mir schwellte. Mina, wie ich damals weinte, als ich dich verlor, so wein' ich jetzt, dich auch in mir verloren zu haben. Bin ich denn so alt worden? – o traurige Vernunft! Nur noch ein Pulsschlag jener Zeit, ein Moment jenes Wachens, – aber nein! einsam auf dem hohen öden Meere deiner bittern Flut, und längst aus dem letzten Pokale der Champagner Elfe entsprüht!

Ich hatte Bendel mit einigen Goldsäcken vorausgeschickt, um mir im Städtchen eine Wohnung nach meinen Bedürfnissen einzurichten. Er hatte dort viel Geld ausgestreut, und sich über den vornehmen Fremden, dem er diente, etwas unbestimmt ausgedrückt, denn ich wollte nicht genannt sein, das brachte die guten Leute auf sonderbare Gedanken. Sobald mein Haus zu meinem Empfang bereit war, kam Bendel wieder zu mir, und holte mich dahin ab. Wir machten uns auf die Reise.

Ungefähr eine Stunde vom Orte, auf einem sonnigen Plan, ward uns der Weg durch eine festlich geschmückte Menge versperrt. Der Wagen hielt. Musik, Glockengeläute, Kanonenschüsse wurden gehört, ein lautes Vivat durchdrang die Luft, – vor dem Schlage des Wagens erschien in weißen Kleidern ein Chor Jungfrauen von ausnehmender Schönheit, die aber vor der Einen, wie die Sterne der Nacht vor der Sonne verschwanden. Sie trat aus der Mitte der Schwestern hervor; die hohe zarte Bildung kniete verschämt errötend vor mir nieder, und hielt mir auf seidenem Kissen, einen aus Lorbeer, Ölzweigen und Rosen geflochtenen Kranz entgegen, indem sie von Majestät, Ehrfurcht und Liebe einige Worte sprach, die ich nicht verstand, aber deren zauberischer Silberklang mein Ohr und Herz berauschten, – es war mir, als wäre schon einmal die himmlische Erscheinung an mir vorüber gewallt. Der Chor fiel ein, und sang das Lob eines guten Königes und das Glück seines Volkes.

Und dieser Auftritt, lieber Freund, mitten in der Sonne, – sie kniete noch immer zwei Schritte vor mir, und ich, ohne Schatten, konnte die Kluft nicht überspringen, nicht wieder vor dem Engel auf die Knie fallen. O, was hätt' ich nicht da für einen Schatten gegeben. Ich mußte meine Scham, meine Angst, meine Verzweiflung tief in den Grund meines Wagens verbergen. Bendel besann sich endlich für mich, er sprang von der andern Seite aus dem

Wagen heraus, ich rief ihn noch zurück und reichte ihm aus meinem Kästchen, das mir eben zur Hand lag, eine reiche diamantene Krone, die die schöne Fanny hatte zieren sollen. Er trat vor, und sprach im Namen seines Herrn, welcher solche Ehrenbezeugungen nicht annehmen könne noch wolle; es müsse hier ein Irrtum vorwalten, jedoch seien die guten Einwohner der Stadt für ihren guten Willen bedankt. Er nahm indes den dargehaltenen Kranz von seinem Ort, und legte den brillantenen Reif an dessen Stelle; dann reichte er ehrerbietig der schönen Jungfrau die Hand zum Aufstehen, entfernte mit einem Wink Geistlichkeit, Magistratus und alle Deputationen. Niemand ward weiter vorgelassen. Er hieß den Haufen sich teilen und den Pferden Raum geben, schwang sich wieder in den Wagen, und fort ging's weiter in gestrecktem Galopp unter eine aus Laubwerk und Blumen erbaute Pforte hinweg, dem Städtchen zu. – Die Kanonen wurden immer frischweg abgefeuert. – Der Wagen hielt vor meinem Hause; ich sprang behend' in die Tür', die Menge teilend, die die Begierde, mich zu sehen, herbeigerufen hatte. Der Pöbel schrie *Vivat* unter meinem Fenster, und ich ließ doppelte Dukaten daraus regnen; am Abend ward die Stadt freiwillig erleuchtet. –

Und ich wußte immer noch nicht, was das alles bedeuten sollte, und für wen ich angesehen wurde. Ich schickte Rascaln auf Kundschaft aus. Er ließ sich dann erzählen, wesmaßen man bereits sichere Nachrichten gehabt, der gute König von Preußen reise unter dem Namen eines Grafen durch das Land; wie mein Adjutant erkannt worden wäre, und wie er sich und mich verraten habe, wie groß endlich die Freude gewesen, da man die Gewißheit gehabt, mich im Orte selbst zu besitzen. Nun sah man freilich ein, da ich offenbar das strengste Inkognito beobachten wolle, wie sehr man Unrecht gehabt, den Schleier so zudringlich zu lüften. Ich hätte aber so huldreich, so gnadenvoll gezürnt, – ich würde gewiß dem guten Herzen verzeihen müssen.

Meinem Schlingel kam die Sache so spaßhaft vor, daß er mit strafenden Reden sein Möglichstes tat, die guten Leute einstweilen in ihrem Glauben zu bestärken. Er stattete mir einen sehr komischen Bericht ab, und da er mich dadurch erheitert sah, gab er mir selbst seine verübte Bosheit zum besten. – Muß ich's bekennen? es schmeichelte mir doch, sei es auch nur so, für das verehrte Haupt angesehen worden zu sein.

Ich hieß zu dem morgenden Abend unter den Bäumen, die den Raum vor meinem Hause beschatteten, ein Fest bereiten, und die ganze Stadt dazu einladen. Der geheimnisreichen Kraft meines

Säckels, Bendels Bemühungen und der behenden Erfindbarkeit Rascals gelang es selbst die Zeit zu besiegen. Es ist wirklich erstaunlich, wie reich und schön sich alles in den wenigen Stunden anordnete. Die Pracht und der Überfluß, die da sich erzeugten; auch die sinnreiche Erleuchtung war so weise verteilt, daß ich mich ganz sicher fühlte. Es blieb mir nichts zu erinnern, ich mußte meine Diener loben.

Es dunkelte der Abend. Die Gäste erschienen, und wurden mir vorgestellt. Es ward die Majestät nicht mehr berührt; aber ich hieß in tiefer Ehrfurcht und Demut: Herr Graf. Was sollt' ich tun? Ich ließ mir den Grafen gefallen, und blieb von Stund' an der Graf Peter. Mitten im festlichen Gewühle begehrte meine Seele nur nach der Einen. Spät erschien sie; sie, die die Krone war und trug. Sie folgte sittsam ihren Eltern, und schien nicht zu wissen, daß sie die Schönste sei. Es wurden mir der Herr Forstmeister, seine Frau und seine Tochter vorgestellt. Ich wußte den Alten viel Angenehmes und Verbindliches zu sagen; vor der Tochter stand ich wie ein ausgescholtener Knabe da, und vermochte kein Wort hervor zu lallen. Ich bat sie endlich stammelnd, dies Fest zu würdigen, das Amt, deren Zeichen sie schmückte, darin zu verwalten. Sie bat verschämt mit einem rührenden Blick um Schonung; aber verschämter vor ihr, als sie selbst, bracht ich ihr als erster Untertan meine Huldigung in steifer Ehrfurcht, und der Wink des Grafen ward allen Gästen ein Gebot, dem nachzuleben sich jeder freudig beeiferte. Majestät, Unschuld und Grazie beherrschten, mit der Schönheit im Bund, ein frohes Fest. Die glücklichen Eltern Minas glaubten ihnen nur zur Ehren ihr Kind erhöht, ich selber war in einem unbeschreiblichen Rausch. Ich ließ alles, was ich noch von den Juwelen hatte, die ich damals, um beschwerliches Gold los zu werden, gekauft, alle Perlen, alles Edelgestein in zwei verdeckte Schüsseln legen, und bei Tische unter dem Namen der Königin, ihren Gespielinnen und allen Damen herumreichen; Gold ward indessen ununterbrochen über die gezogenen Schranken unter das jubelnde Volk geworfen.

Bendel am andern Morgen eröffnete mir im Vertrauen, der Verdacht, den er längst gegen Rascals Redlichkeit gehegt, sei nunmehr zur Gewißheit worden. Er habe gestern ganze Säcke Goldes unterschlagen. »Lasset uns«, erwidert' ich, »dem armen Schelmen die kleine Beute gönnen, ich spende gern allen, warum nicht auch ihm? Gestern hat er mir, haben mir alle neuen Leute, die du mir gegeben, redlich gedient, sie haben mir froh ein frohes Fest begehen helfen.« –

Es war nicht weiter die Rede davon. Rascal blieb der erste meiner Dienerschaft, Bendel war aber mein Freund und mein Vertrauter. Dieser war gewohnt worden, meinen Reichtum als unerschöpflich zu denken, und er spähte nicht nach dessen Quellen. – Er half mir vielmehr, in meinen Sinn eingehend, Gelegenheiten ersinnen, ihn darzutun und Gold zu vergeuden. Von jenem Unbekannten, dem blassen Schleicher, wußt' er nur so viel: Ich dürfe allein durch ihn von dem Fluche erlöst werden, der auf mir lastete, und fürchte ihn, auf dem meine einzige Hoffnung ruhte. Übrigens sei ich davon überzeugt, er könne mich überall auffinden, ich ihn nirgends, darum ich, den versprochenen Tag erwartend, jede vergebliche Nachsuchung eingestellt.

Die Pracht meines Festes und mein Benehmen dabei, erhielten anfangs die starkgläubigen Einwohner der Stadt bei ihrer vorgefaßten Meinung. Es ergab sich freilich sehr bald aus den Zeitungen, daß die ganze fabelhafte Reise des Königs von Preußen ein bloßes ungegründetes Gerücht gewesen. Ein König war ich aber nun einmal, und mußte schlechterdings ein König bleiben, und zwar einer der reichsten und königlichsten, die es immer geben mag. Nur wußte man nicht recht, welcher. Die Welt hat nie Grund gehabt, über Mangel an Monarchen zu klagen, am wenigsten in unsern Tagen; die guten Leute, die noch keinen mit Augen gesehen, rieten mit gleichem Glück bald auf diesen, bald auf jenen – Graf Peter blieb immer der er war. –

Einst erschien unter den Badegästen ein Handelsmann, der Bankerott gemacht hatte, um sich zu bereichern; der allgemeine Achtung genoß, und einen breiten, obgleich etwas blassen Schatten von sich warf. Er wollte hier das Vermögen, das er gesammelt, zum Prunk ausstellen, und es fiel sogar ihm ein, mit mir wetteifern zu wollen. Ich sprach meinem Säckel zu, und hatte sehr bald den armen Teufel so weit, daß er, um sein Ansehen zu retten, abermals Bankerott machen mußte und über das Gebirg ziehen. So ward ich ihn los. – Ich habe in dieser Gegend viele Taugenichtse und Müßiggänger gemacht!

Bei der königlichen Pracht und Verschwendung, womit ich mir alles unterwarf, lebt' ich in meinem Hause sehr einfach und eingezogen. Ich hatte mir die größte Vorsicht zur Regel gemacht, es durfte, unter keinem Vorwand, kein anderer, als Bendel, die Zimmer, die ich bewohnte, betreten. So lange die Sonne schien, hielt' ich mich mit ihm darin verschlossen, und es hieß: der Graf arbeite in seinem Kabinet. Mit diesen Arbeiten standen die häufigen Kuriere in Verbindung, die ich um jede Kleinigkeit abschickte und erhielt. – Ich nahm nur am Abend unter meinen Bäumen, oder in meinem, nach Bendels Angabe geschickt und reich erleuchteten Saale Gesellschaft an. Wann ich ausging, wobei mich stets Bendel mit Argusaugen bewachen mußte, so war es nur nach dem Förstergarten, und um des Einen willen; denn meines Lebens innerlichstes Herz war meine Liebe.

O mein guter Chamisso, ich will hoffen, du habest noch nicht vergessen, was Liebe sei! Ich lasse Dir hier vieles zu ergänzen. Mina war wirklich ein liebewertes, gutes, frommes Kind. Ich hatte ihre ganze Phantasie an mich gefesselt, sie wußte in ihrer Demut nicht, womit sie wert gewesen, daß ich nur nach ihr geblickt; und sie vergalt Liebe um Liebe mit der vollen jugendlichen Kraft eines unschuldigen Herzens. Sie liebte wie ein Weib, ganz hin sich opfernd; selbst vergessen, hingegeben den nur meinend, der ihr Leben war; unbekümmert, solle sie selbst zu Grunde gehen, das heißt, sie liebte wirklich. –

Ich aber – o welche schreckliche Stunden – – schrecklich! und würdig dennoch, daß ich sie zurückwünsche, hab' ich oft an Bendels Brust verweint, als nach dem ersten bewußtlosen Rausch ich mich besonnen, mich selbst scharf angeschaut, der ich ohne Schatten mit tückischer Selbstsucht, diesen Engel verderbend, die reine Seele an mich gelogen und gestohlen! Dann beschloß ich, mich ihr selber zu verraten; dann gelobt' ich mit teuren Eidschwüren, mich von ihr zu reißen und zu entfliehen; dann brach ich wieder in Tränen aus, und verabredete mit Bendeln, wie ich sie auf dem Abend im Förstergarten besuchen wolle. –

Zu andern Zeiten log ich mir selber vom nahe bevorstehenden Besuch des grauen Unbekannten große Hoffnungen vor, und weinte wieder, wann ich daran zu glauben vergebens versucht hatte. Ich hatte den Tag ausgerechnet, wo ich den Furchtbaren wieder zu sehen erwartete; denn er hatte gesagt, in Jahr und Tag, und ich glaubte an sein Wort.

Die Eltern waren gute, ehrbare, alte Leute, die ihr einziges Kind sehr liebten, das ganze Verhältnis überraschte sie, als es schon bestand, und sie wußten nicht, was sie dabei tun sollten. Sie hatten früher nicht geträumt, der Graf Peter könne nur an ihr Kind denken, nun liebte er sie gar, und ward wieder geliebt. – Die Mutter war wohl eitel genug, an die Möglichkeit einer Verbindung zu denken, und darauf hinzuarbeiten, der gesunde Menschenverstand des Alten gab solchen überspannten Vorstellungen nicht Raum. Beide waren überzeugt von der Reinheit meiner Liebe – sie konnten nichts tun, als für ihr Kind beten.

Es fällt mir ein Brief in die Hand, den ich noch aus dieser Zeit von Mina habe. – Ja, das sind ihre Züge, ich will Dir ihn abschreiben.

»Bin ein schwaches, törichtes Mädchen, könnte mir einbilden, daß mein Geliebter, weil ich ihn innig, innig liebe, dem armen Mädchen nicht weh tun möchte. – Ach, Du bist so gut, so unaussprechlich gut; aber mißbrauche mich nicht. Du sollst mir nichts opfern, mir nichts opfern wollen; o Gott! ich könnte mich hassen, wenn Du das tätest. Nein – Du hast mich unendlich glücklich gemacht, Du hast mich Dich lieben gelehrt. Zeuch hin! – Weiß doch mein Schicksal, Graf Peter gehört nicht mir, gehört der Welt an. Will stolz sein, wenn ich höre: das ist er gewesen, und das war er wieder, und das hat er vollbracht; da haben sie ihn angebetet, und da haben sie ihn vergöttert. Siehe, wenn ich das denke, zürne ich Dir, daß Du bei einem einfältigen Kinde Deiner hohen Schicksale vergessen kannst. – Zeuch hin, sonst macht der Gedanke mich noch unglücklich, die ich, ach! durch Dich so glücklich, so selig bin. – Hab' ich nicht auch einen Ölzweig und eine Rosenknospe in Dein Leben geflochten, wie in den Kranz, den ich Dir überreichen durfte? Habe Dich im Herzen, mein Geliebter, fürchte nicht, von mir zu gehen – werde sterben ach so selig, so unaussprechlich selig durch Dich.« –

Du kannst Dir denken, wie mir die Worte durch's Herz schneiden mußten. Ich erklärte ihr, ich sei nicht das, wofür man mich anzusehen schien; ich sei nur ein reicher, aber unendlich elender Mann. Auf mir ruhe ein Fluch, der das einzige Geheimnis zwischen ihr und mir sein solle, weil ich nicht noch ohne Hoffnung sei, daß er gelöst werde. Dies sei das Gift meiner Tage; daß ich sie mit in den Abgrund hinreißen könne, sie, die das einzige Licht, das einzige Glück, das einzige Herz meines Lebens sei. Dann weinte sie wieder, daß ich unglücklich war, ach, sie war so liebevoll, so gut. Um Eine Träne nur mir zu erkaufen, hatte sie, mit welcher Seligkeit, sich selbst ganz hingeopfert.

Sie war indes weit entfernt, meine Worte richtig zu deuten, sie ahnete nun in mir irgendeinen Fürsten, den ein schwerer Bann getroffen, irgendein hohes, geächtetes Haupt, und ihre Einbildungskraft malte sich geschäftig, unter heroischen Bildern den Geliebten herrlich aus.

Einst sagte ich ihr: »Mina, der letzte Tag im künftigen Monat kann mein Schicksal ändern und entscheiden – geschieht es nicht, so muß ich sterben, weil ich Dich nicht unglücklich machen will.« – Sie verbarg weinend ihr Haupt an meiner Brust. »Ändert sich Dein Schicksal, laß mich nur Dich glücklich wissen, ich habe keinen Anspruch an Dich – Bist Du elend, binde mich an Dein Elend, daß ich es Dir tragen helfe.« –

»Mädchen, Mädchen, nimm es zurück, das rasche Wort, das törichte, das Deinen Lippen entflohen – und kenn'st Du es, dieses Elend, kenn'st Du ihn, diesen Fluch? Weißt Du, wer Dein Geliebter. – --- was er --? – Siehst Du mich nicht krampfhaft zusammenschaudern, und vor Dir ein Geheimnis haben?« Sie fiel schluchzend mir zu Füßen, und wiederholte mit Eidschwur ihre Bitte. –

Ich erklärte mich gegen den hereintretenden Forstmeister, meine Absicht sei, am ersten des nächstkünftigen Monats um die Hand seiner Tochter anzuhalten – ich setzte diese Zeit fest, weil sich bis dahin manches ereignen dürfte, was Einfluß auf mein Schicksal haben könnte. Unwandelbar sei nur meine Liebe zu seiner Tochter. –

Der gute Mann erschrak ordentlich, als er solche Worte aus dem Munde des Grafen Peter vernahm. Er fiel mir um den Hals, und ward wieder ganz verschämt, sich vergessen zu haben. Nun fiel es ihm ein, zu zweifeln, zu erwägen und zu forschen; er sprach von Mitgift, von Sicherheit, von Zukunft für sein liebes Kind. – Ich dankte ihm, mich daran zu mahnen. Ich sagte ihm, ich wünsche in dieser Gegend, wo ich geliebt zu sein schien, mich anzusiedeln, und ein sorgenfreies Leben zu führen. Ich bat ihn, die schönsten Güter, die im Lande ausgeboten wurden, unter dem Namen seiner Tochter zu kaufen, und die Bezahlung auf mich anzuweisen. Es könne darin ein Vater dem Liebenden am besten dienen. – Es gab ihm viel zu tun, denn überall war ihm ein Fremder zuvorgekommen; er kaufte auch nur für ungefähr eine Million.

Daß ich ihn damit beschäftigte, war im Grunde eine unschuldige List, um ihn zu entfernen, und ich hatte schon ähnliche mit ihm gebraucht, denn ich muß gestehen, daß er etwas lästig war. Die gute Mutter war dagegen etwas taub, und nicht, wie er, auf die Ehre eifersüchtig, den Herrn Grafen zu unterhalten.

Die Mutter kam hinzu, die glücklichen Leute drangen in mich, den Abend länger unter ihnen zu bleiben; ich durfte keine Minute weilen: ich sah schon den aufgehenden Mond am Horizonte dämmern. – Meine Zeit war um. –

Am nächsten Abend ging ich wieder nach dem Förstergarten. Ich hatte den Mantel weit über die Schulter geworfen, den Hut tief in die Augen gedrückt, ich ging auf Mina zu; wie sie aufsah, und mich anblickte, machte sie eine unwillkürliche Bewegung; da stand mir wieder klar vor der Seele die Erscheinung jener schaurigen Nacht, wo ich mich im Mondschein ohne Schatten gezeigt. Sie war es wirklich. Hatte sie mich aber auch jetzt erkannt? Sie war still und gedankenvoll – mir lag es zentnerschwer auf der Brust – Ich stand von meinem Sitz auf. Sie warf sich stille weinend an meine Brust. Ich ging.

Nun fand ich sie öfters in Tränen; mir ward's finster und finsterer um die Seele, – nur die Eltern schwammen in unüberschwenglicher Glückseligkeit; der verhängnisvolle Tag rückte heran, bang und dumpf, wie eine Gewitterwolke. Der Vorabend war da – ich konnte kaum mehr atmen. Ich hatte vorsorglich einige Kisten mit Gold angefüllt, ich wachte die zwölfte Stunde heran. – Sie schlug. –

Nun saß ich da, das Auge auf die Zeiger der Uhr gerichtet, die Sekunden, die Minuten zählend, wie Dolchstiche. Bei jedem Lärm, der sich regte, fuhr ich auf, der Tag brach an. Die bleiernen Stunden verdrängten einander, es ward Mittag, Abend, Nacht; es rückten die Zeiger, welkte die Hoffnung; es schlug eilf, und nichts erschien; die letzten Minuten der letzten Stunde fielen, und nichts erschien, es schlug der erste Schlag, der letzte Schlag der zwölften Stunde, und ich sank hoffnungslos in unendlichen Tränen auf mein Lager zurück. Morgen sollt' ich – auf immer schattenlos, um die Hand der Geliebten anhalten; ein banger Schlaf drückte mir gegen den Morgen die Augen zu.

V

Es war noch früh, als mich Stimmen weckten, die sich in meinem Vorzimmer, in heftigem Wortwechsel erhoben. Ich horchte auf. – Bendel verbot meine Tür; Rascal schwur hoch und teuer, keine Befehle von seinesgleichen anzunehmen, und bestand darauf, in meine Zimmer einzudringen. Der gütige Bendel verwies ihm, daß solche Worte, falls sie zu meinen Ohren kämen, ihn um einen vorteilhaften Dienst bringen würden. Rascal drohte Hand an ihn zu legen, wenn er ihm den Eingang noch länger vertreten wollte. –

Ich hatte mich halb angezogen, ich riß zornig die Tür auf, und fuhr auf Rascaln zu – »Was willst Du Schurke ----«, er trat zwei Schritte zurück, und antwortete ganz kalt: »Sie untertänigst bitten, Herr Graf, mir doch einmal Ihren Schatten sehen zu lassen, – die Sonne scheint eben so schön auf dem Hofe. –«

Ich war wie vom Donner gerührt. Es dauerte lange, bis ich die

Sprache wieder fand. – »Wie kann ein Knecht gegen seinen Herrn--?« Er fiel mir ganz ruhig in die Rede: »Ein Knecht kann ein sehr ehrlicher Mann sein und einem Schattenlosen nicht dienen wollen, ich fordre meine Entlassung.« Ich mußte andre Saiten aufziehen. »Aber Rascal, lieber Rascal, wer hat Dich auf die unglückliche Idee gebracht, wie kannst Du denken ----?« er fuhr im selben Tone fort: »Es wollen Leute behaupten, Sie hätten keinen Schatten – und kurz, Sie zeigen mir Ihren Schatten, oder geben mir meine Entlassung.«

Bendel, bleich und zitternd, aber besonnener als ich, machte mir ein Zeichen, ich nahm zu dem alles beschwichtigenden Golde meine Zuflucht, – auch das hatte seine Macht verloren – er warf's mir vor die Füße; »von einem Schattenlosen nehme ich nichts an.« Er kehrte mir den Rücken und ging, den Hut auf dem Kopf, ein Liedchen pfeifend, langsam aus dem Zimmer. Ich stand mit Bendel da wie versteint, gedanken- und regungslos ihm nachsehend.

Schwer – aufseufzend, und den Tod im Herzen, schickt' ich mich endlich an, mein Wort zu lösen, und, wie ein Verbrecher vor seinen Richtern, in dem Förstergarten zu erscheinen. Ich stieg in der dunklen Laube ab, welche nach mir benannt war, und wo sie mich auch diesmal erwarten mußten. Die Mutter kam mir sorgenfrei und freudig entgegen. Mina saß da, bleich und schön, wie der erste Schnee, der manchmal im Herbste die letzten Blumen küßt, und gleich in bitt'res Wasser zerfließen wird. Der Forstmeister, ein geschriebenes Blatt in der Hand, ging heftig auf und ab, und schien vieles in sich zu unterdrücken, was mit fliegender Röte und Blässe wechselnd, sich auf seinem sonst unbeweglichen Gesichte malte. Er kam auf mich zu, als ich hereintrat, und verlangte mit oft unterbrochenen Worten, mich allein zu sprechen. Der Gang, auf den er mich, ihm zu folgen, einlud, führte nach einem freien, besonnten Teile des Gartens – ich ließ mich stumm auf einen Sitz nieder, und es erfolgte ein langes Schweigen, das selbst die gute Mutter nicht zu unterbrechen wagte.

Der Forstmeister stürmte immer noch ungleichen Schrittes die Laube auf und ab, er stand mit einem Mal vor mir still, blickte ins Papier, das er hielt, und fragte mich mit prüfendem Blick: »Sollte Ihnen, Herr Graf, ein gewisser Peter Schlemihl wirklich nicht unbekannt sein?« Ich schwieg – »ein Mann von vorzüglichem Charakter und von besonderen Gaben.« Er erwartete eine Antwort. – »Und wenn ich selber der Mann wäre?« – »dem«, fügte er heftig hinzu, »sein Schatten abhanden gekommen ist! !« – »O meine Ahnung, meine Ahnung«, rief Mina aus, »ja, ich weiß es längst, er hat keinen Schatten!« und sie warf sich in die Arme der Mutter, welche erschreckt, sie krampfhaft an sich schließend, ihr Vorwürfe machte, daß sie zum Unheil solch ein Geheimnis in sich verschlossen. Sie aber war, wie Arethusa, in einen Tränenquell gewandelt, der beim Klang meiner Stimme häufiger floß, und bei meinem Nahen stürmisch aufbrauste.

»Und Sie haben«, hub der Forstmeister grimmig wieder an, »und Sie haben mit unerhörter Frechheit diese und mich zu betrügen keinen Anstand genommen; und Sie gaben vor, sie zu lieben, die Sie so weit herunter gebracht haben, sehen Sie, wie sie da weint und ringt. O schrecklich! schrecklich! –«

Ich hatte dergestalt alle Besinnung verloren, daß ich, wie irre redend, anfing: Es wäre doch am Ende ein Schatten, nichts als ein Schatten, man könne auch ohne das fertig werden, und es wäre nicht der Mühe wert, solchen Lärm davon zu erheben. Aber ich fühlte so sehr den Ungrund von dem, was ich sprach, daß ich von selbst aufhörte, ohne daß er mich einer Antwort gewürdigt. Ich fügte noch hinzu: was man einmal verloren, könne man ein andermal wieder finden.

Er fuhr mich zornig an. – »Gestehen Sie mir's, mein Herr, gestehen Sie mir's, wie sind Sie um ihren Schatten gekommen?« Ich mußte wieder lügen: »Es trat mir dereinst ein ungeschlachter Mann so flämisch in meinen Schatten, daß er ein großes Loch darein riß – ich habe ihn nur zum Ausbessern gegeben, denn Gold vermag viel, ich habe ihn schon gestern wieder bekommen sollen. –«

»Wohl, mein Herr, ganz wohl!« erwiderte der Forstmeister, »Sie werben um meine Tochter, das tun auch andere, ich habe als ein Vater für sie zu sorgen, ich gebe Ihnen drei Tage Frist, binnen welcher Sie sich nach einem Schatten umtun mögen; erscheinen Sie binnen drei Tage vor mir mit einem wohlangepaßten Schatten, so sollen Sie mir willkommen sein; am vierten Tage aber – das sag' ich Ihnen, – ist meine Tochter die Frau eines andern. –« Ich wollte noch versuchen, ein Wort an Mina zu richten, aber sie schloß sich, heftiger schluchzend, fester an ihre Mutter, und diese winkte mir stillschweigend, mich zu entfernen. Ich schwankte hinweg, und mir war's, als schlösse sich hinter mir die Welt zu.

Der liebevollen Aufsicht Bendels entsprungen, durchschweifte ich in irrem Lauf Wälder und Fluren. Angstschweiß troff von meiner Stirne, ein dumpftes Stöhnen entrang sich meiner Brust, in mir tobte Wahnsinn. –

Ich weiß nicht, wie lange es so gedauert haben mochte, als ich mich auf einer sonnigen Heide beim Ärmel anhalten fühlte. – Ich stand still und sah mich um – – es war der Mann im grauen Rock, der sich nach mir außer Atem gelaufen zu haben schien. Er nahm sogleich das Wort:

»Ich hatte mich auf dem heutigen Tage angemeldet, Sie haben die Zeit nicht erwarten können. Es steht aber alles noch gut, Sie nehmen Rat an, tauschen Ihren Schatten wieder ein, der Ihnen zu Gebote steht, und kehren sogleich wieder um. Sie sollen in dem Förstergarten willkommen sein, und alles ist nur ein Scherz gewesen; den Rascal, der Sie verraten hat, und um Ihre Braut wirbt, nehm' ich auf mich, der Kerl ist reif.«

Ich stand noch wie im Schlafe da. – »Auf den heutigen Tag angemeldet –?« Ich überdachte noch einmal die Zeit – er hatte Recht, ich hatte mich stets um einen Tag verrechnet. Ich suchte mit der rechten Hand nach dem Säckel auf meiner Brust, – er erriet meine Meinung, und trat zwei Schritte zurück.

»Nein, Herr Graf, der ist in zu guten Händen, den behalten Sie. –« Ich sah ihn mit stieren Augen, verwundert fragend an, er fuhr fort: »Ich erbitte mir bloß eine Kleinigkeit zum Andenken: Sie sind nur so gut, und unterschreiben mir den Zettel da.« – Auf dem Pergament standen die Worte:

> »Kraft dieser meiner Unterschrift vermache ich dem Inhaber dieses meine Seele nach ihrer natürlichen Trennung von meinem Leibe.«

Ich sah mit stummen Staunen die Schrift und den grauen Unbekannten abwechselnd an. – Er hatte unterdessen mit einer neu geschnittenen Feder einen Tropfen Bluts aufgefangen, der mir aus einem frischen Dornenriß auf die Hand floß, und hielt sie mir hin. –

»Wer sind Sie denn?« frug ich ihn endlich: »was tut's«, gab er mir zur Antwort, »und sieht man es mir nicht an? ein armer Teufel, gleichsam so eine Art von Gelehrten und Physikus, der von seinen Freunden für vortreffliche Künste schlechten Dank erntet, und für sich selber auf Erden keinen andern Spaß hat, als sein bißchen Experimentieren – aber unterschreiben Sie doch. Rechts, da unten. Peter Schlemihl.« –

Ich schüttelte mit dem Kopf, und sagte: »Verzeihen Sie, mein Herr, das unterschreibe ich nicht.« – »Nicht!« wiederholte er verwundert, »und warum nicht?« –

»Es scheint mir doch gewissermaßen bedenklich, meine Seele an meinen Schatten zu setzen. – –« – »So, so!« wiederholte er, »bedenklich«, und er brach in ein lautes Gelächter gegen mich aus.

»Und, wenn ich fragen darf, was ist denn das für ein Ding, Ihre Seele? haben Sie es je gesehen, und was denken Sie damit anzufangen, wenn Sie einst tot sind. Seien Sie doch froh, einen Liebhaber zu finden, der Ihnen bei Lebenszeit noch, den Nachlaß dieses X., dieser galvanischen Kraft oder polarisierenden Wirksamkeit, und was alles das närrische Ding sein soll, mit etwas Wirklichem bezahlen will, nämlich mit Ihrem leibhaftigen Schatten, durch den Sie zu der Hand Ihrer Geliebten und zu der Erfüllung aller Ihrer Wünsche gelangen können. Wollen Sie lieber selbst das arme junge Blut dem niederträchtigen Schurken, dem Rascal zustoßen und ausliefern? – Nein, das müssen Sie doch mit eigenen Augen ansehen; kommen Sie, ich leihe Ihnen die Tarnkappe hier«, (er zog etwas aus der Tasche) »und wir wallfahrten ungesehen nach dem Förstergarten. –«

Ich muß gestehen, daß ich mich überaus schämte, von diesem Manne ausgelacht zu werden. Er war mir von Herzensgrunde verhaßt, und ich glaube, daß mich dieser persönliche Widerwille mehr als Grundsätze oder Vorurteile abhielt, meinen Schatten, so notwendig er mir auch war, mit der begehrten Unterschrift zu erkaufen. Auch war mir der Gedanke unerträglich, den Gang, den er mir antrug, in seiner Gesellschaft zu unternehmen. Diesen häßlichen Schleicher, diesen hohnlächelnden Kobold, zwischen mich und meine Geliebte, zwei blutig zerrissene Herzen, spöttisch hintreten zu sehen, empörte mein innigstes Gefühl. Ich nahm, was geschehen war, als verhängt an, mein Elend als unabwendbar, und mich zu dem Manne kehrend, sagte ich ihm:

»Mein Herr, ich habe Ihnen meinen Schatten für diesen, an sich sehr vorzüglichen Säckel verkauft, und es hat mich genug gereut. Kann der Handel zurückgehen, in Gottes Namen!« Er schüttelte mit dem Kopf und zog ein sehr finsteres Gesicht. Ich fuhr fort: – »So will ich Ihnen auch weiter nichts von meiner Habe verkaufen, sei es auch um den angebotenen Preis meines Schattens, und unterschreibe also nichts. Daraus läßt sich auch abnehmen, daß die Verkappung, zu der Sie mich einladen, ungleich belustigender für Sie als für mich ausfallen müßte; halten Sie mich also für entschuldigt, und da es einmal nicht anders ist, – laßt uns scheiden!« –

»Es ist mir leid, Monsieur Schlemihl, daß Sie eigensinnig das Geschäft von der Hand weisen, das ich Ihnen freundschaftlich anbot. Indessen, vielleicht bin ich ein andermal glücklicher. Auf baldiges Wiedersehen! – A propos, erlauben Sie mir noch, Ihnen zu zeigen, daß ich die Sachen, die ich kaufe, keineswegs verschimmeln lasse, sondern in Ehren halte, und daß sie bei mir gut aufgehoben sind.« –

Er zog sogleich meinen Schatten aus seiner Tasche, und ihn mit einem geschickten Wurf auf der Heide entfaltend, breitete er ihn auf der Sonnenseite zu seinen Füßen aus, so daß er zwischen den beiden ihm aufwartenden Schatten, dem meinen und dem seinen, daher ging, denn meiner mußte ihm gleichfalls gehorchen und nach allen seinen Bewegungen sich richten und bequemen.

Als ich nach so langer Zeit einmal meinen armen Schatten wieder sah, und ihn zu solchem schnöden Dienst herabgewürdigt fand, eben als ich um seinetwillen in so namenloser Not war, da brach mir das Herz, und ich fing bitterlich zu weinen an. Der Verhaßte stolzierte mit dem mir abgejagten Raub, und erneuerte unverschämt seinen Antrag:

»Noch ist er für Sie zu haben, ein Federzug, und Sie retten damit die arme unglückliche Mina aus des Schuftes Klauen in des hochgeehrten Herrn Grafen Arme – wie gesagt, nur ein Federzug.« Meine Tränen brachen mit erneuter Kraft hervor, aber ich wandte mich weg, und winkte ihm, sich zu entfernen.

Bendel, der voller Sorgen meine Spuren bis hieher verfolgt hatte, traf in diesem Augenblick ein. Als mich die treue fromme Seele weinend fand, und meinen Schatten, denn er war nicht zu verkennen, in der Gewalt des wunderlichen grauen Unbekannten sah, beschloß er gleich, sei es auch mit Gewalt, mich in den Besitz meines Eigentums wieder herzustellen, und da er selbst mit dem zarten Dinge nicht umzugehen verstand, griff er gleich den Mann mit Worten an, und ohne vieles Fragen, gebot er ihm stracks, mir das Meine unverzüglich verabfolgen zu lassen. Dieser, statt aller Antwort, kehrte dem unschuldigen Burschen den Rücken und ging. Bendel aber erhob den Kreuzdornknüttel, den er trug, und, ihm auf den Fersen folgend, ließ er ihn schonungslos unter wiederholtem Befehl, den Schatten herzugeben, die volle Kraft seines nervigten Armes fühlen. Jener, als sei er solcher Behandlung gewohnt, bückte den Kopf, wölbte die Schultern, und zog stillschweigend ruhigen Schrittes seinen Weg über die Heide weiter, mir meinen Schatten zugleich und meinen treuen Diener entführend. Ich hörte lange noch den dumpfen Schall durch die Einöde dröhnen, bis er sich endlich in der Entfernung verlor. Einsam war ich wie vorher mit meinem Unglück.

VI

Allein zurückgeblieben auf der öden Heide, ließ ich unendlichen Tränen freien Lauf, mein armes Herz von namenloser banger Last erleichternd. Aber ich sah meinem unüberschwenglichen Elend keine Grenzen, keinen Ausgang, kein Ziel, und ich sog besonders mit grimmigem Durst an dem neuen Gifte, das der Unbekannte in meine Wunden gegossen. Als ich Minas Bild vor meine Seele rief, und die geliebte, süße Gestalt bleich und in Tränen mir erschien, wie ich sie zuletzt in meiner Schmach gesehen, da trat frech und höhnend Rascals Schemen zwischen sie und mich, ich verhüllte mein Gesicht, und floh durch die Einöde, aber die scheußliche Erscheinung gab mich nicht frei, sondern verfolgte mich im Laufe, bis ich atemlos an den Boden sank, und die Erde mit erneuertem Tränenquell befeuchtete.

Und alles um einen Schatten! und diesen Schatten hätte mir ein Federzug wieder erworben. Ich überdachte den befremdenden Antrag und meine Weigerung. Es war wüst' in mir, ich hatte weder Urteil noch Fassungsvermögen mehr.

Der Tag verging. Ich stillte meinen Hunger mit wilden Früchten, meinen Durst im nächsten Bergstrom; die Nacht brach ein, ich lagerte mich unter einem Baum. Der feuchte Morgen weckte mich aus einem schweren Schlaf, in dem ich mich selber wie im Tode röcheln hörte. Bendel mußte meine Spur verloren haben, und es freute mich, es zu denken. Ich wollte nicht unter die Menschen zurückkehren, vor welchen ich schreckhaft floh, wie das scheue Wild des Gebirges. So verlebte ich drei bange Tage.

Ich befand mich am Morgen des vierten auf einer sandigen Ebene, welche die Sonne beschien, und saß auf Felsentrümmern in ihrem Strahl, denn ich liebte jetzt ihren lang' entbehrten Anblick zu genießen. Ich nährte still mein Herz mit seiner Verzweiflung. Da schreckte mich ein leises Geräusch auf, ich warf, zur Flucht bereit, den Blick um mich her, ich sah niemand: aber es kam auf dem sonnigen Sande an mir vorbei geglitten ein Menschenschatten, dem meinigen nicht unähnlich, welcher, allein daher wandelnd, von seinem Herrn abgekommen zu sein schien.

Da erwachte in mir ein mächtiger Trieb: Schatten, dacht' ich, suchst du deinen Herrn? Der will ich sein. Und ich sprang hinzu, mich seiner zu bemächtigen; ich dachte nämlich, daß, wenn es mir glückte, in seine Spur zu treten, so, daß er mir an die Füße käme, er wohl daran hängen bleiben würde, und sich mit der Zeit an mich gewöhnen.

Der Schatten, auf meine Bewegung, nahm vor mir die Flucht, und ich mußte auf den leichten Flüchtling eine angestrengte Jagd beginnen, zu der mich allein der Gedanke, mich aus der furchtbaren Lage, in der ich war, zu retten, mit hinreichenden Kräften ausrüsten konnte. Er floh einem freilich noch entfernten Walde zu, in dessen Schatten ich ihn notwendig hätte verlieren müssen, – ich sah's, ein Schreck durchzuckte mir das Herz, fachte meine Begierde an, beflügelte meinen Lauf – ich gewann sichtbarlich auf den Schatten, ich kam ihm nach und nach näher, ich mußte ihn erreichen. Nun hielt er plötzlich an, und kehrte sich nach mir um. Wie der Löwe auf seine Beute, so schoß ich mit einem gewaltigen Sprunge hinzu, um ihn in Besitz zu nehmen – und traf unerwartet und hart auf körperlichen Widerstand. Es wurden mir unsichtbar die unerhörtesten Rippenstöße erteilt, die wohl je ein Mensch gefühlt hat.

Die Wirkung des Schreckens war in mir, die Arme krampfhaft zuzuschlagen und fest zu drücken, was ungesehen vor mir stand. Ich stürzte in der schnellen Handlung vorwärts gestreckt auf den Boden: rückwärts aber unter mir ein Mensch, den ich umfaßt hielt, und der jetzt erst sichtbar erschien.

Nun ward mir auch das ganze Ereignis sehr natürlich erklärbar. Der Mann mußte das unsichtbare Vogelnest, welches den, der es hält, nicht aber seinen Schatten, unsichtbar macht, erst getragen und jetzt weggeworfen haben. Ich spähete mit dem Blick umher, entdeckte gar bald den Schatten des unsichtbaren Nestes selbst, sprang auf und hinzu, und verfehlte nicht den teuern Raub. Ich hielt unsichtbar, schattenlos das Nest in Händen.

Der schnell sich aufrichtende Mann, sich sogleich nach seinem beglückten Bezwinger umsehend, erblickte auf der weiten sonnigen Ebene weder ihn noch dessen Schatten, nach dem er besonders ängstlich umherlauschte. Denn daß ich an und für mich schattenlos war, hatte er vorher nicht Muße gehabt zu bemerken, und konnte es nicht vermuten. Als er sich überzeugt', daß jede Spur verschwunden, kehrte er in der höchsten Verzweiflung die Hand gegen sich selber und raufte sich das Haar aus. Mir aber gab der errungene Schatz die Möglichkeit und die Begierde zugleich, mich wieder unter die Menschen zu mischen. Es fehlte mir nicht an Vorwand gegen mich selber, meinen schnöden Raub zu beschönigen, oder vielmehr, ich bedurfte solcher nicht, und jedem Gedanken der Art zu entweichen, eilte ich hinweg, nach dem Unglücklichen nicht zurückschauend, dessen ängstliche Stimme ich mir noch lange nachschallen hörte. So wenigstens kamen mir damals alle Umstände dieses Ereignisses vor.

Ich brannte nach dem Förstergarten zu gehen, und durch mich selbst die Wahrheit dessen zu erkennen, was mir jener Verhaßte verkündigt hatte; ich wußte aber nicht, wo ich war, ich bestieg, um mich in der Gegend um zu schauen, den nächsten Hügel, ich sah von seinem Gipfel das nahe Städtchen und den Förstergarten zu meinen Füßen liegen. – Heftig klopfte mir das Herz, und Tränen einer andern Art, als die ich bis dahin vergossen, traten mir in die Augen, ich sollte sie wiedersehen. – Bange Sehnsucht beschleunigte meine Schritte auf dem richtigsten Pfad hinab. Ich kam ungesehen an einigen Bauern vorbei, die aus der Stadt kamen. Sie sprachen von mir, Rascaln und dem Förster; ich wollte nichts anhören, ich eilte vorüber.

Ich trat in den Garten, alle Schauer der Erwartung in der Brust – mir schallte es wie ein Lachen entgegen, mich schauderte, ich warf einen schnellen Blick um mich her; ich konnte niemanden entdekken. Ich schritt weiter vor, mir war's, als vernähme ich neben mir ein Geräusch wie von Menschentritten; es war aber nichts zu sehen: ich dachte mich von meinem Ohre getäuscht. Es war noch früh, niemand in Graf Peters Laube, noch leer der Garten; ich durchschweifte die bekannten Gänge, ich drang bis nach dem Wohnhause vor. Dasselbe Geräusch verfolgte mich vernehmlicher. Ich setzte mich mit angstvollem Herzen auf eine Bank, die im sonnigen Raume der Haustür gegenüber stand. Es ward mir, als hörte ich den ungesehenen Kobold sich hohnlachend neben mich setzen. Der Schlüssel ward in der Tür gedreht, sie ging auf, der Forstmeister trat heraus, mit Papieren in der Hand. Ich fühlte mir wie Nebel über den Kopf zieh'n, ich sah mich um, und – Entsetzen! – der Mann im grauen Rock saß neben mir, mit satanischem Lächeln auf mich blickend. – Er hatte mir seine Tarnkappe mit über den Kopf gezogen, zu seinen Füßen lagen sein und mein Schatten friedlich neben einander; er spielte nachlässig mit dem bekannten Pergament, das er in der Hand hielt, und, indem der Forstmeister mit den Papieren beschäftigt im Schatten der Laube auf- und abging – beugte er sich vertraulich zu meinem Ohr und flüsterte mir die Worte:

»So hätten Sie denn doch meine Einladung angenommen, und da säßen wir einmal zwei Köpfe unter einer Kappe! – Schon recht! schon recht! Nun geben Sie mir aber auch mein Vogelnest zurück, Sie brauchen es nicht mehr, und sind ein zu ehrlicher Mann, um es mir vorenthalten zu wollen – doch keinen Dank dafür, ich versichere Sie, daß ich es Ihnen von Herzen gern geliehen habe.« – Er nahm es unweigerlich aus meiner Hand, steckte es in die Tasche und lachte mich abermals aus, und zwar so laut, daß sich der Forstmeister nach dem Geräusch umsah. – Ich saß wie versteinert da.

»Sie müssen mir doch gestehen«, fuhr er fort, »daß so eine Kappe viel bequemer ist. Sie deckt doch nicht nur ihren Mann, sondern auch seinen Schatten mit, und noch so viele andere, als er mit zu nehmen Lust hat. Sehen Sie, heute führ' ich wieder ihrer zwei.« – Er lachte wieder. »Merken Sie sich's, Schlemihl, was man anfangs mit Gutem nicht will, das muß man am Ende doch gezwungen. Ich dächte noch, Sie kauften mir das Ding ab, nehmen die Braut zurück, (denn noch ist es Zeit) und wir ließen den Rascal am Galgen baumeln, das wird uns ein Leichtes, so lange es am Stricke nicht fehlt – Hören Sie, ich gebe Ihnen noch meine Mütze in den Kauf.«

Die Mutter trat heraus und das Gespräch begann. – »Was macht Mina?« – »Sie weint.« – »Einfältiges Kind! es ist doch nicht zu ändern!« – »Freilich nicht; aber sie so früh einem andern zu geben ---O Mann, Du bist grausam gegen Dein eigenes Kind.« – »Nein, Mutter, das siehst Du sehr falsch. Wenn sie, noch bevor sie ihre doch kindischen Tränen ausgeweint hat, sich als die Frau eines sehr reichen und geehrten Mannes findet, wird sie getröstet aus ihrem Schmerze wie aus einem Traum erwachen, und Gott und uns danken, das wirst Du sehen!« – »Gott gebe es!« – »Sie besitzt freilich jetzt sehr ansehnliche Güter; aber nach dem Aufsehen, das die unglückliche Geschichte mit dem Abenteurer gemacht hat, glaubst Du, daß sich sobald eine andere, für sie so passende Partie, als der Herr Rascal, finden möchte? Weißt Du, was für ein Vermögen er besitzt, der Herr Rascal? Er hat für sechs Millionen Güter hier im Lande, frei von allen Schulden, bar bezahlt. Ich habe die Dokumente in Händen gehabt; er war's, der mir überall das Beste vorweg genommen hat; und außerdem im Portefeuille Papiere auf Thomas John für circa viertehalb Millionen.« – »Er muß sehr viel gestohlen haben.« – »Was sind das wieder für Reden! Er hat weislich gespart, wo verschwendet wurde.« – »Ein Mann, der die Livree getragen hat!« – »Dummes Zeug! er hat doch einen untadlichen Schatten.« – »Du hast Recht, aber ---«

Der Mann im grauen Rock lachte und sah mich an. Die Türe ging auf, und Mina trat heraus. Sie stützte sich auf den Arm einer Kammerfrau, stille Tränen flossen auf ihren schönen blassen Wangen. Sie setzte sich in einen Sessel, der für sie unter den Linden bereitet war, und ihr Vater nahm einen Stuhl neben ihr. Er faßte zärtlich ihre Hand, und redete sie, die heftiger zu weinen anfing, mit zarten Worten an:

»Du bist mein gutes, liebes Kind, Du wirst auch vernünftig sein, wirst nicht Deinen alten Vater betrüben wollen, der nur Dein Glück will; ich begreife es wohl, liebes Herz, daß es Dich sehr erschüttert hat, Du bist wunderbar Deinem Unglück entkommen! Bevor wir den schändlichen Betrug entdeckt, hast Du diesen Unwürdigen sehr geliebt; siehe Mina, ich weiß es, und mache Dir keine Vorwürfe darüber. Ich selber, liebes Kind, habe ihn auch geliebt, so lange ich ihn für einen großen Herrn angesehen habe. Nun siehst Du selber ein, wie anders alles geworden. Was! ein jeder Pudel hat ja seinen Schatten, und mein liebes einziges Kind sollte einen Mann --- Nein, Du denkst auch gar nicht mehr an ihn. – Höre, Mina, nun wirbt ein Mann um Dich, der die Sonne nicht scheut, ein geehrter Mann, der freilich kein Fürst ist, aber zehn Millionen, zehnmal mehr als Du in Vermögen besitzt, ein Mann, der mein liebes Kind glücklich machen wird. Erwidere mir nichts, widersetze Dich nicht, sei meine gute gehorsame Tochter, laß Deinen liebenden Vater für Dich sorgen, Deine Tränen trocknen. Versprich mir, dem Herrn Rascal Deine Hand zu geben. – Sage, willst Du mir dies versprechen?« –

Sie antwortete mit erstorbener Stimme: »Ich habe keinen Willen, keinen Wunsch fürder auf Erden. Geschehe mit mir, was mein Vater will.« Zugleich ward Herr Rascal angemeldet, und trat frech in den Kreis. Mina lag in Ohnmacht. Mein verhaßter Gefährte blickte mich zornig an und flüsterte mir die schnellen Worte: »Und das konnten Sie erdulden! was fließt Ihnen denn statt des Blutes in den Adern?« Er ritzte mir mit einer raschen Bewegung eine leichte Wunde in die Hand, es floß Blut, er fuhr fort: »Wahrhaftig! rotes Blut! – So unterschreiben Sie!« Ich hatte das Pergament und die Feder in Händen.

VII

Ich werde mich Deinem Urteile bloß stellen, lieber Chamisso, und es nicht zu bestechen suchen. Ich selbst habe lange strenges Gericht an mir selber vollzogen, denn ich habe den quälenden Wurm in meinem Herzen genährt. Es schwebte immerwährend dieser ernste Moment meines Lebens vor meiner Seele, und ich vermocht' es nur zweifelnden Blickes, mit Demut und Zerknirschung anzuschauen – Lieber Freund, wer leichtsinnig nur den Fuß aus der geraden Straße setzt, der wird unversehens in andere Pfade abgeführt, die abwärts und immer abwärts ihn ziehen; er sieht dann umsonst die Leitsterne am Himmel schimmern, ihm bleibt keine Wahl, er muß unaufhaltsam den Abhang hinab, und sich selbst der Nemesis opfern. Nach dem übereilten Fehltritt, der den Fluch auf mich geladen, hatt' ich durch Liebe frevelnd in eines andern Wesens Schicksal mich gedrängt: was blieb mir übrig, als wo ich Verderben gesät, wo schnelle Rettung von mir geheischt ward, eben rettend blindlings hinzuzuspringen? denn die letzte Stunde schlug. – Denke nicht so niedrig von mir, mein Adalbert, als zu meinen, es hätte mich irgendein geforderter Preis zu teuer gedünkt, ich hätte mit irgend Etwas, was nur mein war, mehr als eben mit Gold gekargt. – Nein, Adalbert; aber mit unüberwindlichem Hasse gegen diesen rätselhaften Schleicher auf krummen Wegen, war meine Seele angefüllt. Ich mochte ihm Unrecht tun, doch empörte mich jede Gemeinschaft mit ihm. – Auch hier trat, wie so oft schon in mein Leben, und wie überhaupt so oft in die Weltgeschichte, ein Ereignis an die Stelle einer Tat. Später habe ich mich mit mir selber versöhnt. Ich habe erstlich die Notwendigkeit verehren lernen, und was ist mehr, als die getanene Tat, das geschehene Ereignis ihr Eigentum! Dann hab' ich auch diese Notwendigkeit als eine weise Fügung verehren lernen, die durch das gesamte große Getrieb' weht, darin wir bloß als mitwirkende getriebene treibende Räder eingreifen; was sein soll, muß geschehen, was sein sollte, geschah, und nicht ohne jene Fügung, die ich endlich noch in meinem Schicksale, und dem Schicksale derer, die das meine mit angriff, verehren lernte.

Ich weiß nicht, ob ich es der Spannung meiner Seele, unter dem Drange so mächtiger Empfindungen zuschreiben soll, ob der Erschöpfung meiner physischen Kräfte, die während der letzten Tage ungewohntes Darben geschwächt, ob endlich dem zerstörenden Aufruhr, den die Nähe dieses grauen Unholdes in meiner ganzen Natur erregte; genug, es befiel mich, als es an das Unterschreiben ging, eine tiefe Ohnmacht, und ich lag eine lange Zeit wie in den Armen des Todes.

Fußstampfen und Fluchen waren die ersten Töne, die mein Ohr trafen, als ich zum Bewußtsein zurückkehrte; ich öffnete die Augen, es war dunkel, mein verhaßter Begleiter war scheltend um mich bemüht. »Heißt das nicht wie ein altes Weib sich aufführen. – Man raffe sich auf, und vollziehe frisch, was man beschlossen, oder hat man sich anders besonnen, und will lieber greinen?« – Ich richtete mich mühsam auf von der Erde, wo ich lag, und schaute schweigend um mich. Es war später Abend, aus dem hellerleuchteten Försterhause erscholl festliche Musik, einzelne Gruppen von Menschen wallten durch die Gänge des Gartens. Ein paar traten im Gespräche näher, und nahmen Platz auf der Bank, worauf ich früher gesessen hatte. Sie unterhielten sich von der an diesem Morgen vollzogenen Verbindung des reichen Herrn Rascal mit der Tochter des Hauses. – Es war also geschehen. –

Ich streifte mit der Hand die Tarnkappe des sogleich mir verschwindenden Unbekannten von meinem Haupte weg, und eilte stillschweigend, in die tiefste Nacht des Gebüsches mich versenkend, den Weg über Graf Peters Laube einschlagend, dem Ausgang des Gartens zu. Unsichtbar aber geleitete mich mein Plagegeist, mich mit scharfen Worten verfolgend. »Das ist also der Dank für die Mühe, die man genommen hat, Monsieur, der schwache Nerven hat, den langen lieben Tag hindurch zu pflegen. Und man soll den Narren im Spiele abgeben. Gut, Herr Trotzkopf fliehn Sie nur vor mir, wir sind doch unzertrennlich. Sie haben mein Gold und ich Ihren Schatten; das läßt uns beiden keine Ruhe – Hat man je gehört, daß ein Schatten von seinem Herrn gelassen hätte, Ihrer zieht mich Ihnen nach, bis Sie ihn wieder zu Gnaden annehmen, und ich ihn los bin. Was Sie versäumt haben, aus frischer Lust zu tun, werden Sie, nur zu spät, aus Überdruß und Langeweile nachholen müssen; man entgeht seinem Schicksale nicht.« Er sprach aus demselben Tone fort und fort; ich floh umsonst, er ließ nicht nach, und immer gegenwärtig, redete höhnend von Gold und Schatten. Ich konnte zu keinem eigenen Gedanken kommen.

Ich hatte durch menschenleere Straßen einen Weg nach meinem Hause eingeschlagen. Als ich davorstand, und es ansah, konnte ich es kaum erkennen; hinter den eingeschlagenen Fenstern brannte kein Licht. Die Türen waren zu, kein Dienervolk regte sich mehr darin. Er lachte laut auf neben mir: »Ja, ja! so geht's; aber Ihren Bendel finden Sie wohl daheim, den hat man jüngst vorsorglich so müde nach Hause geschickt, daß er es wohl seitdem gehütet haben wird.« Er lachte wieder. »Der wird Geschichten zu erzählen haben. – Wohlan denn! für heute gute Nacht, auf baldiges Wiedersehen.«

Ich hatte wiederholt geklingelt, es erschien Licht; Bendel frug von innen, wer geklingelt habe. Als der gute Mann meine Stimme erkannte, konnte er seine Freude kaum bändigen, die Tür flog auf, wir lagen weinend einander in den Armen. Ich fand ihn sehr verändert, schwach und krank; mir war aber das Haar ganz grau geworden.

Er führte mich durch die verödeten Zimmer nach einem innern

verschont gebliebenen Gemach; er holte Speise und Trank herbei, wir setzten uns, er fing wieder an zu weinen. Er erzählte mir, daß er letzthin den grau gekleideten dürren Mann, den er mit meinem Schatten angetroffen hatte, so lange und so weit geschlagen habe, bis er selbst meine Spur verloren und vor Müdigkeit hingesunken sei; daß nachher, wie er mich nicht wiederfinden gekonnt, er nach Hause zurückgekehrt, wo bald darauf der Pöbel, auf Rascals Anstiften, herangestürmt, die Fenster eingeschlagen, und seine Zerstörungslust gebüßt. So hätten sie an ihren Wohltäter gehandelt. Meine Dienerschaft war auseinander geflohen. Die örtliche Polizei hatte mich als verdächtig aus der Stadt verwiesen, und mir eine Frist von vierundzwanzig Stunden festgesetzt, um deren Gebiet zu verlassen. Zu dem, was mir von Rascals Reichtum und Vermählung bekannt war, wußte er noch vieles hinzuzufügen. Dieser Bösewicht, von dem alles ausgegangen, was hier gegen mich geschehen war, mußte vom Anbeginn mein Geheimnis besessen haben, es schien, er habe, vom Golde angezogen, sich an mich zu drängen gewußt, und schon in der ersten Zeit einen Schlüssel zu jenem Goldschrank sich verschafft, wo er den Grund zu dem Vermögen gelegt, den noch zu vermehren er jetzt verschmähen konnte.

Das alles erzählte mir Bendel unter häufigen Tränen, und weinte dann wieder vor Freuden, daß er mich wieder sah, mich wieder hatte, und daß, nachdem er lange gezweifelt, wohin das Unglück mich gebracht haben mochte, er mich es ruhig und gefaßt ertragen sah. Denn solche Gestaltung hatte nun die Verzweiflung in mir genommen. Ich sah mein Elend riesengroß, unwandelbar vor mir, ich hatte ihm meine Tränen ausgeweint, es konnte kein Geschrei mehr aus meiner Brust pressen, ich trug ihm kalt und gleichgültig mein entblößtes Haupt entgegen.

»Bendel«, hub ich an, »Du weißt mein Los. Nicht ohne früheres Verschulden trifft mich schwere Strafe. Du sollst länger nicht, unschuldiger Mann, Dein Schicksal an das meine binden, ich will es nicht. Ich reite die Nacht noch fort, sattle mir ein Pferd, ich reite allein; Du bleibst, ich will's. Es müssen hier noch einige Kisten Goldes liegen, das behalte Du. Ich werde allein unstet in der Welt wandern; wann mir aber je eine heitere Stunde wieder lacht, und das Glück mich versöhnet anblickt, dann will ich Deiner getreu gedenken, denn ich habe an Deiner getreuen Brust in schweren schmerzlichen Stunden geweint.«

Mit gebrochenem Herzen mußte der Redliche diesem letzten Befehle seines Herrn, worüber er in der Seele erschrak gehorchen; ich war seinen Bitten, seinen Vorstellungen taub, blind seinen Tränen; er führte mir das Pferd vor. Ich drückte noch einmal den Weinenden an meine Brust, schwang mich in den Sattel und entfernte mich unter dem Mantel der Nacht von dem Grabe meines Lebens, unbekümmert, welchen Weg mein Pferd mich führen werde; denn ich hatte weiter auf Erden kein Ziel, keinen Wunsch, keine Hoffnung.

VIII

Es gesellte sich bald ein Fußgänger zu mir, welcher mich bat, nachdem er eine Weile neben meinem Pferde geschritten war, da wir doch denselben Weg hielten, einen Mantel, den er trug, hinten auf mein Pferd legen zu dürfen, ich ließ es stillschweigend geschehen. Er dankte mir mit leichtem Anstand für den leichten Dienst, lobte mein Pferd, nahm daraus Gelegenheit, das Glück und die Macht der Reichen hoch zu preisen, und ließ sich, ich weiß nicht wie, in eine Art von Selbstgespräch ein, bei dem er mich bloß zum Zuhörer hatte.

Er entfaltete seine Ansichten von dem Leben und der Welt, und kam sehr bald auf die Metaphysik, an die die Forderung erging, das Wort aufzufinden, das aller Rätsel Lösung sei. Er setzte die Aufgabe mit vieler Klarheit auseinander, und schritt fürder zu deren Beantwortung.

Du weißt, mein Freund, daß ich deutlich erkannt habe, seitdem ich den Philosophen durch die Schule gelaufen, daß ich zur philosophischen Spekulation keineswegs berufen bin, und daß ich mir dieses Feld völlig abgesprochen habe; ich habe seither vieles auf sich beruhen lassen, vieles zu wissen und zu begreifen Verzicht geleistet, und bin, wie Du es mir selber geraten, meinem geraden Sinn vertrauend, der Stimme in mir, so viel es in meiner Macht gewesen, auf dem eigenen Weg gefolgt. Nun schien mir dieser Redekünstler, mit großem Talent ein fest gefügtes Gebäude aufzuführen, das in sich selbst begründet sich emportrug, und wie durch eine innere Notwendigkeit bestand. Nur vermißt' ich ganz in ihm, was ich eben darin hätte suchen wollen, und so ward es mir zu einem bloßen Kunstwerk, dessen zierliche Geschlossenheit und Vollendung dem Auge allein zur Ergötzung diente; aber ich hörte dem wohlberedten Manne gerne zu, der meine Aufmerksamkeit von meinen Leiden auf sich selbst abgelenkt, und ich hätte mich ihm willig ergeben, wenn er meine Seele wie meinen Verstand in Anspruch genommen hätte.

Mittlerweile war die Zeit hingegangen, und unbemerkt hatte schon die Morgendämmerung den Himmel erhellt; ich erschrak, als ich mit einmal aufblickte, und im Osten die Pracht der Farben sich entfalten sah, die die nahe Sonne verkünden, und gegen sie war in dieser Stunde, wo die Schlagschatten mit ihrer ganzen Ausdehnung prunken, kein Schutz, kein Bollwerk in der offenen Gegend zu erseh'n! und ich war nicht allein; ich warf einen Blick auf meinen Begleiter und erschrak wieder. – Es war kein anderer als der Mann im grauen Rock.

Er lächelte über meine Bestürzung, und fuhr fort, ohne mich zum Wort kommen zu lassen: »Laßt uns doch, wie es einmal in der Welt Sitte ist, unsern wechselseitigen Vorteil uns auf eine Weile verbinden, zu scheiden haben wir immer noch Zeit. Die Straße hier längs dem Gebirge, ob Sie gleich noch nicht daran gedacht haben, ist doch die einzige, die Sie vernünftiger Weise einschlagen können; hinab in das Tal dürfen Sie nicht, und über das Gebirg werden Sie noch weniger zurückkehren wollen, von wo Sie hergekommen sind – diese ist auch gerade meine Straße. – Ich sehe Sie schon vor der aufgehenden Sonne erblassen. Ich will Ihnen Ihren Schatten auf die Zeit unserer Gesellschaft leihen, und Sie dulden mich dafür in Ihrer Nähe; Sie haben so Ihren Bendel nicht mehr bei sich; ich will Ihnen gute Dienste leisten. Sie lieben mich nicht, das ist mir leid. Sie können mich darum doch benutzen. Der Teufel ist nicht so schwarz, als man ihn malt. Gestern haben Sie mich geärgert, das ist wahr, heute will ich's Ihnen nicht nachtragen, und ich habe Ihnen schon den Weg bis hieher verkürzt, das müssen Sie selbst gestehen – nehmen Sie doch nur einmal Ihren Schatten auf Probe wieder an.«

Die Sonne war aufgegangen, auf der Straße kamen uns Menschen entgegen, ich nahm, obgleich mit innerlichem Widerwillen, den Antrag an. Er ließ lächelnd meinen Schatten zur Erde gleiten, der alsbald seine Stelle auf des Pferdes Schatten einnahm, und lustig neben mir hertrabte. Mir war sehr seltsam zu Mut. Ich ritt an einem Trupp Landleute vorbei, die vor einem wohlhabenden Mann ehrerbietig mit entblößtem Haupte Platz machten. Ich ritt weiter, und blickte gierigen Auges und klopfenden Herzens seitwärts vom Pferde herab auf diesen sonst meinen Schatten, den ich jetzt von einem Fremden, ja von einem Feinde, erborgt hatte.

Dieser ging unbekümmert neben her, und pfiff eben ein Liedchen. Er zu Fuß, ich zu Pferd', ein Schwindel ergriff mich, die Versuchung war zu groß, ich wandte plötzlich die Zügel, drückte beide Sporen an, und so in voller Karriere einen Seitenweg eingeschlagen, aber ich entführte den Schatten nicht, der bei der Wendung vom Pferde glitt und seinen gesetzmäßigen Eigentümer auf der Landstraße erwartete. Ich mußte beschämt umlenken, der Mann im grauen Rocke, als er ungestört sein Liedchen zu Ende gebracht, lachte mich aus, setzte mir den Schatten wieder zurecht, und belehrte mich, er würde erst an mir festhangen und bei mir bleiben wollen, wann ich ihn wiederum als rechtmäßiges Eigentum besitzen würde. »Ich halte Sie«, fuhr er fort, »am Schatten fest, und Sie kommen mir nicht los. Ein reicher Mann, wie Sie, braucht einmal einen Schatten, das ist nicht anders, Sie sind nur darin zu tadeln, daß Sie es nicht früher eingesehen haben.« –

Ich setzte meine Reise auf derselben Straße fort; es fanden sich bei mir alle Bequemlichkeiten des Lebens, und selbst ihre Pracht wieder ein; ich konnte mich frei und leicht bewegen, da ich einen, obgleich nur erborgten, Schatten besaß, und ich flößte überall die Ehrfurcht ein, die der Reichtum gebietet; aber ich hatte den Tod im Herzen. Mein wundersamer Begleiter, der sich selbst für den unwürdigen Diener des reichsten Mannes in der Welt ausgab, war von einer außerordentlichen Dienstfertigkeit, über die Maßen gewandt und geschickt, der wahre Inbegriff eines Kammerdieners für einen reichen Mann, aber er wich nicht von meiner Seite, und führte unaufhörlich das Wort gegen mich, stets die größte Zuversicht an den Tag legend, daß ich endlich, sei es auch nur, um ihn los zu werden, den Handel mit dem Schatten abschließen würde. – Er war mir eben so lästig als verhaßt. Ich konnte mich ordentlich vor ihm fürchten. Ich hatte mich von ihm abhängig gemacht. Er hielt mich, nachdem er mich in die Herrlichkeit der Welt, die ich floh, zurückgeführt hatte. Ich mußte seine Beredsamkeit über mich ergehen lassen, und fühlte schier, er habe recht. Ein Reicher muß in der Welt einen Schatten haben, und, sobald ich den Stand behaupten wollte, den er mich wieder geltend zu machen verleitet hatte, war nur ein Ausgang zu ersehen. Dieses aber stand bei mir fest, nachdem ich meine Liebe hingeopfert, nachdem mir das Leben verblaßt war, wollt' ich meine Seele nicht, sei es um alle Schatten der Welt, dieser Kreatur verschreiben. Ich wußte nicht, wie es enden sollte.

Wir saßen einst vor einer Höhle, welche die Fremden, die das Gebirg' bereisen, zu besuchen pflegen. Man hört dort das Gebrause unterirdischer Ströme aus ungemessener Tiefe heraufschallen, und kein Grund scheint den Stein, den man hineinwirft, in seinem hallenden Fall aufzuhalten. Er malte mir, wie er öfters tat, mit verschwenderischer Einbildungskraft und im schimmernden Reize der glänzendsten Farben, sorgfältig ausgeführte Bilder von dem, was ich in der Welt, Kraft meines Säckels, ausführen würde, wenn ich erst meinen Schatten wieder in meiner Gewalt hätte. Die Ellenbogen auf die Knie gestützt, hielt ich mein Gesicht in meinen Händen verborgen, und hörte dem Falschen zu, das Herz zwiefach geteilt zwischen der Verführung und dem strengen Willen in mir. Ich konnte bei solchem innerlichen Zwiespalt länger nicht ausdauern, und begann den entscheidenden Kampf:

»Sie scheinen, mein Herr, zu vergessen, daß ich Ihnen zwar erlaubt habe, unter gewissen Bedingungen in meiner Begleitung zu bleiben, daß ich mir aber meine völlige Freiheit vorbehalten habe.« – »Wenn Sie befehlen, so pack' ich ein.« Die Drohung war ihm geläufig. Ich schwieg; er setzte sich gleich daran, meinen Schatten wieder zusammen zu rollen. Ich erblaßte, aber ich ließ es stumm geschehen. Es erfolgte ein langes Stillschweigen. Er nahm zuerst das Wort:

»Sie können mich nicht leiden, mein Herr, Sie hassen mich, ich weiß es; doch warum hassen Sie mich? Ist es etwa, weil Sie mich auf öffentlicher Straße angefallen, und mir mein Vogelnest mit Gewalt zu rauben gemeint, oder ist es darum, daß Sie mein Gut, den Schatten, den Sie Ihrer bloßen Ehrlichkeit anvertraut glaubten, mir diebischer Weise zu entwenden gesucht haben? Ich meinerseits hasse Sie darum nicht; ich finde ganz natürlich, daß Sie alle Ihre Vorteile, List und Gewalt geltend zu machen suchen; daß Sie übrigens die allerstrengsten Grundsätze haben, und, wie die Ehrlichkeit selbst denken, ist eine Liebhaberei, wogegen ich auch nichts habe. – Ich denke in der Tat nicht so streng als Sie; ich handle bloß, wie Sie denken. Oder hab' ich Ihnen etwa irgendwann den Daumen auf die Gurgel gedrückt, um Ihre werteste Seele, zu der ich einmal Lust habe, an mich zu bringen! Hab' ich von wegen meines ausgetauschten Säckels einen Diener auf Sie losgelassen, hab' ich Ihnen damit durchzugehen versucht?« Ich hatte dagegen nichts zu erwidern; er fuhr fort: »Schon recht, mein Herr, schon recht! Sie können mich nicht leiden; auch das begreife ich wohl, und verarge es Ihnen weiter nicht. Wir müssen scheiden, das ist klar, und auch Sie fangen an, mir sehr langweilig vorzukommen. Um sich also meiner ferneren beschämenden Gegenwart völlig zu entziehen, rate ich es Ihnen noch einmal: Kaufen Sie mir das Ding ab.« – Ich hielt ihm den Säckel hin. »Um den Preis?« – »Nein!« – Ich seufzte schwer auf und nahm wieder das Wort: »Auch also. Ich dringe darauf, mein Herr, laßt uns scheiden, vertreten Sie mir länger nicht den Weg auf einer Welt, die hoffentlich geräumig genug ist für uns beide.« Er lächelte und erwiderte: »Ich gehe, mein Herr, zuvor aber will ich Sie unterrichten, wie Sie mir klingeln können, wenn Sie je Verlangen nach Ihrem untertänigsten Knecht tragen sollten: Sie brauchen nur Ihren Säckel zu schütteln, daß die ewigen Goldstücke darinnen rasseln, der Ton zieht mich augenblicklich an. Ein jeder denkt auf seinen Vorteil in dieser Welt; Sie sehen, daß ich auf Ihren zugleich bedacht bin, denn ich eröffne Ihnen offenbar eine neue Kraft – O dieser Säckel! – Und hätten gleich die Motten Ihren Schatten schon aufgefressen, der würde noch ein starkes Band zwischen uns sein. Genug, Sie haben mich an meinem Gold, befehlen Sie auch in der Ferne über Ihren Knecht, Sie wissen, daß ich mich meinen Freunden dienstfertig genug erweisen kann, und daß die Reichen besonders gut mit mir stehen; Sie haben es selbst gesehen, – nur Ihren Schatten, mein Herr – das lassen Sie sich gesagt sein – nie wieder, als unter einer einzigen Bedingung.«

Gestalten der alten Zeit traten vor meine Seele. Ich frug ihn schnell: »Hatten Sie eine Unterschrift vom Herrn John?« – Er lächelte. – »Mit einem so guten Freund, hab' ich es keinesweges nötig gehabt.« – »Wo ist er? bei Gott, ich will es wissen!« Er steckte zögernd die Hand in die Tasche, und daraus bei den Haaren hervorgezogen erschien Thomas Johns bleiche entstellte Gestalt, und die blauen Leichenlippen bewegten sich zu schweren Worten: »Justo judicio Dei judicatus sum; Justo judicio Dei condemnatus sum.« Ich entsetzte mich, und schnell den klingenden Säckel in den Abgrund werfend, sprach ich zu ihm die letzten Worte: »So beschwör' ich Dich im Namen Gottes, Entsetzlicher! hebe Dich von dannen und lasse Dich nie wieder vor meinen Augen blicken!« Er erhub sich finster und verschwand sogleich hinter den Felsenmassen, die den wild bewachsenen Ort begrenzten.

IX

Ich saß da ohne Schatten und ohne Geld; aber ein schweres Gewicht war von meiner Brust genommen, ich war heiter. Hätte ich nicht auch meine Liebe verloren, oder hätt' ich mich nur bei deren Verlust vorwurfsfrei gefühlt, ich glaube, ich hätte glücklich sein können – ich wußte aber nicht, was ich anfangen sollte. Ich durchsuchte meine Taschen und fand noch einige Goldstücke darin; ich zählte sie, und lachte. – Ich hatte meine Pferde unten im Wirtshause, ich schämte mich, dahin zurückzukehren, ich mußte wenigstens den Untergang der Sonne erwarten; sie stand noch hoch am

Himmel: Ich legte mich in den Schatten der nächsten Bäume und schlief ruhig ein.

Anmutige Bilder verwoben sich mir im luftigen Tanze zu einem gefälligen Traum. Mina, einen Blumenkranz in den Haaren, schwebte an mir vorüber, und lächelte mich freundlich an. Auch der ehrliche Bendel war mit Blumen bekränzt, und eilte mit freundlichem Gruße vorüber. Viele sah' ich noch, und wie mich dünkt, auch Dich, Chamisso, im fernen Gewühl; ein helles Licht schien, es hatte aber keiner einen Schatten, und was seltsamer ist, es sah nicht übel aus, – Blumen und Lieder, Liebe und Freude, unter Palmenhainen. --- Ich konnte die beweglichen, leicht verwehten, lieblichen Gestalten weder festhalten noch deuten; aber ich weiß, daß ich gerne solchen Traum träumte und mich vor dem Erwachen in acht nahm; ich wachte wirklich schon, und hielt noch die Augen zu, um die weichenden Erscheinungen länger vor meiner Seele zu behalten.

Ich öffnete endlich die Augen, die Sonne stand noch am Himmel, aber im Osten; ich hatte die Nacht verschlafen. Ich nahm es für ein Zeichen, daß ich nicht nach dem Wirtshause zurückkehren sollte. Ich gab leicht, was ich dort noch besaß, verloren, und beschloß, eine Nebenstraße, die durch den waldbewachsenen Fuß des Gebirges führte, zu Fuße einzuschlagen, dem Schicksal es anheimstellend, was es mit mir vor hatte, zu erfüllen. Ich schaute nicht hinter mich zurück, und dachte auch nicht daran, an Bendel, den ich reich zurückgelassen hatte, mich zu wenden, welches ich allerdings gekonnt hätte. Ich sah mich an auf den neuen Charakter, den ich in der Welt bekleiden sollte: Mein Anzug war sehr bescheiden. Ich hatte eine alte schwarze Kurtka an, die ich schon in Berlin getragen, und die mir, ich weiß nicht wie, zu dieser Reise erst wieder in die Hand gekommen war. Ich hatte sonst eine Reisemütze auf dem Kopf und ein Paar alte Stiefeln an den Füßen. Ich erhob mich, schnitt mir an selbiger Stelle einen Knotenstock zum Andenken, und trat sogleich meine Wanderung an.

Ich begegnete im Wald einem alten Bauer, der mich freundlich begrüßte, und mit dem ich mich in Gespräch einließ. Ich erkundigte mich, wie ein wißbegieriger Reisender, erst nach dem Wege, dann nach der Gegend und deren Bewohner, den Erzeugnissen des Gebirges und derlei mehr. Er antwortete verständig und redselig auf meine Fragen. Wir kamen an das Bette eines Bergstromes, der über einen weiten Strich des Waldes seine Verwüstung verbreitet hatte. Mich schauderte innerlich vor dem sonnenhellen Raum, ich ließ den Landmann vorangehen. Er hielt aber mitten im gefährlichen Orte still, und wandte sich zu mir, um mir die Geschichte dieser Verwüstung zu erzählen. Er bemerkte bald, was mir fehlte, und hielt mitten in seiner Rede ein: »Aber wie geht denn das zu, der Herr hat ja keinen Schatten.« – »Leider! leider!« erwiderte ich seufzend. »Es sind mir während einer bösen langen Krankheit, Haare, Nägel und Schatten ausgegangen. Seht, Vater, in meinem Alter, die Haare, die ich wieder gekriegt habe, ganz weiß, die Nägel sehr kurz, und der Schatten, der will noch nicht wieder wachsen.« – »Ei! ei!« versetzte der alte Mann kopfschüttelnd, »keinen Schatten, das ist bös! das war eine böse Krankheit, die der Herr gehabt hat.« Aber, er hub seine Erzählung nicht wieder an, und bei dem nächsten Querweg, der sich darbot, ging er ohne ein Wort zu sagen, von mir ab. – Bittere Tränen zitterten aufs neue in meinen Wangen und meine Heiterkeit war hin.

Ich setzte traurigen Herzens meinen Weg fort, und suchte ferner keines Menschen Gesellschaft. Ich hielt mich im dunkelsten Wald, und mußte manchmal, um über einen Strich, wo die Sonne schien, zu kommen, stundenlang darauf warten, daß mir keines Menschen Aug' den Durchgang verbot. Am Abende suchte ich Herberge in den Dörfern zu nehmen. Ich ging eigentlich nach einem Bergwerk im Gebirg, wo ich Arbeit unter der Erde zu finden gedachte; denn, davon abgesehen, daß meine jetzige Lage mir gebot, für meinen Lebensunterhalt selbst zu sorgen, hatte ich dieses wohl erkannt, daß mich allein angestrengte Arbeit gegen meine zerstörenden Gedanken schützen könnte.

Ein paar regnichte Tage förderten mich leicht auf den Weg, aber auf Kosten meiner Stiefeln, deren Sohlen für den Grafen Peter und nicht für den Fußknecht berechnet worden. Ich trat schon auf den bloßen Füßen. Ich mußte ein Paar neue Stiefeln anschaffen. Am nächsten Morgen besorgte ich dieses Geschäft mit vielem Ernst in einem Flecken, wo Kirmes war, und wo in einer Bude alte und neue Stiefeln zu Kauf standen. Ich wählte und handelte lange. Ich mußte auf ein Paar neue, die ich gerne gehabt hätte, Verzicht leisten; mich schreckte die unbillige Forderung. Ich begnügte mich also mit alten, die noch gut und stark waren, und die mir der schöne blondlockige Knabe, der die Bude hielt, gegen gleich bare Bezahlung, freundlich lächelnd einhändigte, indem er mir Glück auf den Weg wünschte. Ich zog sie gleich an, und ging zum nördlich gelegenen Tor aus dem Ort.

Ich war in meinen Gedanken sehr vertieft, und sah kaum, wo ich den Fuß hinsetzte, denn ich dachte an das Bergwerk, wo ich auf den Abend noch anzulangen hoffte, und wo ich nicht recht wußte, wie ich mich ankündigen sollte. Ich war noch keine zweihundert Schritte gegangen, als ich bemerkte, daß ich aus dem Wege gekommen war; ich sah mich darnach um, ich befand mich in einem wüsten uralten Tannenwald, woran die Axt nie gelegt worden zu sein schien. Ich drang noch einige Schritte vor, ich sah mich mitten unter öden Felsen, die nur mit Moos und Steinbrucharten bewachsen waren, und zwischen welchen Schnee und Eisfelder lagen. Die Luft war sehr kalt, ich sah mich um, der Wald war hinter mir verschwunden. Ich machte noch einige Schritte – um mich herrschte die Stille des Todes, unabsehbar dehnte sich das Eis, worauf ich stand, und worauf ein dichter Nebel schwer ruhte; die Sonne stand blutig am Rande des Horizontes. Die Kälte war unerträglich. Ich wußte nicht, wie mir geschehen war, der erstarrende Frost zwang mich, meine Schritte zu beschleunigen, ich vernahm nur das Gebrause ferner Gewässer, ein Schritt, und ich war am Eisufer eines Ozeans. Unzählbare Herden von Seehunden stürzten sich vor mir rauschend in die Flut. Ich folgte diesem Ufer, ich sah wieder nackte Felsen, Land, Birken- und Tannenwälder, ich lief noch ein paar Minuten gerade vor mir hin. Es ward erstickend heiß, ich sah mich um, ich stand zwischen schön gebauten Reisfeldern unter Maulbeerbäumen, ich setzte mich in deren Schatten, ich sah nach meiner Uhr, ich hatte vor nicht einer Viertelstunde den Marktflecken verlassen, – ich glaubte zu träumen, ich biß mich in die Zunge, um mich zu erwecken; aber ich wachte wirklich. – Ich schloß die Augen zu, um meine Gedanken zusammen zu fassen. – Ich hörte vor mir seltsame Silben durch die Nase zählen; ich blickte auf: zwei Chinesen, an der asiatischen Gesichtsbildung unverkennbar, wenn ich auch ihrer Kleidung keinen Glauben beimessen wollte, redeten mich mit landesüblichen Begrüßungen in ihrer Sprache an; ich stand auf und trat zwei Schritte zurück. Ich sah sie nicht mehr, die Landschaft war ganz verändert; Bäume, Wälder, statt der Reisfelder. Ich betrachtete diese Bäume und die Kräuter, die um mich blühten; die ich kannte, waren südöstlich asiatische Gewächse; ich wollte auf den einen Baum zugehen, ein Schritt – und wiederum alles verändert. Ich trat nun an, wie ein Rekrut, der geübt wird, und schritt langsam, gesetzt einher. Wunderbar veränderliche Länder, Fluren, Auen, Gebirge, Steppen, Sandwüsten, entrollen sich vor meinem staunenden Blick: es war kein Zweifel, ich hatte Siebenmeilenstiefeln an den Füßen.

X

Ich fiel in stummer Andacht auf meine Knie und vergoß Tränen des Dankes – denn klar stand plötzlich meine Zukunft vor meiner Seele. Durch frühe Schuld von der menschlichen Gesellschaft ausgeschlossen, ward ich zum Ersatz an die Natur, die ich stets geliebt, gewiesen, die Erde mir zu einem reichen Garten gegeben, das Studium zur Richtung und Kraft meines Lebens, zu ihrem Ziel die Wissenschaft. Es war nicht ein Entschluß, den ich faßte. Ich habe nur seitdem, was da hell und vollendet im Urbild vor mein innres Auge trat, getreu, mit stillem, strengen, unausgesetzten Fleiß darzustellen gesucht, und meine Selbstzufriedenheit hat von dem Zusammenfallen des Dargestellten mit dem Urbild abgehangen.

Ich raffte mich auf, um ohne Zögern mit flüchtigem Überblick Besitz von dem Felde zu nehmen, wo ich künftig ernten wollte – ich stand auf den Höhen des Tibet, und die Sonne, die mir vor wenigen Stunden aufgegangen war, neigte sich hier schon am Abendhimmel, ich durchwanderte Asien von Osten gegen Westen, sie in ihrem Lauf einholend, und trat in Afrika ein. Ich sah mich neugierig darin um, indem ich es wiederholt in allen Richtungen durchmaß. Wie ich durch Ägypten die alten Pyramiden und Tempel angaffte, erblickte ich in der Wüste, unfern des hunderttorigen Theben, die Höhlen, wo christliche Einsiedler sonst wohnten. Es stand plötzlich fest und klar in mir: hier ist dein Haus. – Ich erkor eine der verborgensten, die zugleich geräumig, bequem und den Schakalen unzugänglich war, zu meinem künftigen Aufenthalte, und setzte meinen Stab weiter.

Ich trat bei den Herkules-Säulen nach Europa über, und nachdem ich seine südlichen und nördlichen Provinzen in Augenschein genommen, trat ich von Nordasien über den Polargletscher nach Grönland und Amerika über, durchschweifte die beiden Teile dieses Kontinents, und der Winter, der schon im Süden herrschte, trieb mich schnell vom Cap Horn nordwärts zurück.

Ich verweilte mich, bis es im östlichen Asien Tag wurde, und setzte erst nach einiger Ruh meine Wanderung fort. Ich verfolgte durch beide Amerika die Bergkette, die die höchsten bekannten Unebenheiten unserer Kugel in sich faßt. Ich schritt langsam und vorsichtig von Gipfel zu Gipfel, bald über flammende Vulkane, bald über beschneite Kuppeln, oft mit Mühe atmend, ich erreichte den Eliasberg, und sprang über die Beringstraße nach Asien. – Ich verfolgte dessen westliche Küsten in ihren vielfachen Wendungen, und untersuchte mit besonderer Aufmerksamkeit, welche der dort gelegenen Inseln mir zugänglich wären. Von der Halbinsel Malakka trugen mich meine Stiefel auf Sumatra, Java, Bali und Lamboc, ich versuchte, selbst oft mit Gefahr, und dennoch immer vergebens, mir über die kleinern Inseln und Felsen, wovon dieses Meer starrt, einen Übergang nordwestlich nach Borneo und andern Inseln dieses Archipelagus zu bahnen. Ich mußte die Hoffnung aufgeben. Ich setzte mich endlich auf die äußerste Spitze von Lamboc nieder; und das Gesicht gen Süden und Osten gewendet, weint' ich, wie am fest verschlossenen Gitter meines Kerkers, daß ich doch sobald meine Begrenzung gefunden. Das Merkwürdige, zum Verständnis der Erde und ihres sonnengewirkten Kleides, der Pflanzen und Tierwelt, so wesentlich notwendige Neuholland, und die Südsee mit ihren Zoophyten-Inseln, waren mir untersagt, und so war, im Ursprunge schon, alles, was ich sammeln und erbauen sollte, bloßes Fragment zu bleiben verdammt. – O mein Adelbert, was ist es doch um die Bemühungen der Menschen!

Oft habe ich im strengsten Winter der südlichen Halbkugel vom Cap Horn aus jene zweihundert Schritte, die mich etwa vom Land van Diemen und Neuholland trennten, selbst unbekümmert um die Rückkehr, und sollte sich dieses schlechte Land über mich, wie der Deckel meines Sarges, schließen, über den Polargletscher westwärts zurück zu legen versucht, habe über Treibeis mit törigter Wagnis verzweiflungsvolle Schritte getan, der Kälte und dem Meere Trotz geboten. Umsonst, noch bin ich auf Neuholland nicht gewesen – ich kam dann jedesmal auf Lamboc zurück und setzte mich auf seine äußerste Spitze nieder, und weinte wieder, das Gesicht gen Süden und Osten gewendet, wie am fest verschlossenen Gitter meines Kerkers.

Ich riß mich endlich von dieser Stelle und trat mit traurigem Herzen wieder in das innere Asien, ich durchschweifte es fürder, die Morgendämmerung nach Westen verfolgend, und kam noch in der Nacht in die Thebais zu meinem vorbestimmten Hause, das ich in den gestrigen Nachmittagsstunden berührt hatte.

Sobald ich etwas ausgeruht, und es Tag über Europa war, ließ ich meine erste Sorge sein, alles anzuschaffen, was ich bedurfte. – Zuvörderst Hemmschuhe, denn ich hatte erfahren, wie unbequem es sei, seinen Schritt nicht anders verkürzen zu können, um nahe Gegenstände gemächlich zu untersuchen, als indem man die Stiefel auszieht. Ein Paar Pantoffeln übergezogen, hatten völlig die Wirkung, die ich mir davon versprach, und späterhin trug ich sogar deren immer zwei Paar bei mir, weil ich öfter welche von den Füßen warf, ohne Zeit zu haben, sie aufzuheben, wann Löwen,

Menschen oder Hyänen mich beim Botanisieren aufschreckten. Meine sehr gute Uhr war auf die kurze Dauer meiner Gänge ein vortreffliches Chronometer. Ich brauchte noch außerdem einen Sextant, einige physikalische Instrumente und Bücher.

Ich machte, dieses alles herbeizuschaffen, etliche bange Gänge nach London und Paris, die ein mir günstiger Nebel eben beschattete. Als der Rest meines Zaubergoldes erschöpft war, bracht' ich leicht zu findendes afrikanisches Elfenbein als Bezahlung herbei, wobei ich freilich die kleinsten Zähne, die meine Kräfte nicht überstiegen, auswählen mußte. Ich ward bald mit allem versehen und ausgerüstet, und ich fing sogleich als privatisierender Gelehrter meine neue Lebensweise an.

Ich streifte auf der Erde umher, bald ihre Höhen, bald die Temperatur ihrer Quellen und die der Luft messend, bald Tiere beobachtend, bald Gewächse untersuchend; ich eilte von dem Äquator nach dem Pole, von der einen Welt nach der andern; Erfahrungen mit Erfahrungen vergleichend. Die Eier der afrikanischen Strauße oder der nördlichen Seevögel, und Früchte, besonders der Tropen-Palmen und Bananen, waren meine gewöhnlichste Nahrung. Für mangelndes Glück hatt' ich als Surrogat die Nicotiana, und für menschliche Teilnahme und Bande die Liebe eines treuen Pudels, der mir meine Höhle in der Thebais bewachte, und wann ich mit neuen Schätzen beladen zu ihm zurückkehrte, freudig an mich sprang, und es mich doch menschlich empfinden ließ, daß ich nicht allein auf der Erde sei. Noch sollte mich ein Abenteuer unter die Menschen zurückführen.

XI

Als ich einst auf Nordlands Küsten, meine Stiefel gehemmt, Flechten und Algen sammelte, trat mir unversehens um die Ecke eines Felsens ein Eisbär entgegen. Ich wollte, nach weggeworfenen Pantoffeln, auf eine gegenüberliegende Insel treten, zu der mir ein dazwischen aus den Wellen hervorragender nackter Felsen den Übergang bahnte. Ich trat mit dem einen Fuß auf den Felsen fest auf, und stürzte auf der andern Seite in das Meer, weil mir unbemerkt der Pantoffel am anderen Fuß haften geblieben war.

Die große Kälte ergriff mich, ich rettete mit Mühe mein Leben aus dieser Gefahr; sobald ich Land hielt, lief ich, so schnell ich konnte, nach der Lybischen Wüste, um mich da an der Sonne zu trocknen. Wie ich ihr aber ausgesetzt war, brannte sie mir so heiß auf den Kopf, daß ich sehr krank wieder nach Norden taumelte. Ich suchte durch heftige Bewegung mir Erleichterung zu verschaffen, und lief mit unsicheren raschen Schritten von Westen nach Osten und von Osten nach Westen. Ich befand mich bald in dem Tag und bald in der Nacht; bald im Sommer und bald in der Winterkälte.

Ich weiß nicht, wie lange ich mich so auf der Erde herumtaumelte. Ein brennendes Fieber glühte durch meine Adern, ich fühlte mit großer Angst die Besinnung mich verlassen. Noch wollte das Unglück, daß ich bei so unvorsichtigem Laufen jemanden auf den Fuß trat. Ich mochte ihm weh getan haben; ich erhielt einen starken Stoß, und ich fiel hin. –

Als ich zuerst zum Bewußtsein zurückkehrte, lag ich gemächlich in einem guten Bette, das unter vielen andern Betten in einem geräumigen und schönen Saale stand. Es saß mir jemand zu Haupten; es gingen Menschen durch den Saal von einem Bette zum andern. Sie kamen vor das meine und unterhielten sich von mir. Sie nannten mich aber Numero Zwölf, und an der Wand zu meinen Füßen stand doch ganz gewiß, es war keine Täuschung, ich konnte es deutlich lesen, auf schwarzer Marmortafel mit großen goldenen Buchstaben mein Name

PETER SCHLEMIHL

ganz richtig geschrieben. Auf der Tafel standen noch unter meinem Namen zwei Reihen Buchstaben, ich war aber zu schwach, um sie zusammen zu bringen, ich machte die Augen wieder zu. –

Ich hörte etwas, worin von Peter Schlemihl die Rede war, laut und vernehmlich ablesen, ich konnte aber den Sinn nicht fassen; ich sah einen freundlichen Mann und eine sehr schöne Frau in schwarzer Kleidung vor meinem Bette erscheinen. Die Gestalten waren mir nicht fremd und ich konnte sie nicht erkennen.

Es verging einige Zeit, und ich kam wieder zu Kräften. Ich hieß Numero Zwölf, und Numero Zwölf galt seines langen Bartes wegen für einen Juden, darum er aber nicht minder sorgfältig gepflegt wurde. Daß er keinen Schatten hatte, schien unbemerkt geblieben zu sein. Meine Stiefel befanden sich, wie man mich versicherte, nebst allem, was man bei mir gefunden, als ich hieher gebracht worden, in gutem und sicherm Gewahrsam, um mir nach meiner Genesung wieder zugestellt zu werden. Der Ort, worin ich krank lag, hieß das SCHLEMIHLIUM; was täglich von Peter Schlemihl abgelesen wurde, war eine Ermahnung für denselben, als den Urheber und Wohltäter dieser Stiftung zu beten. Der freundliche Mann, den ich an meinem Bette gesehen hatte, war Bendel, die schöne Frau war Mina.

Ich genas unerkannt im Schlemihlio, und erfuhr noch mehr, ich war in Bendels Vaterstadt, wo er aus dem Überrest meines sonst nicht gesegneten Goldes dieses Hospitium, wo Unglückliche mich segneten, unter meinem Namen gestiftet hatte, und er führte über dasselbe die Aufsicht. Mina war Witwe, ein unglücklicher Kriminal-Prozeß hatte den Herrn Rascal das Leben und ihr selbst ihr mehrstes Vermögen gekostet. Ihre Eltern waren nicht mehr. Sie lebte hier als eine gottesfürchtige Witwe, und übte Werke der Barmherzigkeit. –

Sie unterhielt sich einst am Bette Numero Zwölf mit dem Herrn Bendel: »Warum, edle Frau, wollen Sie sich so oft der bösen Luft, die hier herrscht, aussetzen? Sollte denn das Schicksal mit Ihnen so hart sein, daß Sie zu sterben begehrten?« – »Nein, Herr Bendel, seit ich meinen langen Traum ausgeträumt habe, und in mir selber erwacht bin, geht es mir wohl, seitdem wünsche ich nicht mehr und fürchte nicht mehr den Tod. Seitdem denke ich heiter an Vergangenheit und Zukunft. Ist es nicht auch mit stillem innerlichem Glück, daß Sie jetzt auf so gottselige Weise Ihrem Herrn und Freunde dienen?« – »Sei Gott gedankt, ja, edle Frau. Es ist uns doch wundersam ergangen, wir haben viel Wohl und bitt'res Weh unbedachtsam aus dem vollen Becher geschlürft. Nun ist er leer; nun möchte einer meinen, das sei alles nur die Probe gewesen, und, mit kluger Einsicht gerüstet, den wirklichen Anfang erwarten. Ein anderer ist nun der wirkliche Anfang, und man wünscht das erste Gaukelspiel nicht zurück, und ist dennoch im ganzen froh, es, wie es war, gelebt zu haben. Auch find' ich in mir das Zutrauen, daß es nun unserm alten Freund besser ergehen muß, als damals.« – »Auch in mir«, erwiderte die schöne Witwe, und sie gingen an mir vorüber.

Dieses Gespräch hatte einen tiefen Eindruck in mir zurückgelassen; aber ich zweifelte im Geiste, ob ich mich zu erkennen geben oder unerkannt von dannen gehen sollte. – Ich entschied mich. Ich ließ mir Papier und Bleistift geben, und schrieb die Worte:

> »Auch Eurem alten Freunde ergeht es nun besser als damals, und büßet er, so ist es Buße der Versöhnung.«

Hierauf begehrte ich mich anzuziehen, da ich mich stärker befände. Man holte den Schlüssel zu dem kleinen Schrank, der neben meinem Bette stand, herbei. Ich fand alles, was mir gehörte, darin. Ich legte meine Kleider an, hing meine botanische Kapsel, worin ich mit Freuden meine nordischen Flechten wieder fand, über meine schwarze Kurtka um, zog meine Stiefel an, legte den geschriebenen Zettel auf mein Bett, und, so wie die Tür' aufging, war ich schon weit auf dem Wege nach der Thebais.

Wie ich längst der syrischen Küste den Weg, auf den ich mich zum letzten Mal vom Hause entfernt hatte, zurücklegte, sah ich mir meinen armen Figaro entgegenkommen. Dieser vortreffliche Pudel schien seinen Herrn, den er lange zu Hause erwartet haben mochte, auf die Spur nachgehen zu wollen. Ich stand still, und rief ihm zu. Er sprang bellend an mich mit tausend rührenden Äußerungen seiner unschuldigen ausgelassenen Freude. Ich nahm ihn unter dem Arm, denn freilich konnte er mir nicht folgen, und brachte ihn mit mir wieder nach Hause.

Ich fand dort alles in der alten Ordnung, und kehrte nach und nach, so wie ich wieder Kräfte bekam, zu meinen vormaligen Beschäftigungen und zu meiner alten Lebensweise zurück. Nur daß ich mich ein ganzes Jahr hindurch der mir ganz unzuträglichen Polar-Kälte enthielt. –

Und so, mein lieber Chamisso, leb' ich noch heute. Meine Stiefel nutzen sich nicht ab, wie das sehr gelehrte Werk des berühmten Tieckius, de rebus gestis Pollicilli, es mich anfangs befürchten lassen. Ihre Kraft bleibt ungebrochen; nur meine Kraft geht dahin, doch hab' ich den Trost, sie an einen Zweck in fortgesetzter Richtung und nicht fruchtlos verwendet zu haben. Ich habe, so weit meine Stiefel gereicht, die Erde, ihre Gestaltung, ihre Höhen, ihre Temperatur, ihre Atmosphäre in ihrem Wechsel, die Erscheinungen ihrer magnetischen Kraft, das Leben auf ihr, besonders im Pflanzenreiche, gründlicher kennengelernt, als vor mir irgendein Mensch. Ich habe die Tatsachen mit möglichster Genauigkeit in klarer Ordnung aufgestellt in mehrern Werken, meine Folgerungen und Ansichten flüchtig in einigen Abhandlungen niedergelegt. – Ich habe die Geographie vom Innern von Afrika und von den nördlichen Polarländern, vom Innern von Asien und von seinen östlichen Küsten, festgesetzt. Meine Historia stirpium plantarum utriusque orbis steht da als ein großes Fragment der Flora universalis terrae, und als ein Glied meines Systema naturae. Ich glaube darin nicht bloß die Zahl der bekannten Species mäßig um mehr als ein Drittel vermehrt zu haben, sondern auch etwas für das natürliche System und für die Geographie der Pflanzen getan zu haben. Ich arbeite jetzt fleißig an meiner Fauna. Ich werde Sorge tragen, daß vor meinem Tode meine Manuskripte bei der Berliner Universität niedergelegt werden.

Und Dich, mein lieber Chamisso, hab' ich zum Bewahrer meiner wundersamen Geschichte erkoren, auf daß sie vielleicht, wenn ich von der Erde verschwunden bin, manchem seiner Bewohner zur nützlichen Lehre gereichen könne. Du aber, mein Freund, willst Du unter den Menschen leben, so lerne verehren zuvörderst den Schatten, sodann das Geld. Willst Du nur Dir und Deinem bessern Selbst leben, o so brauchst du keinen Rat.

EXPLICIT

E. T. A. Hoffmann
Der Sandmann

NATHANAEL AN LOTHAR

Gewiß seid Ihr alle voll Unruhe, daß ich so lange – lange nicht geschrieben. Mutter zürnt wohl, und Clara mag glauben, ich lebe hier in Saus und Braus und vergesse mein holdes Engelsbild, so tief mir in Herz und Sinn eingeprägt, ganz und gar. – Dem ist aber nicht so; täglich und stündlich gedenke ich Eurer aller und in süßen Träumen geht meines holden Clärchens freundliche Gestalt vorüber und lächelt mich mit ihren hellen Augen so anmutig an, wie sie wohl pflegte, wenn ich zu Euch hineintrat. – Ach wie vermochte ich denn Euch zu schreiben, in der zerrissenen Stimmung des Geistes, die mir bisher alle Gedanken verstörte! – Etwas Entsetzliches ist in mein Leben getreten! – Dunkle Ahnungen eines gräßlichen mir drohenden Geschicks breiten sich wie schwarze Wolkenschatten über mich aus, undurchdringlich jedem freundlichen Sonnenstrahl. – Nun soll ich Dir sagen, was mir widerfuhr. Ich muß es, das sehe ich ein, aber nur es denkend, lacht es wie toll aus mir heraus. – Ach mein herzlieber Lothar! wie fange ich es denn an, Dich nur einigermaßen empfinden zu lassen, daß das, was mir vor einigen Tagen geschah, denn wirklich mein Leben so feindlich zerstören konnte! Wärst Du nur hier, so könntest Du selbst schauen; aber jetzt hältst Du mich gewiß für einen aberwitzigen Geisterseher. – Kurz und gut, das Entsetzliche, was mir geschah, dessen tödlichen Eindruck zu vermeiden ich mich vergebens bemühe, besteht in nichts anderm, als daß vor einigen Tagen, nämlich am 30. Oktober mittags um 12 Uhr, ein Wetterglashändler in meine Stube trat und mir seine Ware anbot. Ich kaufte nichts und drohte, ihn die Treppe herabzuwerfen, worauf er aber von selbst fortging.

Du ahnest, daß nur ganz eigne, tief in mein Leben eingreifende Beziehungen diesem Vorfall Bedeutung geben können, ja, daß wohl die Person jenes unglückseligen Krämers gar feindlich auf mich wirken muß. So ist es in der Tat. Mit aller Kraft fasse ich mich zusammen, um ruhig und geduldig Dir aus meiner frühern Jugendzeit so viel zu erzählen, daß Deinem regen Sinn alles klar und deutlich in leuchtenden Bildern aufgehen wird. Indem ich anfangen will, höre ich Dich lachen und Clara sagen: »Das sind ja rechte Kindereien!« – Lacht, ich bitte Euch, lacht mich recht herzlich aus! – ich bitt Euch sehr! – Aber Gott im Himmel! die Haare sträuben sich mir und es ist, als flehe ich Euch an, mich auszulachen, in wahnsinniger Verzweiflung, wie Franz Moor den Daniel. – Nun fort zur Sache!

Außer dem Mittagsessen sahen wir, ich und mein Geschwister, tagüber den Vater wenig. Er mochte mit seinem Dienst viel beschäftigt sein. Nach dem Abendessen, das alter Sitte gemäß schon um sieben Uhr aufgetragen wurde, gingen wir alle, die Mutter mit uns, in des Vaters Arbeitszimmer und setzten uns um einen runden Tisch. Der Vater rauchte Tabak und trank ein großes Glas Bier dazu. Oft erzählte er uns viele wunderbare Geschichten und geriet darüber so in Eifer, daß ihm die Pfeife immer ausging, die ich, ihm brennend Papier hinhaltend, wieder anzünden mußte, welches mir denn ein Hauptspaß war. Oft gab er uns aber Bilderbücher in die Hände, saß stumm und starr in seinem Lehnstuhl und blies starke Dampfwolken von sich, daß wir alle wie im Nebel schwammen. An solchen Abenden war die Mutter sehr traurig und kaum schlug die Uhr neun, so sprach sie: »Nun Kinder! – zu Bette! zu Bette! der Sandmann kommt, ich merk es schon.« Wirklich hörte ich dann jedesmal etwas schweren langsamen Tritts die Treppe heraufpoltern; das mußte der Sandmann sein. Einmal war mir jenes dumpfe Treten und Poltern besonders graulich; ich frug die Mutter, indem sie uns fortführte: »Ei Mama! wer ist denn der böse Sandmann, der uns immer von Papa forttreibt? – wie sieht er denn aus?« – »Es gibt keinen Sandmann, mein liebes Kind«, erwiderte die Mutter: »wenn ich sage, der Sandmann kommt, so will das nur heißen, ihr seid schläfrig und könnt die Augen nicht offen behalten, als hätte man euch Sand hineingestreut.« – Der Mutter Antwort befriedigte mich nicht, ja in meinem kindischen Gemüt entfaltete sich deutlich der Gedanke, daß die Mutter den Sandmann uns verleugne, damit wir uns vor ihm nicht fürchten sollten, ich hörte ihn ja immer die Treppe heraufkommen. Voll Neugierde, Näheres von diesem Sandmann und seiner Beziehung auf uns Kinder zu erfahren, frug ich endlich die alte Frau, die meine jüngste Schwester wartete: was denn das für ein Mann sei, der Sandmann? »Ei Thanelchen«, erwiderte diese, »weißt du das noch nicht? Das ist ein böser Mann, der kommt zu den Kindern, wenn sie nicht zu Bett gehen wollen und wirft ihnen Händevoll Sand in die Augen, daß sie blutig zum Kopf herausspringen, die wirft er dann in den Sack und trägt sie in den Halbmond zur Atzung für seine Kinderchen; die sitzen dort im Nest und haben krumme Schnäbel, wie die Eulen, damit picken sie der unartigen Menschenkindlein Augen auf.« – Gräßlich malte sich nun im Innern mir das Bild des grausamen Sandmanns aus; sowie es abends die Treppe heraufpolterte, zitterte ich vor Angst und Entsetzen. Nichts als den unter Tränen hergestotterten Ruf: »Der Sandmann! der Sandmann!« konnte die Mutter aus mir herausbringen. Ich lief darauf in das Schlafzimmer, und wohl die ganze Nacht über quälte mich die fürchterliche Erscheinung des Sandmanns. – Schon alt genug war ich geworden, um einzusehen, daß das mit dem Sandmann und seinem Kindernest im Halbmonde, so wie es mir die Wartefrau erzählt hatte, wohl nicht ganz seine Richtigkeit haben könne; indessen blieb mir der Sandmann ein fürchterliches Gespenst, und Grauen – Entsetzen ergriff mich, wenn ich ihn nicht allein die Treppe heraufkommen, sondern auch meines Vaters Stubentür heftig aufreißen und hineintreten hörte. Manchmal blieb er lange weg, dann kam er öfter hintereinander. Jahrelang dauerte das, und nicht gewöhnen konnte ich mich an den unheimlichen Spuk, nicht bleicher wurde in mir das Bild des grausigen Sandmanns. Sein Umgang mit dem Vater fing an meine Fantasie immer mehr und mehr zu beschäftigen: den Vater darum zu befragen hielt mich eine unüberwindliche Scheu zurück, aber selbst – selbst das Geheimnis zu erforschen, den fabelhaften Sandmann zu sehen, dazu keimte mit den Jahren immer mehr die Lust in mir empor. Der Sandmann hatte mich auf die Bahn des Wunderbaren, Abenteuerlichen gebracht, das so schon leicht im kindlichen Gemüt sich einnistet. Nichts war mir lieber, als schauerliche Geschichten von Kobolten, Hexen, Däumlingen usw. zu hören oder zu lesen; aber obenan stand immer der Sandmann, den ich in den seltsamsten, abscheulichsten Gestalten überall auf Tische, Schränke und Wände mit Kreide, Kohle, hinzeichnete. Als ich zehn Jahre alt geworden, wies mich die Mutter aus der Kinderstube in ein Kämmerchen, das auf dem Korridor unfern von meines Vaters Zimmer lag. Noch immer mußten wir uns, wenn auf den Schlag neun Uhr sich jener Unbekannte im Hause hören ließ, schnell entfernen. In meinem Kämmerchen vernahm ich, wie er bei dem Vater hineintrat und bald darauf war es mir dann, als verbreite sich im Hause ein feiner seltsam riechender Dampf. Immer höher mit der Neugierde wuchs der Mut, auf irgend eine Weise des Sandmanns Bekanntschaft zu machen. Oft schlich ich schnell aus dem Kämmerchen auf den Korridor, wenn die Mutter vorübergegangen, aber nichts konnte ich erlauschen, denn immer war der Sandmann schon zur Türe hinein, wenn ich den Platz erreicht hatte, wo er mir sichtbar werden mußte. Endlich von unwiderstehlichem Drange getrieben, beschloß ich, im Zimmer des Vaters selbst mich zu verbergen und den Sandmann zu erwarten.

An des Vaters Schweigen, an der Mutter Traurigkeit merkte ich eines Abends, daß der Sandmann kommen werde; ich schützte daher große Müdigkeit vor, verließ schon vor neun Uhr das Zimmer und verbarg mich dicht neben der Türe in einen Schlupfwinkel. Die Haustür knarrte, durch den Flur ging es, langsamen, schweren, dröhnenden Schrittes nach der Treppe. Die Mutter eilte mit dem Geschwister mir vorüber. Leise – leise öffnete ich des Vaters Stubentür. Er saß, wie gewöhnlich, stumm und starr den Rücken der Türe zugekehrt, er bemerkte mich nicht, schnell war ich hinein und hinter der Gardine, die einem gleich neben der Türe stehenden offenen Schrank, worin meines Vaters Kleider hingen, vorgezogen war. – Näher – immer näher dröhnten die Tritte – es hustete und scharrte und brummte seltsam draußen. Das Herz bebte mir vor Angst und Erwartung. – Dicht, dicht vor der Türe ein scharfer Tritt – ein heftiger Schlag auf die Klinke, die Tür springt rasselnd auf! – Mit Gewalt mich ermannend gucke ich behutsam hervor. Der Sandmann steht mitten in der Stube vor meinem Vater, der helle Schein der Lichter brennt ihm ins Gesicht! – Der Sandmann, der fürchterliche Sandmann ist der alte Advokat Coppelius, der manchmal bei uns zu Mittage ißt!

Aber die gräßlichste Gestalt hätte mir nicht tieferes Entsetzen erregen können, als eben dieser Coppelius. – Denke Dir einen großen breitschultrigen Mann mit einem unförmlich dicken Kopf, erdgelbem Gesicht, buschigten grauen Augenbrauen, unter denen ein Paar grünliche Katzenaugen stechend hervorfunkeln, großer, starker über die Oberlippe gezogener Nase. Das schiefe Maul verzieht sich oft zum hämischen Lachen; dann werden auf den Backen ein paar dunkelrote Flecke sichtbar und ein seltsam zischender Ton fährt durch die zusammengekniffenen Zähne. Coppelius erschien immer in einem altmodisch zugeschnittenen aschgrauen Rocke, eben solcher Weste und gleichen Beinkleidern, aber dazu schwarze Strümpfe und Schuhe mit kleinen Steinschnallen. Die kleine Perücke reichte kaum bis über den Kopfwirbel heraus, die Kleblokken standen hoch über den großen roten Ohren und ein breiter verschlossener Haarbeutel starrte von dem Nacken weg, so daß man die silberne Schnalle sah, die die gefältelte Halsbinde schloß. Die ganze Figur war überhaupt widrig und abscheulich; aber vor allem waren uns Kindern seine großen knotigten, haarigten Fäuste zuwider, so daß wir, was er damit berührte, nicht mehr mochten. Das hatte er bemerkt und nun war es seine Freude, irgend ein Stückchen Kuchen, oder eine süße Frucht, die uns die gute Mutter heimlich auf den Teller gelegt, unter diesem, oder jenem Vorwande zu berühren, daß wir, helle Tränen in den Augen, die Näscherei, der wir uns erfreuen sollten, nicht mehr genießen mochten vor Ekel und Abscheu. Ebenso machte er es, wenn uns an Feiertagen der Vater ein klein Gläschen süßen Weins eingeschenkt hatte. Dann fuhr er schnell mit der Faust herüber, oder brachte wohl gar das Glas an die blauen Lippen und lachte recht teuflisch, wenn wir unsern Ärger nur leise schluchzend äußern durften. Er pflegte uns nur immer die kleinen Bestien zu nennen; wir durften, war er zugegen, keinen Laut von uns geben und verwünschten den häßlichen, feindlichen Mann, der uns recht mit Bedacht und Absicht auch die kleinste Freude verdarb. Die Mutter schien ebenso, wie wir, den widerwärtigen Coppelius zu hassen; denn sowie er sich zeigte, war ihr Frohsinn, ihr heiteres unbefangenes Wesen umgewandelt in traurigen, düstern Ernst. Der Vater betrug sich gegen ihn, als sei er ein höheres Wesen, dessen Unarten man dulden und das man auf jede Weise bei guter Laune erhalten müsse. Er durfte nur leise andeuten und Lieblingsgerichte wurden gekocht und seltene Weine kredenzt.

Als ich nun diesen Coppelius sah, ging es grausig und entsetzlich in meiner Seele auf, daß ja niemand anders, als er, der Sandmann sein könne, aber der Sandmann war mir nicht mehr jener Popanz aus dem Ammenmärchen, der dem Eulennest im Halbmonde Kinderaugen zur Atzung holt – nein! – ein häßlicher gespenstischer Unhold, der überall, wo er einschreitet, Jammer – Not – zeitliches, ewiges Verderben bringt.

Ich war fest gezaubert. Auf die Gefahr entdeckt, und, wie ich deutlich dachte, hart gestraft zu werden, blieb ich stehen, den Kopf lauschend durch die Gardine hervorgestreckt. Mein Vater empfing den Coppelius feierlich. »Auf! – zum Werk«, rief dieser mit heiserer, schnarrender Stimme und warf den Rock ab. Der Vater zog still und finster seinen Schlafrock aus und beide kleideten sich in lange schwarze Kittel. Wo sie *die* hernahmen, hatte ich übersehen. Der Vater öffnete die Flügeltür eines Wandschranks; aber ich sah, daß das, was ich solange dafür gehalten, kein Wandschrank, sondern vielmehr eine schwarze Höhlung war, in der ein kleiner Herd stand. Coppelius trat hinzu und eine blaue Flamme knisterte auf dem Herde empor. Allerlei seltsames Geräte stand umher. Ach Gott! – wie sich nun mein alter Vater zum Feuer herabbückte, da sah er ganz anders aus. Ein gräßlicher krampfhafter Schmerz schien seine sanften ehrlichen Züge zum häßlichen widerwärtigen Teufelsbilde verzogen zu haben. Er sah dem Coppelius ähnlich. Dieser schwang die glutrote Zange und holte damit hellblinkende

Massen aus dem dicken Qualm, die er dann emsig hämmerte. Mir war es als würden Menschengesichter ringsumher sichtbar, aber ohne Augen – scheußliche, tiefe schwarze Höhlen statt ihrer. »Augen her, Augen her!« rief Coppelius mit dumpfer dröhnender Stimme. Ich kreischte auf von wildem Entsetzen gewaltig erfaßt und stürzte aus meinem Versteck heraus auf den Boden. Da ergriff mich Coppelius, »kleine Bestie! – kleine Bestie!« meckerte er zähnfletschend! – riß mich auf und warf mich auf den Herd, daß die Flamme mein Haar zu sengen begann: »Nun haben wir Augen – Augen – ein schön Paar Kinderaugen.« So flüsterte Coppelius, und griff mit den Fäusten glutrote Körner aus der Flamme, die er mir in die Augen streuen wollte. Da hob mein Vater flehend die Hände empor und rief: »Meister! Meister! laß meinem Nathanael die Augen – laß sie ihm!« Coppelius lachte gellend auf und rief: »Mag denn der Junge die Augen behalten und sein Pensum flennen in der Welt; aber nun wollen wir doch den Mechanismus der Hände und der Füße recht observieren.« Und damit faßte er mich gewaltig, daß die Gelenke knackten, und schrob mir die Hände ab und die Füße und setzte sie bald hier, bald dort wieder ein. »'s steht doch überall nicht recht! 's gut so wie es war! – Der Alte hat's verstanden!« So zischte und lispelte Coppelius; aber alles um mich her wurde schwarz und finster, ein jäher Krampf durchzuckte Nerv und Gebein – ich fühlte nichts mehr. Ein sanfter warmer Hauch glitt über mein Gesicht, ich erwachte wie aus dem Todesschlaf, die Mutter hatte sich über mich hingebeugt. »Ist der Sandmann noch da?« stammelte ich. »Nein, mein liebes Kind, der ist lange, lange fort, der tut dir keinen Schaden!« – So sprach die Mutter und küßte und herzte den wiedergewonnenen Liebling.

Was soll ich Dich ermüden, mein herzlieber Lothar! was soll ich so weitläuftig einzelnes hererzählen, da noch so vieles zu sagen übrig bleibt? Genug! – ich war bei der Lauscherei entdeckt, und von Coppelius gemißhandelt worden. Angst und Schrecken hatten mir ein hitziges Fieber zugezogen, an dem ich mehrere Wochen krank lag. »Ist der Sandmann noch da?« – Das war mein erstes gesundes Wort und das Zeichen meiner Genesung, meiner Rettung. – Nur noch den schrecklichsten Moment meiner Jugendjahre darf ich Dir erzählen; dann wirst Du überzeugt sein, daß es nicht meiner Augen Blödigkeit ist, wenn mir nun alles farblos erscheint, sondern, daß ein dunkles Verhängnis wirklich einen trüben Wolkenschleier über mein Leben gehängt hat, den ich vielleicht nur sterbend zerreiße.

Coppelius ließ sich nicht mehr sehen, es hieß, er habe die Stadt verlassen.

Ein Jahr mochte vergangen sein, als wir der alten unveränderten Sitte gemäß abends an dem runden Tische saßen. Der Vater war sehr heiter und erzählte viel Ergötzliches von den Reisen, die er in seiner Jugend gemacht. Da hörten wir, als es neune schlug, plötzlich die Haustür in den Angeln knarren und langsame eisenschwere Schritte dröhnten durch den Hausflur die Treppe herauf. »Das ist Coppelius«, sagte meine Mutter erblassend. »Ja! – es ist Coppelius«, wiederholte der Vater mit matter gebrochener Stimme. Die Tränen stürzten der Mutter aus den Augen. »Aber Vater, Vater!« rief sie, »muß es denn so sein?« – »Zum letzten Male!« erwiderte dieser, »zum letzten Male kommt er zu mir, ich verspreche es dir. Geh nur, geh mit den Kindern! – Geht – geht zu Bette! Gute Nacht!«

Mir war es, als sei ich in schweren kalten Stein eingepreßt – mein Atem stockte! – Die Mutter ergriff mich beim Arm als ich unbeweglich stehen blieb: »Komm Nathanael, komme nur!« – Ich ließ mich fortführen, ich trat in meine Kammer. »Sei ruhig, sei ruhig, lege dich ins Bette! – schlafe – schlafe«, rief mir die Mutter nach; aber von unbeschreiblicher innerer Angst und Unruhe gequält, konnte ich kein Auge zutun. Der verhaßte abscheuliche Coppelius stand vor mir mit funkelnden Augen und lachte mich hämisch an, vergebens trachtete ich sein Bild los zu werden. Es mochte wohl schon Mitternacht sein, als ein entsetzlicher Schlag geschah, wie wenn ein Geschütz losgefeuert würde. Das ganze Haus erdröhnte, es rasselte und rauschte bei meiner Türe vorüber, die Haustüre wurde klirrend zugeworfen. »Das ist Coppelius!« rief ich entsetzt und sprang aus dem Bette. Da kreischte es auf in schneidendem trostlosen Jammer, fort stürzte ich nach des Vaters Zimmer, die Türe stand offen, erstickender Dampf quoll mir entgegen, das Dienstmädchen schrie: »Ach, der Herr! – der Herr!« – Vor dem dampfenden Herde auf dem Boden lag mein Vater tot mit schwarz verbranntem gräßlich verzerrtem Gesicht, um ihn herum heulten und winselten die Schwestern – die Mutter ohnmächtig daneben! – »Coppelius, verruchter Satan, du hast den Vater erschlagen!« – So schrie ich auf; mir vergingen die Sinne. Als man zwei Tage darauf meinen Vater in den Sarg legte, waren seine Gesichtszüge wieder mild und sanft geworden, wie sie im Leben waren. Tröstend ging es in meiner Seele auf, daß sein Bund mit dem teuflischen Coppelius ihn nicht ins ewige Verderben gestürzt haben könne.

Die Explosion hatte die Nachbarn geweckt, der Vorfall wurde ruchtbar und kam vor die Obrigkeit, welche den Coppelius zur

Verantwortung vorfordern wollte. Der war aber spurlos vom Orte verschwunden.

Wenn ich Dir nun sage, mein herzlieber Freund! daß jener Wetterglashändler eben der verruchte Coppelius war, so wirst Du mir es nicht verargen, daß ich die feindliche Erscheinung als schweres Unheil bringend deute. Er war anders gekleidet, aber Coppelius' Figur und Gesichtszüge sind zu tief in mein Innerstes eingeprägt, als daß hier ein Irrtum möglich sein sollte. Zudem hat Coppelius nicht einmal seinen Namen geändert. Er gibt sich hier, wie ich höre, für einen piemontesischen Mechanikus aus, und nennt sich Giuseppe Coppola.

Ich bin entschlossen es mit ihm aufzunehmen und des Vaters Tod zu rächen, mag es denn nun gehen wie es will.

Der Mutter erzähle nichts von dem Erscheinen des gräßlichen Unholds – Grüße meine liebe holde Clara, ich schreibe ihr in ruhigerer Gemütsstimmung. Lebe wohl etc. etc.

CLARA AN NATHANAEL

Wahr ist es, daß Du recht lange mir nicht geschrieben hast, aber dennoch glaube ich, daß Du mich in Sinn und Gedanken trägst. Denn meiner gedachtest Du wohl recht lebhaft, als Du Deinen letzten Brief an Bruder Lothar absenden wolltest und die Aufschrift, statt an ihn an mich richtetest. Freudig erbrach ich den Brief und wurde den Irrtum erst bei den Worten inne: »Ach mein herzlieber Lothar!« – Nun hätte ich nicht weiter lesen, sondern den Brief dem Bruder geben sollen. Aber, hast Du mir auch sonst manchmal in kindischer Neckerei vorgeworfen, ich hätte solch ruhiges, weiblich besonnenes Gemüt, daß ich wie jene Frau, drohe das Haus den Einsturz, noch vor schneller Flucht ganz geschwinde einen falschen Kniff in der Fenstergardine glattstreichen würde, so darf ich doch wohl kaum versichern, daß Deines Briefes Anfang mich tief erschütterte. Ich konnte kaum atmen, es flimmerte mir vor den Augen. – Ach, mein herzgeliebter Nathanael! was konnte so Entsetzliches in Dein Leben getreten sein! Trennung von Dir, Dich niemals wiedersehen, der Gedanke durchfuhr meine Brust wie ein glühender Dolchstich. – Ich las und las! – Deine Schilderung des widerwärtigen Coppelius ist gräßlich. Erst jetzt vernahm ich, wie Dein guter alter Vater solch entsetzlichen, gewaltsamen Todes starb. Bruder Lothar, dem ich sein Eigentum zustellte, suchte mich zu beruhigen, aber es gelang ihm schlecht. Der fatale

Wetterglashändler Giuseppe Coppola verfolgte mich auf Schritt und Tritt und beinahe schäme ich mich, es zu gestehen, daß er selbst meinen gesunden, sonst so ruhigen Schlaf in allerlei wunderlichen Traumgebilden zerstören konnte. Doch bald, schon den andern Tag, hatte sich alles anders in mir gestaltet. Sei mir nur nicht böse, mein Inniggeliebter, wenn Lothar Dir etwa sagen möchte, daß ich trotz Deiner seltsamen Ahnung, Coppelius werde Dir etwas Böses antun, ganz heitern unbefangenen Sinnes bin, wie immer.

Geradeheraus will ich es Dir nur gestehen, daß, wie ich meine, alles Entsetzliche und Schreckliche, wovon Du sprichst, nur in Deinem Innern vorging, die wahre wirkliche Außenwelt aber daran wohl wenig teilhatte. Widerwärtig genug mag der alte Coppelius gewesen sein, aber daß er Kinder haßte, das brachte in Euch Kindern wahren Abscheu gegen ihn hervor.

Natürlich verknüpfte sich nun in Deinem kindischen Gemüt der schreckliche Sandmann aus dem Ammenmärchen mit dem alten Coppelius, der Dir, glaubtest Du auch nicht an den Sandmann, ein gespenstischer, Kindern vorzüglich gefährlicher, Unhold blieb. Das unheimliche Treiben mit Deinem Vater zur Nachtzeit war wohl nichts anders, als daß beide insgeheim alchymistische Versuche machten, womit die Mutter nicht zufrieden sein konnte, da gewiß viel Geld unnütz verschleudert und obendrein, wie es immer mit solchen Laboranten der Fall sein soll, des Vaters Gemüt ganz von dem trügerischen Drange nach hoher Weisheit erfüllt, der Familie abwendig gemacht wurde. Der Vater hat wohl gewiß durch eigne Unvorsichtigkeit seinen Tod herbeigeführt, und Coppelius ist nicht schuld daran: Glaubst Du, daß ich den erfahrnen Nachbar Apotheker gestern frug, ob wohl bei chemischen Versuchen eine solche augenblicklich tötende Explosion möglich sei? Der sagte: »Ei allerdings« und beschrieb mir nach seiner Art gar weitläuftig und umständlich, wie das zugehen könne, und nannte dabei so viel sonderbar klingende Namen, die ich gar nicht zu behalten vermochte. – Nun wirst Du wohl unwillig werden über Deine Clara, Du wirst sagen: »In dies kalte Gemüt dringt kein Strahl des Geheimnisvollen, das den Menschen oft mit unsichtbaren Armen umfaßt; sie erschaut nur die bunte Oberfläche der Welt und freut sich, wie das kindische Kind über die goldgleißende Frucht, in deren Innern tödliches Gift verborgen.«

Ach mein herzgeliebter Nathanael! glaubst Du denn nicht, daß auch in heitern – unbefangenen – sorglosen Gemütern die Ahnung wohnen könne von einer dunklen Macht, die feindlich uns in unserm eignen Selbst zu verderben strebt? – Aber verzeih es mir, wenn ich einfältig Mädchen mich unterfange, auf irgend eine Weise Dir anzudeuten, was ich eigentlich von solchem Kampfe im Innern glaube. – Ich finde wohl gar am Ende nicht die rechten Worte und Du lachst mich aus, nicht, weil ich was Dummes meine, sondern weil ich mich so ungeschickt anstelle, es zu sagen.

Gibt es eine dunkle Macht, die so recht feindlich und verräterisch einen Faden in unser Inneres legt, woran sie uns dann festpackt und fortzieht auf einem gefahrvollen verderblichen Wege, den wir sonst nicht betreten haben würden – gibt es eine solche Macht, so muß sie in uns sich, wie wir selbst gestalten, ja unser Selbst werden; denn nur *so* glauben wir an sie und räumen ihr den Platz ein, dessen sie bedarf, um jenes geheime Werk zu vollbringen. Haben wir festen, durch das heitre Leben gestärkten, Sinn genug, um fremdes feindliches Einwirken als solches stets zu erkennen und den Weg, in den uns Neigung und Beruf geschoben, ruhigen Schrittes zu verfolgen, so geht wohl jene unheimliche Macht unter in dem vergeblichen Ringen nach der Gestaltung, die unser eignes Spiegelbild sein sollte. Es ist auch gewiß, fügt Lothar hinzu, daß die dunkle psychische Macht, haben wir uns durch uns selbst ihr hingegeben, oft fremde Gestalten, die die Außenwelt uns in den Weg wirft, in unser Inneres hineinzieht, so, daß wir selbst nur den Geist entzünden, der, wie wir in wunderlicher Täuschung glauben, aus jener Gestalt spricht. Es ist das Phantom unseres eigenen Ichs, dessen innige Verwandtschaft und dessen tiefe Einwirkung auf unser Gemüt uns in die Hölle wirft, oder in den Himmel verzückt. – Du merkst, mein herzlieber Nathanael! daß wir, ich und Bruder Lothar uns recht über die Materie von dunklen Mächten und Gewalten ausgesprochen haben, die mir nun, nachdem ich nicht ohne Mühe das Hauptsächlichste aufgeschrieben, ordentlich tiefsinnig vorkommt. Lothars letzte Worte verstehe ich nicht ganz, ich ahne nur, was er meint, und doch ist es mir, als sei alles sehr wahr. Ich bitte Dich, schlage Dir den häßlichen Advokaten Coppelius und den Wetterglasmann Giuseppe Coppola ganz aus dem Sinn. Sei überzeugt, daß diese fremden Gestalten nichts über Dich vermögen; nur der Glaube an ihre feindliche Gewalt kann sie Dir in der Tat feindlich machen. Spräche nicht aus jeder Zeile Deines Briefes die tiefste Aufregung Deines Gemüts, schmerzte mich nicht Dein Zustand recht in innerster Seele, wahrhaftig, ich könnte über den Advokaten Sandmann und den Wetterglashändler Coppelius scherzen. Sei heiter – heiter! – Ich habe mir vorgenommen, bei Dir zu erscheinen, wie Dein Schutzgeist, und den häßlichen Coppola, sollte er es sich etwa beikommen lassen,

Dir im Traum beschwerlich zu fallen, mit lautem Lachen fortzubannen. Ganz und gar nicht fürchte ich mich vor ihm und vor seinen garstigen Fäusten, er soll mir weder als Advokat eine Näscherei, noch als Sandmann die Augen verderben.

Ewig, mein herzinnigstgeliebter Nathanael etc. etc. etc.

NATHANAEL AN LOTHAR

Sehr unlieb ist es mir, daß Clara neulich den Brief an Dich aus, freilich durch meine Zerstreutheit veranlaßtem, Irrtum erbrach und las. Sie hat mir einen sehr tiefsinnigen philosophischen Brief geschrieben, worin sie ausführlich beweiset, daß Coppelius und Coppola nur in meinem Innern existieren und Phantome meines Ichs sind, die augenblicklich zerstäuben, wenn ich sie als solche erkenne. In der Tat, man sollte gar nicht glauben, daß der Geist, der aus solch hellen holdlächelnden Kindesaugen, oft wie ein lieblicher süßer Traum, hervorleuchtet, so gar verständig, so magistermäßig distinguieren könne. Sie beruft sich auf Dich. Ihr habt über mich gesprochen. Du liesest ihr wohl logische Kollegia, damit sie alles fein sichten und sondern lerne. – Laß das bleiben! – Übrigens ist es wohl gewiß, daß der Wetterglashändler Giuseppe Coppola keinesweges der alte Advokat Coppelius ist. Ich höre bei dem erst neuerdings angekommenen Professor der Physik, der, wie jener berühmte Naturforscher, Spalanzani heißt und italienischer Abkunft ist, Kollegia. Der kennt den Coppola schon seit vielen Jahren und überdem hört man es auch seiner Aussprache an, daß er wirklich Piemonteser ist. Coppelius war ein Deutscher, aber wie mich dünkt, kein ehrlicher. Ganz beruhigt bin ich nicht. Haltet Ihr, Du und Clara, mich immerhin für einen düstern Träumer, aber nicht los kann ich den Eindruck werden, den Coppelius' verfluchtes Gesicht auf mich macht. Ich bin froh, daß er fort ist aus der Stadt, wie mir Spalanzani sagt. Dieser Professor ist ein wunderlicher Kauz. Ein kleiner rundlicher Mann, das Gesicht mit starken Backenknochen, feiner Nase, aufgeworfenen Lippen, kleinen stechenden Augen. Doch besser, als in jeder Beschreibung, siehst Du ihn, wenn Du den Cagliostro, wie er von Chodowiecki in irgend einem Berlinischen Taschenkalender steht, anschauest. – So sieht Spalanzani aus. – Neulich steige ich die Treppe herauf und nehme wahr, daß die sonst einer Glastüre dicht vorgezogene Gardine zur Seite einen kleinen Spalt läßt. Selbst weiß ich nicht, wie ich dazu kam, neugierig durchzublicken. Ein hohes, sehr schlank im reinsten Ebenmaß gewachsenes, herrlich gekleidetes Frauenzimmer saß im Zimmer vor einem kleinen Tisch, auf den sie beide Ärme, die Hände zusammengefaltet, gelegt hatte. Sie saß der Türe gegenüber, so, daß ich ihr engelschönes Gesicht ganz erblickte. Sie schien mich nicht zu bemerken, und überhaupt hatten ihre Augen etwas Starres, beinahe möcht ich sagen, keine Sehkraft, es war mir so, als schliefe sie mit offnen Augen. Mir wurde ganz unheimlich und deshalb schlich ich leise fort ins Auditorium, das daneben gelegen. Nachher erfuhr ich, daß die Gestalt, die ich gesehen, Spalanzanis Tochter, Olimpia war, die er sonderbarer und schlechter Weise einsperrt, so, daß durchaus kein Mensch in ihre Nähe kommen darf. – Am Ende hat es eine Bewandtnis mit ihr, sie ist vielleicht blödsinnig oder sonst. – Weshalb schreibe ich Dir aber das alles? Besser und ausführlicher hätte ich Dir das mündlich erzählen können. Wisse nämlich, daß ich über vierzehn Tage bei Euch bin. Ich muß mein süßes liebes Engelsbild, meine Clara, wiedersehen. Weggehaucht wird dann die Verstimmung sein, die sich (ich muß das gestehen) nach dem fatalen verständigen Briefe meiner bemeistern wollte. Deshalb schreibe ich auch heute nicht an sie.

Tausend Grüße etc. etc. etc.

Seltsamer und wunderlicher kann nichts erfunden werden, als dasjenige ist, was sich mit meinem armen Freunde, dem jungen Studenten Nathanael, zugetragen, und was ich dir, günstiger Leser! zu erzählen unternommen. Hast du, Geneigtester! wohl jemals etwas erlebt, das deine Brust, Sinn und Gedanken ganz und gar erfüllte, alles andere daraus verdrängend? Es gärte und kochte in dir, zur siedenden Glut entzündet sprang das Blut durch die Adern und färbte höher deine Wangen. Dein Blick war so seltsam als wolle er Gestalten, keinem andern Auge sichtbar, im leeren Raum erfassen und die Rede zerfloß in dunkle Seufzer. Da frugen dich die Freunde: »Wie ist Ihnen, Verehrter? – Was haben Sie, Teurer?« Und nun wolltest du das innere Gebilde mit allen glühenden Farben und Schatten und Lichtern aussprechen und mühtest dich ab, Worte zu finden, um nur anzufangen. Aber es war dir, als müßtest du nun gleich im ersten Wort alles Wunderbare, Herrliche, Entsetzliche, Lustige, Grauenhafte, das sich zugetragen, recht zusammengreifen, so daß es, wie ein elektrischer Schlag, alle treffe. Doch jedes Wort, alles was Rede vermag, schien dir farblos und frostig und tot. Du suchst und suchst, und stotterst und stammelst, und die nüchternen Fragen der Freunde schlagen, wie eisige Windeshauche, hinein in deine innere Glut, bis die verlöschen will. Hattest du aber, wie ein kecker Maler, erst mit einigen verwegenen Strichen, den Umriß deines innern Bildes hingeworfen, so trugst du mit leichter Mühe immer glühender und glühender die Farben auf und das lebendige Gewühl mannigfacher Gestalten riß die Freunde fort und sie sahen, wie du, sich selbst mitten im Bilde, das aus deinem Gemüt hervorgegangen! – Mich hat, wie ich es dir, geneigter Leser! gestehen muß, eigentlich niemand nach der Geschichte des jungen Nathanael gefragt; du weißt ja aber wohl, daß ich zu dem wunderlichen Geschlechte der Autoren gehöre, denen, tragen sie etwas so in sich, wie ich es vorhin beschrieben, so zumute wird, als frage jeder, der in ihre Nähe kommt und nebenher auch wohl noch die ganze Welt: »Was ist es denn? Erzählen Sie Liebster?« – So trieb es mich denn gar gewaltig, von Nathanaels verhängnisvollem Leben zu dir zu sprechen. Das Wunderbare, Seltsame davon erfüllte meine ganze Seele, aber eben deshalb und weil ich dich, o mein Leser! gleich geneigt machen mußte, Wunderliches zu ertragen, welches nichts Geringes ist, quälte ich mich ab, Nathanaels Geschichte, bedeutend – originell, ergreifend, anzufangen: »Es war einmal« – der schönste Anfang jeder Erzählung, zu nüchtern! – »In der kleinen Provinzialstadt S. lebte« – etwas besser, wenigstens ausholend zum Klimax. – Oder gleich medias in res: »›Scher er sich zum Teufel‹, rief, Wut und Entsetzen im wilden Blick, der Student Nathanael, als der Wetterglashändler Giuseppe Coppola« – Das hatte ich in der Tat schon aufgeschrieben, als ich in dem wilden Blick des Studenten Nathanael etwas Possierliches zu verspüren glaubte; die Geschichte ist aber gar nicht spaßhaft. Mir kam keine Rede in den Sinn, die nur im mindesten etwas von dem Farbenglanz des innern Bildes abzuspiegeln schien. Ich beschloß gar nicht anzufangen. Nimm, geneigter Leser! die drei Briefe, welche Freund Lothar mir gütigst mitteilte, für den Umriß des Gebildes, in das ich nun erzählend immer mehr und mehr Farbe hineinzutragen mich bemühen werde. Vielleicht gelingt es mir, manche Gestalt, wie ein guter Porträtmaler, so aufzufassen, daß du es ähnlich findest, ohne das Original zu kennen, ja daß es dir ist, als hättest du die Person recht oft schon mit leibhaftigen Augen gesehen. Vielleicht wirst du, o mein Leser! dann glauben, daß nichts wunderlicher und toller sei, als das wirkliche Leben und daß dieses der Dichter doch nur, wie in eines matt geschliffnen Spiegels dunklem Widerschein, auffassen könne.

Damit klarer werde, was gleich anfangs zu wissen nötig, ist jenen Briefen noch hinzuzufügen, daß bald darauf, als Nathanaels

Vater gestorben, Clara und Lothar, Kinder eines weitläuftigen Verwandten, der ebenfalls gestorben und sie verwaist nachgelassen, von Nathanaels Mutter ins Haus genommen wurden. Clara und Nathanael faßten eine heftige Zuneigung zueinander, wogegen kein Mensch auf Erden etwas einzuwenden hatte; sie waren daher Verlobte, als Nathanael den Ort verließ um seine Studien in G. – fortzusetzen. Da ist er nun in seinem letzten Brief und hört Kollegia bei dem berühmten Professor Physices, Spalanzani.

Nun könnte ich getrost in der Erzählung fortfahren; aber in dem Augenblick steht Claras Bild so lebendig mir vor Augen, daß ich nicht wegschauen kann, so wie es immer geschah, wenn sie mich holdlächelnd anblickte. – Für schön konnte Clara keinesweges gelten; das meinten alle, die sich von Amtswegen auf Schönheit verstehen. Doch lobten die Architekten die reinen Verhältnisse ihres Wuchses, die Maler fanden Nacken, Schultern und Brust beinahe zu keusch geformt, verliebten sich dagegen sämtlich in das wunderbare Magdalenenhaar und faselten überhaupt viel von Battonischem Kolorit. Einer von ihnen, ein wirklicher Fantast, verglich aber höchstseltsamer Weise Claras Augen mit einem See von Ruisdael, in dem sich des wolkenlosen Himmels reines Azur, Wald- und Blumenflur, der reichen Landschaft ganzes buntes, heitres Leben spiegelt. Dichter und Meister gingen aber weiter und sprachen: »Was See – was Spiegel! – Können wir denn das Mädchen anschauen, ohne daß uns aus ihrem Blick wunderbare himmlische Gesänge und Klänge entgegenstrahlen, die in unser Innerstes dringen, daß da alles wach und rege wird? Singen wir selbst dann nichts wahrhaft Gescheutes, so ist überhaupt nicht viel an uns und das lesen wir denn auch deutlich in dem um Claras Lippen schwebenden feinen Lächeln, wenn wir uns unterfangen, ihr etwas vorzuquinkelieren, das so tun will als sei es Gesang, unerachtet nur einzelne Töne verworren durcheinander springen.« Es war dem so. Clara hatte die lebenskräftige Fantasie des heitern unbefangenen, kindischen Kindes, ein tiefes weiblich zartes Gemüt, einen gar hellen scharf sichtenden Verstand. Die Nebler und Schwebler hatten bei ihr böses Spiel; denn ohne zu viel zu reden, was überhaupt in Claras schweigsamer Natur nicht lag, sagte ihnen der helle Blick, und jenes feine ironische Lächeln: Lieben Freunde! wie möget ihr mir denn zumuten, daß ich eure verfließende Schattengebilde für wahre Gestalten ansehen soll, mit Leben und Regung? – Clara wurde deshalb von vielen kalt, gefühllos, prosaisch gescholten; aber andere, die das Leben in klarer Tiefe aufgefaßt, liebten ungemein das gemütvolle, verständige, kindliche Mädchen, doch keiner so sehr, als Nathanael, der sich in Wissenschaft und Kunst kräftig und heiter bewegte. Clara hing an dem Geliebten mit ganzer Seele; die ersten Wolkenschatten zogen durch ihr Leben, als er sich von ihr trennte. Mit welchem Entzücken flog sie in seine Arme, als er nun, wie er im letzten Briefe an Lothar es verheißen, wirklich in seiner Vaterstadt ins Zimmer der Mutter eintrat. Es geschah so wie Nathanael geglaubt; denn in dem Augenblick, als er Clara widersah, dachte er weder an den Advokaten Coppelius, noch an Claras verständigen Brief, jede Verstimmung war verschwunden.

Recht hatte aber Nathanael doch, als er seinem Freunde Lothar schrieb, daß des widerwärtigen Wetterglashändlers Coppola Gestalt recht feindlich in sein Leben getreten sei. Alle fühlten das, da Nathanael gleich in den ersten Tagen in seinem ganzen Wesen durchaus verändert sich zeigte. Er versank in düstre Träumereien, und trieb es bald so seltsam, wie man es niemals von ihm gewohnt gewesen. Alles, das ganze Leben war ihm Traum und Ahnung geworden; immer sprach er davon, wie jeder Mensch, sich frei wähnend, nur dunklen Mächten zum grausamen Spiel diene, vergeblich lehne man sich dagegen auf, demütig müsse man sich dem fügen, was das Schicksal verhängt habe. Er ging so weit, zu behaupten, daß es töricht sei, wenn man glaube, in Kunst und Wissenschaft nach selbsttätiger Willkür zu schaffen; denn die Begeisterung, in der man nur zu schaffen fähig sei, komme nicht aus dem eignen Innern, sondern sei das Einwirken irgend eines außer uns selbst liegenden höheren Prinzips.

Der verständigen Clara war diese mystische Schwärmerei im höchsten Grade zuwider, doch schien es vergebens, sich auf Widerlegung einzulassen. Nur dann, wenn Nathanael bewies, daß Coppelius das böse Prinzip sei, was ihn in dem Augenblick erfaßt habe, als er hinter dem Vorhange lauschte, und daß dieser widerwärtige *Dämon* auf entsetzliche Weise ihr Liebesglück stören werde, da wurde Clara sehr ernst und sprach: »Ja Nathanael! du hast recht, Coppelius ist ein böses feindliches Prinzip, er kann Entsetzliches wirken, wie eine teuflische Macht, die sichtbarlich in das Leben trat, aber nur dann, wenn du ihn nicht aus Sinn und Gedanken verbannst. Solange du an ihn glaubst, *ist* er auch und wirkt, nur dein Glaube ist seine Macht.« – Nathanael, ganz erzürnt, daß Clara die Existenz des *Dämons* nur in seinem eignen Innern statuiere, wollte dann hervorrücken mit der ganzen mystischen Lehre von Teufeln und grausen Mächten, Clara brach aber verdrüßlich ab, indem sie irgend etwas Gleichgültiges dazwischen schob, zu

Nathanaels nicht geringem Ärger. *Der* dachte, kalten unempfänglichen Gemütern verschließen sich solche tiefe Geheimnisse, ohne sich deutlich bewußt zu sein, daß er Clara eben zu solchen untergeordneten Naturen zähle, weshalb er nicht abließ mit Versuchen, sie in jene Geheimnisse einzuweihen. Am frühen Morgen, wenn Clara das Frühstück bereiten half, stand er bei ihr und las ihr aus allerlei mystischen Büchern vor, daß Clara bat: »Aber lieber Nathanael, wenn ich *dich* nun das böse Prinzip schelten wollte, das feindlich auf meinen Kaffee wirkt? – Denn, wenn ich, wie du es willst, alles stehen und liegen lassen und dir, indem du liesest, in die Augen schauen soll, so läuft mir der Kaffee ins Feuer und ihr bekommt alle kein Frühstück!« – Nathanael klappte das Buch heftig zu und rannte voll Unmut fort in sein Zimmer. Sonst hatte er eine besondere Stärke in anmutigen, lebendigen Erzählungen, die er aufschrieb, und die Clara mit dem innigsten Vergnügen anhörte, jetzt waren seine Dichtungen düster, unverständlich, gestaltlos, so daß, wenn Clara schonend es auch nicht sagte, er doch wohl fühlte, wie wenig sie davon angesprochen wurde. Nichts war für Clara tötender, als das Langweilige; in Blick und Rede sprach sich dann ihre nicht zu besiegende geistige Schläfrigkeit aus. Nathanaels Dichtungen waren in der Tat sehr langweilig. Sein Verdruß über Claras kaltes prosaisches Gemüt stieg höher, Clara konnte ihren Unmut über Nathanaels dunkle, düstere, langweilige Mystik nicht überwinden, und so entfernten beide im Innern sich immer mehr voneinander, ohne es selbst zu bemerken. Die Gestalt des häßlichen Coppelius war, wie Nathanael selbst es sich gestehen mußte, in seiner Fantasie erbleicht und es kostete ihm oft Mühe, ihn in seinen Dichtungen, wo er als grauser Schicksalspopanz auftrat, recht lebendig zu kolorieren. Es kam ihm endlich ein, jene düstre Ahnung, daß Coppelius sein Liebesglück stören werde, zum Gegenstande eines Gedichts zu machen. Er stellte sich und Clara dar, in treuer Liebe verbunden, aber dann und wann war es, als griffe eine schwarze Faust in ihr Leben und risse irgend eine Freude heraus, die ihnen aufgegangen. Endlich, als sie schon am Traualtar stehen, erscheint der entsetzliche Coppelius und berührt Claras holde Augen; *die* springen in Nathanaels Brust wie blutige Funken sengend und brennend, Coppelius faßt ihn und wirft ihn in einen flammenden Feuerkreis, der sich dreht mit der Schnelligkeit des Sturmes und ihn sausend und brausend fortreißt. Es ist ein Tosen, als wenn der Orkan grimmig hineinpeitscht in die schäumenden Meereswellen, die sich wie schwarze, weißhauptige Riesen emporbäumen in wütendem Kampfe. Aber durch dies wilde

Tosen hört er Claras Stimme: »Kannst du mich denn nicht erschauen? Coppelius hat dich getäuscht, das waren ja nicht meine Augen, die so in deiner Brust brannten, das waren ja glühende Tropfen deines eignen Herzbluts – ich habe ja meine Augen, sieh mich doch nur an!« – Nathanael denkt: Das ist Clara, und ich bin ihr eigen ewiglich. – Da ist es, als faßt der Gedanke gewaltig in den Feuerkreis hinein, daß er stehen bleibt, und im schwarzen Abgrund verrauscht dumpf das Getöse. Nathanael blickt in Claras Augen; aber es ist der Tod, der mit Claras Augen ihn freundlich anschaut.

Während Nathanael dies dichtete, war er sehr ruhig und besonnen, er feilte und besserte an jeder Zeile und da er sich dem metrischen Zwange unterworfen, ruhte er nicht, bis alles rein und wohlklingend sich fügte. Als er jedoch nun endlich fertig worden, und das Gedicht für sich laut las, da faßte ihn Grausen und wildes Entsetzen und er schrie auf: »Wessen grauenvolle Stimme ist das?« – Bald schien ihm jedoch das Ganze wieder nur eine sehr gelungene Dichtung, und es war ihm, als müsse Claras kaltes Gemüt dadurch entzündet werden, wiewohl er nicht deutlich dachte, wozu denn Clara entzündet, und wozu es denn nun eigentlich führen solle, sie mit den grauenvollen Bildern zu ängstigen, die ein entsetzliches, ihre Liebe zerstörendes Geschick weissagten. Sie, Nathanael und Clara, saßen in der Mutter kleinem Garten, Clara war sehr heiter, weil Nathanael sie seit drei Tagen, in denen er an jener Dichtung schrieb, nicht mit seinen Träumen und Ahnungen geplagt hatte. Auch Nathanael sprach lebhaft und froh von lustigen Dingen wie sonst, so, daß Clara sagte: »Nun erst habe ich dich ganz wieder, siehst du es wohl, wie wir den häßlichen Coppelius vertrieben haben?« Da fiel dem Nathanael erst ein, daß er ja die Dichtung in der Tasche trage, die er habe vorlesen wollen. Er zog auch sogleich die Blätter hervor und fing an zu lesen: Clara, etwas Langweiliges wie gewöhnlich vermutend und sich darein ergebend, fing an, ruhig zu stricken. Aber so wie immer schwärzer und schwärzer das düstre Gewölk aufstieg, ließ sie den Strickstrumpf sinken und blickte starr dem Nathanael ins Auge. *Den* riß seine Dichtung unaufhaltsam fort, hochrot färbte seine Wangen die innere Glut, Tränen quollen ihm aus den Augen. – Endlich hatte er geschlossen, er stöhnte in tiefer Ermattung – er faßte Claras Hand und seufzte wie aufgelöst in trostlosem Jammer: »Ach! – Clara – Clara!« – Clara drückt ihn sanft an ihren Busen und sagte leise, aber sehr langsam und ernst: »Nathanael – mein herzlieber Nathanael! – wirf das tolle – unsinnige – wahnsinnige Märchen ins Feuer.« Da sprang Nathanael entrüstet auf und rief, Clara von sich stoßend: »Du lebloses, verdammtes Automat!« Er rannte fort, bittre Tränen vergoß die tief verletzte Clara: »Ach er hat mich niemals geliebt, denn er versteht mich nicht«, schluchzte sie laut. – Lothar trat in die Laube; Clara mußte ihm erzählen was vorgefallen; er liebte seine Schwester mit ganzer Seele, jedes Wort ihrer Anklage fiel wie ein Funke in sein Inneres, so, daß der Unmut, den er wider den träumerischen Nathanael lange im Herzen getragen, sich entzündete zum wilden Zorn. Er lief zu Nathanael, er warf ihm das unsinnige Betragen gegen die geliebte Schwester in harten Worten vor, die der aufbrausende Nathanael ebenso erwiderte. Ein fantastischer, wahnsinniger Geck wurde mit einem miserablen, gemeinen Alltagsmenschen erwidert. Der Zweikampf war unvermeidlich. Sie beschlossen, sich am folgenden Morgen hinter dem Garten nach dortiger akademischer Sitte mit scharfgeschliffenen Stoßrapieren zu schlagen. Stumm und finster schlichen sie umher, Clara hatte den heftigen Streit gehört und gesehen, daß der Fechtmeister in der Dämmerung die Rapiere brachte. Sie ahnte was geschehen sollte. Auf dem Kampfplatz angekommen hatten Lothar und Nathanael soeben düsterschweigend die Röcke abgeworfen, blutdürstige Kampflust im brennenden Auge wollten sie gegeneinander ausfallen, als Clara durch die Gartentür herbeistürzte. Schluchzend rief sie laut: »Ihr wilden entsetzlichen Menschen! – stoßt mich nur gleich nieder, ehe ihr euch anfallt; denn wie soll ich denn länger leben auf der Welt, wenn der Geliebte den Bruder, oder wenn der Bruder den Geliebten ermordet hat!« – Lothar ließ die Waffe sinken und sah schweigend zur Erde nieder, aber in Nathanaels Innern ging in herzzerreißender Wehmut alle Liebe wieder auf, wie er sie jemals in der herrlichen Jugendzeit schönsten Tagen für die holde Clara empfunden. Das Mordgewehr entfiel seiner Hand, er stürzte zu Claras Füßen. »Kannst du mir denn jemals verzeihen, du meine einzige, meine herzgeliebte Clara! – Kannst du mir verzeihen, mein herzlieber Bruder Lothar!« – Lothar wurde gerührt von des Freundes tiefem Schmerz; unter tausend Tränen umarmten sich die drei versöhnten Menschen und schwuren, nicht voneinander zu lassen in steter Liebe und Treue.

Dem Nathanael war es zumute, als sei eine schwere Last, die ihn zu Boden gedrückt, von ihm abgewälzt, ja als habe er, Widerstand leistend der finstern Macht, die ihn befangen, sein ganzes Sein, dem Vernichtung drohte, gerettet. Noch drei selige Tage verlebte er bei den Lieben, dann kehrte er zurück nach G., wo er noch ein Jahr zu bleiben, dann aber auf immer nach seiner Vaterstadt zurückzukehren gedachte.

Der Mutter war alles, was sich auf Coppelius bezog, verschwiegen worden; denn man wußte, daß sie nicht ohne Entsetzen an ihn denken konnte, weil sie, wie Nathanael, ihm den Tod ihres Mannes schuld gab.

Wie erstaunte Nathanael, als er in seine Wohnung wollte und sah, daß das ganze Haus niedergebrannt war, so daß aus dem Schutthaufen nur die nackten Feuermauern hervorragten. Unerachtet das Feuer in dem Laboratorium des Apothekers, der im untern Stocke wohnte, ausgebrochen war, das Haus daher von unten herauf gebrannt hatte, so war es doch den kühnen, rüstigen Freunden gelungen, noch zu rechter Zeit in Nathanaels im obern Stock gelegenes Zimmer zu dringen, und Bücher, Manuskripte, Instrumente zu retten. Alles hatten sie unversehrt in ein anderes Haus getragen, und dort ein Zimmer in Beschlag genommen, welches Nathanael nun sogleich bezog. Nicht sonderlich achtete er darauf, daß er dem Professor Spalanzani gegenüber wohnte, und ebensowenig schien es ihm etwas Besonderes, als er bemerkte, daß er aus seinem Fenster gerade hinein in das Zimmer blickte, wo oft Olimpia einsam saß, so, daß er ihre Figur deutlich erkennen konnte, wiewohl die Züge des Gesichts undeutlich und verworren blieben. Wohl fiel es ihm endlich auf, daß Olimpia oft stundenlang in derselben Stellung, wie er sie einst durch die Glastüre entdeckte, ohne irgend eine Beschäftigung an einem kleine Tische saß und daß sie offenbar unverwandten Blickes nach ihm herüberschaute; er mußte sich auch selbst gestehen, daß er nie einen schöneren Wuchs gesehen; indessen, Clara im Herzen, blieb ihm die steife, starre Olimpia höchst gleichgültig und nur zuweilen sah er flüchtig über sein Kompendium herüber nach der schönen Bildsäule, das war alles. – Eben schrieb er an Clara, als es leise an die Türe klopfte; sie öffnete sich auf seinen Zuruf und Coppolas widerwärtiges Gesicht sah hinein. Nathanael fühlte sich im Innersten erbeben; eingedenk dessen, was ihm Spalanzani über den Landsmann Coppola gesagt und was er auch rücksichts des Sandmanns Coppelius der Geliebten so heilig versprochen, schämte er sich aber selbst seiner kindischen Gespensterfurcht, nahm sich mit aller Gewalt zusammen und sprach so sanft und gelassen, als möglich: »Ich kaufe kein Wetterglas, mein lieber Freund! gehen Sie nur!« Da trat aber Coppola vollends in die Stube und sprach mit heiserem Ton, indem sich das weite Maul zum häßlichen Lachen verzog und die kleinen Augen unter den grauen langen Wimpern stechend hervorfunkelten: »Ei, nix Wetterglas, nix Wetterglas! – hab auch sköne Oke – sköne Oke!« – Entsetzt rief Nathanael: »Toller Mensch, wie kannst du Augen haben? – Augen – Augen? –« Aber in dem Augenblick hatte Coppola seine Wettergläser beiseite gesetzt, griff in die weiten Rocktaschen und holte Lorgnetten und Brillen heraus, die er auf den Tisch legte. – »Nu – Nu – Brill – Brill auf der Nas su setze, das sein meine Oke – sköne Oke!« – Und damit holte er immer mehr und mehr Brillen heraus, so, daß es auf dem ganzen Tisch seltsam zu flimmern und funkeln begann. Tausend Augen blickten und zuckten krampfhaft und starrten auf zum Nathanael; aber er konnte nicht wegschauen von dem Tisch, und immer mehr Brillen legte Coppola hin, und immer wilder und wilder sprangen flammende Blicke durcheinander und schossen ihre blutrote Strahlen in Nathanaels Brust. Übermannt von tollem Entsetzen schrie er auf: »Halt ein! halt ein, fürchterlicher Mensch!« – Er hatte Coppola, der eben in die Tasche griff, um noch mehr Brillen herauszubringen, unerachtet schon der ganze Tisch überdeckt war, beim Arm festgepackt. Coppola machte sich mit heiserem widrigen Lachen sanft los und mit den Worten: »Ah! – nix für Sie – aber hier sköne Glas« – hatte er alle Brillen zusammengerafft, eingesteckt und aus der Seitentasche des Rocks eine Menge großer und kleiner Perspektive hervorgeholt. Sowie die Brillen fort waren, wurde Nathanael ganz ruhig und an Clara denkend sah er wohl ein, daß der entsetzliche Spuk nur aus seinem Innern hervorgegangen, sowie daß Coppola ein höchst ehrlicher Mechanikus und Optikus, keineswegs aber Coppelii verfluchter Doppeltgänger und Revenant sein könne. Zudem hatten alle Gläser, die Coppola nun auf den Tisch gelegt, gar nichts Besonderes, am wenigsten so etwas Gespenstisches wie die Brillen und, um alles wieder gutzumachen, beschloß Nathanael dem Coppola jetzt wirklich etwas abzukaufen. Er ergriff ein kleines sehr sauber gearbeitetes Taschenperspektiv und sah, um es zu prüfen, durch das Fenster. Noch im Leben war ihm kein Glas vorgekommen, das die Gegenstände so rein, scharf und deutlich dicht vor die Augen rückte. Unwillkürlich sah er hinein in Spalanzanis Zimmer; Olimpia saß, wie gewöhnlich, vor dem kleinen Tisch, die Ärme darauf gelegt, die Hände gefaltet. – Nun erschaute Nathanael erst Olimpias wunderschön geformtes Gesicht. Nur die Augen schienen ihm gar seltsam starr und tot. Doch wie er immer schärfer und schärfer durch das Glas hinschaute, war es, als gingen in Olimpias Augen feuchte Mondesstrahlen auf. Es schien, als wenn nun erst die Sehkraft entzündet würde; immer lebendiger und lebendiger flammten die Blicke. Nathanael lag wie festgezaubert im Fenster, immer fort und fort die himmlisch-schöne Olimpia betrachtend. Ein Räuspern und Scharren weckte ihn, wie aus tiefem Traum. Coppola stand hinter ihm: »Tre Zechini – drei Dukat« – Nathanael hatte den Optikus rein vergessen, rasch zahlte er das Verlangte. »Nick so? – sköne Glas – sköne Glas!« frug Coppola mit seiner widerwärtigen heisern Stimme und dem hämischen Lächeln. »Ja ja, ja!« erwiderte Nathanael verdrießlich. »Adieu, lieber Freund!« – Coppola verließ nicht ohne viele seltsame Seitenblicke auf Nathanael, das Zimmer. Er hörte ihn auf der Treppe laut lachen. »Nun ja«, meinte Nathanael, »er lacht mich aus, weil ich ihm das kleine Perspektiv gewiß viel zu teuer bezahlt habe – zu teuer bezahlt!« – Indem er diese Worte leise sprach, war es, als halle ein tiefer Todesseufzer grauenvoll durch das Zimmer, Nathanaels Atem stockte vor innerer Angst. – Er hatte ja aber selbst so aufgeseufzt, das merkte er wohl. »Clara«, sprach er zu sich selber, »hat wohl recht, daß sie mich für einen abgeschmackten Geisterseher hält; aber närrisch ist es doch – ach wohl mehr, als närrisch, daß mich der dumme Gedanke, ich hätte das Glas dem Coppola zu teuer bezahlt, noch jetzt so sonderbar ängstigt; den Grund davon sehe ich gar nicht ein.« – Jetzt setzte er sich hin, um den Brief an Clara zu enden, aber ein Blick durchs Fenster überzeugte ihn, daß Olimpia noch dasäße und im Augenblick, wie von unwiderstehlicher Gewalt getrieben, sprang er auf, ergriff Coppolas Perspektiv und konnte nicht los von Olimpias verführerischem Anblick, bis ihn Freund und Bruder Siegmund abrief ins Kollegium bei dem Professor Spalanzani. Die Gardine vor dem verhängnisvollen Zimmer war dicht zugezogen, er konnte Olimpia ebensowenig hier, als die beiden folgenden Tage hindurch in ihrem Zimmer, entdecken, unerachtet er kaum das Fenster verließ und fortwährend durch Coppolas Perspektiv hinüberschaute. Am dritten Tage wurden sogar die Fenster verhängt. Ganz verzweifelt und getrieben von Sehnsucht und glühendem Verlangen lief er hinaus vors Tor. Olimpias Gestalt schwebte vor ihm her in den Lüften und trat aus dem Gebüsch, und guckte ihn an mit großen strahlenden Augen, aus dem hellen Bach. Claras Bild war ganz aus seinem Innern gewichen, er dachte nichts, als Olimpia und klagte ganz laut und weinerlich: »Ach du mein hoher herrlicher Liebesstern, bist du mir denn nur aufgegangen, um gleich wieder zu verschwinden, und mich zu lassen in finstrer hoffnungsloser Nacht?«

Als er zurückkehren wollte in seine Wohnung, wurde er in Spalanzanis Hause ein geräuschvolles Treiben gewahr. Die Türen standen offen, man trug allerlei Geräte hinein, die Fenster des ersten Stocks waren ausgehoben, geschäftige Mägde kehrten und stäubten mit großen Haarbesen hin- und herfahrend, inwendig klopften und hämmerten Tischler und Tapezierer. Nathanael blieb in vollem Erstaunen auf der Straße stehen; da trat Siegmund lachend zu ihm und sprach: »Nun, was sagst du zu unserem alten Spalanzani?« Nathanael versicherte, daß er gar nichts sagen könne, da er durchaus nichts vom Professor wisse, vielmehr mit großer Verwunderung wahrnehme, wie in dem stillen düstern Hause ein tolles Treiben und Wirtschaften losgegangen; da erfuhr er denn von Siegmund, daß Spalanzani morgen ein großes Fest geben wolle, Konzert und Ball, und daß die halbe Universität eingeladen sei. Allgemein verbreite man, daß Spalanzani seine Tochter Olimpia, die er so lange jedem menschlichen Auge recht ängstlich entzogen, zum erstenmal erscheinen lassen werde.

Nathanael fand eine Einladungskarte und ging mit hochklopfendem Herzen zur bestimmten Stunde, als schon die Wagen rollten und die Lichter in den geschmückten Sälen schimmerten, zum Professor. Die Gesellschaft war zahlreich und glänzend. Olimpia erschien sehr reich und geschmackvoll gekleidet. Man mußte ihr schöngeformtes Gesicht, ihren Wuchs bewundern. Der etwas seltsam eingebogene Rücken, die wespenartige Dünne des Leibes schien von zu starkem Einschnüren bewirkt zu sein. In Schritt und Stellung hatte sie etwas Abgemessenes und Steifes, das manchem unangenehm auffiel; man schrieb es dem Zwange zu, den ihr die Gesellschaft auflegte. Das Konzert begann. Olimpia spielte den Flügel mit großer Fertigkeit und trug ebenso eine Bravour-Arie mit heller, beinahe schneidender Glasglockenstimme vor. Nathanael war ganz entzückt; er stand in der hintersten Reihe und konnte im blendenden Kerzenlicht Olimpias Züge nicht ganz erkennen. Ganz unvermerkt nahm er deshalb Coppolas Glas hervor und schaute hin nach der schönen Olimpia. Ach! – da wurde er gewahr, wie sie voll Sehnsucht nach ihm herübersah, wie jeder Ton erst deutlich aufging in dem Liebesblick, der zündend sein Inneres durchdrang. Die künstlichen Rouladen schienen dem Nathanael das Himmelsjauchzen des in Liebe verklärten Gemüts, und als nun endlich nach der Kadenz der lange Trillo recht schmetternd durch den Saal gellte, konnte er wie von glühenden Ärmen plötzlich erfaßt sich nicht mehr halten, er mußte vor Schmerz und Entzükken laut aufschreien: »Olimpia!« – Alle sahen sich um nach ihm, manche lachten. Der Domorganist schnitt aber noch ein finstreres Gesicht, als vorher und sagte bloß: »Nun nun!« – Das Konzert war zu Ende, der Ball fing an. »Mit ihr zu tanzen! – mit ihr!« das war nun dem Nathanael das Ziel aller Wünsche, alles Strebens; aber wie sich erheben zu dem Mut, sie, die Königin des Festes, aufzufordern? Doch! – er selbst wußte nicht wie es geschah, daß er, als schon der Tanz angefangen, dicht neben Olimpia stand, die noch nicht aufgefordert worden, und daß er, kaum vermögend einige Worte zu stammeln, ihre Hand ergriff. Eiskalt war Olimpias Hand, er fühlte sich durchbebt von grausigem Todesfrost, er starrte Olimpia ins Auge, das strahlte ihm voll Liebe und Sehnsucht entgegen und in dem Augenblick war es auch, als fingen an in der kalten Hand Pulse zu schlagen und des Lebensblutes Ströme zu glühen. Und auch in Nathanaels Innerm glühte höher auf die Liebeslust, er umschlang die schöne Olimpia und durchflog mit ihr die Reihen. – Er glaubte sonst recht taktmäßig getanzt zu haben, aber an der ganz eignen rhythmischen Festigkeit, womit Olimpia tanzte und die ihn oft ordentlich aus der Haltung brachte, merkte er bald, wie sehr ihm der Takt gemangelt. Er wollte jedoch mit keinem andern Frauenzimmer mehr tanzen und hätte jeden, der sich Olimpia näherte, um sie aufzufordern, nur gleich ermorden mögen. Doch nur zweimal geschah dies, zu seinem Erstaunen blieb darauf Olimpia bei jedem Tanze sitzen und er ermangelte nicht, immer wieder sie aufzuziehen. Hätte Nathanael außer der schönen Olimpia noch etwas andres zu sehen vermocht, so wäre allerlei fataler Zank und Streit unvermeidlich gewesen; denn offenbar ging das halbleise, mühsam unterdrückte Gelächter, was sich in diesem und jenem Winkel unter den jungen Leuten erhob, auf die schöne Olimpia, die sie mit ganz kuriosen Blicken verfolgten, man konnte gar nicht wissen, warum? Durch den Tanz und durch den reichlich genossenen Wein erhitzt, hatte Nathanael alle ihm sonst eigne Scheu abgelegt. Er saß neben Olimpia, ihre Hand in der seinigen und sprach hochentflammt und begeistert von seiner Liebe in Worten, die keiner verstand, weder er, noch Olimpia. Doch diese vielleicht; denn sie sah ihm unverrückt ins Auge und seufzte einmal übers andere: »Ach – Ach – Ach!« – worauf denn Nathanael also sprach: »O du herrliche, himmlische Frau! – du Strahl aus dem verheißenen Jenseits der Liebe – du tiefes Gemüt, in dem sich mein ganzes Sein spiegelt« und noch mehr dergleichen, aber Olimpia seufzte bloß immer wieder: »Ach, Ach!« – Der Professor Spalanzani ging einigemal bei den Glücklichen vorüber und lächelte sie ganz seltsam zufrieden an. Dem Nathanael schien es, unerachtet er sich in einer ganz andern Welt befand, mit einemmal, als würd es hienieden beim Professor Spalanzani merklich finster;

er schaute um sich und wurde zu seinem nicht geringen Schreck gewahr, daß eben die zwei letzten Lichter in dem leeren Saal herniederbrennen und ausgehen wollten. Längst hatten Musik und Tanz aufgehört. »Trennung, Trennung«, schrie er ganz wild und verzweifelt, er küßte Olimpias Hand, er neigte sich zu ihrem Munde, eiskalte Lippen begegneten seinen glühenden! – So wie, als er Olimpias kalte Hand berührte, fühlte er sich von innerem Grausen erfaßt, die Legende von der toten Braut ging ihm plötzlich durch den Sinn; aber fest hatte ihn Olimpia an sich gedrückt, und in dem Kuß schienen die Lippen zum Leben zu erwarmen. – Der Professor Spalanzani schritt langsam durch den leeren Saal, seine Schritte klangen hohl wieder und seine Figur, von flackernden Schlagschatten umspielt, hatte ein grauliches gespenstisches Ansehen. »Liebst du mich – liebst du mich Olimpia? – Nur dies Wort! – Liebst du mich?« So flüsterte Nathanael, aber Olimpia seufzte, indem sie aufstand, nur: »Ach – Ach!« – »Ja du mein holder, herrlicher Liebesstern«, sprach Nathanael, »bist mir aufgegangen und wirst leuchten, wirst verklären mein Inneres immerdar!« – »Ach, ach!« replizierte Olimpia fortschreitend. Nathanael folgte ihr, sie standen vor dem Professor. »Sie haben sich außerordentlich lebhaft mit meiner Tochter unterhalten«, sprach dieser lächelnd: »Nun, nun, lieber Herr Nathanael, finden Sie Geschmack daran, mit dem blöden Mädchen zu konversieren, so sollen mir Ihre Besuche willkommen sein.« – Einen ganzen hellen strahlenden Himmel in der Brust schied Nathanael von dannen. Spalanzanis Fest war der Gegenstand des Gesprächs in den folgenden Tagen. Unerachtet der Professor alles getan hatte, recht splendid zu erscheinen, so wußten doch die lustigen Köpfe von allerlei Unschicklichem und Sonderbarem zu erzählen, das sich begeben, und vorzüglich fiel man über die todstarre, stumme Olimpia her, der man, ihres schönen Äußern unerachtet, totalen Stumpfsinn andichten und darin die Ursache finden wollte, warum Spalanzani sie so lange verborgen gehalten. Nathanael vernahm das nicht ohne innern Grimm, indessen schwieg er; denn, dachte er, würde es wohl verlohnen, diesen Burschen zu beweisen, daß eben ihr eigner Stumpfsinn es ist, der sie Olimpias tiefes herrliches Gemüt zu erkennen hindert? »Tu mir den Gefallen, Bruder«, sprach eines Tages Siegmund, »tu mir den Gefallen und sage, wie es dir gescheuten Kerl möglich war, dich in das Wachsgesicht, in die Holzpuppe da drüben zu vergaffen?« Nathanael wollte zornig auffahren, doch schnell besann er sich und erwiderte: »Sage *du* mir Siegmund, wie deinem, sonst alles Schöne klar auffassenden Blick, deinem regen Sinn, Olimpias himmlischer Liebreiz entgehen konnte? Doch eben deshalb habe ich, Dank sei es dem Geschick, dich nicht zum Nebenbuhler; denn sonst müßte einer von uns blutend fallen.« Siegmund merkte wohl, wie es mit dem Freunde stand, lenkte geschickt ein, und fügte, nachdem er geäußert, daß in der Liebe niemals über den Gegenstand zu richten sei, hinzu: »Wunderlich ist es doch, daß viele von uns über Olimpia ziemlich gleich urteilen. Sie ist uns – nimm es nicht übel, Bruder! – auf seltsame Weise starr und seelenlos erschienen. Ihr Wuchs ist regelmäßig, so wie ihr Gesicht, das ist wahr! – Sie könnte für schön gelten, wenn ihr Blick nicht so ganz ohne Lebensstrahl, ich möchte sagen, ohne Sehkraft wäre. Ihr Schritt ist sonderbar abgemessen, jede Bewegung scheint durch den Gang eines aufgezogenen Räderwerks bedingt. Ihr Spiel, ihr Singen hat den unangenehm richtigen geistlosen Takt der singenden Maschine und ebenso ist ihr Tanz. Uns ist diese Olimpia ganz unheimlich geworden, wir mochten nichts mit ihr zu schaffen haben, es war uns als tue sie nur so wie ein lebendiges Wesen und doch habe es mit ihr eine eigne Bewandtnis.« – Nathanael gab sich dem bittern Gefühl, das ihn bei diesen Worten Siegmunds ergreifen wollte, durchaus nicht hin, er wurde Herr seines Unmuts und sagte bloß sehr ernst: »Wohl mag euch, ihr kalten prosaischen Menschen, Olimpia unheimlich sein. Nur dem poetischen Gemüt entfaltet sich das gleich organisierte! – Nur *mir* ging ihr Liebesblick auf und durchstrahlte Sinn und Gedanken, nur in Olimpias Liebe finde ich mein Selbst wieder. Euch mag es nicht recht sein, daß sie nicht in platter Konversation faselt, wie die andern flachen Gemüter. Sie spricht wenig Worte, das ist wahr; aber diese wenigen Worte erscheinen als echte Hieroglyphe der innern Welt voll Liebe und hoher Erkenntnis des geistigen Lebens in der Anschauung des ewigen Jenseits. Doch für alles das habt ihr keinen Sinn und alles sind verlorne Worte.« – »Behüte dich Gott, Herr Bruder«, sagte Siegmund sehr sanft, beinahe wehmütig, »aber mir scheint es, du seist auf bösem Wege. Auf mich kannst du rechnen, wenn alles – Nein, ich mag nichts weiter sagen! –« Dem Nathanael war es plötzlich, als meine der kalte prosaische Siegmund es sehr treu mit ihm, er schüttelte daher die ihm dargebotene Hand recht herzlich.

Nathanael hatte rein vergessen, daß es eine Clara in der Welt gebe, die er sonst geliebt; – die Mutter – Lothar – alle waren aus seinem Gedächtnis entschwunden, er lebte nur für Olimpia, bei der er täglich stundenlang saß und von seiner Liebe, von zum Leben erglühter Sympathie, von psychischer Wahlverwandtschaft fantasierte, welches alles Olimpia mit großer Andacht anhörte. Aus dem tiefsten Grunde des Schreibpults holte Nathanael alles hervor, was er jemals geschrieben. Gedichte, Fantasien, Visionen, Romane, Erzählungen, das wurde täglich vermehrt mit allerlei ins Blaue fliegenden Sonetten, Stanzen, Kanzonen, und das alles las er der Olimpia stundenlang hintereinander vor, ohne zu ermüden. Aber auch noch nie hatte er eine solche herrliche Zuhörerin gehabt. Sie stickte und strickte nicht, sie sah nicht durchs Fenster, sie fütterte keinen Vogel, sie spielte mit keinem Schoßhündchen, mit keiner Lieblingskatze, sie drehte keine Papierschnitzchen, oder sonst etwas in der Hand, sie durfte kein Gähnen durch einen leisen erzwungenen Husten bezwingen – kurz! – stundenlang sah sie mit starrem Blick unverwandt dem Geliebten ins Auge, ohne sich zu rücken und zu bewegen und immer glühender, immer lebendiger wurde dieser Blick. Nur wenn Nathanael endlich aufstand und ihr die Hand, auch wohl den Mund küßte, sagte sie: »Ach, Ach!« – dann aber: »Gute Nacht, mein Lieber!« – »O du herrliches, du tiefes Gemüt«, rief Nathanael auf seiner Stube: »nur von dir, von dir allein werd ich ganz verstanden.« Er erbebte vor innerm Entzücken, wenn er bedachte, welch wunderbarer Zusammenklang sich in seinem und Olimpias Gemüt täglich mehr offenbare; denn es schien ihm, als habe Olimpia über seine Werke, über seine Dichtergabe überhaupt recht tief aus seinem Innern gesprochen, ja als habe die Stimme aus seinem Innern selbst herausgetönt. Das mußte denn wohl auch sein; denn mehr Worte als vorhin erwähnt, sprach Olimpia niemals. Erinnerte sich aber auch Nathanael in hellen nüchternen Augenblicken, z. B. morgens gleich nach dem Erwachen, wirklich an Olimpias gänzliche Passivität und Wortkargheit, so sprach er doch: »Was sind Worte – Worte! – Der Blick ihres himmlischen Auges sagt mehr als jede Sprache hienieden. Vermag denn überhaupt ein Kind des Himmels sich einzuschichten in den engen Kreis, den ein klägliches irdisches Bedürfnis gezogen?« – Professor Spalanzani schien hocherfreut über das Verhältnis seiner Tochter mit Nathanael; er gab diesem allerlei unzweideutige Zeichen seines Wohlwollens und als es Nathanael endlich wagte von ferne auf eine Verbindung mit Olimpia anzuspielen, lächelte dieser mit dem ganzen Gesicht und meinte: er werde seiner Tochter völlig freie Wahl lassen. – Ermutigt durch diese Worte, brennendes Verlangen im Herzen, beschloß Nathanael, gleich am folgenden Tage Olimpia anzuflehen, daß sie das unumwunden in deutlichen Worten ausspreche, was längst ihr holder Liebesblick ihm gesagt, daß sie sein eigen immerdar sein wolle. Er suchte nach dem Ringe, den ihm beim Abschiede die Mutter geschenkt, um ihn Olimpia als Symbol seiner Hingebung, seines mit ihr aufkeimenden, blühenden Lebens darzureichen. Claras, Lothars Briefe fielen ihm dabei in die Hände; gleichgültig warf er sie beiseite, fand den Ring, steckte ihn ein und rannte herüber zu Olimpia. Schon auf der Treppe, auf dem Flur, vernahm er ein wunderliches Getöse; es schien aus Spalanzanis Studierzimmer herauszuschallen. – Ein Stampfen – ein Klirren – ein Stoßen – Schlagen gegen die Tür, dazwischen Flüche und Verwünschungen. Laß los – laß los – Infamer – Verruchter! – Darum Leib und Leben daran gesetzt? – ha ha ha ha! – so haben wir nicht gewettet – ich, ich hab die Augen gemacht – ich das Räderwerk – dummer Teufel mit deinem Räderwerk – verfluchter Hund von einfältigem Uhrmacher – fort mit dir – Satan – halt – Peipendreher – teuflische Bestie! – halt – fort – laß los! – Es waren Spalanzanis und des gräßlichen Coppelius Stimmen, die so durcheinander schwirrten und tobten. Hinein stürzte Nathanael von namenloser Angst ergriffen. Der Professor hatte eine weibliche Figur bei den Schultern gepackt, der Italiener Coppola bei den Füßen, die zerrten und zogen sie hin und her, streitend in voller Wut um den Besitz. Voll tiefen Entsetzens prallte Nathanael zurück, als er die Figur für Olimpia erkannte; aufflammend in wildem Zorn wollte er den Wütenden die Geliebte entreißen, aber in dem Augenblick wand Coppola sich mit Riesenkraft drehend die Figur dem Professor aus den Händen und versetzte ihm mit der Figur selbst einen fürchterlichen Schlag, daß er rücklings über den Tisch, auf dem Phiolen, Retorten, Flaschen, gläserne Zylinder standen, taumelte und hinstürzte; alles Gerät klirrte in tausend Scherben zusammen. Nun warf Coppola die Figur über die Schulter und rannte mit fürchterlich gellendem Gelächter rasch fort die Treppe herab, so daß die häßlich herunterhängenden Füße der Figur auf den Stufen hölzern klapperten und dröhnten. – Erstarrt stand Nathanael – nur zu deutlich hatte er gesehen, Olimpias todterbleichtes Wachsgesicht hatte keine Augen, statt ihrer schwarze Höhlen; sie war eine leblose Puppe. Spalanzani wälzte sich auf der Erde, Glasscherben hatten ihm Kopf, Brust und Arm zerschnitten, wie aus Springquellen strömte das Blut empor. Aber er raffte seine Kräfte zusammen. – »Ihm nach – ihm nach, was zauderst du? – Coppelius – Coppelius, mein bestes Automat hat er mir geraubt – Zwanzig Jahre daran gearbeitet – Leib und Leben daran gesetzt – das Räderwerk – Sprache – Gang – mein – die Augen – die Augen dir gestohlen. – Verdammter – Verfluchter – ihm nach – hol mir Olimpia – da hast du die Augen! –« Nun sah Nathanael, wie ein

Paar blutige Augen auf dem Boden liegend ihn anstarrten, die ergriff Spalanzani mit der unverletzten Hand und warf sie nach ihm, daß sie seine Brust trafen. – Da packte ihn der Wahnsinn mit glühenden Krallen und fuhr in sein Inneres hinein Sinn und Gedanken zerreißend. »Hui – hui – hui! – *Feuerkreis – Feuerkreis!* dreh dich *Feuerkreis* – lustig – lustig! – Holzpüppchen hui schön Holzpüppchen dreh dich –« damit warf er sich auf den Professor und drückte ihm die Kehle zu. Er hätte ihn erwürgt, aber das Getöse hatte viele Menschen herbeigelockt, die drangen ein, rissen den wütenden Nathanael auf und retteten so den Professor, der gleich verbunden wurde. Siegmund, so stark er war, vermochte nicht den Rasenden zu bändigen; der schrie mit fürchterlicher Stimme immerfort: »Holzpüppchen, dreh dich« und schlug um sich mit geballten Fäusten. Endlich gelang es der vereinten Kraft mehrerer, ihn zu überwältigen, indem sie ihn zu Boden warfen und banden. Seine Worte gingen unter in entsetzlichem tierischen Gebrüll. So in gräßlicher Raserei tobend wurde er nach dem Tollhause gebracht.

Ehe ich, günstiger Leser! dir zu erzählen fortfahre, was sich weiter mit dem unglücklichen Nathanael zugetragen, kann ich dir, solltest du einigen Anteil an dem geschickten Mechanikus und Automat-Fabrikanten Spalanzani nehmen, versichern, daß er von seinen Wunden völlig geheilt wurde. Er mußte indes die Universität verlassen, weil Nathanaels Geschichte Aufsehen erregt hatte und es allgemein für gänzlich unerlaubten Betrug gehalten wurde, vernünftigen Teezirkeln (Olimpia hatte sie mit Glück besucht) statt der lebendigen Person eine Holzpuppe einzuschwärzen. Juristen nannten es sogar einen feinen und um so härter zu bestrafenden Betrug, als er gegen das Publikum gerichtet und so schlau angelegt worden, daß kein Mensch (ganz kluge Studenten ausgenommen) es gemerkt habe, unerachtet jetzt alle weise tun und sich auf allerlei Tatsachen berufen wollten, die ihnen verdächtig vorgekommen. Diese letzteren brachten aber eigentlich nichts Gescheutes zutage. Denn konnte z. B. wohl irgend jemanden verdächtig vorgekommen sein, daß nach der Aussage eines eleganten Teeisten Olimpia gegen alle Sitte öfter genieset, als gegähnt hatte? Ersteres, meinte der Elegant, sei das Selbstaufziehen des verborgenen Triebwerks gewesen, merklich habe es dabei geknarrt usw. Der Professor der Poesie und Beredsamkeit nahm eine Prise, klappte die Dose zu, räusperte sich und sprach feierlich: »Hochzuverehrende Herren und Damen! merken Sie denn nicht, wo der Hase im Pfeffer liegt? Das Ganze ist eine Allegorie – eine fortgeführte Metapher! – Sie verstehen mich! – Sapienti sat!« Aber viele hochzuverehrende Herren beruhigten sich nicht dabei; die Geschichte mit dem Automat hatte tief in ihrer Seele Wurzel gefaßt und es schlich sich in der Tat abscheuliches Mißtrauen gegen menschliche Figuren ein. Um nun ganz überzeugt zu werden, daß man keine Holzpuppe liebe, wurde von mehrern Liebhabern verlangt, daß die Geliebte etwas taktlos singe und tanze, daß sie beim Vorlesen sticke, stricke, mit dem Möpschen spiele usw. vor allen Dingen aber, daß sie nicht bloß höre, sondern auch manchmal in *der* Art spreche, daß dies Sprechen wirklich ein Denken und Empfinden voraussetze. Das Liebesbündnis vieler wurde fester und dabei anmutiger, andere dagegen gingen leise auseinander. »Man kann wahrhaftig nicht dafür stehen«, sagte dieser und jener. In den Tees wurde unglaublich gegähnt und niemals genieset, um jedem Verdacht zu begegnen. – Spalanzani mußte, wie gesagt, fort, um der Kriminaluntersuchung wegen [des] der menschlichen Gesellschaft betrüglicherweise eingeschobenen Automats zu entgehen. Coppola war auch verschwunden.

Nathanael erwachte wie aus schwerem, fürchterlichem Traum, er schlug die Augen auf und fühlte wie ein unbeschreibliches Wonnegefühl mit sanfter himmlischer Wärme ihn durchströmte. Er lag in seinem Zimmer in des Vaters Hause auf dem Bette, Clara hatte sich über ihn hingebeugt und unfern standen die Mutter und Lothar. »Endlich, endlich, o mein herzlieber Nathanael – nun bist du genesen von schwerer Krankheit – nun bist du wieder mein!« – So sprach Clara recht aus tiefer Seele und faßte den Nathanael in ihre Arme. Aber dem quollen vor lauter Wehmut und Entzücken die hellen glühenden Tränen aus den Augen und er stöhnte tief auf: »Meine – meine Clara!« – Siegmund, der getreulich ausgeharrt bei dem Freunde in großer Not, trat herein. Nathanael reichte ihm die Hand: »Du treuer Bruder hast mich doch nicht verlassen.« – Jede Spur des Wahnsinns war verschwunden, bald erkräftigte sich Nathanael in der sorglichen Pflege der Mutter, der Geliebten, der Freunde. Das Glück war unterdessen in das Haus eingekehrt; denn ein alter karger Oheim, von dem niemand etwas gehofft, war gestorben und hatte der Mutter nebst einem nicht unbedeutenden Vermögen ein Gütchen in einer angenehmen Gegend unfern der Stadt hinterlassen. Dort wollten sie hinziehen, die Mutter, Nathanael mit seiner Clara, die er nun zu heiraten gedachte, und Lothar. Nathanael war milder, kindlicher geworden, als er je gewesen und erkannte nun erst recht Claras himmlisch reines, herrliches Gemüt. Niemand erinnerte ihn auch nur durch den leisesten Anklang an die Vergangenheit. Nur, als Siegmund von ihm schied, sprach

Nathanael: »Bei Gott Bruder! ich war auf schlimmen Wege, aber zu rechter Zeit leitete mich ein Engel auf den lichten Pfad! – Ach es war ja Clara! –« Siegmund ließ ihn nicht weiter reden, aus Besorgnis, tief verletzende Erinnerungen möchten ihm zu hell und flammend aufgehen. – Es war an der Zeit, daß die vier glücklichen Menschen nach dem Gütchen ziehen wollten. Zur Mittagsstunde gingen sie durch die Straßen der Stadt. Sie hatten manches eingekauft, der hohe Ratsturm warf seinen Riesenschatten über den Markt. »Ei!« sagte Clara: »steigen wir doch noch einmal herauf und schauen in das ferne Gebirge hinein!« Gesagt, getan! Beide, Nathanael und Clara, stiegen herauf, die Mutter ging mit der Dienstmagd nach Hause, und Lothar, nicht geneigt, die vielen Stufen zu erklettern, wollte unten warten. Da standen die beiden Liebenden Arm in Arm auf der höchsten Galerie des Turmes und schauten hinein in die duftigen Waldungen, hinter denen das blaue Gebirge, wie eine Riesenstadt, sich erhob.

»Sieh doch den sonderbaren kleinen grauen Busch, der ordentlich auf uns los zu schreiten scheint«, frug Clara. – Nathanael faßte mechanisch nach der Seitentasche; er fand Coppolas Perspektiv, er schaute seitwärts – Clara stand vor dem Glase! – Da zuckte es krampfhaft in seinen Pulsen und Adern – totenbleich starrte er Clara an, aber bald glühten und sprühten Feuerströme durch die rollenden Augen, gräßlich brüllte er auf, wie ein gehetztes Tier; dann sprang er hoch in die Lüfte und grausig dazwischen lachend schrie er in schneidendem Ton: »Holzpüppchen dreh dich – Holzpüppchen dreh dich« – und mit gewaltiger Kraft faßte er Clara und wollte sie herabschleudern, aber Clara krallte sich in verzweifelnder Todesangst fest an das Geländer. Lothar hörte den Rasenden toben, er hörte Claras Angstgeschrei, gräßliche Ahnung durchflog ihn, er rannte herauf, die Tür der zweiten Treppe war verschlossen – stärker hallte Claras Jammergeschrei. Unsinnig vor Wut und Angst stieß er gegen die Tür, die endlich aufsprang – Matter und matter wurden nun Claras Laute: »Hülfe – rettet – rettet –« so erstarb die Stimme in den Lüften. »Sie ist hin – ermordet von dem Rasenden«, so schrie Lothar. Auch die Tür zur Galerie war zugeschlagen. – Die Verzweiflung gab ihm Riesenkraft, er sprengte die Tür aus den Angeln. Gott im Himmel – Clara schwebte von dem rasenden Nathanael erfaßt über der Galerie in den Lüften – nur mit einer Hand hatte sie noch die Eisenstäbe umklammert. Rasch wie der Blitz erfaßte Lothar die Schwester, zog sie hinein, und schlug im demselben Augenblick mit geballter Faust dem Wütenden ins Gesicht, daß er zurückprallte und die Todesbeute fallen ließ.

Lothar rannte herab, die ohnmächtige Schwester in den Armen. – Sie war gerettet. – Nun raste Nathanael herum auf der Galerie und sprang hoch in die Lüfte und schrie »*Feuerkreis* dreh dich – *Feuerkreis* dreh dich« – Die Menschen liefen auf das wilde Geschrei zusammen; unter ihnen ragte riesengroß der Advokat Coppelius hervor, der eben in die Stadt gekommen und gerades Weges nach dem Markt geschritten war. Man wollte herauf, um sich des Rasenden zu bemächtigen, da lachte Coppelius sprechend: »Ha ha – wartet nur, der kommt schon herunter von selbst«, und schaute wie die übrigen hinauf. Nathanael blieb plötzlich wie erstarrt stehen, er bückte sich herab, wurde den Coppelius gewahr und mit dem gellenden Schrei: »Ha! Sköne Oke – Sköne Oke«, sprang er über das Geländer.

Als Nathanael mit zerschmettertem Kopf auf dem Steinpflaster lag, war Coppelius im Gewühl verschwunden.

Nach mehreren Jahren will man in einer entfernten Gegend Clara gesehen haben, wie sie mit einem freundlichen Mann, Hand in Hand vor der Türe eines schönen Landhauses saß und vor ihr zwei muntre Knaben spielten. Es wäre daraus zu schließen, daß Clara das ruhige häusliche Glück noch fand, das ihrem heitern lebenslustigen Sinn zusagte und das ihr der im Innern zerrissene Nathanael niemals hätte gewähren können.

Clemens Brentano

Die mehreren Wehmüller und ungarischen Nationalgesichter

Erzählung

Gegen Ende des Sommers, während der Pest in Kroatien, hatte Herr Wehmüller, ein reisender Maler, von Wien aus einen Freund besucht, der in dieser östreichischen Provinz als Erzieher auf dem Schlosse eines Grafen Giulowitsch lebte. Die Zeit, welche ihm seine Geschäfte zu dem Besuche erlaubten, war vorüber. Er hatte von seiner jungen Frau, welche ihm nach Siebenbürgen vorausgereist war, einen Brief aus Stuhlweißenburg erhalten, daß er sie nicht mehr länger allein lassen möge; es erwarte ihn das Offizier-Korps des dort liegenden hochlöblichen ungarischen Grenadier- und Husaren-Regiments sehnsüchtig, um von seiner Meisterhand gemalt sich in dem Andenken mannichfaltiger schöner Freundinnen zu erhalten, da ein naher Garnisonswechsel manches engverknüpfte Liebes- und Freundschaftsband zu zerreißen drohte. Dieser Brief brachte den Herrn Wehmüller in große Unruhe, denn er war viermal so lange unterwegs geblieben als gewöhnlich, und dermaßen durch die Quarantaine zerstochen und durchräuchert worden, daß er die ohnedies nicht allzuleserliche Hand seiner guten Frau, die mit oft gewässerter Tinte geschrieben hatte, nur mit Mühe lesen konnte. Er eilte in die Stube seines Freundes Lury und sagte zu ihm: Ich muß gleich auf der Stelle fort nach Stuhlweißenburg, denn die hochlöblichen Grenadier- und Husaren-Regimenter sind im Begriff von dort abzuziehen; lesen Sie, der Brief ist an fünf Wochen alt. Der Freund verstand ihn nicht, nahm aber den Brief und las. Wehmüller lief sogleich zur Stube hinaus und die Treppe hinab in die Hauskapelle, um zu sehen, ob er die 39 Nationalgesichter, welche er in Öl gemalt und dort zum Trocknen aufgehängt hatte, schon ohne große Gefahr des Verwischens zusammenrollen könne. Ihre Trockenheit übertraf alle seine Erwartung, denn er malte mit Terpentin-Firniß, welcher trocken wird, ehe man sich umsieht. Was übrigens diese 39 Nationalgesichter betrifft, hatte es mit ihnen folgende Bewandtnis: Sie waren nichts mehr und nichts weniger als 39 Portraits von Ungaren, welche Herr Wehmüller gemalt hatte, ehe er sie gesehen. Er pflegte solcher Nationalgesichter immer ein halb Hundert fertig bei sich zu führen. Kam er in einer Stadt an, wo er Gewinn durch seine Kunst erwartete, so pflegte er öffentlich ausschellen oder austrommeln zu lassen: der bekannte Künstler, Herr Wehmüller, sei mit einem reichassortierten Lager wohlgetroffener Nationalgesichter angelangt und lade diejenigen unter einem hochedlen Publikum, welche ihr Portrait wünschten, untertänigst ein, sich dasselbe, Stück vor Stück zu 2 Dukaten in Gold, selbst auszusuchen; er fügte sodann noch, durch wenige Meisterstriche, einige persönliche Züge und Ehrennarben, oder die Individualität des Schnurrbartes des Käufers unentgeltlich bei, für die Uniform aber, welche er immer ausgelassen hatte, mußte nach Maßgabe ihres Reichtums nachgezahlt werden. Er hatte diese Verfahrungsart auf seinen Kunstreisen als die befriedigendste für sich und die Käufer gefunden. Er malte die Leute nach Belieben im Winter mit aller Bequemlichkeit zu Haus und brachte sie in der schönen Jahreszeit zu Markte. So genoß er des großen Trostes, daß keiner über Unähnlichkeit oder langes Sitzen klagen konnte, weil sich jeder sein Bildnis fertig nach bestimmtem Preise, wie einen Weck auf dem Laden, selbst aussuchte. Wehmüller hatte seine Gattin vorausgeschickt, um seine Ankunft in Stuhlweißenburg vorzubereiten, während er seinen Vorrat von Portraits bei seinem Freunde Lury zu der gehörigen Menge brachte; er mußte diesmal in vollem Glanze auftreten, weil er in einer Zeitung gelesen: ein Maler Froschhauer aus Klagenfurt habe dieselbe Kunstreise vor. Dieser aber war bisher sein Antagonist und Nebenbuhler gewesen, wenn sie sich gleich nicht kannten, denn Froschhauer war von der entgegengesetzten Schule; er hatte nämlich immer alle Uniformen voraus fertig, und ließ sich für die Gesichter extra bezahlen. – Schon hatte Wehmüller die 39 Nationalgesichter zusammengerollt in eine große weite Blechbüchse gesteckt, in welcher auch seine Farben und Pinsel, ein paar Hemden, ein Paar gelbe Stiefelstulpen und eine Haarlocke seiner Frau Platz fanden; schon schnallte er sich diese Büchse mit zwei Riemen wie einen Tornister auf den Rücken, als sein Freund Lury hereintrat, und ihm den Brief mit den Worten zurückgab: Du kannst nicht reisen, soeben hat ein Bauer hier auf dem Hofe erzählt: daß er vor einigen Tagen einen Fußreisenden begleitet habe, und daß dieser der letzte Mensch gewesen sei, der über die Grenze gekommen, denn auf seinem Rückwege hierher habe er, der Bote, schon alle Wege vom Pest-Kordon besetzt gefunden. Wehmüller aber ließ sich nicht mehr zurückhalten, er schob seine Palette unter den Wachstuch-Überzug auf seinen runden Hut, wie die Bäcker in den Zipfel ihrer gestrickten spitzen Mützen eine Semmel zu stecken pflegen, und begann seinen Reisestab zusammen zu richten, der ein wahres Wunder der Mechanik, wenn ich mich nicht irre, von der Erfindung des Mechanikus Eckler in Berlin war, denn er enthielt erstens: sich selbst, nämlich einen Reisestock; zweitens: nochmals sich selbst, einen Malerstock; drittens: nochmals sich selbst, einen Meßstock; viertens: nochmals sich selbst, ein Richtscheid; fünftens: nochmals sich selbst, ein Blaserohr; sechstens: nochmals sich selbst, ein Tabakspfeifenrohr; siebentens: nochmals sich selbst, einen Angelstock; darin aber waren noch ein Stiefelknecht, ein Barometer, ein Thermometer, ein Perspektiv, ein Zeichenstuhl, ein chemisches Feuerzeug, ein Reißzeug, ein Bleistift und das Brauchbarste von allem: eine approbierte hölzerne Hühneraugen-Feile angebracht; das Ganze aber war so eingerichtet, daß man die Masse des Inhalts, durch den Druck einer Feder, aus diesem Stocke, wie aus einer Windbüchse, seinem Feind auf den Leib schießen konnte. Während Wehmüller diesen Stock zusammenrichtete, machte Lury ihm die lebhaftesten Vorstellungen wegen der Gefahr seiner Reise, aber er ließ sich nicht halten. So rede wenigstens mit dem Bauer selbst, sprach Lury; das war Wehmüller zufrieden, und ging, ganz zum Abmarsche fertig, hinab. Kaum aber waren sie in die Schenke getreten, als der Bauer zu ihm trat, und ihm den Ärmel küssend sagte: Nu, gnädiger Herr, wie kommen wir schon wieder zusammen? Sie hatten ja eine solche Eile nach Stuhlweißenburg, daß ich glaubte, Euer Gnaden müßten bald dort sein. Wehmüller verstand den Bauer nicht, der ihm versicherte: daß er ihn mit derselben blechernen Büchse auf dem Rücken, und demselben langen Stocke in der Hand, nach der ungarischen Grenze geführt habe, und zwar zu rechter Zeit, weil kurz nachher der Weg vom Pest-Kordon geschlossen worden sei, wobei der Mann ihm eine Menge einzelne Vorfälle der Reise erzählte, von welchen, wie vom Ganzen, Wehmüller nichts begriff. Da aber endlich der Bauer ein kleines Bild hervorzog mit den Worten: Haben Euer Gnaden mir dieses Bildchen, das in Ihrer Büchse keinen Platz fand, nicht zu tragen gegeben, und haben es Euer Gnaden nicht in der Eile der Reise vergessen? ergriff Wehmüller das Bild mit Heftigkeit. Es war das Bild seiner Frau, ganz wie von ihm selbst gemalt, ja, der Name Wehmüller war unterzeichnet. Er wußte nicht, wo ihm der Kopf stand. Bald sah er den Bauer, bald Lury, bald das Bild an. Wer gab dir das Bild? fuhr er den Bauer an. Euer Gnaden selbst, sagte dieser; Sie wollten nach Stuhlweißenburg zu Ihrer Liebsten, sagten

Euer Gnaden, und das Botenlohn sind mir Euer Gnaden auch schuldig geblieben.

Das ist erlogen! schrie Wehmüller. Es ist die Wahrheit! sagte der Bauer. Es ist nicht die Wahrheit, sagte Lury, denn dieser Herr ist seit vier Wochen nicht hier weg gekommen und hat mit mir in einer Stube geschlafen. Der Bauer aber wollte von seiner Behauptung nicht abgehen und drang auf die Bezahlung des Botenlohns, oder um die Rückgabe des Portraits, welches sein Pfand sei und dem er, wenn er nicht bezahle, einen Schimpf antun wolle. Wehmüller ward außer sich. Was? schrie er, ich soll für einen andern das Botenlohn zahlen, oder das Portrait meiner Frau beschimpfen lassen, das ist entsetzlich! Lury machte endlich den Schiedsrichter und sagte zu dem Bauer: Habt Ihr diesen Herrn über die Grenze gebracht? Ja! sagte der Bauer. – Wie kommt er dann wieder hierher, und wie war er die ganze Zeit hier? erwiderte Lury. Ihr müßt ihn daher nicht recht tüchtig hinüber gebracht haben, und könnt für so schlechte Arbeit kein Botenlohn begehren; bringt ihn heute nochmals hinüber, aber dermaßen, daß auch kein Stümpfchen hier in Kroatien bleibt, und laßt Euch doppelt bezahlen. Der Bauer sagte: Ich bin es zufrieden, aber es ist doch eine sehr heillose Sache; wer von den beiden ist nun der Teufel, dieser gnädige Herr, oder der andre? Es könnte mich dieser, der viel widerspenstiger scheint, vielleicht gar mit über die Grenze holen, auch ist der Weg jetzt gesperrt, und der andre war der letzte; ich glaube doch, er muß der Teufel gewesen sein, der bei der Pest zu tun hat. – Was, schrie Wehmüller, der Teufel mit dem Portrait meiner Frau? ich werde verrückt; gesperrt oder nicht gesperrt, ich muß fort, der scheußlichste Betrug muß entdeckt werden; ach, meine arme Frau, wie kann sie getäuscht werden! Adie, Lury, ich brauche keinen Boten, ich will schon allein finden; und somit lief er zum offnen Hoftore mit solcher Schnelligkeit hinaus, daß ihn weder der nachlaufende Bauer noch das Geschrei Lurys einholen konnte. Nach dieser Szene trat der Graf Giulowitsch, der Prinzipal Lurys, aus dem Schlosse, um auf seinen Finkenherd zu fahren. Lury erzählte ihm die Geschichte, und der Graf, neugierig mehr von der Sache zu hören, bestieg seinen Wurstwagen und fuhr dem Maler in vollem Trabe nach; das leichte Fuhrwerk, mit zwei raschen Pferden bespannt, flog über die Stoppelfelder, welche einen festeren Boden, als die moorichte Landstraße darboten. Bald war der Maler eingeholt, der Graf bat ihn aufzusitzen mit dem Anerbieten, ihn einige Meilen bis an die Grenze seiner Güter zu bringen, wo er noch eine halbe Stunde nach dem letzten Grenzdorf habe. Wehmüller, der schon viel Grund und Boden an seinen Stiefeln hängen hatte, nahm den Vorschlag mit untertänigstem Dank an. Er mußte einige Züge alten Slibowitz aus des Grafen Jagdflasche tun und fand dadurch schon etwas mehr Mut, sich selbst auf der eignen Fährte zu seiner Frau nachzueilen. Der Graf fragte ihn: ob er denn niemand kenne, der ihm so ähnlich sei, und so malen könne wie er. Wehmüller sagte: nein! und das Portrait ängstige ihn am meisten, denn dadurch zeige sich eine Beziehung des falschen Wehmüllers auf seine Frau, welche ihm besonders fatal werden könne. Der Graf sagte ihm: der falsche Wehmüller sei wohl nur eine Strafe Gottes für den echten Wehmüller, weil dieser alle Ungarn über einen Leisten male, so gebe es jetzt auch mehrere Wehmüller über einen Leisten. Wehmüller meinte: alles sei ihm einerlei, aber seine Frau, seine Frau, wenn die sich nur nicht irre. Der Graf stellte ihm nochmals vor, er möge lieber mit ihm auf seinen Finkenherd und dann zurückfahren; er gefährde, wenn er auch höchst unwahrscheinlich den Pest-Kordon durchschleichen sollte, jenseits an der Pest zu sterben. Wehmüller aber meinte: ein zweiter Wehmüller, der zu meiner Frau reist, ist auch eine Pest, an der man sterben kann, und er wolle so wenig als die Schneegänse, welche schreiend über ihnen hinstrichen, den Pest-Kordon respektieren, er habe keine Ruhe, bis er bei seiner Tonerl sei. So kamen sie bis auf die Grenze der Giulowitschschen Güter, und der Graf schenkte Wehmüllern noch eine Flasche Tokaier mit den Worten: wenn Sie diese ausstechen, lieber Wehmüller, werden Sie sich nicht wundern, daß man Sie doppelt gesehn, denn Sie selbst werden alles doppelt sehn; geben Sie uns sobald als möglich Bericht von Ihrem Abenteuer und möge Ihre Gemahlin anders sehen, als der Bauer gesehen hat. Leben Sie wohl. Nun eilte Wehmüller so schnell er konnte nach dem nächsten Dorf und kaum war er in die kleine dumpfigte Schenke eingetreten, als die alte Wirtin, in Husarenuniform, ihm entgegenschrie: Ha, ha! da sind der Herr wieder zurück, ich hab' es gleich gesagt, daß Sie nicht durch den Kordon würden hinüber gelassen werden. Wehmüller sagte, daß er hier niemals gewesen, und daß er gleich jetzt erst versuchen wolle, durch den Kordon zu kommen. Da lachte Frau Tschermack und ihr Gesinde ihm ins Gesicht und behaupteten steif und fest: er sei vor einigen Tagen hier durchpassiert, von einem Giulowitscher Bauer begleitet, dem er das Botenlohn zu zahlen vergessen; er habe ja hier gefrühstückt und erzählt: daß er nach Stuhlweißenburg zu seiner Frau Tonerl wolle, um dort das hochlöbliche Offizier-Korps zu malen. Wehmüller kam durch diese neue Bestätigung: daß er doppelt in der Welt herumreise, beinahe in Verzweiflung. Er sagte der Wirtin mit kurzen Worten seine ganze Lage; sie wußte nicht, was sie glauben sollte, und sah ihn sehr kurios an. Es war ihr nicht allzuheimlich bei ihm. Aber er wartete alle ihre Skrupel nicht ab und lief wie toll und blind zum Dorfe hinaus und dem Pest-Kordon zu. Als er eine Viertelmeile auf der Landstraße gelaufen war, sah er auf dem Stoppelfeld eine Reihe von Rauchsäulen aufsteigen und ein angenehmer Wacholder-Geruch dampfte ihm entgegen. Er sah bald eine Reihe von Erdhütten und Soldaten, welche kochten und sangen; es war ein Haupt-Bivouak des Pest-Kordons. Als er sich der Schildwache näherte, rief sie ihm ein schreckliches: Halt! entgegen und schlug zugleich ihr Gewehr auf ihn an. Wehmüller stand wie angewurzelt. Die Schildwache rief den Unteroffizier und nach einigen Minuten sprengte ein Szekler Husar gegen ihn heran, und schrie aus der Ferne: Wos willstu, quid vis? Wo kommst her, unde venis? An welchen Ort willst du, ad quem locum vis? Bist du nicht vorige Woche hier durchpassiert, es tu non altera hebdomada hic perpassatus? Er fragte ihn so auf deutsch und husarenlateinisch zugleich, weil er nicht wußte, ob er ein Deutscher oder ein Ungar sei. Wehmüller mußte aus den letzten Worten des Husaren abermals hören, daß er hier schon durchgereist sei, welche Nachricht ihm eiskalt über den Rücken lief. Er schrie sich beinah die Kehle aus, daß er grade von dem Grafen Giulowitsch komme, daß er in seinem Leben nicht hier gewesen. Der Husar aber lachte und sprach: Du lügst, mentiris! Hast du nicht dem Herrn Chirurg sein Bild gegeben, non dedidisti Domino Chirurgo suam imaginem? Daß er durch die Finger gesehen und dich passieren lassen, ut vidis per digitos et te fecit passare? Du bist zurückgekehrt aus den Pestörtern, es returnatus ex pestiferatis locis! Wehmüller sank auf die Knie nieder und bat, man möge den Chirurgen doch herbei rufen. Während diesem Gespräch waren mehrere Soldaten um den Husaren herum getreten, zuzuhören, endlich kam der Chirurg auch, und nachdem er Wehmüllers Klagen angehört, der sich die Lunge fast weggeschrieen, befahl er ihm, sich einem der Feuer von Wacholder-Holz zu nähern, so daß es zwischen ihnen beiden sei, dann wolle er mit ihm reden. Wehmüller tat dies, und erzählte ihm die ganze Aussage über einen zweiten Wehmüller, der hier durchgereist sei, und seine große Sorge, daß ihn dieser um all sein Glück betrügen könne und bot dem Chirurgen alles an, was er besitze, er möge ihm nur durchhelfen. Der Chirurg holte nun eine Rolle Wachsleinwand aus seiner Erdhütte, und Wehmüller erblickte auf derselben eines der ungarischen Nationalgesichter, grade, wie er sie selbst zu malen pflegte, auch sein Name stand drunter, und da der Chirurg sagte: ob er dies Bild nicht gemalt und ihm neulich geschenkt habe, weil er ihn passieren lassen, gestand Wehmüller: er würde nie dies Bild von den seinigen unterscheiden können, aber durchpassiert sei er hier nie und habe nie die Gelegenheit gehabt, den Herren Chirurgen zu sprechen. Da sagte der Chirurg: Hatten Sie nicht heftiges Zahnweh, habe ich Ihnen nicht einen Zahn ausgezogen für das Bild? Nein, Herr Chirurg, erwiderte Wehmüller, ich habe alle meine Zähne frisch und gesund, wenn Sie zuschauen wollen. Nun faßte der Feldscher einigen Mut; Wehmüller sperrte das Maul auf, er sah nach und gestand ihm zu, daß er ganz ein andrer Mensch sei, denn jetzt, da er ihn weder aus der Ferne noch von Rauch getrübt ansehe, müsse er ihm gestehen, daß der andre Wehmüller viel glatter und auch etwas fetter sei, ja daß sie beide, wenn sie neben einander ständen, kaum verwechselt werden könnten; aber durchpassieren lassen könne er ihn jetzt doch nicht. Es habe zuviel Aufsehens bei der Wache gemacht und er könne Verdruß haben; morgen früh werde aber der Kordon-Kommandant mit einer Patrouille bei der Visitation hierher kommen, und da ließe sich sehen, was er für ihn tun könne; er möge bis dahin nach der Schenke des Dorfs zurückkehren, er wolle ihn rufen lassen, wenn es Zeit sei; er solle auch das Bild mitnehmen und ihm den Schnauzbart etwas spitzer malen, damit es ganz ähnlich werde. Wehmüller bat: in seiner Erdhütte einen Brief an sein Tonerl schreiben zu dürfen und ihm den Brief hinüber zu besorgen. Der Chirurg war es zufrieden. Wehmüller schrieb seiner Frau, erzählte ihr sein Unglück, bat sie um Gotteswillen, nicht den falschen Wehmüller mit ihm zu verwechseln und lieber sogleich ihm entgegen zu reisen. Der Chirurg besorgte den Brief und gab Wehmüllern noch ein Attestat, daß seine Person eine ganz andre sei, als die des ersten Wehmüllers, und nun kehrte unser Maler, durchgeräuchert wie ein Quarantaine-Brief, nach der Dorfschenke zurück.

Hier war die Gesellschaft vermehrt, die Erzählung von dem doppelten Wehmüller hatte sich im Dorfe und auf einem benachbarten Edelhof ausgebreitet, und es waren allerlei Leute bei der Wirtin zusammen gekommen, um sich wegen der Geschichte zu befragen. Unter dieser Gesellschaft waren ein alter invalider Feuerwerker und ein Franzose die Hauptpersonen. Der Feuerwerker, ein Venetianer von Geburt, hieß Baciochi, und war ein alles in allem bei dem Edelmanne, der einen Büchsenschuß von dem Dorfe wohnte. Der Franzose war ein Monsieur Devillier, der von einer alten reichen Ungarin gefesselt, in Ungarn sitzen geblieben war;

seine Gönnerin starb und hinterließ ihm ein kleines Gütchen, auf welchem er lebte, und sich bei seinen Nachbarn umher mit der Jagd und allerlei Liebeshändeln die Zeit vertrieb. Er hatte gerade eine Kammerjungfer auf dem Edelhofe besucht, der er Sprach-Unterricht gab, und diese hatte ihn mit dem Hofmeister des jungen Edelmanns auf seinem Rückwege in die Schenke begleitet, um ihrer Herrschaft von dem doppelten Wehmüller Bericht zu erstatten. Die Kammerjungfer hieß Nanny und der Hofmeister war ein geborner Wiener, mit Namen Lindpeindler, ein zartfühlender Dichter, der oft verkannt worden ist. Die berühmteste Person von allen war aber der Violinspieler Michaly, ein Zigeuner von etwa 30 Jahren, von eigentümlicher Schönheit und Kühnheit, der wegen seinem großen Talent, alle mögliche Tänze ununterbrochen auf seiner Violine zu erfinden und zu variieren, bei allen großen Hochzeiten im Lande allein spielen mußte. Er war hieher gereist, um seine Schwester zu erwarten, die bis jetzt bei einer verstorbenen Großmutter gelebt, und nun auf der Reise zu ihm durch den Pest-Kordon von ihm getrennt war. Zu diesen Personen fügte sich noch ein alter kroatischer Edelmann, der einen einsamen Hof in der Nähe der türkischen Grenze besaß; er übernachtete hier von einem Kreistage zurückkehrend. Ein Tiroler Teppichkrämer und sein Reisegeselle, ein Savoyardenjunge, dem sein Murmeltier gestorben war, und der sich nach Hause bettelte, machten die Gesellschaft voll, außer der alten Wirtin, die Tabak rauchte, und in ihrer Jugend als Amazone unter den Wurmserschen Husaren gedient hatte. Sie trug noch den Dolman und die Mütze, die Haare in einen Zopf am Nacken und zwei kleine Zöpfe an den Schläfen geknüpft, und hatte hinter ihrem Spinnrad ein martialisches Ansehen. Diese bunte Versammlung saß in der Stube, welche zugleich die Küche und der Stall für zwei Büffelkühe war, um den lodernden, niedern Feuerherd, und war im vollen Gespräch über den doppelten Wehmüller, als dieser in der Dämmerung an der verschlossenen Haustüre pochte. Die Wirtin fragte zum Fenster hinaus, und als sie Wehmüller sah, rief sie: Gott steh uns bei! Da ist noch ein dritter Wehmüller; ich mache die Türe nicht eher auf, bis sie alle drei zusammen kommen! Ein lautes Gelächter und Geschrei des Verwunderns aus der Stube unterbrach des armen Malers Bitte um Einlaß. Er nahte sich dem Fenster und hörte eine lebhafte Beratschlagung über sich an. Der kroatische Edelmann behauptete: er könne sehr leicht ein Vampir sein, oder die Leiche des ersten an der Pest verstorbenen Wehmüllers, die hier den Leuten das Blut aussaugen wolle; der Feuerwerker meinte: er könne die Pest bringen, er habe wahrscheinlich den Kordon überschritten und sei wieder zurück geschlichen; der Tiroler bewies: er würde niemand fressen; die Kammerjungfer verkroch sich hinter dem Franzosen, der, nebst dem Hofmeister, die Gastfreiheit und Menschlichkeit verteidigte. Devillier sagte: er könne nicht erwarten, daß eine so auserwählte Gesellschaft, in der er sich befände, jemals aus Furcht und Aberglauben die Rechte der Menschheit so sehr verletzen werde, einen Fremden um einer bloßen Grille auszusperren, er wolle mit dem Manne reden; der Zigeuner aber ergriff in dem allgemeinen, ziemlich lauten Wortwechsel seine Violine und machte ein wunderbares Schariwari dazu, und da die ungarischen Bauern nicht leicht eine Fiedel hören, ohne den Tanzkrampf in den Füßen zu fühlen, so versammelte sich bald Horia und Klotzka vor der Schenke, – was so viel heißt als Hinz und Kunz bei uns zu Lande – die Mädchen wurden aus den Betten getrieben und vor die Schenke gezogen, und sie begannen zu juchzen und zu tanzen. Durch den Lärm ward der Vizegespan, des Orts Obrigkeit, herbei gelockt, und Wehmüller brachte ihm seine Klagen und das Attestat des Chirurgen vor, versprach ihm auch sein Portrait unter den Nationalgesichtern sich aussuchen zu lassen, wenn er ihm ein ruhiges Nachtquartier verschaffe und seine Persönlichkeit in der Schenke attestiere. Der Vizegespan ließ sich nun die Schenke öffnen und las drinnen das Attestat des Herren Chirurgen, das er allen Anwesenden zur Beruhigung mitteilte. Durch seine Autorität brachte er es dahin, daß Wehmüller endlich herein gelassen wurde, und er nahm, um der Sache mehr Ansehen zu geben, ein Protokoll über ihn auf, an dem nichts merkwürdig war, als daß es mit dem Worte »sondern« anfing. Indessen hatten die Bauern den musikalischen Zigeuner herausgezerrt und waren mit ihm unter die Linde des Dorfs gezogen, der Tiroler zog hinterdrein und juodelte aus der Fistel, der Savoyarde gurgelte sein »Escoutta Gianetta« und klapperte mit dem Deckel seines leeren Kastens den Takt dazu bis unter die Linde. Monsieur Devillier forderte die Kammerjungfer zu einem Tänzchen auf, und Herr Lindpeindler gab der schönen Herbstnacht und dem romantischen Eindruck nach. So war die Stube ziemlich leer geworden; Wehmüller holte seine Nationalgesichter aus der Blechbüchse und der Vizegespan hatte bald sein Portrait gefunden, versprach auch dem Maler ins Ohr: daß er ihm morgen über den Kordon helfen wolle, wenn er ihm heute nacht noch eine Reihe Knöpfe mehr auf die Jacke male. Wehmüller dankte ihm herzlich und begann sogleich bei einer Kienfackel seine Arbeit. Der Feuerwerker und der kroatische Edelmann rückten zu dem Tisch, auf welchem Wehmüller seine Flasche Tokaier preisgab; die Herren drehten sich die Schnauzbärte, steckten sich die Pfeifen an und ließen es sich wohl schmecken. Der Vizegespan sprach von der Jagdzeit, die am St. Egiditag, da der Hirsch in die Brunst gehe, begonnen habe, und daß er morgen früh nach einem Vierzehnender ausgehen wolle, der ihm großen Schaden in seinem Weinberge getan, zugleich lud er Herrn Wehmüller ein, mitzugehen, wobei er ihm auf den Fuß trat. Wehmüller verstand, daß dies ein Wink sei, wie er ihm über den Kordon helfen wolle, und wenn ihm gleich nicht so zumute war, gern von Hirschgeweihen zu hören, nahm er doch das Anerbieten mit Dank an, nur bat er sich die Erlaubnis aus, nach der Rückkehr das Bild des Herrn Vizegespans in seinem Hause fertig malen zu dürfen. Der kroatische Edelmann und der Feuerwerker sprachen nun noch mancherlei von der Jagd und wie der Wein so vortrefflich stehe, darum sei das Volk auch so lustig; wenn der unbequeme Pest-Kordon nur erst aufgelöst sei, aller Verkehr sei durch ihn gestört, und der Kordon sei eigentlich ärger, als die Pest selbst. Es wird bald aus sein mit dem Kordon, sagte der Kroate, die Kälte ist der beste Doktor, und ich habe heute an den Eicheln gesehen, daß es einen strengen Winter geben wird; denn die Eicheln kamen heuer früh und viel und es heißt von den Eicheln im September:

Haben sie Spinnen, so kömmt ein bös Jahr,
Haben sie Fliegen, kömmt Mittelzeit zwar,
Haben sie Maden, so wird das Jahr gut,
Ist nichts darin, so hält der Tod die Hut,
Sind die Eicheln früh und sehr viel,
So schau was der Winter anrichten will:
Mit vielem Schnee kommt er vor Weihnachten,
Darnach magst du große Kälte betrachten.
Sind die Eicheln schön innerlich,
Folgt ein schöner Sommer, glaub' sicherlich;
Auch wird dieselbe Zeit wachsen schön Korn,
Also ist Müh' und Arbeit nicht verlor'n.
Werden sie innerlich naß befunden,
Tut's uns einen nassen Sommer bekunden,
Sind sie mager wird der Sommer heiß,
Das sei dir gesagt mit allem Fleiß.

Diesen September waren sie aber so früh und häufig, daß es gewiß bald kalt und der Frost die Pest schon vertilgen wird. Ganz recht, sagte der Vizegespan, wir werden einen frühen Winter und einen schönen Herbst haben, denn tritt der Hirsch an einem schönen Egiditag in Brunst, so tritt er auch an einem schönen Tag heraus, und wenn er früh eintritt, wie dieses Jahr, so naht der Winter auch früh. Über diesen Wetter-Betrachtungen kamen sie auf kalte Winter zu sprechen, und der Kroate erzählte folgende Geschichte, die ihm vor einigen Jahren im kalten Winter in der Christnacht geschehen sein sollte, und er beschwor sie hoch und teuer. Aber eben, als er beginnen wollte, schallte ein großer Spektakel von der Linde her. Lindpeindler und die Kammerjungfer stürzten mit dem Geschrei in die Stube: auf dem Tanzplatz sei wieder ein Wehmüller erschienen. Ach, schrie die Kammerjungfer, er hat mich wie ein Gespenst angepackt und ist mit mir so entsetzlich unter der Linde herumgetanzt, daß mir die Haube in den Zweigen blieb. Auf diese Aussage sprangen alle vom Tisch auf, und wollten hinausstürzen. Der Vizegespan aber gebot dem Maler: sitzen zu bleiben, bis man wisse, ob er oder der andere es sei.

Da näherte sich das Spektakel und bald trat der Zigeuner lustig fiedelnd, von den krähenden Bauern begleitet, mit dem neuen Wehmüller vor die Schenke. Da klärte sich denn bald der Scherz auf. Devillier hatte den grauen Reisekittel und den Hut Wehmüllers im Hinausgehen aufgesetzt und ein altes blechernes Ofenrohr, das in einem Winkel lag, umgehängt, die furchtsame Kammerjungfer zu erschrecken. Nanny ward sehr ausgelacht und der Vizegespan befahl nun den Leuten zu Bette zu gehen; da aber einige noch tanzen wollten und grob wurden, rief er nach seinen Heidukken, setzte selbst eine Bank vor die Türe, legte eigenhändig einen frechen Burschen über und ließ ihm fünf aufzählen, auf welche kleine Erfrischung die ganze Ballgesellschaft mit einem lauten: Vivat noster Dominus Vicegespannus! jubelnd nach Haus zog. Nun ordnete sich die übrige Gesellschaft in der engen Stube, wie es gehen wollte, um Tisch und Herd, auf Kübeln und Tonnen und den zur Nachtstreue von der Wirtin angeschleppten Strohbündeln. Devillier ließ einige Krüge Wein bringen und der erschrockenen Kammerjungfer wurde auf den Schreck wacker zugetrunken. Man bat dann den Kroaten: seine versprochene Geschichte zu erzählen, welcher, während Wehmüller in schweren Gedanken an sein Tonerl Knöpfe malte, also begann:

DAS PICKENICK DES KATERS MORES
Erzählung des kroatischen Edelmanns

Mein Freihof liegt einsam, eine halbe Stunde von der türkischen Grenze, in einem sumpfichten Wald, wo alles im herrlichsten und fatalsten Überfluß ist, zum Beispiel: die Nachtigallen, die einen immer vor Tag aus dem Schlafe wecken, und im letzten Sommer pfiffen die Bestien so unverschämt nah und in solcher Menge vor meinem Fenster, daß ich einmal im größten Zorne den Nachttopf nach ihnen warf. Aber ich kriegte bald einen Hausgenossen, der ihnen auf den Dienst paßte, und mich von dem Ungeziefer befreite. Heut sind es drei Jahre, als ich morgens auf meinen Finkenherd ging, mit einem Pallasch, einer guten Doppelbüchse und einem Paar doppelten Pistolen versehen, denn ich hatte einen türkischen Wildbretdieb und Händler auf dem Korn, der mir seit einiger Zeit großen Wildschaden angetan und mir, da ich ihn gewarnt hatte, trotzig hatte sagen lassen: er störe sich nicht an mir, und wolle unter meinen Augen in meinem Wald jagen. Als ich nach dem Finkenherd kam, fand ich alle meine ausgestellten Dohnen und Schlingen ausgeleert und merkte, daß der Spitzbube mußte da gewesen sein. Erbittert stellte ich meinen Fang wieder auf, da strich ein großer schwarzer Kater aus dem Gesträuch murrend zu mir her und machte sich so zutulich, daß ich seinen Pelz mit Wohlgefallen ansah, und ihn liebkoste mit der Hoffnung, ihn an mich zu gewöhnen und mir etwa aus seinen Winterhaaren eine Mütze zu machen. Ich habe immer so eine lebendige Winter-Garderobe im Sommer in meinem Revier, ich brauche darum kein Geld zum Kürschner zu tragen, es kommen mir auch keine Motten in mein Pelzwerk. Vier paar tüchtige lederne Hosen laufen immer als lebendige Böcke auf meinem Hofe, und mitten unter ihnen ein herrlicher Dudelsack, der sich jetzt als lebendiger Bock schon so musikalisch zeigt, daß die zu einzelnen Hosenbeinen bestimmten Kandidaten, sobald er meckernd unter sie tritt, zu tanzen und gegen einander zu stutzen anfangen, als fühlten sie jetzt schon ihre Bestimmung: einst mit meinen Beinen nach diesem Dudelsack ungarisch zu tanzen. So habe ich auch einen neuen Reisekoffer als Wildsau in meinem Forste herumlaufen, ein prächtiger Wolfspelz hat mir im letzten Winter in der Gestalt von sechs tüchtigen Wölfen schon auf den Leib gewollt; die Bestien hatten mir ein tüchtiges Loch in die Kammertüre genagt, da fuhr ich einem nach dem andern durch ein Loch über der Türe mit einem Pinsel voll Ölfarbe über den Rücken, und erwarte sie nächstens wieder, um ihnen das

Fell über die Ohren zu ziehen. Aus solchen Gesichtspunkten sah ich auch den schwarzen Kater an, und gab ihm, teils weil er schwarz wie ein Mohr war, teils, weil er gar vortreffliche Mores oder Sitten hatte, den Namen Mores. Der Kater folgte mir nach Hause und wußte sich so trefflich durch Mäusefangen und Verträglichkeit mit meinen Hunden auszuzeichnen, daß ich den Gedanken: ihn aus seinem Pelz zu vertreiben, bald aufgegeben hatte. Mores war mein steter Begleiter und nachts schlief er auf einem ledernen Stuhl neben meinem Bette. Merkwürdig war es mir besonders an dem Tiere, daß es, als ich ihm scherzhaft bei Tage einigemal Wein aus meinem Glase zu trinken anbot, sich gewaltig dagegen sträubte; und ich es doch einst im Keller erwischte, wie es den Schwanz ins Spundloch hängte und dann mit dem größten Appetit ableckte. Auch zeichnete sich Mores vor allen Katzen durch seine Neigung sich zu waschen aus, da doch sonst sein Geschlecht eine Feindschaft gegen das Wasser hat. Alle diese Absonderlichkeiten hatten den Mores in meiner Nachbarschaft sehr berühmt gemacht und ich ließ ihn ruhig bei mir aus und eingehen, er jagte auf seine eigne Hand, und kostete mich nichts, als Kaffee, den er über die Maßen gern soff. So hatte ich meinen Gesellen bis gegen Weihnachten immer als Schlafkameraden gehabt, als ich ihn die zwei letzten Tage und Nächte vor dem Christtag ausbleiben sah. Ich war schon an den Gedanken gewöhnt, daß ihn irgendein Wildschütze, vielleicht gar mein türkischer Grenznachbar, möge weggeschossen oder gefangen haben, und sendete deswegen einen Knecht hinüber zu dem Wildhändler, um etwas von dem Mores auszukundschaften. Aber der Knecht kam mit der Nachricht zurück, daß der Wildhändler von meinem Kater nichts wisse, daß er eben von einer Reise von Stambul zurückgekommen sei, und seiner Frau eine Menge schöner Katzen mitgebracht habe; übrigens sei es ihm lieb, daß er von meinem trefflichen Kater gehört, und wolle er auf alle Weise suchen, ihn in seine Gewalt zu bringen, da ihm ein tüchtiger Bassa für sein Serail fehle. Diese Nachricht erhielt ich mit Verdruß am Weihnachtsabend, und sehnte mich um so mehr nach meinem Mores, weil ich ihn dem türkischen Schelm nicht gönnte. Ich legte mich an diesem Abend früh zu Bette, weil ich in der Mitternacht eine Stunde Weges nach der Kirche in die Metten gehen wollte. Mein Knecht weckte mich zur gehörigen Zeit; ich legte meine Waffen an und hängte meine Doppelbüchse mit dem gröbsten Schrote geladen um. So machte ich mich auf den Weg, in der kältesten Winternacht, die ich je erlebt; ich war eingehüllt wie ein Pelznickel, die brennende Tabakspfeife fror mir einigemal ein, der Pelz um meinen Hals starrte von meinem gefrornen Hauch, wie ein Stachelschwein, der feste Schnee knarrte unter meinen Stiefeln, die Wölfe heulten rings um meinen Hof, und ich befahl meinen Knechten: Jagd auf sie zu machen.

So war ich bei sternheller Nacht auf das freie Feld hinaus gekommen, und sah schon in der Ferne eine Eiche, die auf einer kleinen Insel mitten in einem zugefrornen Teiche stand und etwa die Hälfte des Weges bezeichnete, den ich zum Kirchdorf hatte. Da hörte ich eine wunderbare Musik, und glaubte anfangs, es sei etwa ein Zug Bauern, der mit einem Dudelsack sich den Weg zur Kirche verkürzte, und so schritt ich derber zu, um mich an diese Leute anzuschließen. Aber je näher ich kam, je toller war die kuriose Musik, sie löste sich in ein Gewimmer auf, und schon dem Baume nah hörte ich, daß die Musik von demselben herunter schallte. Ich nahm mein Gewehr in die Hand, spannte den Hahn und schlich über den festen Teich auf die Eiche los; was sah ich, was hörte ich? Das Haar stand mir zu Berge; der ganze Baum saß voll schrecklich heulender Katzen, und in der Krone tronte mein Herr Mores mit krummem Buckel und blies ganz erbärmlich auf einem Dudelsack, wozu die Katzen unter gewaltigem Geschrei um ihn her durch die Zweige tanzten. Ich war anfangs vor Entsetzen wie versteinert, bald aber zwickte mich der Klang des Dudelsacks so sonderbar in den Beinen, daß ich selbst anfing zu tanzen und beinahe in eine, von Fischern gehauene Eis-Öffnung fiel; da tönte aber die Mettenglocke durch die helle Nacht, ich kam zu Sinnen und schoß die volle Schrotladung meiner Doppelbüchse in den vermaledeiten Tanz-Chor hinein und in demselben Augenblick fegte die ganze Tanzgesellschaft wie ein Hagelwetter von der Eiche herunter und wie ein Bienenschwarm über mich weg, so daß ich auf dem Eise ausglitt und platt niederstürzte. Als ich mich aufraffte, war das Feld leer, und ich wunderte mich, daß ich auch keine einzige von den Katzen getroffen unter dem Baume fand. Der ganze Handel hatte mich so erschreckt und so wunderlich gemacht, daß ich es aufgab, nach der Kirche zu gehen, ich eilte nach meinem Hofe zurück und schoß meine Pistolen mehrere Male ab, um meine Knechte herbei zu rufen. Sie nahten mir bald auf dieses verabredete Zeichen; ich erzählte ihnen mein Abenteuer, und der eine, ein alter, erfahrener Kerl, sagte: Sein ihr Gnaden nur ruhig, wir werden die Katzen bald finden, die ihr Gnaden geschossen haben. Ich machte mir allerlei Gedanken und legte mich zu Hause, nachdem ich auf den Schreck einen warmen Wein getrunken hatte, zu Bett. Als ich gegen Morgen ein Geräusch vernahm, erwachte ich aus dem unruhigen Schlaf und sieh da: mein vermaledeiter Mores lag – mit versengtem Pelz – wie gewöhnlich, neben mir auf dem Lederstuhl. Es lief mir ein grimmiger Zorn durch alle Glieder; Passaveanelkiteremtete! schrie ich, vermaledeite Zauberkanaille! bist du wieder da? und griff nach einer neuen Mistgabel, die neben meinem Bette stand; aber die Bestie stürzte mir an die Kehle und würgte mich; ich schrie Zetermordio. Meine Knechte eilten herbei mit gezogenen Säbeln und fegten nicht schlecht über meinen Mores her, der an allen Wänden hinauf fuhr, endlich das Fenster zerstieß und dem Walde zustürzte, wo es vergebens war, das Untier zu verfolgen; doch waren wir gewiß, daß Herr Mores seinen Teil Säbelhiebe weg habe, um nie wieder auf dem Dudelsack zu blasen. Ich war schändlich zerkratzt und der Hals und das Gesicht schwoll mir gräßlich an. Ich ließ nach einer slavonischen Viehmagd rufen, die bei mir diente, um mir einen Umschlag von ihr kochen zu lassen, aber sie war nirgends zu finden und ich mußte nach dem Kirchdorf fahren, wo ein Feldscher wohnte. Als wir an die Eiche kamen, wo das nächtliche Konzert gewesen war, sahen wir einen Menschen darauf sitzen, der uns erbärmlich um Hülfe anflehte. Ich erkannte bald Mladka, die slavonische Magd; sie hing halb erfroren mit den Röcken in den Baumästen verwickelt, und das Blut rann von ihr nieder in den Schnee; auch sahen wir blutige Spuren von da her, wo mich die Katzen über den Haufen geworfen, nach dem Walde zu. Ich wußte nun, wie es mit der Slavonierin beschaffen war, ließ sie schwebend, daß sie die Erde nicht berührte, auf den Wurstwagen tragen und festbinden, und fuhr eilend mit der Hexe nach dem Dorfe. Als ich bei dem Chirurg ankam, wurde gleich der Vizegespan und der Pfarrer des Orts gerufen, alles zu Protokoll genommen und die Magd Mladka ward ins Gefängnis geworfen; sie ist zu ihrem Glück an dem Schuß, den sie im Leibe hatte, gestorben, sonst wäre sie gewiß auf den Scheiterhaufen gekommen. Sie war ein wunderschönes Weibsbild und ihr Skelett ist nach Pest ins Naturalienkabinett als ein Muster schönen Wachstums gekommen; sie hat sich auch herzlich bekehrt und ist unter vielen Tränen gestorben. Auf ihre Aussagen sollten verschiedene andere Weibspersonen in der Gegend gefangen genommen werden, aber man fand zwei tot in ihren Betten, die anderen waren entflohen. Als ich wieder hergestellt war, mußte ich mit einer Kreis-Kommission über die türkische Grenze reisen; wir meldeten uns bei der Obrigkeit mit unserer Anzeige gegen den Wildhändler, aber da kamen wir schier in eine noch schlimmere Suppe; es wurde uns erklärt: daß der Wildhändler nebst seiner Frau und mehreren türkischen, serbischen und slavonischen Mägden und Sklavinnen von Schrotschüssen und Säbelhieben verwundet zu Hause angekommen, und daß der Wildhändler gestorben sei mit der Angabe: er sei, von einer Hochzeit kommend, auf der Grenze von mir überfallen und so zugerichtet worden. Während dies angezeigt wurde, versammelte sich eine Menge Volks und die Frau des Wildhändlers mit mehreren Weibern und Mägden, verbunden und bepflastert, erhoben ein mörderliches Geschrei gegen uns. Der Richter sagte: er könne uns nicht schützen, wir möchten sehen, daß wir fortkämen; da eilten wir nach dem Hof, sprangen zu Pferde, nahmen den Kreis-Kommissair in die Mitte, ich setzte mich an die Spitze der sechs Szekler-Husaren, die uns begleitet hatten und so sprengten wir, Säbel und Pistole in der Hand, früh genug zum Orte hinaus, um nicht mehr zu erleiden, als einige Steinwürfe und blinde Schüsse, eine Menge türkischer Flüche mit eingerechnet. Die Türken verfolgten uns bis über die Grenze, wurden aber von den Szeklern, die sich im Walde setzten, so zugerichtet, daß wenigstens ein paar von ihnen dem Wildhändler in Mahomeds Paradies Nachricht von dem Erfolg werden gegeben haben. Als ich nach Haus kam, war das erste, daß ich meinen Dudelsack visitierte, den ich auch mit drei Schroten durchlöchert hinter meinem Bette liegen fand. Mores hatte also auf meinem eigenen Dudelsack geblasen und war von ihm gegen meinen Schuß gedeckt worden. Ich hatte mit der unseligen Geschichte noch viele Schererei, ich wurde weitläufig zu Protokoll vernommen, es kam *eine* Kommission nach der andern auf meinen Hof und ließ sich tüchtig aufwarten; die Türken klagten wegen Grenzverletzung, und ich mußte es mir am Ende noch mehrere Stücke Wild und ein ziemliches Geld kosten lassen, daß die Gerichtsplackerei endlich einschlief, nachdem ich und meine Knechte vereidigt worden waren. Trotzdem wurde ich mehrmals vom Kreis-Physikus untersucht: ob ich auch völlig bei Verstand sei, und dieser kam nicht eher zur völligen Gewißheit darüber, bis ich ihm ein paar doppelte Pistolen und seiner Frau eine Verbrämung von schwarzem Fuchspelz und mehrere tüchtige Wildbraten zugeschickt hatte. So wurde die Sache endlich stille, um aber in etwas auf meine Kosten zu kommen, legte ich eine Schenke unter der Eiche auf der Insel in dem Teiche an, wo seither die Bauern und Grenznachbarn aus der Gegend sich sonntags im Sommer viel einstellen, und den ledernen Stuhl, worauf Mores geschlafen, und an den ich ein Stück seines Schweifs, das ihm die Knechte in der Nacht abgehauen, genagelt habe, besehen; den Dudelsack habe ich flicken lassen, und mein Knecht, der den Wirt dort macht, pflegt oben in der Eiche, wo Mores gesessen, darauf den Gästen, die um den Baum tanzen, vorzuspielen. Ich habe schon ein schönes Geld da eingenommen und wenn mich die Herrschaften einmal dort besuchen wollen, so sollen sie gewiß gut bedient werden.

Diese Erzählung, welche der Kroat mit dem ganzen Ausdruck der Wahrheit vorgebracht hatte, wirkte auf die verschiedenste Weise in der Gesellschaft. Der Vizegespan, der Tiroler und die Wirtin hatten keinen Zweifel, und der Savoyarde zeigte seine Freude, daß man noch kein Beispiel gehabt habe: ein Murmeltier sei eine Hexe gewesen. Lindpeindler äußerte: es möge an der Geschichte wahr sein, was da wolle, so habe sie doch eine höhere poetische Wahrheit; sie sei in jedem Falle wahr, insofern sie den Charakter der Einsamkeit, Wildnis, und der türkischen Barbarei ausdrücke, sie sei durchaus für den Ort, auf welchem sie spiele, scharf bezeichnend und mythisch und darum dort wahrer, als irgendeine Lafontainesche Familiengeschichte. Aber es verstand keiner der Anwesenden, was Lindpeindler sagen wollte, und Devillier leugnete ihm grade ins Gesicht, daß Lafontaine irgend eine seiner *Fabeln* jemals für eine wahre Familiengeschichte ausgegeben habe; Lindpeindler schwieg und wurde verkannt. Nun aber wendete sich der Franzose zu der Kammerjungfer, welche sich mit stillem Schauer in einen Winkel gedrückt hatte, sprechend: Und Sie, schöne Nanny, sind ja so stille, als fühlten Sie sich bei der Geschichte getroffen. Wieso getroffen? fragte Nanny. Nun ich meine, erwiderte Devillier lächelnd, von einem Schrote des kroatischen Herrn. Sollte das artigste Kammerkätzchen der Gegend nicht zu dem Teedansant eingeladen gewesen sein? – – das wäre ein Fehler des Herrn Mores gegen die Galanterie, wegen welchem er die Rache seines Herrn allein schon verdient hätte. Alle lachten, Nanny aber gab dem Franzosen eine ziemliche Ohrfeige und erwiderte: Sie sind der Mann dazu, einen in den Ruf zu bringen, daß man geschossen sei, denn Sie haben selbst einen Schuß! und dabei zeigte sie ihm von neuem die fünf Finger; worauf Devillier sagte: Erhebt das nicht den Verdacht, sind das nicht Katzen-Manieren, Sie waren gewiß dabei; Frau Tschermack, die Wirtin, wird es uns sagen können, denn die hat gewiß nicht gefehlt, ich glaube, daß sie die Blessur in der Hüfte eher bei solcher Gelegenheit, als bei den Wurmserschen Husaren erhalten. Alles lachte von neuem und der Zigeuner sagte: ich will sie fragen. Der Kroate fand sich über die Ungläubigkeit Devilliers gekränkt, und fing an, seine Geschichte nochmals zu beteuern, indem er seine pferdehaarne steife Halsbinde ablößte, um die Narben von den Klauen des Mores zu zeigen; Nanny drückte die

Augen zu, und indessen brachte der Zigeuner die Nachricht: Frau Tschermack meine, Mores müsse es selbst am besten wissen. Er setzte mit diesen Worten die große schwarze Katze der Wirtin, welche er vor der Türe gefangen hatte, der Kammerjungfer in den Schoß, welche mit einem heftigen Schrei des Entsetzens auffuhr: Eingestanden! rief Devillier; aber der Spaß war dumm, denn Nanny kam einer Ohnmacht nah, die Katze sprang auf den Tisch, warf das Licht um, und fuhr dem armen Wehmüller über seine nassen Farben; der Vizegespan riß das Fenster auf und entließ die Katze, aber alles war rebellisch geworden; die Büffelkühe im Hintergrund der Stube rissen an den Ketten, und jeder drängte nach der Türe. Wehmüller und Lindpeindler sprangen auf den Tisch und stießen mit dem Tiroler zusammen, der es auch in demselben Augenblick tat, und mit seinen nägelbeschlagenen Schuhen mehr Knopflöcher in das Portrait des Vizegespans trat, als Knöpfe darauf waren. Devillier trug Nanny hinaus; der Kroate schrie immer: Da haben wir es, das kommt vom Unglauben! Frau Tschermack aber, welche mit einem vollen Weinkrug in die Verstörung trat, fluchte stark und beruhigte die Kühe; der Zigeuner griff wie ein zweiter Orpheus nach seiner Violine, und als Monsieur Devillier mit Nanny, die er am Brunnen erfrischt hatte, wieder herein trat, kniete der kecke Bursche vor ihr nieder und sang und spielte eine so rührende Weise auf seinem Instrument, daß niemand widerstehen konnte und bald alles stille ward. Es war dies ein altes zigeunerisches Schlachtlied, wobei der Zigeuner endlich in Tränen zerfloß, und Nanny konnte ihm nicht widerstehen, sie weinte auch und reichte ihm die Hand; Lindpeindler aber sprang auf den Sänger zu und umarmte ihn mit den Worten: O, das ist groß, das ist ursprünglich! bester Michaly, wollen Sie mir Ihr Lied wohl in die Feder diktieren? Nimmermehr! sagte der Zigeuner, so was diktiert sich nicht, ich wüßte es auch jetzt nicht mehr und wenn Sie mir den Hals abschnitten; wenn ich einmal wieder eine schöne Jungfer betrübt habe, wird es mir auch wieder einfallen. Da lachte die ganze Gesellschaft, und Michaly begann so tolle Melodien aus seiner Geige herauszulocken, daß die Fröhlichkeit bald wieder hergestellt wurde, und Devillier den Kroaten fragte: ob Mores nicht diesen Tanz aufgespielt hätte? Herr Lindpeindler notierte sich wenigstens den Inhalt des extemporierten Liedes; es war die Wehklage über den Tod von 1000 Zigeunern. Im Jahr 1537 wurde in den Zapolischen Unruhen das Kastell Nagy-Ida in der Abanywarer Gespanschaft mit Belagerung von Kaiserlichen Truppen bedroht. Franz von Perecey, der das Kastell verteidigte, stutzte, aus Truppen-Mangel, tausend Zigeuner in der Eile zu Soldaten und legte sie unter reichen Versprechungen von Geld und Freiheiten auf Kindeskinder, wenn sie sich wacker hielten, gegen den ersten Anlauf in die äußeren Schanzen. Auf diese vertrauend hielten sich diese Helden auch ganz vortrefflich, sie empfingen die Belagerer mit einem heftigen Feuer, so daß sie umwendeten. Aber nun krochen die Helden übermütig aus ihren Löchern und schrien den Fliehenden nach: Geht zum Henker, ihr Lumpen, hätten wir noch Pulver und Blei, so wollten wir euch anders zwiebeln. – Da sahen sich die Abziehenden um, und als sie statt regulierter Truppen einen frechen Zigeunerschwarm auf den Wällen merkten, ergriff sie der Zorn, sie drangen in die Schanze und säbelten die armen Helden bis auf den letzten Mann nieder. Diese Niederlage, eine der traurigsten Erinnerungen der Zigeuner in jener Gegend, hatte Michaly in der Klage einer Mutter um ihren Sohn, und einer Braut um ihren gefallenen Geliebten besungen. – Devillier sagte nun zu dem Kroaten: Damit Sie nicht länger meinen Glauben an den Hexenmeister Mores in Katzengestalt bezweifeln, will ich Ihnen eine Geschichte erzählen, bei welcher ich selbst geholfen habe, ein paar hundert solcher Zauberer zu töten. Ein paar hundert! riefen mehrere in der Gesellschaft. Ja! erwiderte Devillier und das will ich ebenso getrost beschwören, als unser Freund den musizierenden Katzen-Kongreß.

DEVILLIERS ERZÄHLUNG VON DEN HEXEN AUF DEM AUSTERFELSEN

Vor mehreren Jahren, da ich als Lieutenant zu Dünkirchen in Garnison lag, genoß ich der vertrauten Freundschaft meines Majors, eines alten Gascogners. Er war ein großer Liebhaber von Austern, und zu seiner Majorschaft gehörte der Genuß von einem großen Austerfelsen, der hinter einem Lustwäldchen einen halben Büchsenschuß weit vom Ufer in der See lag, so daß man ihn bei der Ebbe trocknen Fußes erreichen konnte, um die frischen Austern vom Felsen zu schlagen. Da der Major eine Zeit her bemerkt hatte, daß in den meisten zutage liegenden Austern nichts drinnen war, konnte er sich gar nicht denken, wer ihm die Austern aus den Schalen hinweg stehle und er bat mich, ihn in einer Nacht mit Schießgewehr bewaffnet nach dem Austerfelsen zu begleiten, um den Dieb zu belauern. Wir hatten kaum das kleine Gehölz betreten, als uns ein schreckliches Katzengeheul nach der See hin rief, und wie groß war unser Erstaunen, als wir den Felsen mit einer Unzahl von Katzen besetzt fanden, die, ohne sich von der Stelle zu bewegen, das durchdringendste Jammergeschrei ausstießen. Ich wollte unter sie schießen, aber mein Freund warnte mich, indem es gewiß eine Gesellschaft von Zauberern und Hexen sei und ich durch den Schuß ihre Rache auf uns ziehen könnte. Ich lachte und lief mit gezogenem Säbel nach dem Felsen hin; aber wie ward mir zumute, da ich unter die Bestien hieb und sich doch keine einzige von der Stelle bewegte; ich warf meinen Mantel über eine, um sie ungekratzt von der Erde aufheben zu können, aber es war unmöglich, sie von der Stelle zu bringen, sie war wie angewurzelt. Da lief es mir eiskalt über den Rücken, und ich eilte, zu meinem Freunde zurück zu kommen, der mich wegen meiner tollkühnen Expedition tüchtig ausschmälte. Wir standen noch bis die Flut eintrat, um zu sehen, wie sich die Hexenmeister betragen würden, wenn das Wasser über sie her strömte; aber da ging es uns, wie unserem kroatischen Freunde, als die Kirchglocke das Katzen-Pickenick auf der Eiche unterbrach. Kaum rollte die erste Welle über den Felsen, als die ganze Hexengesellschaft mit solchem Ungestüm gegen das Ufer und auf uns los stürzte, daß wir in der größten Eile Reißaus nahmen. Am anderen Morgen begab sich der alte Major zum Gouverneur der Festung und zeigte ihm an: wie die ganze Festung voll Hexen und Zauberern sei, deren Versammlung er auf seinem Austerfelsen entdeckt habe. Der Gouverneur lachte ihn anfangs aus, und begann, als er ernsthaft Truppen begehrte: diese Zauberer in der nächsten Nacht niederschießen zu lassen, an seinem Verstande zu zweifeln. Der Major stellte mich als Zeugen auf und ich bestätigte, was ich gesehen, und die wunderbare Erscheinung von Unbeweglichkeit der Katzen. Dem Gouverneur war die Sache unbegreiflich, und er versprach, in der nächsten Nacht selbst zu untersuchen. Er ließ allen Wachen andeuten, ehe er in der Nacht mit uns und 100 Mann Voltigeurs ausmarschierte, keine Rücksicht darauf zu nehmen, wenn sie schießen hörten. Als wir dem Gehölz nahten, tönte dasselbe Katzengeschrei, und wir hatten vom Ufer dasselbe eigentümlich-schauerliche Schauspiel: den lebendigen heulenden Felsen im Mondschein, über der weiten, unbegrenzten Meeresfläche. Der Gouverneur stutzte, er wollte hin, aber der Major hielt ihn mit ängstlicher Sorge zurück, nun ließ der Gouverneur die hundert Mann von der Landseite den Felsen umgeben und zwei volle Ladungen unter die Hexenmeister geben, aber es wich keiner von der Stelle, wenngleich eine Menge Stimmen unter ihnen zu schweigen begannen. Hierüber verwundert ließ sich der Gouverneur nicht länger halten, er ging nach dem Felsen und wir folgten ihm; er versuchte, eine der Katzen wegzunehmen, aber sie waren alle wir angewachsen; da entdeckte ich, daß sie alle mit einer oder mehreren Pfoten, manche auch mit dem Schwanz in die fest geschlossenen Austern eingeklemmt waren. Als ich dies angezeigt, mußten die Soldaten heran und sie sämtlich erlegen. Da aber die Flut nahte, zogen wir uns ans Land zurück, und die ganze Katzen-Versammlung, welche gestern so lebhaft vor der ersten Woge geflohen war, wurde jetzt von der Flut mausetot ans Ufer gespült, worauf wir, den guten Major herzlich mit seinen Hexen auslachend, nach Hause marschierten. Die Sache aber war folgende: Die Katzen, welche die Austern über alles lieben, zogen sie mit den Pfoten aus den Schalen, und das gelang nicht länger, als bis sie von den sich schließenden Muscheln festgeklemmt wurden, wo sie sich dann so lange mit Wehklagen unterhielten, bis die Austern, von der Flut überschwemmt, sich wieder öffneten und ihre Gefangenen entließen; und ich glaube, bei strenger Untersuchung und weniger Phantasie, würde unser Freund bei seinem Katzen-Abenteuer ebensogut lauter Fisch-Diebe, wie wir Auster-Diebe entdeckt haben.

BACIOCHIS ERZÄHLUNG VOM WILDEN JÄGER

Nachdem die Aufklärung dieses Ereignisses die Erzählung des Kroaten in ihrer Schauerlichkeit sehr gemildert hatte, kam man auf allerlei Jagdgespenster zu sprechen, und Lindpeindler fragte: ob einer in der Gesellschaft vielleicht je den wilden Jäger gesehen oder gehört habe? Da sagte der Feuerwerker: mir kam er schon so nahe, daß ich das Blanke in den Augen sah, und wenn die Jungfer Nanny sich tapfer halten und die ganze ehrsame Gesellschaft wenigstens so lange daran glauben will, bis die Geschichte zu Ende ist, so will ich sie erzählen. Nanny erwiderte: Erzähle nur Baciochi, Du kennst mein Temperament und wirst es nicht zu arg machen. Erzählen Sie, fiel Devillier ein, wenn wir die Geschichte auch am Ende für eine Lüge erklären, so soll Ihnen bis dahin geglaubt werden; und bald waren alle Stimmen vereint, den Feuerwerker einzuladen, welcher alle aufforderte, sich an ihre Plätze zu setzen und seiner Erzählung einen eigentümlichen theatralischen Charakter zu geben wußte. Alle saßen an Ort und Stelle, er machte eine Pause, steckte sich eine Pfeife Tabak an und schlug mit der Faust so unerwartet heftig auf den Tisch, daß die Lichter verlöschten, und alle laut aufschrien. Meine Feuerwerke fangen immer mit einem Kanonenschuß an, sagte er, erschrecken Sie nicht! und in demselben Augenblick brannte er mehrere Sprühkegel an, die er aus Pulver und vergoßnem Weine in der Stille geknetet hatte und sagte: Stellen Sie sich vor, Sie wären bei meinem großen Feuerwerke in Venedig, welches ich am Krönungstage Napoleons dort abbrannte. Es mußten mir einige Körner prophetischen Schießpulvers in die Masse gekommen sein; kurz gesagt: als der Thron und die Krone und das große Notabene: NB, Napoleon Bonapartes Namenszug im vollen Brillantfeuer, von hunderttausend Schwärmern und Raketen umzischt, kaum eine Viertelstunde von einer hohen Generalität und dem verehrten Publikum beklatscht worden waren, fing mein Feuerwerk an, ein wenig zu frösteln; es platzte und zischte manches zu früh und zu spät ab, eine gute Partie einzelner Sonnen und Räder brannten mir in einer Scheune nieder, die dabei das Dach verlor. Das Schauspiel war so grandios angelegt, daß man diesen ganzen kunstlosen Scheunenbrand für seinen Triumph hielt, man klatschte und ich paukte und trompetete; schnell ließ ich alle meine übrigen Stücke in die Lücken stellen und von neuem losfigurieren. Aber der Satan fuhr mir mit dem Schwanz drüber, und die ganze Pastete flog mit einem großen Geprassel auf einmal in die Luft, die Menschen fuhren gräßlich auseinander, Gerüste brachen ein, alle Einzäunungen wurden niedergerissen, die Menge stürzte nach den Gondeln, die Gondelführer wehrten ab, die Bürger prügelten sich mit den französischen Soldaten, meine Kasse wurde geplündert; es war eine Verwirrung, als sei der Teufel in die Schweine gefahren und diese stürzten dem Meer zu. Unsereins kennt sein Handwerk, man ist auf dergleichen gefaßt, mein persönlicher Rückzug war gedeckt. Ich ließ nichts zurück als alle meine Schulden, meine Reputation und meinen halben Daumen. Meine selige Frau, welcher der Rock am Leibe brannte, riß mich in die Gondel ihres Bruders, eines Schiffers, und der brachte mich an einen Zufluchtsort, worauf wir am folgenden Morgen die Stadt verließen. Als wir das Gebirg erreichten, nahten wir uns auf Abwegen einer Kapelle, bei welcher ich mit meinem liebsten Gesellen Martino verabredet hatte, wieder zusammen zu treffen, wenn wir durch irgend ein Unglück auseinander gesprengt werden sollten. Mein gutes Weib hatte ein Stück von einer Wachsfackel, die bei der Leiche unsers seligen Töchterleins gebrannt hatte, in der Tasche, und pflegte, wenn sie nähte, ihren Zwirn damit zu wichsen; aus diesem Wachs hatte sie während unseres Weges die Figur eines Daumens geknetet, und hängte dieselbe, nebst einem Rosenkranz von roten und schwarzen Beeren, den sie auch sehr artig eingefädelt hatte, dem kleinen Jesulein auf dem Schoße der Mutter Gottes in der Kapelle als ein Opfer an das Händchen, und wir beteten beide von Herzen, daß mein Daumen heilen und wir glücklich über die Grenze in das Österreichische kommen möchten. Wir lagen noch auf den Knien, als ich die Stimme Martinos rufen hörte: sia benedetto il San Marco! da schrie ich wieder: e la Santissima vergine Maria! wie wir verabredet hatten, und lief mit meinem Weibe vor die Kapelle. Da trat uns Martino in einem tollen Aufzug entgegen. Er hatte bei dem Feuerwerk den Meergott Neptun vorgestellt und in seinem vollen Kostüm reißaus genommen; er hatte den Schilfgürtel noch um den Leib, einen Wams von Seemuscheln an und eine Binsenperücke auf, sein langer Bart war von Seegras, auf der Schulter trug er den Dreizack, auf welchem er ein tüchtiges Bauernbrot und drei fette Schnepfen, die er mitsamt dem Neste erwischte, gespießt hatte. Nach herzlicher Umarmung erzählte er uns: wie ihn seine Kleidung glücklich gerettet habe; die Strickreiter seien ihm auf der Spur gewesen, da habe er sich in das Schilf eines Sumpfs versteckt und sein Schilfgürtel machte ihn da nicht bemerkbar. Als er stille liegend sie vorüber reiten lassen, hätten sich die drei Schnepfen sorglos neben ihm in ihr Nest niedergelassen und er habe sie mit der Hand alle drei ergriffen. Das Brot hatte er von einem Contrebandier um einige Pfennige gekauft, der ihm zugleich die nächste Herberge auf der Höhe des Gebirges beschrieben, aber nicht eben allzu vorteilhaft: denn der ganze Wald sei nicht recht geheuer, der wilde Jäger ziehe darin um, und pflege grade in dieser Herberge sein Nachtquartier zu halten. Wohlauf denn! sagte ich, so haben wir heute nacht gute Gesellschaft; ich hätte den Kerl lange gern einmal gesehen, um seinen Jagdzug recht natürlich in einem Feuerwerk darstellen zu können. Mein Weib Marinina aber, welche, um ja nichts zu versäumen, alles miteinander glaubte, machte ein saures Gesicht zu der Herberge. Das konnte aber nichts helfen, wir mußten den Weg wählen; er war ganz entlegen und sicher, und ein Schleichweg der Contrebandiers, mit welchen Martino einige Bekanntschaft hatte. Die Nacht brach herein, es nahte ein Gewitter und wir mußten uns auf den Weg machen. Martino machte unsere Wanderschaft etwas lustiger, er übergab meiner Marinina die Schnepfen und sagte: rupft sie unterwegs, damit wir in der Herberge dem wilden Jäger bald einen Braten vorsetzen können, und nun marschierte er mit tausend Späßen in seinem tollen Habit, wie ein vazierender Waldteufel, voraus. Ich folgte ihm auf dem schmalen Waldpfade und hatte meinen halben Daum, der mich nicht wenig schmerzte, meistens in dem Munde, und hinter mir zog – das Gott erbarm! – meine selige Marinina, und rupfte die Schnepfen unter Singen und Beten. Über der rechten Hüfte war ihr ein ziemliches Loch in den Rock gebrannt, und sie schämte sich voraus zu gehen, daß Martino, der seinen Witz in allen Nestern auszubrüten pflegte, an ihrer Blöße nicht Ärgernis nehmen möchte. Der Weg war steil, unheimlich und beschwerlich; der Sturm sauste durch den Wald, es blitzte in der Ferne. Marinina schlug ein Kreuz über das andre. Aber die Müdigkeit vertrieb ihre Furcht vor dem wilden Jäger immer mehr, von welchem Martino die tollsten Geschichten vorbrachte. Es ist gut, sagte er, daß wir selbst Proviant bei uns haben, denn wenn wir mit ihm essen müßten, dürften wir leicht mit dem Schenkel eines Gehängten oder mit einem imarginierten Pferdekopf bewirtet werden. Fasset Mut, Frau Marinina, schaut mich nur an, ärger kann er nicht aussehen! Unter solchen Gesprächen hatten wir die Gebirgshöhe erstiegen und waren ein ziemlich Stück Wegs in den wilden, finsteren Wald geschritten, da hörten wir ein abscheuliches Katzengeheul, und kamen bald an eine Hütte, mit Stroh und Reisern gedeckt; alte Lumpen hingen auf dem Zaun, und an einer Stange war ein großes Stachelschwein über der Türe herausgesteckt als Schild. Da sind wir, sagte Martino, wie glaubt ihr, daß dies vornehme Gasthaus heiße? Zum Stachelschwein! sagte ich. Nein! erwiderte Martino, es hat mehrere Namen; einige nennen es des Teufels Zahnbürste, andre des Teufels Pelzmütze, andre gar seinen Hosenknopf. Wir lachten über die närrischen Namen. Die Katze saß vor der Türe auf einem zerbrochenen Hühnerkorb, machte einen Buckel gegen uns und ein Paar feurige Augen und hörte nicht auf zu solfeggieren. In dem Hause aber rumpelte es wie in einem Raspelhause und leeren Magen. Nun schlug Martino mit der Faust gegen die Türe und schrie: Holla, Frau Susanna, für Geld und gute Worte Einlaß und Herberge; eure Katze will auch hinein. Da krähte eine Stimme heraus: Wer seid Ihr Schalksknechte zu nachtschlafender Zeit? und Martino, der in Reimen wie ein Improvisatore schwatzen konnte, schrie: Ich bin ja der Rechte und komme von weit! Nun keifte die Stimme wieder: Wenn die Katze nicht draußen wär', ich ließ Euch nimmermehr ein! und Martino sagte: Ihr denket so zärtlich ungefähr wie euer Schild das Stachelschwein. Marinina war in tausend Ängsten; sie bat immer den Martino, die alte Wirtin nicht zu schelten, sie sei gewiß eine Hexe und werde uns nichts Gutes antun. Da ging die Tür auf, ein schwarzbraunes, zerlumptes, sonst glattes und hübsches Mägdlein, glänzend und schlank wie ein brauner Aal, leuchtete uns aus der Küche mit einer Kienfackel ins Gesicht, und war nicht wenig erschrocken, als Martino in seinem wilden Aufzug ihr rasch entgegen schritt, und indem er drängend sie verhinderte die Türe wieder zuzuschlagen, ihr sagte: Brauner Schatz, mach uns Platz! Menschen sind wir, schönes Kind hier: hast zum Zeichen diesen Schmatz! und somit küßte er sie herzlich; wir drangen indessen hinein. Die kleine Braune aber sagte: Und wenn Du auch nicht der Satan selbst bist, so könnt Ihr heute hier doch nicht bleiben; meine Großmutter ist sehr brummig, sie fürchtet das Waldgespenst komme heut nacht, und da nimmt sie keine Gäste, um die Herberge nicht in bösen Ruf zu bringen; unsre Kammer, wo wir schlafen, ist eng, und sie rückt schon allen Hausrat vor ihr Bett, um das Gespenst nicht zu sehen, welches oft quer durch unsre Hütte zieht. Martino aber erwiderte: eben in dieser Kammer wollen wir schlafen und eben dieses Waldgespenst wollen wir mit gebratenen Schnepfen bewirten; wir sind des wilden Jägers Küchengesinde! und somit packte er ein Bund Stroh auf, das in der Ecke lag und marschierte in die Kammer, wir kamen nach, trotz allen Zeremonien, welche die nußbraune Jungfer machen wollte.

Es war gar keine alte Großmutter in der Hütte; das Mädchen log uns etwas vor. Martino breitete das Stroh an die Erde, und Marinina, furchtsam und müde, legte sich gleich, mit dem Gesicht, über das sie noch ihre Schürze deckte, gegen die Wand gekehrt nieder und rührte sich nicht. Martino begab sich mit den Schnepfen wieder in die Küche, in welcher die braune Jungfer schmollend und brummend zurückgeblieben war, und ich sah mich einstweilen in der Stube um. Eine Kienfackel brannte in der Mitte; sie war in einen Kürbis festgesteckt, der neben schmutzigen Spielkarten auf einem breiten Eichenstumpf lag, welcher als Tisch und Hackstock diente und fest genug stand, denn er steckte noch mit allen seinen Wurzeln in der Erde, welche ungedielt der ganzen Hütte ihren Grund und Boden gab. Ein paar Bretter, auf eingepfählte Stöcke befestigt, waren die unbeweglichen Sitze; die Wände bestanden aus Flechtwerk, mit Lehm und Erde verstrichen, und einzelne hereinragende Äste bildeten mancherlei Wandhaken, an denen zerlöcherte Körbe, Lumpen, Zwiebel-Bündel, Hasen- Hunde- Katzen- und Dachsfelle hingen, auch einige zerbrochene Garten-Werkzeuge. Auf einem derselben aber saß ein greuliches Tier, eine ungeheure Ohreule, welche gegen die Kienfackel mit den Augen blinzte, und sich in die Schultern warf, wie ein alter Professor, der soeben den Theriak erfunden hat. In einem ausgebauten Winkel der Stube lag, auf zwei Baumstücken, die Bettstelle der Großmutter, die sehr dauerhaft in einer ausgehöhlten Eiche bestand, an der die Rinde noch saß. Sonst war das Bett wohl bedacht, denn seine schmutzigen Federkissen lagen so hoch aufgebauscht, daß die niedre Hütten-Decke, aus der das Stroh herabhing, weder hoch noch hart gefallen wäre, wenn sie einstürzte; aber, sich noch zu besinnen, schien sie unentschlossen hin und her zu schwanken. Der Hausrat, von welchen das Mädchen gelogen hatte: daß die Großmutter ihn vor das Bett rücke, bestand in einer zerbrochenen Türe und einer alten Tonne, mit welcher wahrscheinlich der Lärm gemacht worden war, den wir in der Hütte hörten. Sie waren beide vor den Bett-Trog der Großmutter gerückt. Außer allem diesen sah man nichts, als eine sehr baufällige Leiter, die an einem Loche in der Ecke lehnte, durch welches ich einige Hühner oben gackern hörte, die das Geräusch unsrer Ankunft erweckt hatte, die Katze nicht zu vergessen, welche auf einer alten Trommel hinter der Türe schlief. Eine Geige, ein Triangel und ein Tambourin hingen an der Wand und neben ihnen ein zerrissener bunter Tiroler Teppich. Ich hatte kaum alle diese Herrlichkeiten betrachtet, als Martino herein trat und zu mir sagte: Meister, ich habe alle Schwierigkeiten geebnet und weiß wo wir sind. Wir hausen bei einer alten Zigeunerin, welche außer ihren Privatgeschäften: der Wahrsagerei, Hexerei, Dieberei, Viehdoktorei, auch eine Hehlerin der Contrebandiers macht; die Kleine draußen ist ihr Tochterkind, das auf der hohen Schule bei ihr ist, und der Großmutter Tod abwarten soll, um hinter einen Topf voll Gold zu kommen, von dem sie immer spricht, ohne doch je zu sagen, wo sie ihn hin versteckt hat. Das hat mir das Mädchen alles anvertraut; ich habe ihr Herzchen gerührt, sie ist kirre wie ein Zeisig, und wenn wir wollen, läßt sie die Großmutter und den Goldtopf im Stich, läuft morgen mit uns und verdient uns das Brot mit Burzelbäumen, deren sie ganz wunderbare schlagen kann. Für all dies Vertrauen habe ich ihr versprechen müssen, zu glauben: daß der wilde Jäger heute nacht wirklich durch die Hütte zieht, wir sollen uns nur um Gottes willen ruhig halten. Die Großmutter wird in kurzer Zeit zurück kommen; sie ist mit Lebensmitteln zu einem Zug Schleichhändler gegangen, der über das Gebirge zieht. Der wilde Jäger, sagt sie, treibe um Mitternacht durch die Stube und wenn wir uns ruhig hielten, werde er uns kein Haar krümmen, sonst aber riskierten wir Leib und Leben; ich denke aber, wir wollen es mit ihm versuchen. Nun legte er meinen Prügel und seinen Dreizack neben uns auf das Stroh nieder und fuhr fort: Es ist beinahe eilf Uhr, die Kleine hat es an ihrer Sanduhr gesehen; die Schnepfen weiß sie nicht am Spieß zu braten, sie hat sie mit Zwiebeln gefüllt in einen Topf gesteckt und wenn wir die Schnepfensuppe gegessen, sollen wir das Fleisch mit Essig und

Olivenöl als Salat verzehren; Wein muß hier in der Kammer ein Schlauch voll sein. Da suchte Martino herum, und fand unter einigen alten Brettern ein tiefes Loch in der Erde, das, als Keller, einen alten Dudelsack voll Wein enthielt. Er zog ihn heraus, wir setzten die zwei Pfeifen an den Mund und drückten den vollen Sack so zärtlich an das Herz, daß uns der süße Wein in die Kehle stieg. Nie hat ein Dudelsack so liebliche Musik gemacht. Wir labten uns herzlich; ich weckte meine Marinina, und sie mußte auch eins drauf spielen, dazu verzehrten wir unser Brot und einige Zwiebeln aus dem Vorrat, der an der Wand hing, und streckten uns, in der Erwartung des weiteren, zur Ruhe auf das Stroh. Marinina schlief fest ein. Ich betete mit Martino noch eine Litanei; dann legten wir uns neben unsere Waffen bequem und Martino sagte: Laßt uns nun ruhen, mir ist so rund und so wohl, daß mir das Blut in den Adern flimmert; wer den wilden Jäger zuerst sieht, stößt den andern, dann springen wir mit unseren Tröstern über ihn her und schlagen den Kerl zu Brei; ich habe noch einen Schwärmer in der Tasche, den will ich dem Schelm unter die Nase brennen. Ich freute mich an seinem frischen Herzen; wir empfahlen uns dem Schutz des heiligen Markus und lauschten dem Schlafe entgegen, der uns den Rücken hinauf kroch und uns schon hinter den Ohren krabbelte. Nun ward alles mäuschenstill; der Donner rollte fern, der Sturm hatte sich in den Waldwipfeln schlafen gelegt, die ihn mit leisem Rauschen einwiegten. Die Kienfackel knisterte, Grillen sangen, die Katze schnurrte auf der Trommel, welche, von dem Tone erschüttert, das ferne Donnern zu begleiten schien, Marinina pfiff durch die Nase, denn sie hatte sich einen Schnupfen geholt, in der Küche knackte das grüne Holz im Feuer, die Schnepfensuppe sauste im Topf und unsere braune Köchin sang mit einer klaren und starken Stimme, wie ich noch keine Primadonna gehört, folgendes Lied:

Mitidika! Mitidika!
Wien ung quatsch
Ba nu, Ba nu n'am tsche fatsch
Waja, Waja, Kur libu,
Ich bin ich und du bist du;
Ich spricht Stolz,
Du spricht Lieb'!
Wer sich scheut vor Galgenholz,
Wird im grünen Wald zum Dieb.

Mitidika! Mitidika!
Wien üng quatsch
Ba nu, Ba nu n'am tsche fatsch,
Singt die Magd, so kocht der Brei,
Singt das Huhn, so legts ein Ei,
Er, spricht Schimpf,
Sie, spricht Fremd';
Fehlen mir gleich Schuh und Strümpf,
Hab' ich doch ein buntes Hemd.

Mitidika! Mitidika!
Wien üng quatsch
Ba nu, Ba nu n'am tsche fatsch,
Hör, was pocht dort an der Tür?
Draußen schrein sie nach Quartier.
Ist's *der Er*?
Ist's *der Sie*?
Mach ich auf wohl nimmermehr,
Nur *Du* Lieber, *Du* schläfst hie.

Mitidika! Mitidika!
Wien üng quatsch
Ba nu, Ba nu n'am tsche fatsch
Waja, waja Kur libu,
In dem Topf hat's nimmer Ruh;
Saus und Braus
'Rab und 'rauf,
Küchenteufel drinnen haus':
Daß es mir nicht überlauf'.

Als der Feuerwerker den Anfang dieses Liedes: Mitidika! Mitidika! gesagt, nahm der Zigeuner Michaly seine Violine und sang es unter den lieblichsten Variationen der Gesellschaft vor; alle dankten ihm, der Feuerwerker aber sagte: Michaly, du sang'st das nämliche Lied, wie die kleine Braune, und hast eine Ähnlichkeit mit ihr in der Stimme. Kann sein, sagte Michaly lächelnd, aber erzähl' nur weiter, ich bin auf den wilden Jäger sehr begierig. I hob a a Schneid' uf den soakrische Schlankl! sagte der Tiroler; alle drangen auf die weitere Erzählung und der Feuerwerker fuhr fort:

Als die Kleine das Lied sang, ward sie von einem Schlag gegen die Türe unterbrochen: Mitidika! rief es draußen mit einer rauhen, heiseren Stimme. Gleich, Großmutter! antwortete sie, öffnete die Türe und erzählte ihr von den Gästen; die Großmutter brummte allerlei, was ich nicht verstand und trat sodann zu uns in die Stube. Ihr Schatten sah aus wie der Teufel, der sich über die Leiden der Verdammten bucklicht gelacht, und wäre er nicht vor ihr her in die Stube gefallen, um einen ein wenig vorzubereiten, ich hätte geglaubt, der Alp komme, mich zu würgen, als sie eintrat. Sie war von oben und rings herum eine Borste, ein Pelz und eine Quaste, und sah darin aus wie der Oberpriester der Stachelschweine. Sie ging nicht, lief nicht, hüpfte nicht, kroch nicht, schwebte nicht, sie rutschte, als hätte sie Rollen unter den Beinen, wie großer Herren Studierstühle. Wie die kleine flinke Braune hinter ihr drein und um sie her schlüpfte, um sie zu bedienen, dachte ich: so mag des Erzfeinds Großmutter aussehen, und die Schlange ihre Kammerjungfer.

Mache mir das Bett, Mitidika! sagte sie, und wenn ich ruhe, kannst du die Gäste besorgen. Während das Mädchen die Kissen aufschüttelte, begann die Alte sich zu entkleiden, und ich weiß nicht zu sagen, ob ihre Kleidung oder ihr Bett aus mehreren Stücken bestand. Sie zog einen Schreckenswams, eine Schauderjacke und Zauberkapuze um die andre aus und die ganze Wand, an der sie die Schalen aufhängte, ward eine Art Zeughaus; ich dachte alle Augenblick: noch eine Hülse herunter, so liegt ein bißchen Lung' und Leber an der Erde, das frißt die Katze auf und die Großmutter ist all; keine Zwiebel häutet sich so oft. Bei jedem Kissen, welches die Kleine ins Bett legte und aufschüttelte, brummte die Alte und legte es anders, befahl ihr dann, es ganz sein zu lassen, und ihr ein Rauchbad zu geben, sie müsse in einen Ameisenhaufen getreten haben; das Gewitter mache alles Vieh lebendig. Da setzte sich die Alte auf die zerbrochene Leiter und hängte die Tiroler Decke über sich und die Junge zündete Kräuter unter ihr an und machte einen scheußlichen Qualm, den sie uns, da sie von neuem anfing, die Federbetten hin und her zu werfen, in dicken Wolken auf den Leib jagte, als gehörten wir auch zu den Ameisen, die vertrieben werden sollten. Es sah ziemlich aus, als wenn man eine Hexe verbrennte, oder einen ungeheuren Taschenkrebs räuchre, als die Alte so über dem Dampf wie eine Mumie, in den bunten Tiroler Teppich gehüllt, auf der Leiter saß. – Da sieht man, Wastl, sprach der Zigeuner zu dem Tiroler, wozu ihr die Teppiche fabriziert: um die Hexen darin zu räuchern. Potz Schlackri, erwiderte Wastl, wonns daine sakrische ziganerische Großmuetta is, so loß is poassira, i bin gawis, es möga a Legion Spodifankerl aus ihr raussi floga sein, un du bist a ains dervo. Die Gesellschaft lachte über Wastls Antwort, und die Kammerjungfer, wie auch Lindpeindler baten den Feuerwerker: er möge machen, daß die Alte ins Bett komme, die Schnepfen könnten übergar werden. Ganz recht, sagte Baciochi, das meinte Martino auch, denn als der sie in der Decke zappeln sah, wie Hunde und Katzen, die in einen Sack gesteckt sind, und der Rauch zu dick zu werden begann, sprang er vom Stroh auf, trat vor die Alte hin und sagte: Hochverehrte Frau Wirtin, ich versichere euch im Namen eurer Gäste, daß wir kein Rauchfleisch zu essen bestellt haben, und daß wir auch von keinem verpesteten Orte kommen, um eines so kostbaren Rauchkerzchens zu bedürfen; seid so gütig, dem Wohlgeruch ein Ende zu machen, wir müssen sonst, mit all den Ameisen, die euch plagen, davon laufen. Da fing die Alte eine weitläuftige Gegenrede an und sagte: Schicksalen und Verhältnissen haben mich so weit gebracht; Martino aber nahm keine Vernunft an, packte die Alte mit beiden Händen und warf sie von der Leiter in ihre Federbetten; sie zappelte wie eine Meerspinne, aber er wälzte ein Federbett über sie, und sang ihr ein Wiegenlied mit so viel gutem Humor vor, indem er sie mit beiden Händen festhielt, daß sie endlich selbst mit lachte, und sagte: Nun, legt euch nur wieder nieder, hätte ich doch nicht gedacht, heute von einem so lustigen Gesellen zu Bette gebracht zu werden. Mitidika, gib den Kavalieren zu essen! und somit kriegte sie den Martino beim Kopf und gab ihm unter großem Gelächter einen Kuß. Profiziat! sprach dieser, schlaf wohl, du allerschönster Schatz! und legte sich mit einem sauern Gesichte wieder neben mich. Gott sei Dank, Martino, daß sie weg ist! flüsterte ich. Hast du gewacht, Meister? sprach der Schelm. Leider Gottes! erwiderte ich, du hast ein Kunststück gemacht; sie rauchte wie ein nasses Feuerwerk; für einen Hutmacher wäre sie ein sauberes Gestell, alle seine Mützen daran aufzuhängen, er brauchte keinen Nagel einzuschlagen. Ich werde mich wohl häuten müssen, da sie mich geküßt hat, sagte Martino. Warum? fragte ich. Ei, entgegnete er, ich werde sonst die Augen nie wieder zu kriegen können und die Zähne immer blecken, wie ein Mops; die Haut ist mir vor Schrecken zu kurz geworden. Unter diesen Scherzreden hörten wir die Alte einschnarchen und Mitidika ging ab und zu und verbaute leise das Bett der Alten mit der Tonne und der alten Türe, die Küchentüre ließ sie auf, daß der Dampf hinaus zog. Dann zupfte sie den Martino bei den Haaren und flüsterte: Komm hinaus, deine Schnepfen sind gar, ich habe die Brühe abgegossen, ich muß das Feuer löschen, die zwölfte Stunde naht, denn fährt der wilde Jäger mir durch das Feuer, steckt er uns die ganze Hütte an. Martino ging hinaus und ich streckte den Kopf nach der Türe und hörte ihre Scherzreden. Mitidika sagte: Ich habe dir deine Vögel trefflich gekocht und dir auch Kräuter an die Suppe getan, was gibst du mir nun? Geben? sagte

Martino, ich will dich mit der Münze zahlen, welche hier zu gelten scheint, und in der mich deine Großmutter zahlte, einen Kuß will ich dir geben. Das läßt sich hören, erwiderte sie, aber die Großmutter gab dir ein altes Schaustück, das kann ich nicht brauchen, die Münze ist verschlagen. Auch du bist verschlagen, Schelm! erwiderte Martino, ich will dir kleine Münze geben, wenn du herausgeben und wechseln kannst; wärst du nur nicht so schwarz! Und du nicht so weiß, sagte sie; ich werde dir einen Schein geben, einen Wechsel schwarz auf weiß, aber gib mir keine Scheidemünze! sagte sie. Die kriegst du morgen früh beim Abschied, erwiderte Martino, faßte sie beim Kopf, küßte sie herzlich und sagte: ich habe dich lieb und bleibe dir treu. Ei so lüge, daß du schwarz wirst! sprach sie. Dann wäre ich deinesgleichen und es könnte etwas daraus werden, sprach Martino und schenkte ihr eine Nadelbüchse von Elfenbein und Ebenholz, die er bei sich trug. Das Mädchen dankte und sprach: sieh, wie artig schwarz und weiß zusammen aussehn; bleib bei uns, wenn die Alte stirbt, finden wir den Goldtopf und contrebandieren. Ja, auf die Galeere! sprach Martino. Ich gehe mit auf die Galeere! sagte sie; pitsch, patsch! geht das Ruder, und ich singe dir dazu. Das wollen wir überlegen, meinte Martino, es ist eine zu glänzende Aussicht um Mitternacht. Da traten sie mit der Suppe und den Schnepfen herein, und stellten sie auf den Eichenblock; die Suppe tranken wir aus dem Topf, ich wollte meine Marinina nicht wecken und ließ ihr Teil in die warme Asche setzen, die Vögel wollten wir morgen früh verzehren. Nun begann sich der Sturm in dem Walde wieder zu heben und das Gewitter zog mit Macht heran. Ach Gott, sagte Mitidika, lege dich nieder, Martino, und schlafe ein; hörst du das Wetter? der Jäger bläßt sein Horn, er wird gewiß bald kommen; lege dich nieder, gleich, gleich! dabei sah sie ängstlich in der Stube umher. Nun, nun, was fehlt dir? fragte Martino, und sie sagte: Schlafen sollst du und das Angesicht von mir kehren, denn ich muß mich entkleiden und schlafen gehn, und das sollst du nicht sehen; ach, dreh dich um, Blanker! Bravo! sagte Martino, es freut mich, daß du so auf Zucht hältst, putze nur den Kien aus, bei der Nacht sind alle Kühe schwarz, selbst die schwarzen. Ja, sagte sie, auch die blanken Esel! dreh dich um, ich bitte dich, ich will den Kien schon löschen, wenn es Zeit ist. Da drehte sich der ehrliche Martino um; gute Nacht, Mitidika! sagte er; gute Nacht, Martino! sprach sie. Nun breitete sie sich eine bunte wollene Decke an die Erde aus neben dem Eichenblock, stellte einen halben Kürbis voll Wasser darauf, holte einen kleinen zierlichen Kasten gar heimlich unter der Trommel hervor und setzte ihn neben sich auf die Bank, wobei sie sich ängstlich nach uns umsah. Ich blinzte durch die Augen und schnarchte, als läge ich im tiefsten Schlaf. Mitidika traute und schloß das Kästchen leise auf, musterte alle die Herrlichkeiten, die darin waren, und suchte sich einen Raum aus, die Nadelbüchse des Martino bequem hinein zu legen. Ihr könnt euch meine Verwunderung nicht denken, als ich, in dieser wüsten Zigeuner-Herberge, die Kleine auf einmal in einem so zierlichen und reichgefüllten Schmuckkästchen kramen sah. Es sah nicht ganz so aus, als sei ein Affe hinter die Toilette seiner Herrschaft geraten, auch nicht als richte der Satan einen Juwelenkasten ein, um einem unschuldigen Mädchen die Augen zu blenden; aber eine indianische Prinzessin, welche die Geschenke eines englischen Gouverneurs mustert, mag wohl so aussehn. Als sie so die Perlen und Korallenschnüre, die brillantenen Ohrringe und die Zitternadeln durch die schwarzen Hände laufen ließ, konnte ich vor Augenlust gar nicht denken: daß dies gestohlnes Gut sein müsse. Nun stellte sie mehrere Kristall-Fläschchen mit Wohlgerüchen und Salben aus dem Kästchen auf den Block, zog feine Kämme und Zahnbürsten hervor und begann sich zu putzen und zu schmücken, wie die Nacht, die mit dem Monde Hochzeit machen will. Sie nahm die kleine, von buntem Stroh geflochtene Mütze von ihrem Kopf und ein Strom von schwarzen Haaren stürzte ihr über die Schultern; sie gewann dadurch ein reizendes und wildes Ansehn, wenn ihre weißen Augäpfel und die blanken Zähne aus den schwarzen Mähnen hervor funkelten. Sie kämmte sich, schlängelte sich goldene Schnüre in die Zöpfe, die sie flocht und kunstreich wie eine Krone um das schöne runde Köpfchen legte. Sie wusch sich das Gesicht und die Hände, putzte die Zähne, beschnitt sich die Nägel und tat alles mit so unbegreiflicher Zierlichkeit, Anmut und hinreißender Schnelligkeit der Bewegungen, daß es mir vor den Augen zitterte und bebte. Als sie die brillantenen Ohrringe in die kleinen schwarzen Muschelöhrchen befestigte und die glitzernden Zitternadeln in den Flechtenkranz steckte, und die Korallen und Bernsteinschnüre um das braune Hälschen legte, und dabei hin und her zuckte, wie ein Wunderwerkchen, gingen mir die Augen über. Sie begoß sich mit Wohlgerüchen, rieb sich die schwarzen Patschchen mit duftendem Öl und steckte sich ein blitzendes Ringlein um das andere an die schlanken Fingerchen. Nun stellte sie einen Spiegel auf und bleckte die Zähnchen so artig hinein, es ist nicht zu beschreiben. Und bei allem dem donnerte und blitzte es draußen und ihre Eile ward immer größer; ich verstehe mich auf Lichtwirkungen in der

Nacht, aber ich habe mein Lebtag kein solches Feuerwerk gesehen, kein Blitzen auf so schönem dunkeln Grund, als das Spiel der Diamanten und Perlen auf ihr; denn sie war ein wunderschönes, frei, kühn, scheu und züchtig bewegtes Menschenbild.

Flüchtig packte sie nun alle Geräte wieder in das Kästchen, steckte noch eine Handvoll weißes Zuckerwerk in das Mäulchen und knupperte wie eine Maus, während sie das Kästchen mit scheuen Blicken um sich her: ob wir auch schliefen, wieder unter die alte Trommel stellte. Die schwarze Katze, die auf derselben schlief, erhob sich dabei und machte einen hohen Buckel, als verwundere sie sich über sie, da sie ihr mit den funkelnden Händen über den Rücken strich. Nun brachte sie ein feines Hemd von weißer Seide, legte es über den Arm und fing an ihr Mieder aufzuschnüren, wobei sie uns den Rücken kehrte; es sah aus, als werfe sie Kußhändchen aus, wenn sie die Nestel zog; nun aber schlüpfte sie in die Küche und trat in wenigen Minuten wieder herein in einem schneeweißen Röckchen und einem Mieder von rotem venetianischen Samt. So stand sie mitten auf der Decke und betrachtete ihren Staat mit kindischem Wohlgefallen; der Donner rollte heftiger, Martino wachte auf, Mitidika faßte den Teppich mit beiden Händen über die Schultern, stieß mit dem Fuß die Kienfackel aus, wickelte sich schnell ein, wie eine Schmetterlings-Larve, ein heller Blitz erleuchtete die Kammer, sie schoß wie eine Schlange an die Erde nieder und krümmte sich zusammen. Martino hatte sie im Leuchten des Blitzes noch gesehen, aber er wußte nicht, was es war; er sprach: Meister, saht ihr etwas? Ich war aber so erstaunt, daß ich stumm blieb; da sprach er: Mitidika, schläfst du? aber sie schwieg; Martino drehte sich um und schlief auch wieder. Meine Gedanken über das, was ich gesehen, ließen mich nicht ruhen, der wunderbare Schmuck, in dem Besitz der kleinen braunen Bettlerin, und daß sie ihn jetzt so sorgsam und heimlich angelegt, befremdete mich ungemein; alles kam mir wie Zauberei vor. Sie erwartet ein Waldgespenst, und schmückt sich wie eine Braut; war dies gestohlnes Gut, ist sie eine verkleidete, versteckte Prinzessin, warum geht sie in dieser Pracht schlafen und warum wickelt sie sich mit all der Herrlichkeit in den alten Teppich ein? sollte alles dies geheim sein, wie war es möglich, da wir sie morgen früh doch in ihrem Putz finden mußten? So lag ich nachsinnend; das Gewitter war in vollem Grimme über uns, und das Licht der zuckenden Blitze zeigte mir öfters das Bild der Mitidika, welche wie eine Mumie in den Teppich gehüllt an der Erde ausgestreckt lag. Als ich aber durch das wilde Wetter ein Horn schallen hörte, stieß ich Martino an und flüsterte ihm zu: Halte dich bereit, ich glaube der wilde Jäger ist im Anzug. Wir hörten das Horn nochmals und Pferdegetrapp und Gewieher und ich bemerkte, daß Mitidika aufstand; ich kroch aber quer vor die offene Küchentüre, und als sie mit dem Fuße an mich anstieß, glaubte sie umgegangen zu sein und wendete sich nach einer andern Seite. Martino stand auf, die Haustüre öffnete sich und es trat eine Gestalt mit raschem Schritt durch die Küche auf uns zu; ich faßte sie bei den Beinen, daß sie niederschlug, und Martino drosch so gewaltig auf ihn los, daß der wilde Jäger Zetermordio zu schreien begann. Mitidika, Hülfe, Hülfe! man mordet mich! schrie er. Ha, ha! Herr wilder Jäger, schrie nun Martino, wir haben dich, und so zerrten wir ihn in die Stube herein und machten die Türe zu. Der Lärm ward allgemein; der Kerl wehrte sich verzweifelt. Meine Marinina erwachte und schrie: Jesus, Maria, Joseph! Licht her, Licht her! was ist das, o Baciochi, Martino! Die Alte fuhr aus ihren Betten auf, warf die alten Bretter um, die vor ihr standen, und schrie: Mörder, Hülfe, Mitidika! Dabei wurden die Hühner auf dem Boden rebellisch, die Trommel kollerte brummend durch die Stube; Mitidika allein ließ sich nicht hören. Martino, schlage Feuer! rief ich, und drückte meinen fremden Gast fest in die Gurgel, daß er sich nicht rühren konnte. Da stieß Martino einen Schwärmer in die glühende Asche des Herds, der leuchtend durch die Kammer zischte, und dem ganzen Spektakel ein noch tolleres Ansehen gab. Mein Gefangener fing von neuem an zu ringen, und indem ich ihn gegen die Wand drückte, trat ich gegen einige Bretter, die auswichen, ich warf ihn nieder. Ein großer Bock, der hinter den Brettern geruht hatte, sprang auf und fing nicht schlecht an zu stoßen und ich warf meinen wilden Jäger so kräftig zur Erde, daß er keinen Laut mehr von sich gab. Martino brachte nun eine brennende Kienfackel herein und wir sahen die ganze Verwirrung. Der wilde Jäger war ein schöner, schlanker Kerl in galanter Jagduniform. Er rührte sich nicht; der Gedanke, daß ich ihn gar totgedrückt hätte, fuhr mir unheimlich durch die Glieder, ich stürzte zur Küche nach Wasser; Martino faßte die Alte, die fluchend und schreiend aus dem Bett gesprungen war, und warf sie wieder in die Federn mit den Worten: Schweig still, Drache! wir wollen dir kein Haar krümmen; wir haben nur den wilden Jäger abgefangen. Nun trat ich mit einem Eimer Wasser hinein, und goß ihn pratsch! über den leblosen wilden Jäger; da sprang er wie eine nasse Katze in die Höhe –.

Das Wasser, das kalte Wasser, schrie hier Devillier aufspringend, war das Allerfatalste! und die ganze Gesellschaft sah ihn verwundert an. Nun, was schauen Sie, fuhr er fort, soll ich länger schweigen? habe ich nicht schrecklich ausgehalten und mich hier in der Erzählung nochmals mißhandeln lassen? Baciochi wußte nicht, was er vor Erstaunen sagen sollte über Devilliers Unterbrechung; dieser aber sprach heiter: Ja, Herr Baciochi, ich war der wilde Jäger, mich habt ihr so kräftig zugedeckt, ich habe es von Anfang der Geschichte gewußt, und hätte gern geschwiegen, aber das kalte Wasser lief mir wieder erweckend über den Rücken. Da war die ganze Gesellschaft vergnügt, der Feuerwerker reichte Devillier die Hand und dieser sagte: Es freut mich, euch wieder zu sehn, alles ist längst vergessen, nur Mitidika nicht –! Das will ich hoffen, meinte der Zigeuner ernsthaft, ich bitte mir das Ende der Geschichte aus. Da tranken alle lustig herum und Devillier trank die Gesundheit der Mitidika, wozu Michaly einen Tusch geigte und Lindpeindler das hochpoetische freie Leben der Zigeuner pries, der Vizegespan meinte jedoch: sie hätten nicht die reinsten Hände. Die Kammerjungfer aber fragte: wo hat sie nur den Schmuck hergehabt? der Tiroler sagte: den wilda Jaaga hobts maisterli zuagdeckt! und alle drangen, Devillier möge weiter erzählen:

Wohlan! sagte dieser: Ich hatte damals Geschäfte mit der Contrebande und manche andere politische Berührungen diesseits und jenseits auf der Grenze. Ich dirigierte den ganzen Schleichhandel und forschte auf höhere Veranlassung dem Orden der Carbonari nach. Auf meinen Streifereien hatte ich Mitidika kennen gelernt, und mich leidenschaftlich in dies schöne, unschuldige und geistvolle wilde Naturkind verliebt. In bestimmten Nächten besuchte ich sie; der Schmuck, den Ihr, Baciochi, sie anlegen sahet, war ein Geschenk von mir. Sie hatte den Glauben der Alten an den wilden Jäger benutzt, um sich unentdeckt einige Stunden von mir unterhalten zu lassen. Wenn ich kommen sollte, schmückte sie sich immer wie eine Zauberin, ich setzte sie dann mit auf mein Pferd und brachte sie nach einer Höhle, eine Viertelstunde von ihrer Hütte, welche das Warenlager meines Schleichhandels war; da saß sie in einem, mit dem feinsten englischen bunten Kattun ausgeschlagenen Raum mit mir, und ergötzte mich und einen verstorbenen Freund mit Tanz, Gesang und freundlicher Rede. Gegen Morgen ging sie zurück, einen Bündel Holz in die Küche tragend, und wurde von der Großmutter wegen ihrem Fleiß gelobt. Ich liebte sie unaussprechlich um ihrer Tugend und Schönheit, und ihr ganzes Wesen war so wunderbar und bei allem Mutwillen und aller kindlichen Ergebenheit so gebieterisch, daß ich nie daran denken konnte, ihre Unschuld auch nur mit einem Gedanken zu verletzen.

O sie war gar nicht mehr wie ein Mensch, sie war wie eine Zauberin, wie ein Berggeist, wenn sie in dem Edelsteinschmuck vor uns tanzte, sang, lachte und weinte; ich kann sie nie vergessen. In der Nacht, wo Ihr und Martino mich so häßlich zerprügeltet, ging die ganze Herrlichkeit zu Ende. Anfangs hielt ich meine Angreifer für italienische Gendarmen, die mir auf die Spur kamen, als wir uns aber erklärt hatten, nahm mir die Entdeckung vom Gegenteil allen Zorn hinweg, und unsere erste Sorge war: wo Mitidika hingekommen sei. Die alte Zigeunerin jammerte auch nach ihr, wir suchten alle Winkel aus und fanden sie nicht, bis die Alte die Leiter vermißte. Baciochi sagte: zur Türe könne sie nicht hinaus gekommen sein, er habe davor gelegen; da machte uns der Regen, der durch das Loch in der Decke herein strömte, aufmerksam, Martino kletterte auf den Schultern Baciochis hinan und fand die Leiter, aber Mitidika, welche die Leiter nach sich gezogen, war durch das Strohdach hinaus geklettert und nirgends zu finden. Ich eilte nach der Türe und vermißte mein Pferd, nun war ich gewiß, daß sie nach meinem Schlupfwinkel entflohen sein müsse und war ruhig. Ich durfte diesen weder an Baciochi noch an die Zigeunerin, die nichts von meinem Verhältnisse mit Mitidika wußte, verraten, und suchte deshalb noch lange mit. Das Wetter war aber so abscheulich, daß wir bald wieder zurück kehrten und die Alte jammerte nicht mehr lange, da hörten wir Hufschlag und Mitidika stürzte in ihrem ganzen Schmuck mit wilder Gebärde in die Stube auf mich zu: Geschwind, fort, geflohen! schrie sie, die italienischen Gendarmen streifen in der Nähe, euren Freund haben sie mit einem ganzen Zug Schleichhändler gefangen; es ist ein Glück, daß hier der Spektakel losging, ich bin aus Angst durch das Dach geschlüpft, dadurch habe ich die nahe Gefahr entdeckt, geschwind fort! Wohin? schrie ich und Baciochi, Martino und Marinina, die sich auch vor der Entdeckung fürchteten, folgten alle mit mir der treibenden Mitidika zur Türe hinaus. Sie schwang sich auf mein Pferd, ich hinter sie und so sprengten wir beide nach unserem Schlupfwinkel, unbekümmert um Euch, Herr Baciochi, und die Eurigen.

Ja, sagte der Feuerwerker, Ihr rittet nicht schlecht, und wir hatten in dem wilden Wetter übles Nachsehen, übrigens war es Euch nicht zu verargen, daß Ihr uns nicht eingeladen: mitzugehen, wir hatten Euch schlecht bewillkommt. Ich will mein Lebtag an den Mordweg denken. Meine Marinina ward krank und starb zwei Monate nachher in Kroatien; Gott habe sie selig! Martino ließ sich bei der österreichischen Artillerie anwerben und war neulich mit in

Neapel, wenn er noch lebt. Ich fand mein Brot, Gott sei gelobt! bei unserm gnädigen Herrn. Es freut mich, daß Ihr so gut davon gekommen, aber was ist denn aus der braunen Mitidika geworden?

Ja, wer das wüßte! sagte Devillier; wir kamen vor der Höhle an und zogen das Pferd herein. Sie war voll Sorge um mich, wusch mir meine Kopfwunden und Beulen mit Wein und bewies mir unendliche Liebe. So brachten wir die Nacht in steter Angst und Sorge zu. Gegen Morgen hatte sie keine Ruhe mehr, sie verlangte nach der alten Mutter; sie beschwor mich, sogleich die Höhle zu verlassen und zu fliehen. Das Schicksal meines Freundes erschütterte mich tief, ich war entschlossen ihn aufzusuchen. Sie schwur mir ewige Treue; ich versprach ihr, wenn ich sie nach einiger Zeit hier wieder fände, sie zu meiner Frau zu machen; sie lachte, und meinte: Sie wolle nie einen Mann, der kein Zigeuner sei, und nun auch keinen Zigeuner, sie wolle gar keinen Mann. Dabei scherzte und weinte sie, tanzte und sang noch einmal vor mir und als ich sie umarmen wollte, schlug sie mich ins Gesicht und floh zur Höhle hinaus. Ich verließ den Ort gegen Abend. Als ich vom Tode meines Freundes gehört hatte und zu Mitidika zurück kehrte, war ihre Hütte abgebrannt; ich ging nach der Höhle, sie war ausgeplündert. Auf der Wand aber fand ich mit Kohle geschrieben: Wie gewonnen, so zerronnen! ich behalte dich lieb, tue was du kannst, ich will tun, was ich muß. Ich habe das holdselige Geschöpf durch ganz Ungarn aufgesucht, aber leider nicht wieder gefunden; hundert Mitidikas sind mir vorgestellt worden, aber keine war die rechte. Es gibt auch nur *eine,* sagte hier Michaly, und wird alle tausend Jahre nur *eine* geboren. Kennt Ihr sie? sprach Devillier heftig. Was geht es Euch an, erwiderte Michaly, ob ich sie kenne? habt Ihr nicht die Ehe ihr versprochen und doch eine Ungarin geheiratet? sie hat Euch Treue gehalten bis jetzt, sie ist meine Schwester, und ich wollte sie abholen, da die Großmutter in Siebenbürgen gestorben, wo sie sich mit Goldwaschen ernährten, der Pestkordon hat mir aber den Weg abgeschnitten. Da ward Devillier äußerst bewegt; er sagte: Ich habe sie lange gesucht und nicht gefunden, sie hatte mir ausdrücklich gesagt, sie werde nie einem Blanken die Hand reichen, und nun auch keinem Zigeuner; nur in der Hoffnung: sie wieder zu sehen, blieb ich bis jetzt in Ungarn und ich würde nicht die Mittel gehabt haben, hier zu bleiben, wenn ich die alte Dame nicht geheiratet hätte, die mir jetzt mein schönes Gütchen zurück gelassen. Könnt Ihr mich mit Mitidika wieder zusammen bringen, so will ich sie gern heiraten, und ihr alles lassen, was ich habe. Das ist ein nicht zu verachtender Vorschlag, Michaly, sagte der Vizegespan, schlagt das nicht so in den Wind, Ihr habt Zeugen! Michaly aber lachte und sprach: Mitidika wird nicht an dem Stückchen Erde kleben, sie wird nicht in einem gemauerten Hause gefangen sein wollen und sich um Abgaben und Zinsen zerquälen. Wer nichts hat, hat alles; es war immer ihr Sprüchwort: Der Himmel ist mein Hut; die Erde ist mein Schuh; das heilige Kreuz ist mein Schwert; wer mich sieht, hat mich lieb und wert. Das ist echt zigeunerisch gesprochen, sagte der Vizegespan, drum bleibt ihr auch immer vogelfreies Gesindel. Michaly nahm da seine Geige und wollte ein Lied auf die Freiheit singen, aber der Nachtwächter blies zwölf Uhr und mahnte die Gesellschaft zur Ruhe. Lindpeindler hatte mit dem Feuerwerker und der Kammerjungfer, welche durch die erwachte Neigung Devilliers für Mitidika sehr gekränkt worden war, denn sie spitzte sich selbst auf ihn, noch eine Viertelstunde nach dem Edelhof. Als sie sich der Gesellschaft empfahlen, bot Devillier der Zofe seine Begleitung an; sie sagte aber: ich danke, ich möchte das werte Andenken an die unbeschreibliche Mitidika nicht stören; damit machte sie einen höhnischen Knicks und verließ die Stube mit Lindpeindler, der diese Nacht als eine der romantischsten seines Lebens pries. Der Kroate, der Tiroler und der Savoyarde waren bereits eingeschlummert, und der Vizegespan lud Wehmüllern, der mit seiner Arbeit ziemlich fertig war, wie auch den Zigeuner und Devillier zu sich in sein Haus ein. Sie nahmen es mit Freuden an, da sie dort doch ein Bett zu erwarten hatten. Frau Tschermack, die Wirtin, ward bezahlt und schloß die Türe mit der Bitte; wenn sie länger hier blieben, nochmals eine so schöne Gesellschaft bei ihr zu halten. Vor Schlafengehen wußten Devillier und der Zigeuner den Vizegespan zu bereden: am andern Morgen den Kordon mit durchschleichen zu dürfen, denn Michaly und Devillier sehnten sich eben so sehr nach Mitidika, die jenseits war, als Wehmüller nach seiner Tonerl. Sie schliefen bis zwei Uhr, da packte der Vizegespan jedem eine Jagdflinte auf und sie zogen, als Jäger, einem Waldrücken zu; aber kaum waren sie hundert Schritt vor dem Dorf, als sie seitwärts bei den Kordon-Piketten verwirrtes Lärmen und Schießen hörten, und bald einen Husaren, dem das Pferd erschossen war, querfeldein laufen sahen, welcher auf das Anrufen des Vizegespans schrie: Cordonus est ruptus cum armis in manibus a pestiferatis loci vicini, der Kordon ist mit bewaffneter Hand von den Pestkranken des benachbarten Ortes durchbrochen. Als der Vizegespan dies hörte, ließ er seine Gesellschaft im Stich und lief über Hals und Kopf nach dem Dorfe zurück, um seine Bauern unter die Waffen zu bringen. Wehmüller und der Zigeuner schrien: Gott sei Dank, nun laßt uns eilen! Devillier besann sich auch nicht lange und sie liefen spornstreichs nach dem verlassenen Piket-Feuer hin, wo sie Bauern beschäftigt fanden, unter großem Geschrei das Brot und die anderen Vorräte zu teilen, welche das Piket zurück gelassen hatte. Als sie sich näherten, kam ihnen ein Reiter entgegen und schrie: Steht, oder ich schieße euch nieder! Sie standen und warfen die Waffen hinweg. Sie wurden gefragt: wer sie seien? und als sie erklärt: sie wollten über den Kordon, und der Reiter ihre Stimmen vernommen, stürzte er vom Pferde und fiel dem Zigeuner und Devillier wechselsweise um den Hals, und schrie immer: Michaly! Devillier! ich bin Mitidika. Vor Freude des Wiedersehens ganz zitternd, riß das Mädchen sie in die Erdhütte des Pikets, wo sie dieselbe in männlicher Kleidung, mit Säbel und Pistole bewaffnet, erkannten, und sie wollte eben zu erzählen anfangen, als sie Wehmüllern scharf ansah und zu ihm sprach: Bist Du noch immer hier, Betrüger? ich meinte, Du seist gestern zu Deiner angeblichen Frau nach Stuhlweißenburg gereist. Alle sahen bei diesen Worten auf den bestürzten Wehmüller; dieser sperrte das Maul auf vor Verwunderung. Ich? fragte er endlich, ich, gestern zu meiner angeblichen Frau? Ja, Du! sagte Mitidika, Du, der Du Dich Wehmüller nennst, und es nicht bist, Du, der Du Deine Frau nicht einmal kennst. O, das ist um rasend zu werden! schrie Wehmüller, welche tolle Beschuldigungen, und das von einer wildfremden Person, die ich niemals gesehen. Unverschämter Gesell! schrie Mitidika, Du kenntest mich nicht? hast Du mir nicht seit mehreren Tagen mit Deinen Liebes-Versicherungen zugesetzt? Hat der wirkliche Wehmüller Dir nicht deswegen schon ins Gesicht bewiesen: daß Du Wehmüller nicht sein könnest, weil der rechte Wehmüller an niemand denkt, als an sein liebes Tonerl? Der rechte Wehmüller? schrie nun Wehmüller, wo haben Sie den je gesehen? er wenigstens kennt Sie nicht. Kennt mich nicht? erwiderte Mitidika, und reist mit mir? Ich werde verrückt! schrie Wehmüller, nun ist gar noch ein dritter auf dem Tapet; wo sind die zwei andern? Geschwind, ich will sie sehn, ich will sie erwürgen! Den dritten lügst Du hinzu, versetzte Mitidika, der echte wird nicht weit von hier sein, ich will ihn holen, da sollst Du beschämt werden; nun lief sie schnell zur Hütte hinaus. Dieser Wortwechsel war so schnell und heftig, und die Veranlassung so wunderbar, daß Michaly und Devillier nicht Zeit hatten, dem verblüfften Maler zu bezeugen: daß er seit gestern in ihrer Gesellschaft sei und unmöglich der sein könne, welchen

Mitidika kannte. Sie waren eben noch beschäftigt, den weinenden Wehmüller zu trösten, als eine ganz ähnliche Figur wie er selbst in die Hütte trat; bei dem erloschenen Feuer war es unmöglich, jemand bestimmter zu erkennen. Kaum hatte Wehmüller sein Ebenbild in derselben Gestalt und Kleidung erkannt, als er wie eine Furie darauf los stürzte; der andre tat ein gleiches und beide schrien: Ha, ertappe ich Dich bei Deiner Buhlerei unter meinem ehrlichen Namen! Sie rissen sich wie zwei Hähne herum. Devillier und Michaly brachten sie mit Gewalt auseinander und Mitidika führte den dritten Wehmüller herein. Wie groß war die Bestürzung aller, da nun wirklich drei Wehmüller zugegen waren. Nein, das ist zum Verzweifeln! rief der Wehmüller, den Mitidika mitgebracht hatte, da ist noch einer! Herr Jesus! schrie nun unser Wehmüller, Tonerl, bist Du es, bist Du hier, Tonerl? Franzerl, lieber Franzerl? schrie der andere und sie sanken sich als Mann und Frau in die Arme. Da wurde es dem einen Wehmüller, den Devillier festhielt, nicht recht wohl und er sank vor Schreck zur Erde. Michaly schürte nun das Feuer wieder an, daß man sehen konnte und Mitidika bezeugte die größte Freude, daß Tonerl, die in einem ganz ähnlichen Kleide wie ihr Mann, von Stuhlweißenburg mit ihr diesem entgegen gereist war, ihn endlich gefunden habe, nachdem sie zu ihrem großen Schrecken von dem falschen Wehmüller in dem Dorfe, das man wegen Pestverdacht eingeschlossen, sehr geplagt worden war, ohne sich ihm als Wehmüllers Weib zu entdecken, denn sie war auf einen alten Paß ihres Mannes gereist. Sie hatten sich kaum von der ersten Freude erholt, als Mitidika sagte: Wir müssen doch den falschen Wehmüller, der die Sprache verloren hat, wieder zu sich bringen; da aber ihr Rütteln und Schütteln ganz vergeblich war, sagte sie: Ich habe ein untrüglich Mittel von der seligen Großmutter gelernt, das Herz ist ihm gefallen, wir wollen es ihm wieder herauf ziehen; da nahm sie ein Schoppenglas und gab es Michaly nebst einem Endchen Licht, – das sie am Feuer anzündete, – und einem Scheibchen Brot. Aha, ich weiß schon, sagte Michaly, und öffnete dem Ohnmächtigen die Weste über dem Magen, setzte ihm das Licht, auf der Brotscheibe befestigt, auf den Leib, und stülpte das Glas darüber. Das brennende Licht, welches die Luft unter dem Glase verzehrte, machte ihm den Leib wie in einem Schröpfkopf in das Glas aufsteigen. Die ganze Gesellschaft lachte über dieses zigeunerische Kunststück und der falsche Wehmüller kam bald zu Sinnen; der echte ging auf ihn zu und sprach: Wer sind Sie, der auf eine so unverschämte Weise meinen Namen mißbrauchte? Da antwortete der Patient, welchen Devillier und Michaly an der

Erde festhielten: Was Guckuck habe ich auf den Leib? es ist als wollten Sie mir den Magen herausreißen; tun Sie mir die vermaledeite Laterne vom Leibe, eher sage ich kein Wort; ich bin Wehmüller und bleibe Wehmüller! Gut, sagte Mitidika, wenn Du noch nicht bei Sinnen bist, wollen wir Dir etwas Süßes eingeben. Recht, sagte Michaly, Katzenkot mit Honig, Zigeunertheriak. Auf dieses Rezept bekam der Patient andere Gesinnung und sprach: Um Gotteswillen, laßt mich aufstehen, ich will alles bekennen! Ich bin der Maler Froschhauer von Klagenfurt. Das habe ich gleich gedacht, sagte Wehmüller, jetzt habe ich Sie in meinen Händen, ich kann Sie als einen Falsarius bei der Obrigkeit angeben, aber ich will großmütig sein, wenn Sie mir einen körperlichen Eid schwören: daß Sie auf ewige Tage resignieren, ungarische Nationalgesichter in meiner Manier zu malen. Das ist sehr hart, sagte Froschhauer, denn ich habe ganz darauf studiert und müßte verhungern; den Eid kann ich nicht schwören. Er ist noch hartnäckig! sagte Michaly; geschwind den Zigeunertheriak her! und da Mitidika sich stellte, als wolle sie ihm etwas eingeben, entschloß er sich kurz und schwor alles, was man haben wollte, worauf sie ihn losließen und ihm die Laterne vom Leib nahmen.

Die Freude und der Mutwille ward nun allgemein; aber der Tag näherte sich und Mitidika rief eben die Kordonbrecher zusammen, um mit ihrem erbeuteten Proviant sich dahin zurück zu ziehen, wo sie hergekommen waren. Aber der Vizegespan kam mit dem Kroaten, dem Feuerwerker, dem Gutsbesitzer und einigen Heiducken und Panduren herbei und brachte die freudige Nachricht: daß sie gar nicht nötig hätten, sich zurück zu ziehen, denn der Kordon-Kommandant habe soeben bekannt gemacht: nur durch Mißverständnis sei das Dorf, in dem sie vierzehn Tage blockiert waren, in den Kordon eingeschlossen worden. Es solle ihnen deshalb verziehen sein, daß sie den Kordon durchbrachen, wenn sie dagegen auch keine Klage über den Irrtum erheben wollten; der Kordon habe sich schon nach einer andern Richtung bewegt. Der Gutsbesitzer bestätigte dies und lud die Gesellschaft, von der ihm Baciochi, Nanny und Lindpeindler so viel Interessantes erzählten, sämtlich nach seinem Edelhofe ein. Die Bauern und Zigeuner, die unter der Anführung Mitidika's den Kordon durchbrochen hatten, waren hoch erfreut über diese Nachricht, dankten ihrer Anführerin herzlich und kehrten singend nach ihrer Heimat zurück. Michaly aber nahm seine Violine und spielte lustig vor der Gesellschaft her, die dem Edelmanne folgte. Unterwegs gab es viele Aufklärungen und Herzensergießungen. Devillier und Mitidika hatten ihre Neigung bald zärtlich erneuert und gingen Arm in Arm, dann aber folgten die drei Wehmüller, Tonerl in der Mitte, und die andern gingen hinterdrein über das Stoppelfeld. Mitidika sagte: daß sie Tonerl in Stuhlweißenburg kennen gelernt, die sehr bekümmert über das Ausbleiben ihres Mannes eine Reisegesellschaft nach Kroatien gesucht, und da sie selbst, nach dem Tode ihrer Großmutter, zu ihrem Bruder Michaly habe ziehen wollen, hätten sie sich entschlossen, zusammen zu reisen in männlicher Kleidung. Frau Tonerl sei in einem Habit ihres Mannes und sie als ungarischer Arzneihändler gereist, bis sie in dem Dorfe plötzlich von dem Kordon eingeschlossen worden seien, wo sie auch Froschhauer unter dem Namen: Wehmüller, ganz in derselben Kleidung vorgefunden, was die arme Tonerl nicht wenig erschreckt habe. Nach vierzehn Tagen sei die Ungeduld und der Mangel der Einwohner, die wohl Hunger aber keine Pest gehabt, über alle Grenzen gestiegen und so habe sie sich an ihre Spitze gesetzt und den Kordon durchbrochen; das sei ihr aber gar leicht geworden, denn die Kordonisten wären, aus Furcht angesteckt zu werden, gleich ausgerissen, als sie mit ihrem Haufen unter ihnen erschien. Nun mußte Froschhauer erzählen; er war eigentlich ein guter Schelm und sagte: Lieber Herr Wehmüller, ich will Ihnen die Wahrheit sagen; der Spaß kostet mich 25 Dukaten und meine Braut. Ich bin der Maler Froschhauer von Klagenfurt, und liebe die Tochter eines Fleischhauers; das Mädchen aber wählte immer zwischen mir und einem wohlhabenden Siebmacher, der auch um sie freite. Er setzte dem Vater des Mädchens in den Kopf: es sei in den kaiserlichen Erblanden kein Maler, der eine Frau ernähren könne und der überhaupt Genie habe, als der Wehmüller in Wien, der die ungarischen Nationalgesichter male, und der so und so gekleidet gehe; dabei hörte er nicht auf von Ihnen und Ihrer Arbeit zu reden, so daß der alte Fleischhauer und seine Tochter mir endlich erklärten: sie würden den Siebmacher vorziehen, wenn ich Ihnen in Ungarn den Rang nicht abliefe, und nun wettete ich mit dem Siebmacher: daß ich ihm in Jahr und Tag das Mädchen abtreten und noch 25 Dukaten dazu geben wollte, wenn ich Ihnen den Rang nicht ablaufen könne. Ich reiste nach Wien und nach Ungarn, forschte nach allen Ihren Bildern und warf mich so in Ihre Manier, daß man unsre Bilder nicht mehr unterscheiden konnte. Da ich nun erfuhr, daß Sie die Reise nach Stuhlweißenburg machen würden, wo Sie noch nicht gewesen, und sich auf dem Gute des Grafen Giulowitsch vorbereiteten, benutzte ich die Gelegenheit, Ihnen zuvor zu kommen, denn ich wußte durch einen Freund bei der Hof-Kriegs-

Kanzelei, daß die dortigen Regimenter verlegt werden würden. Mit einem Vorrate von Nationalgesichtern in einer Blechbüchse, und ganz gekleidet wie Sie, machte ich mich nun als neuer Wehmüller auf, und als ich auf der Grenze an der Maut ein Päckchen liegen sah: an Herrn Wehmüller, wenn er durchreist, überschrieben, ward es mir von dem Mautbeamten ausgeliefert. Es war aber dies das Bild Ihrer Gemahlin, welches sie auf ihrer Reise in einem Posthause hatte liegen lassen, ich nahm es mit, um es ihr einhändigen zu lassen, habe es aber vergessen dem Boten abzunehmen, der es trug, als er mich durch den Kordon brachte, denn meine Eile war groß, und ich triumphierte schon, daß ich, indem der Kordon Sie aussperrte, Ihnen gewiß zuvor kommen würde. Aber wie war mir zumute, da ich mich mit Ihrer Frau, als einem zweiten Wehmüller, den ich auch nicht für den echten erkannte, weil er von der Malerei gar nichts verstand, eingesperrt sah; bald ward ich aber von der Kühnheit und Schönheit Mitidikas, die es kein Hehl hatte, daß sie eine verkleidete Jungfer sei, so hingerissen, daß ich gern auf meine Braut und Wehmüllerschaft resigniert und alles gleich eingestanden hätte, aber Ehrgeiz und die 25 Dukaten hielten mich zurück. Ihr Erscheinen fuhr mir aber so durch alle Glieder, daß ich die Besinnung verlor; die fatale Laterne auf dem Magen und der angedrohte Theriak haben mich gänzlich hergestellt und nun bleibt mir nichts übrig, als Sie herzlich um Verzeihung zu bitten, mit dem Vorschlag: mich in Ihren Unternehmungen zum Kompagnon zu machen; Sie können meine Arbeiten untersuchen, und gehen Sie den Vorschlag ein, so glaube ich, daß wir einen solchen Vorrat von Nationalgesichtern anfertigen, daß unser Glück begründet ist, wenn wir redlich teilen. Das läßt sich hören! sagte Wehmüller, die ganze Geschichte macht mir jetzt Spaß, und wenn ich meine Tonerl nicht so lieb hätte, so möchte ich, um es Ihnen wett zu machen, nach Klagenfurt reisen und Ihre Fleischerstochter und die 25 Dukaten Ihnen wegschnappen, aber so geht es nicht. Da umarmte er Tonerl herzlich und ward mit Froschhauer eins: daß er ihm, wenn er seine Arbeiten untersucht, ein eigenhändiges Attest schreiben wolle: daß er ihn in allem sich gleich achte; gewänne er dann seine Wette, so könne er sein Mädchen heiraten und sich mit ihm auf gleichen Vorteil vereinigen. Ja, sagte Tonerl, da habe ich doch eine Gesellschaft an Frau Froschhauer, wenn ihr herumzieht. So ward der Friede gestiftet und sie kamen auf dem Edelhofe an. Die Kammerjungfer und Lindpeindler standen unter der Türe und waren in großem Erstaunen über die drei Wehmüller, noch mehr aber über Mitidika; schnell liefen sie, der gnädigen Frau und dem jungen

Baron die interessante Gesellschaft anzukündigen, und diese trat, von dem Edelmann geführt, in eine geräumige Weinlaube, wo die Hausfrau bald mit einem guten Frühstück erschien, und alle die Abenteuer nochmals berichtet werden mußten; der Tiroler und der Savoyarde stellten sich auch ein und der Edelmann bat alle, bei der Weinlese ihm behülflich zu sein, was zugesagt wurde. Am Abend, als noch viel über die drei Wehmüller gescherzt worden war, wollte Devillier der Gesellschaft eine Geschichte erzählen, die er selbst erlebt, und bei welcher die Verwechselung zweier Personen noch viel unterhaltender war, als der Graf Giulowitsch und Lury, sein Hofmeister, mit seinen Eleven bei dem Edelmann zum Besuch kamen; sie freuten sich ungemein, den guten Wehmüller zu finden und die Aufklärung seines Abenteuers zu hören. Die Erzählung Devilliers ward aufgeschoben, aber nach dem Abendessen mußte die schöne Mitidika all ihren Schmuck, den sie einst von Devillier empfing, anlegen, die Edeldame half ihr selbst bei ihrer Toilette, denn Nanny, die Kammerjungfer, wurde unpäßlich. So geschmückt trat das braune Mädchen wie eine Zauberin vor die Gesellschaft; der Tiroler breitete seine Teppiche aus, und das reizende Geschöpf tanzte, schlug das Tambourin und sang – wozu Michaly sie begleitete – so ganz wunderbar hinreißend, daß alles vor Erstaunen versteinert war. Sie schloß ihren Tanz damit, daß sie den Teppich plötzlich erfaßte, sich schnell in ihn einpuppte und an die Erde niederstreckte, wie damals in der Hütte. Ein lebhaftes Beifallklatschen rauschte durch den Saal; Devillier aber kniete vor ihr, weinte wie ein Kind und wurde ausgelacht; so schied die Gesellschaft für diesen Abend auseinander. Die Erzählung, welche Devillier versprochen, eine andere des Tirolers, und eine des Savoyarden, unterhielten an den folgenden Tagen, und ich werde sie mitteilen, wenn ich Lust dazu habe. –

Achim von Arnim
Der tolle Invalide auf dem Fort Ratonneau

Erzählung

Graf Dürande, der gute alte Kommandant von Marseille, saß einsam frierend an einem kalt stürmenden Oktoberabende bei dem schlecht eingerichteten Kamine seiner prachtvollen Kommandantenwohnung und rückte immer näher und näher zum Feuer, während die Kutschen zu einem großen Balle in der Straße vorüber rollten, und sein Kammerdiener Basset, der zugleich sein liebster Gesellschafter war, im Vorzimmer heftig schnarchte. Auch im südlichen Frankreich ist es nicht immer warm, dachte der alte Herr, und schüttelte mit dem Kopfe, die Menschen bleiben auch da nicht immer jung, aber die lebhafte gesellige Bewegung nimmt so wenig Rücksicht auf das Alter, wie die Baukunst auf den Winter. Was sollte er, der Chef aller Invaliden, die damals (während des Siebenjährigen Krieges) die Besatzung von Marseille und seiner Forts ausmachten, mit seinem hölzernen Beine auf dem Balle, nicht einmal die Lieutenants seines Regiments waren zum Tanze zu brauchen. Hier am Kamine schien ihm dagegen sein hölzernes Bein höchst brauchbar, weil er den Basset nicht wecken mochte, um den Vorrat grüner Olivenäste, den er sich zur Seite hatte hinlegen lassen, allmählich in die Flamme zu schieben. Ein solches Feuer hat großen Reiz; die knisternde Flamme ist mit dem grünen Laube wie durchflochten, halbbrennend, halbgrünend erscheinen die Blätter wie verliebte Herzen. Auch der alte Herr dachte dabei an Jugendglanz und vertiefte sich in den Konstruktionen jener Feuerwerke, die er sonst schon für den Hof angeordnet hatte und spekulierte auf neue, noch mannigfachere Farbenstrahlen und Drehungen, durch welche er am Geburttage des Königs die Marseiller überraschen wollte. Es sah nun leerer in seinem Kopfe als auf dem Balle aus. Aber in der Freude des Gelingens, wie er schon alles strahlen, sausen, prasseln, dann wieder alles in stiller Größe leuchten sah, hatte er immer mehr Olivenäste ins Feuer geschoben und nicht bemerkt, daß sein hölzernes Bein Feuer gefangen hatte und schon um ein Dritteil abgebrannt war. Erst jetzt, als er aufspringen wollte, weil der große Schluß, das Aufsteigen von tausend Raketen seine Einbildungskraft beflügelte und entflammte, bemerkte er, indem er auf seinen Polsterstuhl zurück sank, daß sein hölzernes Bein verkürzt sei und daß der Rest auch noch in besorglichen Flammen stehe. In der Not, nicht gleich aufkommen zu können, rückte er seinen Stuhl wie einen Piekschlitten mit dem flammenden Beine bis in die Mitte des Zimmers, rief seinen Diener und dann nach Wasser. Mit eifrigem Bemühen sprang ihm in diesem Augenblicke eine Frau zu Hülfe, die in das Zimmer eingelassen, lange durch ein bescheidnes Husten die Aufmerksamkeit des Kommandanten auf sich zu ziehen gesucht hatte, doch ohne Erfolg. Sie suchte das Feuer mit ihrer Schürze zu löschen, aber die glühende Kohle des Beins setzte die Schürze in Flammen und der Kommandant schrie nun in wirklicher Not nach Hülfe, nach Leuten. Bald drangen diese von der Gasse herein, auch Basset war erwacht; der brennende Fuß, die brennende Schürze brachte alle ins Lachen, doch mit dem ersten Wassereimer, den Basset aus der Küche holte, war alles gelöscht und die Leute empfahlen sich. Die arme Frau triefte vom Wasser, sie konnte sich nicht gleich vom Schrecken erholen, der Kommandant ließ ihr seinen warmen Rokkelor umhängen, und ein Glas starken Wein reichen. Die Frau wollte aber nichts nehmen und schluchzte nur über ihr Unglück und bat den Kommandanten: mit ihm einige Worte insgeheim zu sprechen. So schickte er seinen nachlässigen Diener fort und setzte sich sorgsam in ihre Nähe. »Ach, mein Mann«, sagte sie in einem fremden deutschen Dialekte des Französischen, »mein Mann kommt von Sinnen, wenn er die Geschichte hört; ach, mein armer Mann, da spielt ihm der Teufel sicher wieder einen Streich!« Der Kommandant fragte nach dem Manne und die Frau sagte ihm: daß sie eben wegen dieses ihres lieben Mannes zu ihm gekommen, ihm einen Brief des Obersten vom Regiment Pikardie zu überbringen. Der Oberste setzte die Brille auf, erkannte das Wappen seines Freundes und durchlief das Schreiben, dann sagte er: »Also Sie sind jene Rosalie, eine geborne Demoiselle Lilie aus Leipzig, die den Sergeanten Francœur geheiratet hat, als er am Kopf verwundet in Leipzig gefangen lag? Erzählen Sie, das ist eine seltne Liebe! Was waren Ihre Eltern, legten die Ihnen kein Hindernis in den Weg? Und was hat denn Ihr Mann für scherzhafte Grillen als Folge seiner Kopfwunde behalten, die ihn zum Felddienste untauglich machen, obgleich er als der bravste und geschickteste Sergeant, als die Seele des Regiments geachtet wurde?« – »Gnädiger Herr«, antwortete die Frau mit neuer Betrübnis, »meine Liebe trägt die Schuld von allem dem Unglück, ich habe meinen Mann unglücklich gemacht und nicht jene Wunde; meine Liebe hat den Teufel in ihn gebracht und plagt ihn und verwirrt seine Sinne. Statt mit den Soldaten zu exerzieren, fängt er zuweilen an, ihnen ungeheure, ihm vom Teufel eingegebene Sprünge vor zu machen, und verlangt, daß sie ihm diese nach machen: oder er schneidet ihnen Gesichte, daß ihnen der Schreck in alle Glieder fährt, und verlangt, daß sie sich dabei nicht rühren noch regen und neulich, was endlich dem Fasse den Boden ausschlug, warf er den kommandierenden General, der in einer Affäre den Rückzug des Regiments befahl, vom Pferde, setzte sich darauf und nahm mit dem Regimente die Batterie fort.« – »Ein Teufelskerl«, rief der Kommandant, »wenn doch so ein Teufel in alle unsre kommandierende Generale führe, so hätten wir kein zweites Roßbach zu fürchten, ist Ihre Liebe *solche* Teufelsfabrik, so wünschte ich: Sie liebten unsre ganze Armee.« – »Leider im Fluche meiner Mutter«, seufzte die Frau. »Meinen Vater habe ich nicht gekannt. Meine Mutter sah viele Männer bei sich, denen ich aufwarten mußte, das war meine einzige Arbeit. Ich war träumerig und achtete gar nicht der freundlichen Reden dieser Männer, meine Mutter schützte mich gegen ihre Zudringlichkeit. Der Krieg hatte diese Herren meist zerstreut, die meine Mutter besuchten und bei ihr Hazardspiele heimlich spielten; wir lebten zu ihrem Ärger sehr einsam. Freund und Feind waren ihr darum gleich verhaßt, ich durfte keinem eine Gabe bringen, der verwundet oder hungrig vor dem Hause vorüberging. Das tat mir sehr leid und einstmals war ich ganz allein und besorgte unser Mittagsessen, als viele Wagen mit Verwundeten vorüberzogen, die ich an der Sprache für Franzosen erkannte, die von den Preußen gefangen worden. Immer wollte ich mit dem fertigen Essen zu jenen hinunter, doch ich fürchtete die Mutter, als ich aber Francœur mit verbundenem Kopfe auf dem letzten Wagen liegen gesehen, da weiß ich nicht wie mir geschah; die Mutter war vergessen, ich nahm Suppe und Löffel, und, ohne unsre Wohnung abzuschließen, eilte ich dem Wagen nach in die Pleißenburg. Ich fand ihn; er war schon abgestiegen, dreist redete ich die Aufseher an, und wußte dem Verwundeten gleich das beste Strohlager zu erflehen. Und als er darauf gelegt, welche Seligkeit, dem Notleidenden die warme Suppe zu reichen! Er wurde munter in den Augen und schwor mir, daß ich einen Heiligenschein um meinen Kopf trage. Ich antwortete ihm, das sei meine Haube, die sich im eiligen Bemühen um ihn aufgeschlagen. Er sagte: der Heiligenschein komme aus meinen Augen! Ach, das Wort konnte ich gar nicht vergessen, und hätte er mein Herz nicht schon gehabt, ich hätte es ihm dafür schenken müssen.« – »Ein wahres, ein schönes Wort!« sagte der Kommandant, und Rosalie fuhr fort: »Das war die schönste Stunde meines Lebens, ich sah ihn immer eifriger an, weil er behauptete, daß es ihm wohltue und als er mir endlich einen kleinen Ring an den Finger steckte, fühlte ich mich so reich, wie ich noch niemals gewesen. In diese glückliche Stille trat meine Mutter scheltend und fluchend ein; ich kann nicht nachsagen, wie sie mich nannte, ich schämte mich auch nicht, denn ich wußte, daß ich schuldlos war und daß er Böses nicht glauben würde. Sie wollte mich fortreißen, aber er hielt mich fest und sagte ihr: daß wir verlobt wären, ich trüge schon seinen Ring. Wie verzog sich das Gesicht meiner Mutter; mir wars, als ob eine Flamme aus ihrem Halse brenne, und ihre Augen kehrte sie in sich, sie sahen ganz weiß aus; sie verfluchte mich und übergab mich mit feierlicher Rede dem Teufel. Und wie so ein heller Schein durch meine Augen am Morgen gelaufen, als ich Francœur gesehen, so war mir jetzt als ob eine schwarze Fledermaus ihre durchsichtigen Flügeldecken über meine Augen legte; die Welt war mir halb verschlossen, und ich gehörte mir nicht mehr ganz. Mein Herz verzweifelte und ich mußte lachen. ›Hörst du, der Teufel lacht schon aus dir!‹ sagte die Mutter und ging triumphierend fort, während ich ohnmächtig niederstürzte. Als ich wieder zu mir gekommen, wagte ich nicht zu ihr zu gehen und den Verwundeten zu verlassen, auf den der Vorfall schlimm gewirkt hatte; ja ich trotzte heimlich der Mutter wegen des Schadens, den sie dem Unglücklichen getan. Erst am dritten Tage schlich ich, ohne es Francœur zu sagen, abends nach dem Hause, wagte nicht anzuklopfen, endlich trat eine Frau, die uns bedient hatte, heraus und berichtete, die Mutter habe ihre Sachen schnell verkauft, und sei mit einem fremden Herrn, der ein Spieler sein sollte, fortgefahren, und niemand wisse wohin. So war ich nun von aller Welt ausgestoßen und es tat mir wohl, so entfesselt von jeder Rücksicht in die Arme meines Francœur zu fallen. Auch meine jugendlichen Bekanntinnen in der Stadt wollten mich nicht mehr kennen, so konnte ich ganz ihm und seiner Pflege leben. Für ihn arbeitete ich; bisher hatte ich nur mit dem Spitzenklöppeln zu meinem Putze gespielt, ich schämte mich nicht, diese meine Handarbeiten zu verkaufen, ihm brachte es Bequemlichkeit und Erquickung. Aber immer mußte ich der Mutter denken, wenn seine Lebendigkeit im Erzählen mich nicht zerstreute; die Mutter erschien mir schwarz mit flammenden Augen, immer fluchend vor meinen inneren Augen und ich konnte sie nicht los werden. Meinem Francœur wollte ich nichts sagen, um ihm nicht das Herz schwer zu machen; ich klagte über Kopfweh, das ich nicht hatte, über Zahnweh, das ich nicht fühlte, um weinen zu können wie ich mußte. Ach hätte ich damals mehr Vertrauen zu ihm gehabt, ich hätte sein Unglück nicht gemacht, aber jedesmal, wenn ich ihm erzählen wollte: daß ich durch den Fluch der Mutter vom Teufel besessen zu sein glaubte, schloß mir der Teufel den Mund, auch fürchtete ich, daß er mich dann nicht mehr lieben könne, daß er mich verlassen würde und den bloßen Gedanken konnte ich kaum überleben. Diese innere Qual, vielleicht auch die angestrengte Arbeit zerrüttete endlich meinen Körper, heftige Krämpfe, die ich ihm verheimlichte, drohten mich zu ersticken, und Arzeneien schienen diese Übel nur zu mehren. Kaum war er hergestellt, so wurde die Hochzeit von ihm angeordnet. Ein alter Geistlicher hielt eine feierliche Rede, in der er meinem Francœur alles ans Herz legte, was ich für ihn getan, wie ich ihm Vaterland, Wohlstand und Freundschaft zum Opfer gebracht, selbst den mütterlichen Fluch auf mich geladen, alle diese Not müsse er mit mir teilen, alles Unglück gemeinsam tragen. Meinem Manne schauderte bei den Worten, aber er sprach doch ein vernehmliches Ja, und wir wurden vermählt. Selig waren die ersten Wochen, ich fühlte mich zur Hälfte von meinen Leiden erleichtert und ahnete nicht gleich, daß eine Hälfte des Fluchs zu meinem Manne übergegangen sei. Bald aber klagte er, daß jener Prediger in seinem schwarzen Kleide ihm immer vor Augen stehe und ihm drohe, daß er dadurch einen so heftigen Zorn und Widerwillen gegen Geistliche, Kirchen und heilige Bilder empfinde, daß er ihnen fluchen müsse und wisse nicht warum, und um sich diesen Gedanken zu entschlagen, überlasse er sich jedem Einfall, er tanze und trinke und so in dem Umtriebe des Bluts werde ihm besser. Ich schob alles auf die Gefangenschaft, obgleich ich wohl ahnete, daß es der Teufel sei, der ihn plage. Er wurde ausgewechselt durch die Vorsorge seines Obersten, der ihn beim Regimente wohl vermißt hatte, denn Francœur ist ein außerordentlicher Soldat. Mit leichtem Herzen zogen wir aus Leipzig und bildeten eine schöne Zukunft in unsern Gesprächen aus. Kaum waren wir aber aus der Not, ums tägliche Bedürfnis, zum Wohlleben der gut versorgten Armee in die Winterquartiere gekommen, so stieg die Heftigkeit meines Mannes mit jedem Tage, er trommelte tagelang, um sich zu zerstreuen, zankte, machte Händel, der Oberst konnte ihn nicht begreifen; nur mit mir war er sanft wie ein Kind. Ich wurde von einem Knaben entbunden, als der Feldzug sich wieder eröffnete, und mit der Qual der Geburt schien der Teufel, der mich geplagt, ganz von mir gebannt. Francœur wurde immer mutwilliger und heftiger. Der Oberste schrieb mir: er sei tollkühn wie ein

Rasender, aber bisher immer glücklich gewesen; seine Kameraden meinten, er sei zuweilen wahnsinnig und er fürchte ihn unter die Kranken oder Invaliden abgeben zu müssen. Der Oberst hatte einige Achtung gegen mich, er hörte auf meine Vorbitte, bis endlich seine Wildheit gegen den kommandierenden General dieser Abteilung, die ich schon erzählte, ihn in Arrest brachte, wo der Wundarzt erklärte, er leide wegen der Kopfwunde, die ihm in der Gefangenschaft vernachlässigt worden, an Wahnsinn und müsse wenigstens ein paar Jahre im warmen Klima bei den Invaliden zubringen, ob sich dieses Übel vielleicht ausscheide. Ihm wurde gesagt, daß er zur Strafe wegen seines Vergehens unter die Invaliden komme und er schied mit Verwünschungen vom Regimente. Ich bat mir das Schreiben vom Obersten aus, ich beschloß Ihnen zutraulich alles zu eröffnen, damit er nicht nach der Strenge des Gesetzes, sondern nach seinem Unglück, dessen einzige Ursache meine Liebe war, beurteilt werde, und daß Sie ihn zu seinem Besten in eine kleine abgelegene Ortschaft legen, damit er hier in der großen Stadt nicht zum Gerede der Leute wird. Aber, gnädiger Herr, Ihr Ehrenwort darf eine Frau schon fordern, die Ihnen heut einen kleinen Dienst erwiesen, daß Sie dies Geheimnis seiner Krankheit, welches er selbst nicht ahnet, und das seinen Stolz empören würde, unverbrüchlich bewahren.« – »Hier meine Hand«, rief der Kommandant, der die eifrige Frau mit Wohlgefallen angehört hatte, »noch mehr, ich will Ihre Vorbitte dreimal erhören, wenn Francœur dumme Streiche macht. Das Beste aber ist, diese zu vermeiden, und darum schicke ich ihn gleich zur Ablösung nach einem Fort, das nur drei Mann Besatzung braucht; Sie finden da für sich und für Ihr Kind eine bequeme Wohnung, er hat da wenig Veranlassung zu Torheiten, und die er begeht bleiben verschwiegen.« Die Frau dankte für diese gütige Vorsorge, küßte dem alten Herrn die Hand und er leuchtete ihr dafür, als sie mit vielen Knixen die Treppe hinunter ging. Das verwunderte den alten Kammerdiener Basset, und es fuhr ihm durch den Kopf, was seinem Alten ankomme: ob der wohl gar mit der brennenden Frau eine Liebschaft gestiftet habe, die seinem Einflusse nachteilig werden könne. Nun hatte der alte Herr die Gewohnheit, abends im Bette, wenn er nicht schlafen konnte, alles was am Tage geschehen, laut zu überdenken, als ob er dem Bette seine Beichte hätte abstatten müssen. Und während nun die Wagen vom Balle zurück rollten und ihn wach erhielten, lauerte Basset im andern Zimmer, und hörte die ganze Unterredung, die ihm um so wichtiger schien, weil Francœur sein Landsmann und Regimentskamerad gewesen, obgleich er viel älter als Francœur war. Und nun dachte er gleich an einen Mönch, den er kannte, der schon manchem den Teufel ausgetrieben hatte und zu dem wollte er Francœur bald hinführen; er hatte eine rechte Freude am Quacksalbern und freute sich einmal wieder: einen Teufel austreiben zu sehen. Rosalie hatte, sehr befriedigt über den Erfolg ihres Besuchs, gut geschlafen; sie kaufte am Morgen eine neue Schürze und trat mit dieser ihrem Manne entgegen, der mit entsetzlichem Gesange seine müden Invaliden in die Stadt führte. Er küßte sie; hob sie in die Luft und sagte ihr: »Du riechst nach dem trojanischen Brande, ich habe dich wieder, schöne Helena!« – Rosalie entfärbte sich und hielt es für nötig, als er fragte, ihm zu eröffnen: daß sie wegen der Wohnung beim Obersten gewesen, daß diesem gerade das Bein in Flammen gestanden, und daß ihre Schürze verbrannt. Ihm war es nicht recht, daß sie nicht bis zu seiner Ankunft gewartet habe, doch vergaß er das in tausend Späßen über die brennende Schürze. Er stellte darauf seine Leute dem Kommandanten vor, rühmte alle ihre leiblichen Gebrechen und geistigen Tugenden so artig, daß er des alten Herrn Wohlwollen erwarb, der so in sich meinte: die Frau liebt ihn, aber sie ist eine Deutsche und versteht keinen Franzosen; ein Franzose hat immer den Teufel im Leibe! – Er ließ ihn ins Zimmer kommen, um ihn näher kennenzulernen, fand ihn im Befestigungswesen wohl unterrichtet, und was ihn noch mehr entzückte: er fand in ihm einen leidenschaftlichen Feuerkünstler, der bei seinem Regimente schon alle Arten Feuerwerke ausgearbeitet hatte. Der Kommandant trug ihm seine neue Erfindung zu einem Feuerwerke am Geburttage des Königs vor, bei welcher ihn gestern der Beinbrand gestört hatte und Francœur ging mit funkelnder Begeisterung darauf ein. Nun eröffnete ihm der Alte, daß er mit zwei andern Invaliden die kleine Besatzung des Forts Ratonneau ablösen sollte, dort sei ein großer Pulvervorrat und dort solle er mit seinen beiden Soldaten fleißig Raketen füllen, Feuerräder drehen und Frösche binden. Indem der Kommandant ihm den Schlüssel des Pulverturms und das Inventarium reichte, fiel ihm die Rede der Frau ein und er hielt ihn mit den Worten noch fest: »Aber Euch plagt doch nicht der Teufel und Ihr stiftet mir Unheil?« – »Man darf den Teufel nicht an die Wand malen, sonst hat man ihn im Spiegel«, antwortete Francœur mit einem gewissen Zutrauen. Das gab dem Kommandanten Vertrauen, er reichte ihm den Schlüssel, das Inventarium und den Befehl an die jetzige kleine Garnison, auszuziehn. So wurde er entlassen und auf dem Hausflur fiel ihm Basset um den Hals, sie hatten sich gleich erkannt und erzählten einander in aller Kürze, wie es ihnen ergangen. Doch weil Francœur an große Strenge in allem Militärischen gewöhnt war, so riß er sich los, und bat ihn auf den nächsten Sonntag, wenn er abkommen könnte, zu Gast nach dem Fort Ratonneau, zu dessen Kommandanten, der er selbst zu sein die Ehre habe.

Der Einzug auf dem Fort war für alle gleich fröhlich, die abziehenden Invaliden hatten die schöne Aussicht auf Marseille bis zum Überdruß genossen, und die Einziehenden waren entzückt über die Aussicht, über das zierliche Werk, über die bequemen Zimmer und Betten; auch kauften sie von den Abziehenden ein paar Ziegen, ein Taubenpaar, ein Dutzend Hühner und die Kunststücke, um in der Nähe einiges Wild in aller Stille belauern zu können; denn müßige Soldaten sind ihrer Natur nach Jäger. Als Francœur sein Kommando angetreten, befahl er sogleich seinen beiden Soldaten Brunet und Tessier, mit ihm den Pulverturm zu eröffnen, das Inventarium durchzugehen, um dann einen gewissen Vorrat zur Feuerwerkerarbeit in das Laboratorium zu tragen. Das Inventarium war richtig und er beschäftigte gleich einen seiner beiden Soldaten mit den Arbeiten zum Feuerwerk; mit dem andern ging er zu allen Kanonen und Mörsern, um die metallnen zu polieren, und die eisernen schwarz anzustreichen. Bald füllte er auch eine hinlängliche Zahl Bomben und Granaten, ordnete auch alles Geschütz so, wie es stehen mußte, um den einzigen Aufgang nach dem Fort zu bestreichen. »Das Fort ist nicht zu nehmen!« rief er einmal über das andre begeistert. »Ich will das Fort behaupten, auch wenn die Engländer mit hunderttausend Mann landen und stürmen! Aber die Unordnung war hier groß!« – »So sieht es überall auf den Forts und Batterien aus«, sagte Tessier, »der alte Kommandant kann mit seinem Stelzfuß nicht mehr so weit steigen, und Gottlob! bis jetzt ist es den Engländern noch nicht eingefallen zu landen.« – »Das muß anders werden«, rief Francœur, »ich will mir lieber die Zunge verbrennen, ehe ich zugebe, daß unsre Feinde Marseille einäschern oder wir sie doch fürchten müssen.«

Die Frau mußte ihm helfen das Mauerwerk von Gras und Moos zu reinigen, es abzuweißen und die Lebensmittel in den Kasematten zu lüften. In den ersten Tagen wurde fast nicht geschlafen, so trieb der unermüdliche Francœur zur Arbeit und seine geschickte Hand fertigte in dieser Zeit, wozu ein anderer wohl einen Monat gebraucht hätte. Bei dieser Tätigkeit ließen ihn seine Grillen ruhen; er war hastig, aber alles zu einem festen Ziele, und Rosalie segnete den Tag, der ihn in diese höhere Luftregion gebracht, wo der Teufel keine Macht über ihn zu haben schien. Auch die Witterung hatte sich durch Wendung des Windes erwärmt und erhellt, daß ihnen ein neuer Sommer zu begegnen schien; täglich liefen Schiffe im Hafen ein und aus, grüßten und wurden begrüßt von den Forts am Meere. Rosalie, die nie am Meere gewesen, glaubte sich in eine andere Welt versetzt, und ihr Knabe freute sich, nach so mancher harten Einkerkerung auf Wagen und in Wirtsstuben, der vollen Freiheit in dem eingeschlossenen kleinen Garten des Forts, den die früheren Bewohner nach Art der Soldaten, besonders der Artilleristen, mit den künstlichsten mathematischen Linienverbindungen in Buchsbaum geziert hatten. Überflatterte die Fahne mit den Lilien, der Stolz Francœurs, ein segenreiches Zeichen der Frau, die eine geborne Lilie, die liebste Unterhaltung des Kindes. So kam der erste Sonntag von allen gesegnet und Francœur befahl seiner Frau: für den Mittag ihm etwas Gutes zu besorgen, wo er seinen Freund Basset erwarte, insbesondre machte er Anspruch auf einen guten Eierkuchen, denn die Hühner des Forts legten fleißig, lieferte auch eine Zahl wilder Vögel, die Brunet geschossen hatte, in die Küche. Unter diesen Vorbereitungen kam Basset hinaufgekeucht und war entzückt über die Verwandlung des Forts, erkundigte sich auch im Namen des Kommandanten nach dem Feuerwerke und erstaunte über die große Zahl fertiger Raketen und Leuchtkugeln. Die Frau ging nun an ihre Küchenarbeit, die beiden Soldaten zogen aus um Früchte zur Mahlzeit zu holen, alle wollten an dem Tage recht selig schwelgen und sich die Zeitung vorlesen lassen, die Basset mitgebracht hatte. Im Garten saß nun Basset dem Francœur gegenüber und sah ihn stillschweigend an, dieser fragte nach der Ursache. »Ich meine, Ihr seht so gesund aus wie sonst und alles was Ihr tut, ist so vernünftig.« – »Wer zweifelt daran?« fragte Francœur mit einer Aufwallung, »das will ich wissen!« – Basset suchte umzulenken, aber Francœur hatte etwas Furchtbares in seinem Wesen, sein dunkles Auge befeuerte sich, sein Kopf erhob sich, seine Lippen drängten sich vor. Das Herz war schon dem armen Schwätzer Basset gefallen, er sprach, dünnstimmig wie eine Violine, von Gerüchten beim Kommandanten: er sei vom Teufel geplagt, von seinem guten Willen ihn durch einen Ordensgeistlichen, den Vater Philip exorzieren zu lassen, den er deswegen vor Tische hinaufbestellt habe, unter dem Vorwande, daß er eine Messe der vom Gottesdienst entfernten Garnison in der kleinen Kapelle lesen müsse. Francœur entsetzte sich über die Nachricht, er schwur, daß er sich blutig an dem rächen wolle, der solche Lüge über ihn ausgebracht, er wisse nichts vom Teufel und wenn es gar keinen gebe, so habe er auch nichts dagegen einzuwenden, denn er habe nirgends die Ehre seiner Bekanntschaft gemacht. Basset sagte: er sei ganz unschuldig, er habe die Sache vernommen, als der Kommandant mit sich laut gesprochen habe, auch sei ja dieser Teufel die Ursache, warum Francœur vom Regimente fortgekommen. »Und wer brachte dem Kommandanten die Nachricht?« fragte Francœur zitternd. »Eure Frau«, antwortete jener, »aber in der besten Absicht, um Euch zu entschuldigen, wenn Ihr hier wilde Streiche machtet.« – »Wir sind geschieden!« schrie Francœur und schlug sich vor den Kopf, »sie hat mich verraten, mich vernichtet, hat Heimlichkeiten mit dem Kommandanten, sie hat unendlich viel für mich getan und gelitten, sie hat mir unendlich wehe getan, ich bin ihr nichts mehr schuldig, wir sind geschieden!« – Allmählich schien er stiller zu werden, je lauter es in ihm wurde; er sah wieder den schwarzen Geistlichen vor Augen, wie die vom tollen Hunde gebissenen den Hund immer zu sehen meinen, da trat Vater Philip in den Garten und er ging mit Heftigkeit auf ihn zu, um zu fragen, was er wolle. Dieser meinte seine Beschwörung anbringen zu müssen, redete den Teufel heftig an, indem er seine Hände in kreuzenden Linien über Francœur bewegte. Das alles empörte Francœur, er gebot ihm, als Kommandant des Forts, den Platz sogleich zu verlassen. Aber der unerschrockne Philip eiferte um so heftiger gegen den Teufel in Francœur und als er sogar seinen Stab erhob, ertrug Francœurs militärischer Stolz diese Drohung nicht. Mit wütender Stärke ergriff er den kleinen Philip bei seinem Mantel und warf ihn über das Gitter, das den Eingang schützte, und wäre der gute Mann nicht an den Spitzen des Türgitters mit dem Mantel hängen geblieben, er hätte einen schweren Fall die steinerne Treppe hinunter gemacht. Nahe diesem Gitter war der Tisch gedeckt, das erinnerte Francœur an das Essen. Er rief nach dem Essen und Rosalie brachte es, etwas erhitzt vom Feuer, aber sehr fröhlich, denn sie bemerkte nicht den Mönch außer dem Gitter, der sich kaum vom ersten Schrecken erholt hatte und still vor sich betete, um neue Gefahr abzuwenden; kaum beachtete sie, daß ihr Mann und Basset jener finster, dieser verlegen nach dem Tische blickten. Sie fragte nach den beiden Soldaten, aber Francœur sagte: »Sie können nachessen, ich habe Hunger, daß ich die Welt zerreißen könnte.« Darauf legte sie die Suppe vor, und gab Basset aus Artigkeit das Meiste, dann ging sie nach der Küche, um den Eierkuchen zu backen. »Wie hat denn meine Frau dem Kommandanten gefallen?« fragte Francœur. »Sehr gut«, antwortete Basset, »er wünschte: daß es ihm in der Gefangenschaft so gut geworden wäre wie Euch.« – »Er soll sie haben!« antwortete er! »Nach den beiden Soldaten, die fehlen, fragte sie, was mir fehlt, das fragte sie nicht; Euch suchte sie als einen Diener des Kommandanten zu gewinnen, darum füllte sie Euren Teller, daß er überfloß, Euch bot sie das größte Glas Wein an, gebt Achtung, sie bringt Euch auch das größte Stück Eierkuchen. Wenn das der Fall ist, dann stehe ich auf, dann führt sie nur fort, und laßt mich hier allein.« – Basset wollte antworten, aber im Augenblicke trat die Frau mit dem Eierkuchen herein. Sie hatte ihn schon in drei Stücke geschnitten, ging zu Basset und schob ihm ein Stück mit den Worten auf den Teller: »Einen bessern Eierkuchen findet Ihr nicht beim Kommandanten, Ihr müßt mich rühmen!« Finster blickte Francœur in die Schüssel, die Lücke war fast so groß wie die beiden Stücke, die noch blieben, er stand auf und sagte: »Es ist nicht anders, wir sind geschieden!« Mit diesen Worten ging er nach dem Pulverturme, schloß die eiserne Türe auf, trat ein und schloß sie wieder hinter sich zu. Die Frau sah ihm verwirrt nach und ließ die Schüssel fallen: »Gott, ihn plagt der Böse; wenn er nur nicht Unheil stiftet im Pulverturm.« – »Ist das der Pulverturm?« rief Basset, »er sprengt sich in die Luft, rettet Euch und Euer Kind!« Mit diesem Worte lief er fort, auch der Mönch wagte sich nicht wieder herein, und lief ihm nach. Rosalie eilte in die Wohnung zu ihrem Kinde, riß es aus dem Schlafe, aus der Wiege, sie wußte nichts mehr von sich, bewußtlos wie sie Francœur einst gefolgt, so entfloh sie ihm mit dem Kinde und sagte vor sich hin: »Kind, das tue ich nur deinetwegen, mir wäre besser mit ihm zu sterben; Hagar, du hast nicht gelitten wie ich, denn ich verstoße mich selbst!« – Unter solchen Gedanken kam sie herab auf einem falschen Wege und stand am sumpfigen Ufer des Flusses. Sie konnte aus Ermattung nicht mehr gehen und setzte sich deswegen in einen Nachen, der, nur leicht ans Ufer gefahren, leicht abzustoßen war und ließ sich den Fluß herabtreiben; sie wagte nicht umzublicken, wenn am Hafen ein Schuß geschah, meinte sie: das Fort sei gesprengt, und ihr halbes Leben verloren, so verfiel sie allmählig in einen dumpfen fieberartigen Zustand.

Unterdessen waren die beiden Soldaten, mit Äpfeln und Trauben bepackt, in die Nähe des Forts gekommen, aber Francœurs starke Stimme rief ihnen, indem er eine Flintenkugel über ihre Köpfe abfeuerte: »Zurück!« dann sagte er durch das Sprachrohr: »An der hohen Mauer werde ich mit euch reden, ich habe hier allein zu befehlen und will auch allein hier leben, so lange es dem Teufel gefällt!« Sie wußten nicht was das bedeuten solle, aber es war nichts anders zu tun, als dem Willen des Sergeanten Folge zu leisten. Sie gingen herab zu dem steilen Abhange des Forts, welcher die hohe Mauer hieß, und kaum waren sie dort angelangt, so sahen sie Rosaliens Bette und des Kindes Wiege an einem Seile niedersinken, dem folgten ihre Betten und Geräte und Francœur rief durch das Sprachrohr: »Das Eurige nehmt; Bette Wiege und Kleider meiner entlaufenen Frau bringt zum Kommandanten, da werdet ihr sie finden; sagt: das schicke ihr Satanas, und diese alte Fahne, um ihre Schande mit dem Kommandanten zuzudecken!« Bei diesen Worten warf er die große französische Flagge, die auf dem Fort geweht hatte, herab und fuhr fort: »Dem Kommandanten lasse ich hierdurch Krieg erklären, er mag sich waffnen bis zum Abend, dann werde ich mein Feuer eröffnen; er soll nicht schonen denn ich schone ihn beim Teufel nicht; er soll alle seine Hände ausstrecken, er wird mich doch nicht fangen; er hat mir den Schlüssel zum Pulverturm gegeben, ich will ihn brauchen, und wenn er mich zu fassen meint, fliege ich mit ihm gen Himmel, vom Himmel in die Hölle, das wird Staub geben.« – Brunet wagte endlich zu reden und rief hinauf: »Gedenkt an unsern gnädigsten König, daß der über Euch steht, ihm werdet Ihr doch nicht widerstreben.« Dem antwortete Francœur: »In mir ist der König aller Könige dieser Welt, in mir ist der Teufel und im Namen des Teufels sage ich euch, redet kein Wort, sonst zerschmettere ich euch!« – Nach dieser Drohung packten beide stillschweigend das Ihre zusammen und ließen das Übrige stehen; sie wußten daß oben große Steinmassen angehäuft waren, die unter der steilen Felswand alles zerschmettern konnten. Als sie nach Marseille zum Kommandanten kamen, fanden sie ihn schon in Bewegung, denn Basset hatte ihn von allem unterrichtet; er sendete die beiden Ankommenden mit einem Wagen nach dem Fort, um die Sachen der Frau gegen den drohenden Regen zu sichern, andere sandte er aus, um die Frau mit dem Kinde aufzufinden, während er die Offiziere bei sich versammelte, um mit ihnen zu überlegen, was zu tun sei? Die Besorgnis dieses Kriegsrats richtete sich besonders auf den Verlust des schönen Forts, wenn es in die Luft gesprengt würde; bald kam aber ein Abgesandter der Stadt, wo sich das Gerücht verbreitet hatte, und stellte den Untergang des schönsten Teiles der Stadt als ganz unvermeidlich dar. Es wurde allgemein anerkannt, daß mit Gewalt nicht verfahren werden dürfe, denn Ehre sei nicht gegen einen einzelnen Menschen zu erringen, wohl aber ein ungeheuerer Verlust durch Nachgiebigkeit abzuwenden; der Schlaf werde die Wut Francœurs doch endlich überwinden, dann sollten entschlossene Leute das Fort erklettern und ihn fesseln. Dieser Ratschluß war kaum gefaßt, so wurden die beiden Soldaten eingeführt, welche Rosaliens Betten und Gerät zurückgebracht hatten. Sie hatten eine Bestellung Francœurs zu überbringen, daß ihm der Teufel verraten: sie wollten ihn im Schlafe fangen, aber er warne sie aus Liebe zu einigen Teufelskameraden, die zu dem Unternehmen gebraucht werden sollten, denn er werde ruhig in seinem verschlossenen Pulverturme mit geladenen Gewehren schlafen und ehe sie die Türe erbrechen könnten, wäre er längst erwacht und der Turm, mit einem Schusse in die Pulverfässer, zersprengt. »Er hat recht«, sagte der Kommandant, »er kann nicht anders handeln, wir müssen ihn aushungern.« – »Er hat den ganzen Wintervorrat für uns alle hinaufgeschafft«, bemerkte Brunet, »wir müssen wenigstens ein halbes Jahr warten, auch sagte er, daß ihm die vorbeifahrenden Schiffe, welche die Stadt versorgen, reichlichen Zoll geben sollten, sonst bohre er sie in den Grund, und zum Zeichen daß niemand in der Nacht fahren sollte, ohne seine Bewilligung, werde er am Abend einige Kugeln über den Fluß sausen lassen.« – »Wahrhaftig, er schießt!« rief einer der Offiziere und alle liefen nach einem Fenster des obern Stockwerks. Welch ein Anblick! an allen Ecken des Forts eröffneten die Kanonen ihren feurigen Rachen, die Kugeln sausten durch die Luft, in der Stadt versteckte sich die Menge mit großem Geschrei und nur einzelne wollten ihren Mut im kühnen Anschauen der Gefahr beweisen. Aber sie wurden auch reichlich dafür belohnt, denn mit hellem Lichte schoß Francœur einen Bündel Raketen aus einer Haubitze in die Luft, und einen Bündel Leuchtkugeln aus einem Mörser, denen er aus Gewehren unzählige andre nachsandte. Der Kommandant versicherte, diese Wirkung sei trefflich, er habe es nie gewagt, Feuerwerke mit Wurfgeschütz in die Luft zu treiben, aber die Kunst werde dadurch gewissermaßen zu einer meteorischen, der Francœur verdiene schon deswegen begnadigt zu werden.

Diese nächtliche Erleuchtung hatte eine andre Wirkung, die wohl in keines Menschen Absicht lag; sie rettete Rosalien und ihrem Kinde das Leben. Beide waren in dem ruhigen Treiben des Kahnes eingeschlummert und Rosalie sah im Traume ihre Mutter von innerlichen Flammen durchleuchtet und verzehrt und fragte sie: Warum sie so leide? Da war's als ob eine laute Stimme ihr in die Ohren rief: »Mein Fluch brennt mich wie dich, und kannst du ihn nicht lösen, so bleib ich eigen allem Bösen.« Sie wollte noch mehr sprechen, aber Rosalie war schon aufgeschreckt, sah über sich den Bündel Leuchtkugeln im höchsten Glanze, hörte neben sich einen Schiffer rufen: »Steuert links, wir fahren sonst ein Boot in den Grund, worin ein Weib mit einem Kinde sitzt.« Und schon rauscht die vordere Spitze eines großen Flußschiffes wie ein geöffneter Walfischrachen hinter ihr, da wandte er sich links, aber ihr Nachen wurde doch seitwärts nachgerissen. »Helft meinem armen Kinde!« rief sie und der Haken eines Stangenruders verband sie mit dem großen Schiff das bald darauf Anker warf. »Wäre das Feuerwerk auf dem Fort Ratonneau nicht aufgegangen«, rief der eine Schiffer, »ich hätte Euch nicht gesehen und wir hätten Euch ohne bösen Willen in den Grund gesegelt, wie kommt Ihr so spät und allein aufs Wasser, warum habt Ihr uns nicht angeschrien?« Rosalie beantwortete schnell die Fragen und bat nur dringend, sie nach dem Hause des Kommandanten zu bringen. Der Schiffer gab ihr aus Mitleid seinen Jungen zum Führer.

Sie fand alles in Bewegung beim Kommandanten, sie bat ihn seines Versprechens eingedenk zu sein, daß er ihrem Manne drei Versehen verzeihen wolle. Er leugnete, daß von solchen Versehen die Rede gewesen, es sei über Scherz und Grillen geklagt worden, das sei aber ein teuflischer Ernst. – »So ist das Unrecht auf Eurer Seite«, sagte die Frau gefaßt, denn sie fühlte sich nicht mehr schicksallos, »auch habe ich den Zustand des armen Mannes angezeigt und doch habt Ihr ihm einen so gefährlichen Posten vertraut, Ihr habt mir Geheimnis angelobt, und doch habt Ihr alles an Basset, Euren Diener erzählt, der uns mit seiner törigten Klugheit und Vorwitzigkeit in das ganze Unglück gestürzt hat; nicht mein armer Mann, Ihr seid an allem Unglück schuld, Ihr müßt dem Könige davon Rechenschaft geben.« – Der Kommandant verteidigte sich gegen den Vorwurf, daß er etwas dem Basset erzählt habe, dieser gestand: daß er ihn im Selbstgespräche belauscht, und so war die ganze Schuld auf seine Seele geschoben. Der alte Mann sagte: daß er den andern Tag sich vor dem Fort wolle totschießen lassen, um seinem Könige die Schuld mit seinem Leben abzuzahlen, aber Rosalie bat ihn, sich nicht zu übereilen, er möge bedenken, daß sie ihn schon einmal aus dem Feuer gerettet habe. Ihr wurde ein Zimmer im Hause des Kommandanten angewiesen und sie brachte ihr Kind zur Ruhe, während sie selbst mit sich zu Rate ging und zu Gott flehte, ihr anzugeben, wie sie ihre Mutter den Flammen und ihren Mann dem Fluche entreißen könne. Aber auf ihren Knien versank sie in einen tiefen Schlaf und war sich am Morgen keines Traumes, keiner Eingebung bewußt. Der Kommandant, der schon früh einen Versuch gegen das Fort gemacht hatte, kam verdrießlich zurück. Zwar hatte er keine Leute verloren, aber Francœur hatte so viele Kugeln mit solcher Geschicklichkeit links und rechts und über sie hinsausen lassen, daß sie ihr

Leben nur seiner Schonung dankten. Den Fluß hatte er durch Signalschüsse gesperrt, auch auf der Chaussee durfte niemand fahren, kurz, aller Verkehr der Stadt war für diesen Tag gehemmt und die Stadt drohete, wenn der Kommandant nicht vorsichtig verfahre, sondern wie in Feindes Land ihn zu belagern denke, daß sie die Bürger aufbieten und mit den Invaliden schon fertig werden wolle.

Drei Tage ließ sich der Kommandant so hinhalten, jeden Abend verherrlichte ein Feuerwerk, jeden Abend erinnerte Rosalie an sein Versprechen der Nachsicht. Am dritten Abend sagte er ihr: der Sturm sei auf den andern Mittag festgelegt, die Stadt gebe nach, weil aller Verkehr gestört sei, und endlich Hungersnot ausbrechen könne. Er werde den Eingang stürmen, während ein andrer Teil von der andern Seite heimlich anzuklettern suche, so daß diese vielleicht früher ihrem Manne in den Rücken kämen, ehe er nach dem Pulverturm springen könne; es werde Menschen kosten, der Ausgang sei ungewiß, aber er wolle den Schimpf von sich ablenken, daß durch seine Feigheit ein toller Mensch zu dem Dünkel gekommen: einer ganzen Stadt zu trotzen, das größte Unglück sei ihm lieber, als dieser Verdacht, er habe seine Angelegenheiten mit der Welt und vor Gott zu ordnen gesucht, Rosalie und ihr Kind würden sich in seinem Testamente nicht vergessen finden. Rosalie fiel ihm zu Füßen und fragte: was denn das Schicksal ihres Mannes sei, wenn er im Sturme gefangen würde? Der Kommandant wendete sich ab und sagte leise: »Der Tod unausbleiblich, auf Wahnsinn würde von keinem Kriegsgerichte erkannt werden, es ist zu viel Einsicht, Vorsicht und Klugheit in der ganzen Art, wie er sich nimmt; der Teufel kann nicht vor Gericht gezogen werden, er muß für ihn leiden.« – Nach einem Strome von Tränen erholte sich Rosalie und sagte: Wenn sie das Fort, ohne Blutvergießen, ohne Gefahr, in die Gewalt des Kommandanten brächte, würde dann sein Vergehen als ein Wahnsinn Begnadigung finden? – »Ja, ich schwör's!« rief der Kommandant, »aber es ist vergeblich, Euch haßt er vor allen, und rief gestern einem unsrer Vorposten zu, er wolle das Fort übergeben, wenn wir ihm den Kopf seiner Frau schicken könnten.« – »Ich kenne ihn«, sagte die Frau, »ich will den Teufel beschwören in ihm, ich will ihm Frieden geben, sterben würde ich doch mit ihm, also ist nur Gewinn für mich, wenn ich von seiner Hand sterbe, der ich vermählt bin durch den heiligsten Schwur.« – Der Kommandant bat sie, sich wohl zu bedenken, erforschte ihre Absicht, widerstand aber weder ihren Bitten, noch der Hoffnung, auf diesem Wege dem gewissen Untergange zu entgehen.

Vater Philip hatte sich im Hause eingefunden und erzählte: der unsinnige Francœur habe jetzt eine große weiße Flagge ausgesteckt, auf welcher der Teufel gemalt sei, aber der Kommandant wollte nichts von seinen Neuigkeiten wissen, und befahl ihm: zu Rosalien zu gehen, die ihm beichten wolle. Nachdem Rosalie ihre Beichte in aller Ruhe eines gottergebnen Gemütes abgelegt hatte, bat sie den Vater Philip: sie nur bis zu einem sichern Steinwalle zu begleiten, wo keine Kugel ihn treffen könne, dort wolle sie ihm ihr Kind und Geld zur Erziehung desselben übergeben, sie könne sich noch nicht von dem lieben Kinde trennen. Er versprach es ihr zögernd, nachdem er sich im Hause erkundigt hatte: ob er auch dort noch sicher gegen die Schüsse sei, denn sein Glaube, Teufel austreiben zu können, hatte sich in ihm ganz verloren, er gestand, was er bisher ausgetrieben hätte, möchte wohl der rechte Teufel nicht gewesen sein, sondern ein geringerer Spuk.

Rosalie kleidete ihr Kind noch einmal unter mancher Träne weiß mit roten Bandschleifen an, dann nahm sie es auf den Arm und ging schweigend die Treppe hinunter. Unten stand der alte Kommandant und konnte ihr nur die Hand drücken und mußte sich umwenden, weil er sich der Tränen vor den Zuschauern schämte. So trat sie auf die Straße, keiner wußte ihre Absicht, Vater Philip blieb etwas zurück, weil er des Mitgehens gern überhoben gewesen, dann folgte die Menge müßiger Menschen auf den Straßen, die ihn fragten: was es bedeute? Viele fluchten auf Rosalien, weil sie Francœurs Frau war, aber dieser Fluch berührte sie nicht.

Der Kommandant führte unterdessen seine Leute auf verborgenen Wegen nach den Plätzen, von welchen der Sturm eröffnet werden sollte, wenn die Frau den Wahnsinn des Mannes nicht beschwören könnte.

Am Tore schon verließ die Menge Rosalien, denn Francœur schoß von Zeit zu Zeit über diese Fläche, auch Vater Philip klagte, daß ihm schwach werde, er müsse sich niederlassen. Rosalie bedauerte es und zeigte ihm den Felsenwall, wo sie ihr Kind noch einmal stillen und es dann in den Mantel nieder legen wollte, dort möge es gesucht werden, da liege es sicher aufbewahrt, wenn sie nicht zu ihm zurückkehren könne. Vater Philip setzte sich betend hinter den Felsen und Rosalie ging mit festem Schritt dem Steinwalle zu, wo sie ihr Kind tränkte und segnete, es in ihren Mantel wickelte und in Schlummer brachte. Da verließ sie es mit einem Seufzer, der die Wolken in ihr brach, daß blaue Hellung und das stärkende Sonnenbild sie bestrahlten. Nun war sie dem harten Manne sichtbar, als sie am Steinwalle heraustrat, ein Licht schlug am Tore auf, ein Druck, als ob sie umstürzen müßte, ein Rollen in der Luft, ein Sausen, das sich damit mischte, zeigten ihr an: daß der Tod nahe an ihr vorüber gegangen. Es wurde ihr aber nicht mehr bange, eine Stimme sagte ihr innerlich: daß nichts untergehen könne, was diesen Tag bestanden und ihre Liebe zum Manne, zum Kinde regte sich noch in ihrem Herzen, als sie ihren Mann vor sich auf dem Festungswerke stehen und laden, das Kind hinter sich schreien hörte; sie taten ihr beide mehr leid als ihr eignes Unglück, und der schwere Weg war nicht der schwerste Gedanke ihres Herzens. Und ein neuer Schuß betäubte ihre Ohren und schmetterte ihr Felsstaub ins Gesicht, aber sie betete und sah zum Himmel. So betrat sie den engen Felsgang, der wie ein verlängerter Lauf, für zwei mit Kartätschen geladene Kanonen mit boshaftem Geize die Waffe des verderblichen Schusses gegen die Andringenden zusammen zu halten bestimmt war. – »Was siehst du Weib!« brüllte Francœur, »sieh nicht in die Luft, deine Engel kommen nicht, hier steht dein Teufel und dein Tod.« – »Nicht Tod, nicht Teufel trennen mich mehr von dir«, sagte sie getrost, und schritt weiter hinauf die großen Stufen. »Weib«, schrie er, »du hast mehr Mut als der Teufel, aber es soll dir doch nichts helfen.« – Er blies die Lunte an, die eben verlöschen wollte, der Schweiß stand ihm hellglänzend über Stirn und Wangen, es war als ob zwei Naturen in ihm rangen. Und Rosalie wollte nicht diesen Kampf hemmen und der Zeit vorgreifen, auf die sie zu vertrauen begann; sie ging nicht vor, sie kniete auf die Stufe nieder, als sie drei Stufen von den Kanonen entfernt war, wo sich das Feuer kreuzte. Er riß Rock und Weste an der Brust auf, um sich Luft zu machen, er griff in sein schwarzes Haar, das verwildert in Locken starrte und riß es sich wütend aus. Da öffnete sich die Wunde am Kopfe in dem wilden Erschüttern durch Schläge, die er an seine Stirn führte, Tränen und Blut löschten den brennenden Zundstrick, ein Wirbelwind warf das Pulver von den Zündlöchern der Kanonen und die Teufelsflagge vom Turm. »Der Schornsteinfeger macht sich Platz, er schreit zum Schornstein hinaus!« rief er, und deckte seine Augen. Dann besann er sich, öffnete die Gittertüre, schwankte zu seiner Frau, hob sie auf, küßte sie, endlich sagte er: »Der schwarze Bergmann hat sich durchgearbeitet, es strahlt wieder Licht in meinen Kopf und Luft zieht hindurch und die Liebe soll wieder ein Feuer zünden, daß uns nicht mehr friert. Ach Gott, was hab' ich in diesen Tagen verbrochen. Laß uns nicht feiern, sie werden mir nur wenig Stunden noch schenken, wo ist mein Kind, ich muß es küssen, weil ich noch frei bin; was ist sterben? Starb' ich nicht schon einmal, als du mich verlassen und nun kommst du wieder und dein Kommen gibt mir mehr, als dein Scheiden mir nehmen konnte, ein unendliches Gefühl meines Daseins, dessen Augenblicke mir genügen. Nun lebte ich gern mit dir und wäre deine Schuld noch größer als meine Verzweiflung gewesen, aber ich kenne das Kriegsgesetz und ich kann nun Gottlob in Vernunft als ein reuiger Christ sterben.« – Rosalie konnte in ihrer Entzückung, von ihren Tränen fast erstickt, kaum sagen, daß *ihm* verziehen, daß *sie* ohne Schuld und ihr Kind nahe sei. Sie verband seine Wunde in Eile, dann zog sie ihn die Stufen hinunter bis hin zu dem Steinwalle, wo sie das Kind verlassen. Da fanden sie den guten Vater Philip bei dem Kinde, der allmählig hinter Felsstücken zu ihm hingeschlichen war, und das Kind ließ etwas aus den Händen fliegen, um nach dem Vater sie auszustrecken. Und während sich alle drei umarmt hielten, erzählte Vater Philip, wie ein Taubenpaar vom Schloß herunter geflattert sei und mit dem Kinde artig gespielt, sich von ihm habe anrühren lassen, und es gleichsam in seiner Verlassenheit getröstet habe. Als er das gesehen, habe er sich dem Kinde zu nahen gewagt. »Sie waren, wie gute Engel, meines Kindes Spielkameraden auf dem Fort gewesen, sie haben es treulich aufgesucht, sie kommen sicher wieder und werden es nicht verlassen.« Und wirklich umflogen sie die Tauben freundlich und trugen in ihren Schnäbeln grüne Blätter. »Die Sünde ist uns geschieden«, sagte Francœur, »nie will ich wieder auf den Frieden schelten, der Friede tut mir so gut.«

Inzwischen hatte sich der Kommandant mit seinen Offizieren genähert, weil er den glücklichen Ausgang durch sein Fernrohr gesehen. Francœur übergab ihm seinen Degen, er kündigte Francœur Verzeihung an, weil seine Wunde ihn des Verstandes beraubt gehabt und befahl einem Chirurgen: diese Wunde zu untersuchen und besser zu verbinden. Francœur setzte sich nieder und ließ ruhig alles mit sich geschehen, er sah nur Frau und Kind an. Der Chirurg wunderte sich, daß er keinen Schmerz zeigte, er zog ihm einen Knochensplitter aus der Wunde, der rings umher eine Eiterung hervorgebracht hatte; es schien als ob die gewaltige Natur Francœurs ununterbrochen und allmählig an der Hinausschaffung gearbeitet habe, bis ihm endlich äußere Gewalt, die eigne Hand seiner Verzweiflung die äußere Rinde durchbrochen. Er versicherte, daß ohne diese glückliche Fügung ein unheilbarer Wahnsinn den unglücklichen Francœur hätte aufzehren müssen. Damit ihm keine Anstrengung schade, wurde er auf einen Wagen gelegt und sein Einzug in Marseille glich unter einem Volke, das Kühnheit immer mehr als Güte zu achten weiß, einem Triumphzuge; die Frauen warfen Lorbeerkränze auf den Wagen, alles drängte sich den stolzen Bösewicht kennenzulernen, der so viele tausend Menschen während drei Tage beherrscht hatte. Die Männer aber reichten ihre Blumenkränze Rosalien und ihrem Kinde und rühmten sie als Befreierin und schwuren ihr und dem Kinde reichlich zu vergelten, daß sie ihre Stadt vom Untergange gerettet habe.

Nach solchem Tage läßt sich in *einem* Menschenleben selten noch etwas erleben, was der Mühe des Erzählens wert wäre, wenngleich die Wiederbeglückten, die Fluchbefreiten, erst in diesen ruhigeren Jahren den ganzen Umfang des gewonnenen Glücks erkannten. Der gute alte Kommandant nahm Francœur als Sohn an und konnte er ihm auch nicht seinen Namen übertragen, so ließ er ihm doch einen Teil seines Vermögens und seinen Segen. Was aber Rosalie noch inniger berührte, war ein Bericht, der erst nach Jahren aus Prag einlief, in welchem ein Freund der Mutter anzeigte, daß diese wohl ein Jahr, unter verzehrenden Schmerzen, den Fluch bereut habe, den sie über ihre Tochter ausgestoßen, und, bei dem sehnlichen Wunsche nach Erlösung des Leibes und der Seele, sich und der Welt zum Überdruß bis zu dem Tage gelebt habe, der Rosaliens Treue und Ergebenheit in Gott gekrönt, an dem Tage sei sie, durch einen Strahl aus ihrem Innern beruhigt, im gläubigen Bekenntnis des Erlösers selig entschlafen.

Gnade löst den Fluch der *Sünde,*
Liebe treibt den *Teufel* aus.

Joseph von Eichendorff
Das Marmorbild

Eine Novelle

Es war ein schöner Sommerabend, als Florio, ein junger Edelmann, langsam auf die Tore von Lucca zuritt, sich erfreuend an dem feinen Dufte, der über der wunderschönen Landschaft und den Türmen und Dächern der Stadt vor ihm zitterte, so wie an den bunten Zügen zierlicher Damen und Herren, welche sich zu beiden Seiten der Straße unter den hohen Kastanien-Alleen fröhlichschwärmend ergingen.

Da gesellte sich, auf zierlichem Zelter desselben Weges ziehend, ein anderer Reiter in bunter Tracht, eine goldene Kette um den Hals und ein samtnes Baret mit Federn über den dunkelbraunen Locken, freundlich grüßend zu ihm. Beide hatten, so neben einander in den dunkelnden Abend hineinreitend, gar bald ein Gespräch angeknüpft, und dem jungen Florio dünkte die schlanke Gestalt des Fremden, sein frisches keckes Wesen, ja selbst seine fröhliche Stimme so überaus anmutig, daß er gar nicht von demselben wegsehen konnte.

Welches Geschäft führt Euch nach Lucca? fragte endlich der Fremde. Ich habe eigentlich gar keine Geschäfte, antwortete Florio ein wenig schüchtern. Gar keine Geschäfte? – Nun, so seid Ihr sicherlich ein Poet! versetzte jener lustig lachend. Das wohl eben nicht, erwiderte Florio und wurde über und über rot. Ich habe mich wohl zuweilen in der fröhlichen Sangeskunst versucht, aber wenn ich dann wieder die alten großen Meister las, wie da alles wirklich da ist und leibt und lebt, was ich manchmal heimlich nur wünschte und ahnete, da komm ich mir vor wie ein schwaches, vom Winde verwehtes Lerchenstimmlein unter dem unermeßlichen Himmelsdom. – Jeder lobt Gott auf seine Weise, sagte der Fremde, und alle Stimmen zusammen machen den Frühling. Dabei ruhten seine großen geistreichen Augen mit sichtbarem Wohlgefallen auf dem schönen Jünglinge, der so unschuldig in die dämmernde Welt vor sich hinaussah.

Ich habe jetzt, fuhr dieser nun kühner und vertraulicher fort, das Reisen erwählt, und befinde mich wie aus einem Gefängnis erlöst, alle alten Wünsche und Freuden sind nun auf einmal in Freiheit gesetzt. Auf dem Lande in der Stille aufgewachsen, wie lange habe ich da die fernen blauen Berge sehnsüchtig betrachtet, wenn der

Frühling wie ein zauberischer Spielmann durch unsern Garten ging und von der wunderschönen Ferne verlockend sang und von großer unermeßlicher Lust. – Der Fremde war über den letzten Worten in tiefe Gedanken versunken. Habt Ihr wohl jemals, sagte er zerstreut aber sehr ernsthaft, von dem wunderbaren Spielmann gehört, der durch seine Töne die Jugend in einen Zauberberg hinein verlockt, aus dem Keiner wieder zurückgekehrt ist? Hütet Euch! –

Florio wußte nicht, was er aus diesen Worten des Fremden machen sollte, konnte ihn auch weiter darum nicht befragen; denn sie waren soeben, statt zu dem Tore, unvermerkt dem Zuge der Spaziergänger folgend, an einen weiten grünen Platz gekommen, auf dem sich ein fröhlichschallendes Reich von Musik, bunten Zelten, Reitern und Spazierengehenden in den letzten Abendgluten schimmernd hin und her bewegte.

Hier ist gut wohnen, sagte der Fremde lustig, sich vom Zelter schwingend; auf baldiges Wiedersehn! und hiermit war er schnell in dem Gewühle verschwunden.

Florio stand vor freudigem Erstaunen einen Augenblick still vor der unerwarteten Aussicht. Dann folgte auch er dem Beispiele seines Begleiters, übergab das Pferd seinem Diener und mischte sich in den muntern Schwarm.

Versteckte Musikchöre erschallten da von allen Seiten aus den blühenden Gebüschen, unter den hohen Bäumen wandelten sittige Frauen auf und nieder und ließen die schönen Augen musternd ergehen über die glänzende Wiese, lachend und plaudernd und mit den bunten Federn nickend im lauen Abendgolde wie ein Blumenbeet, das sich im Winde wiegt. Weiterhin auf einem heitergrünen Plan vergnügten sich mehrere Mädchen mit Ballspielen. Die buntgefiederten Bälle flatterten wie Schmetterlinge, glänzende Bogen hin und her beschreibend, durch die blaue Luft, während die unten im Grünen auf- und niederschwebenden Mädchenbilder den lieblichsten Anblick gewährten. Besonders zog die eine durch ihre zierliche, fast noch kindliche Gestalt und die Anmut aller ihrer Bewegungen Florios Augen auf sich. Sie hatte einen vollen, bunten Blumenkranz in den Haaren und war recht wie ein fröhliches Bild des Frühlings anzuschauen, wie sie so überaus frisch bald über den Rasen dahinflog, bald sich neigte, bald wieder mit ihren anmutigen Gliedern in die heitere Luft hinauflangte. – Durch ein Versehen ihrer Gegnerin nahm ihr Federball eine falsche Richtung und flatterte gerade vor Florio nieder. Er hob ihn auf und überreichte ihn der nacheilenden Bekränzten. Sie stand fast wie erschrocken vor ihm und sah ihn schweigend aus den schönen großen Augen an. Dann verneigte sie sich errötend und eilte schnell wieder zu ihren Gespielinnen zurück.

Der größere funkelnde Strom von Wagen und Reitern, der sich in der Haupt-Allee langsam und prächtig fortbewegte, wendete indes auch Florion von jenem reizenden Spiele wieder ab, und er schweifte wohl eine Stunde lang allein zwischen den ewigwechselnden Bildern umher.

Da ist der Sänger Fortunato! hörte er da auf einmal mehrere Frauen und Ritter neben sich ausrufen. Er sah sich schnell nach dem Platze um, wohin sie wiesen, und erblickte zu seinem großen Erstaunen den anmutigen Fremden, der ihn vorhin hieher begleitet. Abseits auf der Wiese an einen Baum gelehnt, stand er soeben inmitten eines zierlichen Kranzes von Frauen und Rittern, welche seinem Gesange zuhörten, der zuweilen von einigen Stimmen aus dem Kreise holdselig erwidert wurde. Unter ihnen bemerkte Florio auch die schöne Ballspielerin wieder, die in stiller Freudigkeit mit weiten offenen Augen in die Klänge vor sich hinaussah.

Ordentlich erschrocken gedachte da Florio, wie er vorhin mit dem berühmten Sänger, den er lange dem Rufe nach verehrte, so vertraulich geplaudert, und blieb scheu in einiger Entfernung stehen, um den lieblichen Wettstreit mit zu vernehmen. Er hätte gern die ganze Nacht hindurch dort gestanden, so ermutigend flogen diese Töne ihn an, und ärgerte sich recht, als Fortunato nun so bald endigte, und die ganze Gesellschaft sich von dem Rasen erhob.

Da gewahrte der Sänger den Jüngling in der Ferne und kam sogleich auf ihn zu. Freundlich faßte er ihn bei beiden Händen und führte den Blöden, ungeachtet aller Gegenreden, wie einen lieblichen Gefangenen nach dem nahegelegenen offenen Zelte, wo sich die Gesellschaft nun versammelte und ein fröhliches Nachtmahl bereitet hatte. Alle begrüßten ihn wie alte Bekannte, manche schöne Augen ruhten in freudigem Erstaunen auf der jungen blühenden Gestalt.

Nach mancherlei lustigem Gespräch lagerten sich bald alle um den runden Tisch, der in der Mitte des Zeltes stand. Erquickliche Früchte und Wein in hellgeschliffenen Gläsern funkelte von dem blendendweißen Gedeck, in silbernen Gefäßen dufteten große Blumensträuße, zwischen denen die hübschen Mädchengesichter anmutig hervorsahen; draußen spielten die letzten Abendlichter golden auf dem Rasen und dem Flusse, der spiegelglatt vor dem Zelte dahin glitt. Florio hatte sich fast unwillkürlich zu der niedlichen Ballspielerin gesellt. Sie erkannte ihn sogleich wieder und saß still und schüchtern da, aber die langen furchtsamen Augenwimper hüteten nur schlecht die tiefen dunkelglühenden Blicke.

Es war ausgemacht worden, daß jeder in die Runde seinem Liebchen mit einem kleinen improvisierten Liedchen zutrinken solle. Der leichte Gesang, der nur gaukelnd wie ein Frühlingswind die Oberfläche des Lebens berührte, ohne es in sich selbst zu versenken, bewegte fröhlich den Kranz heiterer Bilder um die Tafel. Florio war recht innerlichst vergnügt, alle blöde Bangigkeit war von seiner Seele genommen, und er sah fast träumerischstill vor fröhlichen Gedanken zwischen den Lichtern und Blumen in die wunderschöne, langsam in die Abendgluten versinkende Landschaft vor sich hinaus. Und als nun auch an ihn die Reihe kam, seinen Trinkspruch zu sagen, hob er sein Glas in die Höh' und sang:

Jeder nennet froh die Seine,
Ich nur stehe hier alleine,
Denn was früge wohl die Eine:
Wen der Fremdling eben meine?
Und so muß ich wie im Strome dort die Welle
Ungehört verrauschen an des Frühlings Schwelle.

Seine schöne Nachbarin sah bei diesen Worten beinah schelmisch an ihm herauf und senkte schnell wieder das Köpfchen, da sie seinem Blicke begegnete. Aber er hatte so herzlich bewegt gesungen und neigte sich nun mit den schönen bittenden Augen so dringend herüber, daß sie es willig geschehen ließ, als er sie schnell auf die roten heißen Lippen küßte. – Bravo, Bravo! riefen mehrere Herren, ein mutwilliges aber argloses Lachen erschallte um den Tisch. – Florio stürzte hastig und verwirrt sein Glas hinunter, die schöne Geküßte schauete hochrot in den Schoß und sah so unter dem vollen Blumenkranze unbeschreiblich reizend aus.

So hatte ein jeder der Glücklichen sein Liebchen in dem Kreise sich heiter erkoren. Nur Fortunato allein gehörte allen, oder keiner an und erschien fast einsam in dieser anmutigen Verwirrung. Er war ausgelassen lustig und mancher hätte ihn wohl übermütig genannt, wie er so wildwechselnd in Witz, Ernst und Scherz sich ganz und gar losließ, hätte er dabei nicht wieder mit so frommklaren Augen beinah wunderbar dreingeschaut. Florio hatte sich fest vorgenommen, ihm über Tische einmal so recht seine Liebe und Ehrfurcht, die er längst für ihn hegte, zu sagen. Aber es wollte heute nicht gelingen, alle leisen Versuche glitten an der spröden Lustigkeit des Sängers ab. Er konnte ihn gar nicht begreifen. –

Draußen war indes die Gegend schon stiller geworden und feierlich, einzelne Sterne traten zwischen den Wipfeln der dunkelnden Bäume hervor, der Fluß rauschte stärker durch die erquickende Kühle. Da war auch zuletzt an Fortunato die Reihe zu singen gekommen. Er sprang rasch auf, griff in seine Guitarre und sang:

Was klingt mir so heiter
Durch Busen und Sinn?
Zu Wolken und weiter
Wo trägt es mich hin?

Wie auf Bergen hoch bin ich
So einsam gestellt
Und grüße herzinnig,
Was schön auf der Welt.

Ja, Bacchus, Dich seh' ich
Wie göttlich bist Du!
Dein Glühen versteh' ich,
Die träumende Ruh.

O Rosenbekränztes
Jünglingesbild,
Dein Auge, wie glänzt es,
Die Flammen so mild!

Ist's Liebe, ist's Andacht,
Was so Dich beglückt?
Rings Frühling Dich anlacht,
Du sinnest entzückt. –

Frau Venus, du Frohe,
So klingend und weich,
In Morgenrots Lohe
Erblick' ich Dein Reich

Auf sonnigen Hügeln
Wie ein Zauberring. –
Zart' Bübchen mit Flügeln
Bedienen Dich flink,

Durchsäuseln die Räume
Und laden, was fein,
Als goldene Träume
Zur Königin ein.

Und Ritter und Frauen
Im grünen Revier
Durchschwärmen die Auen
Wie Blumen zur Zier.

Und jeglicher hegt sich
Sein Liebchen im Arm,
So wirrt und bewegt sich
Der selige Schwarm. –

Hier änderte er plötzlich Weise und Ton und fuhr fort:

Die Klänge verrinnen,
Es bleichet das Grün,
Die Frauen stehn sinnend,
Die Ritter schaun kühn.

Und himmlisches Sehnen
Geht singend durchs Blau,
Da schimmert von Tränen
Rings Garten und Au. –

Und mitten im Feste
Erblick' ich, wie mild!
Den Stillsten der Gäste. –
Woher, einsam Bild?

Mit blühendem Mohne,
Der träumerisch glänzt,
Und Lilienkronen
Erscheint er bekränzt.

Sein Mund schwillt zum Küssen
So lieblich und bleich,
Als brächt' er ein Grüßen
Aus himmlischem Reich.

Eine Fackel wohl trägt er,
Die wunderbar prangt.
»Wo ist Einer, frägt er,
Dem heimwärts verlangt?«

Und manchmal da drehet
Die Fackel er um –
Tiefschauernd vergehet
Die Welt und wird stumm.

Und was hier versunken
Als Blumen zum Spiel,
Siehst oben Du funkeln
Als Sterne nun kühl. –

O Jüngling vom Himmel,
Wie bist du so schön!
Ich laß das Gewimmel,
Mit Dir will ich gehn!

Was will ich noch hoffen?
Hinauf, ach hinauf!
Der Himmel ist offen,
Nimm, Vater, mich auf!

Fortunato war still und alle die Übrigen auch, denn wirklich draußen waren nun die Klänge verronnen und die Musik, das Gewimmel und alle die gaukelnde Zauberei nach und nach verhallend untergegangen vor dem unermeßlichen Sternenhimmel und dem gewaltigern Nachtgesange der Ströme und Wälder. Da trat ein hoher schlanker Ritter in reichem Geschmeide, das grünlichgoldene Scheine zwischen die im Winde flackernden Lichter warf, in das Zelt herein. Sein Blick aus tiefen Augenhöhlen war irre flammend, das Gesicht schön aber blaß und wüst. Alle dachten bei seinem plötzlichen Erscheinen unwillkürlich schaudernd an den stillen Gast in Fortunatos Liede. – Er aber begab sich nach einer flüchtigen Verbeugung gegen die Gesellschaft zu dem Bufet des Zeltwirtes und schlürfte hastig dunkelroten Wein mit den bleichen feinen Lippen in langen Zügen hinunter.

Florio fuhr ordentlich zusammen, als der Seltsame sich darauf vor allen andern zu ihm wandte und ihn als einen früheren Bekannten in Lucca willkommen hieß. Erstaunt und nachsinnend betrachtete er ihn von oben bis unten, denn er wußte sich durchaus nicht zu erinnern, ihn jemals gesehen zu haben. Doch war der Ritter ausnehmend beredt und sprach viel über mancherlei Begebenheiten aus Florios früheren Tagen. Auch war er so genau bekannt mit der Gegend seiner Heimat, dem Garten und jedem heimischen Platz, der Florion herzlich lieb war aus alter Zeit, daß sich derselbe bald mit der dunkeln Gestalt auszusöhnen anfing.

In die übrige Gesellschaft indes schien Donati, so nannte sich der Ritter, nirgends hinein zu passen. Eine ängstliche Störung, deren Grund sich niemand anzugeben wußte, wurde überall sichtbar. Und da unterdes auch die Nacht nun völlig hereingekommen war, so brachen bald alle auf.

Es begann nun ein wunderliches Gewimmel von Wagen, Pferden, Dienern und hohen Windlichtern, die seltsame Scheine auf das nahe Wasser, zwischen die Bäume und die schönen wirrenden Gestalten umherwarfen. Donati erschien in der wilden Beleuchtung noch viel bleicher und schauerlicher, als vorher. Das schöne Fräulein mit dem Blumenkranze hatte ihn beständig mit heimlicher Furcht von der Seite angesehen. Nun, da er gar auf sie loskam, um ihr mit ritterlicher Artigkeit auf den Zelter zu helfen, drängte sie sich scheu an den zurückstehenden Florio, der die Liebliche mit klopfendem Herzen in den Sattel hob. Alles war unterdes reisefertig, sie nickte ihm noch einmal von ihrem zierlichen Sitze freundlich zu, und bald war die ganze schimmernde Erscheinung in der Nacht verschwunden.

Es war Florion recht sonderbar zu Mute, als er sich plötzlich so allein mit Donati und dem Sänger auf dem weiten, leeren Platze befand. Seine Guitarre im Arm ging der Letztere am Ufer des Flusses vor dem Zelte auf und nieder und schien auf neue Weisen zu sinnen, während er einzelne Töne griff, die beschwichtigend über die stille Wiese dahinzogen. Dann brach er plötzlich ab. Ein seltsamer Mißmut schien über seine sonst immer klaren Züge zu fliegen, er verlangte ungeduldig fort.

Alle Drei bestiegen daher nun auch ihre Pferde und zogen miteinander der nahen Stadt zu. Fortunato sprach kein Wort unterweges, desto freundlicher ergoß sich Donati in wohlgesetzten zierlichen Reden; Florio, noch im Nachklange der Lust, ritt still wie ein träumendes Mädchen zwischen beiden.

Als sie an's Tor kamen, stellte sich Donatis Roß, das schon vorher vor manchem Vorübergehenden gescheut, plötzlich fast gerade in die Höh und wollte nicht hinein. Ein funkelnder Zornesblitz fuhr, fast verzerrend, über das Gesicht des Reiters und ein wilder, nur halbausgesprochener Fluch aus den zuckenden Lippen, worüber Florio nicht wenig erstaunte, da ihm solches Wesen zu der sonstigen feinen und besonnenen Anständigkeit des Ritters ganz und gar nicht zu passen schien. Doch faßte sich dieser bald wieder. Ich wollte Euch bis in die Herberg begleiten, sagte er lächelnd und mit der gewohnten Zierlichkeit, zu Florio gewendet, aber mein Pferd will es anders, wie Ihr seht. Ich bewohne hier vor der Stadt ein Landhaus, wo ich Euch recht bald bei mir zu sehen hoffe. – Und hiermit verneigte er sich, und das Pferd, in unbegreiflicher Hast und Angst kaum mehr zu halten, flog pfeilschnell mit ihm in die Dunkelheit fort, daß der Wind hinter ihm dreinpfiff.

Gott sei Dank, rief Fortunato aus, daß ihn die Nacht wieder verschlungen hat! Kam er mir doch wahrhaftig vor, wie einer von den falben ungestalten Nachtschmetterlingen, die, wie aus einem phantastischen Traume entflogen, durch die Dämmerung schwirren und mit ihrem langen Katzenbarte und gräßlich großen Augen ordentlich ein Gesicht haben wollen. Florio, der sich mit Donati schon ziemlich befreundet hatte, äußerte seine Verwunderung über dieses harte Urteil. Aber der Sänger, durch solche erstaunliche Sanftmut nur immer mehr gereizt, schimpfte lustig fort und nannte den Ritter zu Florios heimlichen Ärger, einen Mondscheinjäger, einen Schmachthahn, einen Renommisten in der Melancholie.

Unter solcherlei Gesprächen waren sie endlich bei der Herberge angelangt, und jeder begab sich bald in das ihm angewiesene Gemach.

Florio warf sich angekleidet auf das Ruhebett hin, aber er konnte lange nicht schlafen. In seiner von den Bildern des Tages aufgeregten Seele wogte und hallte und sang es noch immer fort. Und wie die Türen im Hause nun immer seltner auf- und zugingen, nur manchmal noch eine Stimme erschallte, bis endlich Haus, Stadt und Feld in tiefe Stille versank: da war es ihm, als führe er mit schwanenweißen Segeln einsam auf einem mondbeglänzten Meer. Leise schlugen die Wellen an das Schiff, Sirenen tauchten aus dem Wasser, die alle aussahen wie das schöne Mädchen mit dem Blumenkranze vom vorigen Abend. Sie sang so wunderbar, traurig und ohne Ende, als müsse er vor Wehmut untergehen. Das Schiff neigte sich unmerklich und sank langsam immer tiefer und tiefer – da wachte er erschrocken auf.

Es sprang von seinem Bett und öffnete das Fenster. Das Haus lag am Ausgange der Stadt, er übersah einen weiten stillen Kreis von Hügeln, Gärten und Tälern, vom Monde klar beschienen. Auch da draußen war es überall in den Bäumen und Strömen noch wie im Verhallen und Nachhallen der vergangenen Lust, als sänge die ganze Gegend leise, gleich den Sirenen, die er im Schlummer gehört. Da konnte er der Versuchung nicht widerstehen. Er ergriff die Guitarre, die Fortunato bei ihm zurückgelassen, verließ das Zimmer und ging leise durch das ruhige Haus hinab. Die Türe unten war nur angelehnt, ein Diener lag eingeschlafen auf der Schwelle. So kam er unbemerkt in's Freie und wandelte fröhlich zwischen Weingärten durch leere Alleen an schlummernden Hütten vorüber immer weiter fort.

Zwischen den Rebengeländern hinaus sah er den Fluß im Tale; viele weißglänzende Schlösser hin und wieder zerstreut, ruhten wie eingeschlafene Schwäne unten in dem Meer von Stille. Da sang er mit fröhlicher Stimme:

Wie kühl schweift's sich bei nächt'ger Stunde,
Die Zither treulich in der Hand!
Vom Hügel grüß' ich in die Runde
Den Himmel und das stille Land.

Wie ist da alles so verwandelt,
Wo ich so fröhlich war, im Tal,
Im Wald wie still! der Mond nur wandelt
Nun durch den hohen Buchensaal.

Der Winzer Jauchzen ist verklungen
Und all der bunte Lebenslauf,
Die Ströme nur, im Tal geschlungen,
Sie blicken manchmal silbern auf.

Und Nachtigallen wie aus Träumen
Erwachen oft mit süßem Schall,
Erinnernd rühren sich die Bäume,
Ein heimlich Flüstern überall. –

Die Freude kann nicht gleich verklingen,
Und von des Tages Glanz und Lust
Ist so auch mir ein heimlich Singen
Geblieben in der tiefsten Brust.

Und fröhlich greif' ich in die Saiten,
O Mädchen, jenseits über'm Fluß,
Du lauschest wohl und hörst's von weitem
Und kennst den Sänger an dem Gruß!

Er mußte über sich selber lachen, da er am Ende nicht wußte, wem er das Ständchen brachte. Denn die reizende Kleine mit dem Blumenkranze war es lange nicht mehr, die er eigentlich meinte. Die Musik bei den Zelten, der Traum auf seinem Zimmer, und sein, die Klänge und den Traum und die zierliche Erscheinung des Mädchens, nachträumendes Herz hatte ihr Bild unmerklich und wundersam verwandelt in ein viel schöneres, größeres und herrliches, wie er es noch nirgend gesehen.

So in Gedanken schritt er noch lange fort, als er unerwartet bei einem großen, von hohen Bäumen rings umgebenen Weiher anlangte. Der Mond, der eben über die Wipfel trat, beleuchtete scharf ein marmornes Venusbild, das dort dicht am Ufer auf einem Steine stand, als wäre die Göttin soeben erst aus den Wellen aufgetaucht und betrachte nun, selber verzaubert, das Bild der eigenen Schönheit, das der trunkene Wasserspiegel zwischen den leise aus dem Grunde aufblühenden Sternen widerstrahlte. Einige Schwäne beschrieben still ihre einförmigen Kreise um das Bild, ein leises Rauschen ging durch die Bäume rings umher.

Florio stand wie eingewurzelt im Schauen, denn ihm kam jenes Bild wie eine lang gesuchte, nun plötzlich erkannte Geliebte vor, wie eine Wunderblume, aus der Frühlingsdämmerung und träumerischen Stille seiner frühesten Jugend heraufgewachsen. Je länger er hinsah, je mehr schien es ihm, als schlüge es die seelenvollen Augen langsam auf, als wollten sich die Lippen bewegen zum Gruße, als blühe Leben wie ein lieblicher Gesang erwärmend durch die schönen Glieder herauf. Er hielt die Augen lange geschlossen vor Blendung, Wehmut und Entzücken. –

Als er wieder aufblickte, schien auf einmal alles wie verwandelt. Der Mond sah seltsam zwischen Wolken hervor, ein stärkerer Wind kräuselte den Weiher in trübe Wellen, das Venusbild, so fürchterlich weiß und regungslos, sah ihn fast schreckhaft mit den steinernen Augenhöhlen aus der grenzenlosen Stille an. Ein nie gefühltes Grausen überfiel da den Jüngling. Er verließ schnell den Ort, und immer schneller und ohne auszuruhen, eilte er durch die Gärten und Weinberge wieder fort der ruhigen Stadt zu; denn auch das Rauschen der Bäume kam ihm nun wie ein verständiges vernehmliches Geflüster vor, und die langen gespenstischen Pappeln schienen mit ihren weitgestreckten Schatten hinter ihm dreinzulangen.

So kam er sichtbar verstört an der Herberge an. Da lag der Schlafende noch auf der Schwelle und fuhr erschrocken auf, als Florio an ihm vorüberstreifte. Florio aber schlug schnell die Türe hinter sich zu und atmete erst tief auf, als er oben sein Zimmer betrat. – Hier ging er noch lange auf und nieder, ehe er sich beruhigte. Dann warf er sich auf's Bett und schlummerte endlich unter den seltsamsten Träumen ein.

Am folgenden Morgen saßen Florio und Fortunato unter den hohen von der Morgensonne durchfunkelten Bäumen vor der Herberge miteinander beim Frühstück. Florio sah blässer, als gewöhnlich, und angenehm überwacht aus. – Der Morgen, sagte

Fortunato lustig, ist ein recht kerngesunder, wildschöner Gesell, wie er so von den höchsten Bergen in die schlafende Welt hinunterjauchzt und von den Blumen und Bäumen die Tränen schüttelt und wogt und lärmt und singt. Der macht eben nicht sonderlich viel aus den sanften Empfindungen, sondern greift kühl an alle Glieder und lacht einem in's lange Gesicht, wenn man so preßhaft und noch ganz wie in Mondschein getaucht, vor ihn hinaustritt. – Florio schämte sich nun, dem Sänger, wie er sich anfangs vorgenommen, etwas von dem schönen Venusbilde zu sagen, und schwieg betreten still. Sein Spaziergang in der Nacht war aber von dem Diener an der Haustür bemerkt und wahrscheinlich verraten worden, und Fortunato fuhr lachend fort: Nun, wenn Ihr's nicht glaubt, versucht es nur einmal, stellt Euch jetzt hierher und sagt zum Exempel: »O schöne, holde Seele, o Mondschein, du Blütenstaub zärtlicher Herzen u.s.w.«, ob das nicht recht zum Lachen wäre! Und doch, wette ich, habt Ihr diese Nacht dergleichen oft gesagt und gewiß ordentlich ernsthaft dabei ausgesehen. –

Florio hatte sich Fortunaton ehedem immer so still und sanftmütig vorgestellt, nun verwundete ihn recht innerlichst die kecke Lustigkeit des geliebten Sängers. Er sagte hastig, und die Tränen traten ihm dabei in die seelenvollen Augen: Ihr sprecht da sicherlich anders, als Euch selber zu Mute ist, und das solltet Ihr nimmermehr tun. Aber ich lasse mich von Euch nicht irre machen, es gibt noch sanfte und hohe Empfindungen, die wohl schamhaft sind, aber sich nicht zu schämen brauchen, und ein stilles Glück, das sich vor dem lauten Tage verschließt und nur dem Sternenhimmel den heiligen Kelch öffnet wie eine Blume in der ein Engel wohnt. Fortunato sah den Jüngling verwundert an, dann rief er aus: nun wahrhaftig, Ihr seid recht ordentlich verliebt!

Man hatte unterdes Fortunaton, der spazieren reiten wollte, sein Pferd vorgeführt. Freundlich streichelte er den gebogenen Hals des zierlich aufgeputzten Rößleins, das mit fröhlicher Ungeduld den Rasen stampfte. Dann wandte er sich noch einmal zu Florio und reichte ihm gutmütig lächelnd die Hand. Ihr tut mir doch leid, sagte er, es gibt gar zu viele sanfte, gute, besonders verliebte junge Leute, die ordentlich recht versessen sind auf's Unglücklichsein. Laßt das, die Melancholie, den Mondschein und alle den Plunder; und geht's auch manchmal wirklich schlimm, nur frisch heraus in Gottes freien Morgen und da draußen sich recht abgeschüttelt; im Gebet aus Herzensgrund – und es müßte wahrlich mit dem Bösen zugehen, wenn Ihr nicht so recht durch und durch fröhlich und stark werdet! – Und hiermit schwang er sich schnell auf sein Pferd und ritt zwischen den Weinbergen und blühenden Gärten in das farbige, schallende Land hinein, selber so bunt und freudig anzuschauen wie der Morgen vor ihm.

Florio sah ihm lange nach, bis die Glanzeswogen über dem fernen Reiter zusammenschlugen. Dann ging er hastig unter den Bäumen auf und nieder. Ein tiefes, unbestimmtes Verlangen war von den Erscheinungen der Nacht in seiner Seele zurück geblieben. Dagegen hatte ihn Fortunato durch seine Reden seltsam verstört und verwirrt. Er wußte nun selbst nicht mehr, was er wollte, gleich einem Nachtwandler, der plötzlich bei seinem Namen gerufen wird. Sinnend blieb er oftmals vor der wunderreichen Aussicht in das Land hinab stehen, als wollte er das freudigkräftige Walten da draußen um Auskunft fragen. Aber der Morgen spielte nur einzelne Zauberlichter wie durch die Bäume über ihm in sein träumerisch funkelndes Herz hinein, das noch in anderer Macht stand. Denn drinnen zogen die Sterne noch immer fort ihre magischen Kreise, zwischen denen das wunderschöne Marmorbild mit neuer, unwiderstehlicher Gewalt heraufsah. – So beschloß er denn endlich, den Weiher wieder aufzusuchen, und schlug rasch denselben Pfad ein, den er in der Nacht gewandelt.

Wie sah aber dort nun alles so anders aus! Fröhliche Menschen durchirrten geschäftig die Weinberge, Gärten und Alleen, Kinder spielten ruhig auf dem sonnigen Rasen vor den Hütten, die ihn in der Nacht unter den traumhaften Bäumen oft gleich eingeschlafenen Sphinxen erschreckt hatten, der Mond stand fern und verblaßt am klaren Himmel, unzählige Vögel sangen lustig im Walde durcheinander. Er konnte gar nicht begreifen, wie ihn damals hier so seltsame Furcht überfallen konnte.

Bald bemerkte er indes, daß er in Gedanken den rechten Weg verfehlt. Er betrachtete aufmerksam alle Plätze und ging zweifelhaft bald zurück, bald wieder vorwärts; aber vergeblich; je emsiger er suchte, je unbekannter und ganz anders kam ihm alles vor.

Lange war er so umhergeirrt. Die Vögel schwiegen schon, der Kreis der Hügel wurde nach und nach immer stiller, die Strahlen der Mittagssonne schillerten segnend über der ganzen Gegend draußen, die wie unter einem Schleier von Schwüle zu schlummern und zu träumen schien. Da kam er unerwartet an ein Tor von Eisengittern, zwischen dessen zierlich vergoldeten Stäben hindurch man in einen weiten prächtigen Lustgarten hineinsehen konnte. Ein Strom von Kühle und Duft wehte den Ermüdeten erquickend daraus an. Das Tor war nicht verschlossen, er öffnete es leise und trat hinein.

Hohe Buchenhallen empfingen ihn da mit ihren feierlichen Schatten, zwischen denen goldene Vögel wie abgewehte Blüten hin und wieder flatterten, während große seltsame Blumen, wie sie Florio niemals gesehen, traumhaft mit ihren gelben und roten Glocken in dem leisen Winde hin und her schwankten. Unzählige Springbrunnen plätscherten, mit vergoldeten Kugeln spielend, einförmig in der großen Einsamkeit. Zwischen den Bäumen hindurch sah man in der Ferne einen prächtigen Palast mit hohen schlanken Säulen hereinschimmern. Kein Mensch war ringsum zu sehen, tiefe Stille herrschte überall. Nur hin und wieder erwachte manchmal eine Nachtigall und sang wie im Schlummer fast schluchzend. Florio betrachtete verwundert Bäume, Brunnen und Blumen, denn es war ihm, als sei das alles lange versunken, und über ihm ginge der Strom der Tage mit leichten, klaren Wellen, und unten läge nur der Garten gebunden und verzaubert und träumte von dem vergangnen Leben.

Er war noch nicht weit vorgedrungen, als er Lautenklänge vernahm, bald stärker, bald wieder in dem Rauschen der Springbrunnen leise verhallend. Lauschend blieb er stehn, die Töne kamen immer näher und näher, da trat plötzlich in dem stillen Bogengange eine hohe schlanke Dame von wundersamer Schönheit zwischen den grünen Bäumen hervor, langsam wandelnd und ohne aufzublicken. Sie trug eine prächtige mit goldnem Bildwerk gezierte Laute im Arm, auf der sie, wie in tiefe Gedanken versunken, einzelne Akkorde griff. Ihr langes goldenes Haar fiel in reichen Locken über die fast blassen, blendendweißen Achseln bis in den Rücken hinab, die langen weiten Ärmel, wie vom Blütenschnee gewoben, wurden von zierlichen goldnen Spangen gehalten, den schönen Leib umschloß ein himmelblaues Gewand, ringsum an den Enden mit buntglühenden, wunderbar in einander verschlungenen Blumen gestickt. Ein heller Sonnenblick durch eine Öffnung des Bogenganges schweifte soeben scharfbeleuchtend über die blühende Gestalt. Florio fuhr innerlichst zusammen – es waren unverkennbar die Züge, die Gestalt des schönen Venusbildes, das er heute Nacht am Weiher gesehen. – Sie aber sang, ohne den Fremden zu bemerken:

Was weckst du, Frühling, mich von neuem wieder?
Daß all' die alten Wünsche auferstehen,
Geht über's Land ein wunderbares Wehen.
Das schauert mir so lieblich durch die Glieder.
Die schöne Mutter grüßen tausend Lieder,

Die, wieder jung, im Brautkranz süß zu sehen.
Der Wald will sprechen, rauschend Ströme gehen,
Najaden tauchen singend auf und nieder.
Die Rose seh' ich gehn aus grüner Klause
Und, wie so buhlerisch die Lüfte fächeln,
Errötend in die laue Flut sich dehnen.
So mich auch ruft ihr aus dem stillen Hause –
Und schmerzlich nun muß ich im Frühling lächeln,
Versinkend zwischen Duft und Klang vor Sehnen.

So singend wandelte sie fort, bald in dem Grünen verschwindend, bald wieder erscheinend, immer ferner und ferner, bis sie sich endlich in der Gegend des Palastes ganz verlor. Nun war es auf einmal wieder stille, nur die Bäume und die Wasserkünste rauschten wie vorher. Florio stand in blühende Träume versunken, es war ihm, als hätte er die schöne Lautenspielerin schon lange gekannt und nur in der Zerstreuung des Lebens wieder vergessen und verloren, als ginge sie nun vor Wehmut zwischen dem Quellenrauschen unter und riefe ihn unaufhörlich, ihr zu folgen. – Tiefbewegt eilte er weiter in den Garten hinein auf die Gegend zu, wo sie verschwunden war. Da kam er unter uralten Bäumen an ein verfallen Mauerwerk, an dem noch hin und wieder schöne Bildereien halb kenntlich waren. Unter der Mauer auf zerschlagenen Marmorsteinen und Säulenknäufen, zwischen denen hohes Gras und Blumen üppig hervorschossen, lag ein schlafender Mann ausgestreckt. Erstaunt erkannte Florio den Ritter Donati. Aber seine Mienen schienen im Schlafe sonderbar verändert, er sah fast wie ein Toter aus. Ein heimlicher Schauer überlief Florion bei diesem Anblick. Er rüttelte den Schlafenden heftig. Donati schlug langsam die Augen auf und sein erster Blick war so fremd, stier und wild, daß sich Florio ordentlich vor ihm entsetzte. Dabei murmelte er noch zwischen Schlaf und Wachen einige dunkele Worte, die Florio nicht verstand. Als er sich endlich völlig ermuntert hatte, sprang er rasch auf und sah Florio, wie es schien, mit großem Erstaunen an. Wo bin ich? rief dieser hastig, wer ist die edle Herrin, die in diesem schönen Garten wohnt? – Wie seid Ihr, frug dagegen Donati sehr ernst, in diesen Garten gekommen? Florio erzählte kurz den Hergang, worüber der Ritter in ein tiefes Nachdenken versank. Der Jüngling wiederholte darauf dringend seine vorigen Fragen, und Donati sagte zerstreut: Die Dame ist eine Verwandte von mir, reich und gewaltig, ihr Besitztum ist weit im Lande verbreitet – Ihr findet sie bald da, bald dort – auch in der

Stadt Lucca ist sie zuweilen. – Florio fielen diese flüchtig hingeworfenen Worte seltsam auf's Herz, denn es wurde ihm nun immer deutlicher, was ihm vorher nur vorübergehend angeflogen, nämlich, daß er die Dame schon einmal in früherer Jugend irgendwo gesehen, doch konnte er sich durchaus nicht klar besinnen.

Sie waren unterdes rasch fortgehend unvermerkt an das vergoldete Gittertor des Gartens gekommen. Es war nicht dasselbe, durch welches Florio vorhin eingetreten. Verwundert sah er sich in der unbekannten Gegend um, weit über die Felder weg lagen die Türme der Stadt im heitern Sonnenglanze. Am Gitter stand Donatis Pferd angebunden und scharrte schnaubend den Boden.

Schüchtern äußerte nun Florio den Wunsch, die schöne Herrin des Gartens künftig einmal wieder zu sehen. Donati, der bis dahin noch immer in sich versunken war, schien sich erst hier plötzlich zu besinnen. Die Dame, sagte er mit der gewohnten umsichtigen Höflichkeit, wird sich freuen, Euch kennen zu lernen. Heute jedoch würden wir sie stören, und auch mich rufen dringende Geschäfte nach Hause. Vielleicht kann ich Euch morgen abholen. – Und hierauf nahm er in wohlgesetzten Reden Abschied von dem Jüngling; bestieg sein Roß und war bald zwischen den Hügeln verschwunden.

Florio sah ihm lange nach, dann eilte er wie ein Trunkener der Stadt zu. Dort hielt die Schwüle noch alle lebendigen Wesen in den Häusern, hinter den dunkelkühlen Jalousieen. Alle Gassen und Plätze waren so leer, Fortunato auch noch nicht zurückgekehrt. Dem Glücklichen wurde es hier zu enge, in trauriger Einsamkeit. Er bestieg schnell sein Pferd und ritt noch einmal in's Freie hinaus.

Morgen, morgen! schallte es in einem fort durch seine Seele. Ihm war so unbeschreiblich wohl. Das schöne Marmorbild war ja lebend geworden und von seinem Steine in den Frühling hinunter gestiegen, der stille Weiher plötzlich verwandelt zur unermeßlichen Landschaft, die Sterne darin zu Blumen und der ganze Frühling ein Bild der Schönen. – Und so durchschweifte er lange die schönen Täler um Lucca, den prächtigen Landhäusern, Kaskaden und Grotten wechselnd vorüber, bis die Wellen des Abendrots über dem Fröhlichen zusammenschlugen.

Die Sterne standen schon klar am Himmel, als er langsam durch die stillen Gassen nach seiner Herberge zog. Auf einem der einsamen Plätze stand ein großes schönes Haus vom Monde hell erleuchtet. Ein Fenster war oben geöffnet, an dem er zwischen künstlich gezogenen Blumen hindurch zwei weibliche Gestalten bemerkte, die in ein lebhaftes Gespräch vertieft schienen. Mit Verwunderung hörte er mehreremal deutlich seinen Namen nennen. Auch glaubte er in den einzelnen abgerißnen Worten, die die Luft herüberwehte, die Stimme der wunderbaren Sängerin wiederzuerkennen. Doch konnte er vor den im Mondesglanz zitternden Blättern und Blüten nichts genau unterscheiden. Er hielt an, um mehr zu vernehmen. Da bemerkten ihn die beiden Damen, und es wurde auf einmal stille droben.

Unbefriedigt ritt Florio weiter, aber wie er soeben um die Straßenecke bog, sah er, daß sich die eine von den Damen noch einmal ihm nachblickend zwischen den Blumen hinauslehnte und dann schnell das Fenster schloß.

Am folgenden Morgen, als Florio soeben seine Traumblüten abgeschüttelt und vergnügt aus dem Fenster über die in der Morgensonne funkelnden Türme und Kuppeln der Stadt hinaussah, trat unerwartet der Ritter Donati in das Zimmer. Er war ganz schwarz gekleidet und sah heute ungewöhnlich verstört, hastig und beinah wild aus. Florio erschrack ordentlich vor Freude, als er ihn erblickte, denn er gedachte sogleich der schönen Frau. Kann ich sie sehen? rief er ihm schnell entgegen. Donati schüttelte verneinend mit dem Kopfe und sagte, traurig vor sich auf den Boden hinsehend: Heute ist Sonntag. – Dann fuhr er rasch fort, sich sogleich wieder ermannend: Aber zur Jagd wollt' ich Euch abholen. Zur Jagd? – erwiderte Florio höchst verwundert, heute am heiligen Tage? – Nun wahrhaftig, fiel ihm der Ritter mit einem ingrimmigen, abscheulichen Lachen in's Wort, Ihr wollt doch nicht etwa mit der Buhlerin unterm Arm zur Kirche wandern und im Winkel auf dem Fußschemel knien und andächtig Gotthelf sagen, wenn die Frau Base nießt. – Ich weiß nicht, wie Ihr das meint, sagte Florio, und Ihr mögt immer über mich lachen, aber ich könnte heut nicht jagen. Wie da draußen alle Arbeit rastet, und Walder und Felder so geschmückt aussehen zu Gottes Ehre, als zögen Engel durch das Himmelblau über sie hinweg – so still; so feierlich und gnadenreich ist diese Zeit! – Donati stand in Gedanken am Fenster, und Florio glaubte zu bemerken, daß er heimlich schauerte, wie er so in die Sonntagsstille der Felder hinaussah.

Unterdes hatte sich Glockenklang von den Türmen der Stadt erhoben und ging wie ein Beten durch die klare Luft. Da schien Donati erschrocken, er griff nach seinem Hut und drang beinah ängstlich in Florio, ihn zu begleiten, der es aber beharrlich verweigerte. Fort, hinaus! – rief endlich der Ritter halblaut und wie aus tiefster, geklemmter Brust herauf, drückte dem erstaunten Jüngling die Hand, und stürzte aus dem Hause fort.

Florion wurde recht heimatlich zu Mute, als darauf der frische klare Sänger Fortunato, wie ein Bote des Friedens, zu ihm ins Zimmer trat. Er brachte eine Einladung auf morgen Abend nach einem Landhause vor der Stadt. Macht Euch nur gefaßt, setzte er hinzu, Ihr werdet dort eine alte Bekannte treffen! Florio erschrack ordentlich und fragte hastig: Wen? Aber Fortunato lehnte lustig alle Erklärungen ab und entfernte sich bald. Sollte es die schöne Sängerin sein – dachte Florio still bei sich, und sein Herz schlug heftig.

Er begab sich dann in die Kirche, aber er konnte nicht beten, er war zu fröhlich zerstreut. Müßig schlenderte er durch die Gassen. Da sah alles so rein und festlich aus, schöngeputzte Herren und Damen zogen fröhlich und schimmernd nach den Kirchen. Aber, ach! die Schönste war nicht unter ihnen! – Ihm fiel dabei sein Abenteuer beim gestrigen Heimzuge ein. Er suchte die Gasse auf und fand bald das große schöne Haus wieder; aber sonderbar! die Türe war geschlossen, alle Fenster fest zu, es schien niemand darin zu wohnen.

Vergeblich schweifte er den ganzen folgenden Tag in der Gegend umher, um nähere Auskunft über seine unbekannte Geliebte zu erhalten, oder sie, wo möglich, gar wieder zu sehen. Ihr Palast, sowie der Garten, den er in jener Mittagsstunde zufällig gefunden, war wie versunken, auch Donati ließ sich nicht erblicken. Ungeduldig schlug daher sein Herz vor Freude und Erwartung, als er endlich am Abend der Einladung zufolge mit Fortunato, der fortwährend den Geheimnisvollen spielte, zum Tore hinaus dem Landhause zuritt.

Es war schon völlig dunkel, als sie draußen ankamen. Mitten in einem Garten, wie es schien, lag eine zierliche Villa mit schlanken Säulen, über denen sich von der Zinne ein zweiter Garten von Orangen und vielerlei Blumen duftig erhob. Große Kastanienbäume standen umher und streckten kühn und seltsam beleuchtet ihre Riesenarme zwischen den aus den Fenstern dringenden Scheinen in die Nacht hinaus. Der Herr vom Hause, ein feiner fröhlicher Mann von mittleren Jahren, den aber Florio früher jemals gesehen zu haben, sich nicht erinnerte, empfing den Sänger und seinen Freund herzlich an der Schwelle des Hauses und führte sie die breiten Stufen hinan in den Saal.

Eine fröhliche Tanzmusik scholl ihnen dort entgegen, eine große Gesellschaft bewegte sich bunt und zierlich durch einander im

Glanze unzähliger Lichter, die gleich Sternenkreisen, in kristallenen Leuchtern über dem lustigen Schwarme schwebten. Einige tanzten, andere ergötzten sich in lebhaftem Gespräch, viele waren maskiert und gaben unwillkürlich durch ihre wunderliche Erscheinung dem anmutigen Spiele oft plötzlich eine tiefe fast schauerliche Bedeutung.

Florio stand noch still geblendet, selber wie ein anmutiges Bild, zwischen den schönen schweifenden Bildern. Da trat ein zierliches Mädchen an ihn heran, in griechischem Gewande leicht geschürzt, die schönen Haare in künstliche Kränze geflochten. Eine Larve verbarg ihr halbes Gesicht und ließ die untere Hälfte nun desto rosiger und reizender sehen. Sie verneigte sich flüchtig, überreichte ihm eine Rose und war schnell wieder in dem Schwarme verloren.

In demselben Augenblick bemerkte er auch, daß der Herr vom Hause dicht bei ihm stand, ihn prüfend ansah, aber schnell wegblickte, als Florio sich umwandte. –

Verwundert durchstrich nun der letztere die rauschende Menge. Was er heimlich gehofft, fand er nirgends, und er machte sich beinah Vorwürfe, dem fröhlichen Fortunato so leichtsinnig auf dieses Meer von Lust gefolgt zu sein, das ihn nun immer weiter von jener einsamen hohen Gestalt zu verschlagen schien. Sorglos umspülten indes die losen Wellen, schmeichlerisch neckend, den Gedankenvollen und tauschten ihm unmerklich die Gedanken aus. Wohl kommt die Tanzmusik, wenn sie auch nicht unser Innerstes erschüttert und umkehrt, recht wie ein Frühling leise und gewaltig über uns, die Töne tasten zauberisch wie die ersten Sommerblicke nach der Tiefe und wecken alle die Lieder, die unten gebunden schliefen, und die Quellen und Blumen und uralte Erinnerungen und das ganze eingefrorne, schwere, stockende Leben wird ein leichter klarer Strom, auf dem das Herz mit rauschenden Wimpeln den lange aufgegebenen Wünschen fröhlich wieder zufährt. So hatte die allgemeine Lust auch Florion gar bald angesteckt, ihm war recht leicht zu Mute, als müßten sich alle Rätsel, die so schwül auf ihm lasteten, lösen.

Neugierig suchte er nun die niedliche Griechin wieder auf. Er fand sie in einem lebhaften Gespräch mit andern Masken, aber er bemerkte wohl, daß auch ihre Augen mitten im Gespräch suchend abseits schweiften und ihn schon von Ferne wahrgenommen hatten. Er forderte sie zum Tanze. Sie verneigte sich freundlich, aber ihre bewegliche Lebhaftigkeit schien wie gebrochen, als er ihre Hand berührte und festhielt. Sie folgte ihm still und mit gesenktem Köpfchen, man wußte nicht, ob schelmisch, oder traurig. Die Musik begann, und er konnte keinen Blick verwenden von der reizenden Gauklerin, die ihn gleich den Zaubergestalten auf den alten fabelhaften Schildereien umschwebte. Du kennst mich, flüsterte sie kaum hörbar ihm zu, als sich einmal im Tanze ihre Lippen flüchtig beinah berührten.

Der Tanz war endlich aus, die Musik hielt plötzlich inne; da glaubte Florio seine schöne Tänzerin am anderen Ende des Saales *noch einmal* wieder zu sehen. Es war dieselbe Tracht, dieselben Farben des Gewandes, derselbe Haarschmuck. Das schöne Bild schien unverwandt auf ihn herzusehen und stand fortwährend still im Schwarme der nun überall zerstreuten Tänzer, wie ein heiteres Gestirn zwischen dem leichten fliegenden Gewölk bald untergeht, bald lieblich wieder erscheint. Die zierliche Griechin schien die Erscheinung nicht zu bemerken, oder doch nicht zu beachten, sondern verließ, ohne ein Wort zu sagen, mit einem leisen flüchtigen Händedruck eilig ihren Tänzer.

Der Saal war unterdes ziemlich leer geworden. Alles schwärmte in den Garten hinab, um sich in der lauen Luft zu ergehen, auch jenes seltsame Doppelbild war verschwunden. Florio folgte dem Zuge und schlenderte gedankenvoll durch die hohen Bogengänge. Die vielen Lichter warfen einen zauberischen Schein zwischen das zitternde Laub. Die hin und her schweifenden Masken mit ihren veränderten grellen Stimmen und wunderbarem Aufzuge nahmen sich hier in der ungewissen Beleuchtung noch viel seltsamer und fast gespenstisch aus.

Er war eben, unwillkürlich einen einsamen Pfad einschlagend, ein wenig von der Gesellschaft abgekommen, als er eine liebliche Stimme zwischen den Gebüschen singen hörte:

Über die beglänzten Gipfel
Fernher kommt es wie ein Grüßen,
Flüsternd neigen sich die Wipfel
Als ob sie sich wollten küssen.

Ist er doch so schön und milde!
Stimmen gehen durch die Nacht,
Singen heimlich von dem Bilde –
Ach, ich bin so froh verwacht!

Plaudert nicht so laut, ihr Quellen!
Wissen darf es nicht der Morgen!
In der Mondnacht linde Wellen,
Senk' ich stille Glück und Sorgen. –

Florio folgte dem Gesange und kam auf einen offnen runden Rasenplatz, in dessen Mitte ein Springbrunnen lustig mit den Funken des Mondlichts spielte. Die Griechin saß, wie eine schöne Najade, auf dem steinernen Becken. Sie hatte die Larve abgenommen und spielte gedankenvoll mit einer Rose in dem schimmernden Wasserspiegel. Schmeichlerisch schweifte der Mondschein über den blendendweißen Nacken auf und nieder, ihr Gesicht konnte er nicht sehen, denn sie hatte ihm den Rücken zugekehrt. – Als sie die Zweige hinter sich rauschen hörte, sprang das schöne Bildchen rasch auf, steckte die Larve vor und floh, schnell wie ein aufgescheuchtes Reh, wieder zur Gesellschaft zurück.

Florio mischte sich nun auch wieder in die bunten Reihen der Spaziergehenden. Manch zierliches Liebeswort schallte da leise durch die laue Luft, der Mondschein hatte mit seinen unsichtbaren Fäden alle die Bilder wie in ein goldnes Liebesnetz verstrickt, in das nur die Masken mit ihren ungeselligen Parodien manche komische Lücke rissen. Besonders hatte Fortunato sich diesen Abend mehrere Mal verkleidet und trieb fortwährend seltsam wechselnd sinnreichen Spuk, immer neu und unerkannt, und oft sich selbst überraschend durch die Kühnheit und tiefe Bedeutsamkeit seines Spieles, so daß er manchmal plötzlich still wurde vor Wehmut, wenn die anderen sich halb tot lachen wollten. –

Die schöne Griechin ließ sich indes nirgends sehen, sie schien es absichtlich zu vermeiden, dem Florio wieder zu begegnen.

Dagegen hatte ihn der Herr vom Hause recht in Beschlag genommen. Künstlich und weit ausholend befragte ihn derselbe weitläufig um sein früheres Leben, seine Reisen und seinen künftigen Lebensplan. Florio konnte dabei gar nicht vertraulich werden, denn Pietro, so hieß jener, sah fortwährend so beobachtend aus, als läge hinter alle den feinen Redensarten irgend ein besonderer Anschlag auf der Lauer. Vergebens sann er hin und her, dem Grunde dieser zudringlichen Neugier auf die Spur zu kommen.

Er hatte sich soeben wieder von ihm losgemacht, als er, um den Ausgang einer Allee herumbeugend, mehreren Masken begegnete, unter denen er unerwartet die Griechin wieder erblickte. Die Masken sprachen viel und seltsam durcheinander, die eine Stimme schien ihm bekannt, doch konnte er sich nicht deutlich besinnen.

Bald darauf verlor sich eine Gestalt nach der andern, bis er sich am Ende, eh' er sich dessen recht versah, allein mit dem Mädchen befand. Sie blieb zögernd stehen und sah ihn einige Augenblicke schweigend an. Die Larve war fort, aber ein kurzer blütenweißer Schleier, mit allerlei wunderlichen goldgestickten Figuren verziert, verdeckte das Gesichtchen. Er wunderte sich, daß die Scheue nun so allein bei ihm aushielt.

Ihr habt mich in meinem Gesange belauscht, sagte sie endlich freundlich. Es waren die ersten lauten Worte, die er von ihr vernahm. Der melodische Klang ihrer Stimme drang ihm durch die Seele, es war als rührte sie erinnernd an alles Liebe, Schöne und Fröhliche, was er im Leben erfahren. Er entschuldigte seine Kühnheit und sprach verwirrt von der Einsamkeit, die ihn verlockt, seiner Zerstreuung, dem Rauschen der Wasserkunst. – Einige Stimmen näherten sich währenddes dem Platze. Das Mädchen blickte scheu um sich und ging rasch tiefer in die Nacht hinein. Sie schien es gern zu sehen, daß Florio ihr folgte.

Kühn und vertraulicher bat er sie nun, sich nicht länger zu verbergen, oder doch ihren Namen zu sagen, damit ihre liebliche Erscheinung unter den tausend verwirrenden Bildern des Tages ihm nicht wieder verloren ginge. Laßt das, erwiderte sie träumerisch, nehmet die Blumen des Lebens fröhlich wie sie der Augenblick gibt, und forscht nicht nach den Wurzeln im Grunde, denn unten ist es freudlos und still. Florio sah sie erstaunt an, er begriff nicht, wie solche rätselhafte Worte in den Mund des heitern Mädchens kamen. Das Mondlicht fiel eben wechselnd zwischen den Bäumen auf ihre Gestalt. Da kam es ihm auch vor, als sei sie nun größer, schlanker und edler, als vorhin beim Tanze und am Springbrunnen.

Sie waren indes bis an den Ausgang des Gartens gekommen. Keine Lampe brannte mehr hier, nur manchmal hörte man noch eine Stimme in der Ferne verhallend. Draußen ruhte der weite Kreis der Gegend still und feierlich im prächtigen Mondschein. Auf einer Wiese, die vor ihnen lag, bemerkte Florio mehrere Pferde und Menschen, in dem Dämmerlichte halbkenntlich durcheinander wirrend.

Hier blieb seine Begleiterin plötzlich stehen. »Es wird mich freuen«, sagte sie »Euch einmal in meinem Hause zu sehen. Unser Freund wird Euch hingeleiten. – Lebt wohl!« – Bei diesen Worten schlug sie den Schleier zurück, und Florio fuhr erschrocken zusammen. – Es war die wunderbare Schöne, deren Gesang er in jenem mittagschwülen Garten belauscht. – Aber ihr Gesicht, das der

Mond hell beschien, kam ihm bleich und regungslos vor, fast wie damals das Marmorbild am Weiher.

Er sah nun, wie sie über die Wiese dahinging, von mehreren reichgeschmückten Dienern empfangen wurde, und in einem schnell umgeworfenen schimmernden Jagdkleide einen schneeweißen Zelter bestieg. Wie festgebannt von Staunen, Freude und einem heimlichen Grauen, das ihn innerlichst überschlich, blieb er stehen, bis Pferde, Reiter und die ganze seltsame Erscheinung in der Nacht verschwunden war.

Ein Rufen aus dem Garten weckte ihn endlich aus seinen Träumen. Er erkannte Fortunatos Stimme und eilte, den Freund zu erreichen, der ihn schon längst vermißt und vergebens aufgesucht hatte. Dieser wurde seiner kaum gewahr, als er ihm schon entgegen sang:

Still in Luft
Es gebahrt
Aus dem Duft
Hebt's sich zart
Liebchen ruft
Liebster schweift
Durch die Luft,
Sternwärts greift
Seufzt und ruft,
Herz wird bang
Matt wird Duft,
Zeit wird lang. –
Mondscheinduft
Luft in Luft
Bleibt Liebe und Liebste, wie sie gewesen!

Aber wo seid Ihr denn auch so lange herumgeschwebt? schloß er endlich lachend. – Um keinen Preis hätte Florio sein Geheimnis verraten können. Lange? – erwiderte er nur, selber erstaunt. Denn in der Tat war der Garten unterdes ganz leer geworden, alle Beleuchtung fast erloschen, nur wenige Lampen flackerten noch ungewiß, wie Irrlichter, im Winde hin und her.

Fortunato drang nicht weiter in den Jüngling, und schweigend stiegen sie in dem stillgewordnen Hause die Stufen hinan. Ich löse nun mein Wort, sagte Fortunato, indem sie auf der Terrasse über dem Dache der Villa anlangten, wo noch eine kleine Gesellschaft unter dem heiter gestirnten Himmel versammelt war. Florio erkannte sogleich mehrere Gesichter, die er an jenem ersten fröhlichen Abend bei den Zelten gesehen. Mitten unter ihnen erblickte er auch seine schöne Nachbarin wieder. Aber der fröhliche Blumenkranz fehlte heute in den Haaren, ohne Band, ohne Schmuck wallten die schönen Locken um das Köpfchen und den zierlichen Hals. Er stand fast betroffen still bei dem Anblick. Die Erinnerung an jenen Abend überflog ihn mit einer seltsam wehmütigen Gewalt. Es war ihm, als sei das schon lange her, so ganz anders war alles seitdem geworden.

Das Fräulein wurde Bianka genannt und ihm als Pietros Nichte vorgestellt. Sie schien ganz verschüchtert, als er sich ihr näherte, und wagte es kaum zu ihm aufzublicken. Er äußerte ihr seine Verwunderung, sie diesen Abend hindurch nicht gesehen zu haben. Ihr habt mich öfter gesehen, sagte sie leise, und er glaubte dieses Flüstern wieder zu erkennen. – Währenddes wurde sie die Rose an seiner Brust gewahr, welche er von der Griechin erhalten, und schlug errötend die Augen nieder. Florio bemerkte es wohl, ihm fiel dabei ein, wie er nach dem Tanze die Griechin doppelt gesehen. Mein Gott! dachte er verwirrt bei sich, wer war denn das? –

Es ist gar seltsam, unterbrach sie ablenkend das Stillschweigen, so plötzlich aus der lauten Lust in die weite Nacht hinauszutreten. Seht nur, die Wolken gehn oft so schreckhaft wechselnd über den Himmel, daß man wahnsinnig werden müßte, wenn man lange hineinsähe, bald wie ungeheure Mondgebirge mit schwindlichen Abgründen und schrecklichen Zacken, ordentlich wie Gesichter, bald wieder wie Drachen, oft plötzlich lange Hälse ausstreckend, und drunter schießt der Fluß heimlich wie eine goldne Schlange durch das Dunkel, das weiße Haus da drüben sieht aus wie ein stilles Marmorbild – Wo? fuhr Florio, bei diesem Worte heftig erschreckt, aus seinen Gedanken auf. – Das Mädchen sah ihn verwundert an, und beide schwiegen einige Augenblicke still. – Ihr werdet Lucca verlassen? sagte sie endlich wieder zögernd und leise, als fürchtete sie sich vor einer Antwort. Nein, erwiderte Florio zerstreut, doch ja, ja, bald, recht sehr bald! – Sie schien noch etwas sagen zu wollen, wandte aber plötzlich, die Worte zurückdrängend, ihr Gesicht ab in die Dunkelheit.

Er konnte endlich den Zwang nicht länger aushalten. Sein Herz war so voll und gepreßt und doch so überselig. Er nahm schnell Abschied, eilte hinab und ritt ohne Fortunato und alle Begleitung in die Stadt zurück.

Das Fenster in seinem Zimmer stand offen, er blickte flüchtig noch einmal hinaus. Die Gegend draußen lag unkenntlich und still wie eine wunderbar verschränkte Hieroglyphe im zauberischen

Mondschein. Er schloß das Fenster fast erschrocken und warf sich auf sein Ruhebett hin, wo er als wie ein Fieberkranker in die wunderlichsten Träume versank.

Bianka aber saß noch lange auf der Terrasse oben. Alle andern hatten sich zur Ruhe begeben, hin und wieder erwachte schon manche Lerche, mit ungewissem Liede hoch durch die stille Luft schweifend, die Wipfel der Bäume fingen an sich unten zu rühren, falbe Morgenlichter flogen wechselnd über ihr verwachtes, von den freigelaßnen Locken nachlässig umwalltes Gesicht. – Man sagt, daß einem Mädchen, wenn sie in einem aus neunerlei Blumen geflochtenen Kranze einschläft, ihr künftiger Bräutigam im Traume erscheine. So eingeschlummert hatte Bianka nach jenem Abend bei den Zelten Florion im Traume gesehen. – Nun war alles Lüge, er war ja so zerstreut, so kalt und fremde! – Sie zerpflückte die trügerischen Blumen, die sie bis jetzt wie einen Brautkranz aufbewahrt. Dann lehnte sie die Stirn an das kalte Geländer und weinte aus Herzensgrunde.

Mehrere Tage waren seitdem vergangen, da befand sich Florio eines Nachmittags bei Donati auf seinem Landhause vor der Stadt. An einem mit Früchten und kühlem Wein besetzten Tische verbrachten sie die schwülen Stunden unter anmutigen Gesprächen bis die Sonne schon tief hinabgesunken war. Währenddes ließ Donati seinen Diener auf der Guitarre spielen, der ihr gar liebliche Töne zu entlocken wußte. Die großen, weiten Fenster standen dabei offen, durch welche die lauen Abendlüfte den Duft vielfacher Blumen, mit denen das Fenster besetzt war, hineinwehten. Draußen lag die Stadt im farbigen Duft zwischen den Gärten und Weinbergen, von denen ein fröhliches Schallen durch die Fenster heraufkam. Florio war innerlichst vergnügt, denn er gedachte im Stillen immerfort der schönen Frau.

Währenddem ließen sich draußen Waldhörner aus der Ferne vernehmen. Bald näher, bald weit, gaben sie einander unablässig anmutig Antwort von den grünen Bergen. Donati trat ans Fenster. Das ist die Dame, sagte er, die Ihr in dem schönen Garten gesehen habt, sie kehrt soeben von der Jagd nach ihrem Schlosse zurück. Florio blickte hinaus. Da sah er das Fräulein auf einem schönen Zelter unten über den grünen Anger ziehen. Ein Falke, mit einer goldenen Schnur an ihren Gürtel befestigt, saß auf ihrer Hand, ein Edelstein an ihrer Brust warf in der Abendsonne lange grünlichgoldne Scheine über die Wiese hin. Sie nickte freundlich zu ihnen herauf.

Das Fräulein ist nur selten zu Hause, sagte Donati, wenn es Euch gefällig wäre, könnten wir sie noch heute besuchen. Florio fuhr bei diesen Worten freudig aus dem träumerischen Schauen, in das er versunken stand, er hätte dem Ritter um den Hals fallen mögen. – Und bald saßen beide draußen zu Pferde.

Sie waren noch nicht lange geritten, als sich der Palast mit seiner heitern Säulenpracht vor ihnen erhob, ringsum von dem schönen Garten, wie von einem fröhlichen Blumenkranz umgeben. Von Zeit zu Zeit schwangen sich Wasserstrahlen von den vielen Springbrunnen, wie jauchzend, bis über die Wipfel der Gebüsche, hell im Abendgolde funkelnd. – Florio verwunderte sich, wie er bisher niemals den Garten wiederfinden konnte. Sein Herz schlug laut vor Entzücken und Erwartung, als sie endlich bei dem Schlosse anlangten.

Mehrere Diener eilten herbei, ihnen die Pferde abzunehmen. Das Schloß selbst war ganz von Marmor, und seltsam, fast wie ein heidnischer Tempel erbaut. Das schöne Ebenmaß aller Teile, die wie jugendliche Gedanken hochaufstrebenden Säulen, die künstlichen Verzierungen, sämtliche Geschichten aus einer fröhlichen, lange versunkenen Welt darstellend, die schönen marmornen Götterbilder endlich, die überall in den Nischen umher standen, alles erfüllte die Seele mit einer unbeschreiblichen Heiterkeit. Sie betraten nun die weite Halle, die durch das ganze Schloß hindurchging. Zwischen den luftigen Säulen glänzte und wehte ihnen überall der Garten duftig entgegen.

Auf den breiten glattpolierten Stufen, die in den Garten hinabführten, trafen sie endlich auch die schöne Herrin des Palastes, die sie mit großer Anmut willkommen hieß. – Sie ruhte, halb liegend, auf einem Ruhebett von köstlichen Stoffen. Das Jagdkleid hatte sie abgelegt, ein himmelblaues Gewand, von einem wunderbar zierlichen Gürtel zusammengehalten, umschloß die schönen Glieder. Ein Mädchen neben ihr kniend hielt ihr einen reich verzierten Spiegel vor, während mehrere andere beschäftigt waren, ihre anmutige Gebieterin mit Rosen zu schmücken. Zu ihren Füßen war ein Kreis von Jungfrauen auf den Rasen gelagert, die sangen mit abwechselnden Stimmen zur Laute, bald hinreißend fröhlich, bald leise klagend, wie Nachtigallen in warmen Sommernächten einander Antwort geben.

In dem Garten selbst sah man überall ein erfrischendes Wehen und Regen. Viele fremde Herren und Damen wandelten da zwischen den Rosengebüschen und Wasserkünsten in artigen Gesprächen auf und nieder. Reichgeschmückte Edelknaben reichten Wein und mit Blumen verdeckte Orangen und Früchte in silbernen Schalen umher. Weiter in der Ferne, wie die Lautenklänge und die Abendstrahlen so über die Blumenfelder dahinglitten, erhoben sich hin und her schöne Mädchen, wie aus Mittagsträumen erwachend, aus den Blumen, schüttelten die dunklen Locken aus der Stirn, wuschen sich die Augen in den klaren Springbrunnen, und mischten sich dann auch in den fröhlichen Schwarm.

Florios Blicke schweiften wie geblendet über die bunten Bilder, immer mit neuer Trunkenheit wieder zu der schönen Herrin des Schlosses zurückkehrend. Diese ließ sich in ihrem kleinen anmutigen Geschäft nicht stören. Bald etwas an ihrem dunkeln duftenden Lockengeflecht verbessernd, bald wieder im Spiegel sich betrachtend, sprach sie dabei fortwährend zu dem Jüngling, mit gleichgültigen Dingen in zierlichen Worten holdselig spielend. Zuweilen wandte sie sich plötzlich um und blickte ihn unter den Rosenkränzen so unbeschreiblich lieblich an, daß es ihm durch die innerste Seele ging. –

Die Nacht hatte indes schon angefangen, zwischen die fliegenden Abendlichter hinein zu dunkeln, das lustige Schallen im Garten wurde nach und nach zum leisen Liebesgeflüster, der Mondschein legte sich zauberisch über die schönen Bilder. Da erhob sich die Dame von ihrem blumigen Sitze und faßte Florion freundlich bei der Hand, um ihn in das Innere ihres Schlosses zu führen, von dem er bewundernd gesprochen. Viele von den andern folgten ihnen nach. Sie gingen einige Stufen auf und nieder, die Gesellschaft zerstreute sich inzwischen lustig, lachend und scherzend durch die vielfachen Säulengänge, auch Donati war im Schwarme verloren, und bald befand sich Florio mit der Dame allein in einem der prächtigsten Gemächer des Schlosses.

Die schöne Führerin ließ sich hier auf mehrere am Boden liegende seidene Kissen nieder. Sie warf dabei, zierlich wechselnd, ihren weiten, blütenweißen Schleier in die mannichfaltigsten Richtungen, immer schönere Formen bald enthüllend, bald lose verbergend. Florio betrachtete sie mit flammenden Augen. Da begann auf einmal draußen in dem Garten ein wunderschöner Gesang. Es war ein altes frommes Lied, das er in seiner Kindheit oft gehört und seitdem über den wechselnden Bildern der Reise fast vergessen hatte. Er wurde ganz zerstreut, denn es kam ihm zugleich vor, als wäre es Fortunatos Stimme. – Kennt Ihr den Sänger? fragte er rasch die Dame. Diese schien ordentlich erschrocken und verneinte es verwirrt. Dann saß sie lange im stummen Nachsinnen da.

Florio hatte unterdes Zeit und Freiheit, die wunderlichen Verzierungen des Gemaches genau zu betrachten. Es war nur matt durch einige Kerzen erleuchtet, die von zwei ungeheuren, aus der Wand hervorragenden Armen gehalten wurden. Hohe, ausländische Blumen, die in künstlichen Krügen umherstanden, verbreiteten einen berauschenden Duft. Gegenüber stand eine Reihe marmorner Bildsäulen, über deren reizende Formen die schwankenden Lichter lüstern auf und nieder schweiften. Die übrigen Wände füllten köstliche Tapeten mit in Seide gewirkten lebensgroßen Historien von ausnehmender Frische.

Mit Verwunderung glaubte Florio, in allen den Damen, die er in diesen letzteren Schildereien erblickte, die schöne Herrin des Hauses deutlich wieder zu erkennen. Bald erschien sie, den Falken auf der Hand, wie er sie vorhin gesehen hatte, mit einem jungen Ritter auf die Jagd reitend, bald war sie in einem prächtigen Rosengarten vorgestellt, wie ein andrer schöner Edelknabe auf den Knien zu ihren Füßen lag.

Da flog es ihn plötzlich wie von den Klängen des Liedes draußen an, daß er zu Hause in früher Kindheit oftmals ein solches Bild gesehen, eine wunderschöne Dame in derselben Kleidung, einen Ritter zu ihren Füßen, hinten einen weiten Garten mit vielen Springbrunnen und künstlich geschnittenen Alleen, gerade so wie vorhin der Garten draußen erschienen. Auch Abbildungen von Lucca und anderen berühmten Städten erinnerte er sich dort gesehen zu haben.

Er erzählte es nicht ohne tiefe Bewegung der Dame. Damals, sagte er in Erinnerungen verloren, wenn ich so an schwülen Nachmittagen in dem einsamen Lusthause unseres Gartens vor den alten Bildern stand und die wunderlichen Türme der Städte, die Brükken und Alleen betrachtete, wie da prächtige Karossen fuhren und stattliche Kavaliers einherritten, die Damen in den Wagen begrüßend – da dachte ich nicht, daß das alles einmal lebendig werden würde um mich herum. Mein Vater trat dabei oft zu mir und erzählte mir manch lustiges Abenteuer, das ihm auf seinen jugendlichen Heeresfahrten in der und jener von den abgemalten Städten begegnet. Dann pflegte er gewöhnlich lange Zeit nachdenklich in dem stillen Garten auf und ab zu gehen. – Ich aber warf mich in das tiefste Gras und sah stundenlang zu, wie die Wolken über die schwüle Gegend wegzogen. Die Gräser und Blumen schwankten leise hin und her über mir, als wollten sie seltsame Träume weben, die Bienen summten dazwischen so sommerhaft und in einem fort – ach! das ist alles wie ein Meer von Stille, in dem das Herz vor Wehmut untergehen möchte! – Laßt nur das! sagte hier die Dame wie in Zerstreuung, ein jeder glaubt mich schon einmal gesehen zu haben, denn mein Bild dämmert und blüht wohl in allen Jugendträumen mit herauf. Sie streichelte dabei beschwichtigend dem schönen Jüngling die braunen Locken aus der klaren Stirn. – Florio aber stand auf, sein Herz war zu voll und tief bewegt, er trat ans offene Fenster. Da rauschten die Bäume, hin und her schlug eine Nachtigall, in der Ferne blitzte es zuweilen. Über den stillen Garten weg zog immer fort der Gesang wie ein klarer kühler Strom, aus dem die alten Jugendträume herauftauchten. Die Gewalt dieser Töne hatte seine ganze Seele in tiefe Gedanken versenkt, er kam sich auf einmal hier so fremde, und wie aus sich selber verirrt vor. Selbst die letzten Worte der Dame, die er sich nicht recht zu deuten wußte, beängstigten ihn sonderbar – da sagte er leise aus tiefstem Grunde der Seele: Herr Gott, laß mich nicht verloren gehen in der Welt! Kaum hatte er die Worte innerlichst ausgesprochen, als sich draußen ein trüber Wind wie von dem herannahenden Gewitter erhob und ihn verwirrend anwehte. Zu gleicher Zeit bemerkte er an dem Fenstergesimse Gras und einzelne Büschel von Kräutern wie auf altem Gemäuer. Eine Schlange fuhr zischend daraus hervor und stürzte mit dem grünlichgoldenen Schweife sich ringelnd in den Abgrund hinunter.

Erschrocken verließ Florio das Fenster und kehrte zu der Dame zurück. Diese saß unbeweglich still, als lausche sie. Dann stand sie rasch auf, ging ans Fenster und sprach mit anmutiger Stimme scheltend in die Nacht hinaus. Florio konnte aber nichts verstehen, denn der Sturm riß die Worte gleich mit sich fort. – Das Gewitter schien indes immer näher zu kommen, der Wind, zwischen dem noch immerfort einzelne Töne des Gesanges herzzerreißend heraufflogen, strich pfeifend durch das ganze Haus und drohte die wild hin und her flackernden Kerzen zu verlöschen. Ein langer Blitz erleuchtete soeben das dämmernde Gemach. Da fuhr Florio plötzlich einige Schritte zurück, denn es war ihm, als stünde die Dame starr mit geschlossenen Augen und ganz weißem Antlitz und Armen vor ihm. – Mit dem flüchtigen Blitzesscheine jedoch verschwand auch das schreckliche Gesicht wieder wie es entstanden. Die alte Dämmerung füllte wieder das Gemach, die Dame sah ihn wieder lächelnd an wie vorhin, aber stillschweigend und wehmütig wie mit schwerverhaltenen Tränen.

Florio hatte indes, im Schreck zurücktaumelnd, eines von den steinernen Bildern, die an der Wand herumstanden angestoßen. In demselben Augenblicke begann dasselbe sich zu rühren, die Regung teilte sich schnell den andern mit, und bald erhoben sich alle die Bilder mit furchtbarem Schweigen von ihrem Gestelle. Florio zog seinen Degen und warf einen ungewissen Blick auf die Dame. Als er aber bemerkte, daß dieselbe, bei den indes immer gewaltiger verschwellenden Tönen des Gesanges im Garten, immer bleicher und bleicher wurde, gleich einer versinkenden Abendröte, worin endlich auch die lieblich spielenden Augensterne unterzugehen schienen, da erfaßte ihn ein tödliches Grauen. Denn auch die hohen Blumen in den Gefäßen fingen an, sich wie buntgefleckte bäumende Schlangen gräßlich durcheinander zu winden, alle Ritter auf den Wandtapeten sahen auf einmal aus wie er und lachten ihn hämisch an, die beiden Arme, welche die Kerzen hielten, rangen und reckten sich immer länger, als wollte ein ungeheurer Mann aus der Wand sich hervorarbeiten, der Saal füllte sich mehr und mehr, die Flammen des Blitzes warfen gräßliche Scheine zwischen die Gestalten, durch deren Gewimmel Florio die steinernen Bilder mit solcher Gewalt auf sich losdringen sah, daß ihm die Haare zu Berge standen. Das Grausen überwältigte alle seine Sinne, er stürzte verworren aus dem Zimmer durch die öden widerhallenden Gemächer und Säulengänge hinab.

Unten im Garten lag seitwärts der stille Weiher, den er in jener ersten Nacht gesehen, mit dem marmornen Venusbilde. – Der Sänger Fortunato, so kam es ihm vor, fuhr abgewendet und hoch aufrecht stehend im Kahne mitten auf dem Weiher, noch einzelne Akkorde in seine Guitarre greifend. – Florio aber hielt auch diese Erscheinung für ein verwirrendes Blendwerk der Nacht und eilte fort und fort, ohne sich umzusehen, bis Weiher, Garten und Palast weit hinter ihm versunken waren. Die Stadt ruhte, hell vom Monde beschienen, vor ihm. Fernab am Horizonte verhallte nur leise ein leichtes Gewitter, es war eine prächtig klare Sommernacht.

Schon flogen einzelne Lichtstreifen über den Morgenhimmel, als er vor den Toren ankam. Er suchte dort heftig Donatis Wohnung auf, ihn wegen der Begebenheiten dieser Nacht zur Rede zu stellen. Das Landhaus lag auf einem der höchsten Plätze mit der Aussicht über die Stadt und die ganze umliegende Gegend. Er fand daher die anmutige Stelle bald wieder. Aber anstatt der zierlichen Villa, in der er gestern gewesen, stand nur eine niedere Hütte da, ganz von Weinlaub überrankt und von einem kleinen Gärtchen umschlossen. Tauben in den ersten Morgenstrahlen spiegelnd, gingen girrend auf dem Dache auf und nieder, ein tiefer heiterer Friede herrschte überall. Ein Mann mit dem Spaten auf der Achsel kam soeben aus dem Hause und sang:

Vergangen ist die finstre Nacht,
Des Bösen Trug und Zaubermacht,
Zur Arbeit weckt der lichte Tag;
Frisch auf, wer Gott noch loben mag!

Er brach sein Lied plötzlich ab, als er den Fremden so bleich und mit verworrenem Haar daherfliegen sah. – Ganz verwirrt fragte Florio nach Donati. Der Gärtner aber kannte den Namen nicht und schien den Fragenden für wahnsinnig zu halten. Seine Tochter dehnte sich auf der Schwelle in die kühle Morgenluft hinaus und sah den Fremden frisch und morgenklar mit den großen, verwunderten Augen an. – Mein Gott! wo bin ich denn so lange gewesen! sagte Florio halb leise in sich, und floh eilig zurück durch das Tor und die noch leeren Gassen in die Herberge.

Hier verschloß er sich in sein Zimmer und versank ganz und gar in ein hinstarrendes Nachsinnen. Die unbeschreibliche Schönheit der Dame, wie sie so langsam vor ihm verblich, und die anmutigen Augen untergingen, hatte in seinem tiefsten Herzen eine solche unendliche Wehmut zurückgelassen, daß er sich unwiderstehlich sehnte, hier zu sterben. –

In solchem unseligen Brüten und Träumen blieb er den ganzen Tag und die darauf folgende Nacht hindurch.

Die früheste Morgendämmerung fand ihn schon zu Pferde vor den Toren der Stadt. Das unermüdliche Zureden seines getreuen Dieners hatte ihn endlich zu dem Entschlusse bewogen, diese Gegend gänzlich zu verlassen. Langsam und in sich gekehrt zog er nun die schöne Straße, die von Lucca in das Land hinausführte, zwischen den dunkelnden Bäumen, in denen die Vögel noch schliefen, dahin. Da gesellten sich, nicht gar fern der Stadt, noch drei andere Reiter zu ihm. Nicht ohne heimlichen Schauer erkannte er in dem einen den Sänger Fortunato. Der andere war Fräulein Biankas Oheim, in dessen Landhause er an jenem verhängnisvollen Abende getanzt. Er wurde von einem Knaben begleitet, der stillschweigend und ohne viel aufzublicken, neben ihm her ritt. Alle drei hatten sich vorgenommen, miteinander das schöne Italien zu durchschweifen und luden Florio freudig ein, mit ihnen zu reisen. Er aber verneigte sich schweigend, weder einwilligend, noch verneinend, und nahm fortwährend an allen ihren Gesprächen nur geringen Anteil.

Die Morgenröte erhob sich indes immer höher und kühler über der wunderschönen Landschaft vor ihnen. Da sagte der heitre Pietro zu Fortunato: Seht nur, wie seltsam das Zwielicht über dem Gestein der alten Ruine auf dem Berge dort spielt! Wie oft bin ich, schon als Knabe, mit Erstaunen, Neugier und heimlicher Scheu dort herumgeklettert! Ihr seid so vieler Sagen kundig, könnt Ihr uns nicht Auskunft geben von dem Ursprung und Verfall dieses Schlosses, von dem so wunderliche Gerüchte im Lande gehen? – Florio warf einen Blick nach dem Berge. In einer großen Einsamkeit lag da altes verfallenes Gemäuer umher, schöne halb in die Erde versunkene Säulen und künstlich gehauene Steine, alles von einer üppig blühenden Wildnis grünverschlungener Ranken, Hekken und hohen Unkrauts überdeckt. Ein Weiher befand sich daneben, über dem sich ein zum Teil zertrümmertes Marmorbild erhob, hell vom Morgen angeglüht. Es war offenbar dieselbe Gegend, dieselbe Stelle, wo er den schönen Garten und die Dame gesehen hatte. – Er schauerte innerlichst zusammen bei dem Anblicke. – Fortunato aber sagte: ich weiß ein altes Lied darauf, wenn Ihr damit fürliebnehmen wollt. – Und hiermit sang er, ohne sich lange zu besinnen, mit seiner klaren fröhlichen Stimme in die heitere Morgenluft hinaus:

Von kühnen Wunderbildern
Ein großer Trümmerhauf,
In reizendem Verwildern
Ein blüh'nder Garten drauf.

Versunknes Reich zu Füßen,
Vom Himmel fern und nah,
Aus andrem Reich ein Grüßen –
Das ist Italia!

Wenn Frühlingslüfte wehen
Hold über'n grünen Plan,
Ein leises Auferstehen
Hebt in den Tälern an.

Da will sich's unten rühren
Im stillen Göttergrab,
Der Mensch kann's schauernd spüren
Tief in die Brust hinab.

Verwirrend durch die Bäume
Gehn Stimmen hin und her,
Ein sehnsuchtsvolles Träumen
Weht über's blaue Meer.

Und unter'm duft'gen Schleier,
So oft der Lenz erwacht,
Weht in geheimer Feier
Die alte Zaubermacht.

Frau Venus hört das Locken,
Der Vögel heitern Chor
Und richtet froh erschrocken
Aus Blumen sich empor.

Sie sucht die alten Stellen,
Das luft'ge Säulenhaus,
Schaut lächelnd in die Wellen
Der Frühlingsluft hinaus.

Doch öd' sind nun die Stellen,
Stumm liegt ihr Säulenhaus,
Gras wächst da auf den Schwellen,
Der Wind zieht ein und aus.

Wo sind nun die Gespielen?
Diana schläft im Wald,
Neptunus ruht im kühlen
Meerschloß, das einsam hallt.

Zuweilen nur Sirenen
Noch tauchen aus dem Grund
Und tun in irren Tönen
Die tiefe Wehmut kund. –

Sie selbst muß sinnend stehen
So bleich im Frühlingsschein,
Die Augen untergehen,
Der schöne Leib wird Stein. –

Denn über Land und Wogen
Erscheint, so still und mild,
Hoch auf dem Regenbogen
Ein andres Frauenbild.

Ein Kindlein in den Armen
Die Wunderbare hält
Und himmlisches Erbarmen
Durchdringt die ganze Welt.

Da in den lichten Räumen
Erwacht das Menschenkind
Und schüttelt böse Träume
Von seinem Haupt geschwind.

Und, wie die Lerche singend,
Aus schwülen Zaubers Kluft
Erhebt die Seele ringend
Sich in die Morgenluft.

Alle waren still geworden über dem Liede. – Jene Ruine, sagte endlich Pietro, wäre also ein ehemaliger Tempel der Venus, wenn ich Euch sonst recht verstanden? Allerdings, erwiderte Fortunato, so viel man an der Anordnung des Ganzen und den noch übrig gebliebenen Verzierungen abnehmen kann. Auch sagt man, der Geist der schönen Heidengöttin habe keine Ruhe gefunden. Aus der erschrecklichen Stille des Grabes heißt sie das Andenken an die irdische Lust jeden Frühling immer wieder in die grüne Einsamkeit ihres verfallenen Hauses heraufsteigen und durch teufelisches Blendwerk die alte Verführung üben an jungen sorglosen Gemütern, die dann vom Leben abgeschieden, und doch auch noch nicht aufgenommen in den Frieden der Toten, zwischen wilder Lust und schrecklicher Reue, an Leib und Seele verloren, umherirren, und in der entsetzlichsten Täuschung sich selber verzehren. Gar häufig will man auf demselben Platze Anfechtungen von Gespenstern verspürt haben, wo sich bald eine wunderschöne Dame, bald mehrere ansehnliche Kavaliers sehen lassen und die Vorübergehenden in einen dem Auge vorgestellten erdichteten Garten und Palast führen. – Seid Ihr jemals droben gewesen? fragte hier Florio rasch, aus seinen Gedanken erwachend. – Erst vorgestern Abends, entgegnete Fortunato. – Und habt Ihr nichts erschreckliches gesehen? – Nichts, sagte der Sänger, als den stillen Weiher und die weißen rätselhaften Steine im Mondlicht umher und den weiten unendlichen Sternenhimmel darüber. Ich sang ein altes frommes Lied, eines von jenen ursprünglichen Liedern, die, wie Erinnerungen und Nachklänge aus einer andern heimatlichen Welt, durch das Paradiesgärtlein unsrer Kindheit ziehn und ein rechtes Wahrzeichen sind, an dem sich alle Poetische später in dem ältergewordenen Leben immer wieder erkennen. Glaubt mir, ein redlicher Dichter kann viel wagen, denn die Kunst, die ohne Stolz und Frevel, bespricht und bändigt die wilden Erdengeister, die aus der Tiefe nach uns langen.

Alle schwiegen, die Sonne ging soeben auf vor ihnen und warf ihre funkelnden Lichter über die Erde. Da schüttelte Florio sich an allen Gliedern, sprengte rasch eine Strecke den andern voraus, und sang mit heller Stimme:

Hier bin ich, Herr! Gegrüßt das Licht,
Das durch die stille Schwüle
Der müden Brust gewaltig bricht
Mit seiner strengen Kühle.

Nun bin ich frei! Ich taumle noch
Und kann mich noch nicht fassen –
O Vater du erkennst mich doch,
Und wirst nicht von mir lassen!

Es kommt nach allen heftigen Gemütsbewegungen, die unser ganzes Wesen durchschüttern, eine stillklare Heiterkeit über die Seele, gleich wie die Felder nach einem Gewitter frischer grünen und aufatmen. So fühlte sich auch Florio nun innerlichst erquickt, er blickte wieder recht mutig um sich und erwartete beruhigt die Gefährten, die langsam im Grünen nachgezogen kamen.

Der zierliche Knabe, welcher Pietron begleitete, hatte unterdes auch, wie Blumen vor den ersten Morgenstrahlen, das Köpfchen erhoben. – Da erkannte Florio mit Erstaunen Fräulein Bianka. Er erschrak, wie sie so bleich aussah gegen jenen Abend, da er sie zum erstenmal unter den Zelten im reizenden Mutwillen gesehen. Die Arme war mitten in ihren sorglosen Kinderspielen von der Gewalt der ersten Liebe überrascht worden. Und als dann der heißgeliebte Florio, den dunkeln Mächten folgend, so fremde wurde und sich immer weiter von ihr entfernte, bis sie ihn endlich ganz verloren geben mußte, da versank sie in eine tiefe Schwermut, deren Geheimnis sie niemanden anzuvertrauen wagte. Der kluge Pietro wußte es aber wohl und hatte beschlossen, seine Nichte weit fortzuführen und sie in fremden Gegenden und in einem andern Himmelsstrich, wo nicht zu heilen, doch zu zerstreuen und zu erhalten. Um ungehinderter reisen zu können, und zugleich alles Vergangene gleichsam von sich abzustreifen, hatte sie Knabentracht anlegen müssen.

Mit Wohlgefallen ruhten Florios Blicke auf der lieblichen Gestalt. Eine seltsame Verblendung hatte bisher seine Augen wie mit einem Zaubernebel umfangen. Nun erstaunte er ordentlich, wie schön sie war! Er sprach vielerlei gerührt und mit tiefer Innigkeit zu ihr. Da ritt sie, ganz überrascht von dem unverhofften Glück, und in freudiger Demut, als verdiene sie solche Gnade nicht, mit niedergeschlagenen Augen, schweigend neben ihm her. Nur manchmal blickte sie unter den langen schwarzen Augenwimpern nach ihm hinauf, die ganze klare Seele lag in dem Blick, als wollte sie bittend sagen: »Täusche mich nicht wieder!«

Sie waren unterdes auf einer luftigen Höhe angelangt, hinter ihnen versank die Stadt Lucca mit ihren dunkeln Türmen in dem schimmernden Duft. Da sagte Florio, zu Bianka gewendet: Ich bin wie neu geboren, es ist mir, als würde noch alles gut werden, seit ich Euch wiedergefunden. Ich möchte niemals wieder scheiden, wenn Ihr es vergönnt. –

Bianka blickte ihn, statt aller Antwort selber wie fragend, mit ungewisser, noch halb zurückgehaltener Freude an und sah recht wie ein heiteres Engelsbild auf dem tiefblauen Grunde des Morgenhimmels aus. Der Morgen schien ihnen, in langen goldenen Strahlen über die Fläche schießend, gerad entgegen. Die Bäume standen hell angeglüht, unzählige Lerchen sangen schwirrend in der klaren Luft. Und so zogen die Glücklichen fröhlich durch die überglänzten Auen in das blühende Mailand hinunter.

Wilhelm Hauff
Der Affe als Mensch

Herr! ich bin ein Deutscher von Geburt, und habe mich in Euren Landen zu kurz aufgehalten, als daß ich ein persisches Märchen, oder eine ergötzliche Geschichte von Sultanen und Vezieren erzählen könnte. Ihr müßt mir daher schon erlauben, daß ich etwas aus meinem Vaterland erzähle, was Euch vielleicht auch einigen Spaß macht. Leider sind unsere Geschichten nicht immer so vornehm wie die Euern, das heißt, sie handeln nicht von Sultanen oder unseren Königen, nicht von Vezieren und Paschas, was man bei uns Justiz- und Finanzminister, auch Geheimeräte und dergleichen nennt, sondern sie leben, wenn sie nicht von Soldaten handeln, gewöhnlich ganz bescheiden und unter den Bürgern.

Im südlichen Teil von Deutschland liegt das Städtchen Grünwiesel, wo ich geboren und erzogen bin. Es ist ein Städtchen, wie sie alle sind. In der Mitte ein kleiner Marktplatz mit einem Brunnen, an der Seite ein kleines, altes Rathaus, umher auf dem Markt das Haus des Friedensrichters und der angesehensten Kaufleute, und in ein paar engen Straßen wohnen die übrigen Menschen. Alles kennt sich, jedermann weiß, wie es da und dort zugeht, und wenn der Oberpfarrer, oder der Bürgermeister, oder der Arzt ein Gericht mehr auf der Tafel hat, so weiß es schon am Mittagessen die ganze Stadt. Nachmittags kommen dann die Frauen zueinander in die Visite, wie man es nennt, besprechen sich bei starkem Kaffee und süßem Kuchen über diese große Begebenheit, und der Schluß ist, daß der Oberpfarrer wahrscheinlich in die Lotterie gesetzt und unchristlich viel gewonnen habe, daß der Bürgermeister sich »schmieren« lasse, oder daß der Doktor vom Apotheker einige Goldstücke bekommen habe, um recht teure Rezepte zu verschreiben. Ihr könnet Euch denken, Herr, wie unangenehm es für eine so wohleingerichtete Stadt, wie Grünwiesel, sein mußte, als ein Mann dorthin zog, von dem niemand wußte, woher er kam, was er wollte, von was er lebte? Der Bürgermeister hatte zwar seinen Paß gesehen, ein Papier, das bei uns jedermann haben muß –

»Ist es denn so unsicher auf den Straßen«, unterbrach den Sklaven der Scheik, »daß ihr einen Ferman eures Sultan haben müsset, um die Räuber in Respekt zu setzen?«

»Nein, Herr«, entgegnete jener, »diese Papiere halten keinen Dieb von uns ab, sondern es ist nur der Ordnung wegen, daß man überall weiß, wen man vor sich hat.« Nun, der Bürgermeister hatte den Paß untersucht, und in einer Kaffeegesellschaft bei Doktors geäußert, der Paß sei zwar ganz richtig visiert von Berlin bis nach Grünwiesel, aber es stecke doch was dahinter; denn der Mann sehe etwas verdächtig aus. Der Bürgermeister hatte das größte Ansehen in der Stadt, kein Wunder, daß von da an der Fremde als eine verdächtige Person angesehen wurde. Und sein Lebenswandel konnte meine Landsleute nicht von dieser Meinung abbringen. Der fremde Mann mietete sich für einige Goldstücke ein ganzes Haus, das bisher öde gestanden, ließ einen ganzen Wagen voll sonderbarer Gerätschaften, als Öfen, Kunstherde, große Tiegel und dergleichen hineinschaffen, und lebte von da an ganz für sich allein. Ja, er kochte sich sogar selbst, und es kam keine menschliche Seele in sein Haus, als ein alter Mann aus Grünwiesel, der ihm seine Einkäufe in Brot, Fleisch und Gemüse besorgen mußte; doch, auch dieser durfte nur in die Flur des Hauses kommen, und dort nahm der fremde Mann das Gekaufte in Empfang.

Ich war ein Knabe von zehen Jahren, als der Mann in meiner Vaterstadt einzog, und ich kann mir noch heute, als wäre es gestern geschehen, die Unruhe denken, die dieser Mann im Städtchen verursachte. Er kam nachmittags nicht, wie andere Männer, auf die Kugelbahn, er kam abends nicht ins Wirtshaus, um, wie die übrigen, bei einer Pfeife Tabak über die Zeitung zu sprechen. Umsonst lud ihn nach der Reihe der Bürgermeister, der Friedensrichter, der Doktor und der Oberpfarrer zum Essen oder Kaffee ein, er ließ sich immer entschuldigen. Daher hielten ihn einige für verrückt, andere für einen Juden, eine dritte Partie behauptete steif und fest, er sei ein Zauberer oder Hexenmeister. Ich wurde achtzehn, zwanzig Jahre alt, und noch immer hieß der Mann in der Stadt »der fremde Herr«.

Es begab sich aber eines Tages, daß Leute mit fremden Tieren in die Stadt kamen. Es ist dies hergelaufenes Gesindel, das ein Kamel hat, welches sich verbeugen kann, einen Bären, der tanzt, einige Hunde und Affen, die in menschlichen Kleidern komisch genug aussehen und allerlei Künste machen. Diese Leute durchziehen gewöhnlich die Stadt, halten an den Kreuzstraßen und Plätzen, machen mit einer kleinen Trommel und einer Pfeife eine übeltönende Musik, lassen ihre Truppe tanzen und springen, und sammeln dann in den Häusern Geld ein. Die Truppe aber, die diesmal sich in Grünwiesel sehen ließ, zeichnete sich durch einen ungeheuren Orang-Utan aus, der beinahe Menschengröße hatte, auf zwei Beinen ging, und allerlei artige Künste zu machen verstand. Diese

Hunds- und Affenkomödie kam auch vor das Haus des fremden Herrn; er erschien, als die Trommel und Pfeife ertönte, von Anfang ganz unwillig hinter den dunkeln, vom Alter angelaufenen Fenstern; bald aber wurde er freundlicher, schaute zu jedermanns Verwundern zum Fenster heraus, und lachte herzlich über die Künste des Orang-Utans; ja, er gab für den Spaß ein so großes Silberstück, daß die ganze Stadt davon sprach.

Am andern Morgen zog die Tierbande weiter; das Kamel mußte viele Körbe tragen, in welchen die Hunde und Affen ganz bequem saßen, die Tiertreiber aber und der große Affe gingen hinter dem Kamel. Kaum aber waren sie einige Stunden zum Tore hinaus, so schickte der fremde Herr auf die Post, verlangte zu großer Verwunderung des Postmeisters einen Wagen und Extrapost, und fuhr zu demselben Tor hinaus, den Weg hin, den die Tiere genommen hatten. Das ganze Städtchen ärgerte sich, daß man nicht erfahren konnte, wohin er gereist sei. Es war schon Nacht, als der fremde Herr wieder im Wagen vor dem Tor ankam; es saß aber noch eine Person im Wagen, die den Hut tief ins Gesicht gedrückt, und um Mund und Ohren ein seidenes Tuch gebunden hatte. Der Torschreiber hielt es für seine Pflicht, den andern Fremden anzureden und um seinen Paß zu bitten; er antwortete aber sehr grob, indem er in einer ganz unverständlichen Sprache brummte.

»Es ist mein Neffe«, sagte der fremde Mann freundlich zum Torschreiber, indem er ihm einige Silbermünzen in die Hand drückte, »es ist mein Neffe, und versteht bis dato noch wenig Deutsch; er hat soeben in seiner Mundart ein wenig geflucht, daß wir hier aufgehalten werden.«

»Ei, wenn es Dero Neffe ist«, antwortete der Torschreiber, »so kann er wohl ohne Paß hereinkommen; er wird wohl ohne Zweifel bei Ihnen wohnen?«

»Allerdings«, sagte der Fremde; »und hält sich wahrscheinlich längere Zeit hier auf.«

Der Torschreiber hatte keine weitere Einwendung mehr, und der fremde Herr und sein Neffe fuhren ins Städtchen. Der Bürgermeister und die ganze Stadt war übrigens nicht sehr zufrieden mit dem Torschreiber. Er hätte doch wenigstens einige Worte von der Sprache des Neffen sich merken sollen; daraus hätte man dann leicht erfahren, was für ein Landeskind er und der Herr Oncle wäre. Der Torschreiber versicherte aber, daß es weder französisch noch italienisch sei, wohl aber habe es so breit geklungen wie englisch, und wenn er nicht irre, so habe der junge Herr gesagt: »God damn!« So half der Torschreiber sich selbst aus der Not, und dem jungen Mann zu einem Namen; denn man sprach jetzt nur von dem jungen Engländer im Städtchen.

Aber auch der junge Engländer wurde nicht sichtbar, weder auf der Kugelbahn, noch im Bierkeller; wohl aber gab er den Leuten auf andere Weise viel zu schaffen. – Es begab sich nämlich oft, daß in dem sonst so stillen Hause des Fremden ein schreckliches Geschrei und ein Lärm ausging, daß die Leute haufenweise vor dem Hause stehenblieben, und hinaufsahen. Man sah dann den jungen Engländer, angetan mit einem roten Frack und grünen Beinkleidern, mit struppigtem Haar und schrecklicher Miene, unglaublich schnell an den Fenstern hin und her, durch alle Zimmer laufen; der alte Fremde lief ihm in einem roten Schlafrock, eine Hetzpeitsche in der Hand, nach, verfehlte ihn oft, aber einigemal kam es doch der Menge auf der Straße vor, als müsse er den Jungen erreicht haben; denn man hörte klägliche Angsttöne und klatschende Peitschenhiebe die Menge. An dieser grausamen Behandlung des fremden jungen Mannes nahmen die Frauen des Städtchens so lebhaften Anteil, daß sie endlich den Bürgermeister bewogen, einen Schritt in der Sache zu tun. Er schrieb dem fremden Herrn ein Billett, worin er ihm die unglimpfliche Behandlung seines Neffen in ziemlich derben Ausdrücken vorwarf und ihm drohte, wenn noch ferner solche Szenen vorfielen, den jungen Mann unter seinen besonderen Schutz zu nehmen.

Wer war aber mehr erstaunt als der Bürgermeister, wie er den Fremden selbst, zum erstenmal seit zehn Jahren, bei sich eintreten sah. Der alte Herr entschuldigte sein Verfahren mit dem besonderen Auftrag der Eltern des Jünglings, die ihm solchen zu erziehen gegeben; er sei sonst ein kluger, anstelliger Junge, äußerte er, aber die Sprachen erlerne er sehr schwer; er wünsche so sehnlich, seinem Neffen das Deutsche recht geläufig beizubringen, um sich nachher die Freiheit zu nehmen, ihn in die Gesellschaften von Grünwiesel einzuführen, und dennoch gehe demselben diese Sprache so schwer ein, daß man oft nichts Besseres tun könne, als ihn gehörig durchzupeitschen. Der Bürgermeister fand sich durch diese Mitteilung völlig befriedigt, riet dem Alten zur Mäßigung, und erzählte abends im Bierkeller, daß er selten einen so unterrichteten, artigen Mann gefunden, als den Fremden. »Es ist nur schade«, setzte er hinzu, »daß er so wenig in Gesellschaft kommt; doch, ich denke, wenn der Neffe nur erst ein wenig Deutsch spricht, besucht er meine Cercles öfter.«

Durch diesen einzigen Vorfall war die Meinung des Städtchens völlig umgeändert. Man hielt den Fremden für einen artigen

Mann, sehnte sich nach seiner näheren Bekanntschaft und fand es ganz in der Ordnung, wenn hie und da in dem öden Hause ein gräßliches Geschrei aufging. »Er gibt dem Neffen Unterricht in der deutschen Sprachlehre«, sagten die Grünwieseler, und blieben nicht mehr stehen. Nach einem Vierteljahr ungefähr schien der Unterricht im Deutschen beendigt; denn der Alte ging jetzt um eine Stufe weiter vor. Es lebte ein alter, gebrechlicher Franzose in der Stadt, der den jungen Leuten Unterricht im Tanzen gab; diesen ließ der Fremde zu sich rufen, und sagte ihm, daß er seinen Neffen im Tanzen unterrichten lassen wolle. Er gab ihm zu verstehen, daß derselbe zwar sehr gelehrig, aber, was das Tanzen betreffe, etwas eigensinnig sei; er habe nämlich früher bei einem anderen Meister tanzen gelernt, und zwar nach so sonderbaren Touren, daß er sich nicht füglich in der Gesellschaft produzieren könne; der Neffe halte sich aber eben deswegen für einen großen Tänzer, obgleich sein Tanz nicht die entfernteste Ähnlichkeit mit Walzer oder Galopp (Tänze, die man in meinem Vaterlande tanzt, o Herr!) nicht einmal Ähnlichkeit mit Ekossaise oder Française habe. Er versprach übrigens einen Taler für die Stunde, und der Tanzmeister war mit Vergnügen bereit, den Unterricht des eigensinnigen Zöglings zu übernehmen.

Es gab, wie der Franzose unterderhand versicherte, auf der Welt nichts so Sonderbares, als diese Tanzstunden. Der Neffe, ein ziemlich großer, schlanker, junger Mann, der nur etwas sehr kurze Beine hatte, erschien in einem roten Frack, schön frisiert, in grünen, weiten Beinkleidern und glacierten Handschuhen. Er sprach wenig und mit fremdem Accent, war von Anfang ziemlich artig und anstellig; dann verfiel er aber oft plötzlich in fratzenhafte Sprünge, tanzte die kühnsten Touren, wobei er Entrechats machte, daß dem Tanzmeister Hören und Sehen verging; wollte er ihn zurechtweisen, so zog er die zierlichen Tanzschuhe von den Füßen, warf sie dem Franzosen an den Kopf, und setzte nun auf allen vieren im Zimmer umher. Bei diesem Lärm fuhr dann der alte Herr plötzlich in einem weiten, roten Schlafrock, eine Mütze von Goldpapier auf dem Kopf, aus seinem Zimmer heraus, und ließ die Hetzpeitsche ziemlich unsanft auf den Rücken des Neffen niederfallen. Der Neffe fing dann an schrecklich zu heulen, sprang auf Tische und hohe Kommode, ja selbst an den Kreuzstöcken der Fenster hinauf, und sprach eine fremde seltsame Sprache. Der Alte im roten Schlafrock aber ließ sich nicht irremachen, faßte ihn am Bein, riß ihn herab, bleute ihn durch, und zog ihm mittelst einer Schnalle die Halsbinde fester an, worauf er immer wieder artig und manierlich wurde, und die Tanzstunde ohne Störung weiterging.

Als aber der Tanzmeister seinen Zögling so weit gebracht hatte, daß man Musik zu der Stunde nehmen konnte, da war der Neffe wie umgewandelt. Ein Stadtmusikant wurde gemietet, der im Saal des öden Hauses auf einem Tisch sich setzen mußte. Der Tanzmeister stellte dann die Dame vor, indem ihn der alte Herr einen Frauenrock von Seide und einen ostindischen Shawl anziehen ließ; der Neffe forderte ihn auf, und fing nun an mit ihm zu tanzen und zu walzen; er war aber ein unermüdlicher, rasender Tänzer, er ließ den Meister nicht aus seinen langen Armen, ob er ächzte und schrie, er mußte tanzen bis er ermattet umsank, oder bis dem Stadtmusikus der Arm lahm wurde an der Geige. Den Tanzmeister brachten diese Unterrichtsstunden beinahe unter den Boden, aber der Taler, den er jedesmal richtig ausbezahlt bekam, der gute Wein, den der Alte aufwartete, machten, daß er immer wiederkam, wenn er auch den Tag zuvor sich fest vorgenommen hatte, nicht mehr in das öde Haus zu gehen.

Die Leute in Grünwiesel sahen aber die Sache ganz anders an, als der Franzose. Sie fanden, daß der junge Mann viele Anlage zum Gesellschaftlichen habe, und die Frauenzimmer im Städtchen freuten sich, bei dem großen Mangel an Herren, einen so flinken Tänzer für den nächsten Winter zu bekommen.

Eines Morgens berichteten die Mägde, die vom Markte heimkehrten, ihren Herrschaften ein wunderbares Ereignis. Vor dem öden Hause sei ein prächtiger Glaswagen gestanden, mit schönen Pferden bespannt, und ein Bedienter in reicher Livree habe den Schlag gehalten. Da sei die Türe des öden Hauses aufgegangen, und zwei schön gekleidete Herren herausgetreten, wovon der eine der alte Fremde, und der andere wahrscheinlich der junge Herr gewesen, der so schwer Deutsch gelernt, und so rasend tanze. Die beiden seien in den Wagen gestiegen, der Bediente hinten aufs Brett gesprungen, und der Wagen, man stelle sich vor! sei geradezu auf Bürgermeisters Haus zugefahren.

Als die Frauen solches von ihren Mägden erzählen hörten, rissen sie eilends die Küchenschürzen und die etwas unsauberen Hauben ab, und versetzten sich in Staat. »Es ist nichts gewisser«, sagten sie zu ihrer Familie, indem alles umherrannte, um das Besuchzimmer, das zugleich zu sonstigem Gebrauch diente, aufzuräumen, »es ist nichts gewisser, als daß der Fremde jetzt seinen Neffen in die Welt einführt. Der alte Narr war zwar seit zehen Jahren nicht so artig, einen Fuß in unser Haus zu setzen, aber es sei ihm wegen des Neffen verziehen, der ein charmanter Mensch sein soll.« So sprachen sie, und ermahnten ihre Söhne und Töchter, recht manierlich auszusehen, wenn die Fremden kämen, sich gerade zu halten, und sich auch einer besseren Aussprache zu bedienen als gewöhnlich. Und die klugen Frauen im Städtchen hatten nicht unrecht geraten; denn nach der Reihe fuhr der alte Herr mit seinem Neffen umher, sich und ihn in die Gewogenheit der Familien zu empfehlen.

Man war überall ganz erfüllt von den beiden Fremden, und bedauerte, nicht schon früher diese angenehme Bekanntschaft gemacht zu haben. Der alte Herr zeigte sich als einen würdigen, sehr vernünftigen Mann, der zwar bei allem, was er sagte, ein wenig lächelte, so daß man nicht gewiß war, ob es ihm ernst sei oder nicht, aber er sprach über das Wetter, über die Gegend, über das Sommervergnügen auf dem Keller am Berge so klug und durchdacht, daß jedermann davon bezaubert war. Aber der Neffe! Er bezauberte alles, er gewann alle Herzen für sich. Man konnte zwar, was sein Äußeres betraf, sein Gesicht nicht schön nennen; der untere Teil, besonders die Kinnlade, stand allzusehr hervor, und der Teint war sehr bräunlich, auch machte er zuweilen allerlei sonderbare Grimassen, drückte die Augen zu und fletschte mit den Zähnen; aber dennoch fand man den Schnitt seiner Züge ungemein interessant. Es konnte nichts Beweglicheres, Gewandteres geben als seine Gestalt. Die Kleider hingen ihm zwar etwas sonderbar am Leib, aber es stand ihm alles trefflich; er fuhr mit großer Lebendigkeit im Zimmer umher, warf sich hier in einen Sofa, dort in einen Lehnstuhl, und streckte die Beine von sich; aber was man bei einem andern jungen Mann höchst gemein und unschicklich gefunden hätte, galt bei dem Neffen für Genialität. »Er ist ein Engländer«, sagte man, »so sind sie alle; ein Engländer kann sich aufs Kanapee legen und einschlafen, während zehen Damen keinen Platz haben und umherstehen müssen, einem Engländer kann man so etwas nicht übelnehmen.« Gegen den alten Herrn, seinen Oheim, war er sehr fügsam; denn wenn er anfing, im Zimmer umherzuhüpfen, oder, wie er gerne tat, die Füße auf den Sessel hinaufzuziehen, so reichte ein ernsthafter Blick hin, ihn zur Ordnung zu bringen. Und wie konnte man ihm so etwas übelnehmen, als vollends der Oncle in jedem Haus zu der Dame sagte: »Mein Neffe ist noch ein wenig roh und ungebildet, aber ich verspreche mir viel von der Gesellschaft, die wird ihn gehörig formen und bilden, und ich empfehle ihn namentlich Ihnen aufs angelegenste.«

So war der Neffe also in die Welt eingeführt, und ganz Grünwiesel sprach an diesem und den folgenden Tagen von nichts anderem, als von diesem Ereignis. Der alte Herr blieb aber hiebei nicht stehen; er schien seine Denk- und Lebensart gänzlich geändert zu haben. Nachmittags ging er mit dem Neffen hinaus in den Felsenkeller am Berge, wo die vornehmeren Herren von Grünwiesel Bier tranken, und sich am Kugelschieben ergötzten. Der Neffe zeigte sich dort als einen flinken Meister im Spiel; denn er warf nie unter fünf oder sechs; hie und da schien zwar ein sonderbarer Geist über ihn zu kommen; es konnte ihm einfallen, daß er pfeilschnell mit der Kugel hinaus- und unter die Kegel hineinfuhr, und dort allerhand tollen Rumor anrichtete, oder, wenn er den Kranz oder den König geworfen, stand er plötzlich auf seinem schön frisierten Haar und streckte die Beine in die Höhe, oder wenn ein Wagen vorbeifuhr, saß er, ehe man sich dessen versah, oben auf dem Kutschenhimmel und machte Grimassen herab, fuhr ein Stückchen weit mit, und kam dann wieder zur Gesellschaft gesprungen.

Der alte Herr pflegte dann bei solchen Szenen den Bürgermeister und die anderen Männer sehr um Entschuldigung zu bitten wegen der Ungezogenheit seines Neffen; sie aber lachten, schrieben es seiner Jugend zu, behaupteten, in diesem Alter selbst so leichtfüßig gewesen zu sein, und liebten den jungen Springinsfeld, wie sie ihn nannten, ungemein.

Es gab aber auch Zeiten, wo sie sich nicht wenig über ihn ärgerten, und dennoch nichts zu sagen wagten, weil der junge Engländer allgemein als ein Muster von Bildung und Verstand galt. Der alte Herr pflegte nämlich mit seinem Neffen auch abends in den Goldenen Hirsch, das Wirtshaus des Städtchens, zu kommen. Obgleich der Neffe noch ein ganz junger Mensch war, tat er doch schon ganz wie ein Alter, setzte sich hinter sein Glas, tat eine ungeheure Brille auf, zog eine gewaltige Pfeife heraus, zündete sie an und dampfte unter allen am ärgsten. Wurde nun über die Zeitungen, über Krieg und Frieden gesprochen, gab der Doktor die Meinung, der Bürgermeister jene, waren die anderen Herren ganz erstaunt über so tiefe politische Kenntnisse, so konnte es dem Neffen plötzlich einfallen, ganz anderer Meinung zu sein; er schlug dann mit der Hand, von welcher er nie die Handschuhe ablegte, auf den Tisch, und gab dem Bürgermeister und dem Doktor nicht undeutlich zu verstehen, daß sie von diesem allem nichts genau wüßten, daß er diese Sachen ganz anders gehört habe und tiefere Einsicht besitze. Er gab dann in einem sonderbaren gebrochenen Deutsch seine Meinung preis, die alle, zum großen Ärgernis des Bürgermeisters, ganz trefflich fanden; denn er mußte als Engländer natürlich alles besser wissen.

Setzten sich dann der Bürgermeister und der Doktor in ihrem Zorn, den sie nicht laut werden lassen durften, zu einer Partie

Schach, so rückte der Neffe hinzu, schaute dem Bürgermeister mit seiner großen Brille über die Schulter herein und tadelte diesen oder jenen Zug, sagte dem Doktor, so und so müsse er ziehen, so daß beide Männer heimlich ganz grimmig wurden. Bot ihm dann der Bürgermeister ärgerlich eine Partie an, um ihn gehörig matt zu machen, denn er hielt sich für einen zweiten Philidor, so schnallte der alte Herr dem Neffen die Halsbinde fester zu, worauf dieser ganz artig und manierlich wurde, und den Bürgermeister matt machte.

Man hatte bisher in Grünwiesel beinahe jeden Abend Karte gespielt, die Partie um einen halben Kreuzer; das fand nun der Neffe erbärmlich; setzte Kronentaler und Dukaten, behauptete, kein einziger spiele so fein wie er, söhnte aber die beleidigten Herrn gewöhnlich dadurch wieder aus, daß er ungeheure Summen an sie verlor. Sie machten sich auch gar kein Gewissen daraus, ihm recht viel Geld abzunehmen; denn »er ist ja ein Engländer, also von Hause aus reich«, sagten sie, und schoben die Dukaten in die Tasche.

So kam der Neffe des fremden Herrn in kurzer Zeit bei Stadt und Umgegend in ungemeines Ansehen. Man konnte sich seit Menschengedenken nicht erinnern, einen jungen Mann dieser Art in Grünwiesel gesehen zu haben, und es war die sonderbarste Erscheinung, die man je bemerkt. Man konnte nicht sagen, daß der Neffe irgend etwas gelernt hätte, als etwa tanzen. Latein und Griechisch waren ihm, wie man zu sagen pflegt, böhmische Dörfer. Bei einem Gesellschaftsspiel in Bürgermeisters Hause sollte er etwas schreiben, und es fand sich, daß er nicht einmal seinen Namen schreiben konnte; in der Geographie machte er die auffallendsten Schnitzer; denn es kam ihm nicht darauf an, eine deutsche Stadt nach Frankreich, oder eine dänische nach Polen zu versetzen, er hatte nichts gelesen, nichts studiert, und der Oberpfarrer schüttelte oft bedenklich den Kopf über die rohe Unwissenheit des jungen Mannes; aber dennoch fand man alles trefflich, was er tat oder sagte; denn er war so unverschämt, immer recht haben zu wollen, und das Ende jeder seiner Reden war, »Ich verstehe das besser.«

So kam der Winter heran, und jetzt erst trat der Neffe mit noch größerer Glorie auf. Man fand jede Gesellschaft langweilig, wo nicht er zugegen war, man gähnte, wenn ein vernünftiger Mann etwas sagte, wenn aber der Neffe selbst das törichste Zeug in schlechtem Deutsch vorbrachte, war alles Ohr. Es fand sich jetzt, daß der treffliche junge Mann auch ein Dichter war; denn nicht leicht verging ein Abend, an welchem er nicht einiges Papier aus der Tasche zog und der Gesellschaft einige Sonette vorlas. Es gab zwar einige Leute, die von dem einen Teil dieser Dichtungen behaupteten, sie seien schlecht und ohne Sinn, einen andern Teil wollten sie schon irgendwo gedruckt gelesen haben; aber der Neffe ließ sich nicht irremachen, er las und las, machte dann auf die Schönheit seiner Verse aufmerksam, und jedesmal erfolgte rauschender Beifall.

Sein Triumph waren aber die Grünwieseler Bälle. Es konnte niemand anhaltender, schneller tanzen als er, keiner machte so kühne und ungemein zierliche Sprünge wie er. Dabei kleidete ihn sein Oncle immer aufs prächtigste nach dem neuesten Geschmack, und obgleich ihm die Kleider nicht recht am Leib sitzen wollten, fand man dennoch, daß ihn alles allerliebst kleide. Die Männer fanden sich zwar bei diesen Tänzen etwas beleidigt durch die neue Art, womit er auftrat. Sonst hatte immer der Bürgermeister in eigener Person den Ball eröffnet, die vornehmsten jungen Leute hatten das Recht, die übrigen Tänze anzuordnen, aber seit der fremde junge Herr erschien, war dies alles ganz anders. Ohne viel zu fragen nahm er die nächste beste Dame bei der Hand, stellte sich mit ihr obenan, machte alles, wie es ihm gefiel, und war Herr und Meister und Ballkönig. Weil aber die Frauen diese Manieren ganz trefflich und angenehm fanden, so durften die Männer nichts dagegen einwenden, und der Neffe blieb bei seiner selbstgewählten Würde.

Das größte Vergnügen schien ein solcher Ball dem alten Herrn zu gewähren; er verwandte kein Auge von seinem Neffen, lächelte immer in sich hinein, und wenn alle Welt herbeiströmte, um ihm über den anständigen, wohlerzogenen Jüngling Lobsprüche zu erteilen, so konnte er sich vor Freude gar nicht fassen, er brach dann in ein lustiges Gelächter aus, und bezeugte sich wie närrisch; die Grünwieseler schrieben diese sonderbaren Ausbrüche der Freude seiner großen Liebe zu dem Neffen zu, und fanden es ganz in der Ordnung. Doch hie und da mußte er auch sein väterliches Ansehen gegen den Neffen anwenden. Denn mitten in den zierlichsten Tänzen konnte es dem jungen Mann einfallen, mit einem kühnen Sprung auf die Tribüne, wo die Stadtmusikanten saßen, zu setzen, dem Organisten den Contrebaß aus der Hand zu reißen, und schrecklich darauf herumzukratzen; oder er wechselte auf einmal, und tanzte auf den Händen, indem er die Beine in die Höhe streckte. Dann pflegte ihn der Oncle auf die Seite zu nehmen, machte ihm dort ernstliche Vorwürfe und zog ihm die Halsbinde fester an, daß er wieder ganz gesittet wurde.

So betrug sich nun der Neffe in Gesellschaft und auf Bällen. Wie es aber mit den Sitten zu geschehen pflegt, die schlechten verbreiten sich immer leichter als die guten, und eine neue, auffallende Mode, wenn sie auch höchst lächerlich sein sollte, hat etwas Ansteckendes an sich für junge Leute, die noch nicht über sich selbst und die Welt nachgedacht haben. So war es auch in Grünwiesel mit dem Neffen und seinen sonderbaren Sitten. Als nämlich die junge Welt sah, wie derselbe mit seinem linkischen Wesen, mit seinem rohen Lachen und Schwatzen, mit seinen groben Antworten gegen Ältere, eher geschätzt als getadelt werde, daß man dies alles sogar sehr geistreich finde, so dachten sie bei sich: es ist mir ein leichtes, auch solch ein geistreicher Schlingel zu werden. Sie waren sonst fleißige, geschickte junge Leute gewesen; jetzt dachten sie: zu was hilft Gelehrsamkeit, wenn man mit Unwissenheit besser fortkömmt; sie ließen die Bücher liegen, und trieben sich überall umher auf Plätzen und Straßen. Sonst waren sie artig gewesen und höflich gegen jedermann, hatten gewartet, bis man sie fragte, und anständig und bescheiden geantwortet; jetzt standen sie in die Reihe der Männer, schwatzten mit, gaben ihre Meinung preis, und lachten selbst dem Bürgermeister unter die Nase, wenn er etwas sagte und behaupteten, alles viel besser zu wissen.

Sonst hatten die jungen Grünwieseler Abscheu gehegt gegen rohes und gemeines Wesen. Jetzt sangen sie allerlei schlechte Lieder, rauchten aus ungeheuren Pfeifen Tabak, und trieben sich in gemeinen Kneipen umher; auch kauften sie sich, obgleich sie ganz gut sahen, große Brillen, setzten solche auf die Nase, und glaubten nun gemachte Leute zu sein; denn sie sahen ja aus wie der berühmte Neffe. Zu Hause, oder wenn sie auf Besuch waren, lagen sie mit Stiefel und Sporen aufs Kanapee, schaukelten sich auf dem Stuhl in guter Gesellschaft, oder stützten die Wangen in beide Fäuste, die Ellbogen aber auf den Tisch, was nun überaus reizend anzusehen war. Umsonst sagten ihnen ihre Mütter und Freunde, wie töricht, wie unschicklich dies alles sei, sie beriefen sich auf das glänzende Beispiel des Neffen. Umsonst stellte man ihnen vor, daß man dem Neffen, als einem jungen Engländer, eine gewisse Nationalroheit verzeihen müsse, die jungen Grünwieseler behaupteten, ebensogut als der beste Engländer das Recht zu haben, auf geistreiche Weise ungezogen zu sein; kurz, es war ein Jammer, wie durch das böse Beispiel des Neffen die Sitten und guten Gewohnheiten in Grünwiesel völlig untergingen.

Aber die Freude der jungen Leute an ihrem rohen, ungebundenen Leben dauerte nicht lange; denn folgender Vorfall veränderte auf einmal die ganze Szene. Die Wintervergnügungen sollte ein großes Konzert beschließen, das teils von den Stadtmusikanten, teils von geschickten Musikfreunden in Grünwiesel aufgeführt werden sollte. Der Bürgermeister spielte das Violoncell, der Doktor das Fagott ganz vortrefflich, der Apotheker, obgleich er keinen rechten Ansatz hatte, blies die Flöte, einige Jungfrauen aus Grünwiesel hatten Arien einstudiert, und alles war trefflich vorbereitet. Da äußerte der alte Fremde, daß zwar das Konzert auf diese Art trefflich werden würde, es fehle aber offenbar an einem Duett, und ein Duett müsse in jedem ordentlichen Konzert notwendigerweise vorkommen. Man war etwas betreten über diese Äußerung; die Tochter des Bürgermeisters sang zwar wie eine Nachtigall, aber wo einen Herrn herbekommen, der mit ihr ein Duett singen könnte? Man wollte endlich auf den alten Organisten verfallen, der einst einen trefflichen Baß gesungen hatte: der Fremde aber behauptete, dies alles sei nicht nötig, indem sein Neffe ganz ausgezeichnet singe. Man war nicht wenig erstaunt über diese neue treffliche Eigenschaft des jungen Mannes; er mußte zur Probe etwas singen, und einige sonderbare Manieren abgerechnet, die man für englisch hielt, sang er wie ein Engel. Man studierte also in aller Eile das Duett ein, und der Abend erschien endlich, an welchem die Ohren der Grünwieseler durch das Konzert erquickt werden sollten.

Der alte Fremde konnte leider dem Triumph seines Neffen nicht beiwohnen, weil er krank war; er gab aber dem Bürgermeister, der ihn eine Stunde zuvor noch besuchte, einige Maßregeln über seinen Neffen auf: »Es ist eine gute Seele, mein Neffe«, sagte er, »aber hie und da verfällt er in allerlei sonderbare Gedanken und fängt dann tolles Zeug an; es ist mir eben deswegen leid, daß ich dem Konzert nicht beiwohnen kann; denn vor mir nimmt er sich gewaltig in acht, er weiß wohl warum! Ich muß übrigens zu seiner Ehre sagen, daß dies nicht geistiger Mutwillen ist, sondern es ist körperlich, es liegt in seiner ganzen Natur; wollten Sie nun, Herr Bürgermeister, wenn er etwa in solche Gedanken verfiele, daß er sich auf ein Notenpult setzte, oder daß er durchaus den Contrebaß streichen wollte oder dergleichen, wollten Sie ihm dann nur seine hohe Halsbinde etwas lockerer machen, oder, wenn es auch dann nicht besser wird, ihm solche ganz ausziehen, Sie werden sehen, wie artig und manierlich er dann wird.«

Der Bürgermeister dankte dem Kranken für sein Zutrauen und versprach, im Fall der Not also zu tun, wie er ihm geraten.

Der Konzertsaal war gedrängt voll; denn ganz Grünwiesel und die Umgegend hatte sich eingefunden. Alle Jäger, Pfarrer, Amtleute, Landwirte und dergleichen aus dem Umkreis von drei Stunden waren mit zahlreicher Familie herbeigeströmt, um den seltenen Genuß mit den Grünwieselern zu teilen. Die Stadtmusikanten hielten sich vortrefflich, nach ihnen trat der Bürgermeister auf, der das Violoncell spielte, begleitet vom Apotheker, der die Flöte blies; nach diesen sang der Organist eine Baßarie mit allgemeinem Beifall, und auch der Doktor wurde nicht wenig beklatscht, als er auf dem Fagott sich hören ließ.

Die erste Abteilung des Konzertes war vorbei, und jedermann war nun auf die zweite gespannt, in welcher der junge Fremde mit des Bürgermeisters Tochter ein Duett vortragen sollte. Der Neffe war in einem glänzenden Anzug erschienen, und hatte schon längst die Aufmerksamkeit aller Anwesenden auf sich gezogen. Er hatte sich nämlich, ohne viel zu fragen, in den prächtigen Lehnstuhl gelegt, der für eine Gräfin aus der Nachbarschaft hergesetzt worden war; er streckte die Beine weit von sich, schaute jedermann durch ein ungeheures Perspektiv an, das er noch außer seiner großen Brille gebrauchte, und spielte mit einem großen Fleischerhund, den er, trotz des Verbotes, Hunde mitzunehmen, in die Gesellschaft eingeführt hatte. Die Gräfin, für welche der Lehnstuhl bereitet war, erschien, aber wer keine Miene machte, aufzustehen und ihr den Platz einzuräumen, war der Neffe; er setzte sich im Gegenteil noch bequemer hinein und niemand wagte es, dem jungen Mann etwas darüber zu sagen; die vornehme Dame aber mußte auf einem ganz gemeinen Strohsessel mitten unter die übrigen Frauen des Städtchens sitzen, und soll sich nicht wenig geärgert haben.

Während des herrlichen Spieles des Bürgermeisters, während des Organisten trefflicher Baßarie, ja sogar während der Doktor auf dem Fagott phantasierte, und alles den Atem anhielt und lauschte, ließ der Neffe den Hund das Schnupftuch apportieren, oder schwatzte ganz laut mit seinen Nachbarn, so daß jedermann, der ihn nicht kannte, über die absonderlichen Sitten des jungen Herrn sich wunderte.

Kein Wunder daher, daß alles sehr begierig war, wie er sein Duett vortragen würde; die zweite Abteilung begann; die Stadtmusikanten hatten etwas weniges aufgespielt, und nun trat der Bürgermeister mit seiner Tochter zu dem jungen Mann, überreichte ihm ein Notenblatt und sprach: »Mosjöh! wäre es Ihnen jetzt gefällig, das Duetto zu singen?« Der junge Mann lachte, fletschte mit den Zähnen, sprang auf, und die beiden andern folgten ihm an das Notenpult, und die ganze Gesellschaft war voll

Erwartung. Der Organist schlug den Takt und winkte dem Neffen, anzufangen. Dieser schaute durch seine großen Brillengläser in die Noten und stieß greuliche, jämmerliche Töne aus. Der Organist aber schrie ihm zu: »Zwei Töne tiefer, Wertester, C müssen Sie singen, C!«

Statt aber C zu singen, zog der Neffe einen seiner Schuhe ab, und warf ihn dem Organisten an den Kopf, daß der Puder weit umherflog. Als dies der Bürgermeister sah, dachte er: ha! jetzt hat er wieder seine körperlichen Zufälle, sprang hinzu, packte ihn am Hals und band ihm das Tuch etwas leichter; aber dadurch wurde es nur noch schlimmer mit dem jungen Mann; er sprach nicht mehr Deutsch, sondern eine ganz sonderbare Sprache, die niemand verstand, und machte große Sprünge; der Bürgermeister war in Verzweiflung über diese unangenehme Störung, er faßte daher den Entschluß, dem jungen Mann, dem etwas ganz Besonderes zugestoßen sein mußte, das Halstuch vollends abzulösen. Aber kaum hatte er dies getan, so blieb er vor Schrecken wie erstarrt stehen; denn statt menschlicher Haut und Farbe umgab den Hals des jungen Menschen ein dunkelbraunes Fell, und alsobald setzte derselbe auch seine Sprünge noch höher und sonderbarer fort, fuhr sich mit den glacierten Handschuhen in die Haare, zog diese ab, und, o Wunder! diese schönen Haare waren eine Perücke, die er dem Bürgermeister ins Gesicht warf, und sein Kopf erschien jetzt mit demselben braunen Fell bewachsen.

Er setzte über Tische und Bänke, warf die Notenpulte um, zertrat Geigen und Klarinette, und erschien wie ein Rasender. »Fangt ihn, fangt ihn«, rief der Bürgermeister ganz außer sich, »er ist von Sinnen, fangt ihn.« Das war aber eine schwierige Sache, denn er hatte die Handschuhe abgezogen und zeigte Nägel an den Händen, mit welchen er den Leuten ins Gesicht fuhr und sie jämmerlich kratzte. Endlich gelang es einem mutigen Jäger, seiner habhaft zu werden; er preßte ihm die langen Arme zusammen, daß er nur noch mit dem Füßen zappelte, und mit heiserer Stimme lachte und schrie. Die Leute sammelten sich umher, und betrachteten den sonderbaren jungen Herrn, der jetzt gar nicht mehr aussah wie ein Mensch; aber ein gelehrter Herr aus der Nachbarschaft, der ein großes Naturalienkabinett und allerlei ausgestopfte Tiere besaß, trat näher, betrachtete ihn genau, und rief dann voll Verwunderung: »Mein Gott, verehrte Herren und Damen, wie bringen Sie nur dies Tier in honette Gesellschaft, das ist ja ein Affe, der Homo Troglodytes Linnaei, ich gebe sogleich sechs Taler für ihn, wenn Sie mir ihn ablassen, und bälge ihn aus für mein Kabinett.«

Wer beschreibt das Erstaunen der Grünwieseler, als sie dies hörten! »Was, ein Affe? ein Orang-Utan in unserer Gesellschaft? Der junge Fremde ein ganz gewöhnlicher Affe?« riefen sie, und sahen einander ganz dumm vor Verwunderung an. Man wollte nicht glauben, man traute seinen Ohren nicht, die Männer untersuchten das Tier genauer, aber es war und blieb ein ganz natürlicher Affe.

»Aber wie ist dies möglich!« rief die Frau Bürgermeisterin, »hat er mir nicht oft seine Gedichte vorgelesen? hat er nicht, wie ein anderer Mensch, bei mir zu Mittag gespeist?«

»Was?« eiferte die Frau Doktorin; »wie? hat er nicht oft und viel den Kaffee bei mir getrunken, und mit meinem Mann gelehrt gesprochen und geraucht?«

»Wie! ist es möglich!« riefen die Männer; »hat er nicht mit uns am Felsenkeller Kugeln geschoben und über Politik gestritten, wie unsereiner?«

»Und wie?« klagten sie alle, »hat er nicht sogar vorgetanzt auf unsern Bällen? Ein Affe! ein Affe? es ist ein Wunder, es ist Zauberei!«

»Ja, es ist Zauberei und teuflischer Spuk«, sagte der Bürgermeister, indem er das Halstuch des Neffen oder Affen herbeibrachte; »seht, in diesem Tuch steckte der ganze Zauber, der ihn in unsern Augen liebenswürdig machte; da ist ein breiter Streifen elastischen Pergaments, mit allerlei wunderlichen Zeichen beschrieben; ich glaube gar, es ist Lateinisch; kann es niemand lesen?«

Der Oberpfarrer, ein gelehrter Mann, der oft an den Affen eine Partie Schach verloren hatte, trat hinzu, betrachtete das Pergament und sprach: »Mitnichten! es sind nur lateinische Buchstaben, es heißt:

›Der . Affe . sehr . possierlich . ist .
Zumal . wann . er . vom . Apfel . frißt.‹

Ja, ja, es ist höllischer Betrug, eine Art von Zauberei«, fuhr er fort, »und es muß exemplarisch bestraft werden.«

Der Bürgermeister war derselben Meinung, und machte sich sogleich auf den Weg zu dem Fremden, der ein Zauberer sein mußte, und sechs Stadtsoldaten trugen den Affen; denn der Fremde sollte sogleich ins Verhör genommen werden.

Sie kamen, umgeben von einer ungeheuren Anzahl Menschen, an das öde Haus; denn jedermann wollte sehen, wie sich die Sache weiter begeben würde. Man pochte an das Haus, man zog die Glocke, aber vergeblich, es zeigte sich niemand. Da ließ der Bürgermeister in seiner Wut die Türe einschlagen, und begab sich hierauf in die Zimmer des Fremden. Aber dort war nichts zu sehen, als allerlei alter Hausrat; der fremde Mann war nicht zu finden. Auf seinem Arbeitstisch aber lag ein großer versiegelter Brief, an den Bürgermeister überschrieben, den dieser auch sogleich öffnete. Er las:

»Meine lieben Grünwieseler!

Wenn Ihr dies leset, bin ich nicht mehr in Eurem Städtchen, und Ihr werdet dann längst erfahren haben, wes Standes und Vaterlandes mein lieber Neffe ist. Nehmet den Scherz, den ich mir mit Euch erlaubte, als eine gute Lehre auf, einen Fremden, der für sich leben will, nicht in Eure Gesellschaft zu nötigen. Ich selbst fühlte mich zu gut, um Euer ewiges Klatschen, um Eure schlechten Sitten und Euer lächerliches Wesen zu teilen. Darum erzog ich einen jungen Orang-Utan, den Ihr, als meinen Stellvertreter, so liebgewonnen habt. Lebet wohl und benützet diese Lehre nach Kräften.«

Die Grünwieseler schämten sich nicht wenig vor dem ganzen Land; ihr Trost war, daß dies alles mit unnatürlichen Dingen zugegangen sei. Am meisten schämten sich aber die jungen Leute in Grünwiesel, weil sie die schlechten Gewohnheiten und Sitten des Affen nachgeahmt hatten. Sie stemmten von jetzt an keinen Ellbogen mehr auf, sie schaukelten nicht mit dem Sessel, sie schwiegen, bis sie gefragt wurden, sie legten die Brillen ab, und waren artig und gesittet wie zuvor; und wenn je einer wieder in solche schlechte, lächerliche Sitten verfiel, so sagten die Grünwieseler: »Es ist ein Affe.« Der Affe aber, welcher so lange die Rolle eines jungen Herrn gespielt hatte, wurde dem gelehrten Mann, der ein Naturalienkabinett besaß, überantwortet; dieser läßt ihn in seinem Hof umhergehen, füttert ihn, und zeigt ihn als Seltenheit jedem Fremden, wo er noch bis auf den heutigen Tag zu sehen ist.

Bettine von Arnim
Der Heckebeutel

Fortsetzung des Berichtes über zwei Friedrich d'or deren Verwendung für die Armen von seiner Königlichen Hoheit dem Prinzen von Preussen, den beiden Arnimskindern übertragen wurde.

Ich setze voraus, daß jener Antrag, meinen Ankauf eines Soldatenlebens von Anno 1831, wieder rückgängig zu machen, (welches mir blos am Herzen liegt um etwaigen schmutzigen polizeilichen Antastungen nicht ausgesezt zu sein) von seiner Königlichen Hoheit, gnädigst genehmigt sei, und habe daher das Capital von 4 Tlr 20 Gr: wieder in die Kasse zurückfließen lassen. Einem genauen Bericht wie dies Geld angewendet werde, stellt sich jedoch entgegen, daß es in einen Beutel gefallen worin das Geld gleich jenem berühmten Heckpfenning sich immer wieder erneut, so oft es bei erheblichen Anlässen verausgabt wird.

Zum Beispiel: Eine alte Frau kommt an meine Thüre. groß wie jene auserlesnen Frauen Deutschlands welche zu den Preussischen Grenadier-Regimentern das ihre gethan haben. Das hab ich auch, sagt die alte Frau; von drei mächtig großen Grenadieren bin ich Mutter, und noch einen Sohn hatte ich, der war aber nicht groß gewachsen. – Sie trat ein, ich nahm ihr die Kiepe ab und lobte ihr reinliches schönes Ansehen; Vor 10 Jahren, sagte sie, hatte ich dies für keine Schmeichelei genommen, aber im *90*ten Jahr bleicht die Schönheit ab, und man kann Gott danken wenn man seinen gesunden Verstand behält; ich kann die ganze Bibel auslegen und meine Enkel alles lehren, ich habe drei Enkel, noch ganz junge Waisen an mich genommen, da war ich 80 Jahre alt, das ist 9 Jahre her; meine Tochter war an einen Zimmermann verheirathet, der ist verunglückt bei dem Bau der Potsdamer Kirche. Da haben sie ihr ihn tod ins Haus gebracht; Nach seinem Tod hat sie ein Kind geboren, das starb ihm nach, dann hat sie es auch gemacht wie das Kind, und hat gar manchmal in ihrer abzehrenden Kranckheit gesagt: Das Kind hat seinem Vater mehr nachgebangt wie ich; – Auf ihrem Todesbett sagte sie: Mutter verlassen Sie die Kinder nicht. – Der älteste war damals 6 Jahre alt, der ist jezt confirmirt, bei einem Schuhmacher in der Lehre und hat einen guten Sonntagsrock. Dies Jahr wird die älteste Tochter eingesegnet, sie hat aber noch kein Kleid, ich hoffe auf gute Menschen, die mir dazu verhelfen! – Sie erzählte ihr Vater sei als Fähnrich im Siebenjährigen Krieg geblieben; er war Baumstark sagte sie, und so groß daß er an die Decke reichte; ich bin anno 1756 geboren und war 6 Jahr alt, wie meine Mutter den Todesfall zu hören kriegte, da hatte sie die Scheere in der Hand sie ward ohnmächtig, die Scheere fiel ihr in die Arbeit und riß ein Loch hinein, sie war Goldstickerin, die Arbeit sollte 20 Ducaten kosten, die mußte sie von neuem anfangen das war ein salzig stück Brod von Thränen, denn sie blieb allein mit 9 Kindern die sind alle Soldaten gewesen, bis auf einen der war Kunstgärtner in Holland, der ist jezt 100 Jahr alt wenn er noch lebt; die andern sind alle im Feld geblieben anno 1793, bei Valancienne und Mons, da blieb auch mein Mann, der war ein so großer Grenadier, ich ging ihm unter dem Arm durch, und ich hatte doch 7ben Zoll; ich blieb allein mit 4 Söhnen und einer Tochter; die Söhne sind alle im Krieg geblieben Anno 1806 und 7ben, drei liegen unter dem Rasen bei Jena, der vierte war nicht ganz gut gewachsen und nicht Soldat, aber mußte doch auch im Krieg sein Leben lassen, bei der Einnahme von Magdeburg, da bekamen wir 40 Mann zu verpflegen, wir hatten alles dazu aufgeboten, aber nun kam ein zweiter Sturm Leute ohne Quartierzettel die wollten auch noch versorgt sein, mein Sohn wollte ihnen verständigen daß kein Platz mehr sei, da stach ihm ein Soldat mit dem Bajonet in den Leib, daß die Eingeweide herausfielen, er lag da am Boden, keiner konnte ihm helfen, der Geist war herausgeflogen, meine Tochter deckte ein schneeweiß Tuch über ihn und sezte sich neben ihn, und hielt Wache bei dem Todten; da kam ein vornehmer Offizier, der sah sie da sitzen und zittern neben dem Todten Bruder, das jammerte ihn so sehr, da lamentirten die Nachbarn und alle Leute, das war ein rechter Volksspectackel. Ich wußte gar nichts von mir, und machte alles wie es Noth that bei der großen Mannschaft, die ich allein versorgen mußte; da war ich so müde wie Alles schlafen war, legt ich mich zu meiner Tochter neben die Leiche und schlief ein. Da war die Sonne noch nicht herauf, so hörten Wir die Trommel gehn; sie holten mich unter die Soldaten, ich sollte sagen, welcher es sei der nach meinem Sohn gestochen hatte, ich war ganz erschrocken und wollte wieder fort, da kam aber einer auf mich zu, und fragte ob ich ihm verzeihen wollte, er sei es gewesen; ich hab ihm auch von Herzen verziehen, aber eine Stunde drauf haben sie ihn doch erschossen.

Ihre Tochter hat sich mit ihr durch feine Handarbeit ernährt, dann hat sie den Zimmermann geheirathet; wie die beiden Eltern nun gestorben waren, hat die alte Großmutter für jedes Enkelkind alle Monat 6 groschen von der Dorfgemeine erhalten; Abends wenn es dämmerte hat sie mit den Enkelkindern Kräuter gesucht und getrocknet, und dann in Berlin in die Apothecken verkauft Ich fragte wie viel sie dafür bekomme. »Für eine gedrückte Kiepe voll 8 groschen. Ach da muß man sich oft bücken, sagte sie, bis man so viel beisammen hat, und dann der weite Weg in die Stadt, und der Winter wo es keine Kräuter giebt. – Da muß man Holz suchen im Schnee dann wills nicht brennen, und giebt einen Qualm, es thät Noth man sperrt Thür und Fenster auf; aber es sind so schon Löcher in den Wänden, der Zugwind geht immer so durch; wenns dann endlich hell brennt, dann ists zum Ansehen aber nicht zum wärmen. Sie werdens kaum glauben Gnädiges Frauchen, aber so hoch wie ich sitze so hoch ist auch das Eis rings an den Wänden ausgeschlagen, es ist diesen Winter nicht zum Aushalten: hätt ich doch zwei Thlrchen zu einem Füderchen Holz! –« Dies Geld fand sich in dem Heckebeutel für sie. Nun war sie sehr erfreut, sie rühmte ihre Beredsamkeit, und subtilen Verstand, womit sie die Leute bewege ihr immer das Nothwendige zu geben.

Auf meine Frage von was sie lebe, sagte sie, von Brodsuppe und etwas Kümmel, denn Butter könne sie nicht kaufen, sie esse das Dünne von der Suppe und ihre Enkel das Dicke. – Sie kam kurz vor der Einsegnung wieder und holte das Kleid für die Enkelin was ihr versprochen war, und sagte jezt hoffe sie wieder emporzukommen wenn ihr nur ein Mensch wolle 8 Thlr leihen, dann wolle sie mit ihrer Enkelin die jezt aus der Schule bleibe, auf den Dörfern umher Butter Eier Hühner Tauben Meel und Grützen einkaufen und sie wieder in der Stadt verkaufen, damit sie ihren Enkelkindern einen Erwerbzweig könne hinterlassen. – Die 8 Thlr fanden sich im Heckebeutel! – Wie froh war die alte Frau! – sie lobte Gott der ihren hellen Verstand bis in ihr spätes Alter ihr gelassen, um die Leute zum Guten zu bereden. Das Geld wolle sie nach und nach wieder abtragen. – Ich sah die Frau lange nicht wieder, ich schickte einen Bedienten nach Glienicke er war ein Frommer, der rings in der Nachbarschaft die Leute bekehrte, und meine Gottlosigkeit zum Text seiner Predigten nahm; er kam zurück und hatte die Frau nicht gefunden. – Kurz vor Pfingsten begegnete ich die Frau auf der Straße mit der Kiepe auf dem Rücken. ich packe sie in eine Droschke, sie sieht ganz elend aus; sie greift in die Tasche, holt wenige Groschen heraus, das ist alles was noch übrig ist von den 8 Thlrn. Das Enckelkind war zu Ostern zum Abendmal gegangen, als sie aus der Kirche kommt, sagt sie Großmutter ich will mich legen, den zweiten Tag war sie Tod. – Das Begräbniß hat 6 Tlr

4 Gr gekostet; da wollte sie kommen und es mir klagen aber die jüngste Enkelin jammerte so, daß sie nicht allein bleiben wollte, so ist sie dort geblieben bis das Geld alle war; nun muß ich aber doch wieder in die Stadt, sagte sie, um das bischen Brod zu suchen was mir hier bescheert ist; da hat das Kind so lamentirt, ich könnte unterwegs einmal sterben und nicht wieder kommen. Dummes Kind, hab ich gesagt, ich werde nicht sterben so lang du noch in der Schule bist; aber da wärs doch bald anders gekommen, da rasselt ein Wagen daher und über mich weg, davon Thut mir die Brust so sehr weh, sie haben mir ein groß Pflaster draufgelegt. – Jezt hätte ich aber eine große Bitte liebes gnädiges Frauchen, wenn Sie mir fünf Thlrchen wollten geben, dann nehm ich meinen Enkelsohn aus der Lehre der kann mir dann auf den Dörfern umher alles einkaufen und dann kann er mit mir in die Stadt und alles wieder verkaufen. – Die fünf Thlr fanden sich im Heckebeutel; – sie freute sich abermals daß Gott sie mit einem so guten Verstand begabt habe um ihr Anliegen ordentlich und deutlich vorzubringen daß sie es zum Besten ihrer Enkelkinder anwenden könne; und sie werde gewiß alles bei Heller und Pfenning wieder ersetzen; ich solle nun auch auf Pfingsten ja nichts in die Wirthschaft kaufen sie werde alles selbst bringen, das solle die erste Rückzahlung sein. – Pfingsten war gekommen aber nicht die Frau! – jedoch gleich nach Pfingsten erschien sie ganz ermattet, und erzählte der Schuhmachermeister bei dem ihr Sohn in der Lehre stehe wolle ihn nicht loslassen er müsse erst seine Lehrjahre ausdienen; nun würde sie freilich nichts können anfangen; so aber, sei ein Mann im Fahrland gestorben, der habe eine Karre mit einem Hund hinterlassen; für 7ben Thlr. sei die zu verkaufen; wenn ich den Hund mit der Karre habe dann kann ich mir helfen, dann fahr ich am Sonnabend wo keine Schule ist mit meinem jüngsten Enkelkind auf die Dörfer und hole alles ein. Ach liebes gnädiges Frauchen, geben Sie mir die 7ben Thälerchen Sie können sich drauf verlassen am nächsten Montag werd ich Ihnen von der allerbesten Sahne mitbringen, und da dürfen Sie keinen Heller bezahlen. Nein! das leidet meine Ehre nicht! – Die 7ben Thaler fanden sich im Heckebeutel, die Frau lobte mich gar sehr. »Wenn ich nun alles so eingerichtet hab« sagte sie »daß auch nach meinem Tod Ihnen richtig wieder abgetragen wird was ich von Ihnen geborgt habe, dann will ich mich zu Hause ausruhen und mein Stündchen abwarten. Aber einmal will ich doch noch kommen vor meinem Tod, denn Sie sind mein Schutzengel, und sehen Sie gnädiges Frauchen, es ist doch eine große Gnade von Gott, daß ich gute Herzen so bereden kann zum

Besten; – Ja, sagt ich, Sie hat ein großes Genie zur Beredsamkeit, man könnt es in der Zeitung rühmen! – Die Frau wollte eben ihren mühseelgen weiten Rückweg antreten, da kam ein großer Regen, ich gab ihr einen Schirm, wie vergnügt ging sie nun mit der Kiepe auf dem Rücken unter ihrem eignen Dach, ganz ohne Mühe, der Schirm war an der Kiepe befestigt. –

Sie kam zum rechten Tag wieder, allein ohne Marktwaaren, sie war recht vergnügt. Die Sachen hab ich nicht mitbringen können sagte sie, den Hund mit der Karre hab ich aber gekauft, das Thier frißt mehr an einem Tag als wir die ganze Woche verzehren, da müssen wir sehen wie wir zurecht kommen, den Hund kann ich nicht darben lassen er ist unser Broderwerber, nein das thu ich nicht, lieber will *ich* darben. Aber liebes gnädiges Frauchen Sie sind meine Zuflucht, Sie wissen daß der Arme dem es an allem fehlt doch auch leben muß denn Gott hat ihm den Athem eingeblasen; ich wär verhungert oder verfroren diesen Winter, hätt ich Sie nicht gehabt; ein Menschenleben ist nicht zu Theuer bezahlt, wenn Sie noch eine 5 Thlrchen drangeben, daß ich meine Runde machen kann mit dem Hund, in den Dörfern muß man Herberge und Wegzehrung für den Hund zahlen, das läuft ins Geld! – Der Heckebeutel hatte diesmal nur 4 Thlr. mehr war nicht drinn. – Nun! ich werde Ihnen alles gedoppelt wieder einbringen sagte sie. Sie dürfen jezt für nichts mehr in der Wirthschaft sorgen, alles soll im Überfluß ins Haus gebracht werden, von mir und meinen Enkelkindern; aber Gott muß ich doch loben über meine Klugheit in meinem hohen Alter, er weiß die Herzen zwar zu lenken, aber wenn man so dumm ist und versteht seine Winke nicht, so hilfts zu nichts! Nun sehen Sie wie ich mich aber danach zu richten versteh, und kann alles gedoppelt wieder einbringen was ich mit meiner Beredsamkeit mir hab erworben? – Ich mußte der Frau recht geben. – Als sie fort war kamen jene zwei FriedrichsDor, von seiner Königlichen Hoheit in den Heckebeutel der Armen! Wem sollten sie bestimmt sein? – Die *Steinalte,* hatte das Unmögliche versucht um im 90sten Jahr noch mit eignen Kräften eine unabhängige Existenz zu erwerben, diese langten nicht aus, das war voraus zu sehen. Wenn aber ein alter Krieger der vielen Siegen voran stritt, endlich noch in eine lezte Fehde verwickelt, selbst die Waffen zu führen sich nicht enthalten kann; sollte er auch unterliegen; so ist er dennoch der größere Held! Eben so ist diese Frau, deren Vater unter Friedrich dem zweiten sein Leben dran gab um Preussen groß zu machen, deren Mann und sieben Brüder in den Mörderischen Scharmützeln von Mons und Valancienne anno drei und neunzig mit ihrem Blute das Französische Feld tränkten, deren drei Söhne bei den ersten kriegerischen Wallungen Anno 1806 und 7ben gegen das fremde Joch, wie Gold in einem Feuer zusammenschmolz mit der Begeistrung des Prinzen Louis Ferdinand, dessen Wunden zusammen mit den ihren gen Himmel rauchten. Ja eben so groß, ist dieser alten Frau Muth, mit eignen Kräften auf dieser, den Armen treulosen, Welt, ihren Enkelkindern eine sichre Stelle gründen zu wollen. keiner denke hier das Falsche, als habe sie nicht den ernsten Willen gehabt zu dem Vorhaben. Die Frau hat nach geprüfter Weise vertraut auf die feste Ausdauer; das einzige woran sie nicht glauben kann, ist an ihre gesunkne Kraft. Nein! Das Blut was aus Helden stammt, und wieder Helden dem Vaterland gegeben hat verläßt sich auf die eigne Energie; und bisher hat es ihr geglückt, denn sie hat sich die Pfenninge des Heckebeutels erobert, und ist immer wieder mit erfrischtem Muth drangegangen ihn aus zu keltern Diese zwei Friedrichsdor des Prinzen von Preussen die jezt im Heckebeutel liegen sollten sie nicht der übermenschlichen ungebrochnen Zuversicht dieser Frau zur Beute werden? – Eine fürstliche Gesinnung wird keiner verläumderischen Ansicht Raum geben, noch das Böse glauben wo sie das Gute voraussetzen darf; denn das sind Kümmerniße feiler Seelen, die nicht an die Hoheit reichen. Sorgenfrei soll das Haupt strahlen das Gnadengaben austheilt, ob sie auch richtig angewendet sind. So zum wenigsten denke ich, die von des Prinzen von Preussen Hoheit gewürdigt ist diese zwei Friedrichsdor den Armen zu spenden, wenn es mir nachgeht so huldige der Prinz von Preussen der Beredsamkeit dieser 90jährigen Grenadier Mutter, und ich sende dann einen Eilboten nach dem Fahrlande mit dem Gold aus dem Heckebeutel; sie wohnt dort in der Bruchstraße No 35 bei dem Hauseigenthümer Koch. –

Doch es war kein Bote nötig eben Heute am 11ten Juni Morgens um 7 Uhr als ich noch schlief war sie schon von Charlottenburg herüber gewandert; sie will um 11 Uhr mit der Eisenbahn nach Potsdam, dort muß sie ja einen Gewerbschein lösen sonst darf sie nicht hausiren gehen; der Gewerbschein muß aufs ganze Jahr gelöst werden, doch kann man ihn 4teljährig abtragen. – Und wenn nun einer verarmt und kann das Gewerb nicht fortsetzen so muß er zum wenigsten ein Jahrlang den Gewerbschein bezahlen. – Also wenn die Armuth verarmt bei ihrem Gewerb, so muß sie sich am Versuch verbluten, sich empor zu arbeiten! – Ja! sagt die Frau den König will ich nicht betrügen, der muß das seinige haben, nein ich will mit Ehren in die Gruft. wollte ich nicht den Gewerbschein lösen wo doch alle die Meinigen Königsleute waren und sind unter der Preussischen Fahne geblieben! – nein ich werd meine Schuldigkeit thun und dem König das seine abtragen! – Aber Frau Sie hat es ja nicht, und kann ja morgen sterben! – Das kann nichts helfen, dem Hund mit der Karre muß ich den ganzen Tag Brod und Kartoffel einbrocken, und nun sollt er mir nicht sein jahr Gewerbschein lösen! Das geht nicht der Hund muß dran willst Du fressen und nicht dem König das seinige einbringen! – Das will ich dir bald lehren! – so wie ich das erste 4tel Jahr Gewerbschein abgetragen hab wird er mit Sonnenaufgang eingespannt, und nun zieh'. du sollst dein Brod im Schweiß deines Angesichts essen! – Das hat Gott zum Stammvater der Menschen gesagt das muß dem Hund auch recht sein! – Aber liebe Frau, 12 oder 16 thlr. Gewerbschein kann Sie doch nicht herbei schaffen, mit was will sie jezt sich den Gewerbschein lösen in Potsdam? – Ja liebes gnädiges Frauchen ich verlasse mich auf Gott und gute Menschen die auf kluge Reden hören, die sich verwarnen lassen ich bin im nächsten Januar Neunzig Jahr alt ich hab meinen hellen Kopf, dem großen christlichen Gebot soll die Christenheit folgen thue Deinem Nächsten was Du willst das man Dir selbst thue; gnädiges Frauchen von Ihnen kann ichs nicht fordern Sie haben Ihre Pflicht an mir gethan, aber ein jeder wird mir zugestehen daß wenn er einen Gewerbschein zu lösen hat! und der Beutel ist leer, der wollt daß der nächste der was im Beutel hat ihm den Schein bezahlt; also sehen Sie wohl wie schön das Gebot des Herrn jedem ins Herz geschrieben ist. Ja könnten die Reichen leute Gottes Schrift im eignen Herzen lesen, da würden mehr Gewerbscheine gelöst als die Armuth zu ihrer Handirung braucht.

(Schluß nach der Reinschrift)

– Ich gab ihr hier das eine Goldstück aus dem Heckebeutel, und bedeutete ihr das Geld sei nicht mein sondern dem Prinzen von Preussen! – Die Frau nahm es mit gutem Muth, und hofft mit nächstem seiner Königlichen Hoheit es mit Zins wieder einzubringen! – ihre Begeistrung für ihre Beredsamkeit in ihrem hohen Alter ist dabei bedeutend gestiegen.

Diese kleine Armengeschichte ist ganz nach der Wahrheit geschildert und ist selbst dabei kein Wort hinzugesezt von dem was die Frau gesagt hat; – ich habe sie niedergeschrieben weil meine Kinder mir sagten seine Königliche Hoheit habe ihnen anbefohlen die Verwendung der beiden Goldstücke ihm mitzutheilen. Allem Anschein nach wird das zweite Goldstück auch noch im Rauch der Hoffnungen dieser alten Sybille aufgehen, wenn nicht seine Königliche Hoheit es anders bestimmen.

Ich habe hier nur eine aufrichtige Klugheit beschrieben, könnte ich doch auch jene einmal ans Licht ziehen die man benützt um einander zu überlisten, jene feinere Maske der Heuchelei die sich Cultur nennen läßt, und unter diesem feinen Namen einher schleicht im Gewande der Bescheidenheit und Selbstverläugnung und durch den Firniß der Weltklugheit und des schonenden Betragens gegen ihre Widersacher, welche ohne Vorbehalt die Wahrheit aussprechen, den Sieg davon tragen bei Jenen Herren der Welt deren endliches Verderben allein ihrer Heuchelei zuzuschreiben ist.

Anhang

1773 Am 31. Mai in Berlin als Sohn des Seilermeisters Johann Ludwig Tieck geboren.

1782–92 Besuch des humanistischen »Friedrich-Gymnasium auf dem Werder«; seither Freundschaft mit Wilhelm von Burgsdorff und Wilhelm Heinrich Wackenroder.

1788 Verkehr im Hause des Kapellmeisters, Komponisten und Schriftstellers Johann Friedrich Reichardt; Bekanntschaft mit Karl Philipp Moritz; erste Shakespeare-Lektüre.

1790–91 Beteiligung an der Abfassung von Trivialromanen seiner Lehrer Bernhardi und Rambach; als Versuche in ähnlichem Genre die Erzählungen *Almansur* und *Abdallah* (bis 1793).

1792 Ab Winter Studium in Göttingen; Beginn der Arbeit an *Geschichte des Herrn William Lovell* (bis 1796).

1793 Ab Ostern gemeinsam mit Wackenroder Fortsetzung des Studiums in Erlangen; Entdeckung der deutschen Kunst der Dürer-Zeit; Veröffentlichungen zu Shakespeare. Im Herbst wieder in Göttingen.

1794 Abbruch des Studiums; Rückkehr nach Berlin als freier Schriftsteller; Arbeit für den Verleger Christoph Friedrich Nicolai.

1797 Freundschaft mit Friedrich und August Wilhelm Schlegel; Erscheinen der *Volksmärchen;* Entstehung der Komödien *Der gestiefelte Kater* und *Die verkehrte Welt*.

1798 Am 13. Februar Tod Wackenroders (Tiecks Edition des Nachlasses 1799). Heirat mit Amalie Alberti, einer Schwägerin Reichardts. Bruch mit Nicolai. *Franz Sternbalds Wanderungen*.

1799 Übersiedlung ins Haus A. W. Schlegels in Jena.

1800–01 Wechselnde Wohnsitze (Jena, Berlin, Dresden).

1802 Schwere seelische Krise. Erstes Auftreten der Gicht.

1802–19 Auf Einladung Burgsdorffs ständiger Wohnsitz auf dem Landgut Ziebingen, dessen Bewirtschaftung Ludwig Karl Graf von Finckenstein übernimmt; enge Beziehung zu dessen Gattin Henriette. Mitarbeit an der ›Novalis‹-Edition.

1805 Romreise; *Reisegedichte eines Kranken* (ersch. 1823).

1810–16 Erscheinen der *Phantasus*-Sammlung; Aufenthalte u. a. in Berlin und Prag.

1817 Englandreise.

1819 Niederlassung in Dresden, zusammen mit der Familie und Henriette von Finckenstein; berühmt werden Tiecks Leseabende in deren Salon.

1821 Beginn von Tiecks »Novellenzeit«; Herausgabe von Heinrich von Kleists ›Hinterlassenen Schriften‹.

1825 Ernennung zum Hofrat und Dramaturgen am Hoftheater Dresden; zusammen mit der Tochter Dorothea und Graf Baudissin Fortsetzung von A. W. Schlegels Shakespeare-Übersetzung (9 Bde., bis 1833).

1828 *Gesammelte Schriften* (28 Bde., bis 1854).
1836 *Der junge Tischlermeister* (Novelle, 2 Bde.).
1837 Tod von Tiecks Frau Amalie.
1840 *Vittoria Accorombona* (Roman).
1842–53 Auf Einladung von Friedrich Wilhelm IV. Niederlassung in Berlin.
1843 Inszenierung von Shakespeares ›Sommernachtstraum‹ mit der Bühnenmusik Mendelssohns.
1847 Tod Henriettes von Finckenstein.
1849 Verkauf seiner 16000 Bände umfassenden Bibliothek.
1853 28. April: Tieck stirbt nach zweijährigem Krankenlager.

Der blonde Eckbert

Erstdruck und Druckvorlage: Der blonde Eckbert. In: Volksmährchen, herausgegeben von Peter Leberecht. Erster Band. Berlin 1797, verlegts Carl August Nicolai. S. 193–242.

Zur Textgestalt

An folgenden Stellen wurden in dieser Ausgabe offenkundige Versehen des Erstdrucks korrigiert:

S. 7 mittler *zu:* mittlerer
S. 19 mich *zu:* mir; so im *Phantasus*-Druck
S. 20 wenige *zu:* ewigen; so im *Phantasus*-Druck

Dieses, wie seine übrigen frühen »Novellen-Märchen« fügte Tieck später einem neuen Rahmen ein: Phantasus. Eine Sammlung von Mährchen, Erzählungen, Schauspielen und Novellen, Bd. I, Berlin, bei Georg Reimer 1812.

Von den Varianten dieser zweiten Fassung des *Blonden Eckbert* werden hier nicht aufgelistet die stilistischen Eingriffe, wie z. B.

S. 9 und durch meine Flucht noch grausamer gegen mich werden : und, durch meine Flucht gereizt, mich noch grausamer behandeln
S. 22 unbekümmert : unbekümmert darüber

Sie belegen, daß der *Phantasus*-Erzähler sein Handwerk besser versteht als der junge Tieck, freilich wird auch die Stilmaske des fiktiven Erzählers zerstört, des harmlosen, Tiecks Lesern schon als Titelheld einer »Geschichte ohne Abentheuerlichkeiten« (1795–1796) bekannten Peter Leberecht.

Die wichtigsten inhaltlichen Abweichungen sind:

S. 7 sehr gehängt : angeschlossen
S. 7 die er selbst hatte : der auch er am meisten zugetan war [die Identifikation Eckbert-Walther wird abgeschwächt]
S. 10f. Ihr vergebt ... verwöhnt. : [*entfällt*]
S. 11 und die Abendglocken ... über die Flur hin : und das Rieseln der Quellen und von Zeit zu Zeit das Flüstern der Bäume tönte durch die heitere Stille wie in wehmüthiger Freude.

S. 12 Waldhorn und Schalmeye durcheinander spielen : Waldhorn und Schallmeie ganz in der Ferne durch einander spielen
S. 13 etwas abenteuerlich : abenteuerlich und von allen Menschen entfernt [Betonung des romantischen Kennworts »Ferne«].
S. 18 Strohmi : Strohmian [vgl. Tiecks Quellenerinnerung bei Köpke I, S. 13].
S. 19 Zufall : Seltsamkeit [s. u.].
S. 20 Hugo von Wolfsberg : Hugo

Das Wunderbare

Im 18. Jahrhundert war das »Wunderbare« in der Literatur keineswegs verpönt gewesen. Die Schweizer Bodmer und Breitinger hatten es 1740 theoretisch gerechtfertigt; nicht nur Belehrung für den Verstand, auch Unterhaltung und Bewegung der Einbildungskraft schulde die Dichtung ihrem Publikum – und dieses trifft eine entschiedene Wahl: »Von allen Orten und Enden wird mir's zugerufen«, klagt der Herausgeber des ›Teutschen Merkur‹, Wieland: »Mehr Märchen und Rezensionen!« – also möglichst viel Vergnügen für die Einbildungskraft und möglichst präparierten Stoff für die Vernunft wünschte man. Wieland selbst hatte die, schon vor Bekanntwerden der Sammlung ›1001 Nacht‹ in Frankreich (1704), modischen »Contes de fées« auf den deutschen Markt gebracht; die Feen sind freilich eher »Verkleidung der Überlegenheit des Verstandes in die Form des Wunderbaren« (Schuhmacher, S. 6). Schon Herder und der junge Goethe (in seiner Musäus-Rez. in den Frankfurter Gelehrten Anzeigen) erhoben gegen solche Betrachtung der »alten Volksgeschichten« »mit der Ironie einer höherstehenden Bildung« (Köpke I, S. 208) heftigen Einspruch. Jedenfalls rechnete man »diese exotischen Pflanzen und Blumen nicht zur eigentlichen Literatur, und als ich um 1796 meine Versuche herausgab und uralte Geschichten in ein anderes Gewand kleidete,« erinnert sich Tieck (Vorrede zu: Norwegische Volksmährchen, 1846), »wurde ich von vielen meiner Freunde und Wohlwollenden sehr ernsthaft getadelt«. Als damals Peter Leberecht »mit einer stillen philosophischen Unverschämtheit« (Vorrede, S. XI) seine Märchen der Lesewelt übergab, spielte er auf die eigentümliche Dialektik von »Vernunft« und volkstümlichem »Wunder« an, empfiehlt sich dieser und verteidigt jene. Tatsachlich bezweckt Tieck mit diesen erzählten »Träumen«, die »schwerlich [jemanden] über irgend etwas belehren dürften« (S. VIII) die Verwirrung jener beiden zeitgenössischen Positionen.

Eingeleitet wird solche Verwirrung sogleich in dem Vertauschungsspiel der beiden »Vorreden«: In der »ernsthaften« versichert der Erzähler, er sei aller Ernsthaftigkeit bar, während er in der »scherzhaften« doch wieder des Lesers zuverlässiger Führer »durch ein Land« sein will, »wo Poesie und romantische liebenswürdige Albernheit zusammen wohnen«. Und so wird, ganz ähnlich wie in Goethes 1795 erschienenem ›Märchen‹ (s. u. S. 453 f.), das Ernstnehmen der »wunderlichen Phantasie« (ebd.) eingeübt. Diese war bislang das heruntergekommene Privileg einer Leihbibliotheks-Literatur, deren Autoren das »Erhabene« mit dem »Schauerlichen« zu verbinden suchten. Tieck freilich, der diese Schule nie verleugnete und von seinem Verleger ja als Spezialist solch marktgängiger Ware angeworben worden war, wird doch – wie A. W. Schlegel (Athenäum 1798, I, S. 174) bemerkt – »zum wahren Gegenfüßler unserer gewappneten ritterlichen Schriftsteller ...; da diese nur darauf arbeiten, das Gemeine, Abgedroschenste als höchst abenteuerlich, ja unnatürlich vorzustellen, so hat er sich dagegen bemüht, das Wunderbare so natürlich und schlicht wie möglich ... erscheinen zu lassen.« Der Routinier Tieck reduziert die Schauereffekte auf Andeutungen für Kenner, denen etwa der »Harz« als Landschaft der Volkssage und des Schauervollen ebenso vertraut ist, wie sie in einer »schwarz« gekleideten Gestalt, deren Gesicht »in einer ewigen Bewegung« ist, sogleich ein übernatürliches Wesen vermuten (weitere Nachweise bei Müller-Dyes). Auch in dieser Reduktion auf den Lapidarstil der Volkssage wollte das kritische Haupt der »romantischen Schule« lieber das große Vorbild Goethes bestätigt sehen: »In dem blonden Eckbert fand ich ganz die Erzählungsweise Göthe's in seinem Mährchen, im Wilhelm Meister u. s. w.« (Brief Schlegels an Tieck, 11. 12. 1797).

Form und Gehalt

»Wunderbar«, »wunderlich« und »seltsam« lauten die Leitworte des *Blonden Eckbert;* sein Thema ist das Verhältnis von Märchen und vernünftiger Weltordnung. Die Namen sind sprechend: sie verweisen einerseits auf den äußeren Schein (Bertha – die Glänzende; bei ihrem Gemahl kommt das ritterliche Schwert, mhd. »eck« hinzu), andererseits auf die wirklich waltende Macht (»Walter«) und auf die tiefere und grausame Einsicht (Hugo, von ahd. »hugi« – Verstand; »von Wolfsberg«). Wer das innerste Welt-Geheimnis gelten lassen und an ihm teilhaben kann, ohne es zu zerstören, dem erscheint das »Wunderbare«; bei der Annäherung an diesen Zustand wie bei allmählicher Abwendung davon ist das Wunderbare verzerrt zum »Wunderlichen«, und erst, wenn der Mensch sich von der Natur gänzlich abgewendet hat, wirken ihre Wunder bloß noch »seltsam« und die scheinbare Lösung ihrer Rätsel bedeutet nur die Zerstörung des Menschen (vgl. S. 19 u. 22).

Die Welt verändert sich also im *Blonden Eckbert* je nach der Perspektive ihres Betrachters; Berthas Weg läßt ihr die Initiation vom »Seltsamen« über das »Wunderliche« zum »Wunderbaren« zuteil werden und führt sie aus der Alltagswelt des Dorfes in die Abgeschiedenheit der Natur, aus dem Raum der Gesellschaft in den des Märchens, »aus der Hölle in ein Paradies« (S. 11), das Tieck getreu der Schillerschen Bestimmung der Idylle konzipiert hat: »Die poetische Darstellung unschuldiger und glücklicher Menschheit ist der allgemeine Begriff dieser Dichtungsart. Weil diese Unschuld und dieses Glück mit den künstlichen Verhältnissen der größeren Sozietät und mit einem gewissen Grad von Ausbildung und Verfeinerung unverträglich schienen, so haben die Dichter den Schauplatz der Idylle aus dem Gedränge des bürgerlichen Lebens heraus ... verlegt und derselben ihre Stelle vor dem Anfange der Kultur in dem kindlichen Alter der Menschheit angewiesen.« (Über naive und sentimentalische Dichtung) Berthas Weg ist stellvertretend für eine Erfahrung »der Menschheit«. Mit ihrer Bewegung im Raum wandelt sich die seelische Perspektive; wurden zunächst die Phänomene noch aus der Sicht einer – nicht real, wohl aber im seelischen Bedürfnis vorhandenen – Gemeinschaft bewertet, so daß sich »einsam« (S. 9) fühlte, wer allein war, »verirrt« (S. 10), wem der gewöhnliche Weg aller fehlte, so wird in dem »aufgeschlossenen Paradies« (S. 11), eben jenem in der »Vorrede« erwähnten Land des »Traums«, das »Seltsame«, »Abenteuerliche« und »Außerordentliche« (S. 13) gewöhnlich, die »Waldeinsamkeit« traulich (S. 12), und das, wegen der »wunderbarsten Phantasien« (S. 8) sonst so »ungeschickte« und »unnütze« – also: unverständige – Kind wird ein anstelliges und hilfreiches Geschöpf, sobald diese Wirklichkeit des Traums nur erst anerkannt ist (vgl. S. 13). Dem, auf »Nützlichkeit« und »Belehrung« fixierten Leser stellt Tieck hier die wahre Bedingung dieser Tugenden vor. Dementsprechend wird dieser Fluchtort der Phantasie auch durch die Irreleitung der Phantasie und durch eine, das Denkvermögen aufstachelnde, sentenziöse Moral zerstört – also die beiden Momente, die in Tiecks zutreffender Auffassung das literarische Leben seiner Zeit prägten. Die legitime kindliche Neugier wird jetzt erst zur gefährlichen »Sucht nach etwas Neuem« (S. 16).

Die Inversion der Heilsgeschichte ins Rätsel wird in dem Reise- und mißglückten Initiationsmärchen (nach dem Typ »Frau Holle«) Berthas durchgeführt; es ist, trotz der obligaten Märchenheirat am Schluß, »kein Liebesmärchen, sondern die Geschichte eines unerfüllten Kindertraumes, einer verweigerten Heimkehr ins Vaterhaus« (Kreuzer, S. 182; vgl. S. 17). Mit dem freiwilligen Sündenfall, dem Verlassen und der Zerstörung des zeitlosen Kindheitsparadieses zerbricht auch die Einheit der Seele, und die beiden Kräfte Einbildungskraft/Phantasie und Denkvermögen/Vernunft wirken gegeneinander, statt in traumhaftem Miteinander. Die merkwürdige Bewußtlosigkeit der Figuren (z. B. S. 15, 20) zeigt nur an, daß sie den Zugang zum echten, unbewußten Zentrum ihrer Persönlichkeit verloren und das richtige Träumen verlernt haben; ihre Angst ist nur das unverstandene Signal dieses Verlustes. Die Vernunft unterwirft nun die Wiederkehr des Gleichen dem Diktat der Zeit: Das Vogellied hatte zuvor diese paradiesische Zeitlosigkeit »wunderbar« ausgedrückt und abgebildet (6 Zeilen, die beiden äußeren symmetrisch gespiegelt, die beiden inneren Paraphrasen voneinander: die in sich ruhende Wiederholung); nun verwandelt es sich, in der Ambivalenz von »einst« als »ehemals« und »künftig«, zu einer Klage über die verlorene Vergangenheit und eine drohende Prophezeiung für die Zukunft zugleich. Und wenngleich die Vernunft eine richtige Deutung dieser Poesie noch leistet, so wird dadurch die Einbildungskraft nur weiter in die falsche Richtung verführt, versucht die reuige Einsicht durch erneutes Sündigen zu verdrängen und verstrickt sich in den Argwohn einer bösen Wiederholung des Vergangenen, zu der sich unter dem Gesetz von Geschichte und Gesellschaft jene märchenhafte Wiederkehr des Gleichen verzerren muß: »Ich dachte an mich selbst zurück« (S. 18). Über die Schwelle der Märchenwelt lassen sich ihre Werte nicht transportieren; so wird aus den »Schätzen« bloßes »Geld«, das kein Glück bringt (vgl. S. 17), und aus dem »überaus schönen Ritter« (S. 15) wird ein »blonder Eckbert«, der uns eingangs als Inbegriff des Mittelmaßes porträtiert wird (vgl. auch »blond« als bloße Abwesenheit von »schwarz«, s.o.). Bertha gelangt aus der »Natur« in die »Stadt«, den »Umschlagplatz der Schuld« (Kreuzer, S. 168), ans Ende ihres Märchens; doch für Eckbert, der in grotesker Verkennung der Lage hier ein »Wunder« erblickt (S. 18) und keinen Grund zur »Reue«, setzt jetzt die verzerrte Wiederholung ein, die somit zur Strukturformel von Tiecks Erzählung wird.

Die Spannung zwischen ›Geschichte‹ und ›Märchen‹ »wiederholt sich formal als Schachtelung von Rahmen und Kernerzählung, psychologisch als Unterschied von Erwachsensein und Kindheit, historisch als Abstand von Gegenwart und Vergangenheit.« (Schlaffer, S. 454) Wenn – laut einer Bemerkung Friedrich Schlegels – »Sage, Mährchen und Novelle ... auf das wirkliche Leben« gehn, dann ist Eckbert die Exempelfigur dieser Bewegung: Das Märchen erfährt er nur mittelbar, als Erzählung, im Sozialraum einer Burg, statt der idyllischen »Hütte«; dem »Wunder« glaubt er als Erwachsener zu begegnen, hat es aber nie, wie seine Frau, als Kind erlebt; ihm erscheint die Natur nicht in der weiblich-mütterlichen Gestalt, sondern männlich-reflektiert als Naturforscher; dieser allerdings ist noch beheimatet in Franken, für Tieck seit seiner Pfingstreise 1793 das Land der Poesie auf Erden (S. 7). Nicht in der Beziehung der »Tochter« zur »Mutter«, sondern in einer Freundschaft, die bereits den Keim doppelgängerischer Spaltung in sich trägt (s. die Varianten zu S. 7), erfährt Eckbert also seine Version des Paradieses (vgl. S. 7/18). Begegnet der Leser in Bertha dem poetischen Menschen, der sich seinem wunderbaren Wesen entfremdet, so ist in ihrem Gemahl der Rezipient der Poesie verkörpert. An diesen Protagonisten, wie an den Leser ergeht gleichermaßen die Mahnung, das »Wunderbare« in der Erzählung für kein Märchen zu halten (S. 8).

Nun bleibt Eckbert, anscheinend mitten in »Liebe/Und holder Freundschaft« wohnend, doch »ein Wunsch in diesem Leben offen« (XIII, S. 198) – der nach Mitteilung. Das »Seltsame« wird im Raum der Gesellschaft zum »Geheimnis« und die sprachlos einverständige Gemeinschaft (vgl. S. 14) ließe sich nun allenfalls durch die Poesie einer Vergangenheitserzählung wieder herstellen; der Zweifel an dieser Möglichkeit begründet Eckberts »Melancholie« (S. 7), die Unmöglichkeit der Mitteilung verurteilt den Erwachsenen zur Einsamkeit in der Gesellschaft. Die Mitteilbarkeit des Geheimnisses aber ist die zentrale Frage in Eckberts, des Gesellschaftsmenschen, exemplarischem Lebenslauf. Ähnlich seiner Frau reagiert auch er als »Antiheld, der sein Märchenschicksal nicht begreift, weil er es – wie der Leser – nur an einer vordergründigen Wahrheit mißt, über deren ›Zweideutigkeit‹ er neurotischer Zerstörung anheimfällt« (Kreuzer, S. 182); damit löst Tieck kunstvoll die entscheidende Handlung von den Taten der Figuren und verlegt sie in die Sprachgesten der Erzählung: Der

›Sündenfall‹ ist diesmal nicht halb unbewußt, sondern das Resultat von Monologen, und diese Reflexion wuchert und verkommt zum Argwohn; später schafft das Geständnis nicht den »Irrtum« aus der Welt, sondern potenziert die Selbstgefährdung des Argwöhnischen zur »Verdammnis« (S. 21). Nicht die Natur gibt sich heimtückisch (so bestätigt Walters Anrede an die Erzählerin – S. 18 – ausdrücklich deren Appell an die »edle« Denkungsart), sondern ihre Heimtücke ist eine schuldbewußte Projektion des Menschen, der sich in Auslegungen des »Scheins« (als Verbum ein Leitwort) verfängt, weil das paradiesische Sein in ihm verraten ist. Um so aggressiver reagiert sein Unbewußtes, wenn dem Bewußtsein die Zügel entgleiten; die entfesselte Einbildungskraft wird nun erst, aus der Perspektive der Gesellschaft, zum »Wahnsinn« (S. 21). Auch das Rätsel stellt sich erst im Raum der Gesellschaft; nun wird der, nach Tiecks eigenem Urteil so schauerlich-poetische »Name« des Hundes vergessen, oder auch: verdrängt. Ein solches Rätsel vermag demnach die Sprache, das Medium der Vergesellschaftung, nie zu lösen: Hatte schon die ›Aufklärung‹ über den Namen des Hundes, indem sie die Vernunft scheinbar befriedigte, nur die Einbildungskraft bis zum tödlichen Fieber erhitzt, so bestätigt die Mitteilung seines Lebens-Geheimnisses vollends Eckberts Wahnsinn, die entsetzliche Isolierung seiner Vernunft, die »Einsamkeit« als Stigma gesellschaftlichen Daseins. Der Inzest ist das Sinnbild dieser Verschlossenheit ins eigene Ich, wie sie auch die, einander variierenden Namen der Gatten andeuten. Die ›Erbsünde‹ aber wird aus gesellschaftlichen Konventionen begründet: Die ritterliche Ehre und der Mangel an Geld sind die Ursachen für die Zerstörung der ›Familie‹, die sich in der Märchenwelt zeitloser Phantasie solange nicht heilen läßt, als diese zeitgebundenen Gesetze der Gesellschaft fortgelten (s. o.). Für die Leser einer solchen, an Shakespeare geschulten Mischung des Gewöhnlichen mit dem Wunderbaren mochte Eckberts Schicksal als Warnung, der *Blonde Eckbert* als Übung dienen, wie »Vernunft« und »wunderliche Phantasie« (Vorrede) wieder zu vereinen seien; zweifellos ist Tiecks Kritik an der Sozial-Psychologie der Ausgrenzung auf das literarische und gesellschaftliche System der Berliner »Aufklärung« zu beziehen. Doch wenn ihm seine Volksmährchen auch »die Freundschaft August Wilhelm Schlegels erwarben und so beide Dichter späterhin zur gemeinsamen Übersetzung von Shakespeare verbunden hatten« (Köpke, S. 163), so ist der Kritiker der Aufklärung deshalb noch kein »Romantiker«, war doch das Plädoyer für die Einheit der Seelenvermögen und damit Rehabilitation der Einbildungskraft längst im Sensualismus (etwa eines Lehrers Tiecks, Karl Philipp Moritz) selbstverständlich geworden. Die Romantiker schockierten dann die gelehrte Welt, indem sie das poetische Reich der Phantasie als Ende und Erfüllung aller Zwietracht ausriefen. Tiecks poetische Zuspitzung der Krise hatte solch einseitige Synthese glaubhaft gemacht.

Die Wiederholungsstruktur der Initiation ins Wunderbare teilt der *Blonde Eckbert* mit anderen Märchen (z. B. mit den *Elfen;* mit dem *Runenberg* auch den zweideutigen Schluß), die Tieck im ersten Teil des *Phantasus*-Zyklus zusammenfaßte. Während aber die Erstfassung auf den Kontext der zeitgenössischen, auch diätetisch geprägten Melancholiedebatte anspielt und das zentrale Vermögen ›Einbildungskraft‹ mit der ›Vernunft‹ als scheinbar regierender Instanz kurzschließt, wird die Erzählung im Zyklus in einen bewußt arrangierten Kontext eingebunden, der zuerst einmal die medizinische Auffassung von Lektüre als nahrhafter oder schädlicher Seelen-»Diät« verspottet (IV, S. 25ff.); im Gesamtkunstwerk des *Phantasus* erhält der *Blonde Eckbert* eine neue, seinem Stellenwert entsprechende Bedeutung (vgl. Arendt, S. 292ff.; auch zum Einfluß Solgers). Indem dies »Mährchen einfachster Composition« bis ins wörtliche Zitat hinein (IV, S. 22ff. u. 46) mit der Rahmenerzählung korrespondiert, wird es, aus einer Warnerzählung der Erfahrungsseelenkunde, nun zur Kontrastfolie des romantischen Kunstwerks der Geselligkeit, wo sich das »Phantastische mit dem wirklichen Leben aufs innigste« verbindet, wo Landschaft, Essen und menschliche Gesellschaft sich zum Gesamtkunstwerk »romantischer Composition« zusammenschliessen. Nun, im poetischen Rückblick auf die »schöne Zeit in Jena«, kann Eckbert erst als »gescheiterter Romantiker« (Vitt-Maucher) beurteilt werden. Erscheint jeder Teilnehmer des geselligen Kreises als die einseitige, projizierte Facette einer – fiktiven, zerbrochenen – Gesamtpersönlichkeit, so wird in wechselseitiger Duldung und Mitteilung, im Medium von »Witz« und Poesie eben diese menschliche Ganzheit abgebildet, welche von der neurotischen Psychologie der Ausgrenzung im »Volksmährchen« verhindert worden war. Überdies wird der »Schreck« solcher kunstvollen Natur-Märchen gerechtfertigt, da er weder dem wahren Schrecken einer naturwüchsigen Geschichte vergleichbar sei, noch den naturalistisch herzrührenden Szenen der zeitgenössischen Trivialdramatik: »Doch kann man nicht leicht über das Theater sprechen, ohne zugleich über die Welt zu sprechen, denn beides fließt, vorzüglich in unseren Tagen, sehr in einander.« (V, S. 159) Romantische »Träumerei« mündet, wie eine Beispielerzählung lehrt, allzu leicht in aggressives Rollenspiel am falschen Ort, nämlich auf dem »Natur- und Nationaltheater« (V, S. 445). So bietet der »still fortschreitende Ton der Erzählung, die eine gewisse Unschuld der Darstellung« noch bewahrt, Schutz vor dem ›Chaos‹ in der inneren und äußeren Natur, und ist ein Vorbild der Gesittung, als schöne Verschmelzung von Kunst und Natur begriffen, wie sie die aufgeregte Zeit allzu leichtfertig preisgeben wollte. Damit aber rechtfertigt sich der Vergleich mit dem »Meisterstück« des »Göthischen Mährchens« und seiner Prophetie des Goldenen Zeitalters aus dem Geist ästhetischer Erziehung. So sollte auch die *Phantasus*-Sammlung insgesamt von den vorromantisch-krisenhaften Naturmärchen über das mutwillig-romantische Welttheater zu »mehreren ganz prosaischen Erzählungen« (I, S. XLIff.) fortschreiten, wie sie der Autor des ›Wilhelm Meister‹ so vorbildlich beherrschte: In der

Vollendung der anthropologisch definierten Gattungsdreiheit von Lyrik (in den eingestreuten Gedichten, wie in der Verschlossenheit ins Ich als »lyrischer« Grundhaltung), Dramatik und Epik bildet sich die Vollendung des geselligen Ideals ab. Analog löste sich die romantische Verwirrung einer »Entführung« lustspielhaft in bürgerlichen Hochzeiten, die mit Billigung des, aus Goethes Werken vertrauten, ernst-»prosaischen« Oheims stattfinden. Der *Phantasus* konstruiert in der Kanonisierung und Aufhebung literaturgeschichtlicher Stufen, das »erreichte Sociale« (im Sinne Hofmannsthals). Als Dokument der Lebenswende eines Autors, dem sich mit zunehmendem Alter allmählich »alles in historischer Ansicht« auflöste (Br. an Solger, 1. 2. 1812), bereitet er zugleich den Übergang vom Skandal-Romantiker Tieck zum ›Statthalter Goethes auf Erden‹ vor. Ästhetik, Geschichte und Autobiographie werden im *Phantasus* in typisierten Entwicklungsstufen gesehen und im »Kunstwerk der Geselligkeit« aufgehoben.

Tiecks letzte Novelle, *Waldeinsamkeit* (1841) geht von einem geselligen Streitgespräch über »jenes jugendliche Märchen *Der blonde Eckbert*« aus; sie wertet die romantische Schwellensituation zwischen Jugend und Erwachsensein vollends als Aufforderung zur Synthese, zu Überwindung und Bewahrung der »Träume«: »Was man in der Jugend wünscht, das hat man im Alter in Fülle.« (XXVI, S. 517) Wer die wirkliche Erfüllung verkennt und sich auf die Träume fixiert, wird melancholisch, und Tieck führt das Konzept aus dem ästhetisch-philosophischen Kontext von 1815, nun, nach dem »Ende der Kunstperiode« (Heine), wieder in den diätetischen von 1796 zurück. »Melancholie und Lust zum Schreiben« (S. 555) wechseln im »grünen Waldarrest« mit »Tobsucht« ab, sind aber nur Symptome einer verstopften Phantasie, die Tieck den »denkenden Christen« der Aufklärung zuschreibt und die einen solchen praktisch Wahnsinnigen schließlich zu einer Physikotheologie der Verdauung, in der das Universum als Exkremente Gottes erscheint, verführt. Die berühmte »Waldeinsamkeit« ist zum literarhistorischen Reizwort geworden (vgl., wie schon in der *Phantasus*-Widmung, das Erinnerungsgespräch über die Jenaer Zeit, Bd. V) und genügt den bequemen Nachgeborenen als Quintessenz romantischer Dichtung. Das echt und zeitlos romantische Gemüt erkennt jedoch die Differenz von »Traum« und »Tat« und verzichtet auf die Vermischung von Poesie und Leben. Der melancholisch-schwärmerische Baron Linden wird von seinem Nebenbuhler um die Hand der schönen Sidonie entführt und in einem einsamen Waldhaus versteckt, wo alle Requisiten jener, von diesem Leser geschätzten »Waldeinsamkeit« versammelt sind (die Alte, handgeschriebene Bücher). Doch wird seine Phantasie durch die Lektüre der Schriften seines Vorbewohners, jenes wahnsinnig »denkenden Christen«, geheilt, er wird vernünftig, prosaisch-tätig und befreit sich, versöhnt sich dann mit seinem Oheim, entlarvt den tückischen Gegner, stellt dessen »barbarischer«, naturhaft roher »Sauf«-Gesellschaft die wahre Geselligkeit in Liebe und Freundschaft entgegen, und so erweist sich zur Verlobung auch der wahre und nützliche Sinn jener Verse aus dem *Blonden Eckbert:* Sie werden dem glücklichen Paar als Ständchen dargebracht. Die Integration von Poesie und Alltag ist vollendet; sie ist die Formel der Werkentwicklung Tiecks.

Literaturhinweise

Mit Angabe von römischer Band- und arabischer Seitenzahl werden Tiecks *Schriften*, Berlin 1828 ff. zitiert.

Bürger, Christa: Der blonde Eckbert. Tiecks romantischer Antikapitalismus. In: Literatursoziologie II. Hg. v. Joachim Bark. Stuttgart 1974. S. 139–158.

Kreuzer, Ingrid: Märchenform und individuelle Geschichte. Zu Text und Handlungsstrukturen in Werken Ludwig Tiecks zwischen 1790 und 1811. Göttingen 1983.

Köpke, Rudolf: Ludwig Tieck. Erinnerungen aus dem Leben des Dichters nach dessen mündlichen und schriftlichen Mitteilungen. 2 Bde. Leipzig 1855.

Lillyman, William J.: Reality's Dark Dream. Berlin 1978. S. 79–92.

Müller-Dyes, Klaus: Der Schauerroman und Ludwig Tieck. Über die dichterische Fiktion im ›Blonden Eckbert‹ und ›Runenberg‹. Göttingen, Diss. 1965.

Schlaffer, Heinz: Roman und Märchen. Ein formtheoretischer Versuch über Tiecks ›Blonden Eckbert‹. In: Ludwig Tieck. Hg. v. Wulf Segebrecht. Darmstadt 1976. S. 444–464.

Swales, Martin: Reading One's Life: An Analysis of Tieck's ›Der blonde Eckbert‹. In: German Life & Letters 29 (1975/76), S. 165–175.

Vitt-Maucher, Gisela: Eckbert, der gescheiterte Romantiker? In: Wege der Worte. Festschrift für Wolfgang Fleischhauer. Hg. v. Donald C. Riedel. Köln 1978. S. 332–346.

Sowie Arendt, S. 257–303; Schuhmacher, S. 46–53; Pikulik, S. 176 ff. u. 439 ff.

W. S.

Friedrich von Hardenberg (Novalis)

1772 Am 2. Mai geboren auf dem Familiengut Oberwiederstedt als Sohn des Heinrich Ulrich Erasmus von Hardenberg und dessen Ehefrau Auguste Bernhardine, geb. von Bölzig.

1785 Umzug nach Weißenfels; Tätigkeit des Vaters als kursächsischer Salinendirektor.

1789 Begegnung mit Gottfried August Bürger.

1790 Studium der Rechtswissenschaften in Jena; philosophische, historische und literarische Studien; Vorlesungen bei dem Kantianer Reinhold und bei Schiller.

1792 Beginn der Freundschaft mit Friedrich Schlegel.

1793 Entschluß zum Soldatenstand; die schlechte Finanzlage der Familie verhindert die Ausführung.

1794 Juristisches Examen an der Universität Wittenberg »mit der ersten Zensur« abgelegt. 17. November: erste Begegnung mit der zwölfjährigen Sophie von Kühn (17. 11.).

1795 Inoffizielles Verlöbnis mit Sophie. Ernennung zum Akzessisten bei der Salinendirektion in Weißenfels.

1797 19. März: Tod Sophies. Ab Dezember Studium an der Bergakademie Freiberg. Studium der Werke des Frans Hemsterhuis; Begegnung mit Schelling.

1798 Erscheinen des ersten ›Athenäum‹-Heftes mit den *Blütenstaub*-Fragmenten von Novalis. *Glauben und Liebe*. Verlobung mit Julie, der Tochter des Bergrats J. F. W. von Charpentier.

1799 Beginn der Freundschaft mit Ludwig Tieck; »Romantikertreffen« in Jena (die Brüder Schlegel, Tieck, Schelling, Ritter, Caroline Schlegel); Vorlesungen aus den *Geistlichen Liedern* und *Die Christenheit oder Europa,* beides in den Monaten zuvor entstanden. Beginn der Arbeit am *Heinrich von Ofterdingen*. Ernennung zum Salinenassessor.

1800 Bewerbung um die Stelle eines Amtshauptmannes im Thüringischen Kreis; Probeschrift dazu. *Hymnen an die Nacht*.

1801 Am 25. März Tod Friedrich von Hardenbergs nach mehrmonatigem Krankenlager.

1806 Postume Edition des Werkes durch F. Schlegel und L. Tieck.

Erstdruck und Druckvorlage: Novalis, Schriften. Hg. v. Friedrich Schlegel und Ludwig Tieck. Berlin, in der Realschulbuchhandlung 1802, S. 159–246.

Von diesem Druck unterscheidet sich unsere Ausgabe an folgenden Stellen:

S. 32 wollen, *zu:* wollen.
S. 33 zu sehn *zu:* zusehn
S. 35 Totlachen, *zu:* Totlachen.
S. 42 die *zu:* Die
S. 43 bestätigen. *zu:* bestätigen,

Eine, in HKA I, 594 durchgeführte Änderung von »Fall« (S. 41) in »Ball« übernehmen wir nicht, da uns die ursprüngliche Lesart als Anspielung auf die antiken Atomlehren möglich scheint; hingegen folgen wir dem Vorschlag von H. J. Mähl (in: Jahrbuch des Freien Deutschen Hochstifts 1963, S. 206 m. Anm. 134) und ändern:

S. 44 Wachen *zu:* Machen

Entstehung

Anfang Dezember 1797 hatte Hardenberg sein Studium an der Bergakademie in der nahe Dresden gelegenen Kleinstadt Freiberg (u. a. bei Abraham Gottlob Werner) aufgenommen, um seine Verwaltungslehre zu ergänzen und sich schließlich für den höheren Dienst in der kursächsischen Salinenverwaltung zu qualifizieren. Er wurde demnach selbst zum »Lehrling« der Natur.

Am Beginn des Freiberger Aufenthaltes entstanden erste Entwürfe für einen Roman. Dessen hier vorliegender Text war in dieser Form nicht für den Druck bestimmt, und seine Abschnitte sind nicht im Zusammenhang entstanden. Den ersten Teil, ›Der Lehrling‹, begann Hardenberg im Januar/Februar 1798; am 24. 2. schrieb er an A. W. Schlegel, er habe »einen Anfang, unter dem Titel, der Lehrling zu Sais – ebenfalls Fragmente – nur alle in Beziehung auf Natur« (HKA IV, 251). Dieser Brief begleitete die *Vermischten Bemerkungen*, eine Fragmentsammlung, aus der später des Novalis erste Veröffentlichung, der *Blütenstaub*, hervorging, und enthält die Erläuterung des Schriftstellerpseudonyms (s. u.). Der »Anfang« des Romans gehört mithin in die Anfänge des neuen Dichters, niedergeschrieben in jenen Tagen, als sich Hardenberg – noch von seinem »Sophien«-Erlebnis gezeichnet – als »Fremdling« der Familie Charpentier präsentierte. Kurze Zeit vor der Werbung um Julie wurde, im Juli oder August 1798 während eines Kuraufenthaltes in Teplitz, das Hyazinth-Märchen skizziert, ausgeführt vielleicht erst im November oder gar Dezember 1798, wenn man eine Notiz im ›Allgemeinen Brouillon‹ als terminus post quem annimmt: »Ein Mährchen sollt ich wahrlich schreiben« (HKA III, S. 451). Gewiß aus diesem Monat stammt der Abschnitt mit den Gesprächen der Fremden. Das heute verschollene Manuskript befand sich nach dem Tode Hardenbergs im Besitz seiner Verlobten; seine Freunde edierten den Text nach einer Abschrift, die Karl von Hardenberg anfertigte; dieser berichtet auch von Randnotizen von der Hand seines Bruders, die gleichfalls den ersten Editoren zur Verfügung standen. So könnten Hinweise auf theosophisches Gedankengut erst nach der Lektüre Jakob Böhmes ab 1799 verstärkt, und die Anspielung auf Friedrich Schlegels ›Athenäum‹-Essay ebenso nachgetragen worden sein. Überdies machte sich Hardenberg seit Ende 1799 Notizen für eine mögliche Fortsetzung; was sich davon und an Vorstufen im Nachlaß noch fand, haben die Herausgeber der ›Historisch-kritischen Ausgabe‹ zusammengestellt; es wird unten mitgeteilt. Am 31. 1. 1800 versprach Hardenberg Friedrich Schlegel, nach Vollendung des *Ofterdingen* komme der andere Roman »sogleich in die Arbeit« (HKA IV, 318), und am 23. 2. 1800 schrieb er an Ludwig Tieck, er gewinne aus der (von diesem empfohlenen) Lektüre Böhmes ein völlig neues Naturbild und wolle daher auf eine »ganz andre Art« zu Ende schreiben: »Es soll ein ächtsinnbildlicher, Naturroman werden.« (HKA IV, 323)

Die Notizen zum Roman
(Abdruck nach HKA I, S. 110–112)

1.

Der Lehrling zu Sais

Der geognostische Streit der Volkanisten und Neptunisten ist eigentlich der Streit: Ob die Erde sthenisch oder asthenisch debütirt habe.

(Anfang 1798)

2.

Einem gelang es – er hob den Schleyer der Göttin zu Sais –
Aber was sah er? Er sah – Wunder des Wunders – Sich Selbst.

(Mai 1798)

3.

Ein Günstling des Glücks sehnte sich die unaussprechliche Natur zu umfassen. Er suchte ›die geheimnißvolle Schlafkammer‹ den geheimnißvollen Aufenthalt der Isis. Sein Vaterland und seine Geliebten verließ er und achtete im Drange seiner Leidenschaft auf den Kummer seiner Braut nicht. Lange währte seine Reise. Die Mühseligkeiten waren groß. Endlich begegnete er einem Quell und Blumen, die einen Weg für eine ›Götterfamilie‹ Geisterfamilie bereiteten. Sie verriethen ihm den Weg zu dem Heiligthume. Entzückt von Freude ›gelangt‹ kam er an die Thüre. Er trat ein und sah – seine Braut, die ihn mit Lächeln empfieng. Wie er sich umsah, fand er sich in seiner Schlafkammer – und eine liebliche Nachtmusik tönte unter seinen Fenstern ›zur stillen Umarmung‹ ›sanftauslösenden Umarmung‹ ›räthsellösenden Kusse‹ zu der süßen Auflösung des Geheimnisses.

(Juli/August 1798)

4.

Der Mensch hat immer symbolische Philosophie seines Wesens – in seinen Werken und seinem Thun und Lassen ausgedrückt – Er verkündigt sich und sein Evangelium der Natur. Er ist der Messias der Natur. –

(Spätsommer 1798)

5.

Der Naturstaat ist *Res privata* (Mystisch) und Res publica zugleich./Mystizism d[er] Natur. Isis – Jungfrau – Schleyer – Geheimnißvolle Behand[lung] der N[atur] W[issenschaft]./ (November 1798)

6.

2. Die Naturlehre

Doppelte Wege – vom Einzelnen – vom Ganzen – von innen – von außen. Naturgenie. Mathematik. *Göthe. Schelling. Ritter. Die pneumatische Chemie. Das Mittelalter. Naturromane. Vortrag der Physik. Werner. Experimentiren.*

Ob der Naturlehre *eine wahre Einheit* zugrunde liegt.

(Anfang 1799)

7.

Jesus der Held. Sehnsucht nach dem Heiligen Grabe. Kreutzlied. Nonnen und Mönchslied. Der Anachoret. Die Weinende. Der Suchende. Das Gebet. Sehnsucht nach der Jungfrau. Die ewge Lampe. Sein Leiden.
Jesus in Sais.
Das Lied der Todten. (Herbst 1799)

8.

Verwandlung des Tempels zu Sais

Erscheinung der Isis.
Tod des Lehrers.
Träume im Tempel.
Werckstatt des Archaeus.
Ankunft der griechischen Götter.
Einweihung in die Geheimnisse.
Bilds[äule] des Memnons.
Reise zu den Pyramiden.

Das *Kind* und sein Johannes. Der Messias der Natur. *Neues Testament* – und neue Natur – als *neues Jerusalem*.
Cosmogenieen der Alten. Indische Gottheiten.

(Spätjahr 1799)

Quellen und Kontext

Jeder der folgenden Titel findet sich im breiten Lektüreprogramm Hardenbergs während der späten neunziger Jahre (vgl. HKA IV, S. 687ff.). Nicht allein die Fülle der Quellen, die er benutzte, und nicht allein ihr jeweiliger Reflexionsgrad machen *Die Lehrlinge zu Sais* zum »vielleicht kompliziertesten Text der deutschen Literatur« (Gaier, S. 105), sondern vor allem die eigentümliche Technik ihrer Verarbeitung: Zitiert wird nur selten, meistens werden vielmehr abstrahierte Gemeinsamkeiten sonst unvergleichbarer Vorlagen in einer neugeschaffenen, typisierten Fassung kombiniert; so führt Ulrich Gaier achtzehn Traditionsstränge – von Plato bis Hemsterhuis – an, um das siebenstufige »Konstruktionsprinzip« des Erzählens zu verorten, und Mähls grundlegende Untersuchung des Topos vom »goldenen Zeitalter« weitet sich gleichfalls zu einem Panorama abendländischer Geistesgeschichte aus.

1) Ägypten und Ägypten-Mode: Obschon der Text offenkundig im »alten Ägypten« situiert ist, fehlt jedes historische Kolorit. Novalis geht es nicht um die antiquarische Genauigkeit, sondern um den Anschluß an eine Mode seiner Zeit. In der Diskussion um Konstitution und Ritus des Freimaurertums und um Mozarts »Freimaurer-Oper« ›Die Zauberflöte‹ durfte als ein Gemeinplatz gelten, was Hardenbergs wichtigste Quelle so formuliert: »Die alten Ägyptier wären die ersten Lehrer der meisten übrigen, besonders aber der europäischen Nationen.« (II, 23) Weiter verweist das Handbuch ›Ägyptische Merkwürdigkeiten aus alter und neuer Zeit‹ (2 Bde., Leipzig 1786/87) die vorgeblichen Geheimlehren der alten Ägypter »in das Gebiet der Einbildungskraft« (I, 336); gerade weil Genaueres nicht bekannt sei, habe man den ägyptischen Glauben »bald für ein System der reinsten natürlichen Religion, der Philosophie, der Physik oder der Naturgeschichte, bald für hieroglyphische Vorstellung alchemischer, magischer und anderer geheimer Wissenschaften« ausgeben können (I, 263). So weckte Novalis mit dem Reizthema »Ägypten« hochgespannte Erwartungen, ohne sich inhaltlich festzulegen. Vielleicht hat ihn Herders Schrift ›Die älteste Urkunde des Menschengeschlechts‹ zu seinem Ägypten-Entwurf inspiriert; gewiß knüpft er an Schiller an, der 1790, als Hardenberg zu seinem Kreis zählte, in dem Aufsatz ›Die Sendung Moses‹ ausführlich den Mysterienkult zu Sais beschrieben und 1798 in den Horen (Jg. 1, 9. Stück) sein Gedicht ›Das verschleierte Bild zu Sais‹ veröffentlicht hatte.

2) Naturwissenschaft und -spekulation: In der Debatte um die »Aufklärung« werden die Einwände moderner Wissenschaftskritik erstmals formuliert: Die aufklärerische Forschung verwandle die Natur in ein totes Objekt; sie löse den Menschen aus dem Zusammenhang des Lebens und mache ihn zum Objekt einer platten Vernunft. Dagegen berufen sich die Romantiker auf vitalistische Traditionen, auf theosophisches Gedankengut, wie es auch die Freimaurerlogen vermittelten, auf »Alchemie« und »Hermetik«; mannigfach abgewandelt war all dies ja allmählich zu einer »Ersatzreligion der Gebildeten« aufgerückt (vgl. R. Ch. Zimmermann: Das Weltbild des jungen Goethe, I, München 1969). Im Juni 1798 entlieh sich Hardenberg die Grundschrift der Rosenkreuzer, Johann Valentin Andreaes ›Chymische Hochzeit: Christiani Rosencreutz, Anno 1459‹ und erbat Anfang September von Caroline Schlegel »Helmonts und Fludds Werke«. Helmonts Auffassung, daß die verlorene Einheit des Universums durch Liebe, das naturphilosophische Prinzip der Attraktion zwischen Körpern und das theologische der bindenden Schöpfermacht Gottes, wieder herzustellen sei, wurde Hardenberg in den sorgfältig studierten Dialogen des Frans Hemsterhuis bestätigt: »Die Liebe ist der Endzweck der Weltgeschichte – das Unum des Universums.« (HKA III, 248)

In seiner poetischen Konstruktionslehre des Universums hat ihn sicherlich die zeitgenössische Wissenschaft bestärkt; beispielsweise führte ihm J. H. Lamberts ›Neues Organon‹ (Leipzig 1764) »die Entwicklung eines Gesuchten aus einer chaotischen Vorstellung mit Hilfe einer analytisch synthetischen Methode« vor (Gaier, S. 175); die Tradition der platonistischen Zahlen- und Zeichenmystik mag ihn dabei ebenso gefördert haben, wie die Bekanntschaft mit kabbalistischem Gedankengut. Die mehrbändige Philosophiegeschichte von Tiedemann versorgte ihn dazu mit den nötigen Informationen. – Überdies sollte ja die Göttin Isis die Arzneikunde erfunden haben, und demgemäß konnte sich Hardenberg über die bisher genannten Quellenbereiche seines Romans auch in einem medizingeschichtlichen Werk unterrichten: Kurt Sprengel, Versuch einer pragmatischen Geschichte der Arzneikunde, I–III, Halle 1792–1794. – Den modernen, inhaltlich nötigen Stand der Naturwissenschaften vermittelte ihm, neben dem Freiberger Professor Abraham Gottlob Werner, der gelegentlich für das Vorbild des Lehrers in Sais gehalten wird, etwa auch C. Grens ›Grundriß der Naturlehre‹, Halle, 3. Aufl., 1797.

3) Naturphilosophie: Sein Orientierungssystem bildet indessen vorwiegend die zeitgenössische Philosophie, sowohl Fichte, der das »logische Schema der Wissenschaft gleichsam zum Muster einer realen Menschenconstruction und Weltconstruction« gewählt habe (HKA III, 443), als auch Franz von Baaders ›Beiträge zur Elementar Phisiologie‹ (Hamburg 1797), vor allem mit ihrer Konzeption der »Weltseele« als spontan handelnder sittlicher Weltordnung. Genannt ist damit aber zugleich ein Stichwort zu Hardenbergs auf Eigenständigkeit bedachter Schelling-Rezeption, und zwar nicht allein der Abhandlung ›Von der Weltseele‹ (1798), die Hardenberg sogleich exzerpiert hatte. Immerhin hatte er schon 1797 in dessen ›Ideen zu einer Philosophie der Natur‹ gelesen: »Ganze Zeitalter sind über Erforschung der Natur verflossen, und noch ist man ihrer nicht müde. Einzelne haben in dieser Beschäftigung ihr Leben hingebracht und nicht aufgehört auch die verschleierte Göttin anzubeten. Große Geister haben, unbekümmert um die Principien ihrer Erfindungen, in ihrer eigenen Welt gelebt, und was ist der ganze Ruhm des scharfsinnigsten Zweiflers gegen das Leben eines Mannes, der eine Welt in seinem Kopfe und die ganze Natur in seiner Einbildungskraft trug?« Weitere Parallelen sind auffällig, so zu S. 42, *25*: »Das System der Natur ist zugleich das System unseres Geistes. ... wir wollen, nicht daß die Natur mit den Gesetzen unsers Geistes zufällig (etwa durch Vermittlung eines Dritten) zusammentreffe, sondern daß sie selbst nothwendig und ursprünglich die Gesetze unsers Geistes nicht nur ausdrücke, sondern selbst realisire, und daß sie nur insofern Natur sey und Natur heiße, als sie dieß thut. Die Natur soll der sichtbare Geist, der Geist die unsichtbare Natur seyn.«

4) Die literarische Konkurrenz: Der Titel verbindet ausdrücklich den Roman mit dem Werk der zwei führenden Literaten der Zeit, dem Autor von ›Wilhelm Meisters Lehrjahren‹ einerseits, andererseits dem frühen Lehrer Hardenbergs. Zum Ende von Schillers Gedicht hieß es von dem neugierigen Schüler:

So fanden ihn am andern Tag die Priester
Am Fußgestell der Isis ausgestreckt.
Was er allda gesehen und erfahren
Hat seine Zunge nie bekannt. Auf ewig
War seines Lebens Heiterkeit dahin,
Ihn riß ein tiefer Gram zum frühen Grabe.
»Weh dem«, dieß war sein warnungsvolles Wort,
Wenn ungestümme Fragen in ihn drangen,
»Weh dem, der zu der Wahrheit geht durch Schuld,
Sie wird ihm nimmermehr erfreulich seyn.«

Dieser, im Kontext aufklärerischer Wahrheitsdebatten (vgl. Lessings »Ringparabel« in ›Nathan der Weise‹) stehenden Folgerung hat Novalis seinen neuen, transzendentalphilosophischen, »romantischen« Schluß kontrastiert; auch Friedrich Schlegel wird ja dazu auffordern, »den Schleier der Isis zu zerreißen und das Geheime zu offenbaren« (Ideen, in: Athenäum, 1800).

Der Aufbau des Textes

Der Text besteht aus zwei Teilen, »Der Lehrling« (Kurzform: **A**) und »Die Natur« (Kurzform: **B**). Damit sind die Pole von Ich und Welt benannt, wie sie die idealistische Philosophie Fichtes einander gegenübergestellt hatte. Denn besser als Fichte zu »fichtisiren« verlangt sich Hardenberg ab, und so will er denn, im Durchgang durch diesen poetischen Text, über die Selbsterkenntnis zur universalen Naturerkenntnis gelangen, die eine vollständige Beherrschung aller Sinne voraussetzt. Diese Synthese von Ich und Welt hat die Romantik immer wieder in einem triadischen Erfüllungsmodell gefordert: Aus dem Verlust eines paradiesischen Zustandes folgt Spaltung und Zerrissenheit, schließlich aber die Wiedervereinigung im erneuerten Paradies – und dieses Modell gilt für die Weltgeschichte, wo es im Mythos vom »goldenen Zeitalter« formuliert wird, wie für das menschliche Leben, das vom Paradies der Kindheit ausgeht, und schließlich für die Seele, die ihre Spaltung in Vernunft und Unbewußtes überwinden soll. Ein Text, der sich in diesem Modell bewegt, kann nur zwei Teile haben; denn das dritte, »letzte Kapitel von der Geschichte der Welt« ist – laut Kleists Aufsatz ›Über das Marionettentheater‹ – noch nicht geschrieben.

Weiter kombiniert Novalis nun das übliche gedankliche Modell der Dreizahl mit dem esoterischen Konstruktionsprinzip der Siebenzahl. Er »poetisiert« somit die Mathematik. Die Dreizahl regiert die Textbewegung in ›Der Lehrling‹, nach der Siebenzahl richtet sich ›Die Natur‹. Doch wie die beiden Teile ergänzen sich die beiden Zahlenordnungen; denn die »Sieben« umfaßt seit alters in der Zahlenmystik die »Drei« in der Kombination mit der »Vier«, der eigentlichen Kennzahl der, aus vier Elementen bestehenden, Natur. In diesem zweiten Teil wird also in der Form vorweggenommen, was sich im Inhalt nur andeutet: Die Verschmelzung von »Ich« und »elementarischer Welt« in einer vergeistigten »Natur«. Nur eine Detailanalyse des Aufbaus kann diese komplexe gedankliche Bewegung im Text auch nachvollziehen lehren.

In [**A**] wird zuerst schrittweise in drei Absätzen das erste Hauptthema, die Sprache [**I**], entfaltet: **1**. Rätsel für den Blick von außen – »Chiffernschrift«; **2**. Sprache um ihrer selbst willen – »ächte« Sprache; **3**. neuerliche, innige Einheit mit der Außenwelt – »heilige Sprache«.

Analog dazu wird jeweils die Sprecherrolle definiert: **1**. ein sprecherloses Phänomen; **2**. namenloser, aber personaler Sprecher; **3**. Sprecher-Ich.

Damit wird also zugleich das Subjekt eingeführt, das sich nun im zweiten Hauptthema [**II**] dreifach sozialisiert: **1**. Im Bezug zum Lehrer; **2**. zu dem »Kind«, das wir mit einer »Notiz« (s. o.) als den künftigen »Messias der Natur« identifizieren dürfen; und **3**. zu jenem ungeschickten Schüler, dem zur Erlösung Auserkorenen (getreu christlicher Tradition gerade ob seiner Narrheit in den Augen der Welt) – er ist das Vorbild des Menschen nach der Begegnung mit dem Messias.

Damit wird der Bogen von der Objektivität der Sprache über die »Lehre« und den geselligen Bezug vollends zum betroffenen »Ich« geschlagen [**III**]: Dieses will nun seine eigene »Figur« – die Teil und Abbildung jener »großen Chiffernschrift« ist – »beschreiben« und seinen »Weg« durch die Außenwelt in jene »heilige Heimat« gehen, wo es sich bereits aufhält. Doch bloßes ›Dasein‹ und inneres ›Ankommen‹ sind zweierlei; zwar befindet sich der Lehrling schon im »Tempel«, aber vieles ist ihm noch »fremd«. Der Leser wird hier in die »Hin- und Her-Direction« (HKA II, 117) des ›echten‹ Romantisierens eingeübt; alles steht untereinander in Bezug und der muß fortschreitend aufgedeckt werden, bis nichts mehr vereinzelt ist; Bewegung im Raum (die ›Reise‹) und Entwicklung in der Zeit (die ›Geschichte‹) bieten dem Ich, das sie betrachtend nachvollzieht, nur äußere *Zeichen* solcher passiv im Schöpfungsplan vorhandenen und aktiv konstruierten Einheit; zuletzt verbinden sich in diesem Prozeß »Ich« und »Natur«; in der *Sprache* aber, als einem *Zeichen-System der Vermittlung* tut sich diese Einheit kund – sie ist das Organon der Weltschöpfung. Der Indifferenzpunkt von Ich und Natur ist deshalb die »beschriebene Figur«, die zugleich ganz subjektive und ganz objektive, nur das Ich ausdrückende und allen verständliche Sprache: Die »Poesie«.

[**B**] setzt mit der Konstitution der Sprache ein [**I**], gefaßt in einen typologischen Abriß der ›Geschichte‹, wie ihn Novalis auch sonst (etwa in der *Europa*-Rede oder der fünften *Hymne an die Nacht*) zu geben liebt. Dabei ereignet sich in frühesten Zeiten eine Spaltung und Zweiteilung, in den ganz objektiven Zweig, der in der antiken Atomistik gipfelt, und die subjektive Behandlung der »Geschichte der Welt als Menschengeschichte«: Naturwissenschaft und Dichtung, die »durch *Eine Sprache* sich [...] wie *Ein Volk*« zeigten, waren doch, da sie dieses Vereinigungsmedium nicht wahrhaben wollten, getrennt tätig; deshalb »brach« (S. 27) sich das »Licht« der einen Natur-Wahrheit in verschiedene, berechtigte, aber auch gestufte Aspekte: So genoß sie »himmlische Stunden mit dem Dichter, und lud den Naturforscher nur dann ein, wenn sie krank und gewissenhaft war«. (S. 29) [**1**]

Die Teilung erzeugt Mannigfaltigkeit; aus »geselligem« Zusammenwirken verschiedener Gesinnungen entspringt der Geschichtsprozeß, in dem die Natur »wieder freundlichere Sitten« lernt und schließlich die »alte goldne Zeit« zurückkehrt, wenn die Formen der Herrschaft sich auflösen (S. 31, vgl. die kosmische Neuordnung im *Ofterdingen*), die Menschen sich familiär verbinden und »die Geschichte (...) zum *Traum* einer unendlichen, unabsehlichen Gegenwart« wird. [**2**]

Auf die Prophezeiung für alle folgt abermals die Wendung zum Einzelnen; war Teil [**A**] raumgebunden (»Tempel«; Fremde – Heimat), so untersteht dieser Teil der Kategorie der Zeit (Jetztzeit; Vergangenheit – Zukunft der »echten« Gegenwart): Im Jetzt also gilt es, die Anzeichen des Künftigen zu »belauschen« und zu fördern. [**3**]

Auf diese drei geschichtlichen Stufen der Natur folgen vier, auf der letzten angesiedelte Meinungen über die Natur, die sich mit »fremden Auffassungen decken« und in denen sich »unschwer Berührungspunkte mit den Philosophien von Baader, Schelling und Fichte erkennen« lassen (Schulz, S. 678). [**4–7**]

An der Anonymität der »sich kreuzenden Stimmen« wird der Lehrling irre [**II**] – abermals die Konfrontation des Ich mit dem Außen. Auf »Einsamkeit« in solcher ›Entfremdung‹ antwortet dann wiederum der personale Bezug, nun – im Fortschritt der Initiation – schon zu einem gleichgestellten »Gespielen«, dessen Auftreten die ›Schöpfung‹ (im Zitat des biblischen Buches Genesis) aus dem inneren Chaos einleitet und, im Erzählen eines »Mährchens« vollzieht.

Das Blumen-Märchen von Hyacinth und Rosenblüte [**III**] ist, sowohl nach der Kategorie des Raumes wie der Zeit, in sieben Zustände zu gliedern und bildet damit Wendepunkt und ›Spiegel‹ von [**B**] insgesamt. Die Zustände sind: **1**. Einheit und Heimat; **2**. Einbruch des »Fremden« (als Naturforschung und Buchgelehrsamkeit); **3**. Trennung; **4**. Prophezeiung (durch das weibliche Naturprinzip) und Aufbruch; **5**. Reise (»wie er wandelte«, wandelt er sich – Parallelität von Natur und Ich); **6**. Gespräch mit »Blumen« – Vermittlung als Vorstufe der Einheit (die Trennung zwischen metaphorischem Blumen-Namen und Wesen fällt, da solch Verständnis möglich wurde); **7**. Vereinigung im Traum, aus dem neue Wirklichkeit (»Kinder«) entsteht.

Im Durchgang durch das Märchen vollendet sich das Ich und wird so gemeinschaftsfähig; der Lehrlingsroman ist damit beendet: »Die Lehrlinge *umarmten* sich und gingen fort« (S. 38). – Nun schwenkt die Perspektive auf den anderen Partner, die Natur [**IV**], vorläufig noch entfremdet und in künstliche »Ordnungen« gebannt; freilich deutet sich in der folgenden ›Ankunft aus der Fremde‹ schon die endliche ›Heimkehr‹ an [**V**], und da ihr Medium eben das verbindende »Gespräch« ist, ergreifen die angekommenen »Reisenden« sogleich das Wort und geben vier Ansichten von der Natur kund, die uns nun (gegen **B**, **II**) Aspekte von Novalis' eigenem Denken enthüllen: **1a**. Das Beobachten und Belauschen mittels »Dechiffrierung« des Äußeren; **2a**. das »Einverständnis« in der inneren »Geisterwelt«; **3a**. die Wandlung beider Positionen in prozessuale »Geschichte«; **4a**. die Verwirklichung der »goldenen Zeit« in der Poesie. – Sodann in einem zweiten Durchgang mit geklärten Positionen: **1b**. »schaffende Betrachtung«; **2b**. das »große Zugleich« zwischen den »Geistern« aller »Natursysteme« im Universum; **3b**. (an **4a**. angenähert) die Gemeinschaft von »liebenden Kindern«, sowohl Dichtern als auch Denkern; **4b**. nun einen neuen Schritt über die Poesie hinausführend: Die hymnische Verkündigung jenes »mächtigen Gefühls, wofür die Sprache keine andere Namen als Liebe und Wollust hat« (S. 46) – wobei sich des Novalis geistige Wurzeln im Sensualismus der Spätaufklärung zeigen.

Was hier im poetischen Vorschein begeisterter *Rede* eingeholt wird, können alle so nicht erreichen; jetzt [**VI**] vereinigen sich jedoch die bisher getrennten menschlichen Gruppen und an dem letzten Symposion nimmt auch, ungezwungen in ihren Wundern spielend (s. u. zu S. 48), die Natur teil. Das letzte Wort aber, wie der Eingang dem Lehrling, gebührt dem Lehrer [**VII**], der das Thema, dem seine Endstellung besonderes Gewicht verleiht, exponiert: Die rechte »Lehr«-Art. Dem »Rätsel« der Sprache eingangs korrespondiert die Möglichkeit des rätsellösenden Sprechens zuletzt.

In der kunstvollen Verbindung des ersten, dreigegliederten, mit dem zweiten, unter dem Gesetz der Siebenzahl stehenden Teil (so daß die ersten *drei* Stufen noch auf [**A**] zurückweisen) bildet sich jene Verschmelzung von Lehrlings-»Ich« und Natur, auf die jene, zum Schluß skizzierte echte Lehrart abzielte, soweit ab, wie dies vor dem allgemeinen Eintritt des »goldenen Zeitalters« möglich ist.

Eine »neue Welt« im utopisch-poetischen Vorgriff: Die Antwort des Novalis auf Goethe

Die *Lehrlinge zu Sais* entwerfen im Rahmen der spätaufklärerischen Anthropologie der Sinne, die ja auch bei Herder und Goethe variiert wird, eine »auditive Ästhetik« (Kreuzer, S. 290). Visuell umgesetzt erscheint die

Sprache in Büchern oder als »Chiffernschrift« und »Figur«; Sprechen und Hören sind indessen ihre beiden eigentümlichen Sinnesmodi – die Heilung von Hyacinths »entzündetem Gemüt« beginnt mit dem »Verbrennen« eines Buches. Das Hören ist der Sinn, der die Phänomene der Außenwelt in innere Wirklichkeit verwandelt, das Sehen derjenige, der sie als Gegenstand wahrnimmt – sie ergänzen sich, so daß auf Wahrnehmung die Verwandlung folgt. Die Vielzahl der »Stimmen«, welche den Text konstituieren, sind den »Brechungen des Lichtstrahls« (S. 27) analog, die sich erst im wahren »Sehen« wieder versammeln. Der Lehrer ist ein immer schon Sehender (vgl. seine Jugend) in dem komplexen Sinn, wie ihn Goethe, der ja damals bereits seine Studien zur Farbbrechung des Lichts aufgenommen hatte, meint; vorbildlich ist er insofern, als er das Gesehene umsetzt in belehrende Rede und damit »Hören« ermöglicht.

In der typologischen Abfolge der Sinne spiegelt sich die romantische Modellierung der Literaturgeschichte. Auf die Initiation im »Tempel« der Natur zielt, wie auch die Notizen zur Fortsetzung belegen, das Geschehen; er ist der zentrale Symbolort und liegt – wie H. J. Mähl (S. 361) zeigen konnte – »im Schnittpunkt der sich überkreuzenden Zeit- und Raumlinien« (s. o.); dort »offenbart sich eine innere Heimat, die außerhalb von Raum und Zeit gegenwärtig ist, aus der alle Natur- und Menschengeschichte hervorgegangen ist und in die sie wieder zurückkehren wird« (s. u. zu S. 352). Damit hebt das »goldene Zeitalter« an. Der Tempel ist aber nicht nur der Integrationsort der Natur, sondern ebenso der über sie umlaufenden Meinungen, die Synthese von Geist/Kultur und Natur also das eigentliche Ziel. Erreicht läßt sich dies nur im Märchen, dem »Canon der Poesie« (HKA III, 449), vorstellen; so muß auch dieser Roman ins »Mährchen« übergehen (HKA I, 357).

Aus einem Märchen des vorbildlichen Romanautors hatte Hardenberg sein Zentralsymbol übernommen, und zwar aus jenem urbildlich gemeinten, schlicht »Märchen« genannten, das programmatisch Goethes ›Unterhaltungen deutscher Ausgewanderten‹ beschließt; die Konstruktion seiner Märchenwelt setzt diejenige Goethes voraus. War dort, in der Vereinigung aller partikulären, widerstrebenden Kräfte ein »goldenes Zeitalter« geschaffen worden, das auf die Revolutionswirren eine poetische Antwort gab, – so fragt Novalis nach dem sprachlichen Apriori solcher Schöpfung. Daß Goethe übertroffen werden müsse, weil man ihn nicht nachahmen könne, fordert Hardenberg immer wieder. Mit Goethes politisch-ästhetischer Utopie konfrontiert, wollen *Die Lehrlinge zu Sais* uns deshalb lehren, die Bedingungen einer solchen Utopie, die alle Bereiche des Seins vereinigen will, zu verstehen. Der Roman des Novalis entfaltet die Hermeneutik zu Goethes Utopie. »Sprechen« und »Verstehen« aber produzieren und verwirklichen zugleich die Utopie. Das »goldene Zeitalter« ergibt sich, im Märchen von ›Hyacinth und Rosenblütchen‹ wie im Rahmen zu Sais nur infolge des Zusammenwirkens heterogener Stimmen im *Gespräch*; Gegenstand des Gesprächs ist die wahrhaft gesehene Natur; alles Wahrgenommene wird sprachlich repräsentiert: »Die Wortfiguren sind die Idealfiguren der anderen Figuren ... Das wird die goldene Zeit seyn, wenn alle Worte *Figurenworte* – Mythen – und alle Figuren – Sprachfiguren – Hieroglyfen seyn werden – wenn man Figuren sprechen und schreiben – und Worte vollkommen plastisiren, und Musiciren lernt« (HKA III, 123 f.). So bedeutet das innere Nachschaffen der Worte immer schon eine *Schöpfung der Welt*. Novalis weist dem »Lehrer« die Rolle dessen zu, der einer jüngeren Generation eine bedeutende Sicht der Außenwelt im Wort vermittelt; die »Lehrlinge« hören umgekehrt aus dieser prominenten, sowie anderen »Stimmen« den Schöpfungsplan der Welt selbst, wie er in einer »heiligen Sprache« niedergelegt ist: Dies ist das eine, typologisch überhöhte Moment, jene gesteigerte romantische Rezeptivität in der zeitgenössischen wissenschaftlich-politischen Debatte, in der Goethe der Richtpunkt dieser, seiner Jünger war.

Das zweite verbirgt sich in der Zitatvorausdeutung auf Friedrich Schlegels programmatischen Essay, wonach die Unverständlichkeit aus dem Unverstand folge. So setzt das Verständnis des Welt-Textes mehr voraus als die (visuelle oder sogar auditive) Wahrnehmung; der vereinzelte Lehrling ist zunächst geängstigt von den Stimmen, er ist zu Sais, und dennoch befremdet und fremd: Erst durch die Gemeinschaft und die Poesie (Märchen/Traum) gelangt er zum Einklang und nach Hause. »Frei vereinigte Menschen sind die Voraussetzung für die Anwesenheit des Naturgeistes in seiner Unendlichkeit«, und zum Symbol für die innere Einheit des Ganzen kann jeder Einzelne werden: »Voraussetzung dafür ist die liebende Vereinigung«. Sie verbindet den »Fremdling« mit der »Welt« und damit »sind die Anfangspositionen der Einheit, Mannigfaltigkeit und ihrer Verbindung einander zugeordnet; möglich ist diese Zuordnung unter der neuen Idee der Sprache, der Repräsentation des Ganzen durch das Einzelne« (Gaier, S. 92 f.).

Auf diese Repräsentation aber ist die Erzählmethode des Novalis angelegt. Das Komplexe verkürzt er zum Konzentrat. Zudem werden die Knotenpunkte einer wahrscheinlichen und »realen« Geschichte »übersetzt«, so daß anstelle der philosophisch stimmigen Entwicklungsphase des Lehrlings ein »Märchen« tritt; wer dies »Märchen« aufnimmt, erlebt eben die Verwandlung des Lehrlings auch an sich selbst. Durch Verkürzung und integrierende Stellvertretung wird der Text des Novalis somit zum maßstabgetreuen Abbild des großen Welt-Textes.

Bei Goethe bleibt die wunderbare »neue Welt« ein »Märchen«; sie wirkt nicht auf das Publikum zurück. Novalis schachtelt das »Wunderbare« – Mythos der ägyptischen *Welt*, Märchen-*Poesie* als Initiation, *Traum im Märchen* als endgültige Vereinigung mit der *Welt*; so verschmelzen »innen und »außen«. Das »Wunderbare« wird zur schaffenden, gemeinschaftsbildenden Kraft. Der Text der *Lehrlinge zu Sais* bietet den formalen Ausdruck solcher inneren Einheit alles Mitgeteilten – die ganze Welt aber ist »eine Mitteilung« (HKA II, 594). »Hier oder nirgends« (s. Anm. zu S. 33) will deshalb das »Gespräch« gehört werden, und erst wer dies versteht, hat sich vom Goethe-Leser zum schaffenden Teilhaber am Gesprächstext des Novalis gesteigert und wird, wie Hyacinth in diesem Stadium, einer »Geisterfamilie« den Weg ins Heiligtum danken dürfen: Als »Geisterfamilie« pflegte sich die romantische »Kirche« in Jena zu bezeichnen.

Die »Familie« ist ja das Modell aller Vereinigung für Novalis. Im Tempel der *Mutter* aller Dinge glückt die Begegnung mit der *Geliebten* und – wie uns die »Notiz« Nr. 2 verrät – zugleich mit sich selbst. Darin hat der »Lehrling« und »Fremdling« Hardenberg sein eigenes Schicksal verschlüsselt. Am Grab seiner verstorbenen Braut Sophie von Kühn war ihm am 17. Mai 1797 jenes entscheidende mystische Erlebnis zuteil geworden, das er selbst durch die Lektüre der ›Zueignung‹ zur ›Romeo und Julia‹-Übersetzung seines Freundes August Wilhelm Schlegel forciert hatte: »Ein *Tempel* wird aus der Geliebten Grabe/Der schirmend ihren heiligen Bund umschleußt.« (HKA IV, 236; dazu 825) Die Vereinigung des Dichters mit seiner Geliebten, die Einheit von Ich und Natur, das Verstehen als tätige Verschmelzung von Hörer und Lehrer – so entfaltet sich das Thema in *Die Lehrlinge zu Sais*. Solche Anspielungen freilich sollten nur wenigen verständlich sein. Sie sind esoterisch. Sein esoterischer Text schafft um den Autor jene gleichgesinnte »Geisterfamilie« und »Kirche«, wo er künftig seine »Heimat« hat. Im Moment der romantisch-esoterischen Gruppenbildung enthüllt sich diese Erzählung, die *Lehrlinge zu Sais,* als ein »Kunstwerk der Geselligkeit«, die Verschlüsselung einer »Symphilosophie« – einer »Totalwissenschaft«, die Dichten und Denken umgreift – für Eingeweihte. Aus deren Offenbarung in romantischer Poesie wird das »goldene Zeitalter« entstehen; es wird durch die Jenaer »Kirche« vorbereitet. Dies ist also nicht etwa eine Theorie im Text, sondern es ist des Textes Praxis. Er verwandelt Autor wie Leser. Im Erzählen von einer Initiation wird diese Initiation selbst vollzogen. Betritt im Märchen Hyacinth nach dem ›Gespräch‹ mit der »Geisterfamilie« das Heiligtum, so führt der Text insgesamt genau bis an jene Schwelle: Nach dem letzten Symposion entläßt er den, nun eingeweihten Leser in die je eigene Teilnahme an dieser »ewigen romantischen Zusammenkunft« (HKA I, 331); wer in seiner Lektüre gelernt hat, die Stimmen zu hören, der wird sie nun verstehen, und dem »vollkommnen Lehrvortrag« (HKA II, 640; über Goethe) so folgen, wie die romantische Generation ihm folgte: Als ein »ächter Lehrling zu Sais« in die Praxis eigener »Figuren«. Die vollständige Poetisierung der Menschheit ist die (geplante) Konsequenz der romantischen Programmschrift *Die Lehrlinge zu Sais*. »Novalis« will ihr Autor genannt sein, weil er, seiner Etymologie dieses »alten Geschlechtsnahmens« getreu, derjenige sei, der dazu die Keime »sät«.

Anmerkungen

S. 24 *Chiffernschrift:* Vgl. Schillers ›Die Sendung Moses‹ über die Wirkung der Hieroglyphenschrift auf den Lehrling der Mysterien zu Sais; von A. W. Schlegel ist eine Bemerkung von 1801 überliefert: »Kant spricht einmal von der Chifferschrift, wodurch die Natur in ihren schönen Formen figürlich zu uns spricht« – eine Vorstellung, die, bestätigt durch die Autorität Jakob Böhmes, zum Allgemeingut der Romantiker wurde.

Scheiben von Pech und Glas: Gemeint sind die von Ernst Florens Friedrich Chladni: Entdeckungen über die Theorie des Klanges, Leipzig 1787, beschriebenen »Klangfiguren«, die auf solch bestreuten, mit einem Violinbogen in Schwingungen versetzten Scheiben entstehen.

Unverständlichkeit: So exponiert F. Schlegel, Über die Unverständlichkeit (1800 zum Beschluß des ›Athenäum‹), die »Vermutung«, »der Grund des Unverständlichen liege im Unverstand.«

Konjunkturen: Verknüpfungen; auch ein astrologischer Terminus für die Verbindung von Gestirnen zu einem Tierkreiszeichen.

Schlüssel: Vgl. Schillers (s. o.) Beschreibung der Einweihungsriten, die zur Entschlüsselung des »geheimen Sinns« der Tempelsymbole führen: »Zuletzt verlor sich der Schlüssel zu den Hieroglyphen und geheimen Figuren ganz, und nun wurden diese für die Wahrheit selbst genommen, die sie anfänglich nur umhüllen sollten.«

Alkahest: In der Alchemie das Universallösungsmittel aller Stoffe.

die echte Sanskrit: Laut den Anmerkungen Georg Forsters zu seiner Übersetzung der altindischen ›Sakontala‹ (1791), die Hardenberg gut kannte, soll »die Gottheit selbst [diese Schriftzüge] gelehrt und ihre jetzige künstliche Ordnung vorgeschrieben haben«; überdies fand Hardenberg die Ursprachenlehre bei Hemsterhuis.

S. 25 *Gänge:* »Töne, die sich melodisch bewegen, machen Gänge« (Grimm, DWb, s. v.).

S. 27 *jener Inschrift:* Vgl. Schiller (s. o.): »Unter einer alten Bildsäule der Isis las man die Worte: ›Ich bin, was da ist‹, und auf einer Pyramide zu Sais fand man die uralte merkwürdige Inschrift: ›Ich bin alles, was ist, was war und was sein wird, kein sterblicher Mensch hat meinen Schleier aufgehoben‹.« Dieser Inschrift-Text ist bei Plutarch überliefert.

S. 28 *gemeinschaftliche Ahndung:* Die Naturphilosophie der ionischen Vorsokratiker im 6./7. Jh. v. Chr. glaubte an einen einheitlichen Weltstoff, als welchen Thales das Wasser, Anaximenes die Luft, Heraklit das Feuer ansah.

ein grübelnder Kopf: Demokritos oder Leukippos (5. Jh. v. Chr.), die Begründer der antiken Atomlehre, wonach die Materie aus kleinsten, unteilbaren, unveränderlichen Elementen besteht.

mitwirkender Gedankenwesen: Bei Empedokles (5. Jh. v. Chr.) bewirken Liebe und Haß die Mischung und Trennung der verschiedenen Elemente.

die Dichtkunst das liebste Werkzeug: In dem Dialog ›Alexis, ou l'age d'or‹ (1787) von Frans Hemsterhuis (1721–1790) fand Hardenberg die Vorstellung, daß die dichterische Einbildungskraft die verlorengegangene Harmonie des Universums ahnen und wiederherstellen könne.

S. 29 *tote, zuckende Reste:* Bei Johann Wilhelm Ritter: Beweis, daß ein beständiger Galvanismus den Lebensprocess in dem Thierreich begleite: Weimar 1798, wurde beschrieben, wie Froschschenkel noch einige Zeit, nachdem sie vom Körper abgeschnitten waren, als Teil einer elektro-galvanischen Kette in Zuckung gerieten. Daß sich die Natur nur unter dem Zwang der Experimentier-Kunst preisgibt, ist seit Bacon ein Gemeinplatz des Empirismus (vgl. Gaier, S. 164).

S. 31 *die alte goldene Zeit:* Laut Hesiod das erste Weltalter, in dem die Menschen noch ohne Leid und frei vom Tod auf einer freigebig spendenden Erde lebten; diese Vorstellung wird mit christlich-eschatologischen Verheißungen verschmolzen. Vgl. Mähl.

S. 33 *geöffneten Abgrund:* Anspielung auf den legendären Marcus Curtius: Als sich auf dem römischen Forum im Jahre 362 ein tiefer Spalt geöffnet hatte, der sich laut einem Orakel erst nach dem Opfer von Roms höchstem Gut schließen sollte, deutete Curtius das auf die kriegerische Tapferkeit und stürzte sich bewaffnet zu Pferde in den Spalt, der sich darauf wieder schloß.

feuerspeienden Stier: Mythologische Anspielung, vielleicht auf die beiden feueratmenden Stiere, mit denen Jason, um das goldene Vlies zu erlangen, pflügen muß.

Dschinnistan: Bezeichnet, anschließend an Wieland, ein Reich der Freiheit und der Phantasie.

hier oder nirgend – Zitat aus Goethes ›Wilhelm Meisters Lehrjahre‹, III. Buch, 7. Kap.

S. 34 *ein ernster Mann:* Adaption von Gedanken aus Fichtes Jenenser Vorlesungen Über die ›Bestimmung des Gelehrten‹ (1794).

S. 38 *Säulen:* Vgl. Herders Bericht über die Säulen des Hermes im Seriadischen Land, »ein Land des Heiligthums, der Zahl, der Forschung, der Wissenschaften, der Schöpfung«, wo sich »unsre Urkunde«, die älteste des Menschengeschlechts, »auf Säule« findet.

S. 39 *ein sanftes Säuseln:* Vgl. Klopstock ›Die Frühlingsfeier‹: »In stillem, sanftem Säuseln/kommt Jehova«; dazu 1 Könige 19, 12.

S. 43 f. *jene Statuen:* Gemeint sind wohl die antiken Bildwerke; im August 1798 hatte Hardenberg die Dresdner Antikensammlung besucht.

S. 47 *Scheidekünstler:* Im 18. Jh. gebräuchlich für: (praktischer) Chemiker.

S. 48 *Karfunkel:* Seit alters wurden diesem Edelstein eigene Leuchtkraft und magische Wirkungen zugeschrieben (vgl. Th. Ziolkowski: Der Karfunkelstein, in: Euphorion 53 (1961), S. 297–326).

S. 49 *Urvolk:* Die Suche nach dem Urvolk war seit Ausgang des 18. Jh., als das Wort neu gebildet wurde, ein beliebtes wissenschaftliches Thema; Hardenberg denkt hier vielleicht an die Bewohner von Atlantis, von dem Platon in ›Timaios‹ und ›Kritias‹ erzählt hatte; diese Dialoge erwähnen auch Sais, wohin Solon sich gewandt hatte, um von den Priestern in die Geheimnisse von Atlantis eingeweiht zu werden.

S. 51 *Naturalist:* In F. Schleiermachers »Fünfter Rede« im Werk ›Über die Religion‹, das Novalis bereits Mitte September, vor der Auslieferung, durcharbeitete, wird »Naturalismus« definiert als »die Anschauung des Universums in seiner elementarischen Vielheit ohne die Vorstellung von persönlichem Bewußtseyn und Willen der einzelnen Elemente.«

Anmerkungen zu den Materialien

S. 350 *Volkanisten und Neptunisten:* Gegen Werners Theorie von den Gesteinen als Sedimenten aus einem Urmeer (Neptunismus) stand die Lehre von der vulkanischen Entstehung der Gebirge, hier verschränkt mit der Reizmedizin des schottischen Arztes John Brown (1735–88), wo »sthenisch« einen zu starken, »asthenisch« einen zu schwachen Erregungszustand meint.

S. 351 *Messias der Natur:* In der ›Summa perfectionis‹ des Alchemisten Geber wird diese praktische Chemie bildlich als Erlösungsprozeß der in unreiner Mischung eingeschlossenen Metalle beschrieben; traditionell ist die Deutung der Passion Jesu als alchemistische Allegorie.

Göthe: Vgl. Hardenbergs Notiz vom Herbst 1798: »Auch dürfte man im gewissen Sinn mit Recht behaupten, daß Göthe der erste Physiker seiner Zeit sey« (HKA II, 640).

Ritter: Johann Wilhelm Ritter (1776–1810).

Anachoret: Einsiedler.

Archaeus: Das Wort bezeichnet ursprünglich das Zentralfeuer, das Lebensprinzip aller Vegetation. Bei Helmont (s. o.) meint es ein vom Körper getrenntes geistiges Wesen, das seinen Sitz im Magen habe und von da aus die Körpermaschine regiere.

Bildsäule des Memnon: Sie stand in Ägypten, nahe Theben, und die Musik, die sie bei Sonnenaufgang ausstrahlte, wurde als Gruß Memnons an seine Mutter, die Göttin der Morgenröte, gedeutet – eine Allegorie romantischer Poesie im Aufgang einer neuen Zeit. Vgl. Hardenbergs Hemsterhuis-Exzerpt: »Der Geist der Poesie ist das Morgenlicht, was die Statüe des Memnons tönen macht.« (HKA II, 373).

S. 352 *neues Jerusalem:* Vgl. Offb. 21,2: »Und ich sah die heilige Stadt, das neue Jerusalem, von Gott her aus dem Himmel herabkommen«.

Cosmogonieen: Lehren von der Weltentstehung.

Literaturhinweise

Außer der, von Paul Kluckhohn und Richard Samuel herausgegebenen »Historisch-kritischen Ausgabe« (HKA) wurden die Editionen von Gerhard Schulz (München 1969) und Johannes Mahr (Stuttgart 1984) dankbar benutzt.

Gaier, Ulrich: Krumme Regel. Novalis' ›Konstruktionslehre des schaffenden Geistes‹ und ihre Tradition. Tübingen 1970.

Kreuzer, Ingrid: Novalis: ›Die Lehrlinge zu Sais‹. Fragen zur Struktur, Gattung und immanenten Ästhetik. In: Jahrbuch der Deutschen Schillergesellschaft 23 (1979). S. 276–308.

Mähl, Hans-Joachim: Die Idee des goldenen Zeitalters im Werk des Novalis. Heidelberg 1965.

Mahoney, Dennis F.: Die Poetisierung der Natur bei Novalis. Bonn 1980.
Molnár, Geza von: The Composition of Novalis ›Die Lehrlinge zu Sais‹. In: Publications of the Modern Language Association of America 85 (1970). S. 1002–1014.
Neubauer, John: Bifocal Vision. Novalis' Philosophy of Nature and Disease. Chapel Hill 1971. S. 113–127.
Striedter, Jurij: Die Komposition der ›Lehrlinge zu Sais‹. In: Novalis. Hg. v. Gerhard Schulz. Darmstadt 1970. S. 259–282.

W. S.

Heinrich von Kleist

1777 Am 18. Oktober als ältester Sohn eines preußischen Offiziers in Frankfurt/Oder geboren.
1788 Tod des Vaters. Erziehung in der Pension des Predigers Samuel Heinrich Catel in Berlin.
1792 Kadett im Potsdamer Garderegiment.
1793 Tod der Mutter. Von April bis Juli Teilnahme an der Belagerung von Mainz. Lektüre von Wielands ›Sympathien‹.
1799 Auf eigenen Wunsch aus dem Militärdienst entlassen. Studium der Physik, Mathematik, Philosophie und der Kameralien an der Universität Frankfurt/Oder.
1800 Verlobung mit Wilhelmine von Zenge. Reise nach Würzburg.
1801–02 Reise nach Paris (zusammen mit der Stiefschwester Ulrike) und längerer Aufenthalt in der Schweiz. Bruch mit der Verlobten.
1803 Besuch bei Wieland in Oßmannstedt. Buchausgabe der *Familie Schroffenstein*. Ausbruch einer psychischen Krise während einer längeren Reise in Frankreich; Kleist verbrennt das Manuskript des Trauerspiels *Robert Guiskard*.
1805–06 Beamter in der Kriegs- und Domänenkammer Königsberg.
1807 Kleist wird von den Franzosen in Berlin als Spion verhaftet und nach Fort de Joux, später nach Châlons sur Marne gebracht. *Amphitryon* erscheint in Dresden.
1808 Mit Adam Müller Herausgeber der Zeitschrift ›Phöbus. Ein Journal für die Kunst‹. Mißlungene Aufführung des *Zerbrochenen Krugs* durch Goethe in Weimar. *Die Marquise von O ...* und *Penthesilea*. Im ›Phöbus‹ erscheinen Fragmente des Schauspiels *Käthchen von Heilbronn* und der Erzählung *Michael Kohlhaas*.
1810–11 Redakteur der neugegründeten ›Berliner Abendblätter‹. Zwei Bände *Erzählungen* erscheinen in Berlin. Am 21. November 1811 Selbstmord am Wannsee.

Die heilige Cäcilie oder die Gewalt der Musik (Eine Legende)

Erstdruck: Die heilige Cäcilie oder die Gewalt der Musik. Eine Legende. In: Berliner Abendblätter, Nr. 40–42, 15.–17. November 1810.
Erste Buchausgabe und Druckvorlage: Erzählungen, Zweiter Band. Berlin 1811, S. 133–162.

Zur Textgeschichte

Die erste Fassung der Novelle, die in den ›Berliner Abendblättern‹ erschienen ist, trägt im Titel eine Widmung: »Zum Taufangebinde für Cäcilie M . . .«. Kleist gehörte zu den Taufpaten der am 27. Oktober 1810 geborenen Tochter seines Freundes Adam Müller (s. u. S. 370 sowie die Abhandlung von Jakob Baxa: Die Taufe der Cäcilie Müller. In: Euphorion 53 (1959), S. 92–102). Für die Buchausgabe hat Kleist die Erzählung überarbeitet und durch einen zweiten, wesentlich umfangreicheren Textteil ergänzt, der die Untersuchung des Geschehens durch die Mutter enthält. – Historische oder literarische Quellen sind nicht nachweisbar. Das Motiv der vier verrückten Brüder findet sich ähnlich bei Matthias Claudius: ›Der Besuch im St. Hiob zu **‹ im vierten Teil des ›Wandsbecker Bothen‹ (1782).

Die Legende der hl. Caecilia, einer seit dem 5. Jahrhundert verehrten Märtyrerin der katholischen Kirche (die Hagiographie ist ungewiß), bot Kleist keine Anregung. Wichtiger dürfte für ihn die Verehrung der Heiligen als Schutzpatronin der Musik und hier vor allem die Tradition der Cäciliendichtungen und -kompositionen seit dem 17. Jahrhundert gewesen sein, da er eines der bekanntesten Werke dieser Gattung, John Drydens ›Alexander's Feast; or the Power of Musique‹ (1697), im Titel seiner »Legende« zitiert (s. u. S. 370). Zur Rezeption des nach dieser Vorlage komponierten Oratoriums von G. F. Händel an der Wende vom 18. zum 19. Jahrhundert vgl. Leo Schrade: Studien zu Händels ›Alexanderfest‹. In: Händel-Jahrbuch 5 (1932), S. 38–114.

Die »ungeheure Begebenheit«
Zur Textstruktur der Novelle

Ein ungewöhnlicher Vorfall steht im Mittelpunkt der Kleistschen Erzählung. Die Rettung des vom Bildersturm bedrohten Klosters durch ein Wunder, das die »Gewalt der Musik« bewirkt, wird zum Gegenstand eines anekdotenhaften Berichts, der, entgegen der Ankündigung des Titels, eher an eine historische Chronik als an eine erbauliche Legende aus dem Leben einer Heiligen erinnert. Die Handlung gipfelt in einem einzigen Punkt, dem die kurze Exposition und die nachfolgende Untersuchung des Geschehens kunstvoll zugeordnet sind. Diese pointierte Form der Erzählung erfüllt die Gattungskriterien der Novelle in idealer Weise. Allerdings mit einer Besonderheit in der Gestaltung, die für Kleist charakteristisch ist: in rascher Folge wird von dem Plan der gotteslästerlichen »Frevler«, ihrer Versammlung im Dom und der Aufführung des Oratoriums berichtet; der Leser wird so bereits am Anfang der Novelle mit jenem rätselhaften Ereignis konfrontiert, dessen Bedeutung sich erst – wenn auch keineswegs eindeutig – in der zweiten, sehr viel breiteren Schilderung der Historie nach der Ankunft der Mutter enthüllen wird. Einen ähnlichen Aufbau zeigen auch andere Novellen Kleists. Eine skandalöse Zeitungsnotiz steht am Beginn der Geschichte der *Marquise von O . . .*, eine Naturkatastrophe leitet die Erzählung von Jeronimo und Josephe in *Das Erdbeben von Chili* ein und in *Der Zweikampf* wird ein mysteriöser Mordfall durch ein Gottesurteil aufgeklärt. Doch in keiner dieser Erzählungen wird das novellistische Ereignis des Anfangs so streng von der weiteren Handlung getrennt wie in der *Heiligen Cäcilie*. Mit der sachlichen Bemerkung, daß »(s)echs Jahre« vergangen sind, bevor die Mutter in der Stadt eintrifft, um die längst vergessene Begebenheit zu untersuchen (S. 54), setzt Kleist eine deutliche Zäsur. Während die beiden ersten Abschnitte der Novelle einen scheinbar objektiven Bericht jener Ereignisse um das Aachener Kloster bieten und damit die eigentliche Handlung bereits zum Abschluß bringen, versuchen die folgenden vier Abschnitte (S. 54–62) eine Deutung dessen zu geben, was der Erzähler als »ungeheure Begebenheit« (S. 56) oder – in der ersten Fassung der Novelle – noch drastischer als »zu gleicher Zeit schreckliches und herrliches Wunder« bezeichnet.

Von den historischen Umständen und der Vorgeschichte des geplanten Bildersturmes teilt Kleist nur das Notwendigste mit. Die vier Brüder wollen in Aachen »eine Erbschaft erheben, die ihnen von seiten eines alten, ihnen allen unbekannten Oheims zugefallen war«. (S. 52) Der Grund des Zusammentreffens wird nur zu Beginn kurz erwähnt, später ist von dieser etwas ominösen Angelegenheit nicht mehr die Rede. Offenbar schafft der Zufall eine Situation, in der sich die Brüder zu Handlungen hinreißen lassen, die vernichtend in ihr Lebensschicksal eingreifen. Wenn jedoch das menschliche Handeln so weitgehend dem Zufall ausgeliefert ist, wird der Zusammenhang von religiöser Schuld und Strafe, wie er sich fast zwangsläufig aus der folgenden Darstellung des Geschehens zu ergeben scheint, von vornherein fragwürdig. Kleist gestaltet seine Erzählung bewußt doppeldeutig.

In dramatischer Steigerung und mit einem schnellen Wechsel der Schauplätze werden die Vorbereitungen auf das Fronleichnamsfest geschildert. Während sich die vier Brüder und ihre Anhänger in einem Gasthof versammeln und dort »unter Verwünschungen des Papsttums« (S. 52) die Nacht zubringen, schickt die Äbtissin zu einem kaiserlichen Offizier, um sich Hilfe für das Kloster auszubitten; der Kommandant verweigert ihr den Beistand, womit die Kirche den Bilderstürmern schutzlos preisgegeben wird; die Äbtissin besteht dennoch auf der Durchführung des Festes, obwohl, »zur Verdoppelung der Bedrängnis« (S. 53), auch die Kapellmeisterin erkrankt ist.

Der zweite Abschnitt führt die Handlung auf ihren Höhepunkt, von Kleist mit der Satzkonstruktion »Eben . . . als« eingeleitet: Schwester Antonia tritt plötzlich mit der Partitur der alten italienischen Messe auf, das Oratorium kann »mit der höchsten und herrlichsten musikalischen Pracht« aufgeführt werden, so daß alle Anwesenden in Andacht erstarren.

Die Ereignisse werden von dem Erzähler fast nüchtern protokolliert. Ein übersinnliches Geschehen wird zunächst nur vage angedeutet, weder die überraschende Genesung der Kapellmeisterin noch die bezaubernde Wirkung der Musik liegen völlig außerhalb des Denkbaren. Erst durch die Ermittlungen der Mutter wird der Vorgang als Wunder erkannt oder vielmehr: als solches anerkannt und schließlich durch ein päpstliches Breve offiziell bestätigt. Doch bis sich diese Gewißheit bei den handelnden Personen herausbilden kann, wird das Ereignis noch von verschiedenen Seiten genauer untersucht.

Nachdem die Mutter ihre vier Söhne, die »an der Ausschweifung einer religiösen Idee« leiden, im Irrenhaus der Stadt wiedergefunden hat, erkundigt sie sich bei Veit Gotthelf, einem früheren Komplizen der Brüder, nach den Ursachen des Wahns. Seine Schilderung der Ereignisse läßt keinen Zweifel daran, daß die Brüder durch die Gewalt der Musik verwandelt und zu einem Leben verurteilt wurden, das in seiner religiösen Dünkelhaftigkeit (S. 56) mit wirklicher Bekehrung nichts zu tun hat und mit klösterlicher Frömmigkeit nur einige äußerliche Merkmale teilt; das »öde, gespensterartige Klosterleben« ist mit dem »grausenhaften« und in seiner Ritualität eher abstoßenden als lächerlichen »Gebrüll« des gloria in excelsis einem Vegetieren ähnlicher als einer durch die Strafe Gottes geforderten Haltung der Devotion. Ironie macht sich bemerkbar, bedenkt man, daß die Brüder für ihren Vorsatz, das Kloster der hl. Cäcilie zu zerstören, ausgerechnet mit einem – hier ins Groteske gesteigerten – klosterähnlichen Leben büßen, das sich überdies in den Mauern eines Irrenhauses vollzieht. Der Tuchhändler kann in dem Schicksal der Brüder keine höhere Fügung erkennen, ihm »scheint« es allenfalls so, daß »der Himmel selbst« das Kloster in seinen Schutz genommen haben könnte – zu behaupten wagt er es nicht. (S. 56) Gerade diese Deutung soll aber in dem Gespräch zwischen der Mutter und der Äbtissin das Geschehen erklären, womit die noch offenen Fragen und Vermutungen sich zu einer einheitlichen Lösung zusammenschließen würden. Diesem Darstellungsziel entspricht offenbar auch die Strategie des Erzählers, der den sachlichen und unparteiischen Bericht Gotthelfs mit der Bemerkung abbricht, daß der Zeuge »noch Mehreres« sagte, »das wir hier, weil wir zur Einsicht in den inneren Zusammenhang der Sache genug gesagt zu haben meinen, unterdrücken«. (S. 59) Es geht also um den »inneren Zusammenhang der Sache«, den aufzuklären der Erzähler bezeichnenderweise der Äbtissin überläßt. Daraus ergibt sich eine einheitliche Erzähltendenz, die mit einer ebenso geschlossenen Glaubensvorstellung korrespondiert, in deren Perspektive die Konversion der Mutter, von der am Schluß berichtet wird, nur konsequent erscheint. Indem Kleist jedoch Einblick gewährt in das suggestive Verfahren seines Erzählers, bietet er zugleich die Möglichkeit, sich von dessen Schlußfolgerungen zu distanzieren. Diese Distanz wird sich noch vergrößern, betrachtet der einmal aufmerksam gewordene Leser die Aussagen einzelner Figuren genauer. Auffallend sind hier etwa die formelhaften Äußerungen der Äbtissin, die das Wunder nicht im Ton naiv-glaubensvoller Heiligenverehrung schildert, sondern eher als einen Sachverhalt darstellt, der von den kirchlichen Behörden ordnungsgemäß untersucht wurde, um in letzter Instanz vom Papst als zeichenhafte Handlung Gottes vor den Gläubigen legitimiert zu werden. Je entschiedener damit das Übersinnliche des Geschehens bezeugt werden soll, desto mehr gewinnen auch jene im Text angelegten Vorbehalte an Gewicht, die der Absicht des Legendenerzählers widersprechen und die paränetische Wirkung der Erzählung aufheben. Kleist schildert, auf welche Weise die »ungeheure Begebenheit« in den Rang eines Wunders erhoben wird. »Anders gesagt, er erzählt keine Legende, sondern die Entstehung einer Legende.« (Hoffmeister, S. 50) Sollte diese Interpretation zutreffen, wäre die Kleistsche Novelle weniger ein Dokument romantischer Religiosität als vielmehr die ironische Absage an die okkasionelle Neigung seiner Zeitgenossen zu religiöser Harmonie, Katholizismus und kirchlicher Wunder- und Gesetzesfrömmigkeit, wie sie im Jahrzehnt vor Kleists Tod in zahlreichen Konversionen zum Ausdruck kam. Doch wie ist dann die Verwandlung der vier Brüder zu erklären?

Die möglichen Deutungen des Geschehens

Die Aufführung der italienischen Messe hatte die sinnlich überwältigende Kraft des katholischen Gottesdienstes bezeugt. In einem Naturschauspiel wird gegen Schluß der Novelle die Macht der römischen Kirche noch in anderer Weise symbolisiert. Als die Mutter einen Spaziergang unternimmt, um »den entsetzlichen Schauplatz in Augenschein zu nehmen, auf welchem Gott ihre Söhne wie durch unsichtbare Blitze zu Grunde gerichtet hatte«, zieht im Hintergrund ein Gewitter vorbei, das nur einige »kraftlose Blitze« in die Richtung des Doms zu schleudern vermag, dessen Türme gerade von vielen hundert Arbeitern »um ein gutes Dritteil« erhöht werden – nichts scheint der sich festigenden Herrschaft der Kirche widerstehen zu können. (S. 59f.) Die Äbtissin begegnet der zu einem Gespräch eingeladenen Niederländerin mit entsprechend weltlicher Souveränität. Während sie den Brief des Prädikanten liest und in ihm bestätigt findet, was über die reale Bedrohung des Klosters bereits zu vermuten war, entdeckt die Mutter die Partitur der Messe und ist von den »unbekannten zauberischen Zeichen, womit sich ein fürchterlicher Geist [!] geheimnisvoll den Kreis abzustecken schien, ... lebhaft erschüttert«. (S. 61) Kleist hat diese Szene bewußt doppelsträngig angelegt: für die Äbtissin kann nun an dem durch die heilige Cäcilie gewirkten Wunder kein Zweifel mehr bestehen, die Krankheit und der rasche Tod der Schwester Antonia scheinen dies – wenn auch nicht mit letzter Gewißheit (S. 61) – zu bestätigen. Hingegen glaubt die Mutter jenen »Schrecken der Tonkunst« zu spüren, in dem das irrationale Ereignis eine – im weiten Sinn des Wortes – psychologische Erklärung finden könnte. Wäre demzufolge das »oder« im Titel der Novelle disjunktiv zu verstehen, derart, daß der Autor es dem jeweiligen (Glaubens-)

Standpunkt des Lesers überläßt, ob er das Geschehen auf ein Wunder (der heiligen Cäcilie) oder ein zwar rätselhaftes, aber doch natürliches Ereignis (die Gewalt der Musik) zurückführen will?

Nichts scheint, oberflächlich gesehen, der Deutung der Äbtissin zu widersprechen. Einzelne Stellen in den Briefen Kleists könnten sogar den Eindruck erwecken, daß er in der vorliegenden Erzählung eigene Erfahrungen mit der überwältigenden Wirkung katholischer Kirchenmusik zu verarbeiten suchte (vgl. den Brief an Wilhelmine von Zenge vom 21. Mai 1801). Dabei werden Anklänge an jene romantischen Topoi spürbar, die mit dem Hinweis auf die alte liturgische Musik Italiens den religiösen Gehalt der Kunst gegen eine in der Vernunftreligion des deutschen Klassizismus gänzlich profanierte Auffassung des Ästhetischen verteidigen wollten (Wackenroder, Tieck; Palestrina wurde von der Generation der Romantiker als Komponist wiederentdeckt). E.T.A. Hoffmann hat den Gegensatz zwischen der »Andacht entzündenden« italienischen Kirchenmusik und dem nur artifiziellen Anspruch moderner Instrumentalmusik beispielhaft in einem Gespräch zwischen Cyprian und Theodor in seinen ›Serapions-Brüdern‹ gestaltet.

Was die Musik betrifft, finden sich bei Kleist ähnliche Formulierungen. Andere Briefstellen lassen dabei jedoch seine kritische Haltung gegenüber dem katholischen Glauben unmißverständlich deutlich werden. Am 14. September 1800 schreibt er an seine Verlobte, daß ihn das Glockenläuten in Würzburg »unaufhörlich an die katholische Religion« erinnere, »wie das Geklirr der Ketten den Gefangnen an seine Sklaverei.« In der *Heiligen Cäcilie* konnte er aus Gründen, die noch zu erläutern sind, seine religionskritische Position nicht so offen zum Ausdruck bringen. Kleists Argumentation ist hier verschlossener, in der religiösen Deutung des Geschehens aber nicht weniger entschieden. Am Schluß des zweiten Abschnitts, der die Schilderung der Ereignisse im Dom enthält, steht der bemerkenswerte Satz, daß das vom Bildersturm bewahrt gebliebene Kloster »noch bis an den Schluß des dreißigjährigen Krieges bestanden hat, wo man es, vermöge eines Artikels im westfälischen Frieden, gleichwohl säkularisierte.« Die Ironie in dieser Formulierung ist kaum zu verkennen. Sollte das Kloster nur deshalb durch ein Wunder der Heiligen gerettet worden sein, um kaum ein halbes Jahrhundert später »auf Grund eines simplen Verwaltungsaktes« (Wittkowski, S. 19) säkularisiert zu werden? Der »Triumph der Religion« erscheint in der historischen Perspektive des – für die Absichten einer Legende – fast zu korrekt berichtenden Erzählers von erstaunlich geringer Dauer. Dem Leser wird eine mögliche Identifikation vorgezeichnet, die ihm der Autor letztlich verweigert: aus der naiven Zuwendung zum Gegenstand der Legende soll – unabhängig von jeder ästhetischen Rangbestimmung – die Reflexion über ihre die menschliche Wirklichkeit deutende Kraft entstehen. Die Annahme, eine transzendente Macht greife handelnd in die sinnlich-geistige Wirklichkeit des Menschen ein, um ihren Willen in deutbaren Zeichen kundzutun, ist Voraussetzung für den Wunderglauben. Kleist gibt zu bedenken, daß diese Voraussetzung in seiner Gegenwart nur noch für den einfachen Gläubigen besteht. An dem grotesken, ja geradezu dämonisch wirkenden Schicksal der Brüder ist ein solches zeichenhaftes Handeln nicht abzulesen.

Die Frage, warum Kleist diesen in sich so widerspruchsvollen Legendenstoff bearbeitete, ist damit noch immer offen. Wollte er die Rätselhaftigkeit einer vom Zufall beherrschten Welt schildern, die sich jeder eindeutigen Auslegung verweigert? (Heine, S. 81 f.) Diese Interpretation greift vermutlich zu weit über den Text hinaus, sie übersieht den Anlaß seiner Entstehung.

Legendenparodie oder Gelegenheitsdichtung?

Adam Müller, dessen Tochter die Erzählung zur Taufe gewidmet ist, war 1805 zum katholischen Glauben konvertiert. Obwohl er wegen der Mischehenverordnung des preußischen Landrechts seine Tochter protestantisch taufen lassen mußte, gab er ihr den Namen einer katholischen Heiligen, deren Festtag, der 22. November, fast mit dem Tag der Taufe zusammenfiel. Kleist Novelle stellt also geradezu eine Gelegenheitsdichtung dar. Es ist dabei wichtig zu erwähnen, daß eine zweckgebundene Literatur zur Feier des Cäcilientages seit dem 16. Jahrhundert eine feste Tradition besitzt. Den Tag der Schutzpatronin der Musik wollte man nicht nur musikalisch besonders reich ausgestalten. In England kam es unter Karl II. zur Gründung einer »St. Cecilien Society« (1683), in der Schriftsteller und Komponisten zusammenwirkten, um für den jährlich gefeierten Cäcilientag ein dem höfischen Geschmack entsprechendes Kunstwerk zu schaffen. Im Jahr 1697 veröffentlichte der neoklassizistische Autor John Dryden (1631–1700) ein Gedicht, das für mehr als ein Jahrhundert zur repräsentativen, oft übersetzten und vertonten Cäcilien-Dichtung werden sollte: ›Alexander's Feast; or the Power of Musique. An Ode, in Honour of St. Cecilia's Day‹. Georg Friedrich Händel komponierte nach dieser Vorlage ein Oratorium (1736), das in der Übersetzung Herders 1780 in Weimar aufgeführt wurde. Das ›Alexanderfest oder die Gewalt der Musik‹ gehörte zu den bekanntesten Vokalwerken Händels im 18. und frühen 19. Jahrhundert. In Johann Nicolaus Forkels ›Vorlesungen über die Theorie der Musik‹ (1779) wurde das Händelsche »Meisterstück« ausdrücklich zur Aufnahme in die Konzertprogramme empfohlen. 1807 kam es zu einer vielbeachteten Aufführung des Werkes in Berlin unter Zelter. Das ›Alexanderfest‹ wurde hier jedoch bereits als ein rein weltliches Oratorium betrachtet, dessen Sinn man allein im Musikalischen, in der »Gewalt der Musik«, zu finden glaubte, wenn auch der Cäcilientag für die Aufführung noch immer bindend war.

Einen rein liturgischen Charakter besaß jedoch auch die Dichtung Drydens nicht. Seine ganz auf ›hohen Stil‹ und erhabene Wirkung zielende Ode stand im Widerspruch zu ihrem geistlichen Zweck. Aufgrund ihrer zahlreichen Bilder und Metaphern, die geschickt historische mit mythologischen Stoffen verknüpften, galt sie im 17. und frühen 18. Jahrhundert als ein rhetorisches Meisterwerk. Bei der Glorifikation der Musik und ihrer Macht, Affekte zu erregen, wurde der Schutzpatronin nur noch beiläufig gedacht. Wie wenig diese von der höfischen Kultur geprägte Praxis noch mit der Legende der Heiligen und ihrer Verehrung zu tun hatte, bemerkt Herder im dritten Band der ›Adrastea‹ (1802):

> Freilich scheints sonderbar, daß die Innung der Brittischen Tonkünstler eine Heilige dieser Art mit dem *Alexanderfest* begrüßten, einem Trinkfest, wo die Bulerinn und der Tonkünstler mit ihr einen berauschten König zum Trunk, zur Wohllust, zur Rache, zum Brande Persepolis wecken und treiben. ... Nicht um das Lob der Heiligen, um Wirkungen der Musik war es dem singenden, spielenden Haufen an seinem Innungsfest zu thun, und an einer Geschichte, die diese Wirkungen zeigte.

An einer solchen Geschichte, die die »Wirkungen der Musik« zeigen konnte, war es auch Kleist bei seiner Cäcilien-Dichtung gelegen, weniger an der Gestaltung der christlichen Legende ›ad maiorem gloriam‹ der katholischen Heiligen. Wie bei seinen Vorgängern ist das eigentliche Thema die Gewalt der Musik. Die Tradition wird dabei jedoch nur in parodistischer Weise zitiert, das Thema selbst völlig frei bearbeitet. Kleist wollte mit dem »Taufangebinde« bei seinen Zeitgenossen nicht allein vordergründige Assoziationen an eine längst historisch gewordene Form rhetorischer Gelegenheitsdichtungen wecken. Der Untertitel »Eine Legende« weist darauf hin, daß es ihm mit der in der Romantik häufig verwendeten Technik des Zitierens, Wiederaufnehmens oder Parodierens literarischer Stoffe und Themen um aktuelle Zeittendenzen zu tun war. Denn gerade die Berliner Romantiker Arnim, Fouqué und Tieck, mit denen Kleist in enger Verbindung stand, hatten sich in ihrer literarischen Produktion vielfach durch Legendenmotive und -sammlungen anregen lassen. Kleist setzt sich mit der *Heiligen Cäcilie* in ironische Distanz zu dieser literarischen Mode. Er versteht die Legende nicht als Zeugnis einer naiv-glaubensvollen Volkskultur, sondern als unzulänglichen Versuch, die Rätsel der menschlichen Lebenswirklichkeit durch das Handeln einer höheren Macht unmißverständlich zu erklären und aufzulösen. Eben diese Eindeutigkeit läßt seine Erzählung vermissen. Das Spiel mit den verschiedenen Traditionsstoffen erhält so einen unerwartet ernsten Unterton.

Kleists subtile Kritik an der romantischen Legendenbegeisterung unterscheidet sich jedoch andererseits auch von der aufklärerischen Polemik gegen eine irrationale Wundergläubigkeit, wie sie etwa Lessing in seinem Spätwerk oder Wieland mit der Legendentravestie ›Clelia und Sinibald‹ (1783) übten; das rätselhafte Ereignis im Dom bleibt letztlich ohne Erklärung, die Wirklichkeit des Geschehens verschließt sich jeder einfachen Deutung. Was Kleist in seiner Meditation *Über das Marionettentheater* eindringlich formulierte, gilt in gewisser Weise auch für die *Heilige Cäcilie*. Der Bruch, den die Kraft zur Reflexion im menschlichen Leben erzeugt, indem sie die ursprüngliche Einheit von Sinnlichkeit und Verstand zerstört und sie in einen Gegensatz verwandelt, zeigt sich auch im Schicksal der Brüder. Durch die Gewalt der Musik sind sie völlig überwältigt und ihres

Verstandes beraubt worden. Die kirchlichen Autoritäten bemühen sich vergebens, das sinnlich-elementare Ereignis in einer gleichsam ›rationalen‹ Beweisführung zu erklären und ihrer Lehrauffassung zu unterwerfen. Die Wahrheit bleibt verborgen. Wäre sie so leicht wie in einer Legende zu erfassen, wäre das bereits, um nochmals das *Marionettentheater* zu zitieren, »das letzte Kapitel von der Geschichte der Welt.«

Anmerkungen

S. 52 *Bilderstürmerei:* Die Umgestaltung des Gottesdienstes in der Reformation bedingte die Ablehnung der bis dahin üblichen Bilderverehrung in den Kirchen. Vgl. Andreas (Bodenstein) Karlstadt: ›Von Abtuhung der Bilder (1522). Den schärfsten Angriff führte Calvin in der ›Institutio‹ (1559). Die Folge waren Bilderstürme vor allem in Frankreich und 1566 in den Niederlanden (calvinistischer Ikonoklasmus).

Prädikant: Prediger.

heilige Cäcilie: Eine seit der zweiten Hälfte des 5. Jhs. als Jungfrau und Märtyrerin verehrte Heilige der katholischen Kirche. Seit dem 15. Jh. wird sie als Patronin der Musik verehrt, ihr Attribut wurde die Orgel.

neue Lehre: Die reformatorischen Bewegungen.

S. 54 *Altan:* Söller, balkonartiger Vorbau (Druckvorlage: »Altar«; Korrektur nach der Erstfassung).

Hoboen: Oboen.

Oden: Odem = Atem, Hauch (nach Grimm: Deutsches Wörterbuch, Bd. 7, 1147f.).

salve regina, gloria in excelsis: Anfangsworte zweier Choräle der lateinischen Messe.

säkularisieren: Kirchliche Güter einziehen und in weltlichen Besitz überführen.

S. 56 *Veit Gotthelf:* Sprechender Name: St. Veit, ein Synonym für den Teufel, steht zusammen mit dem frommen Namen Gotthelf, womit die Wandlung des früheren Bilderstürmers zum braven Bürger angedeutet wird (vgl. Klaus Müller-Salget: Das Prinzip der Doppeldeutigkeit in Kleists Erzählungen. In: *ZfdPh* 92 (1973), S. 185–211, bes. S. 198f.).

S. 62 *Breve:* Weniger feierliche Form päpstlicher Erlasse.

Literaturhinweise

Myers, Robert Manson: Neo-Classical Criticism of the Ode for Music. In: *PMLA* 62 (1947), S. 399–421. (Zur Tradition der Cäciliendichtungen und -kompositionen im 17. und 18. Jahrhundert.)

Scherer, Michael: Die beiden Fassungen von Heinrich von Kleists Erzählung ›Die heilige Cäcilie oder die Gewalt der Musik‹. In: *Monatshefte* 56 (1964), S. 97–102.

Hoffmeister, Werner: Die Doppeldeutigkeit der Erzählweise in Heinrich von Kleists ›Die heilige Cäcilie oder die Gewalt der Musik‹. In: H. Lederer u. J. Seyppel (Hg.): *Fides. Festschrift für Werner Neuse*. Berlin 1967, S. 44–56.

Wittkowski, Wolfgang: ›Die heilige Cäcilie‹ und ›Der Zweikampf‹. Kleists Legenden und die romantische Ironie. In: *Colloquia Germanica* 1 (1972), S. 17–58.

Heine, Thomas: Kleist's ›St. Cecilia‹ and the Power of Politics. In: *Seminar* 16 (1980), S. 71–82.

F. V.

Friedrich de la Motte Fouqué

1777 Am 12. Februar geboren in Brandenburg/Havel. Jugend auf dem elterlichen Gut Sarkow, seit 1788 auf Gut Lentzke bei Fehrbellin.

1789 August Ludwig Hülsen, der Philosoph und spätere Mitarbeiter am ›Athenäum‹ als Hauslehrer; spätere Freundschaft mit Hülsen bis zu dessen Tod 1810.

1794 Eintritt als Kornett in das Kürassierregiment Herzog von Weimar in der preußischen Armee; Teilnahme am Ersten Koalitionskrieg gegen Frankreich.

1798 Tod des Vaters. Heirat mit Marianne von Schubaert (1783–1862).

1799 Rückkehr nach Lentzke.

1802 Besuch in Weimar, Zusammentreffen mit Goethe, Schiller, Herder; in Berlin Begegnung mit A. W. Schlegel. Scheidung. Abschied von der Armee; Übersiedlung auf das Gut der Familie von Briest, Nennhausen bei Rathenow; weiter Wohnung in Berlin.

1803 Heirat mit Caroline von Rochow, geb. von Briest (1774–1831).

1804 *Dramatische Spiele* von Pellegrin (d. i.: Fouqué), hg. v. A. W. Schlegel.

1810 *Der Held des Nordens. Drei Heldenspiele* aus der Sigurd-Sage.

1810–11 Mitarbeit an Kleists ›Berliner Abendblättern‹.

1811 *Der Todesbund; Undine.*

1813 *Der Zauberring*. Teilnahme als Leutnant am Krieg gegen Napoleon; Dienstentlassung im Range eines Majors.

1814 Herausgabe von Chamissos ›Peter Schlemihl‹.

1815 Vorwort zu Eichendorffs ›Ahnung und Gegenwart‹; Herausgeber des renommierten Almanachs ›Frauentaschenbuch‹ (bis 1821).

1817 *Alethes von Lindenstein.*

1818 Schlaganfall.

1818–20 *Altsächsischer Bildersaal;* allmählicher Rückgang seines Ruhms.

1831 Tod Caroline de la Motte Fouqués (21. 7.). *Jakob Böhme;* Der Parcival (ungedr.).

1833 Heirat mit Albertine Tode (1806–1876); Übersiedlung nach Halle.

1829 *Abfall und Buße, oder die Seelenspiegel. Ein Roman aus der Grenzscheide des XVIII. und XIX. Jahrhunderts* (gedr. 1844).
1840 *Lebensgeschichte; Göthe und einer seiner Bewunderer.*
1841 Fast unbeachtetes Erscheinen der *Ausgewählten Werke.*
1843 Tod Fouqués am 23. Januar.

Undine

Erstdruck und Druckvorlage: Die Jahreszeiten. Eine Vierteljahrsschrift für romantische Dichtungen. Hg. v. Friedrich de la Motte Fouqué. Frühlings-Heft. Berlin, bei E. J. Hitzig 1811. S. 1–189.
Textkorrekturen: S. 98 nun *statt* nur; S. 109 abgesehn *statt* angesehn; S. 119 je *statt* ja; S. 124 bin ich *statt* ich bin.

Zur Textgeschichte

Zur Entstehung der *Undine* liegen kaum Dokumente, jedoch die zahlreichen späteren Zeugnisse Fouqués vor. Der Erstdruck erschien nur mit der Angabe: »Vom Verfasser des Todesbundes«. Dem ersten Heft seiner Zeitschrift gab Fouqué eine ›Einladung‹ bei:

. . .
Und weil aus Bergen reich die Ströme fließen
in Füll' und Lust bei dieser Jahreszeit,
Weil gern die Wolken seegnend sich erschließen
Anschwellend Au'n zu Spiegeln klar und weit,
Soll auch durch unsern Garten sich ergießen,
Ein Bächlein, hell in Freud' und süßem Leid.
Zur Huld gezähmt, und wie es Holden diene,
In Demuth willig kommt's, genannt Undine.
Zeigt Ihr Euch mild, so trägt ein kühnres Schwellen
Euch künftig hin durch Sommers güldnes Land.
. . .
Denn wechselnd wird die Quelle sich gestalten, . . .

Den Schluß des Heftes bilden Vertonungen J. H. Jung-Stillings von zwei seiner eigenen Gedichte. Während die *Jahreszeiten* über das erste Jahr mangels Beiträgen nicht hinauskamen, erschien eine zweite Auflage der *Undine* bereits 1814, und zwar sowohl als Nachdruck des Frühlings-Heftes, wie auch, mit Verfasserangabe, als selbständige Buchveröffentlichung (vgl. C. G. von Maassen, in: Der grundgescheute Antiquarius I, 1920/22, S. 159f.); diesem Druck hatte Fouqué eine ›Zueignung‹ vorangestellt:

Zueignung

Undine, liebes Bildchen du,
Seit ich zuerst aus alten Kunden
Dein seltsam Leuchten aufgefunden,
Wie sangst du oft mein Herz in Ruh!

Wie schmiegtest du dich an mich lind,
Und wolltest alle deine Klagen
Ganz sacht nur in das Ohr mir sagen,
Ein halb verwöhnt, halb scheues Kind.

Doch meine Zither tönte nach
Aus ihrer goldbezognen Pforte
Jedwedes deiner leisen Worte,
Bis fern man davon hört' und sprach.

Und manch ein Herz gewann dich lieb,
Trotz deinem launisch dunklen Wesen,
Und viele mochten gerne lesen
Ein Büchlein, das von dir ich schrieb.

Heut wollen sie nun allzumal
Die Kunde wiederum vernehmen.
Darfst dich, Undinchen, gar nicht schämen;
Nein, tritt vertraulich in den Saal.

Grüß sittig jeden edlen Herrn,
Doch grüß vor allen mit Vertrauen
Die lieben, schönen deutschen Frauen;
Ich weiß, die haben dich recht gern.

Und fragt dann eine wohl nach mir,
So sprich: »Er ist ein treuer Ritter,
Und dient den Fraun mit Schwert und Zither
Bei Tanz und Mahl, Fest und Turnier.«

Autobiographische Elemente

Dem 18jährigen Fouqué ging bei seiner Rückkehr aus dem preußischen Krieg gegen das revolutionäre Frankreich in »einer frischen Eichenwaldung« bei Minden »die Erscheinung einer zarten, erst eben erblühenden Jungfrau edlen Stammes auf unter den grünen Schatten« (*Lebensgeschichte,* 1840). Die damals etwa 15jährige Elisabeth von Breitenbauch, Tochter des Kgl. preuß. Kriegs- und Domänenkammerpräsidenten in Minden wird für den ›Undinen‹-Typus in Fouqués Werk zum zeitlosen Urbild, das der Autor entsagend vor jeder Begegnung mit einer wandelbaren Realität bewahren wollte. 1811, nach dem Druck der Erzählung, drängte ihn Rahel Varnhagen zu einer Besuchsreise: »Einer Muse, seiner Göttin, ist man die größten Wallfahrten schuldig: warum sollten Sie so schief leben und das nicht ausführen?« – »Wollen Sie durch Leben nichts an der Empfindung, an dem Eindruck stören?« Nachdem seit 1822 wieder Briefe die persönliche Beziehung angeknüpft hatten, heißt es noch 1841 im *Nachwort zu der Sammlung letzter Hand* in bemerkenswerter Gleichsetzung von Werk und autobiographischem Anlaß: »Undine bleibt die erste Liebe, und die fühlt man nur einmal.« Das Lebensalter der »zarten Jungfrau« (15) wie das des Liebhabers

(18) ist in die Erzählung eingeflochten. Denn achtzehn Jahre ist Undine alt, als ihr Geliebter ihr die Seele erweckt, und fünfzehn davon lebte sie unter den Menschen. In seiner Erzähler-Rolle bekennt auch Fouqué, selbst eine »ähnliche Geschichte« (S. 106) erlebt zu haben, und die willkommenen Illustrationen von Ruhl verleihen Undines geliebtem Ritter die Züge seines Verfassers. »Doch angeerbt bleibt treu Dir Sporn und Degen/Du schwingst im Lied nun alter Ritter Lanze« – redet August Wilhelm Schlegel im Sonett zu dessen Hochzeit seinen Schüler Fouqué an und bestätigt ihm damit ein, von der zeitgemäßen, romantisch-gelehrten Mittelalterbegeisterung bestärktes Selbstbild als ritterlicher Sänger, das eine Identifikation des jungen »Kriegsmannes« mit jenem Huldbrand erlaubt, dessen Geschlechtsname »Ringstetten« zudem nur die deutsche Übersetzung des altfranzösischen »de la Motte« ist und dessen Wappenfarben »gold« und »blau« eben auch diejenigen Fouqués sind. Die undankbarste Position im Dreieck würde biographisch korrekt von Fouqués erster Ehefrau eingenommen, doch gewiß hat ihm seine zweite Gattin ebenfalls das Erlebnis-Material für den, im Werk konstanten ›Bertalda‹-Typus geliefert. Freilich beruhen Reichtum und literarisches Gewicht der *Undine* nicht auf dieser autobiographischen Basis des alten Konfliktes eines schwachen und labilen Mannes zwischen zwei Frauen, sondern gerade darin, »daß ein solcher Konflikt kunstvoll durch die Verbindung mit einer Mythe aller biographischen und allgemein temporären Bezüge enthoben wurde.« (Schulz, S. 507).

Quellen

Die Quelle für das elementarmythische Weltmodell seiner Erzählung hat Fouqué (auf eine Anfrage in der Allg. Lit.-Zeitung, Nr. 239) in der, von ihm herausgegebenen Zeitschrift *Die Musen* (1812, IV, S. 198f.) selbst angegeben:

> »Mit Vergnügen begegne ich der wohlwollenden Anfrage, berichtend, daß ich aus Theophrastus Paracelsus Schriften schöpfte. Ich benutzte die Ausgabe von Conrad Waldkirch zu Basel, vom Jahre 1590, in deren neuntem Theil S. 45 das Liber de Nymphis, Sylphis, Pygmaeis et Salamandris, et de caeteris spiritibus mir das ganze Verhältniß der Undinen zu den Menschen, die Möglichkeit ihrer Ehen u. s. w. an die Hand gab. Der alte Theophrastus ereifert sich gar ernstlich darüber, daß Leute, die an Wasserfrauen verehlicht seien, solche oftmals für Teufelinnen hielten, und sich nicht mehr nach deren Verschwinden für gebunden erachteten, sondern vielmehr zur zweiten Ehe schritten. Das bringe aber den Tod, und zwar verdientermaaßen. Zum Beleg erzählt er, ein Ritter Stauffenberg sei am zweiten Hochzeittage durch die Rache der beleidigten Wasserfrau gestorben. Alles übrige im Mährchen ist meine Erfindung.«

Schon für August Wilhelm Schlegel hatte der, von der aufklärerischen Wissenschaft vorangetriebene »Depoetisationsprozeß« lange genug gedauert und ihm schien es »einmal an der Zeit, daß Luft, Feuer, Wasser, Erde wieder poetisiert werden«, was dann Fouqué treulich versuchte – 1825 mit der Erzählung um die Sylphide *Sophie Ariele* und 1826 mit dem Roman *Erdmann und Fiametta,* der ins Schema nordischer Südsehnsucht die Auseinandersetzung eines deutschen Erd- mit einem italienischen Feuergeist einpaßt. Die Wasserfeen konnten um 1811 als marktgängiger »romantischer« Stoff gelten (nach Goethes Fischer-Ballade, Vulpius' ›Hulda‹, Tiecks Bearbeitung von Henslers ›Donauweibchen‹, u. a.); gerade die Melusinensage, wie Thüring von Ringoltingen sie gefaßt hatte, war, nach einer persiflierenden Bearbeitung durch W. Zachariae (1772), der mit einem Streit um Melusinens Schoßkätzchen die Trennung der Gatten begründet hatte, nun durch Tiecks Bearbeitung als Volksstoff anerkannt worden, wie auch die, in ›Des Knaben Wunderhorn‹ aufgenommene Stauffenberger-Überlieferung (vgl. die Umbildung in Arnims ›Gräfin Dolores‹). Fouqué allerdings steigert Thürings Idealisierung der Nixe noch und bewertet den Vorgang nicht mehr aus der Sicht des Menschen. Vielmehr wird die Verbindung des Menschlichen mit dem Mythisch-Elementaren, so wie in Schellings Naturphilosophie, als eine Humanisierung der Natur entworfen, mit der eine Naturalisierung des Menschen einhergehen müsse, und die Erzählung von *Undine* ist die Geschichte des Scheiterns dieses frühromantischen Programms. »... es mögen«, so beginnt der Erzähler im Märchenton, »nun schon viele hundert Jahre her sein« (S. 63, vgl. S. 111); doch eröffnen die »alten Kunden« eben einen Raum märchenhafter Zeitlosigkeit, weil sich in ihnen – autobiographisch vermittelt – die Seelenzustände und die Problemkonstellationen der Gegenwart entdecken lassen.

Bilderdenken und Erzählbewegung

Fouqué fehlt, im Gegensatz zur frühromantischen Generation, jede philosophische Veranlagung, und sein Denken wie sein Schreiben sind weitgehend durch Begriffslosigkeit gekennzeichnet. »Fouqués Dichtungen sind sublimierte Selbstgespräche, geführt in der magischen Sprache romantischer Bildlichkeit« (Max, S. XVI, vgl. *Lebensgeschichte,* S. 191 f.); er verwertet die bereits geprägten Motive als Material. Anstatt eine äußere Realität nachzuahmen, gehorcht sein Märchen der Eigenbewegung solcher »seltsamer Zeichen« (S. 108), die für den Böhme-Verehrer Fouqué die Würde der heiligen Natursprache hatten, und löst die festen Umrisse von Personen und Handlungen in Metamorphosen poetischer Bilder auf. Geradezu als (schönes) »Bild« oder »Bildchen« bezeichnet er häufig seine Frauengestalten, so auch Undine.

Auch durch die Räume, die den Aufbau des Märchens in Phasen von »Bewegung« und »Ruhe« gliedern, wird der (unbewußte) Seelenzustand ihrer Bewohner abgebildet und festgelegt: Die Stadt als Ort der Gesellschaft, der ›Wald der Welt‹ – so die Überschrift eines Gedichts –, wo sich, wie in der »Wüste«, der Einzelne bewähren soll, die »Insel« als Paradieses-Ort der Gemeinschaft mehrer in der idyllischen »Hütte«, oder – nochmals verengt – als Freistatt wahrer Liebe. Das »Blumen und Früchte«-Motiv hier prophezeit fälschlich eine Erfüllung (S. 79); tatsächlich führt die »Lebensreise« zurück zur »Stadt« und weiter zum Kontrastort der traulichen

»Hütte«, der engen »Burg« nämlich, wo die Gesetze der Gesellschaft die der Natur verdrängen. Wer sich der »Burg« bequemt, wird auf dem weiten »Lebensstrom« scheitern. Das Wasser ist die natürliche Gegenwelt zu den versteinerten Räumen menschengeschaffener Ordnung: von den »Quellen« (der Donau) bis zum »Meer«, das ein »Ritter« wie Huldbrand gar nur im »Traum«, von den Schranken seines Standes und seiner äußeren Sinne befreit, erreichen kann; »Welle« im Lebensstrom zu sein, ist das Wesen »Undines« (*unda:* Welle). Zugleich ist die »mondgesänftigte Nacht« (*Erdmann und Fiametta,* S. 361) das Reich, wo sie als »engelmilde und sanfte« Frau (S. 90) zu ihrem wahren Wesen findet, und der »Frühling«, die Zeit des Wachsens und des Aufbruchs ins Leben, ist ihre Jahreszeit. Fouqués »Cyclus romantischer Dichtungen« setzt programmatisch ein; die Begegnung Undines mit dem Ritter paßt sich dem Jahreszeitenmodell ein und ihre Metamorphose garantiert gleichsam die folgenden Beiträge im Zyklus. (s. u.). »Huld-brand« nämlich – wie auch »Bertalda« (die Glänzende) sind an ihren Namen als Vertreter der Gegenwelten – Sommer, Sonne, Feuer (vgl. S. 110) – kenntlich, so daß auf der Ebene kosmischer Bildlichkeit als tragisch-notwendiges Verfehlen enthüllt wird, was erst wie menschliches Versagen erschien. Allerdings gehört es zum Wesen des passiven Elementes, daß es allem anderen als »Spiegel« dient – so spiegelt sich in Undinens »seeblauen Augenhimmel« (S. 70) ein besseres, himmlisches Sein, wo auch des sonnenhaften Ritters Seele ihren Platz fände. Doch wenn er sein innerstes Menschentum vergißt, so wirft ihm Kühleborn, der Wassergeist, das schreckliche Bild einer seelenlosen, oberflächlichen Natur zurück: »er ist seelenlos, ein bloßer elementarischer Spiegel der Außenwelt, der das Innere nicht widerzustrahlen vermag« (S. 109). Am weitesten reduziert Bertalda ihr Wesen auf nur einen Aspekt, jenes eitle Äußere, für das schon im »Brunnen« eingesperrtes »Wasser« genügt – ihr Urbild ist Narziß.

Für Huldbrands »kurzathmig eingegürtete Natur« soll »die schönere Welt der Wunder« nicht »verschlossen bleiben« (*Abfall und Buße*); sie eröffnet sich ihm in der Begegnung mit Undine. Getreu romantischer Anthropologie sieht Fouqué echtes Mensch-Sein zwischen dem Chaos der elementarischen Natur und der Enge gesellschaftlicher Ordnung angesiedelt, offen nach beiden Seiten hin zur fruchtbringenden Gestaltung. Bertalda, ganz befangen in Eitelkeit und Standesdünkel, fixiert sich auf die positive Ordnung der Gesellschaft und verdrängt die natürliche Gegenwelt; sie verzichtet deshalb sogar darauf, der vollen Bedeutung des ›Wunders‹ innezuwerden, in dem sie sich plötzlich befindet; die Wahrheit erfährt sie als »Märchen« (S. 106, s. o. S. 341). Umgekehrt wird für Undine, in der Liebe, ihre Märchenexistenz zum wahren Sein; sie wird deshalb, in genauem Kontrast zu Bertalda, auch stets als die Wissende dargestellt. So weiß sie auch, daß sie mit dem Gewinn einer Seele zugleich die schrankenlose Freiheit elementarischen Wesens verloren hat und, so begrenzt, nun auf die Liebe eines anderen Menschen und dessen Treue angewiesen ist: Im Bilderdenken ist die Treue ein Lebens-Raum, und wer sie bricht, drängt den anderen aus dem Leben hinaus. Also gehört Sittlichkeit zur wahren und notwendigen

Natur des Menschen, »Treue« ist ein Naturgesetz. Wird es nicht wahrhaft menschlich erfüllt, dann verkehrt es sich in den ehernen Zwang der »elementarischen Natur«, die so die Oberhand in Huldbrands Wesen gewinnt. Im ›offenen‹ Raum des Menschseins – in der »Insel«-Idylle – vereinigen sich Huldbrand und Undine zum »paradiesischen Paar«, doch erträgt Huldbrand diese Offenheit nicht: Schon während der »Wald«-Abenteuer zeigte der »Ritter« sich unfähig, die Indifferenz der Natur gegen die Sozialordnung zu begreifen und verwechselt die freie »Gabe« mit dem geprägten »Geld«; eine ähnliche, schon seit Tiecks Märchen (z. B. dem ›Runenberg‹) als fatal erkannte Fixierung auf die gleißend-bösen, wertgeprägten Edelmetalle führt dann zur verhängnisvollen Mißachtung von Undines milderer »Gabe« (vgl. S. 119). So ist Huldbrand stets »zumute als träume er wachend fort, so wenig konnte er sich in die seltsame Verwandtschaft seiner Frau finden« (S. 93), und er drängt deshalb zum entgegengesetzten Pol, zur Fixierung und gesellschaftlich-»glänzenden« Scheinsicherheit. Fouqué variiert hier kunstvoll das ›Hero und Leander‹-Motiv, mit dem, in den Wogen des Lebensmeeres irreführenden künstlichen Licht (s. zu S. 115). Gerade indem Huldbrand sich von den Naturelementen abzuwenden glaubt, verfällt er ihrem Gesetz und tritt wieder, wie es sein Nachname vorhersagt, in ihren »Zauberring«: Fouqués nächster großer Roman kreist um dieses Thema; »Ring« und »Spiegel« sind Sinnbilder der blind schaffenden und zerstörenden Natur, und die Schuld des Menschen ist die blinde Unterwerfung unter jeden, auch den scheinbar sozialen Naturzwang.

Doch wird der »Spiegel« auch zur Strukturmetapher der Erzählung. So sind ›Undine‹ und ›Bertalda‹ letztlich nur zwei mögliche korrelative Aspekte von Huldbrands Persönlichkeit, Inkarnationen seiner Lebensvarianten, wie sie ihm diese »wunderlichen Gläser, die wir unsre Sinne zu heißen gewohnt sind« (*Zauberring*) vorspiegeln und werden eben deshalb »Bildnis« und »Bild« genannt. Die zweite Werbung und Hochzeit wird folglich – einschließlich dem Auftreten Pater Heil-Manns – als verdüstertes Gegenbild zur ersten dargestellt. Zuletzt sieht sich Huldbrand zweimal im »Spiegel« – einmal, als die »Kerze« (sein Lebens-Licht) »dunkel neben ihm brennt«, in dem »Spiegel« der Selbsterkenntnis, der ihm sein düsteres, der Natur verfallenes Menschenlos zeigt; die zweite »Spiegelung« wird erst vor der Folie von Novalis' ›Die Lehrlinge zu Sais‹ (s. o. S. 38) kenntlich: Wie dort, so erblickt hier Huldbrand hinter dem ›Schleier‹ der göttlichen Natur das Antlitz der Geliebten und damit wahrhaft sich selbst, sein Seelen-Bild.

In der, bald nach *Undine* entstandenen Erzählung *Ixion* verknüpft überdies Fouqué im Namen des Dichters »Wall-born« das Begrenzte (Wall – la Motte) mit dem dichterisch Schöpferischen (der »wallende Born«, s. o. zu Novalis, von Baader inspirierter Mystik des Lebenswassers), wie ihm das »Wasser« stets als Element der Poesie erschien. So klingt Undines Sprache »halb singend«, denn ihr ist ja die poetische Natursprache vertraut; und ihr kosmisches Symbol erinnert einen zeitgenössischen Rezensenten »an unseren alten Vergleich der Romantik mit dem Monde welcher durch Gewölk geht« (F. Horn, Latoma, 1812). Huldbrands Begegnung mit Undine ist die

Begegnung des Menschen mit seiner gottgeschenkten Berufung zur Poesie; für einen Moment glückt es ihm, wie Fouqué in einem Programmythos der Romantik formuliert, den »heidnischen Bildhauer« (E. T. A. Hoffmann) Pygmalion im christlichen Geiste zu übertreffen – die Sakralisierung wird durch freigebige Verwendung christlicher Symbole (die »Taube« nach der Sintflut (S. 116) und pietistische Wasser-Gnade-Metaphorik) noch forciert. Und Huldbrands Versagen ist nicht endgültig: Was ihm mit Undine mißlingt, gelingt dem Dichter der *Undine* – einem »treuen Ritter« (S. 375 – Zueignung): Ihm »verströmt« die Sprache in Bild und Klang, und Verse und Bilder »quellen« hervor. In Undines Liebestod war ja die metaphorische Differenz zwischen »Frau« und »Poesie« aufgehoben, denn aus der flüchtigen ›Welle‹ wird jetzt eine »silberhelle« ›Quelle‹, ein »wallender Born«; und zudem hatte die Erzählung sich in eine Ursprungssage als Elementarform der romantischen Volkspoesie verwandelt. Zuletzt ist für die künftigen Poesien in Fouqués »romantischem Cyclus« damit die Herrschaft der Geschichts-*Zeit* aufgelöst in den Raum einer sagenhaften Urzeit (s. o.); mittels der Erzählung *Undine* ist die »arme verstoßne Undine« ins Reich der Poesie heimgekehrt.

Die Wirkungsgeschichte

Den Erfolg dieser »romantischen Erzählung« bezeugt noch Heine: »Herr Fouqué kann sich rühmen, daß er der einzige von der romantischen Schule ist, an dessen Schriften auch die niederen Klassen Geschmack gefunden. ... Aber welch ein wunderliebliches Gedicht ist [auch] die *Undine*« – räumt 1835 seine, als kritische Korrektur zu Frau de Staëls ›De l'Allemagne‹ geplante ›Romantische Schule‹ ein. Fouqués Ruhm war schon früher europäisch geworden; für den schwedischen Dichter Per Daniel Atterboom war er 1817 in Berlin der »Abgott des Tages«, über den die Deutschen, wie sein dichtender Freund Kosegarten klage, »ihre echten Klassiker geradezu vergessen hätten, sogar die wenigen lebenden, Goethe selbst nicht ausgenommen.« Und der, seinem »Bewunderer« Fouqué gegenüber sonst geheimrätlich-gemessene Goethe fand die *Undine* immerhin »allerliebst« und nannte sie »ein anmuthiges Büchlein« (vgl. Fouqués Verteidigung gegen des Klassikers Vorbehalte). Sie ist so sehr eins der »klassischen Märchenbücher der Deutschen« (W. Alexis) geworden, daß Otto Weiningers ›Geschlecht und Charakter‹ (1903) gar seine von Haßliebe geprägte These mit dieser Anspielung belegen kann: »Undine, die seelenlose Undine ist die platonische Idee des Weibes.«

Solche Popularität verdankt sie, wie generell die romantische Literatur, einer anderen Kunst; die Reihe der *Undine*-Vertonungen setzt mit der erfolgreichen Zusammenarbeit E. T. A. Hoffmanns und Fouqués ein; ihre Oper wurde am 3. 8. 1816 im Berliner Schauspielhaus uraufgeführt. Sie führt weiter über Fouqués zweites Libretto für Karl Girschners, heute anscheinend verschollene Oper, zu dem volkstümlichen Werk von Albert Lortzing (1845), das einen, bei Hoffmann schon angedeuteten, harmonisch versöhnenden Schluß erhielt, und zu den seinerzeit beliebten Ballettkompositionen von Paul Taglioni (1836) und Jules Perot (1843); zuletzt schließt sich hier Hans von Wolzogens Modernisierung von Fouqués Operntext an (seit 1922 in Reclams Universal-Bibliothek); sein Entwurf eines »romantischen Gesamtkunstwerks ›Undine‹ in tönender und sichtbarer Vollgestalt«, der auch Schinkels Bühnenbilder zu Hoffmanns Oper einbezieht, durfte sich noch auf Richard Wagners Zustimmung berufen. Nach diesem Akt »neuromantischer« Traditionspflege markiert erst das Ballett ›Undine‹ von Hans Werner Henze und Frederick Ashton, das am 27. 10. 1958 im Londoner Royal Opera House uraufgeführt wurde, einen neuen Ansatz.

Gegenüber der Popularisierung der Romantik hatte im europäischen Kontext (vgl. Keats, Shelley) schon 1839 Edgar Allan Poes ›Undine‹-Essay deren artistisch-dichterische Eigenart betont; Arno Schmidt hat dies Urteil aufgenommen und in der Ambivalenz von Positivismus und Hymnik in seiner monumentalen Fouqué-Biographie entfaltet; sie hat ein neues Interesse an Fouqué geweckt, dem sich noch Günter de Bruyn mit seiner behutsamen Korrektur der Pflege preußischen Erbes in der DDR verpflichtet weiß.

Die Anregung durch Henzes Ballett mit seiner ›Romeo und Julia‹-Thematik verschmilzt Ingeborg Bachmanns lyrische Skizze ›Undine geht‹ (1961) mit der Reflexion des neuromantischen Ästhetizismus bei Jean Giraudoux. Im Schauspiel ›Ondine‹ hatte der, mit der deutschen Tradition wohlvertraute französische Autor die Unvereinbarkeit des Schönen mit einer, diesem eigenen Ideal entfremdeten Menschenwelt gezeigt; nicht Undine bedarf der Erlösung, sondern der in sich zerrissene Mann und die Hofgesellschaft, wo sich das Natur-Schöne und -Gute als Skandal erweist. Schroffer noch stellt Ingeborg Bachmann das bedingungslose, absolute weibliche Gefühlsleben der »männlichen Welt der Trennungen« (Dischner, S. 265) gegenüber, und in seiner, auf die vergangene Liebe zu Ingeborg Bachmann zentrierten »autobiographischen Erzählung« ›Montauk‹ beklagt Max Frisch resigniert solche Unfähigkeit zur Utopie: »Undine, und ein wenig Nurse«, ist dem Erzähler seine gegenwärtige Geliebte, und statt diese Liebe zu leben, verwandelt er sie in Beobachtungsmaterial für Literatur; Fouqués Naturpoesie erstickt unter den Traditionszitaten eines spätzeitlichen Autors. Doch »verrät« uns sein Zitat-Dialog mit Ingeborg Bachmann etwas von der Verheißung eines »neuen Menschen« in der Dichtkunst der Frauen.

Anmerkungen

S. 75 *Ringelrennen:* ein ritterlicher Wettkampf, bei dem im schnellen Vorbeireiten eine Lanze durch einen Ring geworfen werden mußte.

S. 79 *englischen:* englisch = engelhaft

S. 93 *Pygmalion:* Die antike Sage vom Bildhauer Pygmalion, dem auf sein Flehen hin Venus seine schönste, geliebte Statue zum Leben erweckt und als Gemahlin zuführt (vgl. Ovid, Metamorphosen X, 243 ff.) ist ein romantisches Kennmotiv für die Schöpferkraft echter Poesie.

S. 115 *Lampe:* Das antike Motiv von Leander, der, von dem Licht aus dem Gemach seiner Geliebten Hero geleitet, nachts über den Hellespont schwimmt und zuletzt doch dabei ums Leben kommt, hat Fouqué in seiner *Altitaliänischen Geschichte* variiert.

S. 116 *Frauen:* altertümlicher Genitiv singularis

Literaturhinweise

Die Ausgaben von Fouqués ›Zauberring‹ und ›Romantischen Erzählungen‹ (Hg. Gerhard Schulz, München 1984/1977) wurden bei Kommentar und Zitaten zugrundegelegt.

Andrews, Mildred Tanner: The Water Symbol in German Romanticism Culminating in Fouqués ›Undine‹. Seattle, Univ. of Washington, Diss. 1969.

Dischner, Gisela: Friedrich de la Motte-Fouqué: ›Undine‹. In: Lützeler, S. 264–284.

Floeck, Oswald: Die Elementargeister bei Fouqué und anderen Dichtern der romantischen und nachromantischen Zeit. Heidelberg 1909.

Green, Denis B.: Keats and La Motte Fouqué's ›Undine‹. In: Delaware Notes 27 (1954), S. 33–48.

Haupt, Julius: Elementargeister bei Fouqué, Immermann und Hoffmann. Leipzig 1923.

LeSage, Laurence: Die Einheit von Fouqués Undine. An Unpublished Essay in German by Jean Giraudoux. In: Romanic Review 42 (1951), S. 122–134.

Lillyman, William J.: Fouqué's ›Undine‹. In: Studies in Romanticism 10 (1971), S. 94–104.

Max, Frank Rainer: Der »Wald der Welt«. Das Werk Fouqués. Bonn 1980.

Pfeiffer, Wilhelm: Über Fouqués Undine. Heidelberg 1903 (enthält Fouqués Libretto von 1812 für Hoffmanns Oper)

Schmidt, Arno: Fouqué und einige seiner Zeitgenossen. Biographischer Versuch. 2. Aufl. Darmstadt 1960 (Nachdr. 1975).

– Sowie Korff IV, 343–350; Schumacher (siehe Literaturangabe).

W. S.

Adelbert von Chamisso

1781 Zwischen dem 27. und 30. Januar geboren als Sohn des Comte Louis Marie des Chamissot auf Schloß Boncourt in der Champagne.

1792–96 Zu Beginn der Koalitionskriege Emigration über die Niederlande nach Berlin.

1798 Beginn der Offizierslaufbahn.

1803 Mitarbeit an Fouqués Musenalmanach; *Faust*-Fragment.

1808 Abschied vom Militärdienst.

1812–15 Studium der Medizin, Biologie und Zoologie in Berlin.
1813 März: Erhebung Preußens gegen Napoleon; August: Beginn der Niederschrift des *Schlemihl* in Kunersdorf (Oderbruch).
1814 Im Herbst erscheint *Schlemihl* bei J. L. Schrag, dem Verleger Fouqués, der auch Eichendorffs ›Marmorbild‹ herausbrachte.
1815–18 Forschungsreise um die Welt.
1819 Adjunkt am Botanischen Garten und 2. Kustos am Königl. Herbarium; Heirat mit Antonie Piaste (7 Kinder).
1822 Entstehung der »Zeit«-Gedichte.
1826–27 Veröffentlichungen der botanischen Ergebnisse der Weltreise; 2. Aufl. des *Schlemihl* mit Gedichten im Anhang.
1830 Julirevolution in Paris; Zyklus *Frauen-Liebe und Leben,* von Schumann vertont.
1831 Erste Sammelausgabe der *Gedichte*.
1836 3. Aufl. der *Gedichte*; *Werke* in vier Bänden.
1838 21. August: Tod Chamissos.

Peter Schlemihls wundersame Geschichte

Erstdruck und Druckvorlage: Peter Schlemihl's wundersame Geschichte mitgetheilt von Adelbert von Chamisso und herausgegeben von Friedrich Baron de la Motte Fouqué. Nürnberg, bei Johann Leonhard Schrag. 1814.

Widmungsgedicht und Vorreden in Gestalt eines fiktiven Briefwechsels zwischen Adelbert von Chamisso, Julius Eduard Hitzig und Baron de la Motte Fouqué blieben entgegen den Einrichtungsgepflogenheiten des vorliegenden Bandes aber entsprechend der Erstausgabe der Erzählung vorangestellt. Chamisso greift hier auf eine literarische Konvention romanhaften Erzählens des 18. Jahrhunderts zurück, die die Authentizität der Erzählung suggerieren soll. Nicht aufgenommen wurde die Widmung: »Dem Herrn Regierungs-Assessor und Buchhändler J. E. Hitzig, Wohlgeboren, in Berlin.«

Erzählstruktur. Schlemihls Les- und Schreibart

Die Erzählung hat die Form eines autobiographischen Berichts, der durch die doppelte Herausgeberfiktion der vorangestellten Briefe Authentizität suggeriert. Aus unbestimmter zeitlicher Distanz berichtet der Ich-Erzähler Schlemihl von einem zurückliegenden Lebensabschnitt, seinem kurzen Mannesalter. Dem versuchten Eintritt ins Berufsleben folgt übers Jahr, nach der Trennung vom »Mann im grauen Rock« ein Zustand, der durch Schlemihls Äußeres, seine Selbstvernachlässigung und Einsamkeit sowie das Bedürfnis, rückblickend Rechenschaft abzulegen, die Vorstellung eines frühen Greisenalters hervorruft.

Die Geschichte seines Mannesalters besteht aus den wiederholten Versuchen, sich gesellschaftlich zu integrieren und eine bürgerliche Existenz aufzubauen. Diese Versuche beginnen mit dem Besuch bei John, werden mit der Absicht, Mina zu heiraten, fortgesetzt und enden mit dem resignierenden Vorhaben, als Bergmann seinen Lebensunterhalt zu verdienen. Dieser ›Versuchsreihe‹ entspricht ein offenbar durch Zufall gesteuerter rasanter Auf- und Abstieg. Schattenverkauf und Fund der Siebenmeilenstiefel bilden die Wendepunkte einer Karriere, die ihn vom armen Schlucker bis zur höchsten sozialen Stufe als vermeintlichen König von Preußen und wieder zurück in einen Zustand führt, der selbst einen Bauern veranlaßt, ein Gespräch mit ihm abzubrechen.

Schlemihl erzählt seine Erlebnisse nach Art der Robinsonaden. Damit greift er ein ereignisfreudiges und didaktisches Erzählen der Frühaufklärung auf. Er beginnt unvermittelt *in medias res,* liefert jedoch entgegen der Gattungskonvention die Vorgeschichte seines ereignisreichsten Lebensabschnittes nicht nach und erweckt damit den Eindruck einer Figur aus dem gesellschaftlichen Nichts. Er wahrt weitgehend die Perspektive des erlebenden Ichs und ist bemüht, sich an das Wahrnehmbare zu halten. Dazu rechnen auch seine Gefühle. Er bekräftigt durch Leseranrede den Wahrheitscharakter dort, wo Zweifel aufkommen könnten. Die wiederholten Anreden Chamissos als dem fiktiven Repräsentanten des Lesers im Text binden die eingeschobenen Reflexionen bis hin zur summierenden Sentenz am Ende des Berichts an die Lebenserfahrung Schlemihls und weisen sie damit als Lebensweisheit des schreibenden Ichs aus. Dieser dialogische Gestus, der den intimen Mitteilungscharakter des Berichts bewußt hält, deckt einen Teil von Schlemihls Wirklichkeitsbezug auf, der ihm nicht bewußt ist. Das Angebot »Ich werde mich Deinem Urteile bloß stellen, lieber Chamisso« (S. 164) bleibt eine bloß rhetorische Wendung. Der Dialog, darauf deutet auch die von Chamisso geschilderte Manuskriptübergabe hin, entpuppt sich als selbstbefangener Monolog. Das Moralische erscheint Schlemihl als Zugewinn seines Lebens, als eine Dimension, die das Bewußtsein des handelnden Ichs aufgrund bitterer Erfahrungen erweiterte. Als bereitstehendes Bewertungsmuster dient es ihm dazu, sein Leben zu begreifen und einzuordnen. Doch Schlemihl ist bereits von Anfang an eine höchst moralische Person, mit der selbst der Teufel seine Schwierigkeiten hat. Nur der »strenge Wille« (S. 171) rettet ihn, anders als John und Rascal, vor der »Verführung«. Von daher erscheint Chamisso in seiner Eigenschaft als moralische Instanz nur als Projektion einer inneren Befindlichkeit Schlemihls. Im vermeintlich dialogischen Gestus kündigt sich ein Wirklichkeitsverhältnis an, das Erwartungshaltungen benennt, bei denen es sich letztlich um die Objektivierung von nicht wahrgenommenen Charaktereigenschaften handelt. Dieses unbewußt auf die eigene Person fixierte und damit reduzierte Wirklichkeitsverständnis, das Schlemihls Welt- und Selbstinterpretation relativiert, sei im folgenden dargestellt.

Zwischenmenschliche Beziehungen haben für Schlemihl ausschließlich Zweckcharakter. Der Wert eines Menschen bestimmt sich für ihn objektiv nach seinem sozialen Rang. Wo ihm, wie in Bendel und Mina, Liebe und Altruismus begegnen, setzt ihn »die ungewohnte Gesinnung« in Erstaunen

(S. 144) oder macht ihn stumm und hilflos »wie einen ausgescholtenen Knaben« (S. 149). Sein Selbstwertgefühl gründet sich einzig auf die »Ehrfurcht«, »die Reichtum gebietet« (S. 170). Auf den durch seine Schattenlosigkeit provozierten Schimpf der sozialen Gemeinschaft reagiert er, ihn gleichsam belohnend, mit Gold. Und wo seine Reputation gefährdet ist oder aufgebaut werden soll, schickt er Bendel »um Gold zu spenden« (S. 146). Schlemihl setzt das ihm unbegrenzt zur Verfügung stehende, weder aus Arbeit noch Besitz herrührende Geld ein, um sich in die Gesellschaft einzukaufen. Dabei wird auch einmal – ungeachtet der erst dem schreibenden Ich bewußt werdenden moralischen Verpflichtung im Umgang mit Geld – ein Konkurrent um die öffentliche Gunst niedergerungen (S. 150). Der mildtätige Anstrich, den er seinem Handeln zu geben weiß, verdeckt seine eigentlichen Interessen.

Schlemihls materialistische Denkweise entwirft ihm eine Welt ohne Liebe, in der er sich nur durch Geld behaupten zu können glaubt. Zu dieser Weltsicht verhält sich komplementär seine einseitige Darstellung von Bendel und Mina, die er als ausschließlich gute Charaktere betrachtet. Die Identität des Wirklichkeitsentwurfs des erlebenden und schreibenden Ichs belegt auch hier, daß das, was Schlemihl als Realität erkennt, die Projektion einer ihm nicht bewußten Persönlichkeitsstruktur ist. Seine Geldgier, sein egoistisches Kalkül und seine Ruhmsucht findet er nur im Außen als Weltgesetz. Diese Charakterstruktur hindert ihn schließlich auch daran, sich einer Gemeinschaft stiller, tätiger Nächstenliebe anzuschließen, wie sie sich ihm mit dem »Schlemihlium« anbietet. Denn diese Integration wäre gleichbedeutend mit einem kleinen, nicht herausgehobenen Wirkungskreis und intensiven, seine Eitelkeit möglicherweise gefährdenden Du-Beziehungen. Auch die am Schluß seines Berichts aufgeführte Liste seiner wissenschaftlichen, an Haller und Linné orientierten Arbeiten dokumentiert, was er noch in seiner »Buße« als Einsiedler für sein Selbstwertgefühl braucht: die öffentliche Bewunderung seines nurmehr geistigen Vermögens.

Der materialistischen Einschätzung der Welt korrespondiert ein rationalistisches Wirklichkeitsverständnis, das alles für erfaß- und kontrollierbar hält. Das Phantastische gilt Schlemihl als Teil der Empirie. Er ist erleichtert, wenn »das ganze Ereignis«, der herrenlose Schatten, »sehr natürlich erklärbar« ist (S. 161). Wo sich ein Phänomen wie der Graue der Einordnung widersetzt, wird ihm »so schauerlich« (S. 136) zumute, ein Gefühl, das sich bis zum »unüberwindlichen Haß« (S. 165) steigert und ihn »die fabelhafte Natur des Unbekannten« (S. 143) meiden und schließlich fliehen läßt. Ihm, dem Verehrer der »Notwendigkeit« (S. 165), genügt die Kenntnis des Funktionszusammenhangs einer als Kausalkette gedachten Wirklichkeit. Daher erfährt er auch über seinen Schatten nur, daß er erwartet oder vermißt wird, sich nicht malen und nicht stehlen läßt (vgl. E. F. Hoffmann).

Schlemihls aussparendes Erzählen erhält von seinem Wirklichkeitskonzept her eine tiefere Bedeutung. Sein Interesse an Funktionszusammenhängen ist gleichbedeutend mit einem Desinteresse an dem geschichtlich Gewordenen. Evolutionäres Denken ist ihm fremd, die Welt erscheint ihm statisch, nicht dynamisch. Indem er seine Herkunft und Erziehung verschweigt, leugnet er seine Sozialisation und damit die Bedingungen, die ihn in seiner besonderen Individualität geprägt haben.

Auch die Selbststilisierung zum heiligen Sünder, dem – anders als John und Rascal – die Gnade eines bußfertigen Lebens zuteil geworden ist, läßt erkennen, daß Schlemihl dem Leser eine von seinen spezifischen Erkenntnisbedingungen geprägte Lesart seines Lebens anbietet. Mit der Wahl des Wohnortes in Oberägypten (S. 176) gibt er seiner ›freischwebenden Existenz‹ außerhalb jeder sozialen Gemeinschaft den Anschein frühchristlichen, in Askese und Weltverleugnung ausharrenden Anachoretentums und seinem Bericht, den er als »Beichte« bezeichnet, den Charakter von Exempelliteratur und Heiligenvita in Anlehnung an die frühen Robinsonaden. Doch das zu dieser Gattung gehörende Schuldbekenntnis zeigt, daß die Selbstüberhöhung die kompensatorische Antwort auf den ihm eigenen Wirklichkeitsverlust ist. Das Schuldeingeständnis bleibt vage, soweit es den Schattenverkauf betrifft. Schlemihl klärt nie, worin er den »Fehltritt« (S. 165) und »die frühe Schuld« (S. 167, 176) sieht. Wenn es hingegen um die Folgen des ›Sündenfalls‹ geht, wird er konkreter. Des »Verbrecher«-tums (S. 155) und »tückischer Selbstsucht« (S. 151) bezichtigt er sich gerade dort, wo er, in der Liebe zu Mina, sein Glück beansprucht. Hier zeigt sich eine Person, die die eigene, sie mit John, Rascal und dem Förster gleichsetzende Geldgier nicht wahrnimmt, ihren Altruismus jedoch als schändlichsten Egoismus betrachtet. Der von Schlemihl seinem Leben unterstellte Prozeß stufenweiser Erkenntnis kann denn auch nicht mehr sein als die Nüchternheit (»Besinnung«) nach dem »Rausch« (S. 139, 145, 149). Er führt zu keiner anderen Einsicht als der in ein Funktionsverhältnis, daß nämlich in der Welt der Schatten höher als das Geld zu bewerten ist (S. 139, 182).

Einer Person, die sich und die Welt verkennt, muß das eigene Handeln fremd, ihr nicht zugehörig erscheinen. Schlemihls Schicksalsglaube ist die zwangsläufige Folge seiner Selbstentfremdung. An den entscheidenden Wendepunkten seines Lebens versteht er sich selbst als Nicht-Handelnder, der einer »weisen Fügung« (S. 165) untersteht. Den plötzlichen Reichtum wie seine weltumspannende Tätigkeit als Naturforscher verdankt er in seinen Augen Zufällen. Statt die Grenzen seines Handelns zu reflektieren, negiert er pauschal jede Handlungsmöglichkeit. So muß ihm zwangsläufig die Welt als »großes Getriebe« erscheinen, in das die Menschen »bloß als mitwirkende, getrieben-treibende Räder eingreifen; was sein soll muß geschehen« (S. 165).

Doch dieses Verständnis der Zusammenhänge kann nur gelten, wenn man sich auf die Sehweise Schlemihls einläßt, der das Phantastische und Märchenhafte realistisch erklärt und als den Gesetzen der Emiprie zugehörig beurteilt. Der Suggestion des Schlemihlschen Erzählens sind die meisten Interpreten erlegen. Immer dort, wo man Schatten und Schattenverkauf unter Zuhilfenahme von Biographie und Sozialgeschichte als »Vaterland«, »Familie«, »gesellschaftliches Talent«, »Verlust der Ehre«, »bürgerliche Solidität« (Th. Mann), »Auseinanderfallen von Geist und Geld« (W. Freund) zu definieren suchte und die Geschichte als »Gestaltung eines moralischen Läuterungsprozesses« (W. Freund) deutete, hat man sie als Zeit- und Geschichtsbild gelesen, dem die phantastischen Elemente etwas poetisch Rätselhaftes gaben. A. v. Chamisso hat jedoch mit dem Schlemihl eine Figur geschaffen, die durch ihre Zuordnung zur Denk-, Schreib- und Lesart der frühen Aufklärung als unzeitgemäß und in ihrer Selbsteinsicht als begrenzt zu gelten hat. Dem empiriegläubigen, auf vernünftelnde Erklärbarkeit und moralischen Nutzen ausgehenden Erzählen Schlemihls fehlt das Wissen um die unbewußte Seite der menschlichen Natur und ihrer handlungssteuernden Wirkung.

Das Phantastische als Darstellungsform des Psychischen

Dieses Verständnis menschlichen Seins gestaltet Chamisso unter Verwendung des Märchens als einer Gattung, die in der Umsetzung menschlicher Grunderlebnisse psychische Vorgänge in symbolisch-bildhafte Sprache bringt. Märchenmotive werden von ihm genau dort in die ›realistische‹, für den Leser empirisch nachvollziehbare Erzählung integriert, wo Schlemihl jeweils an einer Wende seines Lebens steht, die initiatives Handeln und Entscheidungen fordert. Mit dem Schattenverkauf überantwortet Schlemihl sich unwissentlich einer fremden Macht mit dem Ergebnis, daß er in einer Weise sozial auffällig wird, die ihm jede soziale Integration verwehrt. Seine soziale Isolation rührt daher, daß seine, den Naturgesetzen widersprechende schattenlose Erscheinung ihn in den Augen der andern verdächtig macht als jemanden, der mit übersinnlichen Kräften in Verbindung steht. Diese Kräfte sind sein eigenes Unbewußtes, von dem er überrascht und gesteuert wird. Ansehen und Reichtum Johns rücken ihm plötzlich die eigenen Wünsche an das Leben vor Augen. Im Schattenverkauf wird er daher das Opfer seiner ihm nicht bewußten Sehnsucht nach sozialer Anerkennung und Integration. Er versucht zwar, den Einbruch des Unbewußten zu rationalisieren mit den wenigen, seinem Bewußtsein zur Verfügung stehenden Möglichkeiten. Doch das Unbewußte entfaltet eine Eigengesetzlichkeit, der Schlemihl unterworfen bleibt und die bei ihm den Eindruck der Willensunfreiheit hervorruft. Die Träume als eigenständiger Erfahrungsbereich folgen unmittelbar jedem Wechsel der Lebensform. Schlemihl läßt sie unkommentiert, weil ihre Sprache ihm unzugänglich ist. Aber diese Träume zeigen in der Projektion auf das ›bessere Ich‹ Chamisso, daß er durch den Schattenverkauf gleichsam gestorben ist, denn er hat den Bezug zur sozialen Gemeinschaft verloren. – Schlemihls Unbewußtes produziert aber auch die ›Lösung‹. Es führt ihn zu einer Lebensform, die ihm in der Sublimierung seines Triebes nach sozialer Anerkennung das Überleben außerhalb jeden sozialen Bezuges sichert. Die Beobachtung, daß es sich beim *Schlemihl* nicht um eine etwas rätselhaft angelegte realistische Erzählung handelt, sondern daß hier konsequent das Märchen mit dem ›realistischen‹ Erzählen des 18. Jahrhunderts zur Darstellung eines psychischen Prozesses kombiniert wurde, muß zu einer anderen Deutung führen als der der bisherigen Forschung. Sie sei an Schlemihls Liebesgeschichte und an seinem Naturforscherdasein erläutert.

Jenseits romanhafter Konturen trägt die Liebesbeziehung zwischen Mina als einer Bürgerlichen – die in der Diktion empfindsamer Briefromane schreibt und ihren Geliebten »unter heroischen Bildern« (S. 152) phantasiert – mit einem vermeintlich Adligen ›unwahre‹ Züge. In ihrer sozialen und emotionalen Asymmetrie gibt sie Einblick in denkbare Ursachen der Überwältigung Schlemihls durch sein Unbewußtes. Schlemihls offenkundiger Unfähigkeit, seine Empfindungen zu veranschaulichen – ihre Ausmalung überläßt er Chamisso (S. 151) – steht eine genaue Charakterisierung derjenigen Minas gegenüber. Während er seinen Zustand einen »bewußtlosen Rausch« nennt (S. 151), kennzeichnet er den ihren als die »selbstvergessene« und »sich opfernde« Liebe einer »reinen Seele« (S. 151) und beschreibt damit eine asexuelle und unbedingt selbstlose Liebe. Die Aussparung des grammatischen Subjekts in Minas Brief – sprachliches Indiz einer Hingabebereitschaft bis zum Selbstverlust – belegt, daß Schlemihl hier einer zur Aufhebung der Grenzen zwischen Ich und Du tendierenden Liebe begegnet, die durch Empathie schon immer um seine Schattenlosigkeit weiß (S. 155). Diese Beziehung ruft in Schlemihl eine nur vage begriffene Erinnerung wach, und dies ist der einzige Rückblick, der in seinem Bericht vorkommt: »es war mir, als wäre schon einmal die himmlische Erscheinung an mir vorüber gewallt« (S. 147). In Anbetracht des Bildes, das er von Minas Liebe entwirft, liegt der Schluß nahe, daß er in ihr dem »Urbild« absoluter Hingabe, der mütterlichen Liebe begegnet – auf die er allerdings nur mit der materiellen Sicherstellung seiner Braut antworten kann. Vom heutigen entwicklungspsychologischen Denken aus gesehen, erscheint Schlemihl als eine Figur, der jenes Urvertrauen fehlt, das ihr ein vom sozialen Ansehen unabhängigeres Selbstwertgefühl und eine andere als liebesleere Weltsicht erlaubt hätte. Von hier aus bekommt der Schattenverkauf den Charakter einer kompensatorischen Handlung, die dem im Wesenskern Verunsicherten zu einem Status verhelfen soll, der ihm ein Selbstwertgefühl vermittelt. Was Schlemihl als Schuld erscheint, muß als eine grundsätzliche Beziehungsunfähigkeit gelesen werden.

Schlemihl betrachtet seine Naturforscherexistenz als eine »Buße der Versöhnung« (S. 180). Doch sie ist nicht die Konsequenz eines sündhaften Lebens, sondern die seines beschädigten Selbst. Er widmet sich einer Wissenschaft, die ihn nur mit Gegenständen, nicht mit Menschen zusammenführt und er betreibt sie sammelnd und katalogisierend; d. h. sie fordert nur seinen Verstand, nicht ihn als ganzen Menschen, und er kann in den Taxonomien der Natur sein Weltbild der sozialen Rangordnung bestätigt finden. Seine Tätigkeit als Naturforscher in ihrer entpersönlichten Monotonie und Ichbezogenheit trägt autistische Züge. Sie ermöglicht ihm, seine Omnipotenzphantasien ohne jede soziale Kontrolle auszuleben und – entsprechend der in seiner stilisierenden Wahrnehmung der Diener Bendel und

Rascal sich manifestierenden Vorstellung einer in gut und böse gespaltenen Welt – sich selbst als altruistisch zu erfahren. Wie störbar selbst in dieser Lebensform, die ihm doch die Welt zu Füßen legt (»von Gipfel zu Gipfel«, S. 176), noch sein Ichgefühl ist, zeigen die Tränen darüber, Australien nicht erreichen zu können. Diese angesichts seiner Möglichkeiten geringe Beschneidung erweckt in ihm das Gefühl, sich in einem »Kerker« zu bewegen. Grenzziehungen sind diesem Ich unerträglich.

Die Hinwendung zur Natur als dem Unveränderlichen, das sich, sein Ich nie gefährdend, in gesetzmäßigen Schritten erneuert, bedeutet für Schlemihl das Auffinden eines ihm schon immer vorschwebenden »Urbildes« (S. 176). Durch seine unbedingte und ausdauernde Hingabe hat diese Beziehung Liebescharakter. Das Verhältnis bleibt zwar einseitig, doch fordert es ihm nur das ab, was er leisten kann. Diese Konstellation denunziert nicht naturwissenschaftliche Tätigkeit als notgedrungenen Ersatz für soziales Leben. Vielmehr knüpft A. v. Chamisso mit Schlemihls Natur-Liebe an ein mit Goethes ›Werther‹ und Arnims ›Hollin's Liebesleben‹ gestaltetes Naturverständnis an. In diesen Romanen hat Natur eine kompensatorische Funktion für entgangene Liebe. Wie im *Schlemihl* erlaubt sie den ›Helden‹ jene emotionale Entfaltung, die ihnen durch die Umstände oder die eigene Persönlichkeitsstruktur verwehrt ist. Und so bestätigt auch das literarische Umfeld, was sich aus der Textstruktur als zweite, über Schlemihls Selbstverständnis hinausgehende Lesart ergab, daß in dessen erzwungenem Rückzug die auch von Novalis (›Glaube und Liebe‹), Tieck (›Blonde Eckbert‹) oder Fr. Schlegel (›Lucinde‹) entworfene Utopie einer Sozialordnung sichtbar wird, die auf einem zur Liebe fähigen – weil entfalteten – Individuum beruht. Wo Schlemihl schuldig zu werden glaubt, ist er das Opfer seines Unbewußten, wo er Läuterung vermutet, liegt eine Überleben gewährende Regression vor, und was er als lehrhaftes Exempel darstellt, ist die Geschichte eines beziehungsunfähigen Menschen. Erst aus dieser Sicht ist zu erkennen, daß Chamissos Erzählung das zentrale Thema der Goethezeit aufgreift: Was ist der Mensch – als die vordringliche Frage des im 18. Jahrhundert zu sich selbst gekommenen individuellen Bewußtseins. In ihr stoßen die Auffassungen von Wirklichkeit und Individuum der Aufklärung und der (Früh-)Romantik aufeinander. Dem Verständnis von Welt als kausal-mechanischem System, in dem der einzelne sein Lebensziel in der Integration in die vorgefundenen sozialen Normen sieht, wird ein individualisiertes Weltbild entgegengesetzt, dessen dynamisches Zentrum das Individuum als eine ›Mischung‹ von Verstand und psychischen Kräften bildet.

Der literarische Bezugspunkt des *Schlemihl* ist – durch die mit Schlemihls Scheitern vorgeführte Kritik an der aufklärerischen Denk-, Les- und Schreibart – die zeitgenössische Schauer- und Geisterliteratur eines Tschink, Apel, Laun oder Spieß. Diese schildert Übernatürliches nur, um es als Täuschung und Augentrug zu entlarven und ein flaches ›realistisches‹ Wirklichkeitsverständnis festzuschreiben. Der *Schlemihl* teilt mit dieser spätaufklärerischen Erzählliteratur die Schilderung des Wunderbaren und

Übersinnlichen, die Verknüpfung der Erkenntnis mit der optischen Wahrnehmung und die Vorstellung einer dualistischen Spaltung der Welt in »Sinnes«- und »Geisterwelt«. Doch er unterscheidet sich von ihr dadurch, daß er die an das Sehen gebundene Erkenntnis als reduzierte Wahrnehmung aufdeckt und den vermeintlichen Dualismus der Welt in das Innere des Menschen verlegt und damit psychologisiert. Das Phantastische wird zur Darstellungsform psychischer Realität, und die vermeintlich in der Außenwelt liegende Grenze zwischen Wirklichem und Überwirklichem wird als die zwischen Bewußtem und Unbewußtem definiert. In dieser entscheidenden Modifikation besteht der frühromantische Beitrag des *Schlemihl* zum Thema der Epoche.

Einen weiteren Bezugspunkt stellt die Literaturtheorie und -praxis der deutschen Klassik dar. Mit Schlemihls Lebensform als Naturforscher, einer ganz und gar ästhetischen Existenz, wird Kritik an einer gesellschaftsenthobenen Autonomie geübt, die ihren Zweck in sich selbst trägt. Gleichwohl handelt es sich bei der Gestaltung des Teufelspaktmotivs wie auch in der Bedeutung, die – unabhängig von Schlemihls Ruhmsucht – der Naturwissenschaft zugewiesen wird, auch um eine Verbeugung vor Goethe. In dieser Ambivalenz erweist sich Chamisso erneut als der frühromantischen Generation zugehörig, die einerseits Goethepartei war (vgl. die Widmung in ›Des Knaben Wunderhorn‹), andererseits aber auch kritisch-opponierende Leserschaft wie die ›Wilhelm Meister‹-Rezensionen belegen. Der ›Wilhelm Meister‹ dürfte in seinem virtuosen Spiel mit den Erzählformen des 18. Jahrhunderts auch die Vermittlungsinstanz für Chamissos spezifischen Erzählstil sein, der Handlungsmuster und autobiographische Darstellungsform der Robinsonaden sich zu neuen Zwecken dienstbar machte.

Schließlich hat der *Schlemihl* auch und vielleicht vor allem einen zeitkritisch-gesellschaftlichen Bezug. Dieser liegt jedoch nicht im »kapitalistischen Sündenfall« (W. Freund), der in Deutschland um 1800 noch nicht stattgefunden haben konnte, weil die sozioökonomischen Voraussetzungen einer kapitalistischen Wirtschafts- und Gesellschaftsordnung nicht gegeben waren. Das Geld spielt in der Erzählung zweifellos eine zentrale Rolle. Dabei handelt es sich um ein weder durch Arbeit noch durch Besitz legitimiertes und damit auch gesellschaftlich nicht gebundenes Geld. Es kann die bestehende Wertordnung partiell korrumpieren, indem es Menschen zu »Taugenichtsen und Müßiggängern« (S. 150) oder Liebende (Mina) unglücklich macht. Eine sinnvolle Wirkung entfaltet das Geld erst, als es durch Gemeinsinn zeigende Menschen ›investiert‹ wird. In der sozialen Einrichtung des »Schlemihliums« erreicht es seine, den privaten Egoismus transzendierende gesellschaftliche Bestimmung.

Chamisso hat in der dargestellten Rolle des Geldes Ideen Adam Müllers (vgl. ›Vorlesungen über König Friedrich II.‹, 1810) und der Christlich-Teutschen Tischgesellschaft in Berlin aufgenommen. Dieser Kreis, mit dem auch Fouqué in Verbindung stand, frondierte gegen die liberale Leistungs- und Wirtschaftsgesellschaft, die Stein und Hardenberg in Umsetzung der ökonomischen Theorien von Adam Smith in Preußen einzuleiten versuchten (vgl. Oktoberedikt 1807). Man votierte für den korporativen Ständestaat unter Führung des Adels, indem man die in der feudalen Herrschaftsform bestehenden persönlichen Bindungen gegen die anonyme Macht des Kapitals ausspielte. Für Müller, Arnim, Kleist u. a. gewährleistete allein der Adel aufgrund seines Grundbesitzes und der damit ererbten Erfahrungen die Stabilität der Staatsordnung, die man durch die Förderung des Eigeninteresses und der Trennung von Kapital und Arbeit zerbrechen sah. Mit der Darstellung der mißglückenden sozialen Integration Schlemihls als der Figur aus dem gesellschaftlichen Nichts, die sich in ihrem Gewinnstreben allein dem Eigennutz verpflichtet weiß, wird zwar eine frühe antikapitalistische Position bezogen, jedoch vor dem Hintergrund einer konservativen, auf alten Abhängigkeiten bestehenden Gesellschaftsideologie. Doch darf nicht übersehen werden, daß Schlemihl nicht wegen der fehlenden Rückbindung seines Geldes an Grundbesitz, sondern wegen des fehlenden Schattens sozial geächtet wird. Die sich auf Adam Müller stützende Materialismuskritik im *Schlemihl* ist – ähnlich wie im ›Blonden Eckbert‹ – eingebettet in den Entwurf *ex negativo* eines seiner selbst bewußten, liebesfähigen Individuums als Bedingung sozialer Harmonie.

Entstehungs-, Text- und Wirkungsgeschichte

Die Umstände der Abfassung des *Schlemihl* sind recht gut belegt. Von Hitzig überredet an dem im März ausgebrochenen Befreiungskrieg gegen Napoleon teilzunehmen – wobei »thun und lassen« für Chamisso »gleich schmerzhaft« war (an Varnhagen 27. 5. 1813) – und dem von Friedland-Itzenplitz in Kunersdorf als zeitweiliger Verwalter seiner botanischen Anlagen empfohlen, verbrachte Chamisso die Monate von Mai bis zum Herbst auf dessen Gut im Oderbruch. Hier begann er im August mit der Niederschrift der Erzählung, die er vermutlich erst nach seiner Rückkehr in Berlin abschloß. Als mögliche literarische Anregungen hat man Fouqués ›Galgenmännlein‹, 1810, die von Uhland im gleichen Jahr in Paris angefertigte Abschrift des ›Märchens vom verkauften Schatten‹ sowie die durch Hitzig vermittelte Gestalt des Schlemihl in der Talmudschen Überlieferung ausgemacht. Mit dieser Quellenforschung, die sich auf die Figur des Schlemihl, den Schattenverkauf und den Teufelspakt erstreckte, verbanden sich Interpretationsversuche. Sie werden jedoch den komplexen Textstrukturen ebenso wenig gerecht wie die angestrengten Bemühungen, die Geschichte aus der biographischen Entstehungssituation 1813 heraus als Krise des nationalen Identitätsgefühls ihres Autors zu verstehen (Schattenlosigkeit gleich Vaterlandslosigkeit). Zwar besitzt die Erzählung unzweifelhaft autobiographische Züge. Der Wechsel von welterobernder Aktivität und depressivem Rückzug ist für die Handlungsweise Schlemihls nach dem Schattenverkauf ebenso charakteristisch wie für Chamissos erste Lebenshälfte. Wie Schlemihl hängt auch er einer Schicksalsgläubigkeit an und wie er beschäftigte er sich eher sammelnd und katalogisierend denn experimentierend mit der Natur. Doch steht der Ineinssetzung von Autor und literarischer Figur nicht nur die Herausgeberfiktion entgegen, sondern auch

Chamissos wiederholt bekundete Distanzierung von seiner Figur. Der Ausgabe von 1835 setzt er, ironisch auf ein nach handfester Orientierung verlangendes Publikum eingehend, das Gedicht ›An meinen alten Freund Peter Schlemihl‹ voran. Was das Verhältnis zum Geld betrifft, stellt es die Differenz zwischen Autor und literarischer Figur heraus. Doch selbst wenn Chamisso im Betonen des Absichtslosen und Zufälligen der Geschichte (»Da fiel mir ... ein, ich weiß nicht wie ...«, an de la Foye, Mai/Juni 1814) den Leser täuschen wollte, so scheitert die biographistische Lesart an der Textstruktur. Schlemihls wissenschaftlicher Umgang mit der Natur – um eine sich bietende Parallele aufzugreifen – vollzieht sich in sozialer Isolation, auch wenn er ihm die Illusion des sozial Nützlichen vermittelt. Chamisso hingegen war kein Botaniker im Elfenbeinturm, sondern ein in Freundschaftskreise integrierter und an seiner Zeit kritisch teilnehmender Autor. Die Verharmlosung des Schreibimpulses und der Blick auf die ›psychische Biographie‹ Chamissos legt jenseits simpler Entsprechungen von Text und Biographie die Vermutung nahe, daß Chamisso mit dem *Schlemihl* den entschieden betriebenen Versuch der eigenen Integration in einen neuen Kulturkreis in der Weise verarbeitete, daß die eigenen Gefährdungen (die nicht identisch sein müssen mit denen Schlemihls) in einer sozial scheiternden Figur gebannt und vernichtet wurden. Die Herausgeberfiktion erweist sich als ein – romantische Literatur charakterisierender – Kunstgriff, in der Dissoziation von literarischer Figur mit begrenztem Bewußtsein und fiktivem Repräsentanten ihres Schöpfers auf eine Einheit und Seelenverwandtschaft zu verweisen, die einst bestand, sich nunmehr aber nur im literarischen Akt unter Betonung der trennenden Momente noch einmal wiederherstellen läßt. Nur in der Spannung von scheiterndem, vermittelndem und »bessrem Ich« erschließt sich die Totalität des Lebens, die eine einzelne Figur nicht mehr zu repräsentieren vermag. Die Eigenschaft, Teil eines »komplexen Selbstfindungsprozesses« (V. Hoffmann) A. v. Chamissos und zugleich romantische, sentimentalische Literatur zu sein, rückt den *Schlemihl* in die Nähe Brentanoscher Erzählkunst.

Daß die privaten Erfahrungen auch eine kollektive Dimension gehabt haben, zeigt die starke, nicht allein auf die Literatur beschränkte Wirkung des *Schlemihl*. Allein zu Lebzeiten Chamissos erschienen, z. T. mit Illustrationen von George Cruikshank (1823), Adolf Schröter (1836) und Adolph Menzel (1839) vier Ausgaben: 1814, 1827, 1835, und 1836 in den *Werken;* die Ausgabe von 1839 hat Chamisso noch selbst vorbereitet. Die Erzählung wurde bald ins Französische (1822), Englische (1823), Holländische (1831) und Italienische (1838) übersetzt. Auch in den USA war seit 1825 ein Nachdruck verbreitet. Die Erzählung hat zahlreiche Nachdichtungen und Weiterführungen angeregt, u. a. E.T.A. Hoffmann, ›Die Abenteuer der Sylvester-Nacht‹, 1815; S. W. Schiessler, ›Der Mann ohne Schatten‹, 1827; Fr. Th. Wangenheim, ›Der Schlemihl‹, 1838; Fr. Förster, ›Peter Schlemihls Heimkehr‹, 1843; L. Bechstein, ›Die Manuscripte Peter Schlemihl's‹, 1851; D. Mendl, ›Ein jüdischer Schlemihl‹, 1864; R. Schaukal, ›Schlemihle‹, 1908; Chr. Meckel, ›Die Schatten‹, 1962. Die Texte greifen vor allem das

Thema persönlicher und gesellschaftlicher Entfremdung auf als Identitätsproblem, Außenseitertum und Ausgestoßensein oder verstehen die Hauptfigur als Pechvogel und Anti-Helden. Die allein nach stoff- und motivgeschichtlichen Entsprechungen fragende Darstellung der Wirkungsgeschichte erklärte wenig. Unberücksichtigt blieb vor allem, daß die literarische Auseinandersetzung nicht unmittelbar nach Erscheinen, sondern verzögert in der Restaurationszeit einsetzte und bald nach der Revolution 1848/49 abbrach. Ihr entsprach zudem eine populäre Rezeption, in der die Figur Verwendung in der politischen Karikatur fand bzw. schattenlose Gärten und Lampen nach ihr benannt wurden. Dies als schnurrige Mode und harmlose Phantasiespielerei abzutun, führt an der Beobachtung vorbei, daß die Rezeption der Erzählung, in der eine aus traditionellen Bindungen freigesetzte Figur ihren unbewußten Trieben anheimfällt und sozial verkümmert, just in eine Zeit tiefgreifender sozialer Umbrüche fällt. Französische Revolution, die Einführung des Code Napoleon und die Befreiungskriege hatten dem zuvor reglementierten einzelnen ungewohnte Freiräume geschaffen (vgl. Gewerbefreiheit, Kapitalisierungsmöglichkeit des Bodens, Neuordnung des Rechts- und Steuersystems und damit Befreiung von vielfältigen Abhängigkeiten). Vorgegebene gesellschaftliche Rollen waren durch individuelles, selbstverantwortliches Handeln zu ersetzen.

Schlemihl diente daher einerseits – im Kontext eines erneut auflebenden Okkultismus und religiöser Schwärmerei (vgl. J. Kerner, Cl. Brentano) – als Identifikationsfigur, die mit märchenhaft-zauberischen Mitteln eng gezogene soziale Grenzen übersteigt und mit dem durch Reichtum bedingten Ansehen seinen Handlungsraum erweitern kann. Der *Schlemihl* reklamierte andererseits als das im negativen Abdruck gezeigte Gegenbild zu einer – überkommene äußere Ordnungen – restaurierenden Politik die volle Selbstentfaltung des Individuums durch Bewußtwerdung als unabdingbare Voraussetzung der sozialen Gemeinschaft. Dies ist zwar ein Gedanke der Aufklärung, der jedoch im *Schlemihl* durch seine psychologische Dimension weiterentwickelt wird in Übereinstimmung mit dem in anthropologisch-medizinischer wie philosophischer Literatur angebotenen neuen Bild vom Individuum. Die medizinisch-juristischen Gutachten von E.T.A. Hoffmann z. B. zeigen, wie weit man sich in der Erkenntnis einer überbordenden, sozial isolierenden »Einbildungskraft« von Vorstellungen des 18. Jahrhunderts entfernt hat, das im Menschen ein vor allem durch Vernunft steuerbares Wesen sah. Chamissos im *Schlemihl* umgesetzte scheinbar private Erfahrung eines seiner sozialen Integrationsräume (Familie, Heimat) beraubten Menschen entspricht die kollektive Erfahrung der Generation der Restaurationszeit, die, irritiert durch den Verlust überkommener Orientierungen, im Materiellen eine neue Sicherheit zu erkennen glaubte. Wie die Verfassungsentwürfe nach 1815 belegen, bestimmen nun in erster Linie Besitz und Vermögen und nicht Stand und Geburt den sozialen Ort des Individuums.

S. 130 *Eduard:* Eduard Hitzig, Jurist, Verleger, Schriftsteller (1780–1849), Freund und Biograph Chamissos und E.T.A. Hoffmanns.

S. 131 *Kurtka:* Ein langer, mit Pelz und Brustschnüren besetzter Rock, der in Preußen Mode geworden war.

S. 139 *Zauberring:* Der 1813 erschienene Ritterroman Fouqués.

S. 143 *Faffner bei seinem Horte:* Name des Drachen in der Siegfriedsage.

S. 147 *Champagner Elfe:* Champagner aus dem außergewöhnlich guten Weinjahr 1811.

guter König: Friedrich Wilhelm III, (1797–1840).

S. 172 *Justo judicio:* Durch das gerechte Gericht Gottes bin ich gerichtet, durch das gerechte Gericht Gottes bin ich verdammt.

S. 176 *Herkules-Säulen:* Bezeichnung im Altertum für die Straße von Gibraltar.

S. 177 *Neuholland:* Australien.

Land van Diemen: Tasmanien, Insel im Südosten von Australien.

S. 181 *Tieckius:* im Märchen Tiecks ›Leben und Thaten des kleine Thomas, genannt Däumchen!‹ (1812 im ›Phantasus‹) verlieren die Siebenmeilenstiefel durch Reparatur jedesmal eine Meile an Kraft.

Historia stirpum: Geschichte der Wurzeln und Pflanzen der ganzen Welt. Titel in Anlehnung an ein Werk A. v. Hallers (1708–1777).

Flora universalis: Pflanzenkunde der gesamten Erde.

Systema naturae: System der Natur, zugleich Titel eines Hauptwerks von Carl von Linné (1707–1778).

Literaturhinweise

Freund, Winfried: Geld und Geist. Adelbert von Chamisso, ›Peter Schlemihl‹. Ein bürgerlicher Bewußtseinsspiegel. Paderborn 1980.

Hoffmann, Ernst Fedor: Spiegelbild und Schatten. Zur Behandlung ähnlicher Motive bei Brentano, Hoffmann und Chamisso. In: Lebendige Form. Festschrift für H. E. Henel, hg. v. J. L. Sammons et al. München 1970, S. 167–188.

Hoffmann, Volker: Nachwort zu Adelbert von Chamisso, Sämtliche Werke. München 1975, Bd. 2, bes. S. 676–683.

Lahnstein, Peter: Adelbert von Chamisso. Der Preuße aus Frankreich. München 1984.

Mann, Thomas: Chamisso. In: Gesammelte Werke. Frankfurt/M. (1960). Bd. 9, S. 35–57 (bes. S. 46ff.). Zuerst Neue Rundschau 1911.

Neumarkt, Paul: Peter Schlemihl. (A Literary Approach in Terms of Analytical Psychology). In: Literature and Psychology 17 (1967).

Walach, Dagmar: Erläuterungen und Dokumente zu ›Peter Schlemihls wundersame Geschichte‹. Stuttgart 1982.

Wilpert, Gero von: Der verlorene Schatten. Varianten eines Motivs. Stuttgart 1978, S. 20–50.

E. W.

1776 Am 24. Januar geboren in Königsberg (Pr.) als Sohn des Hofgerichts-Advokaten Christoph Ludwig Hoffmann. Zwei Jahre später Trennung der Eltern.

1792 Beginn des Jura-Studiums an der Universität in Königsberg.

1800 Drittes juristisches Examen. Ernennung zum Assessor beim Obergericht in Posen.

1802 26. Juli: Heirat mit Marianna Thekla Michaelina (»Mischa«) Rorer-Trzcińska.

1806 28. November: Franzosen besetzen Warschau. Auflösung der preußischen Behörden. Hoffmann wird aus dem Dienst entlassen.

1807 Übersiedlung nach Berlin; große finanzielle Schwierigkeiten.

1808 Bestellung nach Bamberg als Musikdirektor. Entwurf des *Ritter Gluck*. 1. September: Hoffmann trifft in Bamberg ein.

1809 Beginn der Mitarbeit an der ›Allgemeinen Musikalischen Zeitung‹ (Musikrezensionen).

1812 Verlust seiner Stellung am Bamberger Theater.

1813 Kapellmeister in Dresden.

1814 Bruch mit Theaterdirektor Seconda. Abwechselnd als Kapellmeister in Dresden und Leipzig. *Fantasiestücke in Callots Manier* (Bde. 1, 2 u. 3). Wiedereintritt in den Staatsdienst als »Mitarbeiter bey dem CammerGericht« in Berlin. Zum Bekanntenkreis gehören u. a. Chamisso, Tieck, Fouqué.

1815 *Fantasiestücke* (Bd. 4) und *Die Elixiere des Teufels* (Bd. 1). Niederschrift des *Sandmann* »d. 16. Novbr. 1815 Nachts 1 Uhr«.

1816 1. Mai: Mitglied des Kriminalsenats am Kammergericht. Beginn der geselligen Seraphinenabende (ab Nov. 1818 Serapions-Abende) in Hoffmanns Wohnung, an denen noch der Arzt David Ferdinand Koreff, Julius Eduard Hitzig und der Dichter Carl Wilhelm Contessa teilnahmen. *Elixiere des Teufels* (Bd. 2), *Nachtstücke* (T. 1).

1817 *Nachtstücke* (T. 2).

1818 Niederschrift des *Klein Zaches*.

1819 *Die Serapions-Brüder* (Bde. 1 u. 2).

1820 *Prinzessin Brambilla, Lebens-Ansichten des Katers Murr* (Bd. 1).

1821 Mitglied des Oberappellations-Senats am Kammergericht. *Kater Murr* (Bd. 2).

1822 Im Januar Beginn der tödlichen Erkrankung. Die preußische Regierung beschlagnahmt das Manuskript von *Meister Floh*. Einleitung eines Disziplinarverfahrens. H. formuliert seine Verteidigungsschrift und poetologische Rechtfertigung. 25. Juni: Tod E. T. A. Hoffmanns.

Der Sandmann

Erstdruck: Der Sandmann. Nachtstücke, Erster Theil, hg. von dem Verfasser der Fantasiestücke in Callots Manier, S. 1–82, in der Realschulbuchhandlung des Verlegers Georg Reimer.
Druckvorlage: Nach den Erstdrucken (Berlin 1817) unter Hinzuziehung der von Carl Georg von Maassen hg. historisch-kritischen Ausgabe Bd. 3, München und Leipzig 1912.

Quellen und Einflüsse

Im 18. Jh. konstruierte man Automate oder Androide als künstliche Nachbildungen von Lebewesen. Der Franzose Jacques de Vaucanson führte 1738 in Grenoble einen mechanischen, von einem Uhrwerk angetriebenen Flötenspieler öffentlich vor. Wolfgang Kempelen fertigte 1769 einen Schachtürken, täuschte aber das Publikum, weil sich im Innern ein Zwerg verbarg, der die Denkleistung erbrachte. Zahlreiche Beispiele für Automate konnte Hoffmann auch in Johann Christian Wiegleb: Die natürliche Magie, 20 Bde., Berlin und Stettin 1782ff., finden (das Werk gehörte zu seiner Lieblingslektüre).

Mit der Gestaltung von Nathanaels Wahnsinn bewegte sich Hoffmann im medizinischen und literarischen Kontext seiner Zeit. In der schöngeistigen Literatur waren Melancholie und Wahnsinn zumeist als spezifische Künstlerkrankheiten thematisiert, aber auch als pathologische Fälle, z. B. bei Jean Paul, Tieck, Arnim, Bonaventura, Brentano, Kleist u. a.

An medizinischen Quellen hat Hoffmann ausgiebig herangezogen: Carl Alexander Ferdinand Kluge: Versuch einer Darstellung des animalischen Magnetismus als Heilmittel. Berlin 1811; Philippe Pinel: Traité médico-philosophique sur l'aliénation mentale ou la manie. Paris 1801 (dt.: Philosophisch-medicinische Abhandlung über Geistesverwirrungen oder Manie. Wien 1801); Johann Christian Reil: Rhapsodieen über die Anwendung der psychischen Curmethode auf Geisteszerrüttungen. Halle 1803 (zit.: Rh); ders.: Ueber die Erkenntniß und Cur der Fieber. 4 Bde. Halle 1799–1805. (Bd. 4: Nervenkrankheiten, 2. Aufl. 1805 (zit.: ECF).

Zur Wirkungsgeschichte

Am *Sandmann* ließe sich heute modellhaft ein Stück Forschungsgeschichte zur Hoffmann-Rezeption schreiben, weil die Erzählung im Rahmen des Gesamtwerks mit über 250 Deutungen die meisten Interpreten gefunden hat. Zeitgenössische Rezensenten sprachen ihr jede künstlerische Qualität ab, Hoffmanns Biographen äußerten Unverständnis, Literaturwissenschaftler schrieben den abschätzigen Urteilen lange nach; erst jüngst räumte man ein, daß es Hoffmanns ästhetische Absicht gewesen sei, Widersprüchlichkeiten unverstellt zur Anschauung zu bringen (vgl. Preisendanz, Hartung). Dabei blieb Nathanaels Wahnsinn weitgehend außerhalb der Betrachtung. Man konzentrierte sich darauf, die Gründe für das Scheitern eines Künstlers in dessen nächster Umgebung (Clara, Lothar, Siegmund) zu suchen. Wenige Arbeiten haben hier mit soziologischen, medizinischen und rezeptionsästhetischen Fragestellungen zu einer neuen Sicht geführt (vgl. Wawrzyn, Obermeit, Walter).

Die Psychoanalyse benutzte u. a. den *Sandmann* als Fundgrube zur Bestätigung ihrer wissenschaftlichen Bemühungen. In einem 1919 geschriebenen Essay ›Das Unheimliche‹ hat Freud die Vielfalt von Hoffmanns Erzählung auf zwei Gesichtspunkte reduziert: auf die Angst Nathanaels vor dem Verlust seiner Augen als verschleierter Kastrationsangst und auf den Narzißmus (Selbstliebe) als Folge der nicht bewältigten frühkindlichen Traumata. Freud, der poetische Texte wie Fälle aus der klinischen Praxis als Beweismaterial seiner Theorien über das Unbewußte heranzog, räumte zwar immer ein, spezifisch ästhetische Fragen vernachlässigen zu müssen (vgl. Aichinger), einwenden läßt sich dennoch, daß die Psychoanalyse von einem unhistorischen Krankheitsbegriff ausgeht; Neurose um 1900 meint eben nicht dasselbe wie Wahnsinn um 1800. Es ist deshalb sinnvoll, Vorstellung und Definition des Wahnsinns um 1800 zu klären.

Der Fall aus zeitgenössischer medizinischer Sicht

Nathanaels Schicksal wird zunächst als Verlauf einer Geisteskrankheit beschrieben, die mit Kindheitstraumata beginnt, zu einem gespaltenen Bewußtsein beim bereits Erwachsenen führt und im drastisch gestalteten Selbstmord endet. Der Erzähler bezeichnet Nathanaels Verrücktheit als »Wahnsinn« (S. 210), den die zeitgenössische Medizin so definiert: »Der fixe Wahnsinn besteht in einer partiellen Verkehrtheit des Vorstellungsvermögens, die sich auf einen oder auf eine Reihe homogener Gegenstände bezieht ... Beide Merkmale, fixe Ideen und subjektive Ueberzeugung, daß der Wahn Wahrheit sey, gehören wesentlich zur Charakteristik dieser Krankheit« (Rh, 306ff.). Genau an einer solchen »partiellen Verkehrtheit des Vorstellungsvermögens« leidet Nathanael. Clara und Lothar beispielsweise bestreiten nicht die Existenz Coppolas, für Nathanael aber hat er eine eigene subjektive Bedeutung: nach seiner festen Überzeugung trägt er allein die Schuld am Tod des Vaters, obwohl Clara dem Vorwurf nachgeht und versichert, sein Tod sei ein Unglücksfall gewesen. Nathanaels partiell verkehrte Betrachtung der Wirklichkeit äußert sich in der Liebe zu einer Holzpuppe, während er gleichzeitig noch mit viel Vernunft Physik-Vorlesungen besucht.

Reil betont den dauernden Zwang, dem ein Wahnsinniger bei seinen Handlungen unterworfen ist: »Sie [die fixe Idee] kann ein Hirngespinst seyn ... oder einen möglichen Fall des menschlichen Lebens betreffen, der aber unter den vorhandenen Umständen keine Realität hat« (Rh, 310f.). Die Krankheitsfolge verläuft in Etappen, deren vorzügliches Kennzeichen ein wachsender Realitätsverlust ist: »Dies Vermögen, den Ungrund der fixen Idee einzusehn, stirbt in unmerklichen Graden ab. Von dem klarsten Bewußtseyn der Täuschung geht es durch ein Intervall des Zweifelns bis zur völligen Ueberzeugung, die fixe Idee sey reel, also zum Wahnsinn fort« (Rh, 309). Einem solchen Ablauf folgt das Schicksal Nathanaels. Im Anfang seines ersten Briefes ist er sich seiner fixen Idee, Coppelius sei der Störer seiner Beziehung zu Clara, noch sehr bewußt. Doch Heimkehr und Begegnung mit seiner Braut führen zu keiner Beruhigung mehr; im Gegenteil, der Realitätsverlust schreitet fort: »Er versank in düstre Träumereien ... das ganze Leben war ihm Traum und Ahnung geworden« (S. 197).

Ein weiterer Schritt zum Realitätsverlust wird mit dem Kauf des Perspektivs getan. Das Erscheinen Coppolas bestärkt Nathanael in seiner fixen Idee, zu der sich eine neue gesellt: die Puppe Olimpia betrachtet er nach und nach uneingeschränkt als Objekt seiner Liebe, die Loslösung von der Realität ist nahezu vollkommen. Die Ballszene mit dem Tanz Olimpias und dem anschließenden Monolog Nathanaels ist dafür Beweis: »Dem Nathanael schien es, unerachtet er sich in einer ganz andern Welt befand, mit einemmal, als würd es hienieden ... merklich finster« (S. 205). Innere Welt und äußere Realität sind abgetrennt. Nathanael hat über Stunden die Außenwelt, das Fest bei Professor Spalanzani, nicht wahrgenommen. Allein der Puppe hat er erzählt, »hochentflammt und begeistert von seiner Liebe in Worten, die keiner verstand, weder er, noch Olimpia« (S. 205). Nathanael hat sich zu diesem Zeitpunkt bereits so weit eine eigene Realität errichtet, daß er die helfenden Mahnungen seiner Freunde nicht mehr beachtet, die auf das Automatenhafte und Geistlose Olimpias verweisen. Auch diese Vorgänge sind der zeitgenössischen Medizin vertraut: »In der Folge werden diese Phantome der Phantasie für Realitäten gehalten, wenn sie den sinnlichen Anschauungen an Stärke gleichkommen, alle Kraft der Seele erschöpfen ... Die Kranken leben nicht mehr in der wirklichen, sondern in einer Bilderwelt, die sie sich selbst schaffen ...« (ECF, 318f.). Die Abstände der »hellen Zwischenzeiten« (oft gebrauchter Fachterminus der zeitgenössischen Medizin) werden immer größer, der Schritt vom partiellen zum vollständigen Wahnsinn immer drohender. Einen ersten Höhepunkt erreicht er bei der Zertrümmerung der Puppe, als Nathanael erkennt, ein Automat geliebt zu haben. Seine Welt, in der sich sein »ganzes Sein spiegelt« (S. 205), wird zerstört: »Da packte ihn der Wahnsinn mit glühenden Krallen und fuhr in sein Inneres hinein Sinn und Gedanken zerreißend« (S. 210). Nathanaels Mordversuch an Spalanzani bringt ihn ins Tollhaus. Später, nur scheinbar genesen »in des Vaters Hause« (S. 211), endet er während eines erneuten Aufenthalts in der Stadt im Selbstmord.

Nathanaels Schicksal ist also eine Fallgeschichte. Hoffmann folgt exakt den Erkenntnissen der zeitgenössischen Psychologie, allerdings mit zwei Einschränkungen. Er übernimmt weder ihre Sprache, noch interessiert ihn ihre Auffassung, die Ursachen des Wahnsinns auf Nervenkrankheiten im Kopf zurückzuführen. Nach Überzeugung der Medizin um 1800 produzieren entzündete Nerven Bilder in rascher Folge, die vom Verstand nicht mehr gehalten werden können: »Bey der Ideenjagd strömen die Vorstellungen mit Macht herbey, sind theils Bilder aus der Vorzeit, theils neue Schöpfungen der dichtenden Einbildungskraft« (ECF, 320). Beide Seiten einer Krise sind beispielsweise in dem Bemühen Nathanaels festgehalten, ein Gedicht zu formen: der Enthusiasmus und die Besonnenheit; auch sie ist Teil der Krise. »Dennoch behält der Kranke dabey sein Bewußtseyn, er sieht als leidender Zuschauer dem unwillkührlichen Spiele seiner Phantasie zu ... und fürchtet die Folgen desselben ...« (ebd.). Das ist eine distanzierte Beschreibung der Außenseite des Wahns. Hoffmanns schöpferische Fähigkeiten gestatten es ihm, den Krankheitsverlauf in poetische Bilder umzusetzen und aus der Sicht des Wahnsinnigen selbst zu schreiben. Dazu gehören die ins Riesenhafte vergrößerten Landschaften und der Riesenschatten, den die Sonne werfen soll, obwohl sie zur Mittagszeit im Zenit steht. Hoffmann begnügt sich allerdings nicht mit der poetischen Nachgestaltung einer klinischen Fallgeschichte; vielmehr problematisiert er die Auftritte Nathanaels in der Gesellschaft.

Zwischen Vernunft und Wahnsinn: das Verhalten der Bürger

Nathanael schreibt an Lothar/Clara, weil er seiner bedrückenden Situation nicht mehr Herr wird und einen Gesprächspartner als Beistand sucht. Clara teilt in ihrer Antwort seine Ängste bis zu einem gewissen Grad. Aber das ist es nicht, was Nathanael zu hören wünscht; er sucht nach einem Halt. Seiner »zerrissenen Stimmung des Geistes« (S. 183) soll Clara etwas entgegensetzen, was sie in hohem Grad besitzt: Besonnenheit und Wirklichkeitssinn. Clara hat verstanden, denn fortan ist sie bemüht, eine gewisse Sicherheit zu vermitteln. Im Verlauf der Erzählung erinnert sich Nathanael in bedrohlichen Situationen (beim Besuch Coppolas) an seine Braut. Es gelingt ihm so für kurze Zeit, das Phantom seines Ich der subjektiven Attribute zu entkleiden. Clara geht mit ihrem Verständnis über die Therapievorstellungen der Medizin hinaus, deren Vertreter lapidar bestimmen, wo bei einem partiellen Wahnsinn anzusetzen ist: »... die Kur derselben [muß] lediglich allein auf die fixe Idee gerichtet seyn, mit deren Entfernung zugleich alle Neigungen, Triebe und Leidenschaften verschwinden, die in ihrem Gefolge vorhanden waren« (Rh, 313).

Trotzdem reichen Claras Kräfte nicht; Nathanael stirbt, sie selbst wird fast sein Opfer. Clara verkörpert, wie alle Figuren in der Erzählung, eine bestimmte Haltung mit einer eigenen Auffassung von Wahnsinn und Vernunft. Nathanaels Verrücktheit zwingt zur Reaktion, und hinter den Reaktionen verbergen sich Einstellungen zum Leben, zum normalen bürgerlichen Verhalten.

An den Bürgerfiguren zeigt der Erzähler diese Reaktionen sehr differenziert. Lothar und Clara sind unmittelbar mit dem Wahnsinn konfrontiert. Lothar unterstützt seine Schwester zwar in ihrem Bemühen, Nathanael zu helfen, gleichwohl werden verdeckte Spannungen und Rivalitäten in einer schwer zu durchschauenden Familienkonstellation sichtbar. Die Mutter kann sich der Herausforderung des Wahnsinns nicht stellen, denn ihr wurde alles verschwiegen. Siegmund, Nathanaels Studienkollege, steht immer helfend und mahnend an der Seite des Freundes, ohne seine eigene Vernunft zum allein gültigen Maßstab für Nathanaels Verhalten einzusetzen.

Von einer eindimensionalen Gegenüberstellung des Bürgers zum Künstler kann also keine Rede sein. Hoffmann hält unterschiedliche Reaktionen fest, seine Wirklichkeitserfassung ist komplexer, seine Charaktere sind nicht so leicht festzulegen. Seine Zurückhaltung mit Schuldzuweisungen hat hier ihre Wurzeln. Der Text gibt auch keinen Hinweis auf eine Schuld Claras am Schicksal Nathanaels; trotzdem kritisiert er die dahinter steckende Weltanschauung in subtiler Form: nach dem Tod Nathanaels wird ein Idyll beschrieben, in dem Clara, entfernt von der Stadt, Hand in Hand mit einem Mann vor einem Landhaus sitzt mit zwei spielenden Kindern im Vordergrund. Dieses Idyll scheint dem Erzähler offenbar problematisch. Clara hat lange mit einem seelisch Kranken gelebt, sie hat Ängste ausgestanden, gesteigert bis zur höchsten Todesfurcht; sie hat den Wahnsinn erlebt und seine Auswirkungen erfahren. Wenn sie nach so zahlreichen Nöten ein häusliches Glück lebt, als wäre nichts geschehen, dann kann dieses Glück nur ein scheinbares sein, das auf Verdrängung beruht.

Mit der Gestaltung der Schlußszene sind nur noch die Umrisse einer für den Erzähler problematischen Wirklichkeit zu erkennen. Ähnliches gilt für das Fest bei Spalanzani, bei dem sich die Frage nach dem Verhältnis von ›gesund‹ und ›krank‹ ebenfalls stellt. Die heftige Reaktion Nathanaels auf die Puppe Olimpia gibt Anlaß, eine klare Trennung zu den »Teeisten« zu ziehen. Nathanael verhält sich absonderlich, die geladenen Gäste benehmen sich normal. Aber bei dieser Beschreibung bleibt es nicht. Nach dem Wahnsinnsanfall Nathanaels schaltet sich der Erzähler mit einem harmlos anmutenden Kommentar ein: Spalanzani muß die Universität verlassen, die Geschichte mit dem Automat hat Mißtrauen gegen »menschliche Figuren« (S. 211) geweckt, denn sie beobachten fortan argwöhnisch untereinander ihre Reaktionen, usw. Diese Reaktionen zeigen schlicht: nicht nur Nathanael ist auf eine Puppe hereingefallen, sondern die gesamte Gesellschaft. Es gibt zwar eine Differenz in den Reaktionen, sie ist aber keineswegs so groß, daß man die Nathanaels als eindeutig krankhaft auffassen könnte und jene der »Teeisten« als normal und gesund, sonst hätte es nach der Aufdeckung des Betrugs mit der Puppe der überprüfenden Maßnahmen untereinander gar nicht bedurft. Hoffmann diagnostiziert die Fragwürdigkeit einer Gesellschaft, indem er vor ihrem Hintergrund einen Wahnsinnigen auftreten läßt. Die Folgen sind fatal: wenn die Normalen tatsächlich in relativer Nähe zum Geisteskranken stehen, dann ist ihre ablehnende Haltung nur die Unterdrückung ihrer eigenen Furcht um die Stabilität ihres seelischen Gefüges.

Auffächerung der Perspektiven. Erzähler und Leser

Hoffmann vermittelt im Unterschied zur Medizin ein facettenreiches Bild in der Beurteilung des Wahnsinns. Drei Einstellungen hat er im *Sandmann* sehr ausführlich zu Wort kommen lassen.

Clara vertraut auf die Kraft der Vernunft, die ausreicht, daß man trotz aller Gefährdungen das Leben meistern könne. Hoffmann modelliert mit ihr eine Gestalt, die Widerstandskräfte gegen alle Bedrohungen bereitgestellt zu haben scheint. Der Erzähler schätzt diese Eigenschaften auch: mit ihrer lebenskräftigen Phantasie könne sie die Wirklichkeit »in klarer Tiefe«

(S. 196) erfassen. Trotz dieses Lobes ist des Erzählers Ansicht vom Leben eine ganz andere: nichts sei phantastischer als das wirkliche Leben, der Dichter könne es nur »wie in eines mattgeschliffnen Spiegels dunklem Widerschein« (S. 195) reflektieren. Es gibt eine Differenz in der Lebensauffassung zwischen dem Erzähler und Clara. Dazu gesellt sich ein drittes Element, das Nathanael vertritt. Im Gegensatz zu Clara fehlt bei ihm der Glaube an die Kraft der Vernunft. Diese deterministische Haltung gibt der Erzähler in indirekter Rede Nathanaels wieder, das heißt: bis zu einem gewissen Grad bringt er Verständnis für Nathanael auf, obwohl er seine Auffassung nicht teilt. Er versteht aber auch Clara; in jedem Fall geht es ihm darum, strikte Urteile zu vermeiden. Der Erzähler bewegt sich mit seinem Verständnis für beide zwischen dem Determinismus Nathanaels und der Vernunft Claras und wird somit Figur im poetischen Spektrum, die jeder sicheren Beurteilung des Wahnsinns, aber auch jeder Verurteilung der Bürger die Argumente entzieht.

An diesem schwierigen Erkenntnisprozeß wird der Leser beteiligt, dafür bürgen schon die Anreden. Die Auffächerung der Figuren in verschiedene Perspektiven erschwert es zunächst, sich vorschnell auf eindeutige Positionen festzulegen. Er soll zweifeln wie der Erzähler, der aber im Unterschied zur Medizin die Nähe des Wahnsinns sucht. Der Leser lernt, Nathanaels Wirklichkeit mit seinen Augen zu sehen, vom Erzähler in künstlerisch-suggestiver Weise angeregt. Dem Leser wird der fortschreitende Wahnsinn in zunehmendem Maß vertraut, Hoffmann schult ihn psychologisch und fordert von ihm in den Anreden, Wunderliches zu ertragen. Im Idealfall wird der Leser sensibilisiert, ein Gefühl für andere, ihm nicht vertraute Erscheinungsweisen des Lebens zu entwickeln. Dies geschieht nicht allein, um Mitleid zu erwecken, sondern um ihn gleichsam in einen erhöhten Zustand der Wahrnehmungsbereitschaft zu versetzen. Hält er diese Spannung aus und lernt er, den Blick für das Abseitige zu ertragen, sind alle Voraussetzungen gegeben, zu einer neuen, jetzt komplexeren Wirklichkeitsauffassung zu gelangen, die neben der Vernunft den Bereich des Wahnsinns in die Erkenntnis einschließt. Der Erzähler kommt ihm während dieses schwierigen Prozesses nicht nur zu Hilfe, sondern er heilt sich selbst. Im Unterschied zu Nathanael hat er Zugang zu einem Partner gefunden auf einer Ebene, wo Verständnis und Erkenntnis zusammenfallen, um die komplizierten Zusammenhänge zwischen Krankheit und Gesundheit, zwischen Poesie und Wirklichkeit begreifen zu lernen.

Anmerkungen

S. 184 *Franz Moor den Daniel:* Vgl. Schiller: Die Räuber V, 1.

S. 186 *Coppelius/Coppola:* leiten sich vom italienischen »coppo« (Augenhöhle) her.

S. 193 *Spalanzani:* Lazzaro Spallanzani (1729–1799). Italienischer Naturforscher, der damit experimentierte, Tiere künstlich herzustellen.

Cagliostro – Chodowiecki: Daniel Nikolaus Chodowiecki (1726–1801), Maler, Radierer, Buchillustrator. Das Blatt ist abgedruckt im ›Berliner genealogischen Kalender auf das Jahr 1789‹ der Serie »Modethorheiten«. Es stellt den in ganz Europa berüchtigten Scharlatan und Geisterbeschwörer Alexander Graf von Cagliostro = Giuseppe Balsamo (1743–1795) dar.

S. 195 *Klimax:* Steigerung.

S. 196 *Battonisches Kolorit:* Pompeo Girolamo Battoni (1708–1787). Hoffmann hatte das Bild »Büßende heilige Magdalena« bereits 1798 in der Dresdner Gemäldegalerie gesehen.

Ruisdael: Jacob Isaacksz van Ruisdael (um 1628–1682), niederländischer Landschaftsmaler.

S. 200 *lebloses Automat:* Das Neutrum war damals gebräuchlich. Hoffmann hat das Automatenproblem sehr beschäftigt. Bereits 1814 hat er dieses Sujet in der Erzählung *Die Automate* literarisiert.

S. 202 *Revenant:* franz.: Gespenst

S. 203 *Tre Zechini:* Drei Zechinen (venezianische Goldmünzen).

S. 204 *Kadenz:* Improvisation des Sängers ohne Instrumentalbegleitung.

Trillo: ital.: Triller

S. 206 *Legende von der toten Braut:* Anspielung auf Goethes Ballade ›Die Braut von Korinth‹ (1798).

S. 208 *Stanze:* achtzeilige Strophenform.

Kanzone: Lyrische Gedichtform provenzalischer Herkunft, gebaut aus 5–10 Strophen, gegliedert in Auf- und Abgesang.

S. 210 *Sapienti sat!:* lat.: dem Wissenden sei es genug!

Literaturhinweise

Aichinger, Ingrid: E. T. A. Hoffmanns Novelle ›Der Sandmann‹ und die Interpretation Sigmund Freuds. In: Zeitschrift für die deutsche Philologie 95 (1976). Sonderheft E. T. A. Hoffmann, S. 113–132.

Hartung, Günter: Anatomie des Sandmanns. In: Weimarer Beiträge 23, H. 9 (1977), S. 45–65.

Obermeit, Werner: »Das unsichtbare Ding, das Seele heißt«. Die Entdeckung der Psyche im bürgerlichen Zeitalter. Frankfurt/Main 1980.

Preisendanz, Wolfgang: »Eines matt geschliffnen Spiegels dunkler Widerschein«. E. T. A. Hoffmanns Erzählkunst. Auch in: Prang, H. (Hg.): E. T. A. Hoffmann. Darmstadt 1976, S. 270–291.

Walter, Jürgen: Das Unheimliche als Wirkungsfunktion. Eine rezeptionsästhetische Analyse von E. T. A. Hoffmanns Erzählung ›Der Sandmann‹. In: Mitteilung der E. T. A. Hoffmann-Gesellschaft 30 (1984), S. 15–33.

Wawrzyn, Lienhard: Der Automaten-Mensch. E. T. A. Hoffmanns Erzählung vom Sandmann. Mit Bildern aus Alltag und Wahnsinn. Berlin 1976.

F. A.

1778 Am 8. 9. geboren als Sohn des Frankfurter Kaufmanns Peter Anton Brentano und seiner zweiten Frau Maximiliane, geb. von La Roche, in Ehrenbreitstein.

1795–97 Nach dem Willen des Vaters Kaufmannslehre.

1797–1800 Studium der Berg- und Kameralwissenschaften in Halle und Jena.

1801 *Godwi oder Das steinerne Bild der Mutter;* Beginn der Freundschaft mit Arnim.

1803 Heirat mit der Schriftstellerin Sophie Mereau (1770–1806) in Marburg/L.

1804 Übersiedlung nach Heidelberg.

1805–08 *Des Knaben Wunderhorn,* zusammen mit Achim von Arnim.

1807 Heirat mit Auguste Bußmann (1812 geschieden).

1811 Mitglied – neben Arnim, Kleist, Fichte, Savigny u. a. – der Christlich-Teutschen Tischgesellschaft.

1813–14 Während der Befreiungskriege in Wien.

1815 *Die Schachtel mit der Friedenspuppe. Das Märchen von Gockel und Hinkel.*

1816 Liebe zu Luise Hensel (1798–1876); Beginn der Gedichte an sie.

1817 27. Februar: Generalbeichte und Verzicht auf weltliches Dichtertum; im Juni erscheint: *Geschichte vom braven Kasperl und dem schönen Annerl,* im September/Oktober: *Die mehreren Wehmüller.*

1819–21 In Dülmen bei der stigmatisierten Nonne Anna Katharina Emmerick.

1825 Von diesem Zeitpunkt an bewußt im Dienste der »katholischen Propaganda«.

1829 Übersiedlung nach Frankfurt.

1831 *Die Barmherzigen Schwestern in Bezug auf Armen- und Krankenpflege.*

1833 *Das bittere Leiden unsers Herrn Jesu Christi;* Übersiedlung nach München; Liebe zu Emilie Linder, Beginn der Gedichte an sie.

1837 *Gockel, Hinkel, Gackeleia* (2. Fassung).

1842 Am 28. Juli in Aschaffenburg gestorben.

Die mehreren Wehmüller und ungarischen Nationalgesichter

Erstdruck und Druckvorlage: Die mehreren Wehmüller und ungarischen Nationalgesichter. Erzählung von Brentano. In: Der Gesellschafter oder Blätter für Geist und Herz. Hg. von F. W. Gubitz. Erster Jahrgang. Berlin, 157.–168. Blatt, 24. September–13. Oktober 1817, S. 625f., 629–631, 633–635, 637f., 641f., 645–647, 649–651, 653–655, 657–659, 661–663, 665–667, 669–671.

Die Handlungsstruktur der Erzählung hat Ähnlichkeit mit der einer Komödie. Die Vereinigung des aus beruflichen Gründen getrennten Liebespaares wird durch Täuschung, Verwechslung und Einengung der Bewegungsfreiheit aufgehalten. Doch so plötzlich wie die Hindernisse auftauchen, verschwinden sie auch wieder, nicht ohne daß die Verwirrung durch einen dritten Wehmüller noch einmal ins scheinbar Ausweglose getrieben wird. Der Moment höchster Konfusion birgt, auch darin ganz Komödie, die Peripetie zum glücklichen Ende in sich.

Aufgrund dieser Handlungsstruktur müssen die unterhaltenden Geschichten des Kroaten, des Franzosen Devillier und des Venetianers Baciochi wie retardierende Elemente erscheinen, die den Handlungsfortgang, die Erklärung der Duplizität der Wehmüller, aufhalten. Sie tragen nichts zur Auflösung der seltsamen Vorgänge bei, obgleich auch sie, jeweils auf andere Weise, das Thema Verwirrung und Aufklärung variieren. Diese Erzählungen beanspruchen vielmehr die Aufmerksamkeit des Lesers so sehr, daß er den Wehmüller, der im auffälligen Gegensatz zu den übrigen Zuhörern auf die Geschichten nicht reagiert und schweigsam das Porträt des Vizegespan ausgestaltet, fast ganz vergißt. Das findet seine Erklärung nicht allein in den spannenden, handlungsreichen Vorgängen, sondern auch in ihrer Erzählzeit. Sie beanspruchen mehr als die Hälfte der gesamten Erzählung. Zudem wirken sie durch den sich von Geschichte zu Geschichte steigernden vergegenwärtigenden Erzählstil, der die Zuhörer in das Geschehen miteinbezieht. Auch der verstummte Wehmüller findet sich unversehens als Figur in der Fortsetzung der Erzählung Baciochis und Devilliers wieder. Die eingelagerten Geschichten nähern sich gleichsam der zufälligen Erzählsituation im Wirtshaus, um mit der letzten in einen aktuellen Vorgang überzugehen.

Die räumliche und zeitliche Gewichtung der drei Binnengeschichten läßt vermuten, daß ihre Bedeutung nicht allein in spannender Unterhaltung zu suchen ist. Ihre Bedeutung liegt allerdings nicht auf der Ebene der Handlung und des Geschehens, sondern auf der des Erzählens. Mit den drei Erzählungen verbindet sich ein poetologisches Programm romantischen Erzählens, das zugleich die Einheit der gesamten Erzählung gewährleistet.

In allen Geschichten, denen in der Ich-Form wie der auktorial erzählten des Wehmüllers, geht es um die Glaubwürdigkeit des Erzählten wie des Erzählers. Wehmüllers Schreien, auf das der Erzähler wiederholt verweist, (S. 219), als dieser der Schildwache am Pest-Kordon Antwort gibt, meint nicht nur im räumlichen Sinne die Überbrückung einer Distanz. Glaubwürdigkeit ist für ihn zu einer Existenzfrage geworden. Seine Identität und damit auch sein zukünftiges privates und berufliches Glück stehen auf dem Spiel. Die Glaubwürdigkeit ist in Brentanos Erzählung eine Frage, über die man sich im geselligen Kreis verständigt, ohne zunächst zu einem Konsens zu kommen. Feste Kriterien, wann einer Geschichte Wahrheitscharakter zuzubilligen ist, scheint es nicht zu geben. Dieser ist weder an den gesellschaftlichen Rang des Zuhörers gebunden – auch die vornehmen Stände (kroatischer Edelmann, gascognischer Offizier) scheinen wie das gemeine Volk unaufgeklärt an Hexen und Zauberer zu glauben – noch an die Nähe einer Geschichte zur Empirie, weil diese sich als perspektivisch, d.h. bedingt durch die Wahrnehmungsstrukturen des einzelnen erweist. Die Erzählung Brentanos entwickelt vielmehr einen Wahrheitsbegriff von Poesie durch das Erzählen selbst. In fast argumentativ zu nennenden Schritten wird mit der Sukzession der Geschichten als einer Abfolge von exemplarischen Erzählsituationen – die Möglichkeiten der Erzähler-Leser/Hörer-Kommunikation sowie der Wirklichkeitsreferenz aufzeigen – der reale Leser zum romantischen bzw. Brentanoschen Wahrheitsbegriff von Dichtung geführt.

Die Geschichte des Kroaten präsentiert einen Erzähler, dessen Wirklichkeitsverhältnis einen kindlich-magischen Charakter hat. Zweifel an der Faktizität des Erlebten beantwortet er mit einem störrisch-uneinsichtigen, ›Beweise‹ anführenden Verhalten. Tiere betrachtet er nach ihrem Gebrauchswert. Wo sie sich diesem Wahrnehmungsmuster entziehen, sind sie ihm unheimlich und bedrohlich. Weil er die Natur als ein verfügbares Objekt betrachtet, zeigt sie unversehens eine dämonische Seite. Der Kroate wird aufgrund seines einseitigen Naturverständnisses das Opfer seiner Einbildungskraft, was ihm schließlich eine Untersuchung, ob er »auch völlig bei Verstand sei« (S. 229), zuzieht.

Die Darstellung des Streits unter den Zuhörern entwirft eine Typologie möglicher Leserreaktionen. Zum naiven Leser, der das Gehörte für faktisch wahr hält, bildet der aufgeklärte Leser, der die Fiktionalität von Geschichten erkannt hat, sie aber mit »Lüge« (vgl. S. 234) gleichsetzt, das komplementäre Gegenstück. Der starren Alternative von wahr/erfunden scheint sich der gebildete, selbst dichtende Lindpeindler zu entziehen, wenn er auf die »höhere poetische Wahrheit« (S. 230) der Erzählung verweist. Darunter versteht er eine relative Wahrheit von nur lokaler Verbindlichkeit. Der Zigeuner Michaly schließlich antwortet non-verbal. Doch ihm gelingt es, einem »Orpheus« gleich, die aufgeregten Gemüter mit Musik beschwörend, eine Art Konsens wiederherzustellen. Dieser Erfolg deutet darauf hin, daß die einzelnen Leserreaktionen nicht als gleichwertig zu betrachten sind. Der naive, der aufgeklärte und der literarisch gebildete Leser nimmt, indem er sich auf einen engen Wahrheitsbegriff versteift, nur Teilaspekte der Geschichte wahr. Mit Lindpeindler, dessen Urteil nur scheinbar salomonisch ist, zeichnet der Erzähler mit mildem Spott das Porträt eines Trivialromantikers, der dem »romantischen Eindruck« (S. 222, 251) nachhängt und narzißtisch seine Stimmungen pflegt, weswegen er auch »verkannt« (S. 221, 230), d.h. nicht verstanden wird. Dadurch, daß für ihn das im magischen Naturglauben befangene Volk nur romantischen Valeur besitzt (S. 248, s.a. S. 231), schafft er soziale Hierarchien und zerstört die Einheit der Menschen, die der Zigeuner, weil mit Musik auf das kollektive Unbewußte einwirkend, wiederherstellt. Seine empfindende Wahrnehmung setzt sich um in ein Lied, das in der Darstellung der egoistischen Gewissenlosigkeit eines Adligen, die subtile Kritik an der für den Tod der slavonischen Magd verantwortlichen Dummheit des kroatischen Edelmanns enthält. In der poetologischen Argumentation der Geschichte, in der auch Lindpeindler seinen Ort hat, verkörpert er den idealen Leser, der, anders als der animalische Kroate und der ›hochgeistige‹ Dichter, die Geschichte in ihrem Kern erfaßt.

Die Erzählung Devilliers verhält sich spiegelverkehrt zu der des Kroaten. Das »eigentümlich-schauerliche Schauspiel« (S. 233) am Anfang findet durch den prüfenden Augenschein am Ende eine natürliche Erklärung. Unsentimentale Weltsicht und Aberglaube – im Kroaten, der Erzähler und handelnde Figur in einem ist, unverbunden vereinigt –, wird hier auf zwei Figuren verteilt. Der aufgeklärte, weil nach Erklärungen innerhalb der menschlichen Erfahrung fragende Erzähler, erweist sich als seiner Figur, dem in kindlich-magischer Natursicht verharrenden gascognischen Offizier, überlegen. In der Argumentation der aufeinander folgenden Geschichten stellt die des Devillier die Gegenthese zu der des Kroaten auf: es gibt nichts Wunderbares, das nicht eine natürliche, den Naturgesetzen entsprechende Aufklärung fände.

Diese Erzählung ruft nahezu keine Reaktion hervor. Das vernunftorientierte Wirklichkeitsverständnis scheint den Anhängern von Zauberern und Hexen unwiderlegbar. Um so mehr Gewicht kommt daher Lindpeindlers, von den Jagdgeschichten ausgelöste Frage nach dem Wilden Jäger zu. Der ›Romantiker‹ scheint nach einer prosaischen Erzählung Poetischeres zu verlangen. Doch seine Frage leitet nicht nur eine neue Geschichte ein. Sie pointiert den in der Sukzession der Geschichten liegenden poetologischen Gedankengang und bahnt die Lösung der zuvor in chiastischer Verschränkung als Gegensatzpaar aufgebauten Probleme an; denn die Frage nach der Existenz des Wilden Jägers ist gleichbedeutend mit der nach dem Realitätsgehalt eines aus dem germanischen Götterglauben herrührenden literarischen Motivs. Die Diskussion des Wahrheitsbegriffs des Erzählens konzentriert sich auf die Möglichkeit, naiven Volksglauben als vorhandene Erfahrungsrealität in Literatur zu integrieren, um damit grundsätzlich das Wesen und die Funktion der Literatur in bezug auf Wirklichkeitsverstehen wie dieses selbst zu reflektieren.

Lindpeindler erhält auf seine Frage keine ja-nein-Antwort, die nur der der vorangegangenen Geschichten entsprechen würde. Die Umstände, das Auftauchen der Gendarmen, fegt sie buchstäblich hinweg. Die Erzählung Baciochis selbst ist die Antwort. Was die voranstehenden Geschichten auszeichnet, eine das Seltsame, Schauerliche und Überraschende hervorhebende Erzählweise und Figuren, die wie die Erzähler, extreme Wirklichkeitsbegriffe repräsentieren, ist auch für sie charakteristisch. Doch sie unterscheidet sich wesentlich durch den zeitgeschichtlichen Bezug (Napoleon, Carbonari), die Liebesgeschichte zwischen Mitidika und Devillier und vor allem ein Erzählen, das die Bedingheit des Erzählens bewußt hält und damit auch offen ist für einen Dialog mit den Zuhörern. Baciochi inszeniert seine Geschichte; er weiß ihr »einen eigentümlichen theatralischen Charakter zu geben« (S. 234). Er kann seine Zuhörer so fesseln, daß die Frage, ob wahr oder erfunden, nicht mehr aufkommt, die Zuhörer vielmehr schon während des Erzählens reagieren nach Maßgabe ihres eigenen Wirklichkeitsverständnisses und ihrer Erwartungen an Literatur (S. 241, 248f.). Einer von ihnen, ironischerweise Devillier, der zuvor alle Geschichten zu Lügenmärchen erklärt hatte, muß sogar die Rolle tauschen und sich aus einem Hörer in einen Erzähler verwandeln. Die Liebesgeschichte zwischen ihm, dem ehemaligen Schmuggler, und Mitidika wird jedoch nicht zu Ende erzählt, sondern unter der Führung Michalys zu Ende agiert. Dadurch vereinigen sich, wie durch ein Wunder, nicht nur Devillier und Mitidika, sondern auch Wehmüller und sein Tonerl.

Was hier nur summarisch wiedergegeben werden konnte, enthält das poetologisch-ästhetische Programm romantischen Erzählens, auf das der den Geschichten implizite Argumentationsgang zuläuft. Die in den Erzählrahmen einmündende Geschichte Baciochis veranschaulicht, daß die Frage nach wahr oder falsch am Wesen wie an der Aufgabe der Literatur vorübergeht und das Leben spaltet in Prosa des Alltags und Poesie der Dichtung. Das Ende der Geschichte aber behauptet die Austauschbarkeit von Literatur und Leben, so wie die von Erzähler und Leser – gemäß einer Maxime des Novalis: »Der wahre Leser muß der erweiterte Autor sein.« Das Wunderbare, der überraschende Zufall ist nicht nur eine Eigentümlichkeit der Literatur. Diese ist dem Leben darin überlegen, daß sie in einem doppelten Sinn das Getrennte vereinigt: zum einen als Darstellung der sozialen, nationalen, individuellen und bewußtseinsmäßigen Vielfalt, die unter Wahrung des jeweils Individuellen die Grenzen zwischen Glaube und Aberglaube, Animalischem und Geistigem, Bewußtem und Unbewußtem, Vertrautem und Bedrohlichem ständig wechselt; zum andern, indem sie die Liebenden, die voneinander getrennt waren, wieder vereinigen kann.

Die Stoßrichtung dieser Selbstdefinition romantischer Prosa in Gestalt einer verschachtelten Erzählung konkretisiert sich in der Figur Lindpeindlers sowie im Bild von Wehmüllers Reisestock. So wie dieser sich als Schußwaffe gebrauchen läßt, in dem man die »Masse des Inhalts« dem »Feind auf den Leib« schießt (S. 216), so ist auch Brentanos aus sehr unterschiedlichen Erzählungen sich zu einem Ganzen fügende Geschichte gedacht als Waffe und Stoß gegen die romantisierende Dichtung, »die Ritter- Räuber- und Zaubergeschichten« eines Carl Heun (Clauren), L. Baczko oder A. Lafontaine. Auch mit Lindpeindlers Kunstverständnis und Wirklichkeitserleben (vgl. S. 251) wird diese Literatur angesprochen, die sich des Schauerlichen, Seltsamen und Volkstümlichen als Stimmungselement und Signum zeitgemäßen Erzählens versatzstückhaft bedient und damit erneut die aufklärerische Thematik des Verhältnisses von Faktizität und Fiktivität aufrührt.

Der Titel der Erzählung *Die mehreren Wehmüller* verweist aber auch darauf, daß es Brentano nicht nur um romantische Prosa, sondern grundsätzlich um die Frage ging, was wahrhaft romantische Kunst sei. Das Namenszitat im Titel deutet an, womit sie nicht verwechselt werden darf, mit der Lyrik W(ilhelm) Müllers, bekannt als »Griechenmüller« und Textdichter der Schubertschen Liederzyklen ›Die schöne Müllerin‹ und ›Die Winterreise‹ (vgl. Schaub, S. 435f.). Er stand einer Figur Modell, die Menschen »über einen Leisten« malt (S. 218) und deren Kunst den Warencharakter und die Gleichförmigkeit von »Semmeln« besitzt. Brentano hat ihn am 28. Februar 1816 in Berlin im Kreis um den Maler Wilhelm Hensel kennengelernt. Müllers Lyrik – eine erste Probe erschien in den ›Bundesblüten‹ 1815 – ist repräsentativ für eine Trivialromantik, die sich bestimmter Themen, Naturbilder, Stimmungen und lyrischer Formen bedient, ohne jedoch die damit verbundene Ich- und Welterfahrung der Lyrik Brentanos, Arnims oder Eichendorffs einzuholen. Mit dem Namenszitat bzw. der Figur des Porträtisten grenzt Brentano sich von einer zur Kunstfertigkeit herabgekommenen Kunst ab, die sich an den Augenschein, das bloß Äußerliche hält und den rechten Bezug zum Objekt der Kunst wie den individuellen, die besondere Zeiterfahrung wiedergebenden Ausdruck aufgrund eines profitorientierten Schematismus vermissen läßt.

Textgeschichte und Zeitbezug: die Kunst und das Nationale

Romantisierender Kunst fehlt der rechte Zeitbezug, den die wahrhaft romantische besitzt. Der Zeitbezug der Erzählung Brentanos wird jedoch erst erkennbar, wenn man ihre Entstehungs- bzw. Publikationsumstände miteinbezieht. – Brentano schrieb *Die mehreren Wehmüller* vermutlich im Sommer 1815 (s. Schaub, S. 434f.). Zwei Jahre später, im Herbst 1817, veröffentlichte er sie in der vom Berliner Verleger Friedrich Wilhelm Gubitz (Berlinische Verlagsbuchhandlung) im gleichen Jahr gegründeten Zeitschrift ›Der Gesellschafter oder Blätter für Geist und Herz‹. Dieses Journal, das sich zu einem wichtigen Publikationsorgan der Restaurationszeit entwickelte, kam viermal die Woche mit jeweils vier zweispaltig gedruckten Seiten im Quartformat heraus. Brentanos Erzählung erschien regelmäßig vom Mittwoch den 24. September bis zum Mittwoch den 13. Oktober. 1833 veranstaltete Gubitz eine Buchausgabe (2. Auflage 1843), der er, der 1826 schon den ›Taugenichts‹ und ›Das Marmorbild‹ verlegt hatte, Eichendorffs Novelle ›Viel Lärmen um Nichts‹ beigab. Die Geschichte entstand bzw. wurde veröffentlicht in politischen Spannungszeiten, gegen Ende der Napoleonischen Unterdrückung bzw. der Durchsetzung des restaurativen Metternichschen Systems in Europa. Auf diese politischen Zustände nimmt die Erzählung Bezug. Sie entstand in enger zeitlicher Nachbarschaft mit dem 1814 in Wien verfaßten patriotischen Festspiel Brentanos *Victoria und ihre Geschwister.*

Erzähler wie Zuhörer gehören verschiedenen Nationalitäten an. Damit ist jedoch nicht die Zugehörigkeit zu einem Nationalstaat gemeint, der sich zu Beginn des 19. Jahrhunderts gerade erst als Staatstypus mit Frankreich als Vorreiter zu konstituieren begann. Kroatien gehörte zum österreichischen Kaiserreich, dessen Erblande durch Wehmüller und Lindpeindler vertreten sind, Tirol war seit 1805 bairisch, Venedig zwischen 1805 und 1814 Teil des Napoleonischen Königreichs Italien und Savoyen noch selbständiges Herzogtum. Nationale Zugehörigkeit ist daher in dieser Erzählung gleichbedeutend mit einer unverwechselbaren, volksmäßigen Individualität, die dem einzelnen aufgrund von Sprache, Kleidung, Verhalten, Glaube und geistiger Orientierung gleichsam anhaftet. In diesem Sinn verkörpert »die Gestalt des jeweiligen Erzählers wie des Zuhörers den Nationalcharakter des von ihm repräsentierten Volkes« (W. Frühwald). Die verschiedenen nationalen Individualitäten konkurrieren untereinander, man kritisiert, meist in humoristischer Weise, und ausbrechender Streit aufgrund der Unvereinbarkeit der Meinungen wird durch Musik und Tanz beigelegt. Brentanos Erzählung verkörpert damit einen demokratischen Kosmos, in dem sich zwar aufgrund unterschiedlicher Weltbilder Werthierarchien bilden, in dem aber jeder gehört wird und sich im Rahmen toleranten menschlichen Miteinanders entfalten und sich in anderen kritisch spiegeln kann.

Diese Utopie eines friedlichen Miteinander formuliert die politische Botschaft der Erzählung. Sie wendet sich in der Zeit der Niederschrift gegen das Napoleonische Imperium als einen Kosmos, der zahlreiche Völker als nationale Individualitäten unterdrückte und sie an der Selbstentfaltung und Selbstbestimmung hinderte. Baciochis Geschichte des exemplarischen Erzählens nimmt mit Napoleonkrönung (1804) und dem Geheimbund der Carbonari (ab 1807) unmittelbar Bezug auf die politischen Vorgänge der Zeit. 1817, nach dem endgültigen Zusammenbruch der Herrschaft Napoleons, bekam die Erzählung erneut zeitkritische Aktualität. Der Wiener Kongreß hatte unter der Führung Österreichs eine Politik in den europäischen Staaten eingeleitet, die die mit den Befreiungskriegen erwachten nationalen Bestrebungen zu fesseln und den wiederhergestellten spätabsolutistischen Machtverhältnissen zu unterwerfen versuchte.

Die zeitgeschichtlichen Bezüge ordnen sich jedoch der poetologischen Thematik der Erzählung unter. Sie formulieren keinen politisch-pragmatischen Beitrag zur Frage der Nation- und Staatsbildung, die die Zeit so heftig bewegte. Dominant bleibt die kritisch-humoristische Distanzierung von einer dilettantisch gewordenen Romantik. Was dieser positiv entgegengesetzt wird, ist nun noch zu erörtern; denn Baciochis Erzählung als Schlußpunkt einer poetologischen Argumentation wird von einer Rahmenhandlung umfaßt, die gleichsam das letzte Wort hat. Mit der Frage, welche Antwort die Geschichte bereithält auf eine zur Mode verkommene Romantik, verbindet sich die nach Brentanos Motiven, sie als dritte neben *Die drei Nüsse* und *Geschichte vom braven Kasperl und dem schönen Annerl* nach der im Februar 1817 abgelegten Generalbeichte erscheinen zu lassen; denn dort hatte er der weltlichen Dichterrolle entsagt. Die Verdammung seiner Werke als poetische Lügen scheint im Widerspruch zu einer Dichtung zu stehen, die gerade diese Einstellung als erledigte Position einer bloß rationalistischen Aufklärung kritisiert. G. Kluge sieht ihn aufgehoben in dem Versuch Brentanos, als Erzähler seine hohe Kunstfertigkeit abschiednehmend noch einmal unter Beweis zu stellen (S. 103). Doch diese Lesart reduziert die Erzählung auf eine selbstgefällige Geste. Sie übersieht, daß sich hier ein ganz grundsätzlicher Abschied vollzieht.

Brentano knüpft mit seiner Erzählung an der europäischen Tradition des Erzählens im geselligen Rahmen an, die zuvor Goethe mit den ›Unterhaltungen deutscher Ausgewanderten‹ aufgegriffen und erneuert hatte (vgl. W. Segebrecht: Geselligkeit und Gesellschaft. in: *GRM* NF 25, 1975, S. 306–322). Er übernimmt wesentliche Konstanten dieser Erzählform: die Situation mündlichen Erzählens mit einer aktiven Beteiligung der Zuhörer, die den Erzählablauf bzw. die Abfolge der Erzählungen beeinflussen, die Austauschbarkeit der Rollen von Erzähler und Zuhörer, den Rückzug der Erzählgesellschaft an einen dem Erzählen günstigen Ort und schließlich eine »existentielle Notsituation« (W. Segebrecht, S. 308) als Anstoß der Erzählrunde. In einer solchen Notsituation befindet sich Wehmüller. Der Pest-Kordon hindert ihn an der Rückkehr zu seiner Ehefrau und durch das Auftauchen eines zweiten Wehmüller treibt er die Gefährdung von Ehe und Einkommen für ihn auf die Spitze. Vom Pest-Kordon, der »allen Verkehr« (S. 223) blockiert, sind auch die anderen betroffen. So versucht man die Nacht, in der weder das Rätsel des doppelten Wehmüllers gelöst noch der Pest-Kordon überschritten werden kann, sich erzählend zu vertreiben.

In einem entscheidenden Punkt bricht Brentano aus den Konventionen geselliger Erzählsituation aus. Das Erzählen richtet sich hier nicht apologetisch auf die Wiederherstellung einer durch eine Katastrophe gefährdeten Gesellschaft. Vielmehr scheint ihm die Aufgabe zuzukommen, eine neue ›Erzählordnung‹ im geselligen Zusammenwirken verschiedener Poesieauffassungen erstehen zu lassen. Denn die Abfolge der Binnenerzählungen entspricht der Geschichte des Fiktions- bzw. Dichtungsbegriffs seit dem Barock, wobei die Romantik mit ihrer individualisierenden Stilisierung der Wirklichkeit den Integrationspunkt der zuvor in Phantastik oder platten Realismus auseinanderfallenden Poesie bildet. Geselliges Erzählen wird entgegen der Tradition zum kreativen Akt, der mit der Rahmenhandlung nicht nur für Liebende Lösungen herbeiführt, sondern auch ein neues Erzählen zu begründen vermag. Doch in der Begegnung Mitidika-Devillier deutet sich schon an, daß der Rahmenhandlung etwas Desillusionierendes anhaftet; denn aus der zauberhaften ›Mignon‹ wurde ein wehrhaftes Mann-Weib. Der Verlust der seligen Einheit einst wird durch den sie evozierenden flüchtigen Tanz erst recht spürbar.

Die Rahmenhandlung scheint in ihrem komödienhaften Charakter die Tradition dieser Erzählform zu parodieren. Der Pest-Kordon entpuppt sich als Täuschung, der doppelte Wehmüller als das Produkt eines auf einer Wette beruhenden Schelmenstreiches. Die so bedeutungsvoll angelegte Geschichte löst sich in nichts auf. Das die Romantik transzendierende Erzählen erscheint als ein inhaltsleeres Feuerwerk, »Viel Lärmen um Nichts«, wie die Eichendorffsche Erzählung überschrieben ist, mit der *Die mehreren Wehmüller* in der Buchausgabe zusammengebunden wurde, eine Inszenierung des Erzählens als bloß virtuoses Spiel mit vorhandenen Erzählformen. Damit verkündet Brentano das Scheitern der Utopie der romantischen Universalpoesie. Erzählen ist offenbar nurmehr als Reflexion über die Vergangenheit des Erzählens möglich. Dies ist ein Abschied, der der Entscheidung Brentanos, noch nach der Generalbeichte die Erzählung als letzte einer langen Reihe zu publizieren (vgl. G. Kluge), einen neuen Sinn gibt. Zunächst scheint er auf einer bloß persönlichen Schaffenskrise zu beruhen, gerade auch angesichts eines fortentwickelten, spätromantischen Erzählens, das sich – wie Bettines ›Heckebeutel‹ – romantischer Erzählmuster zu sozialpolitischer Kritik bedient. Doch die persönliche Krise fällt mit einer Krise der Epoche zusammen. Romantische Literatur kann ihre gedachte Leitbildfunktion angesichts einer gesellschaftlichen und politischen Wirklichkeit nicht mehr ausüben, die alle idealistischen Aufschwünge und Utopien menschlichen (und staatlichen) Miteinanders seit 1789 auf den Boden spätabsolutistischer Tatsachen zurückstieß. Brentano zieht seine Konsequenzen aus dem Zusammensturz des »geistigen Babelturmes« (H. Steffens, 1814), wenn er nun die geistige Dimension des Lebens statt in der Literatur im Religiös-Spirituellen verwirklichen möchte. Der späte Tieck hingegen sucht in der Thematisierung der Romantik den ›Inhalt‹ romantischer Literatur, die Jüngeren, wie Hauff, in der kritisch-satirischen Auseinandersetzung mit der gesellschaftlichen Realität des Vormärz.

Anmerkungen

Die in der Vorlage unterschiedlich gesetzten Namen: Froschhauer/Froschauer, Lindpeindler/Lindpeindel, Guilowitsch/Giulowitsch wurden vereinheitlicht.

S. 214 *Stuhlweißenburg:* gemeint ist Karlsburg (Alba Julia) in Siebenbürgen, das im 16. und 17. Jh. Weißenburg hieß. Stuhlweißenburg (Székesfehérvár) liegt südwestlich von Budapest.

S. 217 *Wurstwagen:* ursprünglich Munitionswagen mit gepolstertem Reitsitz.

S. 221 *Dolman:* kurzer, mit Schnüren besetzter Uniformrock.

S. 222 *Escoutta Gianetta:* Höre Johanna ... savoyardisches Volkslied.

S. 230 *Lafontainesche Familiengeschichte:* Heinrich Julius Lafontaine (1758–1831), Verfasser vielgelesener Familienromane; Devillier verwechselt ihn mit dem französischen Fabeldichter Jean de La Fontaine (1621–1695).

S. 236 *Sia benedetto ...:* Gepriesen sei der hl. Markus! – Und die hochheilige Jungfrau Maria!

Strickreiter: Spottname für Distriktreiter.

S. 237 *imarginieren:* so in Journal- und Buchfassung (1. und 2. Auflage); unklar, imaginieren? oder marinieren?

solfeggieren: auf die Solmisationssilben (do – re – mi ...) gesungene Gesangsübungen in Frankreich und Italien.

S. 238 *Theriak:* unter Verwendung von Opium und Schlangenfleisch hergestellte breiförmige Arznei.

S. 240 *Mitidika! Mitidika!:* Der Kehrreim besteht aus verstümmelten rumänischen Zeilen; die ersten drei bedeuten: Du Kleine, du Kleine, komme herüber! – O nein, o nein, ich habe nichts zu tun (ich wüßte nicht, was ich dort sollte); die vierte Zeile ist nicht zu deuten.

S. 248 *Carbonari:* Mitglieder des italienischen Geheimbundes, der die Befreiung von der österreichischen Herrschaft anstrebte.

Literaturhinweise

Frühwald, Wolfgang: ›Die mehreren Wehmüller‹. In: Kindlers Literatur-Lexikon im dtv. Bd. 14, Sp. 6149.

Kluge, Gerhard: Brentanos Erzählungen aus den Jahren 1810–1818. Beobachtungen zur Struktur und Thematik. In: D. Lüders (Hg.): Cl. Brentano. Beiträge des Kolloquiums des Freien deutschen Hochstifts 1978. Frankfurt 1980, S. 102–134.

Lüders, Detlef: Nachwort zu: ›Die mehreren Wehmüller‹. RUB 8732, 1966.

Cl. Brentano: Sämtliche Erzählungen. Mit einem Nachwort, einer Zeittafel zu Brentano, Anmerkungen und bibliographischen Hinweisen von Gerhard Schaub. München 1984, S. 343–354; S. 434–458.

E. W.

Achim von Arnim

1781 Am 26. Januar in Berlin als Sohn des preußischen Diplomaten und späteren Intendanten der Hofoper, Johann Erdmann von Arnim und dessen Ehefrau Amalie Karoline, geb. von Labes, geboren. Tod der Mutter; Erziehung durch die Großmutter Elisabeth von Labes.

1798 Student der Rechtswissenschaft an der Universität; mathematische und physikalische Studien und Veröffentlichungen.

1799 Erste Bekanntschaft mit Ludwig Tieck.

1801 Beginn der Freundschaft mit Clemens Brentano und, daraus erwachsend, der Entschluß, sich ganz der Poesie zu widmen. Im November Beginn der fast dreijährigen Bildungsreise durch Europa (u. a. Frankreich u. England).

1805 Sammeln alter Volkslieder mit Brentano für *Des Knaben Wunderhorn;* gemeinschaftliche Arbeit im Kreis der Heidelberger Romantiker.

1806 Rückkehr nach Preußen; Zusammentreffen mit Heinrich von Kleist und Max von Schenkendorf.

1808 ›Zeitung für Einsiedler‹.

1809 *Der Wintergarten* (Novellensammlung, Bettine Brentano gewidmet).

1810 *Armut, Reichtum, Schuld und Buße der Gräfin Dolores;* Mitarbeit an Kleists ›Berliner Abendblättern‹.

1811 Gründung der »Christlich-deutschen Tischgesellschaft« (mit Fichte, Adam Müller, Brentano u. a.). Heirat mit Bettine. Zerstörung des freundschaftlichen Kontaktes mit Goethe durch einen Streit zwischen Bettine und dessen Frau Christiane.

1812 Novellensammlung (enthält: *Isabella von Ägypten).*

1813 Hauptmann in einem Berliner Landsturmbataillon.
1814 Übersiedlung auf Gut Wiepersdorf bei Jüterbog; ständige Finanznot.
1817 *Die Kronenwächter* erster Band, der zweite fragmentarische erst postum 1854).
1818 *Der tolle Invalide auf dem Fort Ratonneau.*
1820 *Die Majoratsherren.*
1821 *Owen Tudor.*
1826 *Landhausleben* (Novellensammlung); keine weiteren Veröffentlichungen.
1831 Am 21. Januar Tod Arnims.

Der tolle Invalide auf dem Fort Ratonneau

Erstdruck und Druckvorlage: Der tolle Invalide auf dem Fort Ratonneau. In: Gaben der Milde. Viertes Bändchen. Mit Beiträgen von L. Achim von Arnim, F. W. Gubitz, Heraklius, C. F. E. Ludwig, Wilh. Müller, L. Velhar und Julius von Voß. Für die Bücher-Verlosung »zum Vortheil hülfloser Krieger« herausgegeben von F. W. Gubitz. Berlin 1818. S. 75–124.

Quellen und Entstehung

Über die Entstehungsgeschichte von Arnims heute bekanntester, zu seinen Lebzeiten kaum gewürdigter Erzählung ist nur ein knapper Hinweis in einem Brief an die Brüder Grimm v. 19. 2. 1817 überliefert: »Einiges von mir steht im Gesellschafter von Gubitz, etwas kommt in die Unterhaltungsschriften, die dieser zum Besten der Invaliden herausgibt.«

In dem ›Almanach historique de Marseille pour le année bissextile 1772‹ (Marseille, chez Jean Mossy) findet sich unter dem Titel ›Château d'If‹ S. 149–153; gezeichnet: Grosson) die Geschichte des »Soldat Invalide« namens »Jean Gourmin, dit Francœur«, »un évênement aussi singulier que bizarre, qui se passa dans la Fortresse de Ratonneau en l'année 1765.« Bis in sprachliche Details reichen die Berührungen mit dieser Quelle, die Arnim vielleicht während seiner Reise durch Südfrankreich im Winter 1802/03 in die Hände gekommen war. Den Triumphzug Francœurs etwa fand er dort geschildert: »... et Francœur, aussi doux qu'un agneau, fut emmené à Marseille, dont il traversa les rues dans l'attitude d'un homme qui recevrait les honneurs de triomphe, la tête levée ...« (»Und Francœur wurde, sanft wie ein Lamm, nach Marseille gebracht, wobei er die Straßen in der Haltung eines Mannes durchschritt, der die Ehren des Triumphzugs empfängt, hocherhobenen Hauptes«). Während dieser »infortune Francœur« in einem Irrenhaus eingeliefert wird, hat Arnim die Geschichte einer Ehe hinzuerfunden und das gnadenhafte Ende so vorbereitet.

Wieder an die Almanacherzählung erinnnert wurde Arnim, als 1809 in der Berliner Zeitung ›Der Freimüthige‹ (Nr. 36, 20. 2. 1809, S. 142–43) ein Auszug unter dem Titel ›Der König von der Insel Ratonneau‹ erschien. Dort ist der Invalide schon »Burgkommandant«, jedoch namenlos. Arnim hat also wohl beide Texte gekannt (Abdruck beider bei Lesowsky; der kleine Beitrag von A. Hoffmann, in: Euphorion 24, 1924, S. 251f., druckt – in Unkenntnis dessen – den zweiten Artikel nochmals).

Romantische Motivsprache

Die Erzählung beginnt am »schlecht eingerichteten Kamine« einer, im übrigen »prachtvollen Kommandantenwohnung«; während sich die Einbildungskraft des alten Grafen Dürande an projektierten »Feuerwerken« allmählich »entflammt«, bemerkt er nicht, daß sein »hölzernes Bein ... in besorglichen Flammen« steht; sobald die wache Erkenntnis von der Phantasie regiert wird, gewinnt die verzehrende Elementar-Kraft, das »Feuer«, die Oberhand – davon legt das Leitwortfeld des Feurigen (»Flamme«, »Glut« usw.) im Austausch von Bewußtsein und Wirklichkeit in Arnims Novelle Zeugnis ab. Diese Bedrohung stärkt das Reich des »Teufels«; »schwarz mit flammenden Augen« erscheinen die ihm Verfallenen; unter seinem Fluch ist es, »als ob eine schwarze Fledermaus [einem] ihre durchsichtigen Flügeldecken über [die] Augen« lege (S. 261). Die Liebe indessen, das himmlische Gegenprinzip, gibt einen »hellen Schein«, und auch solcher »Heiligenschein« kommt »aus den Augen« (S. 260). ›Licht‹ und ›Feuer‹ sind zwei Erscheinungsweisen desselben Elementes; ob es in seinem guten oder bösen Aspekt sich zeigt, entscheidet sich im menschlichen Inneren, dessen »Spiegel« (S. 264) die Augen sind. Die elementare Ordnung der Natur verwandelt sich in Projektionen des Gemüts; die Selbsterkenntnis im »Spiegel« richtet die Perspektive des Guten in der Schöpfung ein.

Sie wird als Erweiterung dargestellt; die Novelle öffnet allmählich die engen Räume ins Weite (vgl. bes. den Weg der Rosalie, S. 274; zuvor die weite Aussicht, S. 265f.; dann aber die, von Arnim gegen seine Quelle behauptete, enge Nachbarschaft von Fort und Stadt) bis sich »der Schornsteinfeger ... Platz« macht und »Luft und Liebe« und ein »unendliches Gefühl« des Daseins herrschen (S. 274f.).

In analoger Polarität sind die Farben »schwarz« und »weiß« einander gegenübergestellt, und dazwischen tritt das Liebes-»Rot«, bedrohlich »feurig«, oder mit »weiß« verträglich (vgl. S. 273) sowie markant zu Anfang und Schluß der Novelle das »Grün« – zunächst mit der »Flamme« »wie durchflochten«: »halbbrennend, halbgrünend erschienen die Blätter wie verliebte Herzen« (S. 258) – zuletzt verkünden sie die Friedens-Botschaft der ›Tauben‹. Die »Befreiung im Durchgang durch die Verwirrung« (Rasch, S. 55) prägt sich schon in dem allmählichen Eindeutig-Werden der perspektivierten Motiv-Sprache aus; die gemischten Charaktere wandeln sich dabei zu Figurationen des deutlich Guten: »Wenn Du meine Pläne so verwickelt findest,« schreibt Arnim im Dezember 1819 an Wilhelm Grimm, »ich kanns nichts bestreiten, warum erscheint mir so die Welt und ihr geistiges Leben ...? Ich kann mich erst beruhigen, wenn ich durch die Begebenheit so weit fortgerissen bin, daß ich Gottes Barmherzigkeit anrufen möchte, um mir herauszuhelfen.« Im Fortschreiten der Erzählung enthüllt sich der einfache und wahre Grundplan von Gottes Schöpfung dank

»Gottes Barmherzigkeit«; deshalb zeichnet Arnim keine, in sich geschlossenen Individualcharaktere, sondern Figuren als Schnittpunkt höherer Ordnungen: »Der Geschlechterkampf, der seinen Ausdruck in der Affinität des Mannes zum Feuer, der der Frau zum Wasser findet, der also ein Elementenkrieg ist ..., wird hier als ein Kampf von Nationalcharakteren vorgestellt.« (Frühwald, S. 151) Den »Francœur« weist sein Name als Inkarnation des Französischen, aus, das zugleich in seine Attribute »beherzt« und »frei« zerlegt wird; denn die alte Wortbedeutung von »frank« war gerade im Reich der »Neufranken« wieder populär geworden (vgl. R. Bauer, Das Bild des Deutschen in der französischen und das Bild des Franzosen in der deutschen Literatur, Düsseldorf 1969); »artige« Zucht und die »Munterkeit« gehören ebenso zum stereotypen Bild des französischen Soldaten, wie das »träumerige« (sogar dialektal eingeschränkte), und »dumpfe«, also vorbewußte Wesen zu dem des Deutschen. Daß die deutsche Frau, wenn sie sich anpaßt und »artig« sein will (vgl. S. 267), gerade das Falsche tut, aus der Sicherheit des Gefühls, »nicht mehr schicksallos« zu sein (S. 271), heraus aber richtig handelt, verbindet Rosalie etwa mit den Frauengestalten Heinrich von Kleists; ihr Name wird durch die Farbsymbolik entschlüsselt, sind darin doch die ›Rose‹, die in Brentanos ›Romanzen vom Rosenkranz‹ zum Zentralbild liebend-erlöster Geschichte geworden war, und die ›Lilie‹ verflochten; sie ist sogar eine »geborene Lilie« (S. 266). Deren Weiß bedeutet gewiß »Unschuld«, ist jedoch überdies die Farbe des französischen Royalismus, und seit 1814 ist die bourbonische »Lilie« wieder als Fahnenemblem Frankreichs eingeführt. So wird die Psychologie durchsichtig für die Gesetze der Natur und der Geschichte. Auch in Francœurs Wahnsinn wird, getreu einer von der romantischen Medizin (Carus, Ringseis) verbreiteten »Real- und Ideal-Bedeutung« (Göres, S. 117f.) ein seelisches mit dem physiologischen Faktum verschmolzen, nicht etwa gegeneinander ausgespielt, und dieses Motiv des Wahnsinns ist – wie im Zauberring Fouqués, S. 73, wie noch in Brentanos Spätwerk ›Die barmherzigen Schwestern‹, aber vergleichbar auch in der Leidenschaftsthematik von Eichendorffs, durch die Namensanspielung schon im Titel sich hier anreihende Erzählung ›Das Schloß Dürande‹ – als ein Revolutionsmotiv kenntlich gemacht. Schließlich macht sich Arnim das Bilderdenken der Theosophie zunutze, um die komplexen Zusammenhänge hier so scheinbar einfach auszudrücken; denn schon Jakob Böhmes Beschreibung der »Erweckung zum neuen Menschen« hatte Arnims zentrale Metaphern gebraucht: Es müsse »gerungen sein, bis das finstere, harte, verschlossene Centrum zerspringet [also: »offen« wird], und der Funke im Centro fähet, daraus alsobald der Edle Lilien-Zweig ausgrünet« (Von wahrer Gelassenheit, hg. Peuckert IV, S. 106).

Die »wahre« Geschichte: Poesie und Religion

Wenn Dichten »ein Sehen höherer Art« sei, so legt Arnim in der Einleitung zu den *Kronenwächtern* dar, so müsse die Geschichte das Medium sein, in dem sich ihre »höhere Wahrheit« erkennen lasse: »... und es erschien überall durch den Bau der Welt eine höhere, welche den Sinnen nur in der Phantasie kenntlich wird: in der Phantasie, die zwischen beiden Welten als Vermittlerin steht, und immer neu den toten Stoff der Umhüllung zu lebender Gestaltung vergeistigt, indem sie das Höhere verkörpert.« (III, S. 63) Arnims Novelle will in den Wirren der Nachkriegszeit den immer möglichen »Frieden« sichtbar machen; sie endet mit einem Emblem des Friedens und bildet im Krieg, der Preußens Großmachtstellung errang, denjenigen ab, in dem sie wiedergewonnen wurde: Während des Siebenjährigen Krieges lernen sich, im – von Friedrich II. damals eroberten – Leipzig, dem Ort der »Völkerschlacht« des Befreiungskrieges 1813, die Deutsche und der gefangene Franzose kennen, beide also Opfer des fortwährenden Kampfes. Selbst »entfesselt« in ihrer Leidenschaft, verfallen sie dem »Fluch« eines Weltlaufs, der sich ganz dem Zufall, dem Spiel des Glücks, anheimgibt: Rosalies Mutter verkörpert dieses Stadium der Geschichte. Die Tröstungen der Religion verzerren sich zur Magie; der Priester »in seinem schwarzen Kleide« (S. 262) vermag nur die Vertreibung aus dem Paradies, nicht aber die Erlösungshoffnung zu verkündigen und steht deshalb drohend dem Francœur »immer vor Augen« (ebd.). Die unerlöste Geschichte stellt Arnim, hier wie sonst, in Bildern des antiken Mythos dar: Rosalie gleicht der »schönen Helena« und der »trojanische Brand«, eingangs symbolisch überwunden, steht, nachdem Francœur die mythische Vorlage verkehrt und optimistisch anwendet, in Wahrheit erst bevor. Mißverstehen, Irrtum und Täuschung (zwischen Kommandant, Rosalie, Basset, dem Priester und Francœur an jeder Gelenkstelle der Handlung) sind soweit das Entwicklungsgesetz der Geschichte, und das Wortspiel, das die Bedeutungen verwirrt und vertauscht, wird geradezu selbst zum Leitmotiv (vgl. von Wiese, S. 75). Die guten Eigenschaften der Deutschen wie des Franzosen übersteigern sich zur Karikatur – Tollkühnheit statt Mut, Apathie statt Gefühlssicherheit –, bis schließlich sowohl der Mann als auch die Frau durch das ihnen geschlechtsspezifisch zugeordnete Element unterzugehen drohen: Doch wie Rosalie zuletzt ihren Mann aus der Gefahr, »gen Himmel, vom Himmel in die Hölle« zu fliegen, rettet, so bewahrt er sie zuvor in Wassersnot; gerade als sich ihrem kleinen Lebens-Schiff das größere »wie ein geöffneter Walfischrachen« naht, beleuchtet sein »Feuer« den Lebensstrom, und diese Erleuchtung (Verwandlung in »Licht«) bannt die Gefahr. »Das ist eine [kleine] Gestaltung der dialektischen Geschichtsauffassung der Romantik, nach der auch das Böse Gutes bewirken kann und umgekehrt.« (Moering, S. 111) Im Schlußtableau ist das verlorene Paradies im Bild der vereinten Familie wieder hergestellt, und Arnim überträgt, durch das Situationszitat von Lessings ›Nathan, der Weise‹, die echte religiöse Toleranzidee des 18. Jahrhunderts auf die falsche Neigung seiner »Zeit ..., die ihr zeitliches überheiligen möchte mit vollendeter, ewiger Bestimmung, mit heiligen Kriegen, ewigen Frieden und Weltuntergang.« (I, S. 519) Die Sprache der Poesie korrigiert die Anmaßung des politisch-sozialen Sprechens im Vorfeld der »heiligen Allianz«.

Das Thema von Arnims Erzählung, entfaltet in der Motivik von Ausbruch und Heimkehr, ist der Friede und die sichere Wiedereingliederung des Soldaten als eines Opfers des Krieges. Denn Francœur ist zwar außergewöhnlich, aber nur in der Steigerung aller Eigenschaften des französischen Soldaten, die Arnim schon 1807 in seinem Aufsatz *Von der französischen Armee* (mitget. v. R. Steig, in: Deutsche Revue 38, III, 1913, S. 74f.) geschildert hatte, wird er zum Höchstmaß des Typischen. In einer Armeeordnung, die neben der Subordination (das »Gesetz« – vgl. S. 263) erstmals auch die Identifikation des Soldaten mit, nun werthaft verstandenen, Kriegszielen forderte, ist seine »Tollkühnheit« nicht mehr das schlechthin A-Normale, sondern eher das Übersoll des Erwünschten: »wenn doch so ein Teufel in alle unsre kommandierende Generale führe«, hofft der Kommandant (S. 260). Doch soll Frankreich die Demut vor der göttlichen Ordnung, sein in ihm angelegtes Bestes, erst wieder von Deutschland lernen, nachdem dieses von Frankreich aus seiner dumpfen Träumerei geweckt wurde (s. o.); so verzichtet Francœur zuletzt auf sein Teufelsbanner des Aufruhrs und hißt wieder die legitime Flagge, die im Namen seiner Frau verheißen ist: Die bourbonische Lilie. Hatte man doch in den Jahren der Revolutionskriege, wie uns Bettine von Arnim in ihrem Briefroman ›Die Günderode‹ (1840, S. 370) berichtet, gelegentlich auch eine »allgemeine große Ablaßannonce« ausgehen lassen, »um die Franzosen aus des Teufels Sklaverei zu befreien«. Wenn nun die wahre Legitimität in allen Ordnungen – in der menschlichen Seele, in der Familie, in der Staatsverfassung – durch Glaube und Liebe befestigt ist, dann tritt das »goldene Zeitalter« ein und die Geschichte ist erlöst; so befreit ein »Strahl aus ihrem Innern« (S. 276) die im ›Fluch‹ des Vergangenen gebannte Mutter der Kriegsgeneration.

Arnim schreibt nicht Geschichte, sondern orientiert die Geschehnisse auf den Fluchtpunkt ihrer Wahrheit hin; er rechtfertigt nicht die Restauration, sondern untersucht die möglichen Bedingungen ihrer Rechtfertigung, die faktisch unerfüllt bleiben werden. Er bewahrt damit das Erbe der Geschichtshermeneutik aus der Frühromantik gegen alle Mißdeutungen, denen etwa Novalis' »poetische Rede« von der ›Christenheit oder Europa‹ wie auch dessen Aphorismensammlung ›Glaube und Liebe‹ ausgesetzt waren. Das Medium der wahren Erkenntnis ist, für den Leser wie für die Figuren der Erzählung, die Poesie; sie verschmilzt weiblichen ›Traum‹ mit dem ›Feuer‹ männlicher Einbildungskraft.

Symbolisch-poetische Übersetzung und Spiegelung ist das Formprinzip von Arnims Erzählung und ihr Bauprinzip, da sie in der ersten Szene bereits die Problemkonstellation und die glückliche Lösung vorwegnimmt: Auch den Kommandanten, hinter dem sich die Pforten des (hier individualpsychologischen Kindheits-)Paradieses längst geschlossen haben, mißleitet seine royalistisch-restaurative Einbildungskraft, bis dank Rosalies Dazwischentreten eine erste, vorerst noch lustspielhaft verwirrte Erkenntnis eintritt. Die artistische Form des Feuers, das Feuerwerk, steht denn auch weiterhin zwischen der existenzbedrohenden Wirklichkeit des Kriegsfeuers und dem endlich befreienden »Licht« der Erkenntnis mitten inne: Einerseits entfesselt der Feuerwerker Francœur einen »symbolischen Krieg«

(Moering, S. 111), der ihn und andere das Leben kosten könnte, andererseits verhindert diese »meteorische« Kunst den letzten Todes-Ernst, sowohl für Rosalie wie für Francœur. Diese »Feuerwerks«-Kunst bereitet ein neues, legitimes »Gesetz« vor, dem sich der heimgekehrte Soldat freiwillig unterordnet und statt buchstabengetreuer Vergeltung dann »Liebe« findet; in dieser legitimen Verbindung von Gesetz und Emotionalität variiert Arnim ein Konfliktlösungsmodell aus Kleists Dramen (z. B. ›Der Prinz von Homburg‹) und bezeugt so seine Zugehörigkeit zur Poesie der preußischen Reformperiode. Während die »Feuerwerks«-Metapher in Brentanos ›Die mehreren Wehmüller‹ sowohl die romantischen Nationalcharaktere als auch die Zigeunerromantik eines trivialen »Orpheus« als brillant, nichtig und wegen dieser inneren Leere auch als gefährlich kennzeichnet, löst sich das poetische »Feuerwerk«, das Arnim mit Wortwitz und »verwickelten Plänen« entfacht, ebenso wie das seines Helden, mit der Anrufung von »Gottes Barmherzigkeit« im formal schlichten, allegorischen, frommen Spruch. Damit findet die Erzählung vom heimgekehrten Invaliden aber auch in den Kontext ihrer Veröffentlichung zurück.

»Gaben der Milde«

Die *Gaben der Milde* sind kein programmatisch komponierter Almanach. Immerhin aber wird der zweite Band von Goethes Gedicht ›Wonne des Gebens‹ eingeleitet, und Autoren wie Fouqué, E. T. A. Hoffmann, Gubitz selbst und Julius von Voß bemühen sich um soldatische Motivik. Und wie sein »Herzensbruder« Clemens Brentano (zum 2. Bändchen 1817) so steuert nun Arnim eine Erzählung über das neue Ethos des Soldatenstandes, seine Reintegration in die Heimat, die sich den wahren Frieden noch zu gestalten hätte, und über die echte, christliche Form des Helfens bei. So tritt bei Arnim, wo zuvor das antike Gesetz des »Raubs« herrschte (s. o.), zuletzt die freie Gabe ein. Nicht nur die Thematik von Gesetz und Gnade, von der Übersetzung der Poesie in eine religiös verstandene geschichtliche »Wahrheit«, oder schließlich auch Einzelmotive (z. B. die »Schürze«) verbinden Arnims Erzählung mit der ›Geschichte vom braven Kasperl und dem schönen Annerl‹; auch mit seinem allegorischen Spruch-Denkmal antwortet Arnim zuletzt auf die erbauliche Denkmalsallegorie, mit der Brentanos Erzählung schließt: Während der Lutheraner Arnim betont, wie Gnade und Liebe den göttlichen Heilsplan unvermittelt ausmachen, weist der Katholik Brentano, der damals noch der protestantisch-überkonfessionellen Erweckungsbewegung nahestand, allein dem Kreuz Christi den höchsten Rang zu, vor dem sich irdische Gnade und Gerechtigkeit beugen. So handeln bei Arnim zuletzt die Gestalten als allegorische Figurationen göttlicher Attribute, während Brentano bei allen »Gaben der Milde« einen menschlichen guten Werk-Willen fordert, der sich seiner Nichtigkeit vor Gottes Ratschluß bewußt ist; seine spätere, gläubige Poesie wird diese, recht eigenwillig katholische Geschichtstheologie ausführen. Jedenfalls hat Hugo von Hofmannsthal 1912 mit sicherem Gespür gerade diese beiden, komplementären Novellen in seine Sammlung ›Deutsche Erzähler‹ aufgenommen.

In Arnims Geschichtsdenken wie in der Werkchronologie steht der *Tolle Invalide* halbwegs zwischen *Isabella von Ägypten* (1812) und *Owen Tudor,* dessen Entstehung wir nahe an das Veröffentlichungsdatum (1821) rücken wollen. Nicht nur die national-psychologische Deutungsfähigkeit des Namens der Hauptfigur Francœur mag Arnim bei der Stoffwahl geleitet haben, sondern ebenso die Bemerkung im ›Freimüthigen‹, daß einst das Fort Ratonneau von Franz I. erbaut worden sei, um die Stadt Marseille gegen die Angriffe Karls V. zu schützen. Denn das Regnum dieses letzten abendländischen Kaisers erscheint Arnim als Schwellenzeit der Weltgeschichte. Seit dem Jahrhundert der Reformation und der frühen Kapitalwirtschaft herrscht, in einer schon bei Novalis formulierten Ursachenanalyse seiner Gegenwart, die Zwietracht statt der Liebe, der Streit statt des Friedens. So fügt sich das »Fort Ratonneau« als Ort, wo diese, in Karls V. Verrat an seiner Jugendliebe Isabella verschuldete, Signatur der neueren Geschichte korrigiert wird, in jene Geschichtsprophetie ein, mit der 1812 Arnims Erzählung endete. Die »heilige Isabella« hatte »bei den Quellen des Nils« wieder das Paradies gegründet, und im Jahre 1811 »glühte« am Himmel Europas ein feuriger »Meteor« (vgl. II, S. 895) als Zeichen der Zeitenwende: »Sei liebe Seele, sei getrost du Welt, dir ist viel vom Herren verheißen.« (II, S. 556) Bei Francœurs Triumphzug, wie Arnim ihn arrangiert, versteht das »Volk« die Verheißung gerade nicht und bewundert die kriegerische »Kühnheit«, die überwunden wurde, mehr als die »Güte«, die überwand. Die wahren Prinzipien der Geschichte herrschen nur noch bei den wenigen Auserwählten der Poesie. Die Begründer einer künftigen Dynastie, Owen Tudor (in der gleichnamigen Novelle) und die Prinzessin von England, wollen zwar die »Völker versöhnen«, ziehen sich nach ihrer Heirat jedoch auf Owens verlotterten Stammsitz, der an Arnims und meist auch Bettinens Wohnsitz, das Familiengut Wiepersdorf, gemahnt, zurück und »lebten, von den Parteihäuptern aufgegeben, in stiller Sorge für ihre Kinder ... so mochten auch sie liebend ihren Beruf ahnen, ein mächtiges Geschlecht von Herrschern zu gründen, ohne selbst diese Herrschaft zu erreichen.« Wie in den *Kronenwächtern* beweist erst die »höchste aller Prüfungen« romantischer Poesie, daß in ihr die Keime der Zukunft verborgen liegen; mag sie auch in die Isolation gedrängt und von den Zeitgenossen vergessen sein, ehe sie recht zur Kenntnis genommen wurde: »Der Geist liebt seine vergänglichen Kinder als ein Zeichen der Ewigkeit.«

Anmerkungen

S. 259 *Rockelor:* langer Reise- und Regenmantel mit breitem Kragen.

S. 260 *Roßbach:* Ort des Sieges von Friedrichs des Großen Armee über die weit überlegenen Streitkräfte der Franzosen und ihrer Verbündeten am 5. 11. 1757.

Pleißenburg: Stadtfestung Leipzigs, im 18. Jh. als Kaserne benutzt.

S. 268 *Hagar:* Nach der Bibel eine der Frauen Abrahams, die von ihm verstoßen wurde.

Literaturhinweise

Für Zitate und bei der Kommentierung wurde die Ausgabe von Walter Migge (3 Bde., München 1962–65) benutzt.

Feise, Ernst: ›Der tolle Invalide‹ von Achim von Arnim. In: Journal of English and Germanic Philology 53 (1954), S. 403–409.

Göres, Jörn: Das Verhältnis von Historie und Poesie in der Erzählkunst Achim von Arnims. Heidelberg, Diss. 1956.

Lesowsky, Josef: Der tolle Invalide. In: Archiv für das Studium der neueren Sprachen und Literaturen 65 (1911), S. 302–307.

Moering, Renate: Die offene Romanform von Arnims ›Gräfin Dolores‹. Heidelberg 1978. S. 101–115.

Rasch, Wolfdietrich: Achim von Arnims Erzählkunst. In: Der Deutschunterricht 7, H. 2 (1955), S. 38–55.

Silz, Walter: Realism and Reality. Chapel Hill 1954. S. 29–35.

von Wiese, Benno: Die deutsche Novelle von Goethe bis Kafka. Interpretationen II. Düsseldorf 1962. S. 71–86.

– Sowie Frühwald, 151 f. (siehe Literaturangabe).

W. S.

Joseph von Eichendorff

1788 Am 10. März auf Schloß Lubowitz in Oberschlesien geboren.

1805–06 Beginn des juristischen Studiums in Halle.

1807–08 Fortsetzung des Studiums in Heidelberg; stark beeindruckt durch Görres' Ästhetik-Vorlesungen; erste Gedichtveröffentlichungen.

1808 Bildungsreise nach Paris.

1809 Reise nach Berlin; Bekanntschaft mit Arnim, Brentano, Kleist und Adam Müller; Besuch von öffentlichen Vorlesungen Fichtes.

1810–12 Studium in Wien. Verkehr mit Friedrich und Dorothea Schlegel, Adam Müller, Friedrich von Gentz, Clemens Maria Hofbauer und Theodor Körner.

1812 Erstes juristisches Staatsexamen in Wien.

1813–14 Eintritt in das Lützowsche Freikorps; Teilnahme an den Befreiungskriegen. Erste persönliche Begegnung mit Fouqué.

1815 *Ahnung und Gegenwart* erscheint. Heirat mit Aloysia (Luise) von Larisch. Einzug in Paris mit den preußischen Truppen unter Blücher.

1816 Referendar in Breslau.

1819 Assessorprüfung in Berlin; Eintritt in den preußischen Staatsdienst mit den Stationen Breslau (1819), Danzig (1821), Königsberg (1824) und Berlin (1831).

1826 *Aus dem Leben eines Taugenichts und das Marmorbild. Zwei Novellen nebst einem Anhange von Liedern und Romanzen* erscheint in Berlin.

1831–44 Regierungsrat im preußischen Kultusministerium in Berlin.

1834 *Dichter und ihre Gesellen.*
1837 Erste Gesamtausgabe der *Gedichte.*
1841–42 Gesamtausgabe der *Werke* in vier Bänden.
1844 Pensionierung. In den folgenden Jahren vor allem literarhistorische Schriften und Übersetzungen aus dem Spanischen.
1847 *Über die ethische und religiöse Bedeutung der neueren romantischen Poesie in Deutschland* (Buchfassung).
1855 Übersiedlung nach Neisse. Tod der Gattin.
1857 *Geschichte der poetischen Literatur Deutschlands;* Tod Eichendorffs am 26. November.

Das Marmorbild

Erstdruck und Druckvorlage: Das Marmorbild. Eine Novelle. In: Frauentaschenbuch für das Jahr 1819 von de la Motte Fouqué. Nürnberg bei Joh. Leonh. Schrag. 1818. S. 335–396.
Erste Buchausgabe: Aus dem Leben eines Taugenichts und das Marmorbild. Zwei Novellen nebst einem Anhange von Liedern und Romanzen von Joseph Freiherrn von Eichendorff. Berlin, 1826. In der Vereinsbuchhandlung. S. 137–198.

S. 289 »bis die Glanzeswogen über dem fernen Reiter zusammenschlugen«: Die aus der ersten Gesamtausgabe der *Werke* Eichendorffs von 1841/42 in alle späteren Ausgaben übernommene Lesart »bis die Glanzeswogen über dem Meer zusammenschlugen« geht mit Sicherheit nicht auf den Autor zurück.

Entstehung und autobiographischer Hintergrund

Eichendorff lernte Friedrich de la Motte-Fouqué im Herbst 1813 während des preußischen Kriegszuges gegen Napoleon persönlich kennen; ein Jahr später hat dieser als Mentor des jungen Dichters den Druck von dessen erstem Roman *Ahnung und Gegenwart* (1815) durch den Nürnberger Verleger Johann Leonhard Schrag vermittelt und ihn mit einem Vorwort versehen, zu dem Eichendorff allerdings selbst die Vorlage geliefert hatte. Aus dieser Zeit, Ende November 1814, stammt auch die erste Aufforderung Fouqués an die Brüder Eichendorff zur Mitarbeit an dem von ihm herausgegebenen ›Frauentaschenbuch‹: »Die kleine Sammlung ist bestimmt, zu vereinen, was mich von deutschen Sängern am mehrsten anzieht, und da dürfen Sie beide nicht fehlen. Lied, Erzählung, Romanze, alles, was nur dem Umfange nach nicht ganz über eine solche Unternehmung hinausgeht, ist von Ihnen zweien herzlich willkommen.« (Brief vom 26. 11. 1814; HKA 13, S. 68). Joseph von Eichendorff war dann erstmals in dem zur Herbstmesse 1815 ausgelieferten ›Frauentaschenbuch für das Jahr 1816‹, dem zweiten Jahrgang des Almanachs, mit sieben Gedichten vertreten.

Fouqués wiederholte Bitten um weitere Beiträge beantwortet er im Juni 1816 wiederum mit der Übersendung einiger Gedichte, im übrigen mit dem Bedauern, »für den Augenblick nichts Bedeutenderes bieten zu können« (Brief vom 15. 6. 1816; HKA 12, S. 17f.), am 15. 3. 1817 jedoch mit der Nachricht »Ich war soeben im Begriff, Ihnen eine Novelle zuzusenden, die ich für das Frauentaschenbuch geschrieben habe. Da aber, wie Sie sagen, dies Jahr der Raum für größere Aufsätze schon zu sehr beengt ist, so behalte ich es mir vor, sie Ihnen später einmal zu schicken. Einige Lieder dagegen folgen heute mit« (HKA 12, S. 19).

Das Marmorbild wäre demnach in der Zeit zwischen Juni 1816 und März 1817 entstanden; eine Reihe fragmentarischer Entwürfe, Notizen und Paralipomena sowie Rückgriffe auf frühere Arbeiten (vgl. Weschta), ferner eine Bemerkung zum Schluß der Geschichte mit Erwähnung des Namens »Donati«, die sich als Randnotiz auf dem Konzept eines Briefes an Eichendorffs Bruder Wilhelm vom Anfang des Jahres 1816 findet, lassen jedoch auf eine weiter zurückliegende Beschäftigung mit dem Stoff schließen. Andererseits muß man aber auch annehmen, daß die Novelle im Frühjahr 1817 noch nicht in ihrer endgültigen Form vorlag; fertiggestellt war zu diesem Zeitpunkt vermutlich eine erste vollständige Fassung, die der Autor allerdings in den folgenden Monaten noch einmal einer gründlichen Überarbeitung unterzog: »Das Gantze beim Abschreiben noch durch corrigiren, manches Weitläufige wegstreichen etc. –« notiert er sich nebst einigen anderen vorgesehenen Veränderungen auf der Titelseite des Manuskripts (Weschta, S. 95). Die druckfertige Reinschrift ging Fouqué erst am 2. 12. 1817 zu (HKA 12, S. 21), rechtzeitig für die Drucklegung des im folgenden Jahr, wiederum zur Herbstmesse, erscheinenden Jahrgangs 1819 des ›Frauentaschenbuches‹.

Fouqués Dank für »Ihr lieblich blühendes und glühendes Novellenmärchen« enthält das Bekenntnis zweier mildernder Texteingriffe an Stellen, »wo die Farben allzu dreist erglühten, um nach meiner Überzeugung vor Jungfrauenaugen treten zu können« (Brief vom 31. 12. 1817; HKA 13, S. 78). Da das Manuskript zum *Marmorbild* nicht erhalten ist, lassen sich Fouqués Eingriffe nicht nachweisen; die Bemerkung belegt jedoch, daß der Titel des Almanachs Ausdruck ist für dessen auf eine ganz bestimmte Zielgruppe ausgerichtete Konzeption und die Beiträge gegebenenfalls vom Herausgeber in diesem Sinne redigiert, d.h. von dessen Geschmack und »Überzeugung« mit geprägt wurden. Das ›Frauentaschenbuch‹ erschien in ansprechender, fast kostbarer Ausstattung, jeweils in einer Kassette, mit Goldschnitt und zahlreichen Abbildungen; die Titelblätter und die beigegebenen Titelkupfer waren in der Regel als Allegorien eines sittsamen, »altdeutschen« Frauenideals gestaltet, die durch erläuternd-belehrende Legenden ausgelegt wurden.

Die Planung, Konzeption und Ausarbeitung seiner Novelle in den Jahren 1816/17 fällt zeitlich zusammen mit einer existenzentscheidenden Wende in Eichendorffs Leben. Stand bei seiner Rückkehr aus den Befreiungskriegen im Januar 1816 noch nicht fest, »ob ich künftig auf dem Lande bleiben oder ... eine Zivilanstellung suchen soll« (an Fouqué, 29. 1. 1816; HKA 12, S. 16), so erwies sich die mit dieser Bemerkung zum Ausdruck gebrachte Hoffnung, in der Verwaltung der väterlichen Güter in Schlesien sein Auskommen finden zu können, rasch als Illusion. Die desolaten Vermögensverhältnisse zwangen den jungen Familienvater – das erste Kind war bereits im August 1815, das zweite wurde im März 1817 geboren – zur Bewerbung um eine Anstellung im preußischen Staatsdienst, in den er nach halbjähriger Vorbereitungszeit und einer Einstellungsprüfung Ende 1816 als unbesoldeter Referendar in Breslau eintreten konnte. Die einschneidende Veränderung der äußeren Lebensumstände bedingt in dieser Zeit eine gesteigerte Selbstreflexion des Autors Eichendorff. Der Verlust der realen Heimat, des Kindheitsparadieses auf und um Schloß Lubowitz, wird von ihm als Sinnbild erfahren und verschmilzt im dichterischen Werk mit dem romantischen Topos des verlorenen Paradieses. Nicht nur die Namensähnlichkeit des jungen Dichters Florio im *Marmorbild* mit dem vom Autor bis 1815 benutzten Pseudonym »Florens« belegt die autobiographische Folie der Erzählung; deutlicher noch tut dies der mehrfach auftauchende Vermerk »Lubowitz« im Zusammenhang mit den Erinnerungen des Helden an seine frühe Jugend in bisher unveröffentlichten handschriftlichen Notizen zum *Marmorbild*.

In dem Begleitbrief, mit dem Eichendorff das Manuskript an Fouqué sandte, steht das Motiv des Heimatverlusts allerdings noch in einem anderen, poetologischen Bedeutungszusammenhang: angesichts der ihn bedrängenden prosaischen Alltagsgeschäfte, so schreibt Eichendorff, »habe ich in vorliegendem Märchen versucht, mich in die Vergangenheit und in einen fremden Himmelsstrich zu flüchten, und betrachte dasselbe als einen Spaziergang in amtsfreien Stunden ins Freie hinaus. Ob ich nun auf einem so verzweifelten Spaziergang den Weg ins Freie und in die alte poetische Heimat gefunden habe, ob sich nicht vielmehr Aktenstaub statt Blütenstaub angesetzt hat, und ob demnach die ganze Novelle, so wie sie ist, der Aufnahme in Ihr schönes Frauentaschenbuch gewürdiget werden darf, überlasse ich, Herr Baron, Ihrem und Ihrer Frau Gemahlin bewährtem Urteil, dem ich so gern und unbedingt vertraue.« (2. 12. 1817, HKA 12, S. 21). Man kann diese Bemerkung als Höflichkeitsfloskel Fouqué gegenüber auffassen und als Äußerung des Unmuts über die ihm aufgezwungene bürokratische Tätigkeit, sie läßt sich aber auch interpretieren als Hinweis auf die Eichendorff bewußt werdende allmähliche Lösung von den poetischen Vorbildern seines Frühwerks und das heißt auch von der in Fouqués Werk repräsentierten Tendenz einer archaisierenden, »altdeutschen« Romantik.

Quellen und Einflüsse

Eichendorffs *Marmorbild* ist vermutlich das am stärksten quellenverhaftete seiner Prosastücke. Mit dem Rückgriff auf den Pygmalion-Mythos – hier in einer spezifischen Variante – und die Venus-Thematik der Thannhäuser-Sage nimmt er einen weitverbreiteten Topos der »Statuenromantik« auf.

Er kannte selbstverständlich Ludwig Tiecks ›Phantasus‹-Märchen und besonders dessen Gestaltung der Thannhäuser-Sage in ›Der getreue Eckart und der Tannenhäuser‹ (1799 bzw. 1812), ebenso Clemens Brentanos ›Godwi oder Das steinerne Bild der Mutter‹ (1801/02); dieser hatte ihm auch bereits 1810 den Plan seiner erst postum erschienenen ›Romanzen vom Rosenkranz‹ (1852) erläutert (Tagebuch 3. 3. 1810; *Werke* IV, S. 644). Die Beeinflussung durch weitere zeitgenössische Werke wie etwa Fouqués ›Zauberring‹ (1813) oder Dorothea Schlegels ›Florentin‹ (1801), insbesondere aber durch Novalis' ›Heinrich von Ofterdingen‹ (1802) läßt sich in einzelnen Motiven, z. T. an fast wörtlich zitierten Bildern und stilistischen Reminiszenzen nachweisen (vgl. hierzu vor allem Weschta).

Eichendorff selbst hat als direkte Quelle seiner Erzählung »irgend eine Anekdote aus einem alten Buche, ich glaube es waren Happellii Curiositates« benannt, die jedoch lediglich »die entfernte Veranlassung, aber weiter auch nichts, gegeben hat« (an Fouqué, 2. 12. 1817; HKA 12, S. 21). Gemeint ist eine barocke Quelle: Eberhard G. Happels ›grösseste Denkwürdigkeiten der Welt, oder so genandte Relationes Curiosae. Worinnen fürgestellet, und auß dem Grund der gesunden Vernunfft examiniret werden, allerhand Antiquitäten, Curiositäten, Critische, Historische, Physicalische, Mathematische, Künstliche und andere Merckwürdige Seltzamkeiten, welche auff dieser Unter-Welt, in der Lufft, auff der See oder Land jemahlen zu finden gewesen, oder sich noch täglich zeigen‹, in deren 3. Teil (Hamburg 1687) die über verschiedene mittelalterliche Darstellungen vermittelte antike Venus-Thematik und das damit verbundene Motiv der Statuenbelebung an zwei verschiedenen Stellen aufgenommen wurden, einmal in der Geschichte ›Die Teuffelische Venus‹, zum andern in der Anekdote ›Die seltzame Lucenser-Gespenst‹, auf die Eichendorff hier anspielt. Happel berichtet darin von einem italienischen Reisenden, der in Lucca in die Gesellschaft eines obskuren Fremden namens Donati und durch diesen schließlich – eigentlich wider Willen – in den Bannkreis einer vornehmen Dame gerät, in deren prächtigem Schloß er sich unversehens von einer Schar zum Leben erwachter Totengerippe angegriffen sieht, denen er, da sie im Kampf unverletzbar bleiben, nur mit Mühe entfliehen kann. Das Abenteuer wird am nächsten Tag als ein schon mehrfach, an der Stelle einer einst wegen verschiedener Mordfälle berüchtigten und daher abgerissenen Herberge aufgetretener Teufelsspuk entlarvt und dient bei Happel als Warnung, daß »des Teufels Betrug sehr groß sey« (vgl. hierzu Weschta und Marks).

Eichendorff hat daraus Anregungen für das Handlungsgerüst seiner Erzählung gewonnen: ihr sind der Ort des Geschehens und der Name Donati, in den direkt auf Happel zurückgehenden Entwurffragmenten bis hin zur ersten vollständigen Fassung des *Marmorbilds* auch der Name des Helden, Alessandro, entnommen; deutlich beeinflußt hat die Anekdote ferner die gespenstische Szenerie im Palast der schönen Dame mit den Florio bedrängenden verlebendigten Statuen (S. 305 f.). Happels Spukgeschichte hat demnach tatsächlich so etwas wie den »Anlaß« zur novellistischen Gestaltung eines Themas gegeben, das Eichendorff seit seiner Heidelberger Studienzeit beschäftigte und eine ganze Reihe von ihm selbst nie veröffentlichter Skizzen und fragmentarischer Versuche wie *Die Zauberei im Herbste* und den »Roman-Entwurf« *Marien-Sehnsucht* sowie eine noch nicht von Happel beeinflußte Vorarbeit zum *Marmorbild* (Weschta, S. 96ff.) und einige der in Fouqués ›Frauentaschenbuch‹ veröffentlichten Gedichte (insbesondere *Der zauberische Spielmann,* 1816) geprägt hat: man könnte es als »Versuchung und Bewahrung durch die Poesie und in der Poesie« umschreiben.

»Der redliche Dichter«

Die bisher vorliegenden Interpretationen zum *Marmorbild* betonen vor allem die ideengeschichtliche Bedeutungsebene der Erzählung: Florios Wandlung spiegelt den heilsgeschichtlichen Entwicklungsprozeß der Menschheit von der Jugend zur Reife in der Überwindung der Antike durch das Christentum, in der Eichendorff den romantischen Topos vom verlorenen und wiederzufindenden Paradies gestaltet (vgl. die Literaturhinweise). Damit korrespondiert eine zweite, ebenfalls unter dem Bild eines Reifungsprozesses gefaßte, durch persönliche Erfahrung strukturierte biographisch-psychologische Schicht (Kunz, Pikulik), auf die oben bereits verwiesen wurde und die der Autor in seinem Brief an Fouqué vom 15. 6. 1816, also etwa zur Zeit der ersten Konzeption der Novelle, als Intention formuliert: »Ich habe durch langes, nur zu oft scheinbar zweckloses, Umtreiben im Leben einen weiten Umkreis von Aussichten gewonnen, aus deren Gemisch von Zauber, lächerlicher Dummheit, Freude und Schmerz ich mich manchmal kaum herauswinden kann, und eine unwiderstehliche Lust dabei, gerade nur das alles, was ich gesehen, gehört und durchlebt, einmal recht keck und deutlich zu frommer Ergötzung wieder darzustellen« (HKA 12, S. 18).

Diesen beiden korreliert eine dritte, bislang noch zu wenig beachtete poetologische Bedeutungsebene (Strenzke), die Eichendorffs Verhältnis zur »romantischen Schule« und die Lösung von den Vorbildern seiner Frühzeit signalisiert. Das *Marmorbild* steht bereits im Zusammenhang mit der Romantikkritik, die er dreißig Jahre später zum Leitthema seiner *Literarhistorischen Schriften,* die man zutreffender als literatur*polemische* Schriften bezeichnen sollte, gemacht hat. Als maßgebliches Verdienst der Romantik wird dort die der rationalistischen Anthropologie der Aufklärung entgegengesetzte Wiederentdeckung der »verborgene[n], tiefere[n] Nachtseite der menschlichen Seele« hervorgehoben. »Gefühl und Phantasie« als Vermögen der Seele bleiben aber zunächst »dämonische Grundkräfte«, die »ohne Vermittelung eines Höhern über ihnen kein harmonisches Ganze« bilden können, d. h. sie bedurften der Einbindung in das christliche Transzendenzbewußtsein, um positiv wirksam zu werden. (*Werke* III, S. 345f.). Der Versuch, diesen Vermittlungsprozeß »im Medium der Poesie« zu leisten, kennzeichnet die echte Romantik, die Eichendorff am reinsten im Werk Achim von Arnims repräsentiert fand, thematisiert bereits 1815 in *Ahnung und Gegenwart* in der Verteidigung von dessen Roman ›Armut, Reichtum, Schuld und Buße der Gräfin Dolores‹ (*Werke* II, S. 135 f.). Als

Gefahr immanent blieb der Romantik in seiner Sicht jedoch die Absolutsetzung der schöpferischen Phantasie und damit der Selbstverlust des dichterischen Ich an die magisch-dämonischen Kräfte der poetischen Imagination, an den »Venusberg des inneren Lebens« (Frühwald, S. 6053); nach Eichendorffs Urteil »Schuld« oder doch Kennzeichen des lebenslänglichen Kampfes einiger ihrer prominentesten Vertreter wie auch Brentano und Kleist.

Florios Entwicklung im *Marmorbild* stellt sich demnach dar als ein Erkenntnis- und Entwicklungsprozeß. Die erste Szene führt ihn, der sich schon »in der fröhlichen Sangeskunst versucht« hat (S. 277) und dadurch als junger Dichter ausgewiesen ist, ein in das Reich der Poesie, gefaßt in das Bild eines stilisierten Mittelalters: es scheint dem Titelkupfer nachempfunden zu sein, das dem ersten Jahrgang des ›Frauentaschenbuchs‹ (1815) programmatisch vorangestellt und dort folgendermaßen beschrieben ist: »Eine blühende Jungfrau in altteutscher Tracht und einen Kranz von Rosen im schönen Haar – was hindert uns, in der edlen Gestalt Teutschlands Muse ... zu erkennen? – öffnet ernst und sinnig uns den Garten alter Ritterlichkeit und Poesie. ... im Hintergrund fesselt den Blick ein Bild jener Zeit, wo Ritterthum, Liebe und Dichtkunst noch als heiliger Dreiklang den Grundton des Lebens bildeten, ... In herzlicher Eintracht sitzen Ritter und edle Frauen um eine gastliche Tafel versammelt, und der Stoff ihrer Gespräche, von Lautenspiel und Gesang beseelt und beflügelt – warum könnten es nicht zufällig eben einige jener schönen Mährchen und lieblich ernsten Geschichten seyn, welche dieses Büchlein in neuer Weise, aber mit altem Sinn ... dem holden Geschlecht darbietet?«

Die Schönheit und der sinnliche Reiz dieser Welt werden von dem »berühmten Sänger« Fortunato – in einem der fragmentarischen Entwürfe ist die Rede vom »deutschen Sänger« (Weschta, S. 94) – verherrlicht unter dem Symbol der durch Bacchus und Venus repräsentierten heidnischen Götterwelt; so grüßt er »herzinnig, was schön auf der Welt« (S. 281). Ihre Vergänglichkeit und Todesverfallenheit werden von Fortunato im Bild des antiken Todesgottes Thanatos, des Jünglings mit der gesenkten Fackel, beschworen, wobei hier der Transzendenzbezug der allegorischen Figur für den Leser wohl absichtlich ambivalent bleibt; er ist auch in der Eichendorff-Forschung umstritten und die Deutung des Jünglings als ein »ins Christliche transponierter Todesgenius« ist letztlich unbefriedigend, zumal im weiteren Kontext dieser Szene beim Auftauchen des Ritters Donati alle Beteiligten »unwillkürlich schaudernd an den stillen Gast in Fortunatos Liede« denken (S. 283). Die Unklarheit entspricht vielmehr der Verwirrung und mangelnden Erkenntnisfähigkeit Florios, der ja am Ende dieser ersten Szene der Novelle von Donati wie Fortunato gleichermaßen beeindruckt »*zwischen* beiden« nach der Stadt zurückreitet (S. 284), unentschieden also »schwankend zwischen den beiden Freunden, welche die erlösende und die dämonische Kraft der Poesie symbolisieren« (Frühwald, S. 6053). Im Nachklang der verwirrenden Erlebnisse dieses Abends, der Begegnung mit Fortunato, Bianka und Donati, überläßt sich Florio schließlich einer dadurch in ihm freigesetzten unbestimmten Sehnsucht und träumerischen Ich-Verlorenheit, wodurch er wie zwanghaft in »Versuchung« (S. 285) gerät und dem Bann der durch Donati in ihm wachgerufenen Bilder aus seinen »früheren Tagen« (S. 283), und das heißt den dämonischen Kräften seiner Phantasie, verfällt. Fortunatos Warnung vor der Versuchung, sich an die Traumwelt des Inneren zu verlieren, vor dem, in der mephistophelischen Gestalt Donatis verkörperten, »wunderbaren Spielmann ... der durch seine Töne die Jugend in einen Zauberberg hinein verlockt, aus dem keiner wieder zurückgekehrt ist« (S. 278) bleibt Florio unverständlich; die Beurteilung Donatis als »einen Mondscheinjäger, einen Schmachthahn, einen Renommisten in der Melancholie« weist er ärgerlich zurück (S. 285). Mit einer ganz ähnlichen Charakteristik des »schmachtenden« Dichters hatte sich Eichendorff im übrigen schon in *Ahnung und Gegenwart* von seinem zeitweiligen Vorbild Otto Heinrich Graf Loeben distanziert (vgl. die Randbemerkungen zum Brief von Loeben vom 20. 10. 1814; HKA 13, S. 63).

Indem er mit der Verlebendigung der Marmorstatue und der Verführung Florios durch die Venus-Welt einen Topos romantischer Literatur aufnimmt, wendet Eichendorff das Motiv gegen diese selbst, als Kritik am narzißtisch in das eigene Gefühl verliebten Subjektivismus, dem auf der Handlungsebene die Häufung solipsistischer Traumzustände entspricht, in denen Florio befangen ist; das zeigen Formulierungen wie »sein, die Klänge und den Traum ... nachträumendes Herz« (S. 286), sein »träumerisch funkelndes Herz« (S. 289) und »träumerische[s] Schauen« (S. 302), daß er als »ein Fieberkranker in die wunderlichsten Träume versank« (S. 301) usw.; und noch nachdem es ihm gelungen ist, dem zauberischen Bann der Venus zu entfliehen, verharrt er in der Erinnerung daran in einem »unseligen Brüten und Träumen« (S. 307). Dieses Wortfeld ergänzen in der Regel semantisch gleichgerichtete Substantive wie ›Trunkenheit‹, ›Versunkenheit‹, ›Wehmut‹ und ›Melancholie‹. In einer der vermutlich frühesten, stilistisch noch stark von Novalis beeinflußten fragmentarischen Vorarbeiten zum *Marmorbild* wird der Selbstverlust des Dichters an die Vorspiegelungen seiner schöpferischen Phantasie noch präziser bezeichnet: »Florio kannte sich selbst nicht mehr, er wurde selbst zu Gesang« (Weschta, S. 98). In der endgültigen Fassung dieser Szene wird die Verschmelzung mit dem Traumbild in einer nur scheinbar fehlerhaften, in Wirklichkeit jedoch absichtlich unklaren syntaktischen Fügung verdeutlicht: »Sirenen tauchten aus dem Wasser, die alle aussahen, wie das schöne Mädchen mit dem Blumenkranze vom vorigen Abend. *Sie* sang so wunderbar, traurig und ohne Ende, als müsse *er* vor Wehmut untergehn« (S. 285). Auch die Venus-Welt selbst ist dementsprechend gekennzeichnet durch Bilder und Attribute einer zeit- und geschichtslos in sich kreisenden Erstarrung; die bereits in Florios erster Begegnung mit dem marmornen Venusbild am Weiher »still ihre einförmigen Kreise« beschreibenden Schwäne und die ihn erschreckenden »langen gespenstischen Pappeln« (S. 287) sind traditionelle Todesembleme. Auf die Symbolik der ihr in gleicher Weise attributiv zugeordneten Tages- und Jahreszeiten sowie die Szenerie von Landschaft und Garten ist in der Literatur zum *Marmorbild* wiederholt ausführlich hingewiesen worden (s. Literaturhinweise). Auch der Gesang der »hohen schlanken Dame«, die Florio in ihrem Garten belauscht, ist Ausdruck ihres Gefangenseins im stets sich wiederholenden, »perspektivelosen« Kreislauf bloßer vegetativer Erdgebundenheit. Die handschriftlichen Notizen skizzieren eine Variante zu dieser, möglicherweise auch zu der ersten Begegnung mit dem dämonischen Venusbereich: der von den zauberischen Klängen erfüllte Florio trifft bei seiner Rückkehr in die Herberge den Sänger – hier noch Florentin genannt – und fällt ihm »entzückt wie er ist, stürmisch um den Hals«, doch dieser entgegnet ihm: »ich werde mich hüten, euch heute die Guitarre zu laßen. Wer sie nicht zu behandeln weiß, lockt mit ihren Tönen die mondbeglänzte Zaubernacht herauf, legt Euch hin u. betet!« Im Tieck-Zitat wird hier wiederum die kritische Haltung des Autors gegenüber einer »falschen« Romantik manifest.

Eine Verurteilung der »jetzigen Poesie«, gerichtet gegen deren »leere, willkürliche, sich selbst zerstörende Schwelgerei in Bildern« formuliert bereits Friedrich, die dem Autor am nächsten stehende Figur in *Ahnung und Gegenwart;* die echte Poesie sei dagegen an der begeisterten Anschauung der Welt zu erkennen, »sie liegt ebensosehr in der Gesinnung als in den lieblichen Talenten, die erst durch die Art ihres Gebrauches groß werden« (*Werke* II, S. 136). Dieses Bekenntnis wird im *Marmorbild* als ethisch-poetologische Maxime wieder aufgenommen.

Aufgabe und Vermögen des wahren Dichters sind es, die in ihm gleichermaßen angelegten chaotischen wie ordnenden Kräfte zum harmonischen Ausgleich zu bringen. Venus und Donati werden im *Marmorbild* wiederholt mit Kindheits- und Jugenderinnerungen des Helden verbunden, besonders deutlich wiederum in den bereits zitierten handschriftlichen Notizen zur Konzeption der Novelle: »In der berühmten Nacht erzählt vielleicht Aleßandro der Venus seine Kindergeschichte /: Lubowitz :/ und erkennt auf einmal in Donati u. der Venus wirklichbekannte Personen aus jener Zeit«. Ebenso erinnert ihn aber auch Fortunatos Gesang, der die Lösung aus der Verstrickung ermöglicht, indem er Florio zur »Besinnung« bringt, an »die alten Jugendträume« (S. 305), denn es ist »ein altes frommes Lied, das er in seiner Kindheit oft gehört und seitdem über den wechselnden Bildern der Reise fast vergessen hatte« (S. 303). Der Zusammenhang wird wiederum durch das handschriftliche Konzept noch stärker verdeutlicht: »In der lezten Zaubernacht auf dem Schloße muß deßhalb die Venus wieder zur Statue werden u. ihr Fang wird vereitelt: weil Sie den Aleß. unwillkührlich an altes Lubowitz errinnernd in sich selbst versenkt u. er daher im Stillen betet.« In der kindlich-unschuldigen Seele sind beide Bereiche nicht prinzipiell antagonistisch, sondern im Ausgleich miteinander verknüpft. Dem entspricht »in dem ältergewordenen Leben« der »redliche Dichter«, dessen Beschreibung durch Fortunato ebenso an Florio wie an den Leser gerichtet ist (S. 310). In ihm verbinden sich religiöse Gesinnung und ein klarer, »unschuldiger« Blick, er »bespricht und bändigt« die dämonischen Kräfte und vermag in frommer Anschauung der Welt die »Hieroglyphenschrift« Gottes als geheimnisvolle Zeichen einer kosmischen Ordnung zu deuten. Das Motiv der rechten – oder falschen – Anschauung wird in der Novelle in der Betonung der Sehweise der einzelnen Figuren aufgenommen: während Donati gleich bei seinem ersten Auftreten als »schön, aber blaß und wüst« (S. 283), im folgenden sein Blick immer wieder als »verstört«, »wild«, »wüst« oder gar »irre flammend« geschildert wird, ist Fortunato gekennzeichnet durch »seine großen geistreichen« (S. 277) oder auch »frommklaren« Augen (S. 280), es ist die Rede von seinen »immer klaren Zügen« (S. 284) und seiner »klaren fröhlichen Stimme« im Gesang (S. 308) – (Donati ist im übrigen in der ganzen Erzählung kein Gedicht zugeordnet). Florios »unschuldiger« Blick und sein »freudige[s] Erstaunen« angesichts der sich ihm eröffnenden Welt (S. 278) wandeln sich unter dem Einfluß der Venus-Welt, der er sich ausliefert, bis zur »Verblendung«, die seine Augen »wie mit einem Zaubernebel« umfängt (S. 311). In der am Ende mit Hilfe Fortunatos und durch das Gebet gewonnenen Klarheit verändern schließlich sogar die vorher den dämonischen Kräften zugeordneten, ihn verwirrenden Farben Gold und Grün (besonders in der Kombination grün-golden, S. 283 und S. 301) ihren semantischen Wert, wenn Florio – und mit ihm der Leser – sie wiederfindet in den von den »Goldenen Strahlen der Morgensonne« erhellten Bäumen und »überglänzten Auen« bei seinem morgendlichen Aufbruch »in das blühende Mailand« (S. 312).

In der doppelten Bedeutung dieser Formulierung erscheint einmal der Frühling als symbolische Jahreszeit für die bei Eichendorff typische Aufbruchsituation seiner Helden und wird zum andern Italien als Heimat der Poesie bezeichnet und damit wieder ein romantischer Topos aufgegriffen, der auch Fortunatos zweites Lied als Sinndeutung der Erzählung beherrscht:

> Versunknes Reich zu Füßen,
> Vom Himmel fern und nah,
> Aus andrem Reich ein Grüßen –
> Das ist Italia!

In der Überwindung der heidnisch-dämonischen Kräfte wird die »Aufhebung« der Antike als der »Religion der Phantasie« (*Ahnung und Gegenwart, Werke II*, S. 124) durch den christlichen Glauben vollzogen, d. h. die beiden »Reiche« ergänzen und verbinden sich in der Figuration der Venus-Maria, die damit zur Allegorie der wahren Poesie wird, in der Erzählung repräsentiert durch die Figur der Bianka. Eichendorff greift dabei zurück auf Beiworte und Bezeichnungen Mariens in der mittelalterlichen Literatur, die sie in Verbindung setzten mit der Venus als »Magna mater«, so etwa als »Venus almae venustatis«, »nympha venustatis« oder »Maria venustissima« (vgl. Salzer, S. 349). In der mittelalterlichen Literatur sah Eichendorff noch die Einheit von Poesie und Religion verwirklicht, sie repräsentiert für ihn die wahre Romantik; seine erste größere, die zeitgenössische romantische Schule behandelnde Schrift trägt dagegen den Titel ›Über die ethische und religiöse Bedeutung der *neueren* romantischen Poesie in Deutschland‹ (1847).

Eichendorffs allegorisch-verschlüsselnde Schreibweise läßt sich besonders deutlich an der Namengebung seiner Figuren aufzeigen. In den Vorarbeiten und Entwürfen verweisen sie noch weitgehend auf seine literarischen Quellen und Vorbilder: Alessandro (statt Florio) und Donati auf Happels Anekdote, Berthe (statt Bianka) auf Tiecks ›Venusberg‹-Geschichten, Florentin (statt Fortunato) auf den gleichnamigen Roman von Dorothea Schlegel und Ubaldo (zeitweilig erwogen statt Donati) auf eine eigene »Vorstufe« zum *Marmorbild,* nämlich *Die Zauberei im Herbste*. Die auf der Titelseite des ersten vollständigen Manuskriptes für die vorgesehene Korrektur vermerkten Paralipomena belegen, daß Eichendorff auch in diesem fortgeschrittenen Stadium der Ausarbeitung des Stoffes noch nicht durchwegs die seiner Intention entsprechenden, treffenden Namen gefunden zu haben glaubte. »NB: Aleßandro mag Florio, Florentin Romano u. Donati Ubaldo heißen etc.« und »Wegen der Namen nimm zulezt den Calender zur Hand! –« notiert er sich; zu einem noch späteren Zeitpunkt dann am Rande des Blattes mit anderer Tinte »Fortunato heißt der Sänger, das Fräulein Benigna o[der] Bianca. Donati bleibt Donati. Aleßandro = Florio« (Weschta, S. 95).

Egon Schwarz hat die in der endgültigen Fassung der Novelle einschließlich der Nebenfiguren durchgehend allegorische Namengebung hervorgehoben (s. Literaturhinweise). Er deutet den »treuen Diener« Florios als dessen Gewissen, da er, auf der Schwelle der Herberge eingeschlafen, Florios erste Begegnung mit dem Marmorbild der Venus mit verschuldet, später aber auch seinen Aufbruch aus Lucca maßgeblich betrieben hat, und sieht in Pietro, dem »Herr[n] vom Hause«, den Stellvertreter Gottes auf Erden (Petrus), der Florio väterlich-streng nach seinem »künftigen Lebensplan« befragt (S. 297). Biankas Name verweist auf Unschuld und Reinheit, aber auch Vollkommenheit und Schönheit der wahren Poesie; der des Helden Florio auf den jugendlich »blühenden« jungen Dichter. Den Namen Donati, von Happel übernommen, behält Eichendorff schließlich mit guten Gründen bei, er bezeichnet aber kaum »das Böse schlechthin« (Schwarz, S. 216); Lawrence R. Radner hat ihn, sicher mit Recht, zurückgeführt auf das Schisma des Donatismus, die erste separatistische Bewegung innerhalb der katholischen Kirche, im 4. Jahrhundert, und damit die mephistophelische Bedeutung der Figur überzeugend bestätigt (Radner, S. 187). Besondere Aufmerksamkeit widmete Eichendorff schließlich der Benennung des vorbildlichen Sängers: »Florentin« und »Romano« wurden erwogen und wieder verworfen; der endgültige Name »Fortunato« ist bisher, auf den lateinischen Wortsinn bezogen, als »der Glückliche« gedeutet worden. Eichendorff hat hier aber entweder doch »im Kalender« nachgesehen oder, und das ist wahrscheinlicher, sich auf lateinische Schullektüre besonnen, wo vermutlich auch das Werk des Venantius Fortunatus (6. Jh.) Unterrichtsgegenstand war; von ihm wird berichtet, daß er in Ravenna klassische Literatur, Musik und Poesie studierte »mit der Absicht, seine musischen Fähigkeiten in den Dienst der Glaubensverkündigung zu stellen«, bevor er Priester und um 600 Bischof von Poitiers wurde (vgl. Wimmer/Melzer, Lexikon der Namen und Heiligen. 4. Aufl. Innsbruck u.a. 1982, S. 820). In seiner Dichtung verschmelzen Antike und Christentum – auf ihn gehen im übrigen vermutlich auch eine Reihe der bei Salzer aufgeführten Bezeichnungen der Gottesmutter als »Maria venustissima«, »venustissima puella« u.a. zurück; er ist als »Fortunato« Repräsentant jener Kunsttheologie, die Eichendorff im *Marmorbild* der ästhetisierenden Sakralisierung der Poesie als einer bloßen »Kunstandacht«, der »die Religion nur als der Goldgrund dienen muß« (*Werke* III, S. 347), kritisch gegenübergestellt, die er später als »Sternbaldisieren« abqualifiziert hat.

Novelle – Märchen – Schattenspiel

Die Bezeichnung »Novelle« als Untertitel des Erstdrucks im ›Frauentaschenbuch‹ entsprach dem Geschmack der zeitgenössischen Almanach-Literatur, die ihrem Publikum damit in erster Linie spannende Unterhaltung ankündigte. Für Eichendorff selbst ergab sich die Gattungszuordnung seiner Erzählung offensichtlich zunächst keineswegs derart eindeutig und die Erwägungen hierzu belegen seine genauen und durchaus bewußten gattungspoetischen Reflexionen. Als er Fouqué am 2. 12. 1817 *Das Marmorbild* zuschickt, nennt er es »eine Novelle oder Märchen« (HKA 12, S. 21). Den Charakter des Märchenhaften sah er dabei zweifellos im phantastisch-unrealistischen, der romantischen Sagen- und Mythenwelt entnommenen Stoff; mit dem Begriff »Novelle« bezeichnete er hingegen den dramatischen Handlungsablauf, da Florios Entwicklung sich in fünf in sich abgeschlossenen Szenen wie in einem fünfaktigen Drama vollzieht. In seinem Antwortbrief dankt Fouqué für das »Novellenmärchen« (HKA 13, S. 78) und verwendet damit einen damals gängigen, vor allem von Ludwig Tieck benützten Terminus, der dem Prinzip der romantischen Gattungsmischung entsprach. Eichendorffs Überlegungen reichten jedoch ohne Frage weiter: in den ersten, auf die von Happel übernommene Anekdote zurückgehenden, fragmentarischen Vorarbeiten zum *Marmorbild* vermerkt er zunächst noch einen weiteren Gattungsbegriff: zwei dieser Entwürfe tragen die Überschrift »Schatten-Spiel« bzw. »Das Marmorbild, ein Schattenspiel oder eine Novelle«.

Das Schattenspiel, bei dem mittels einer künstlichen Lichtquelle Figuren derart auf eine durchscheinende Wand projiziert werden, daß sie dem Zuschauer nur als Schatten sichtbar werden – in komplizierterer Form als »Laterna magica« bekannt – galt bereits im 17. Jahrhundert, insbesondere aber in der Goethezeit als beliebtes geselliges Vergnügen; es wird berichtet von derartigen Abendunterhaltungen am Weimarer Hof ebenso wie in bürgerlichen Häusern, etwa der Familien Brentano oder Arnim. Im übertragenen Sinne, als allgemeine Bezeichnung für »Phantasiegebilde«, d.h. Vorspiegelungen der subjektiven Einbildungskraft, taucht das Wort als Motiv bereits im Zusammenhang der barocken Vanitas-Thematik auch mit Bezug auf die phantastische Bilderwelt der Poesie auf und kann um 1800 entsprechend als Gattungsbegriff verwendet werden. In Berlin erschien 1797 eine als »Schattenspiele der Einbildungskraft« bezeichnete zweibändige Sammlung von Prosastücken, die August Wilhelm Schlegel positiv besprochen hat. (Kluge, S. 83f.).

Von der romantischen Literatur wurde das Motiv also inhaltlich wie formal in beiderlei Bedeutung aufgegriffen; was die Autoren daran reizte, war »gerade die Beziehungsfülle, die sich aus der einesteils rein spielerischen Komponente, andererseits aus der Tragfähigkeit des Bildes als Ausdruck für Leben und Welt in seiner irdisch-vergänglichen Erscheinungsform, von Phantasie und Geistesprodukten in ihrer einseitigen, aus subjektiver Innerlichkeit entstandenen Selbstherrlichkeit ergab« (Kluge, S. 85); auf Eichendorffs *Marmorbild* wäre der Untertitel »Ein Schattenspiel« in diesem Sinne also durchaus anwendbar gewesen, insofern als die Novelle ja gerade die Gefährdung des Dichters durch den Autonomieanspruch seiner poetischen Einbildungskraft thematisiert. Eichendorffs Auseinandersetzung mit dem Begriff belegt einmal seine Vertrautheit mit den theoretischen Fragestellungen der zeitgenössischen Literatur-Diskussion, sie dürfte aber zur Zeit der Konzeption der Novelle vor allem durch die Beschäftigung mit dem Werk Achim von Arnims angeregt, wenn nicht veranlaßt worden sein: dessen kurze dramatische Satire ›Das Loch oder Das Wiedergefundene Paradies – Ein Schattenspiel‹, das den Begriff im Prolog des »Schattendichters« spielerisch erörtert, war 1813 im ersten Band seiner ›Schaubühne‹ in der Berliner Realschulbuchhandlung erschienen; dieses Buch befand sich nachweislich in Eichendorffs Besitz.

Auch wenn Eichendorff die für das *Marmorbild* zunächst erwogene Gattungsbezeichnung schließlich wieder verworfen hat – sie befand sich aber immerhin noch auf dem Titelblatt der ersten vollständigen Fassung –, so läßt doch bereits diese Überlegung Rückschlüsse auf die Intention seiner Erzählung zu und beweist, daß er, indem er sie schließlich »Eine Novelle« nannte, diese Form weniger als zeitübliches Medium gesellschaftlichen Erzählens denn als besonders geeignete Ausdrucksmöglichkeit symbolisch-allegorischer Gestaltung begriff; möglicherweise ein weiterer Hinweis darauf, daß Eichendorff sich in dieser Zeit von bisherigen Vorbildern wie Tieck und Fouqué schon weitgehend gelöst hatte und auch in seiner Stilhaltung bereits eher von Achim von Arnim und Heinrich von Kleist beeinflußt wurde.

Zeitgenössische Kritik und Stellenwert im Gesamtwerk Eichendorffs

Die zeitgenössischen Rezensionen des *Marmorbilds,* sowohl des Erstdrucks im ›Frauentaschenbuch‹ wie der Buchausgabe von 1826, zeigen kaum Verständnis für die komplexe allegorische Struktur oder gar die poetologische Bedeutung der Novelle. Lediglich Amalie von Voigt bezeichnet sie in der ›Jenaischen Allgemeinen Zeitung‹ von 1826 als eine gelungene Variante der Thannhäuser-Sage und meint: »So ungezwungen, wie hier, wurde sie noch nie erzählt, noch nie der allegorische Sinn der Sage so deutlich herausgehoben. Durch die zierliche Einkleidung bricht überall die Bedeutung hindurch ...« (HKA 18/1, S. 139); sonst ist bestenfalls von einem »phantastische[n] Gemälde« oder einem Produkt »blühende[r] Phantasie« die Rede. Die meisten Rezensenten betonen nur das Phantastische, Märchenhaft-Dämonische, um es in der Regel als unzeitgemäß, »bizarr«, »launenhaft« und in der Lösung »unbefriedigend« abzutun, als »Gespensterspuk ohne viel andere als äußerliche Bedeutung« oder gar als »hirnlosen Teufelsspuk« (HKA 18/1, S. 93 ff. und S. 129 ff.). Auch die Kritik in der ›Jenaischen Allgemeinen Zeitung‹ von 1819 erkennt in der Novelle nur ein Produkt »der neuesten Schriftstellermode, das heißt: ein Teufelsspuk aus dem Heidenthume treibt darin sein unheimliches Wesen«, konzediert der Erzählung jedoch »einzelne schöne Züge« und dem Autor daher »ein tiefes, wahrhaft poetisches Gemüth«, es berechtige »zu schönen Erwartungen von dem, was Hr. v. E. zu leisten im Stande seyn wird, wenn er erst mit sich selbst ins Reine gekommen, dem Fluge seines Genius keine Irrlichter zum Ziele stellt« (HKA 18/1, S. 94 f.).

In der Motivik wie der Stilhaltung steht Eichendorffs *Marmorbild* zweifellos noch unter dem Einfluß Novalis', Tiecks und Fouqués, wenn auch z. T. schon deutlich aus einer kritischen Gegenposition heraus. Auch die allegorischen Figuren verharren noch allzu sehr in der Abstraktion des »Schattenspiels«, es mangelt ihnen noch an der lebendigen Plastizität, die den 1826, also sieben Jahre später, veröffentlichten *Taugenichts* auszeichnet und dessen Popularität begründet hat. In seiner *Geschichte des Dramas* hat Eichendorff 1854 die Allegorie als das Wesen aller echten Poesie bezeichnet, jedoch festgestellt »es kommt dabei nur auf die künstlerische *Vermittelung,* d. h. darauf an, daß das Ewige, nicht als metaphysisches Abstraktum, das verhüllende Irdische nicht als bloße tote Formel dafür erscheine, sondern daß beide einander innig durchdringen und also die Allegorie lebendig wird, die poetischen Gestalten nicht bloß *bedeuten,* sondern wirkliche, individuelle, leibhaftige Personen sind« (*Werke* III, S. 418). Die Weiterentwicklung seiner allegorischen Schreibweise in dieser Richtung wird ersichtlich im Abstand zwischen *Marmorbild* und *Taugenichts;* die allmähliche Distanzierung von den alten und Hinwendung zu neuen Vorbildern ist aber auch dort bereits sichtbar und wird es in der Folgezeit noch deutlicher etwa in der nun einsetzenden relativ langen Produktionspause, im Verzicht auf die Weiterarbeit an den meisten der zur Zeit des *Marmorbilds* offensichtlich vorliegenden, zahlreichen dramatischen und novellistischen Entwürfe und nicht zuletzt in der Tatsache, daß das bis zum Jahr 1831 erscheinende und bis 1821 von Fouqué herausgegebene ›Frauentaschenbuch‹ nach 1819 keine Beiträge von Eichendorff mehr enthält. Auch die Weiterarbeit am *Taugenichts,* zu dem 1817 bereits ein von der traditionellen mittelalterlichen Minne-Konstellation ausgehendes und damit an Fouqués Mittelalter-Rekonstruktion anknüpfendes Konzept vorlag, wurde zunächst und offensichtlich für lange Zeit eingestellt (vgl. Polheim). Das Motiv der Venus-Maria bleibt jedoch für sein Werk von zentraler Bedeutung, so etwa in der um 1835 entstandenen Novelle *Eine Meerfahrt* und in den späten Epen *Julian* (1853) und *Lucius* (1857); seit der Mitte der dreißiger Jahre steht es dann zunehmend im Zusammenhang mit Eichendorffs Polemik gegen die Romantikkritik des Jungen Deutschland und insbesondere Heines, in dessen ›Romantischer Schule‹ gerade auch dieses Motiv eine wesentliche Rolle spielt: *»Die katholische Klerisei hat überhaupt, wenn es die Madonna galt, dem Sensualismus immer einige Zugeständnisse gemacht ... Madonna Maria war gleichsam die schöne Dame du Comptoir der katholischen Kirche, die deren Kunden ... mit ihrem himmlischen Lächeln anzog und festhielt.«* (›Die Romantische Schule‹, 1. Kapitel).

Anmerkungen

S. 280 *»Jeder nennet froh die Seine, ...«:* In Eichendorffs Gedichtsammlung aufgenommen u. d. T. *Liebe in der Fremde.* I (*Werke* I, S. 71)

S. 281 ff. *»Was klingt mir so heiter ...«:* In der Gedichtsammlung u. d. T. *Götterdämmerung.* I. (*Werke* I, S. 252 ff.)

S. 286 *Wie kühl schweift sich's ...«:* In der Gedichtsammlung u. d. T. *Liebe in der Fremde.* 2. (*Werke* I, S. 71 f.)

S. 290 f. *»Was weckst du, Frühling ...«:* In der Gedichtsammlung u. d. T. *Frau Venus* (*Werke* I, S. 220)

S. 296 f. *»Über die beglänzten Gipfel ...«:* In der Gedichtsammlung u. d. T. *Liebe in der Fremde.* 3. (*Werke* I, S. 72)

S. 308 f. *»Von kühnen Wunderbildern ...«:* In der Gedichtsammlung u. d. T. *Götterdämmerung.* 2 (*Werke* I, S. 254 ff.)

S. 311 *»Hier bin ich Herr ...«:* In der Gedichtsammlung u. d. T. *Der Umkehrende.* 2 (*Werke* I, S. 274)

Literaturhinweise

Eichendorff. Joseph von: Werke. Hg. von Ansgar Hillach und Klaus-Dieter Krabiel. Bd. I–IV, München 1970–80.

Briefe von Freiherrn Joseph von Eichendorff. Briefe an Joseph Freiherrn von Eichendorff. Hg. von Wilhelm Kosch. Sämtliche Werke. Historisch-kritische Ausgabe. Bd. 12 u. Bd. 13. Regensburg [1910].

Joseph von Eichendorff im Urteil seiner Zeit. Hg. von Günter u. Irmgard Niggl. I. Dokumente 1788–1843. Sämtliche Werke. Historisch-kritische Ausgabe. Bd. 18/1. Stuttgart u. a. 1975.

Marks, Hanna H. (Hg.): Joseph von Eichendorff: ›Das Marmorbild‹. Erläuterungen und Dokumente. Stuttgart 1984.

Hillach, Ansgar und Klaus-Dieter Krabiel: Eichendorff-Kommentar zu den Dichtungen. Bd. I. München 1971.

Beller, Manfred: Narziß und Venus. Klassische Mythologie und romantische Allegorie in Eichendorffs Novelle ›Das Marmorbild‹. In: Euphorion 62 (1968), S. 117–142.

Bormann, Alexander von: Natura loquitur. Naturpoesie und emblematische Formel bei Joseph von Eichendorff. Tübingen 1968 (= Studien zur deutschen Literatur Bd. 12).

Eichner, Hans: Joseph von Eichendorff. In: Handbuch der deutschen Erzählung. Hg. von Karl Konrad Polheim. Düsseldorf 1981. S. 172–191.

Frühwald, Wolfgang: Artikel ›Das Marmorbild‹. In: Kindlers Literatur Lexikon im dtv. München 1974. Bd. 14, S. 6052f.

Kluge, Gerhard (Hg.): Ludwig Achim von Arnim ›Das Loch oder Das wiedergefundene Paradies. Ein Schattenspiel‹. ... Text und Materialien zur Interpretation. Berlin 1968 (Komedia 13).

Kunz, Josef: Eichendorff. Höhepunkt und Krise der Spätromantik. Darmstadt 1973. (Darin S. 145–199).

Möbus, Gerhard: Eichendorff und Novalis. Zur poetischen Symbolik in der Dichtung Eichendorffs. In: Aurora 17 (1957), S. 39–49.

Pfeffer, C. A.: Venus und Maria. Eine Eichendorff-Studie als Beitrag zur Wesenserkenntnis des Dichters. Berlin-Lichterfelde 1936. (Das deutsche Leben Bd. 3).

Pikulik, Lothar: Die Mythisierung des Geschlechtstriebes in Eichendorffs ›Marmorbild‹. In: H. Koopmann (Hg.), Mythos und Mythologie in der Literatur des 19. Jahrhunderts. Frankfurt a. M. 1979, S. 159–172.

Polheim, Karl Konrad: Neues vom ›Taugenichts‹. In: Aurora 43 (1983), S. 32–54.

Radner, Lawrence R.: Eichendorff's ›Marmorbild‹: ›Götterdämmerung‹ and deception. In: Monatshefte für dt. Unterricht 52 (1960), S. 183–188.

Salzer, Anselm: Die Sinnbilder und Beiworte Mariens in der deutschen Literatur und lateinischen Hymnenpoesie des Mittelalters. Linz 1893.

Schwarz, Egon: Ein Beitrag zur allegorischen Deutung von Eichendorffs Novelle ›Das Marmorbild‹. In: Monatshefte für dt. Unterricht 48 (1956), S. 215–220.

Seidlin, Oskar: Zeitliche Perspektiven. In: Ders.: Versuche über Eichendorff. Göttingen 1965, S. 99–128.

Seidlin, Oskar: Eichendorff und das Problem der Innerlichkeit. In: Ders.: Klassische und moderne Klassiker. Göttingen 1972. (Kleine Vandenhoeck-Reihe 355 S).

Strenzke, Günter: Zum Motiv der grüngoldenen Schlange bei Eichendorff. In: Aurora 36 (1976), S. 27–38.

Weschta, Friedrich: Eichendorffs Novellenmärchen ›Das Marmorbild‹. Prag 1916. (Prager deutsche Studien Heft 25).

S. v. S.

Wilhelm Hauff

1802 Am 29. November in Stuttgart geboren.

1817–20 Besuch des niederen theologischen Seminars in Blaubeuren.

1820–25 Studium der Theologie und Philosophie am Evangelischen Seminar des Tübinger Stifts.

1824 Herausgeber der *Kriegs- und Volkslieder* (mit eigenen Gedichten). Hauslehrer in der Familie des Freiherrn von Hügel.

1825 *Mitteilungen aus den Memoiren des Satan* (1. Bd.), *Der Mann im Mond* und erster Märchenalmanach *(Die Karawane)*.

1826 Große Bildungsreise durch Frankreich, die Niederlande und Deutschland; in Dresden Besuch bei L. Tieck. *Die Bettlerin vom Pont des Arts, Othello, Lichtenstein* und zweiter Märchenalmanach *(Der Scheik von Alessandria).*

1827 Redakteur des literarischen Teils von Cottas ›Morgenblatt für gebildete Stände‹. *Phantasien im Bremer Ratskeller.* Heirat mit der Cousine Luise Hauff. 18. Nov.: H. stirbt an einer Infektionskrankheit.

1830–31 Erste Gesamtausgabe der Schriften Hauffs in 36 Bänden; hg. v. Gustav Schwab.

Der Affe als Mensch

Erstdruck und Druckvorlage: Mährchenalmanach für Söhne und Töchter gebildeter Stände auf das Jahr 1827 herausgegeben von Wilhelm Hauff mit Kupfern. Stuttgart bei Gebrüder Franckh. 1827.

Quellen und Einflüsse

Als unmittelbare Quelle für die Geschichte *Der Affe als Mensch* gilt E. T. A. Hoffmanns Satire ›Nachricht von einem gebildeten jungen Mann‹ aus den ›Kreisleriana‹, die 1815 in Bd. 4 der ›Fantasiestücke in Callots Manier‹ erschien. Hier preist der Affe Milo in einem Schreiben an seine Freundin Pipi, die noch in den Wäldern Nordamerikas haust, die Segnungen der menschlichen Zivilisation. Er habe Konversation und korrekten Umgang gelernt und sei heute stolz darauf, funktionierender Teil der Gesellschaft zu sein.

Paul Roggenhausen verweist auf die Erzählung *Die Kleinstädter und der Fremdling* des Unterhaltungsschriftstellers August Friedrich Ernst Langbein (ersch. 1804), die schon die wesentlichsten Elemente von Hauffs Geschichte enthält: die Provinz mit ihren Spießerfiguren, einen fremden Herrn, der einen Affen in die Gesellschaft einführt und ihr Verhalten als borniert entlarvt.

Hauff konnte ferner 1826 in Paris Joseph de Pougens' Drama ›Jocko‹ sehen, in dem ein Affe als Mensch auf der Bühne agierte.

Zur Funktion des Rahmens

Die drei Märchenalmanache Hauffs (*Die Karawane,* 1826; *Der Scheik von Alessandria und seine Sklaven,* 1827; *Das Wirtshaus im Spessart,* 1828) bilden jeweils einen durch eine Rahmenhandlung verknüpften Zyklus von Märchen, Geschichten und Sagen. Hauff folgt damit der in den romanischen Sprachen begründeten, um die Wende vom 18. zum 19. Jh. durch Goethe (›Unterhaltungen deutscher Ausgewanderten‹, 1795) und Wieland (›Hexameron von Rosenhain‹, 1805) in die deutsche Literatur eingeführten und durch Tieck und Hoffmann längst heimisch gewordenen Tradition. Darüber hinaus sind Hauffs Märchen – er versetzt u. a. die Rahmenhandlung seines zweiten Almanachs nach Alessandria – durch die orientalischen Erzählungen aus ›Tausendundeine Nacht‹ beeinflußt, deren erste deutsche Gesamtausgabe 1824/25 in 15 Bänden erschienen war.

Scheik Ali Banu trauert um seinen vor langer Zeit von den Franken geraubten Sohn. An jedem Jahrestag der Entführung läßt er seinen Palast festlich schmücken, um einer Weissagung zu folgen, die verspricht, sein Sohn werde einmal an einem solchen Tag zurückkehren; außerdem gibt er Jahr für Jahr an eben diesem Tag zwölf Sklaven frei, die ihm zuvor Geschichten erzählen müssen. Wie in Wielands ›Hexameron‹ zeigt sich dabei in der Abfolge der Geschichten eine Tendenz zum realistischen Erzählen; an die Stelle der anfänglichen Zaubermärchen treten zunehmend zwar unerhörte, aber real denkbare Geschichten wie *Abner, der Jude, der nichts gesehen hat* und *Der Affe als Mensch*. Hauff nähert sich im zweiten Märchenalmanach jedoch der Form der Novelle, die in der Folgezeit zur wichtigsten Prosagattung der deutschen Literatur im 19. Jh. wird. Die Zurückdrängung der reinen Kindermärchen zugunsten von Abenteuergeschichten bis hin zur Darbietung des selbsterlebten Schicksals einer Figur forcierte Hauff bewußt, wie aus einem Brief vom 26. August 1826 an seinen Bruder Hermann, dem er auch völlig freie Hand bei der Endredaktion des Almanachs ließ, hervorgeht: die »Ammenmährchen« nehme er nur wegen des bekannten Namens der Brüder Grimm in den Almanach auf.

Überdies verbindet Hauffs *Scheik von Alessandria* mit Wielands ›Hexameron‹: der letzte in der Reihe der Erzähler trägt in *Almansor* seine eigene Lebensgeschichte vor, in der sich die Pointe enthüllt: der Sklave ist der verlorengeglaubte Sohn des Scheik. So endet der Zyklus zwar mit einer Lebensgeschichte, aber im übergeordneten Sinn wird ein Märchen wahr, weil sich Märchenmotive in erzählte Wirklichkeit verwandeln. Thematisch nämlich wird ein Hauptmotiv aus dem ersten Märchen, *Zwerg Nase*, in *Die Geschichte Almansors* wieder aufgegriffen, so daß sich am Ende des Almanachs der Kreis vom Märchen über Erzählungen hin zur eigenen Lebensgeschichte schließt. In *Zwerg Nase* geht es um das Problem des Erkennens des anderen, um die Prozesse der Verwandlung und um Entführung. Eine Alte holt den kleinen Jakob seiner Mutter vom Marktplatz weg, verzaubert ihn u. a. in einen häßlichen Zwerg und entrückt ihn in die Märchen- und Feenwelt des Morgenlandes. Die Motive der Rückverwandlung bewegen sich im Pädagogischen als Lernen in der Märchenwelt: eine sprechende Gans, die Zwerg Nase vor dem Tod gerettet hatte, entdeckt ihm das richtige Heilkraut; nach Jahren kehrt Jakob als bereits Erwachsener ins Elternhaus zurück.

In *Die Geschichte Almansors* erzählt Kairam, Ali Banus Sohn, von seiner Entführung aus dem Orient ins Abendland. Als rettender Geist, der Kairam in den Orient zurückbringen läßt, fungiert die von Hauff mythisierte Gestalt Napoleons. Neben das Motiv der Verwandlung tritt jenes des Rollenwechsels, das, ebenfalls verbunden mit einem didaktisch-pädagogischen Prinzip, auch im Rahmen thematisiert ist: vier junge Männer spotten darüber, daß der Scheik trotz seines Reichtums und der festlichen Kleidung das Leben nicht zu genießen versteht; sie lassen sich vom Äußeren täuschen, bis sie den Grund der Trauer von einem vermeintlichen Bettler erfahren, der in Wahrheit Mustafa, der weise Berater des Scheik ist. Der alte Mann warnt vor ihren raschen Schlußfolgerungen und belehrt sie, mit Urteilen zurückhaltender zu sein. Schließlich stellt er die jungen Männer dem Scheik selbst vor, der sie in seinen Palast aufnimmt; dort dürfen sie, den beruflichen und künstlerischen Neigungen entsprechend, ihre Fähigkeiten beweisen. Die angestrebte pädagogische Absicht ist verwirklicht, weil sie versprechen, die Mahnungen des weisen alten Mannes künftig zu beherzigen.

In *Der Affe als Mensch,* der fünften Erzählung im Zyklus des zweiten Märchenalmanachs, wird diese pädagogische Intention Hauffs gleichsam auf einer Negativfolie in der Form einer Bürgersatire vorgeführt.

Die Rolle des Lesers

Der Erzähler skizziert anfangs Genrebilder aus einer Provinzstadt, in der jeder jeden kennt und der Tagesablauf durch Gewohnheit geregelt ist. Diese Beschaulichkeit wird jedoch als trügerisch dargestellt, weil ein leeres, zur Routine gewordenes Leben alle Schichten erfaßt hat; die Bewohner kompensieren die Öde des Alltags offensichtlich nur durch Klatschsucht. Üble Nachrede und gegenseitige kleine Betrügereien beherrschen die menschlichen Beziehungen, als höchste Werte dagegen gelten Besitz und äußeres Ansehen, das sich in Putzsucht und kritikloser Übernahme neuer Moden darstellt. So läßt sich der Torschreiber am Eingang der Stadt mit einer Münze bestechen, und der Tanzmeister verzichtet nicht auf den Unterricht des Neffen, weil er einen Taler als Lohn einstecken kann, obwohl ihn diese Stunden »beinahe unter den Boden« (S. 318) brachten. Als ein Fremder in diese Gesellschaft eindringt, gilt ihm sofort uneingeschränkte Aufmerksamkeit. Da er aber ihre Geselligkeit verschmäht, stempeln ihn die Grünwieseler sogleich zum Außenseiter (vgl. S. 314), dessen Rolle der Erzähler nach und nach entfaltet: der auch nach zehn Jahren noch allen Bürgern gänzlich unbekannt gebliebene »fremde Herr« (S. 314) fungiert zunächst als Störfaktor, der den Alltag unterbricht; zum einen durch seine freiwillig eingenommene Position des zurückgezogen lebenden Fremden, zum anderen, weil es ihm gelingt, in dieses Gemeinwesen einen Affen als seinen angeblichen Neffen und jungen Engländer einzuschmuggeln, ihn in seinem öden Haus für gesellschaftliche Auftritte zu erziehen und vorzubereiten. Dieser als Mensch verkleidete Affe wird in wenigen Monaten wegen seines Reichtums, seiner Freizügigkeit und Gewandtheit auf dem Tanzparkett der von allen, besonders von den Damen, geschätzte gesellschaftliche Mittelpunkt. Lange vor den Figuren im Stück ahnt oder weiß der Leser von der wahren Natur des »Neffen«. Die Grünwieseler haben es ihrer eigenen Beschränktheit zuzuschreiben, wenn sie die deutlichen Zeichen übersehen – der Aufmerksamkeit des Lesers können die zahlreichen Indizien aber nicht entgehen. So gibt es mehrere Hinweise auf die hör- und sichtbaren Mängel des verkleideten Affen (seine Sprache, seinen Gang, seine schöne, aber schlechtsitzende Kleidung, die kuriosen Bewegungsabläufe), die auch die Figuren bemerken, ohne ihnen jedoch eine Bedeutung beizumessen. Leitmotivisch werden Kragen und Halstuch als Metaphern für die Zähmung des Tieres eingesetzt; der fremde Herr führt den Grünwieselern auch mehrmals dieses Mittel zur Domestizierung vor: droht der Affe in seine ursprüngliche Wildheit zurückzufallen, zieht er das Halstuch fester, und das Tier gehorcht wieder. Der Bürgermeister erhält für den Abschlußball aber den entgegengesetzten Rat, das Tuch bei entsprechenden Situationen langsam zu lösen. Das Ende kann den aufmerksamen Leser nicht mehr überraschen, während es für die Grünwieseler zum Schock gerät. Durch seine unübersehbaren Signale stellt der Erzähler in *Der Affe als Mensch* ein Einverständnis mit dem Leser her, der sich in seiner Überlegenheit über die uneinsichtigen Grünwieseler gefallen kann.

Weiter gehört zu den wichtigen Elementen der Erzählung die Formulierung von Paradoxien, die nicht aufgehoben werden; als satirische Signale verweisen sie auf das Ungesicherte vermeintlich sicherer Wahrheiten, die auch das Leitthema im gesamten Zyklus sind. ». . . der Oberpfarrer schüttelte oft bedenklich den Kopf über die rohe Unwissenheit des jungen Mannes; aber dennoch fand man alles trefflich« (S. 321); oder: »Der Oberpfarrer, ein gelehrter Mann, der oft an den Affen eine Partie Schach verloren hatte . . .« (S. 327) u. ö. Die pädagogische Absicht dieser Erzählhaltung ist leicht zu erkennen: Indem der Erzähler den (jungen) Leser auf die zahlreichen Ungereimtheiten aufmerksam macht, will er ihn gleichzeitig gegen all das wappnen, was die Figuren in dem Stück verführt: vorschnelles Urteilen, kritikloses Nachahmen, Leichtgläubigkeit fremden Autoritäten gegenüber.

Satire als Kulturkritik

Ein wesentlicher Aspekt der Erzählung besteht in der kulturkritischen Darstellung der Entstehung von Moden. Das von allen sozialen Konventionen abweichende Verhalten des vermeintlichen Engländers ahmen die Grünwieseler gerne nach, weil es den gesellschaftlichen Zwang zur Triebkontrolle durchbricht und erlaubt, den unzivilisierten Instinkten freieren Lauf zu lassen. Für den Leser, der den angeblichen Neffen als Tier durchschaut hat, wird auf diese Weise der Affe mit seinen schlechten Manieren zu einem Zerrbild der ›guten‹ Gesellschaft von Grünwiesel, deren bisheriges Wohlverhalten sich als ein künstlich anerzogenes Verhaltensmuster erweist, das man bei der ersten Gelegenheit abwirft. Das bedeutet aber nicht, daß Hauff den sozialen Rollenzwängen mit dem Affen ein Vorbild natürlicheren Lebens entgegenstellen würde. Das Tier ist den Bürgern nur deshalb überlegen, weil diese in der Karikatur übermäßig spießig dargestellt werden.

Die Kritik Hauffs scheint jedoch weiter zu zielen. Die Bürger ahmen ja vermeintlich französische Moden (Kleidung) und englisches Verhalten (Sitten) nach. Am schärfsten hatte Hauff diese Sucht, sich à la Jocko (s. o.) zu kleiden, bereits in der Erzählung *Freie Stunden am Fenster* (1826) im Kapitel *Joco* gegeißelt, wo der Erzähler von einem modisch aufgeputzten Herrn besucht wird, der ihn mit neuesten Nachrichten über Kleidung und Mode aus Frankreich langweilt. In *Der Affe als Mensch* wird nun zum einen die überkommene aristokratische Kultur Frankreichs satirisch behandelt, wenn ausgerechnet ein alter und gebrechlicher französischer Tanzmeister einen jungen Engländer anständiges Tanzen lehren will. Zum anderen erstreckt sich diese Kritik auch auf die vermeintlich natürlicheren, in Wahrheit aber nur ›tierischen‹ englischen Verhaltensformen. Schließlich fällt es den Grünwieselern gar zu leicht, die Verstöße des Affen gegen die guten Sitten als typisch englisch zu identifizieren und damit auch zu legitimieren. Diese Kritik Hauffs an England läßt sich auch außerhalb der Erzählung belegen: Anfang 1827 erschien in ›Blackwood's Magazine‹ ein Artikel über Sitten und Literatur, in dem deutsche Kulturlosigkeit und Bequemlichkeit verspottet werden. Hauff reagierte im ›Morgenblatt für gebildete Stände‹ (Nrn. 22/23, 25./26. Jan. 1827) sarkastisch – offenbar sind in dieser Reaktion eigene Erfahrungen und Erlebnisse aus seiner Bildungsreise (vgl. Zeittafel) mit eingeflossen: »An Bequemlichkeit müssen wir wenigstens den Engländern den Vorrang lassen. Wir sahen in Deutschland, Frankreich und Holland englische Gentlemans in der guten Gesellschaft und können versichern, daß wir uns über ihre an Naivetät grenzende Bequemlichkeit gewundert haben. Ein Dandy von gutem Ton legt sich quer auf das Sofa oder in den breitesten Fauteuil neben dem Kamin und läßt ›Damen‹ neben sich stehen, oder sieht ruhig zu, wie sie sich geringere Plätze suchen müssen.«

Hauffs Gesellschaftskritik in *Der Affe als Mensch* richtet sich offenbar nicht nur gegen die Bürger in deutschen Provinzstädten, sondern darüber hinaus auch gegen die europäischen Kulturnationen. Damit kommt der Erzählung eine wichtige Funktion im Gesamtzusammenhang des Zyklus zu, in dem sich vor allem zwei Grundgedanken realisieren: die beiden Kulturen Abendland und Orient werden auf der Basis gegenseitiger Toleranz miteinander verbunden, denn es sind Franken und Araber, die vor den Scheik treten und Geschichten aus ihrer Heimat erzählen, um Verständnis füreinander zu wecken; gleichzeitig entsteht ein Gegenbild zur europäischen Zivilisation mit ihren hierarchischen Herrschafts- und Sozialformen, wenn die Sklaven freigelassen werden und die vier jungen Männer im Haus des Scheik ihre unterschiedlichen Talente verwirklichen dürfen.

Zur positivsten Gestalt im Gegensatz zu deutschem Spießbürgertum, französischer Sozialdressur und englischer Pöbelhaftigkeit wird damit die scheinbare Randfigur in der den Zyklus abschließenden *Geschichte Almansors:* Napoleon. Mit seiner in Deutschland damals unerhörten Glorifizierung Napoleons – galt ihm doch dieser Kaiser als ein einfacher und humaner Mensch – hält Hauff den deutschen, französischen und englischen Varianten des juste-milieu die alten Werte von Freiheit, Gleichheit und Brüderlichkeit entgegen, ein Ideal, das durch die Konzeption einer west-östlichen Kultursymbiose ergänzt wird.

Die Tradition des Tiermotivs als künstlerisches Sujet führt, immer wieder variiert, bis in die Gegenwartsliteratur.

Joseph de Pougens' bereits erwähntes Drama ›Jocko‹ wurde oft nachgespielt und war noch bis in die 70er Jahre des 19. Jhs. auf Provinzbühnen zu sehen. Die von Heinrich Laube redigierte ›Zeitung für die elegante Welt‹ veröffentlichte in Nr. 82/83 (1834) eine Geschichte, die den Stoff der Tierdichtung trivialisiert: In ›Lord Seymour und sein Bär‹ wird auf einem Kostümfest ein Bär verkleidet als Bär (!) den Damen zu ihrem Entzücken vorgestellt; die Reaktion der Gesellschaft nach der Entlarvung gleicht nahezu jener der Grünwieseler in Hauffs Geschichte. Franz Kafka läßt in ›Ein Bericht für eine Akademie‹ (1917) einen domestizierten Affen seinen Werdegang von der Gefangennahme bis zu seinen Auftritten als Varietékünstler vor einem gelehrten Publikum erzählen. Als Vorlage diente *Der Affe als Mensch* dem Komponisten Hans Werner Henze, dessen Vertonung 1965 an der deutschen Oper Berlin uraufgeführt wurde (mit dem Titel): ›Der junge Lord‹. Komische Oper in zwei Akten. Nach einer Parabel Ingeborg Bachmanns aus ›Der Scheik von Alessandria und seine Sklaven‹ nach dem Text Hauffs. Ingeborg Bachmann hat sich während der Bearbeitung eine Notiz gemacht, die von Hauff selbst stammen könnte: Es sei ihr fern gelegen, »die Leute von Hülsdorf-Gotha durch Ironie zu töten, sondern sie, nicht ohne Liebe, leben und bestehen zu lassen in ihrer honorigen Beschränktheit, Arglosigkeit, ihrem provinziellen Charme und einigen fatalen Zügen auch ...«.

Anmerkungen

S. 313 *Ferman:* pers.: Befehl; ein im Namen des Sultans ausgefertigter Erlaß.

S. 314 *visiert:* amtlich beglaubigt.
die Flur: Hausflur, urspr. als Femininum gebraucht.
Partie: alte Schreibung für Partei.

S. 316 *Cercle:* franz.: Kreis, hier: Teezirkel.

S. 317 *Ekossaise:* schottischer Tanz im ³⁄₂- oder ³⁄₄-Takt, der über Frankreich nach Deutschland kam.
Entrechats: Kreuzsprünge.

S. 320 *Rumor:* lat.: Aufruhr, Lärm.

S. 321 *Philidor:* François André Danican-Philidor (1726–1795), franz. Komponist und berühmter Schachspieler und -theoretiker des 18. Jhs.
Kronentaler: eine im 18. Jh. in Frankreich geprägte Silbermünze.
Dukaten: (ital.: ducato); Goldmünze.

S. 325 *Mosjöh:* verballhornt aus dem franz. Monsieur, Herr.

S. 326 *honett:* franz.: ehrbar, anständig.
Homo Troglodytes Linnaei: lat.: Linnéscher Höhlenmensch (scherzhafte Wortbildung). Karl von Linné (1707–1778), schwedischer Naturforscher.

S. 327 *Der Affe sehr possierlich ist ...:* Vielzitiertes Beispiel aus den ABC-

Versen des ersten Leseunterrichts für Kinder; taucht später wieder als Zitat in ›Fips der Affe‹ von Wilhelm Busch auf.

Literaturhinweise

Bachmeier, Helmut: Die Konzeption der Arrivierung. Überlegungen zum Werke Wilhelm Hauffs. In: Jahrbuch der Deutschen Schillergesellschaft 23 (1979), S. 309–343.

Beckmann, Sabine: Wilhelm Hauff. Seine Märchenalmanache als zyklische Kompositionen. Bonn 1976.

Bridgwater, Patrick: Rotpeters Ahnherren, oder: Der gelehrte Affe in der deutschen Dichtung. In: DVjs 56 (1982), S. 447–462.

Martini, Fritz: Wilhelm Hauff. In: Deutsche Dichter der Romantik. Ihr Leben und Werk. Unter Mitarbeit zahlreicher Fachgelehrter hg. v. Benno von Wiese. 2., überarbeitete und vermehrte Auflage. Berlin 1983, S. 532–562.

Roggenhausen, Paul: Hauff-Studien. In: Archiv für das Studium der neueren Sprachen und Literatur. Bd. 156 (1929), S. 161–168, Bd. 157 (1930), S. 13–25, 161–181; hier Bd. 157 (1930), S. 161.

Schütz, Erhard: Wilhelm Hauff oder die Spuren der zweideutigen Vernunft. In: literatur für leser. Zeitschrift für Interpretationspraxis und geschichtliche Textkenntnis (1983), S. 141–152.

Schwarz, Egon: Wilhelm Hauff: Der Zwerg Nase, Das kalte Herz und andere Erzählungen. In: Romane und Erzählungen zwischen Romantik und Realismus. Hg. v. Paul Michael Lützeler. Stuttgart 1983, S. 117–135.

F. A.

Bettine von Arnim

1785 4. April: Bettine wird als siebtes Kind des Kaufmanns Peter Anton Brentano und seiner zweiten Frau Maximiliane v. La Roche in Frankfurt a. M. geboren.

1793 19. November: Tod der Mutter – Übersiedlung ins Ursulinenstift von Fritzlar.

1797 Tod des Vaters – Übersiedlung zur Großmutter Sophie v. La Roche nach Offenbach.

1801 Bekanntschaft mit Achim v. Arnim. Freundschaft mit Karoline v. Günderrode (1806 Selbstmord).

1807 Bekanntschaft mit Goethe und Beginn des Briefwechsels.

1811 11. März: Heirat mit Achim v. Arnim (aus der Ehe gehen 7 Kinder hervor). Goethe bricht nach einer Auseinandersetzung Bettines mit seiner Frau Christiane die Beziehungen zu Bettine ab.

1831 21. Januar: Tod Achim v. Arnims. Soziales Engagement während der Cholera-Epidemie in Berlin.

1835 Erste literarische Veröffentlichung: *Goethes Briefwechsel mit einem Kinde.*
1840 *Die Günderode. Ein Briefwechsel.*
1843 *Dies Buch gehört dem König.*
1844 *Clemens Brentanos Frühlingskranz.*
1845 Niederschrift der Erzählung *Der Heckebeutel.*
1848 Märzrevolution in Deutschland und Österreich.
Ilius Pamphilius und die Ambrosia.
1852 *Gespräche mit Dämonen. Des Königsbuchs zweiter Band.*
1859 20. Januar: Tod Bettine v. Arnims.

Der Heckebeutel

Erstdruck und Druckvorlage: Der Heckebeutel. In: Werner Vordtriede: Bettina v. Arnims Armenbuch. In: Jahrbuch des Freien Deutschen Hochstifts 1962, S. 379–518; der Paralleldruck aller Teile des Textes unter Angabe der Korrekturen Bettines findet sich auf den Seiten 498–517.

Zur Textgestalt

Bettine von Arnims Erzählung liegt in zwei handschriftlichen Fassungen vor; daneben existieren eine Reinschrift des Schlusses und eine Variante des Schlusses von fremder Hand. Werner Vordtriede hat dies erstmals unter dem Titel ›Der Heckebeutel‹ ediert. Wie aus den einleitenden Bemerkungen Bettines hervorgeht, war die Erzählung nicht zur Veröffentlichung vorgesehen, sondern vermutlich für den preußischen Prinzen Waldemar bestimmt (s. Literaturhinweise: Vordtriede, S. 124). Beide Fassungen weisen nur geringfügige motivische und stilistische Unterschiede auf. Als Druckvorlage wurde die zweite Fassung gewählt; der Schluß der Erzählung wird nach der Reinschrift wiedergegeben. Der unveränderte Abdruck erfolgt mit freundlicher Genehmigung von Werner Vordtriede.

Sozialgeschichtliche und biographische Hintergründe

Die aus der sehr reichen Kaufmannsfamilie Brentano stammende und durch die Heirat mit Achim v. Arnim Baronin gewordene Bettine stand 1844 im Verdacht, Kommunistin zu sein. Vor Veröffentlichung des ›Kommunistischen Manifests‹ durch Marx und Engels (1848) verstand man unter dem Begriff ›Kommunismus‹ allerdings noch keine bestimmte ökonomisch-politische Theorie oder Parteizugehörigkeit, sondern bezeichnete damit ganz allgemein (meist in diffamierender Absicht) jede ernstgemeinte sozialkritische Haltung – gleichgültig, ob eine Abschaffung des Privateigentums angestrebt wurde oder nicht. Bettine v. Arnim verdankte diesen Ruf zum einen ihrem 1843 erschienenen *Königsbuch* (eigentlich: *Dies Buch gehört dem König*), das Friedrich Wilhelm IV. von Preußen die Augen über die Mißstände in seinem Reich und über seine historische Aufgabe öffnen sollte, zum anderen ihrem der Öffentlichkeit bekannten Plan, das sog. *Armenbuch* zu schreiben. Dieses Werk ist Fragment geblieben – unter den erhaltenen Materialien und Entwürfen befinden sich auch die Manuskripte der *Heckebeutel*-Erzählung. Bettine v. Arnim hatte am 15. Mai 1844 in den großen deutschen Zeitungen ein Inserat veröffentlicht, worin sie bat, ihr Mitteilungen über die soziale Not in Deutschland zur Verfügung zu stellen. Offenbar sollte das *Armenbuch* aus einer Sammlung statistisch genau belegter Einzelfälle bestehen; ein umfangreiches Nachwort, das mit Hilfe biblischer Metaphorik das Phänomen der Armut diskutiert, hätte das Buch abgeschlossen. Die auf das Inserat hin eingesandten Berichte vermittelten Bettine einen drastischen Eindruck vom beherrschenden sozialpolitischen Problem der Zeit: dem Pauperismus. Diese Massenverelendung war das Resulatat einer sich seit dem Dreißigjährigen Krieg vollziehenden Umstrukturierung im Verhältnis zwischen Stadt und Land, die in Preußen zu Anfang des Jahrhunderts durch die Stein-Hardenbergischen Reformen (u. a. Bauernbefreiung und Aufhebung der Zünfte) ihren Höhepunkt erreichte. Die Hungersnöte und die damit verbundene Landflucht in den dreißiger und vierziger Jahren führten in den Städten zu einem Überangebot an Arbeitskräften, das die Handwerker und Tagelöhner arbeitslos machte oder zu Löhnen unterhalb des Existenzminimums zwang. In der Folge entstanden in den Randbezirken der Großstädte regelrechte Elendsviertel, deren Bewohner zudem unter dem damaligen Steuersystem zu leiden hatten. Die Abgaben wurden nicht proportional zum Einkommen bemessen, sondern waren als fixe Summen festgesetzt (vgl. im *Heckebeutel* den Bericht über den Gewerbeschein, S. 334), so daß die Steuern nicht selten höher lagen als die Einkünfte.

Am nachdrücklichsten trat der Pauperismus nach der Revolte der schlesischen Weber (1844) ins öffentliche Bewußtsein. Die übermächtige, weil technisch weit entwickeltere englische Konkurrenz und ein brutales Ausbeutungssystem der deutschen Fabrikanten (vgl. Gerhart Hauptmanns Drama ›Die Weber‹) hatten ihnen die Existenzgrundlage entzogen – ihr spontaner Hungeraufstand wurde innerhalb weniger Tage militärisch niedergeschlagen. Bettine v. Arnim brach daraufhin die Arbeit am *Armenbuch* ab. Dies dürfte aber weniger in der Angst vor polizeilicher Verfolgung oder vor einer Revolution begründet gewesen sein als in der Einsicht, daß die bisher gehegte Hoffnung auf den guten Willen des Königs und der Öffentlichkeit getrogen hatte. Bettine v. Arnims moralistisches Engagement für die Sache der Armen hatte sich als Fehlschlag erwiesen – trotz ihrer Bekanntschaft mit den Theorien des Liberalismus (der jungdeutschen Schriftsteller wie Karl Gutzkow und der Linkshegelianer wie Bruno Bauer), des Frühsozialismus (Saint-Simon) und des Anarchismus (Max Stirner) schloß sie sich aber keiner dieser oppositionellen Richtungen an.

Bettine v. Arnim referiert in ihrer Erzählung ein reales Ereignis. Die zahllosen Nachlässigkeiten in Rechtschreibung, Zeichensetzung und Satzbau bestätigen, daß es sich um ein literarisch nicht ausgefeiltes Notat einer Reihe von Gesprächen handelt – *Der Heckebeutel* ist dennoch mehr als ein bloß privates Dokument.

Auf die Nähe der Erzählung zur Frühromantik weist z. B. die inhaltliche Überschneidung mit der von Bettines Bruder Clemens Brentano 1817 veröffentlichten Erzählung ›Geschichte vom braven Kasperl und dem schönen Annerl‹ hin, in der ebenfalls eine steinalte Frau vom Land im Mittelpunkt steht. Konkreter wird dieser Bezug zum romantischen Erzählen durch das Märchenmotiv des Heckebeutels (vgl. z. B. Chamissos ›Peter Schlemihl‹). Bettine v. Arnim hebt dadurch die soziale Realität ironisch auf eine unwirkliche Ebene und verschärft auf diese Weise die Schilderung des Elends: daß die im Grunde bescheidene Hilfe von einem zauberkräftigen Heckebeutel zu kommen scheint und dennoch nichts mehr ausrichten kann, macht deutlich, daß die bloße karitative Unterstützung die Mißstände nicht mehr zu bewältigen vermag.

Abgesehen von den persönlichen Vorbemerkungen Bettines, ihren wenigen knappen Fragen und reflektierenden Situationsbeschreibungen sowie vor allem der politischen Verallgemeinerung am Schluß des Textes kann die alte Frau scheinbar ungestört aus ihrem Leben erzählen. Oberflächlich betrachtet wendet Bettine v. Arnim hier eine genuin romantische Technik an: Clemens Brentano und Achim v. Arnim in ›Des Knaben Wunderhorn‹ und die Gebrüder Grimm in den ›Kinder- und Hausmärchen‹ hatten versucht, die einfachen Menschen – das Volk – zum Erzählen zu bringen, um jenseits der literarischen Bildung ein ursprüngliches Wesen des Volkes erscheinen zu lassen – trotzdem wurden die Volkslieder und -märchen dieser Sammlungen einer zum Teil sehr weitgehenden literarischen Überarbeitung unterzogen. Bettine v. Arnim verzichtet ebensowenig auf die Kontrolle über die Erzählung, da sie den größten Teil der Reden der alten Frau nur indirekt wiedergibt und sich gegebenenfalls als anregende oder urteilende Instanz einschaltet. Hierbei prägen sich zwei unterschiedliche Rollen aus, in denen sich die soziale Distanz zwischen der armen Frau vom Land und der adeligen Städterin abbildet. Die alte Frau berichtet ganz auf sich selbst bezogen ihre Geschichte, ihre Probleme und ihre Zukunftshoffnungen; ihre Sprache ist durch einfachsten Satzbau gekennzeichnet, d. h. die einzelnen Gedanken werden untereinander kaum logisch verbunden, sondern nur lose aneinandergereiht. Die Lebensgeschichte erscheint dadurch als ständige Wiederholung der im Grunde immer gleichen Katastrophen, denen die alte Frau wehrlos ausgeliefert ist. Bettine v. Arnim kann die Lebensgeschichte dagegen in einem sozialgeschichtlichen Zusammenhang begreifen – aus einer individuellen Biographie wird so eine Fallstudie, die sich als typisch verstehen läßt. Demgemäß richtet sich das ironische Stilprinzip der Wiederholung (bei der Bitte um Geld und beim nicht ganz berechtigten Stolz der alten Frau auf ihren Verstand) nicht gegen die Frau aus dem Volk. In dieser Hinsicht beweist das Immergleiche lediglich bewundernswerte Ausdauer und Kraft, und die Ironie des ständigen Kreislaufes von Hoffnung und Scheitern gerät zur Kritik an den unmenschlichen Lebensumständen im Preußen des 19. Jahrhunderts. Hieran wird auch deutlich, was Bettine v. Arnim von der Frühromantik unterscheidet, mit der sie doch in vielfältiger Weise verbunden ist: das unerschütterliche Selbstvertrauen der alten Frau und ihre felsenfeste Königstreue werden nicht uneingeschränkt als positive Werte dargestellt; was um 1800 als Ausdruck des Naiven, der inneren Harmonie und Natürlichkeit des Volks, verstanden worden wäre, erscheint bei Bettine v. Arnim auch als Beschränktheit. Diese Distanz zur Frühromantik zeigt sich bei genauerem Hinsehen auch bei der Verwendung des Märchenmotivs vom Heckebeutel. Wollten die romantischen Märchen hinter der nüchternen Realität ein eigentlicheres Sein durchscheinen lassen, so dient im *Heckebeutel* das märchenhafte Element dazu, den sozialkritischen Inhalt zu profilieren. Bettine v. Arnim nähert sich hiermit realistischen Erzähltechniken Heinrich Heines oder der jungdeutschen Schriftsteller.

Das Volk und die Armut

1843 hatte Bettine v. Arnim in ihrem *Königsbuch* die Frau Rath, die 76jährige Mutter Goethes, dem preußischen König Friedrich Wilhelm IV. einige ungewöhnliche Wahrheiten sagen und eine Reihe von provozierenden Vorschlägen machen lassen; sie wollte damit dem König helfen, seinen göttlichen Auftrag zu erfüllen und die Einheit mit seinem Volk zu suchen. Wenngleich mit anderen Inhalten und anderen Absichten, so geht Bettine v. Arnim im *Heckebeutel* doch ähnlich vor. Sie läßt eine Frau mit der Autorität des hohen Alters und eines ungewöhnlich leidvollen Lebens sprechen, um die grausamen Lebensumstände aller Armen an einem extremen Einzelfall besonders eindringlich aufzuzeigen. Daraus entsteht eine scharf akzentuierte Skizze von »dieser, den Armen treulosen, Welt« (S. 334), in der gerade die besten Menschen immer wieder um ihr Glück betrogen werden. Die alte Frau verkörpert dabei das Volk, dem die Tugenden der Treue, der Aufopferung und der Pflicht gegenüber Staat und Religion angeborene Wesenszüge sind. Die alte Frau, die Vater, Brüder, Mann und Söhne im Krieg verloren hat und dennoch dem König fraglos ergeben bleibt, bezeugt dabei den hohen sittlichen Wert des Volkes, der in hartem Kontrast steht zur Verdorbenheit der ›Kultur‹ der Reichen und am Hofe. Alle Vorwürfe, die es schon vor der Revolution von 1848 gab, das Volk strebe nur aus niedrigen Instinkten nach Aufruhr und Umsturz, scheint Bettine v. Arnim mit ihrer Erzählung entkräften zu wollen: das Volk ist gut und dient dem König so treu wie je zuvor. Da dies aber unbelohnt bleibt, hat sich das moralische Gleichgewicht in unerträglicher Weise verschoben. *Der Heckebeutel* leistet seine Kritik an der Armut von einem moralischen Standpunkt aus: das empörende Faktum wird vor allem darin gesehen, daß die wertvollen Menschen materielle und seelische Not leiden, während die Egoisten, Heuchler und Karrieristen bequem leben können.

Das Beispiel der alten Frau demonstriert die Notwendigkeit einer grundsätzlichen Erneuerung des Staates – wie diese auszusehen hätte, ist im *Königsbuch* ausführlich diskutiert, und der Schluß des *Heckebeutel* spielt darauf an. In Anlehnung an mittelalterliche Vorstellungen vom Deutschen Reich und wissenschaftliche Denkmodelle des späten 18. und frühen 19. Jahrhunderts orientiert sich Bettine v. Arnim an der von vielen Romantikern (Novalis/Tieck/v. Arnim usw.) geteilten Idee eines Volkskönigs. Hier wird der Staat als eine Art von Organismus aufgefaßt, in dem das Volk den Körper und der König den Kopf ausmacht. So wie es in einem gesunden Körper keinen Widerspruch zwischen den verschiedenen Organen geben kann, weil alle in einem vollkommenen Wechselverhältnis zueinander stehen, so soll auch zwischen König und Volk eine innige Harmonie bestehen, in der sich im Willen des Königs immer unmittelbar der Wille des Volkes ausdrückt.

Den Unterschied zwischen diesem Idealkonzept und der politisch-sozialen Realität erklärt Bettine v. Arnim vor allem durch die sog. ›Camarilla‹, womit sie den höfischen Staats- und Beamtenapparat meint, der den König aus egoistischen Motiven falsch informiert und ihn von seinem Volk isoliert. Im Unterschied zum *Königsbuch* zeigt sich in dieser Hinsicht im *Heckebeutel* eine resignative Tendenz. Der abschließende Hinweis auf die Heuchler, die »den Sieg davon tragen bei Jenen Herren der Welt« (S. 336), zielt zwar auf die ›Camarilla‹ und ordnet die ganze Erzählung in ein sozialkritisches Konzept ein, kann aber keine Hoffnung mehr vermitteln. War es im *Königsbuch* diesseits aller Übertreibungen und Provokationen um einen Beitrag zur Reform des Staates gegangen, die eine neue Einheit zwischen Volk und König herbeiführen sollte, ohne eine revolutionäre Umwälzung nötig zu machen, so kann der *Heckebeutel* nur noch eine Anklage formulieren.

Anmerkungen

S. 329 *Friedrich d'or:* preußische Goldmünze (1740–1855) im Wert von 5 Talern. Ein Taler entspricht ca. 30 DM im Jahre 1975; dabei ist jedoch zu bedenken, daß Wohnungen, Grundnahrungsmittel und einfache Kleidung verhältnismäßig sehr billig waren.

Heckpfenning: Zaubergeld, das sich selbst vermehrt (vgl.: ›Handbuch des deutschen Aberglaubens‹ Bd. 3: »Heck(e)taler«).

Kiepe: Korb.

S. 330 *Siebenjährigen Krieg:* Krieg zwischen den kontinentaleuropäischen Mächten und Preußen/Hannover (1756–63).

Valancienne: eigentl. Valenciennes, Stadt in Nordfrankreich.

Mons: Stadt und Festung in Flandern.

Einnahme von Magdeburg: die Festung Magdeburg ergab sich am 8. November 1806 den Truppen Napoleons.

S. 334 *Louis Ferdinand:* Friedrich Ludwig Christian, Prinz von Preußen (1772–1806), gefallen bei der für Napoleon siegreichen Schlacht von Jena und Auerstedt.

S. 335 *Handierung:* eigentlich Hantierung – hier: Handel, kleine Geschäfte.

Literaturhinweise

Drewitz, Ingeborg: Bettine v. Arnim. Romantik – Revolution – Utopie. München [5]1984.

Konrad, Gustav: Bettine von Arnim. In: Deutsche Dichter der Romantik. Ihr Leben und Werk. Unter Mitarbeit zahlreicher Fachgelehrter. Hg. von Benno von Wiese. 2. überarbeitete und vermehrte Auflage. Berlin 1983, S. 377–408.

Koselleck, Reinhart: Preußen zwischen Reform und Revolution. Stuttgart 1967.

Vordtriede, Werner (Hg.): Bettina von Arnims Armenbuch. Erweiterte Ausgabe: Frankfurt a. M. 1981.

A. M.

Nachwort

Die Bewegung der Romantik in Deutschland

»Das Classische«, so konstatiert Goethe in dem später so berühmten Gespräch vom 2. April 1829, das uns Eckermann überlieferte, »das Classische nenne ich das Gesunde, und das Romantische das Kranke.«

Und »Krankheit« war für den Naturforscher Goethe keinesfalls das radikale Übel, sondern die Übersteigerung einer, im Gesamthaushalt der Kräfte berechtigten und notwendigen Strebung; die Sehnsucht ins Unendliche sei bei den jungen Romantikern forciert. Daß Goethe nun freilich im »Klassischen« – und das hieß doch vor allem: in seinem eigenen Werk – die formende und begrenzende »Specification« mit jenem »Fortgehn ins Unendliche« zum schönen Ausgleich gebracht sah, läßt uns heute argwöhnen, daß sein prägnantes Bild des »Romantischen« vor allem polemischen Zwecken und der Selbstbehauptung diente. Nicht auf Erkenntnis, sondern auf Kennzeichnung war abgezielt, auf eine Rollenzuweisung im literarischen Zeitgespräch. Denn erst das Wechselspiel von Allianz und Gegnerschaft, von programmatischer Selbstdeutung, wohlmeinender Beschreibung, Mißkennen und böswilliger Verzerrung macht insgesamt eine »Kultur« aus, und in ein solches kulturelles Spannungsfeld gehört das Schlagwort »Romantik«. Vor allem ihre Gegner und ihre Nachfolger haben die einheitliche »Romantik« erfunden; jedoch hatten die jungen Romantiker selbst ihnen vorgearbeitet: Nach der »Klassik« tritt auch diese Richtung als eine *programmatische Bewegung* auf.

Programmatisch war die Kultur schon zu Beginn des 18. Jahrhunderts geworden. Die »Aufklärung« gab sich selbst den noch heute üblichen Epochen-Namen und tat mit dieser Selbsttaufe zugleich ihre Absichten kund: Die geistige Landschaft sollte »aufgeklärt« und erhellt werden, vernünftige Tugend werde dann herrschen und der Mensch aus seiner »selbstverschuldeten Unmündigkeit« sich wieder selbst befreien. Kein literarisches Programm also. Die »schönen Künste« sollten zwar erfreuen, doch vor allem auch nützlich sein; auf »Brauchbarkeit und Anwendbarkeit« sei, wie August Wilhelm Schlegel tadelte, alles abgesehen. Zwar hätten sich »die Aufklärer nicht übel bedacht, da sie die Benennung ihres Geschäfts vom Lichte entlehnten, dieser fast anbetungswürdigen Seele der Natur, dem schönsten Symbol der göttlichen Allgegenwart und Allwissenheit. Es fragt sich aber, ob es die reine Freude am Licht oder ohne Bild das unbedingte Interesse für Wahrheit ist, was sie zu so eifrigen Predigern der Aufklärung macht, oder ob sie das Licht nur deswegen schätzen, weil man dabei bequemlich sehen und allerlei notwendige Verrichtungen vornehmen kann.«

Die Aufklärung war indes längst alt geworden, als August Wilhelm Schlegel seine Berliner Vorlesungen hielt. Zwar lebten gegen Ende des

Jahrhunderts noch die Träger großer Namen, aber die Gegner in den Richtungskämpfen von einst waren nun mit dem gleichen vergilbten Lorbeer geschmückt: Ob Gleim, ob Voß, ob Nicolai, ob Klopstock oder auch die Brüder Stolberg – ihre Hauptwerke lagen Jahrzehnte zurück. Eine aufklärerische Popularphilosophie, abgezogen in moralischen Sentenzen, hatte mittlerweile den Literaturmarkt überschwemmt und wurde in Ritterdramen und rührenden Familienstükken, in abenteuerlichen Romanen über Geheimbünde und solchen aus dem biederen Bürgerleben einem belesenen, aber nicht gebildeten Publikum verabreicht. Die junge Autorengeneration nimmt für sich in Anspruch, das Programm der Aufklärung, soweit es dies verdient, gegen ihre Praxis zu retten. Anstelle der Popularphilosophie soll allein die »echte« Philosophie herrschen und das »Licht« der Wahrheit nach seiner Natur leuchten dürfen. Dann erscheinen »Vernunft und Fantasie«, die sich unter der Tyrannei des Nützlichkeitsdenkens entzweit hatten, wieder als »die gemeinschaftliche Grundkraft unseres Wesens«. Die Romantiker pointieren so kritische Überlegungen aus dem Kreis der Aufklärer selbst; sie zerstören deren Gesprächsgemeinschaft, um sich als »Faction«, als Partei mit eigenem Programm, zu konstituieren.

Geschichtlich betrachtet ist dies weder böser Wille noch bloßer Zufall. Die Romantiker müssen sich ja, wollen sie nicht sich dem Diktat des gemeinen Nutzens beugen und ihre »Fantasie« verleugnen, als eine literarische »Faction« kämpfend behaupten. Tatsächlich war während der achtziger Jahre kein bedeutender Autor im deutschen Sprachgebiet hervorgetreten, und die Skandalautoren des »Sturm und Drang« waren entweder vergessen oder schienen sich in den langsamen Gang der Entwicklung aller gefügt zu haben. Als dann Goethe und Schiller, inzwischen befreundet, endlich ihre eigene Position glaubten befestigen zu müssen, wählten sie jenes Verfahren, dem sie ihren frühen Ruhm verdankten: Die Provokation und den Skandal. Und sie wurden damit zum Vorbild des Literaturkampfes der jungen, »romantischen« Generation. Der »Xenienkampf«, für die Zeitgenossen eine literarische Unverschämtheit und Anmaßung sondergleichen, wurde zum Strategiemodell der folgenden Kämpfe am Literaturmarkt. Denn solche Parteikämpfe sind doch der Mechanismus der Erfolgszuweisung, sobald der Markt erst einmal genügend groß und ausreichend anonym geworden ist. Die »romantische« ist die erste Generation, die mit der Rolle des »freien Autors« experimentieren kann.

Allerdings können sie diese Rolle auch ausfüllen. Nicht jede Einseitigkeit taugt für Programme; nicht jeder, der die Gedanken, die aktuell und im Gespräch sind, geschickt pointiert und sie als seine eigenen ausgibt und empfindet, wird eine neue literarische Bewegung vorantreiben. In Goethes Werk fanden die Romantiker das Vorbild und den

Ansporn für ihr eigenes Talent; nur beweist sich dies Talent dann erst in der eigenen Produktion.

Auch der später so reservierte »Klassiker« schuldet der jungen Generation Dank, denn sie erst hat ihn zum »Statthalter des poetischen Geistes auf Erden« ausgerufen, sie hat eine Botschaft seiner Dichtung neben die Wahrheit der Philosophie gestellt; sie hat freilich auch seine Universalität gefährlich in die Utopie übersteigern wollen: »Die *Französische Revolution,* Fichtes Wissenschaftslehre und Goethes Meister«, sollen ja laut dem berühmten ›Athenäum‹-Fragment von Friedrich Schlegel die »drei größten Tendenzen des Zeitalters« sein.

Zunächst hatte das deutsche Publikum die Revolution in Frankreich begrüßt; nicht dem gewaltsamen Austrag eines sozial-politischen Konfliktes glaubte man beizuwohnen, sondern dem »erhabenen Schauspiel« einer moralisch-philosophischen Neugründung des Staates auf den »Begriff des Rechts«: Die Revolution war die Praxis zu einer, von philosophischen Schriftstellern formulierten Theorie. So schien es den gebildeten Ständen auch einleuchtend, daß Deutschland – mit seinem Partikularismus, seiner eigentümlichen Ständegliederung, seiner kulturellen Sonderart – allenfalls aus der Revolution lernen, niemals aber an ihr teilnehmen solle. Daß freilich in Frankreich eine »Sprach- und Literaturrevolution« auf den Pariser Aufstand folgen werde, hatte gleich 1789 der Pariser Korrespondent Johann Heinrich Campe vermutet, und man erblickte nun darin einen Aufruf an die Deutschen, die ihre kulturelle Blütezeit noch nicht erlebt hatten. Vollends nach der Schreckenszeit, dem »Terreur« im Parteienkampf um 1793, stand für viele, wie für die Xenien-Autoren, fest, daß in Deutschland, was in Frankreich vielleicht als zweiter Schritt noch zu erwarten war, der erste und einzige sein sollte:

> Zur Nation euch zu bilden, ihr hoffet es, Deutsche, vergebens;
> Bildet, ihr könnt es, dafür freier zu Menschen euch aus.

Der Friede von Basel (1795), mit dem Preußen und seine Anrainer aus der antifranzösischen Koalition ausschieden, bürdete nicht nur den suddeutschen Staaten den Zwang zur Parteinahme und Österreich die Hauptlast in der Verteidigung des alten Reiches auf, sondern gewährte dem, kulturell ohnehin dominierenden Norden Deutschlands auch jene politische Windstille, die eine Blüte der Kultur ermöglichte; zugleich bestätigte sich den Verschonten die Richtigkeit ihres Weges. Das Programm der »deutschen Klassik« wird neu als Antwort auf die Französische Revolution formuliert; die ›Xenien‹ dokumentieren dann ihre Enttäuschung.

Eine neu gegründete Zeitschrift, ›Die Horen‹, hatte »an dem stillen Bau besserer Begriffe, reinerer Grundsätze und edlerer Sitten, von dem zuletzt alle wahre Verbesserung des gesellschaftlichen Zustandes abhängt, nach Vermögen geschäftig sein« wollen. Schiller, der »keine französische Zeitung mehr lesen« konnte, so ekelten »diese elenden Schindersknechte« ihn an, wollte aus den ›Horen‹ völlig den »Dämon der Staatskritik« und alles, »was mit einem unreinen Parteigeist gestempelt ist«, verbannen und nicht allein die »politisch geteilte Welt«, sondern vorzüglich das zahlende Lesepublikum »unter den Fahnen der Wahrheit und Schönheit wieder ... vereinigen«.

Goethes Fortsetzungsbeitrag zu den ›Horen‹, seine ›Unterhaltungen deutscher Ausgewanderten‹, schien gegen das Programm einer »ästhetischen Erziehung«, wie es Schiller vorgegeben hatte, sogleich zu verstoßen und die Politik zum Thema zu wählen.

Eingangs wird dort die bekannte Konstellation von Wielands ›Unterredung über die Rechtmäßigkeit des Gebrauchs, den die französische Nation dermalen von ihrer Aufklärung und Stärke macht‹ (im ›Teutschen Merkur‹ 1789 erschienen) hergestellt und das Streitgespräch zwischen dem Anhänger der revolutionären und dem einer restaurativen Partei endet schrill; der Verteidiger der Tradition verläßt »die gute Gesellschaft«, und Goethe betont, daß so der, angeblich ›befreiten‹ Menschheit ein »unerschöpfliches Archiv von Menschen- und Weltkenntnis« verloren sei. Nun wollten sich die ›Horen‹ ja »heiterer und leidensfreier Unterhaltung« widmen, und dies wird jetzt auch als Gesetz für die »Unterhaltungen« der zurückbleibenden kleinen Exil-Gesellschaft etabliert, so daß der Widerspruch zwischen Zeitschriftenprogramm und poetischer Praxis einem klugen Rezensenten wie A. W. Schlegel schon »nicht ganz unauflösbar« erscheinen durfte.

Doch beabsichtigte Goethe mit dieser Wendung zum literarisch Unterhaltsamen etwa – wie der revolutionär gesinnte, den Schlegels und Tieck eng verbundene Reichardt argwöhnte – nun »durch leere Gespenstergeschichten« die deutschen Leser »von dem großen, wahren Interesse der Menschheit« abzulenken? Tatsächlich gebraucht Goethe das »Wunderbare« solcher Geschichten zum Prüfstein jener »ungebundenen Leidenschaft«, die er als das revolutionäre Prinzip der Psyche erkennen und durch »Entsagung« zu beherrschen lehren wollte. So schreiten die Erzählungen vom »Wunderbaren« über »moralische Geschichten« zum rein Poetischen, dem ›Märchen‹ fort, ohne daß freilich die Gesellschaft in ihrer ästhetischen Bildung merkliche Fortschritte zeigte; vielmehr bleibt sie in einem roh stofflichen Interesse befangen und gibt allen inhaltlichen Reizungen ihres »Begehrungsvermögens« nach, anstatt sich zum interesselosen Wohlgefallen an der »schönen Form« zu läutern. Dies hatte sich Schiller, der Kantianer, erhofft, und Goethe hatte sich in Kants ›Kritik der Urteilskraft‹ jenen Paragraphen (§ 60) angestrichen, wo »Humanität« ausgelegt wird, einerseits als »das allgemeine Teilnehmungsgefühl, andererseits [als] das Vermögen, sich innigst und allgemein mitteilen zu können« – »welche Eigenschaften zusammen verbunden die der Menschheit angemessene Glückseligkeit ausmachen«; und ursprünglich hatte Kant sogar statt »Glückseligkeit« sich »Geselligkeit« gewünscht, so daß sich in der Korrektur der Ausgaben eine Folgerung abzeichnet, die Goethe zieht und die ebenfalls die Romantiker im »Kunstwerk der Geselligkeit« zu erfüllen glauben. Die Personen, denen in der Rahmenhandlung des Zyklus erzählt wird, verharren noch weit vom Ziel, während sich die Personen, von denen erzählt wird, ihm allmählich annähern.

In dem moralisch-utopischen ›Märchen‹ schließlich wird die Einsicht praktiziert, zu der das Novellenpublikum von »Ausgewanderten« noch nicht reif ist, obgleich sie ihm – wie dem deutschen ›Horen‹-Publikum – als Norm auferlegt war. Der Parteigeist, der im Terreur wütete, verhinderte hier wie dort die wahrhafte, schöne und gebildete Einigkeit.

»Ein einzelner hilft nicht, sondern wer sich mit vielen zur rechten Stunde vereinigt« – Goethe hat das ›Märchen‹ als Replik auf Schillers ›Briefe über die ästhetische Erziehung‹ angelegt. Es »ladet zu Deutungen ein, indem es Bilder, Ideen und Begriffe durcheinander schlingt«, und dazu den »poetischen Teil der Alchemie mit freiem Geist behandelt«, esoterische Zeichen aus hermetischer Naturtheologie und dem Freimaurertum damit verschmilzt – kurz: die wesentlichen Quellenbereiche auch der künftigen »romantischen« Poesie erschließt.

Zwei durch einen Fluß getrennte Reiche werden geschildert; das eine, wo sich der Palast der »schönen Lilie« befindet, ist ein »Reich der Schatten« – wenn wir es mit der Überschrift des ›Horen‹-Erstdrucks von Schillers Gedicht charakterisieren, das er später ›Das Ideal und das Leben‹ nannte. Die ästhetisch konzipierten Ideale sind im ›Märchen‹ ganz und gar »des Lebens schweigende Phantome«, und Schillers Rat an den Idealisch-Strebenden: »Breche mutig alle Brücken ab«, hat hier fatale Folgen, da erst die Vereinigung von erstarrtem Ideal und defizitärer Naturrealität ein neues Leben schaffen wird; eine Brücke ist vonnöten.

Mag dies ›Märchen‹ auch ein »ins Unendliche« auslaufendes »Produkt der Einbildungskraft« sein, so antwortet es doch genau auf die Fehlentwicklung und Mißbildung der Emigranten-Gesellschaft. Halb verrätselnd, halb enthüllend hat noch der alte Goethe betont, dies Werk sei dem Autor in einer Zeitenwende gereift, »wenn ihn der Umsturz alles Vorhandenen schreckt ohne daß die mindeste Ahnung zu ihm spräche, was denn Besseres, ja nur anderes daraus erfolgen solle«; es trage eben »alle Kennzeichen einer Weissagung«.

Nun mochten die Zeitgenossen in dem seltsam gemischten »vierten König« wohl Ludwig XVI. erkennen, und die Topographie auf die beiden, vom Fluß Rhein getrennten Reiche Frankreich und Deutschland projizieren; doch wir wollen Goethe keineswegs noch die Verschlüsselung künftiger Historie zumuten und die Vereinigung der Reiche unter Napoleon ins ›Märchen‹ hineingeheimnissen. Dies ›Märchen‹ verheißt vielmehr, in der Kombination politisch-sozialer Symbole mit esoterisch-literarischen Chiffren, das klassizistische Utopia eines ästhetischen Königtums; es ist ein poetisches Experiment mit geschichtlichen ›Figuren‹.

Die »Lilie« etwa stammt aus der Alchemie und zugleich aus der Heraldik, und so läßt das »Reich der Lilie« mit dem toten Palast an das Kulturmodell einer klassizistisch erstarrten Hofkultur, wie sie unter dem bourbonischen Lilienbanner herrschte, denken. Im Zentralsymbol des Tempels überlagern sich drei Anspielungsfelder: Antikes – sein architektonisches Modell ist das Pantheon – verschmilzt mit römischer Renaissance – denn die Ausführung gemahnt an den Petersdom – und so auch mit Christlichem.

In der Verschmelzung des römisch geprägten Macht-Klassizismus – wie die französische Republik ihn als ihr antikes Vorbild pflegte – mit der deutschen, aus wahrer Antike und echtem Christentum erwachsenen Klassik soll ein neues Imperium entstehen, wo drei Königs-Ideale herrschen: die Macht, die Weisheit und der Schöne Schein, deren unsaubere Mischung bisher die geschichtliche Faktizität, verkörpert im vierten König, ausmachte. Die alte *translatio imperii* hat ihren Weg nach Westen vollendet und kehrt sich jetzt nach Osten, dem schöpferischen »Licht« zu – nach dem Land des »alten Reiches« und der neuen »ästhetischen Revolution«. Deren Dilemma indessen wird gerade in ihrer Prophezeiung ausgeprägt, denn »als Mysterium von Wiedergeburt und Tod und als esoterische Utopie stand das ›Märchen‹ im Gegensatz zu der Idee, die es verkündete, und schien schließlich nur von denen verstanden worden zu sein, die den gleichen Gegensatz aufwiesen zwischen einer universal gedachten Erneuerung und einer hermetischen Sprachgestaltung, nämlich den Jenaer Romantikern.« (G. L. Fink).

Die Brüder Schlegel, Ludwig Tieck, Friedrich von Hardenberg, der sich das Pseudonym Novalis wählte, Friedrich Schleiermacher, Caroline, damals die Ehefrau des älteren Schlegel, schließlich Friedrichs Lebensgefährtin Dorothea Veit und vielleicht sogar die Philosophen Fichte und Schelling dürfen wir zum Kern der romantischen »Geisterfamilie« zählen. Da die jungen Gelehrten Anschluß an eine Universität und Goethes Nähe suchten, ließ man sich 1797 in Jena nieder und schickte sich von daher an, die »Diktatur« über das literarische Leben Deutschlands zu übernehmen. Man lag in Fehde mit den mächtigen gelehrten Zeitschriften, bildete eine Partei und attackierte die Gegenpartei, schuf sich 1798 mit dem ›Athenäum‹ ein eigenes Forum für die romantische Praxis der Poesie.

Genau wußte eigentlich niemand, was das Wort »romantisch« bedeuten sollte; es war für »romanhafte« Erzählungen, die oft in einem fabulösen Mittelalter spielten, gebräuchlich und nahm so auch die Färbung des »Wunderbaren« und »Phantastischen« an, bezeichnete dann auch den Gegensatz des »Modernen« zum Klassisch-Antiken. Mit solch wechselnden und doch prägnanten Bedeutungen eignete es sich vorzüglich zum schockierenden Schlagwort, und Provokation, Unverständlichkeit und »Ironie« – uneigentliches Sprechen – kultivieren die Beiträger zum ›Athenäum‹, ja, diese formalen Mittel werden reflektiert und zu Inhalten des Programms. Die Motivsprache der Dichtungen schulte sich indessen an Goethe, vor allem am ›Wilhelm Meister‹ und eben am ›Märchen‹, das unablässig variiert wird, gleichsam als Muster- und Probestück bei Karoline von Günderode, bei Adalbert von Chamisso (s. u.) oder eben im ›Heinrich von Ofterdingen‹ des Novalis. In diesem Roman, geradezu der »Bibel« der Jenaer »Kirche« hat Novalis die Doppelwertigkeit des Phänomens ›Goethe‹ und den Generationenfortschritt der Literaturgeschichte dargestellt.

Eingangs wird dem jungen Heinrich ein wunderbarer Traum zuteil: Zielstrebig einem Gebirgspfad folgend, gelangt der Träumer zuletzt in eine weite Höhle, wo im Zentrum »ein mächtiger Strahl wie aus einem Springquell bis zur Decke des Gewölbes« emporsteigt, dort oben in »unzähligen Funken« zerstäubt, die sich in einem »großen Becken« sammeln; Heinrichs Bad darin gipfelt in erotischer Ekstase. »Berauscht von Entzücken und doch jedes Eindrucks bewußt«, schwimmt er nun dem »leuchtenden Strom« nach, der sich aus dem Becken ergießt und ihn schließlich ins Freie, in die vorige Landschaft, bringt; doch die ist seltsam verwandelt:

> Und was vordem alltäglich war
> Scheint jetzo fremd und wunderbar.

Der unterirdische Fluß wird zur »Quelle«, die eine »hohe lichtblaue Blume« nährt.

Die »blaue Blume« ist das Inbild der Liebe und der Poesie; auf seiner Reise durchs deutsche Mittelalter erfährt Heinrich die Wirklichkeit seines Traums und wird zum liebenden Dichter. Vom ›Traum‹ über das ›Märchen‹ ins ›goldene Zeitalter‹ führt der Weg; doch ist Heinrich schon anfangs, ohne es zu wissen, am Ziel. Denn die ›höhere Welt‹ ist jederzeit und überall vorhanden; dem ›poetischen Menschen‹ offenbart sie sich sogleich. Noch Eichendorff weiß es:

> Schläft ein Lied in allen Dingen,
> Die da träumen fort und fort,
> Und die Welt hebt an zu singen,
> Triffst du nur das Zauberwort.

So hat denn jedes Ding seine doppelte Bedeutung, je nachdem, ob die äußeren Sinne seine alltägliche Außenseite wahrnehmen oder der innere Sinn der Poesie das Wesen erschließt. So entdeckt Novalis auch bald am Phänomen ›Goethe‹ die Differenz von Real- und Idealbedeutung und spricht ihm gelegentlich »einen natürlich ökonomischen und einen durch Verstand erworbenen edlen Geschmack« zu. Und dies sind die beiden Manifestationen der älteren Generation, wie sie dem werdenden Dichter Heinrich gegenübertritt, einmal real als unzulänglicher, aber achtenswerter Vorläufer, dann poetisch als bewundertes Vorbild.

Der poetische Wahrtraum war auch Heinrichs Vater, einem Handwerker, zuteil geworden; doch wie Novalis den handwerksmäßigen ›Wilhelm Meister‹ des älteren Autors übertreffen will, so übertrifft Heinrichs Traum den seines Vaters an Genauigkeit und Kraft. Klingsohrs Märchen aber erweitert die Utopie des ›Märchens‹ von Goethe in die vollendete Herrschaft der Poesie, wie sie – laut Novalis – nur der wahre ›Verstand‹, die »Sophia«, heraufführt, der er sich anverlobt wußte. Abermals ist der jüngere Dichter berufen, die Weissagung zu erfüllen.

Die romantische Generation wird Goethes Anpassung an eine unpoetische Realität abschütteln, und sie wird das wahrhaft Poetische, wie es bei ihm allein sich fand, unendlich realisieren. Die Kritik am Handwerker Goethe korrespondiert der Verehrung des Dichters – keineswegs wolle man ihn, so betont August Wilhelm Schlegel, »blindlings anbeten oder ihn auch nur für das höchste Muster halten; [vielmehr] mit ähnlichen Maximen im Studium und in der Ausübung der Kunst, auf der von ihm eröffneten Bahn ohne Nachahmung selbständig und erweiternd fortschreiten.«

Im selben Jahr 1795, als Schiller in den ›Horen‹ die Entstehungsbedingungen klassischer Werke untersuchte, als Goethe im Aufsatz ›Literarischer Sansculottismus‹, erklärte, auf die Staatsumwälzungen vor einer Nationalkultur lieber verzichten zu wollen – da wünscht Friedrich Schlegel »die große moralische Revoluzion, durch welche die Freyheit ... endlich ein entschiedenes Übergewicht über die Natur bekommt«. Zu dieser Hoffnung berechtigt das Studium der griechischen Poesie. Während die ästhetische, individuelle Erziehung, wie die Weimarer Klassizisten sie konzipierten, den Weg zur Freiheit durch die Schönheit sucht, schlägt die ästhetische Revolution des jungen »Romantikers« einen Weg zur Schönheit ein, dessen erste Station die Freiheit ist. Die Autonomie des Schönen wird damit gesprengt; es wird universell, da es alle Lebensbereiche – Politik, Wissenschaft, Kunst – in sich vereinen soll. Das ›Märchen‹ ist, für das Totalitätsdenken der Frühromantik, keine entlegene Utopie mehr, sondern der Entwicklungskeim der Wirklichkeit. Sie übernehmen den Sensualismus der Aufklärung und übersetzen damit Fichtes erkenntnistheoretische »Tat«, die Subjekt und Objekt verbindet und trennt, in unvermitteltes Handeln und Eingreifen. Sie übernehmen den Perfektibilismus der

Aufklärung und wollen den Fortschritt »hier oder nirgends«. Und sie übersteigern den Historismus des 18. Jahrhunderts, indem sie sich alle reichen Schätze der »modernen« Kultur, auch die Dichtungen des Mittelalters, auch die Dramen Shakespeares, die Poesie der Spanier und der italienischen Renaissance mit ihren künstlichen Formen – das Sonett ist noch die einfachste –, voll und ganz zu eigen machen.

So ignoriert des Novalis Roman die Epochengrenzen: In diesem »poetischen« Mittelalter führt der junge Dichter mit dem ›Vater‹ eine Debatte über Träume, deren Argumente aus der Offenbarungs- und Erkenntnisdiskussion zu Ausgang des 18. Jahrhunderts stammen. In den ›Lehrlingen zu Sais‹ wird der antike Mythos von Hyacinth, den der Gott der Dichtkunst, obschon er den Jüngling liebt, tötet, in ein Blumen- ›Märchen‹ verwandelt, das zuletzt – durch den Traum – das Paradies poetischen Lebens erschließt. Die Todes-»Geschichte« findet ins Leben der Natur zurück.

So wird eine »neue Mythologie« und eine »neue Religion« verheißen. Zwar bedienen sich die Dichter noch der überlieferten Symbole, vor allem aus dem katholischen Kultus, doch sie überspitzen nur die aufklärerische Selbstkritik des Protestantismus und stiften eine »neue Kirche«; die »romantische« Gemeinschaft sei der nächste Schritt der Geschichte auf ihrem Weg zu Gott, und mit der Wende des Jahrhunderts, so verkünden sie nicht ohne Pathos (aber auch nicht ohne Selbstironie) werde eine neue Zeit anheben. Die allmähliche Entfaltung des »goldenen Zeitalters der Poesie« will der romantische Universalismus – in der Geschichtsforschung, in der Übersetzung aus fremden Sprachen, in Sammlungen – anschaulich machen: »Die romantische Poesie ist eine progressive Universalpoesie. Ihre Bestimmung ist nicht bloß, alle getrennten Gattungen der Poesie wieder zu vereinigen und die Poesie mit der Philosophie und Rhetorik in Berührung zu setzen. Sie will und soll auch Poesie und Prosa, Genialität und Kritik, Kunstpoesie und Naturpoesie bald mischen, bald verschmelzen, die Poesie lebendig und gesellig und das Leben und die Gesellschaft poetisch machen« – so daß die romantische Gruppe in Jena, das erste »Kunstwerk der Geselligkeit«, in sich den praktischen Beweis für ihre Theorie bot. Goethes Verdacht, diese Theorie ziele über jede Schranke hinaus, war berechtigt. Daß die Jenaer Romantiker ihren globalen kulturellen Entwurf im eingeschränkten Kulturbetrieb ihrer Zeit verwirklichen wollten, macht das Dilemma ihrer Kulturrevolte aus; daß die kulturellen Rollen, die sie spielen wollten und – für ihren Lebensunterhalt – spielen mußten, andererseits doch schon auf einen halbwegs eigenständigen Markt zugeschnitten waren, wurde ihnen selbst ja seit der Jahrhundertwende allmählich bitter bewußt.

Die »Romantik« wird zur *Mode*. Hatten die Schlegels den aufgeklärten »Philister« erfunden und so vorgeführt, wie man ein ernsthaftes

Programm in ein polemisches Klischee verwandelt, so erlitten ihre genialen Fragmente und Entwürfe nun ein ähnliches Schicksal; Nachahmer und Gegner montierten sich aus der Fülle von Anregungen ein praktikables System. Die spezifisch »modernen« Künste, Malerei und Musik, hatten – als Motive im Künstlerroman, etwa dem ›Franz Sternbald‹ von Ludwig Tieck – die antike Plastik verdrängt; das Christentum des Mittelalters hatte Novalis vor allen in die Progression der Poesie mit einbezogen. Um zu provozieren, hatten sie Motive und Themen der, von ihnen erst gebrandmarkten Trivialliteratur artistisch pointiert und verwandelt. Nun finden sich Nachahmer, die gleichsam das Triviale rächen und vermarkten, was als »romantisch« gilt. Da erscheint 1804 unter dem Pseudonym Rostorf ein Roman ›Die Pilgrimschaft nach Eleusis‹, von Hardenbergs Bruder, Karl Gottlob Andreas, verfaßt. Otto Heinrich Graf von Loeben, der sich Isidorus Orientalis nannte, veröffentlicht ›Guido‹, eine Fortsetzung des ›Heinrich von Ofterdingen‹, die auch den Tieck-Ton meistert:

Traurigkeit
Ist nun weit.
Uns erfreut
Nahe Zeit,
Lieblichkeit
Weit und breit;
Nicht mehr dräut
Traurigkeit.

»Waldeinsamkeit« und »mondbeglänzte Zaubernacht« verkommen zu Kulissen; »Aurora«, die Morgenröte der ›neuen Zeit‹, wird nun mit Herrn Publikum verkuppelt und regiert als Muse der Taschenbücher und Almanache; jedermann schreibt Sonette, und selbst das Erstlingswerk eines Clemens Brentano kam den Jenaer Romantikern wie der Zerrspiegel ihres Wollens vor, so daß Friedrich Schlegel dem Verfasser des ›Godwi‹ gar »hundert Schläge vorn Arsch« wünschte. »Ach teurer Freund,« klagt der »romantische« Dichter Fortunat seinem Gesellen in Eichendorffs spätem Roman, »ich wollte, die Romantik wäre lieber gar nicht erfunden worden.«

Die »Geisterfamilie« von Jena hatte sich, noch vor dem Tod des Novalis, aufgelöst; Caroline Schlegel folgt Schelling, August Wilhelm attachiert sich an Madame de Staël, Tieck zieht sich auf das märkische Landgut eines Freundes zurück und veröffentlicht jahrelang kaum. Friedrich Schlegel jedoch konvertiert zum Katholizismus und zum Patriotismus; wenigstens beschließt ein ›Gelübde‹ den ersten Band seiner Gesammelten Schriften von 1809 und somit seine romantisch-ästhetische Lebensepoche:

Es sey mein Herz und Blut geweiht
Dich Vaterland zu retten ...

Bruch und Kontinuität bilden sich schon in der Plazierung dieses Mottos ab; es ist Resultat und Absage in einem. Wenigstens hatte Novalis schon 1797 in seiner Aphorismensamnlung ›Glaube und Liebe‹ dem neuen preußischen Königspaar die Worte aus Goethes ›Märchen‹ vorgehalten: »Es ist an der Zeit ...« Friedrich Wilhelm III. und Luise sollten ihre poetische Idealbedeutung verwirklichen und sich, als Verkörperung von »Glaube« und »Liebe« in den romantischen Geschichtsprogreß einordnen. »Mir fatal«, lautete eine der lakonischen Randnotizen des Königs. Und in der Tat: Wie sollte ein Monarch von Gottes Gnaden denn Preußen in jenes Königreich »Utopia« verwandeln, wo alle Untertanen »thronfähig« wären?

Im Jenaer Freundeskreis waren kühne und »unverständliche« Gedankenexperimente verstanden und somit auch beglaubigt worden, da sie ja in die »progressive Universalpoesie« einrückten und sie vorantrieben. Novalis wollte Natur und Geschichte »innerlich in ihrer ganzen Folge entstehen lassen«, dies innere Bild poetisch veräußern, dies Werk im eingeweihten Gespräch dann »innerlich« wieder entstehen lassen – und so fort im dauernden Wechsel zwischen Verstehen und Schaffen, Hermeneutik und Produktion. Nun aber sollten die provozierenden und esoterischen Konzepte in die politisch-soziale Sprache übernommen und die »Geisterfamilie« zum »Volk« erweitert werden.

Denn 1806, mit dem Zusammenbruch Preußens, seiner Zwangseingliederung in Napoleons Imperium, und damit dem Debakel der »ästhetischen Revolution«, konzipiert Schlegel, neben Anhängern und Schülern des Jenaer Kreises, die Einheit der deutschen Kulturnation im Widerstand. Getreu dem universalen Konzept suchen sie jetzt eine Praxis jenseits der kulturellen Rollen, und sie werden dabei von einigen reformwilligen Herrschenden, wie dem Freiherrn vom Stein, unterstützt, von der Machtelite insgesamt jedoch beargwöhnt. Keineswegs will etwa der preußische König die Sicherheit seines Thrones »auf die Poesie« gegründet wissen – obschon sein Adjutant Gneisenau ihm gelegentlich diese gewagte These unterbreitet.

Denn die »Hermeneutik« richtet sich nun auf das allgemein Gegebene; die Produktion wird daher zur Re-Konstruktion. Eine »unvermutet in allen Ständen hervorbrechende Dichtkunst« etwa durfte Novalis, im Zeitalter des frühen »Gassenhauers«, allenfalls im Ideal konstruieren; Autoren wie Achim von Arnim und Clemens Brentano jedoch wollen dessen Wirklichkeit wiederherstellen. Sie wollen das deutsche Volk und die deutsche Geschichte aus den poetischen Zeugnissen ihres Geistes wiedererstehen sehen, und sammeln deshalb solche Zeugnisse, und schmelzen sie um und bearbeiten sie, bis sie das Rechte bezeugen. So entstehen ›Des Knaben Wunderhorn‹ und der Mythos von der

»volkstümlichen Romantik«. So wird, in der hoffnungsvollen Reformperiode, aus den katholischen Chiffren der Poesie das praktizierende Christentum ihrer Autoren – und so entsteht eine unerquickliche Fehde mit der aufgeklärten »Vossischen Partei«, und auch Goethe hält dem »klosterbrudrisirenden Unwesen« nun das gebildet-humanistische Neuheidentum entgegen; künftig wird es eine *»christliche* Romantik« geben.

Heute erscheint uns dieser Austausch zwischen Kultur und Politik fast unvorstellbar; doch im Zusammenbruch der »alten Welt« gab es ja keine andere, gemeinsame Sprache als diejenige der Gebildeten, und so durfte die politische Botschaft der Poesie auf Verständnis und vielleicht sogar auf Wirkung hoffen. Während der Befreiungskriege und der preußischen Reformperiode grassiert in Dramen und Erzählungen deshalb das Motiv einer Neugründung von Staat und Gesellschaft, sei's in Brentanos ›Die Gründung Prags‹, in Arnims ›Halle und Jerusalem‹, in Kleists ›Prinz von Homburg‹ oder dem ›Käthchen von Heilbronn‹. Kleists ›Die hl. Cäcilie oder Die Gewalt der Musik‹ indes warnt schon vor der eiligen Identifizierung von Poesie und Praxis.

Auch den konfessionellen Fanatiker wird zwar die romantische Kunst par excellence, die Musik, bekehren und zu seiner Wahrheit bringen – doch wird dies eben die Wahrheit eines wahnsinnigen Konfessionalismus sein; so lautet Kleists bitterer Kommentar gelegentlich einer kirchlichen Weihehandlung, die sich bedenklich der »romantischen Konversionsbewegung« zuordnete: Adam Müller, dessen Tochter damals »Cäcilie« getauft wurde, versucht sich überdies als Theoretiker einer »romantischen« Restauration bekannt zu machen.

Die politisierte Romantik teilt alsbald das Schicksal der poetischen: Die Ablehnung erträgt sie, doch die Erfüllung ihrer Ziele ist ruinös.

Clemens Brentanos Erzählung von den ›Mehreren Wehmüllern‹ zieht boshaft-brillant diese Bilanz am Beispiel des W. Müller. Der, ein rühriger junger Poet aus Brentanos Berliner Zirkel, hatte schon seine ersten »Müllerlieder« (in den ›Gaben der Milde‹ von 1817) vorgelegt, die später in Schuberts Vertonung so populär werden sollten. Sie sind als die Ausdrucksform einer »poetischen Existenz« im frühromantischen Sinne gemeint, und Brentano scheint dies esoterische Spiel mit seiner kryptischen Namensanspielung ja mitzuspielen. Doch die Signatur der »poetischen Existenz« eines Wehmüller ist – und Brentano scheint das »Weh« als Klagelaut zu seufzen – nur noch ein Warenzeichen, völlig verwechselbar; als zuletzt die Trennungen noch einmal – getreu dem Programm des Novalis – in »Liebe« aufgehoben werden, tritt Trivialität an die Stelle der Poesie und bizarre Paarungen ereignen sich: Die »Zigeuner«-Romantik vereint sich mit platter Aufklärung, die »Nationalcharaktere« werfen auskömmlichen Profit ab, der sogar Metzgermeister überzeugt. Mit dem »mutwilligen Miteinander freier

Menschen« endete Brentanos vorige Verwechslungskomödie ›Ponce de Leon‹; diese seine letzte endet in geschäftigen Arrangements der Mittelmäßigen, gegen die einst die romantische Fronde der Genialen zu Felde zog.

Die Geschichte der genuin »romantischen« Themen und Motive kann, angesichts solcher Fehlschläge und dilettantischer Vermarktung, nur von Selbstbesinnung und Selbstkritik geprägt sein. Das ursprünglich »Romantische«, so beklagen die Autoren, die sich dieser Tradition verpflichtet wissen, wird abgedrängt und löst sich vielleicht ganz auf (1), oder es behauptet sich, auch unter geänderten und verzerrenden Umständen, verborgen, aber »echt« und unverfälscht (2), oder es soll überhaupt erst in seiner »Wahrheit« verwirklicht werden (3). Gleichviel: Die Stellung zum »romantischen Erbe« bestimmt den Stellenwert eines Werkes in der Literaturgeschichte bis 1848, bereits in der sog. »Berliner Romantik«, also bei Fouqué, Chamisso, E. T. A. Hoffmann, dem späten Brentano, Arnim, weiter dann auch beim späten Tieck und seinem Schüler Immermann, wie schließlich bei Büchner, Gutzkow oder Heine.

(1) Geschult an Goethes und Novalis' Märchen schildert Chamisso 1806 die Geburt eines poetischen Menschen: Sobald »Adelbert« die Versöhnung von Natur und Wille, also den (frühromantischen) Gehalt von Fichtes Überwindung der Aufklärung, erkannt hat, »erwacht« er – »das Antlitz gewendet gegen die in Osten aufsteigende Sonne«. ›Adelberts Fabel‹ ist das erste Zeugnis dieser Erweckung; sie schildert ihre eigene Entstehung und ist »romantische« Poesie der Poesie. Schon in Chamissos zweitem Prosawerk, 1813 im ›Peter Schlemihl‹, ist die Einheit zerbrochen und auf zwei Gestalten verteilt: Schlemihl agiert nun zwanghaft-unbewußt in einer veräußerlicht-wunderbaren Welt, während im poetischen Gemüt »Chamissos« das Wunderbare treu bewahrt wird – freilich nur in der Weltabgeschiedenheit des Schreibenden. Die »echte Romantik« wendet sich der Welt betrachtend zu; der »Realismus« in der Schilderung dieser Außenwelt drückt vorerst nur ihren defizitären Status aus – sie hat das »Wunderbare« und die »Fantasie« wieder ausgegrenzt. In E. T. A. Hoffmanns Erzählung ›Der Sandmann‹ erscheint nun sogar der Versuch, die Poesie ins Leben zu tragen, wie ein unerhörter Frevel. In ihren Frauen hatten ja die Jenaer Romantiker die lebendige Verkörperung des poetischen Geistes erblickt. Zwar »belebt« auch Nathanaels dichterische Wahrnehmung noch das tote Frauenbild »Olimpia«, doch treibt ihn dies künstliche Scheinleben in die Selbstzerstörung: Der »Wahnsinn« ist die ins Leben übersetzte Poesie – ein Thema noch in Büchners ›Lenz‹.

(2) Ein Thema auch des späten Tieck. Freilich vermag er in dieser wahnwitzig verzerrten die »echte« Romantik nicht wiederzuerkennen. Diese bewährt sich eben darin, daß sie auch dann fortbesteht – eben im

Gemüt und in der Geselligkeit –, wenn der romantische Jüngling längst im Erwerbsleben seinen Mann steht.

Wie aus den Kindern, die sich vom Märchen leiten lassen, einst die tüchtigen Erwachsenen werden, wie der rechte Glaube an das Wunder zur richtigen Einsicht im wirklichen Leben führt – dies lehrt desgleichen die Pädagogik von Hauffs Erzählzyklen. Nur die »Mode« habe das echte Märchen, die erstgeborene Tochter der Phantasie, verleumdet; sie vermag ja sogar die äffische Karikatur für den Menschen zu unterschieben, während das ›Märchen‹ in der zyklischen Komposition über das Zitat und die Korrektur »romantischer« Motive zur wahren gesellschaftlichen Wirklichkeit führen wird, wo Wert und Würde sich decken; sie liegt noch stets im »Osten«. Auch die »biedermeierliche Wende« hat also ein Programm, und Hauff formuliert es im Zeichen der »Romantik«.

So ist im Spätwerk Tiecks die echte Romantik gleichsam ein Reflex der Innerlichkeit. Sie wird entdeckt, sobald die Außenwelt richtig erkannt, weder philiströs überschätzt, noch schwärmerisch verachtet wird. Auf sie zielt alle Bildung: Der alte Tieck übernimmt die Rolle des Autors von ›Wilhelm Meisters Lehrjahre‹ und lenkt, als »Statthalter Goethes auf Erden« den Bildungsweg zum Ideal bewahrter Poesie im »Handwerk« des Lebens – ein Programm seines Romans ›Der junge Tischlermeister‹, das die Autoren nach 1848, die man gerne »realistisch« nennt, übernehmen werden. Noch Tiecks späte Erzählung ›Das alte Buch‹ preist die ewige Kontinuität romantischer Poesie, von den deutschen Meistern des Mittelalters über »Dante, Petrark, Boccaz und Ariost«, jenen »William, auf welchen sich alle unsre neuere Poesie stützt und lehnt« und seine Landsleute Chaucer und den »lieblichen« Spencer, »Heroen« wie Cervantes, Camões, Lope und Calderon – bis hin zum jungen Johann Wolfgang Goethe und schließlich, wie der Erzähler graziös uns anvertraut, zum Dichter der Jenaer Frühromantik, Ludwig Tieck. So ist eine heilige Pflicht seines Alters die Verteidigung dieser »echten« Romantik gegen ihre »ledern«-trivialen Nachahmer und erst recht gegen die Attacken »deformierter Zwerge« namens Victor Hugo oder auch Heinrich Heine.

(3) Denn gegen die Verfechter der alten, »echten« Romantik und gegen alle volkstümliche Pseudo-Romantik behaupten die Autoren des »Jungen Deutschland«, die »wahre« Romantik sei auf ihrer Seite und revolutionärer denn je. Sie berufen sich auf die europäischen Adaptionen des Begriffs, hatte doch in England, vor allem aber in Frankreich »Romantik« als Schlagwort wechselnder Oppositionen gedient, von Madame de Staël bis zur Debatte um Victor Hugos ›Hernani‹, der ersten Fehde gegen das »juste milieu«; freilich können wir diese verwickelten Zusammenhänge von Umdeutungen, Einseitigkeiten und Täuschungen hier nicht entwickeln. Genug: Was als deutsche »Ro-

mantik« exportiert worden war, kehrt jetzt als europäische »Moderne« zurück ins zerstrittene und »zerrissene« deutsche Kulturleben.

So beruft sich der souveräne Literat Karl Gutzkow auf Schleiermacher und den jungen Friedrich Schlegel, den er als legitimen Erben Lessings betrachten durfte; Heine reklamiert für seinen poetischen »Tanzbär« Atta Troll das Recht, das »letzte freie Waldlied der Romantik« zu singen, und Georg Büchner besorgt sich das halb vergessene Brentano-Lustspiel ›Ponce de Leon‹ für seine Romantik-Satire: ›Leonce und Lena‹. So bannte die Tradition auch ihre Verächter: Der revolutionäre Neuanfang ist zum historischen Rückgriff verurteilt. Indessen will Heine gewöhnlich nicht den Dichter Ludwig Tieck beschimpfen, sondern den »Hofrat Tieck« in Dresden; und Büchners Satire zielt über Brentanos Lustspiel hinaus doch – laut Auskunft seiner französischen Quelle, dem ›Fantasio‹ des Alfred de Musset – auf das »phantastische«, aber reale »Königreich Bayern«.

Dort hatte das Konzept Ludwigs I. von einer »christlich-teutschen Kunst« endlich die »festgesetzte Demarkationslinie der Genialität und Südlichkeit von Deutschland« (F. Thiersch) geschleift und die Strategien der Machtlegitimation, wie sie Französische Revolution und Napoleonisches Empire entwickelt hatten, einer »romantischen« Neuinterpretation unterzogen; so wird die verbreitete und veräußerlichte Romantik schließlich zur herrschenden. Was die Autoren des ›Wunderhorns‹ sich kaum träumen ließen, was in Goethes ›Märchen‹ eine Utopie, bei den Frühromantikern allenfalls Vision war, wurde hier – mit den Machtmitteln des Monarchen – begeistert und mit nüchternem Kalkül praktiziert: Die Schöpfung eines Staates und die Erziehung eines Volkes aus dem Geiste der Kunst.

Phantastisch, ja »närrisch« kam es den Münchnern und manchen Zeitgenossen allerdings vor, daß hier König Ludwig ein »ästhetisches Königreich« zu gründen und die Kunst zum obersten Staatszweck zu erheben schien. Zudem erbitterte der König als Dichter alsbald die jungen Autoren, die sich – wie Heine und Büchner – zum Aristokratismus des »Talents« bekannten, und dem hochadligen Poeten allenfalls einen schlechten »Charakter« zubilligten: So wird Heines ›Atta Troll‹ zur Travestie auf die altmodische Hofromantik. Ludwigs Leistung freilich liegt erst in der Verschmelzung eines »ideologischen« Sinnangebots, wie es im Zeitalter der öffentlichen Meinung auch vom Staat gefordert wurde, und einer haushälterischen und sogar effizienten »Realpolitik«. Als nach langer Wartezeit Friedrich Wilhelm IV. den preußischen Thron bestieg, entrollte sich auf der politischen Bühne nun das vollkommene Satyrspiel jener gediegenen bayrischen Inszenierung.

Für den Kronprinzen und seinen Kreis war die Begeisterung für Fouqué eine versteckte Opposition gegen den nüchternen Geist des regierenden Vaters gewesen, ritterliche Hoffeste, die Restauration mittelalterlicher Bauten waren Gesten der Restauration des (romantisch imaginierten) Vertrauensverhältnisses zwischen König und »Volk«, und sogleich wurde Friedrich Wilhelm 1841 – in einem verschlüsselten Pamphlet von David Friedrich Strauß – als einer der leidigen »Romantiker auf dem Königsthron« identifiziert; Bettine von Arnim, selbst eine Kultfigur der »wahren Romantik« für die Jungdeutschen, widmet ihm ihre poetische Dokumentation von Goethes Kindheit, dem Ursprung alles erhofften Guten, und flicht in ihren Originalbriefwechsel mit Karoline von Günderode, als sie ihn 1843 herausgibt, noch Hinweise auf einen »genialen Herrscher« ein, der mystisch eins auch mit den Nöten seines Volkes sei. Solche Prophezeiungen schmeicheln dem König; er nimmt die Verfasserin in Schutz gegen die Zensur und brüskiert seine Beamten; er ändert indessen kaum etwas am preußischen Verwaltungsstaat und brüskiert damit nicht allein die Hoffnungen Bettinens, sondern aller, die sich dem Geist der preußischen Reformperiode und des Freiherrn vom Stein verpflichtet fühlen. In fast tragischer Erfüllung seines »romantisch«-personalen Denkansatzes werden sogleich Personen, die jener Ära verbunden sind, geehrt und berufen, ohne Rücksicht darauf, welche genuin »romantischen« Inhalte diese Berühmtheiten noch repräsentieren konnten – so der gealterte und hinfällige Tieck, so der enttäuschte und schwermütige Schelling, so Rückert, der sich vom schwungvollen Lyriker des Befreiungskampfes längst zum hypochondrischen »Patriarchen von Neuses« (seinem abgelegenen Landgut) gewandelt hatte. Eine Groteske ... Die geistigen Impulse, die sich der König erhofft hatte, blieben aus. Bettine zwar hatte in ihrem Buch nicht nur von Goethes Welt erzählt, sondern – im Sinn der wahren Romantik – auch dokumentiert, was aus dem »Volk« zu werden drohte – ungeschützt im Konkurrenzkampf der Frühindustrialisierung, aus den patriarchalischen Sicherungen der alten Ordnungen entlassen, verelendet. Die Sicherungen wurden dennoch nicht neu geschaffen; die Verbindung zur Reform, die zum »romantischen« Ansatz Bettinens oder des alten Eichendorff, der nun gleichfalls mit literarhistorischen Schriften daran erinnert, gehört und die Clemens Brentano immerhin zum Propagandisten der katholischen »Volks«-Bewegung werden ließ – für das »poetische Gemüt« des Preußenkönigs blieb sie belanglos; seine Reform erfüllte sich in restaurativen Gesten.

Als er, bei der Huldigungsfeier in Berlin unerwartet als Redner hervortrat, wurde die Autonomie der Phrase offenkundig; die »Romantik« hatte zum bösen Ende die Versatzstücke einer politischen Rhetorik geliefert. Das immer wiederholte: »Wollen Sie ...?« »Wollen Sie ...?«, »Wollen Sie ...?«, das »Ja« der Zuhörermasse, wie eine solche Rhetorik es suggerierte und erreichte – dies wird, über hundert

Jahre später, abermals in der deutschen Hauptstadt wiederkehren – nun perfekt, in der Hysterie von Masseninszenierungen, die unser Jahrhundert gelernt hat, und die Frage wird nun lauten, ob das »Publikum« den »totalen Krieg« wolle.

Der Romantik ist, in den Debatten nach 1945, auch dies angelastet worden – doch kaum zu recht. Denn ›die Romantik‹ hat ja nie existiert. Es gab Dichter und ihre Werke, Programme, Mißverständnis, Mode und Polemik – und Ausstrahlungen in Bereiche, die um 1800 noch jenseits der Vorstellungskraft lagen. »Die Phantasie an die Macht« – auch im Pariser Mai 1968 werden die revoltierenden Studenten dies wieder fordern. Wir wollen, uns auf die Literatur beschränkend, wenigstens nicht vergessen, daß sich um 1900 die literarische Alternative zur »Schmierenkomödie« der Macht, wie sie in Berlin mit voraussehbar tragischem Ende gegeben wurde, wiederum in der Stadt Ludwigs I., im Zeichen der »Neuromantik« formierte. Und heute führt das Werk von Botho Strauß und Peter Handke, wie das von Christa Wolf und Ingeborg Bachmann die Bewegung der Romantik in Deutschland fort – mit all ihren Widersprüchen zwischen Esoterik und Verkündigung, Überheblichkeit und Emanzipation.

Walter Schmitz

Hier soll keine Bibliographie zur Romantik geboten, sondern nur eine erste Anleitung für Leser gegeben werden, die sich eingehender mit der literarischen Romantik befassen wollen. Deshalb wurden die älteren, in der Perspektive zwar überholten, aufgrund ihrer Materialfülle jedoch unersetzten Standardwerke, sowie einige Sammelbände und übergreifende Studien, die dem neueren Forschungsstand verpflichtet sind, aufgenommen.

Arendt, Dieter: Der ›poetische Nihilismus‹ in der Romantik. 2 Bde. Tübingen 1972.

Ayrault, Roger: La genèse du romantisme allemand. 4 Bde. Paris 1961–1976.

Bänsch, Dieter (Hg.): Zur Modernität der Romantik, Literaturwissenschaft und Sozialwissenschaften 8. Stuttgart 1977.

Brunschwig, Henri: Gesellschaft und Romantik in Preußen im 18. Jahrhundert. Frankfurt 1975 (zuerst: Paris 1947).

Brinkmann, Richard (Hg.): Romantik in Deutschland. Ein interdisziplinäres Symposion. Sonderbd. der DVjs. Stuttgart 1978.

Die europäische Romantik: Mit Beiträgen von E. Behler, H. Fauteck u. a. Frankfurt/M. 1972.

Frühwald, Wolfgang: Achim von Arnim und Clemens Brentano. In: Polheim (Hg.). S. 145–158.

Gockel, Heinz: Mythos und Poesie. Zum Mythosbegriff in Aufklärung und Frühromantik. Frankfurt/M. 1981.

Hoffmann-Axthelm, Inge: Geisterfamilie. Studien zur Geselligkeit der Frühromantik. Frankfurt/M. 1973.

Huch, Ricarda: Die Romantik. Blütezeit, Ausbreitung und Verfall. Tübingen 1951 (zuerst: Leipzig 1899 ff.).

Jamme, Ch./O. Pöggeler (Hg): »Frankfurt aber ist der Nabel dieser Erde«. Das Schicksal einer Generation der Goethezeit. Stuttgart 1983.

Kapitza, Peter: Die frühromantische Theorie der Mischung. Über den Zusammenhang der romantischen Dichtungstheorie und zeitgenössischer Chemie. München 1968.

Koberstein, August: Geschichte der deutschen Nationalliteratur. Bd. IV. 5. Aufl. Leipzig 1873.

Korff, Hermann August: Geist der Goethezeit. III. Teil: Frühromantik, IV. Teil: Hochromantik. 8. Aufl. Darmstadt 1974 (zuerst: Leipzig 1923 ff.).

Lindemann, Klaus: Geistlicher Stand und religiöses Mittlertum. Ein Beitrag zur Religionsauffassung der Frühromantik in Dichtung und Philosophie. Frankfurt/M. 1971.

Loquai, Franz: Künstler und Melancholie in der Romantik. Bern 1984.

Lützeler, Paul Michael (Hg.): Romane und Erzählungen der deutschen Romantik. Stuttgart 1981.

Mähl, Hans-Joachim: Die Idee des goldenen Zeitalters im Werk des Novalis. Heidelberg 1965.

Malsch, Wilfried: ›Europa‹. Poetische Rede des Novalis. Deutung der französischen Revolution und Reflexion auf die Poesie in der Geschichte. Stuttgart 1965.

Meixner, Horst: Romantischer Figuralismus. Frankfurt/M. 1971.

Meyer, Martin: Idealismus und politische Romantik. Studien zum geschichtsphilosophischen Denken der Neuzeit. Bonn 1978.

Neues Handbuch der Literaturwissenschaft: Bd. 14/15. Europäische Romantik I/II. Hg. v. K. R. Mandelkow/K. Heitmann. Wiesbaden 1982.

Peter, Klaus (Hg.): Romantikforschung seit 1945. Königstein/Ts. 1980.

Prang, Helmut (Hg.): Begriffsbestimmung der Romantik. WdF 150. 2. Aufl. Darmstadt 1972.

Nivelle, Armand: Frühromantische Dichtungstheorie. Berlin 1970.

Pikulik, Lothar: Romantik als Ungenügen an der Normalität. Frankfurt/M. 1979.

Polheim, Karl Konrad: Die Arabeske. Ansichten und Ideen aus Friedrich Schlegels Poetik. Paderborn 1966.

Ders. (Hg.): Handbuch der deutschen Erzählung. Düsseldorf 1981.

Rehm, Walther: Kierkegaard und der Verführer. München 1949.

Ders.: Griechentum und Goethezeit. 4. Aufl. Bern 1968 (zuerst: Leipzig 1936).

Reiss, Hans: Politisches Denken in der deutschen Romantik. Bern 1966 (zuerst: Oxford 1955).

Ribbat, Ernst (Hg.): Romantik. Ein literaturwissenschaftliches Studienbuch. Athenäum Taschenbücher 2149. Königstein/Ts. 1979.

Schmitt, Carl: Politische Romantik. München 1919.

Schulz, Gerhard: Die deutsche Literatur zwischen Französischer Revolution und Restauration. I. München 1983.

Schuhmacher, Hans: Narziß an der Quelle. Das romantische Kunstmärchen. Wiesbaden 1977.

Segebrecht, Wulf (Hg.): Gedichte und Interpretationen. III: Klassik und Romantik. Stuttgart 1984.

Steffen, Hans (Hg.): Die deutsche Romantik. Poetik, Formen und Motive. Kl. Vandenhoeck-Reihe 250 S. 2. Aufl. Göttingen 1970.

Strohschneider-Kohrs, Ingrid: Die romantische Ironie in Theorie und Gestaltung. 2. Aufl. Tübingen 1977 (zuerst 1960).

Tiedemann, Rüdiger von: Fabels Reich. Zur Tradition und zum Programm romantischer Dichtungstheorie. Berlin 1978.

Vietta, Silvio (Hg.): Die literarische Frühromantik. Kl. Vandenhoeck Reihe 1488. Göttingen 1983.

Vordtriede, Werner: Novalis und die französischen Symbolisten. Stuttgart 1963.

Wiese, Benno von (Hg.): Deutsche Dichter der Romantik. Berlin 1971.

dtv Klassik – Lyrik

Deutsche Lyrik vom Barock bis zur Gegenwart
Hrsg. von G. Hay und S. v. Steinsdorff
Auf der Grundlage der ›Epochen der deutschen Lyrik‹
dtv 2077

Carmina Burana
Die Lieder und geistlichen Dramen der Benediktbeurer Handschrift
Vollständige zweisprachige Ausgabe
Übersetzt von C. Fischer und H. Kuhn
Nachwort und Anmerkungen von G. Bernt
Dünndruck-Ausgabe
dtv 2063

Joh. Wolfgang Goethe: Gedichte
Ein Lesebuch
Zusammengestellt von F. Kemp
dtv 2088

Heinrich Heine: Atta Troll
Ein Sommernachtstraum
Deutschland
Ein Wintermärchen
Hrsg. und kommentiert von K. Briegleb
dtv 2082
Buch der Lieder
Mit der Nachlese zu den Gedichten 1812-1827
Hrsg. und kommentiert von K. Briegleb
dtv 2112

Stefan George: Werke
Ausgabe in vier Bänden
Nachwort von Werner Vordtriede
dtv 5940

Georg Trakl: Das dichterische Werk
Hrsg. und kommentiert von W. Killy und H. Szklenar
dtv 6001

François Villon: Das große Testament
Zweisprachige Ausgabe
Mit 39 Federzeichnungen von M. Vallazza
Nachwort und Anmerkungen von H.K. Weinert und W. Widmer
dtv 2078

Epochen der deutschen Lyrik
Sammlung deutscher Gedichte vom frühen Mittelalter bis zur Gegenwart
Hrsg. von W. Killy
13 Bände
dtv 4015-24, 4162, 4163, 4184
Komplett als Kassette
dtv 5973